Werner J. Patzelt · Roland Schirmer (Hrsg.)

Die Volkskammer der DDR

Werner J. Patzelt · Roland Schirmer (Hrsg.)

Die Volkskammer der DDR

Sozialistischer Parlamentarismus in Theorie und Praxis

Westdeutscher Verlag

Die Deutsche Bibliothek – CIP-Einheitsaufnahme
Ein Titeldatensatz für diese Publikation ist bei
Der Deutschen Bibliothek erhältlich

1. Auflage März 2002

Alle Rechte vorbehalten
© Westdeutscher Verlag GmbH, Wiesbaden 2002

Der Westdeutsche Verlag ist ein Unternehmen der Fachverlagsgruppe BertelsmannSpringer.
www.westdeutschervlg.de

Das Werk einschließlich aller seiner Teile ist urheberrechtlich geschützt. Jede Verwertung außerhalb der engen Grenzen des Urheberrechtsgesetzes ist ohne Zustimmung des Verlags unzulässig und strafbar. Das gilt insbesondere für Vervielfältigungen, Übersetzungen, Mikroverfilmungen und die Einspeicherung und Verarbeitung in elektronischen Systemen.

Die Wiedergabe von Gebrauchsnamen, Handelsnamen, Warenbezeichnungen usw. in diesem Werk berechtigt auch ohne besondere Kennzeichnung nicht zu der Annahme, dass solche Namen im Sinne der Warenzeichen- und Markenschutz-Gesetzgebung als frei zu betrachten wären und daher von jedermann benutzt werden dürften.

Umschlaggestaltung: Horst Dieter Bürkle, Darmstadt

Gedruckt auf säurefreiem und chlorfrei gebleichtem Papier

ISBN-13: 978-3-531-13609-7   e-ISBN-13: 978-3-322-89022-1
DOI: 10.1007/978-3-322-89022-1

Die Volkskammer der DDR.
Sozialistischer Parlamentarismus in Theorie und Praxis

Werner J. Patzelt / Roland Schirmer, Hrsg.

Vorwort der Herausgeber   9

Teil I: Die Volkskammer als Forschungsgegenstand

1. *Werner J. Patzelt:*
   Die Volkskammer als Gegenstand vergleichender
   Parlamentarismusforschung   13

2. *Roland Schirmer:*
   Die Volkskammer der DDR. Eine Einführung   26

3. *Werner J. Patzelt:*
   Die Volkskammer und ihre Geltungsgeschichte   42

Teil II: Die Volkskammer im Blick von außen

4. *Heinrich Oberreuter:*
   Idee, Norm und Realität sozialistischer Vertretungskörperschaften   75

5. *Lothar de Maizière:*
   Die Volkskammer der DDR – trug sie diesen Namen zu Recht?   87

6. *Roland Schirmer:*
   Die Volkskammer – ein ‚stummes' Parlament? Die Volkskammer
   und ihre Abgeordneten im politischen System der DDR   94

Teil III: Die Volkskammer im Blick von innen

7. *Werner Kalweit:*
   Zur Konzeption und Praxis der Volkskammer 1949-1989   182

8. *Gregor Schirmer:*
   Die Volkskammer und die politische Führung der SED   187

9. *Herbert Kelle:*
    Zeuge der Arbeit der Volkskammer über fast drei Jahrzehnte   195

10. *Günter Hartmann:*
    Fraktionen: parlamentarische Rudimente oder Gremien
    mit Bedeutung?   206

11. *Karl Heinz Schulmeister:*
    Ausschussarbeit am Beispiel des Kulturausschusses   215

12. *Gerd Delenschke:*
    Abgeordnete als Interessenvertreter der Bürger und
    ihres Wahlkreises   227

13. *Ludwig Elm:*
    Persönliche Erfahrungen im Vergleich: die Volkskammer
    und der Bundestag   232

Teil IV: Die Volkskammer im Perspektivenvergleich

14. *Werner J. Patzelt:*
    Wie war die Volkskammer wirklich? Akteurs- und
    Analytikerperspektiven im Vergleich   247

Teil V: Anhang und Dokumentation

Rechtsquellen zur Volkskammer der DDR 1949-1989

1. Einschlägige Auszüge aus den Verfassungen der DDR
    Die Verfassung der DDR von 1949   301
    Die Verfassung der DDR von 1968   317
    Die Verfassung der DDR von 1974   329

2. Gesetz über die Wahlen zu den Volksvertretungen in der Deutschen
    Demokratischen Republik – Wahlgesetz – vom 24. Juni 1976 in der
    Fassung des Gesetzes zur Änderung des Wahlgesetzes vom
    28. Juni 1979   338

3. Geschäftsordnungen der Volkskammer der DDR
    3.1. Geschäftsordnung der Provisorischen Volkskammer der Deutschen
         Demokratischen Republik vom 7. Dezember 1949   350

Inhalt 7

3.2. Geschäftsordnung der Volkskammer der Deutschen Demokratischen
Republik vom 19. November 1954   367
3.3. Geschäftsordnung der Volkskammer der Deutschen Demokratischen
Republik vom 7. Oktober 1974   376

*Quantitative und qualitative Angaben zur Volkskammer
der DDR 1949-1989*

1. Dauer der Wahlperioden   386
2. Wahlergebnisse 1950-1986   387
3. Die Mitglieder der Volkskammer   389
4. Fraktionen   393
5. Ausschüsse   397
6. Plenarsitzungen   401
7. Gesetzgebung   403
8. Wahlkreisarbeit   414
9. Eingaben   416
10. Sekretariat der Volkskammer   417
11. Präsidium der Volkskammer   418
12. Staatsrat   418
13. Öffentlichkeitsarbeit   419
14. Selbstdarstellung   422

Auswahlbibliografie

1. DDR-Literatur   442
2. Sonstige Literatur   462

Quellennachweis der Bilder   470
Abkürzungsverzeichnis   472
Verzeichnis der Autoren   473

Vorwort der Herausgeber

Wie war die sozialistische Volkskammer der DDR wirklich? Dieser Frage widmete sich im Mai 2000 eine Tagung, welche die beiden Herausgeber in Dresden gemeinsam mit der Sächsischen Landeszentrale für politische Bildung durchführten. Im Rahmen des Dresdner Sonderforschungsbereichs ‚Institutionalität und Geschichtlichkeit' aus den Forschungsarbeiten des Teilprojekts K zu den instrumentellen und symbolischen Funktionen von Vertretungskörperschaften hervorgegangen, brachte diese Tagung ehemalige Abgeordnete und Mitarbeiter der sozialistischen Volkskammer mit politikwissenschaftlichen Analytikern dieser Institution zusammen. Das erlaubte es, traditionelle westdeutsche Analysen der Volkskammer mit einer detaillierten Interviewstudie zur Tätigkeit der Volkskammer sowie mit systematischen Darstellungen all dessen aus der Perspektive ehemaliger Abgeordneter zu verbinden.

Die überarbeiteten, zum Teil erheblich erweiterten Beiträge zu dieser Tagung, vermehrt um Anhänge mit weiterführenden Informationen, werden in diesem Band der zeitgeschichtlich oder politikwissenschaftlich an der sozialistischen Volkskammer interessierten Öffentlichkeit übergeben. Unterschiedliche Positionen nebeneinanderstellend und vergleichend, erlaubt es dieses Buch, die Sicht der Volkskammer von innen erstmals systematisch auf jene von außen zu beziehen und den Anspruch der Volkskammer auf bislang breitester Datengrundlage mit ihrer Funktionswirklichkeit zu konfrontieren. So wird sehr erhellender Konsens zwischen Personen sichtbar, die vor fünfzehn Jahren einander nicht nur im Urteil über die Volkskammer als scharfe Gegner gegenübergestanden hätten. Insofern trägt dieser Band mehr als nur ein Scherflein zur gesamtdeutsch gemeinsamen Aufarbeitung des SED-Staates bei. Zumindest im Rückblick fördert er viel Einvernehmen über Tatsachen und Zusammenhänge zutage, deren klare Benennung auch in Westdeutschland lange Zeit den Vorwurf einbrachte, das politische System der DDR mißzuverstehen oder falsch zu beurteilen.

Fast noch lehrreicher ist aber der Dissens zwischen den Autoren. Unübersehbar, im Rahmen gemeinsamer Lebenserfahrungen aber noch leicht zu überbrücken, ist er bereits unter den ehemaligen Abgeordneten und Mitarbeitern der Volkskammer. Bis zur Unvereinbarkeit des Urteils steigert er sich zwischen den westdeutschen und den meisten ostdeutschen Autoren. Auch in den Beiträgen der beiden Herausgeber wird deutlich, dass selbst langjährige gemeinsame Arbeit am gleichen Thema nicht vom Konsens über die Fakten zum Einverständnis über deren Werden und Bewertung führen muß. Wohl oft verdanken sich einvernehmliche zeitgeschichtliche und politikwissenschaftliche Urteile ohnehin nur dem Umstand, dass Zeitzeugen nicht länger widersprechen und die Würdigung von Gemengelagen dort anmahnen können, wo dem Beobachter für das rechte Verständnis des Ganzen die Differenzierung im Detail entbehrlich scheint. In diesem Band findet sich beides:

klare Urteile über das Ganze und sorgfältige Beachtung dessen, ‚wie es wirklich gewesen ist' – zumindest in der Erinnerung und Deutung derer, die berichtet haben.

Die Herausgeber danken dem Direktor der Sächsischen Landeszentrale für politische Bildung, Dr. Wolf-Dieter Legall, für die Ausrichtung jener Tagung, und dem Sprecher des Sonderforschungsbereichs 537 ‚Institutionalität und Geschichtlichkeit', Prof. Dr. Gert Melville, sowohl für die Mitfinanzierung der Tagung als auch für die Vermittlung eines Druckkostenzuschusses, ohne den dieser Band nicht hätte erscheinen können.[1] Dem Buch wünschen sie, dass seine Beiträge eine Institution in Erinnerung halten, die über vier Jahrzehnte eben *auch* eine Ausprägung des deutschen Parlamentarismus war. Selbst wer nicht viel auf sie gab, kann die Lehren schätzen, welche aus ihrer Geschichte zu ziehen sind.

Dresden, im Sommer 2001

Werner J. Patzelt
Roland Schirmer

---

[1] Für die Formatierungsarbeiten an diesem Band danken wir Marcus Oertel und Uwe Martschink.

Teil I: Die Volkskammer als Forschungsgegenstand

Kapitel 1:

Die Volkskammer als Gegenstand vergleichender Parlamentarismusforschung

Werner J. Patzelt

Zwar ist es vorbei mit der Volkskammer. Sie blieb ein Seitenzweig, eine Ausnahme in der Entwicklung des deutschen Parlamentarismus. Aber sie ist Teil von dessen Geschichte. Und sie ist ein Lehrstück über Versuch und Irrtum, über den Unterschied zwischen Absicht und Folgen. Auch darum lohnt sich die Beschäftigung mit ihr.

1. Methodische und analytische Zugänge

Im Grunde ist Forschung zur Volkskammer jetzt erst in fruchtbarer Weise möglich. In der DDR war Apologetik verlangt, in Westdeutschland fehlte der Zugang zum Gegenstand. Nicht, dass man den Charakter und Eigenart der Volkskammer hätte verkennen müssen. In Ost wie West kamen viele seit Jahrzehnten zu Einsichten, die zu ändern es auch nach friedlicher Revolution und Wiedervereinigung keinen Anlass gab. Doch sehr stark prägte trotzdem das Bild, dass in der DDR die Volkskammer als zukunftsweisende Errungenschaft, als dem Bundestag durchaus nicht unterlegen galt, im entspannungspolitisch veränderten Westen aber als – allenfalls immanenter Kritik auszusetzendes – legitimes Kind eines alternativen, vielleicht gar besseren Systementwurfs. Mittlerweile sind die jeweils innenpolitischen Rücksichtnahmen solch weltanschaulicher Großdiskurse entbehrlich geworden, weitgehend auch geschwunden. Die DDR und ihre Volkskammer liegen als abgeschlossene Ausprägungen deutscher Systembaukunst vor aller Augen, der Analyse bestens zugänglich durch offenen Archivzugang und die Möglichkeit, *sine ira et studio* solche Gespräche mit den Akteuren der Zeitgeschichte über vergangene Wirklichkeit und die eigene Rolle darin zu führen, welche die historische Wahrheit ausloten.

Keinen Grund gibt es, derlei nur der Zeitgeschichtsschreibung zu überlassen. Wo das Räderwerk des SED-Staates interessiert, wo die institutionellen Mechanismen jenes staatsbildnerischen Gesamtkunstwerks in Frage stehen, dürfte der systematische Zugriff entlang politikwissenschaftlicher Kategorien sogar besonders nützlich sein. Er fördert von der Außenperspektive her zutage, wie es unterhalb ihrer dem naiven Beobachter sich bietenden Oberfläche mit der Volkskammer und ihrer Rolle im politischen System der DDR wirklich stand. Und dennoch trifft jeder Blick von der Außenperspektive her, wie tief auch immer er reicht, stets erneut auf Oberflächen. Der Stoff politischer Wirklichkeit ist nämlich aus Sinndeutungen und sinngeleitetem Handeln gemacht. Diese Sinndeutungen muss darum nachzeichnen, verstehen und erklären, wer eine Antwort auf die Frage sucht, warum im Fall der DDR, warum im Fall der Volkskammer Absicht und Folgen so weit auseinanderklafften, warum jener Versuch nicht eher abgebrochen wurde, als bis eine auch vom Verstocktesten nicht länger zu leugnende Offenkundigkeit des Irrtums eine ganze politische Klasse ins machtlose Privatleben riss. Unverzichtbar ist darum auch die Innenperspektive, der Blick von Akteuren auf sich selbst, auf ihre Motive, auf ihre damaligen Sinndeutungen und Handlungsumstände. Er prägt weitgehend diesen Band.

Mit welchen Begriffen aber soll man nach der vergangenen Wirklichkeit der Volkskammer greifen? Sind wirklich jene der klassischen Parlamentarismusanalyse angebracht? Wollten sozialistische Vertretungskörperschaften denn nicht *zuallerletzt* das sein: ein Parlament, vergleichbar den verachteten Institutionen der Bourgeoisie? So war es in der Tat – auch wenn weder die sozialistischen Vertretungskörperschaften noch die westlichen Parlamente in den siebziger Jahren viel dagegen hatten, in der Interparlamentarischen Union zusammenzuwirken und einander wie ebenbürtig zu behandeln. Sogar voller Stolz verfuhr man so, wenigstens von Seiten *politischer* Praxis.

Jetzt ist eine *wissenschaftliche* Entscheidung nötig. Entweder man beschließt, unter ‚Parlamentarismus' nur Vertretungskörperschaften mit praktiziertem Pluralismus und auf demokratischer Grundlage zu verstehen. Dann muss man für die Analyse sozialistischer Vertretungskörperschaften einen eigenen Begriffsapparat schaffen und im Grunde auf alle Vergleiche zwischen sozialistischen Vertretungskörperschaften und pluralistisch-demokratischen Parlamenten verzichten. Vergleiche setzen nämlich voraus, dass man über gemeinsame Vergleichskategorien verfügt. Wer nicht vergleicht, schneidet sich aber von vielerlei Erkenntnismöglichkeiten ab. Darum ist es wohl besser, sehr allgemeine Begriffe der Parlamentarismusanalyse einzuführen und diese anschließend durch Fallunterscheidungen so weit zu konkretisieren, dass sowohl übergreifende Vergleichskategorien zur Verfügung stehen als auch vermieden wird, unter dem gleichen Begriff zusammenzufassen, was weder subjektiv noch objektiv zusammengehört. Das Ziel derer, die den ersten Weg wählen, wird dergestalt auch auf dem zweiten Weg erreicht. Also aus guten Gründen schlagen wir ihn ein.[1]

Wir verwenden darum einen überaus breiten Begriff von Parlamentarismus.[2] Keineswegs binden wir diesen Begriff an praktizierten Pluralismus, an die Verwirklichung des Demokratieprinzips oder an den besonderen politischen Einfluss einer Vertretungskörperschaft, schon gar nicht daran, ob sich eine Vertretungskörperschaft selbst als in irgendeinem Sinn ‚parlamentarisch' versteht. Wir sprechen vielmehr von ‚Parlamentarismus' und von einer parlamentarischen Institution stets

---

1 Zum hier benutzten Ansatz vergleichender Parlamentarismusforschung siehe, mit weiteren Literaturhinweisen, W. J. Patzelt 1995; zur evolutionsanalytischen Perspektive siehe ders. 2000.
2 Zur folgenden Begriffsbildung siehe N. W. Polsby 1975. Zur Begriffsgeschichte selbst: H. Boldt 1978.

dann, wenn es in einem politischen System eine Vertretungskörperschaft gibt, der eine politische Aufgabe zumindest zugeschrieben wird. Ist jene Vertretungskörperschaft sehr machtlos, so handelt es sich um *Minimal*parlamentarismus, um ein *Minimalparlament*. Wie sehr ein Parlament umgekehrt machtvoll ist, ergibt sich daraus, wie umfangreich und weitreichend *in der Praxis* seine instrumentellen und symbolischen *Funktionen* sind und ob es eher selbst ein Stabilitätsanker des politischen Systems ist, als der Außenstabilisierung durch andere Institutionen zu bedürfen.

Ein so weitgefasster Parlamentarismusbegriff erlaubt es, aus ganz verschiedenen Wurzeln entstandene Vertretungskörperschaften als Mitglieder derselben Familie von Institutionen zu begreifen und *innerhalb* einer solchen Familie miteinander zu vergleichen. Dann freilich lässt sich sehr wohl der ‚sozialistische Parlamentarismus' jenem gegenüberstellen, dem sich die politikwissenschaftliche Parlamentarismusforschung in erster Linie zuwendet. Diese nämlich versteht als Parlamente oft *nur* Vertretungskörperschaften, die das Repräsentationsprinzip mit dem Prinzip pluralistischer Demokratie verbinden, also aus freien, periodischen Wahlen und somit aus einer *demokratischen*, ursprünglich einer *liberalen* Wurzel hervorgehen.[3] Unter ihnen wird dann meist noch weiter unterschieden zwischen einem voll entwickelten Parlament, das auch Zugriff auf den Bestand und die Zusammensetzung der Regierung hat, und einer bloßen ‚Legislative', welcher dieser Zugriff verwehrt ist, wie machtvoll sie auch sonst sei. Ob nun vom ersteren Typ wie der Deutsche Bundestag oder vom letzteren wie das amerikanische Repräsentantenhaus: Das ist jedenfalls der vergleichsweise seltenste und – vor allem – neueste Typ einer Vertretungskörperschaft. Allenfalls knapp 250 Jahre währt, großzügig bemessen, die Geschichte einer solchen Art von Vertretungskörperschaft, und am Anfang waren die Ansätze von Pluralismus, in England aus einer parlamentarischen Wurzel entstanden durch die ‚Erfindung' von Opposition oder – viel später – von Demokratie, wirklich nicht stark.

Viel älter sind hingegen jene Vertretungskörperschaften, die einer *korporativen* Wurzel entstammen, also auf Ständen, Statusgruppen oder Berufsgruppen aufbauen. Zu ihnen gehören jene Ständeversammlungen, welche Europas Regierungssysteme seit dem Spätmittelalter prägten und die der Absolutismus nur mühsam und manchenorts klein bekam. Bruchlos in England, auf dem Kontinent mit der Französischen Revolution geschuldeten Gegensatzbehauptungen, entstanden aus ihnen die Zwei-Kammer-Systeme des 19. Jahrhunderts mit ihren Herren- und Abgeordnetenhäusern und später, durch Ausweitung des Wahlrechts und durch Rückdrängung der Herrenhäuser, die demokratischen Parlamente Europas. Zu verweisen ist hinsichtlich korporativ erwachsenen Vertretungskörperschaften auch auf jene Ständekammern, die sich in Form von Wirtschafts- und Sozialräten bis heute – von der UNO bis zur V. Französischen Republik – in vielerlei politischen Systemen finden und deren süddeutscher Ableger, der Bayerische Senat, erst unlängst einer Volksabstimmung

---

3 So etwa H. Oberreuter 1978.

zum Opfer fiel. Und es ist ganz unverkennbar, dass auch eine sozialistische Vertretungskörperschaft wie die Volkskammer viele korporative Züge trug: von der gesonderten Vertretung von Jugend, Frauen, Bauern, Gewerkschaften und Kultur bis hin zu den ordenshaften Zügen der SED, die regelrecht einen Stand im Staate darstellte.

Vergessen darf man auch nicht die aus *föderativen* Wurzeln entspringenden Vertretungskörperschaften. Immerhin gehören die *synhédria*, die Bundesräte der griechischen Bundesrepubliken des vierten bis zweiten vorchristlichen Jahrhunderts, zu den ältesten halbwegs bekannten parlamentarischen Institutionen. Auch den Deutschen Bundesrat wird eigentlich nur der aus dem Bereich der Parlamentarismusforschung ausschließen wollen, den allzu enge staatsrechtliche Kategorien am Blick dafür hindern, dass natürlich auch dieses Bundesorgan die Funktionen eines Parlaments erfüllt: Vernetzung zwischen zentralem politischen Entscheidungssystem und (jeweils gliedstaatlicher) Gesellschaft, Gesetzgebung, Regierungskontrolle, im Notstandsfall des Gemeinsamen Ausschusses von Bundestag und Bundesrat sogar Mitwirkung an der Regierungsbildung. Der Ministerrat der Europäischen Union, bzw. der Europäische Rat, wird dem Deutschen Bundesrat ohnehin eines Tages noch mehr ähneln als heute schon und möglicherweise zum anderen ‚Haus' eines bikameralen Europäischen Parlaments werden. Föderativ waren – und sind bis heute – auch jene Generalkapitel, über die sich die christlichen Orden seit weit über einem Jahrtausend regieren.

Warum aber sollte man sich überhaupt so weitgespannte Vergleiche wünschen, die das Synhedrion des achäischen Bundes mit dem englischen Unterhaus, das Generalkapitel der Dominikaner mit dem Wirtschafts- und Sozialrat der V. Französischen Republik analytisch auf eine Ebene stellen – und dann freilich auch vor dem Vergleich des demokratischen mit dem sozialistischen Parlamentarismus, des Deutschen Bundestages mit der Volkskammer der DDR nicht zurückscheuen? Die Antwort lautet: Vieles spricht dafür, dass Vertretungskörperschaften allein schon vom *Typ* dieser Institution her einem von ihnen mitgesteuerten System *Vorteile* verschaffen können, weswegen man durchaus ausfindig machen sollte, von welcher Ausgestaltung und institutioneller Einbettung einer Vertretungskörperschaft es abhängt, ob man aus einem solchen Gremium wirklich viel oder wenig Nutzen ziehen kann. Weil nun aber bei der Konstruktion des politischen Systems der DDR offenbar einiges nicht nachhaltig gelang, mag es keine schlechte Idee sein zu überprüfen, ob denn nicht auch ihre oberste Volksvertretung, die Volkskammer also, Konstruktionsmängel aufwies, die im Lauf der Zeit der DDR selbst schadeten oder ihr wenigstens viel weniger an Nutzen stifteten, als das ihre oberste Vertretungskörperschaft sonst hätte leisten können. Lassen sich aber solche Konstruktionsmängel der Volkskammer – oder anderer sozialistischer wie nichtsozialistischer Parlamente – ausfindig machen, dann spricht viel dafür, dass man aus ihnen Nützliches für ein besseres Design von politischen Systemen und Parlamenten lernen könnte.

2. Parlamente: Institutionalisierte Entwicklungsvorteile politischer Systeme?

Parlamente, hier aus guten Gründen im ganz weiten Sinn verstanden, haben sich inzwischen über nachgerade alle Staaten verbreitet. Es gibt kaum mehr einen Flekken Erde, für den nicht irgendein Parlament oder parlamentsähnliches Gebilde zuständig wäre – auch dort, wo bürgerlich-politische Freiheit weder blüht noch dialektisch aufgehoben ist. Dabei gab es Parlamente außerhalb des europäischen Kulturkreises zunächst kaum. Auch in der europäischen Antike waren sie selten[4] und überdauerten das Mittelalter vor allem im Institutionengefüge der Kirche, nämlich als Synoden und Konzilien sowie als Generalkapitel der christlichen Orden. So richtig greifbar werden sie dann als fest etablierte Ständeversammlungen, als Land- und Reichsstände, deren englische – die Houses of Parliament – sich zur Mutter der neuzeitlichen Parlamente entwickelten. Mit der Assemblée nationale der französischen Revolution wurde sodann der Intention nach demokratischer Parlamentarismus geschaffen. Dieser, verwirklicht durch freie, periodische Wahlen einer Vertretungskörperschaft, ist zwar immer noch eine Rarität, sobald wir den Blick über die ‚westliche' Staatenwelt hinaus weiten. Doch die Verbreitungsgeschwindigkeit des Institutionstyps eines Parlaments im weiteren Sinn gleicht seit dem 19. Jahrhundert der Ausbreitungsrate einer erfolgreichen Spezies. Warum ist das so? Handelt es sich nur um westlichen Institutionenexport und seine Folgen? Oder erbringen sogar machtlose Parlamente, selbst wenig beeindruckende Vertretungskörperschaften für eine Gesellschaft und ihr Staatswesen immer wieder Leistungen, die durchaus wichtig sind, sich aber nicht gleich dem ersten Blick erschließen?

Genau das vermuten wir. Wir glauben, dass Parlamente für zumal moderne, komplexe Gesellschaften und für die sie steuernden politischen Systeme überaus wertvolle Leistungen erbringen können. Die Nutzung eines Parlaments scheint eine Gesellschaft und ihr politisches System leistungsstärker, anpassungsfähiger und zukunftsträchtiger zu machen, als das ohne die Wirksamkeit einer Vertretungskörperschaft der Fall wäre. Parlamente bändigen also nicht einfach bloß die Macht einer Exekutive; sie haben viel mehr Wirkungen als nur die, ein *gouvernement modéré* hervorzubringen. Sie sind auch nicht simpel ein Notbehelf zur Verwirklichung des Demokratieprinzips in Massengesellschaften. Vielmehr können sie die staatliche Machtausübung intelligenter, ein politisches System steuerungsfähiger machen – wenn man sie nur läßt und dafür die Voraussetzungen schafft.

Die Rede ist hier von den *Leistungen*, den *Funktionen*, die eine Vertretungskörperschaft für ihr umbettendes System, die ein Parlament für die von ihm mitgesteuerte Gesellschaft erbringen kann. Im einzelnen sprechen wir in diesem Zusammenhang einesteils von den *instrumentellen* Funktionen einer parlamentarischen Institution. Diese Funktionen sind weiter danach zu unterscheiden, ob sie eher manifest sind, sich also in Übereinstimmung mit einer allgemein bekannten Leitidee des Parlaments befinden, oder eher latent, also zwar von jener Leitidee abweichen, ihr aber

---

4 Beispiele sind die *boulaí* der altgriechischen Stadtstaaten, die *synhédria* der hellenistischen Bundesrepubliken, der republikanische römische Senat oder die ‚Provinziallandtage' des römischen Kaiserreiches.

auch nicht widersprechen und darum der Institution zurechenbaren Nutzen stiften können. Andernteils fragen wir nach den – ebenfalls manifesten oder latenten – *symbolischen* Funktionen, die Parlamente erfüllen: erstens, indem sie durch die Darstellung ihrer Leitideen und Geltungsansprüche sich selbst als Institutionen stabilisieren; zweitens, indem sie durch glaubhafte Symbolisierung der eigenen Legitimität zum Glauben daran beitragen, das gesamte politische Institutionengefüge, zu dem sie einen wichtigen Beitrag der Steuerung und Integration leisten, bestehe und regiere zu Recht. Zugespitzt lautet unsere erkenntnisleitende Vermutung also: Effiziente Parlamente machen durch die Erfüllung ihrer – manifesten oder latenten – instrumentellen und symbolischen Funktionen eine Gesellschaft und ihr politisches System lernfähiger, leistungsfähiger und stabiler; und sie stellen intelligente Strukturen dar, die jenen Regimen, die über sie verfügen, Entwicklungs- und Wettbewerbsvorteile erschließen.[5] Dann freilich hat es schon seinen Grund, warum Staaten mit starken Parlamenten meist in der ersten Liga gesellschaftlicher und wirtschaftlicher Entwicklung spielen, jene komplexen Gesellschaften hingegen oft dahinkümmern, die ihre Vertretungskörperschaften klein und wirkungslos halten.

In einer solchen Betrachtungsweise gewinnt die Unterscheidung von machtlosem Minimalparlamentarismus, wie er etwa die sozialistischen Staaten kennzeichnete, und dem oft recht machtvollen Parlamentarismus eines präsidentiellen oder parlamentarischen Regierungssystems eine Bedeutung, die weit über eine bloße Klassifikation politischer Strukturen als eines gesellschaftlichen Überbauphänomens hinausweist. Stimmt nämlich unsere erkenntnisleitende Vermutung, so läßt sich nicht nur für die Vergangenheit feststellen, sondern auch für die Zukunft prognostizieren, dass die Entwicklung einer modernen Gesellschaft nur behindert, dass Widersprüche zwischen ökonomischer Basis und politischem Überbau ganz sicher herbeiführt, wer den Aufbau von machtvollem – und das heißt heute: von demokratisch-pluralistischem – Parlamentarismus verhindert. Die in solchen Fällen vom Parlament *nicht* mitbewirkte, darum wohl *überhaupt* nicht bewirkte und trotzdem *nötige* Systemanpassung wird dann entweder vom eines Tages aus seinen Fesseln befreiten Parlament ausgehen, oder der ganze politisch-institutionelle Überbau wird im entstandenen revolutionären Klima zusammensacken und dann entweder durch institutionelle Neuschöpfung oder durch Institutionenimport ersetzt werden. So erging es Frankreichs *ancien régime*, so erging es den sozialistischen Staaten.

Ein solches Forschungsinteresse geht offenbar weit über die DDR und ihre Form des Parlamentarismus hinaus. In der Tat interessiert uns ganz allgemein, warum und worin der Typ einer Vertretungskörperschaft ein politisches System bereichern kann, und wovon es abhängt, ob eine Vertretungskörperschaft wirklich effizient in der Erfüllung ihrer möglichen instrumentellen und symbolischen Funktionen ist. Ein solches Anliegen verlangt vergleichendes Vorgehen, das möglichst unterschiedliche Vertretungskörperschaften gleichzeitig betrachtet. Genau so gehen wir insgesamt vor, wenn auch nicht in diesem Band. Vor allem vergleichen wir föderativ

---

5 Siehe W. J. Patzelt 1997 und ders. 2001b.

komponierte Vertretungskörperschaften mit den Zentralparlamenten von Einheitsstaaten, Parlamentarismus liberaldemokratischer Prägung mit solchem der sozialistischen Staatenwelt.[6] Weil der Sozialismus im 20. Jahrhundert die große Systemalternative zum liberaldemokratischen Verfassungsstaat darstellte, ist gerade diese zweite Vergleichsdimension zur retrospektiven politischen Selbstverständigung und als Lektion für die Zukunft sehr erhellend. Darum liegt es besonders nahe, detailliert die oberste Volksvertretung eines Staates zu untersuchen, der – wie die DDR – ein sozialistischer Musterstaat sein wollte und auch war.

3. Kategorien des Parlamentsvergleichs und der Volkskammeranalyse

Doch kann man so unterschiedliche Institutionen überhaupt vergleichen? Wer Vergleichen für Gleichsetzen hält, muss derlei wohl zurückweisen. Doch natürlich hat Vergleichen mit Gleichsetzen nichts zu tun. Vergleichen meint nur: nach Ähnlichem und nach Verschiedenem zu suchen anhand analytischer Kategorien, die es erlauben, eine möglichst wichtige Frage zu formulieren und zutreffend zu beantworten. Unsere Frage ist die nach jenen Lern- und Steuerungsvorteilen politischer Systeme, die sich durch das Agieren einer Vertretungskörperschaft wohl gewinnen lassen. Doch welche analytischen Kategorien ermöglichen einen hier zielführenden Vergleich? Wir gewinnen sie einesteils aus der klassischen Parlamentarismusforschung,[7] anderenteils aus dem Ansatz institutioneller Analyse.[8]

3.1. Parlamentsfunktionen

Klassische Parlamentarismustheorie arbeitet jene Funktionen heraus, die Parlamente für ihr politisches System und für ihre Gesellschaft erfüllen. Am bekanntesten sind die Funktionen der *Gesetzgebung* und der *Regierungskontrolle*, wobei das parlamentarische Budgetrecht für beide Funktionen einen Angelpunkt darstellt. Selbst die Regierung zu übernehmen und als Versammlungsregierung zu fungieren, mag man als – zu Effizienzverlusten führenden – Grenzfall dichtester parlamentarischer Regierungskontrolle ansehen. Im englischen Parlamentarismus hat sich seit dem 18. Jahrhundert ferner die Funktion der *Regierungsbildung* herausgebildet, d.h. der Sicherung einer stabilen Regierungsmehrheit bzw. der Abberufung der Regierung, und wurde von dort in viele andere Staaten übernommen. Wenn ein Parlament auch

---

6 Zu diesem Ansatz des vom erstgenannten Herausgeber geleiteten Teilprojekts K im Dresdner Sonderforschungsbereich ‚Institutionalität und Geschichtlichkeit' siehe W. J. Patzelt 1997, und ders. 2001b. Vergleichend werden untersucht: Deutscher Bundesrat, kanadischer Senat und Nationenkammer der Tschechoslowakei; Deutscher Bundestag, Französische Assemblée nationale, Europäisches Parlament und Volkskammer der DDR.
7 Siehe u.a. J. Blondel 1973, G. Loewenberg/S. Patterson 1979; Loewenberg 1985, M. L. Mezey 1979; N. W. J. Polsby 1975.
8 Hierzu siehe mit weiteren Verweisen W. J. Patzelt 2001b.

diese Funktion der Regierungsabberufung oder Regierungsbildung besitzt, ist ein parlamentarisches Regierungssystem konstituiert.

Am leichtesten wird die parlamentarische *Repräsentationsfunktion* übersehen. Deren Erfüllung beginnt damit, dass ein Parlament über seine Abgeordneten ein verläßlich nutzbares Netzwerk an Kontakten und Kommunikationsroutinen aufbaut, welches das zentrale politische Entscheidungssystem mit der Gesellschaft verbindet (‚Vernetzungsfunktion'). Über dieses Netzwerk gilt es dann, Informationen über die Wünsche und Interessen, über die Probleme und Präferenzen der Bevölkerung in die zentrale politische Willensbildung und Entscheidungsfindung einzuführen (‚Responsivitätsfunktion'). Des weiteren muss der Bevölkerung immer wieder gezeigt werden, dass ihre Sorgen und Ansichten der politischen Klasse wirklich bekannt sind und von ihr auch ernstgenommen werden. Ganz wesentlich tragen hierzu die öffentlichen Debatten im Plenum des Parlaments und die parlamentarische Öffentlichkeitsarbeit bei (‚Artikulationsfunktion', ‚Öffentlichkeitsfunktion'), doch auch die Wahlkreisarbeit von Abgeordneten sowie deren ‚Bürgerservice', also die konkrete Hilfe seitens von Abgeordneten in einer Vielzahl von Einzelfällen. Nicht zuletzt müssen politische Entscheidungen, welche Mandatsträger kraft ihres Amtes getroffen haben oder als Entscheidungen der Regierung unterstützen, dem Volk immer wieder erläutert werden, um dergestalt für deren Akzeptanz zu werben und Vertrauen für das politische Institutionensystem zu stiften (‚kommunikative Führungsfunktion'). Vernetzung, Responsivität, Artikulation und Führung: auf diesen Akkord kann man die parlamentarische Repräsentationsfunktion bringen. Es fällt schwer, sich – außer der evidenten Aufgabe institutioneller Selbstreproduktion – noch weitere Funktionen einer Vertretungskörperschaft vorzustellen.

Dieser Katalog von Parlamentsfunktionen erlaubt es, die nun wirklich verschiedensten Vertretungskörperschaften daraufhin zu vergleichen, was und wieviel sie jeweils für ihr politisches System leisten und aufgrund ihrer institutionellen Rahmenbedingungen leisten können bzw. leisten dürfen. Minimalparlamente sind zweifellos solche, die bei der Gesetzgebung im Grunde nur Ja und bei der Regierungskontrolle kaum etwas zu sagen haben. Sie werden für die Steuerung und Integration einer zu regierenden Gesellschaft sehr viel weniger Nutzen entfalten können als das jene Parlamente tun, die alle Parlamentsfunktionen ungehindert und effizient erfüllen. Doch natürlich kann auch ein auf Kommunikations-, Responsivitäts- und Führungsleistungen reduzierter Parlamentarismus für eine Gesellschaft nützlich sein. Dessen Abgeordnete werden zwar *in* der Vertretungskörperschaft wenig auszurichten haben. Das muss sie aber nicht daran hindern, im Kontakt mit den Bürgern, mit gesellschaftlichen Organisationen und mit Betrieben Wertvolles zu leisten: kleinere Probleme kraft Amtsautorität und eigenen Kontakten zu lösen, Einflussfäden zwischen gesellschaftlicher Peripherie und Machtzentrum zu spinnen, informelle Hebelmechanismen abseits formeller Zuständigkeiten zu installieren. Von Machtlosigkeit im Bereich der manifesten Parlamentsfunktionen sollte man also nicht vorschnell auf das Fehlen latenten Nutzens schließen.

3.2. Einsichten institutioneller Analyse

Doch warum kommt es überhaupt vor, dass sich ein Staat zwar ein Parlament hält, dessen nützlichsten Leistungen dann aber nach Kräften unterbindet? Institutionelle Analyse hilft bei der Suche nach tragfähigen Antworten. Ihr Ansatz[9] erschließt Institutionen von ihren Leitideen her, also von daher, was deren Sinn und Zweck sowie ein wichtiger Teil der Motivation ihrer Akteure sein mag. Im theoretischen Idealfall hätte eine Institution eine einzige klare Leitidee und könnte von ihr aus folgerichtig strukturiert werden. Doch in Wirklichkeit verfolgen Institutionen – falls sie denn historisch gewachsen oder unter Kompromissnotwendigkeiten geschaffen sind – meist ein ganzes Bündel von Leitideen, die einander sogar in die Quere kommen können. Im schlimmsten Fall hat eine Institution sowohl eine symbolisch vorgeblendete *deklamatorische* Leitidee als auch eine tatsächlich ins Werk gesetzte *instrumentelle* Leitidee, die beide einander widersprechen.

Eben das war bei der Volkskammer der Fall. Einesteils sollte sie den Willen der SED in jene staatlichen Normen umformen, die es in der Tradition europäischer Staatlichkeit nun einmal braucht, wenn Herrschaftshandeln nicht als willkürlich, sondern als gesetzlich gelten soll.[10] Transmissionsinstitution des SED-Willens zu sein: Das war in der Tat die instrumentell ganz klar verfolgte Leitidee der Volkskammer. Anderenteils gab die Volkskammer sich aber als neuartige, dem bürgerlichen Parlamentarismus überlegene Form einer ‚wirklichen' Volksvertretung. Aus dem bürgerlichen Parlamentarismus war sie aber erwachsen und hatte auch nach vier Jahrzehnten nicht alle Eierschalen solcher Herkunft abgestreift. Überdies stand die Volkskammer in propagandistischer Konkurrenz zum westlichen, zumal westdeutschen Parlamentsmodell, was die Beibehaltung einiger Formen des bürgerlichen Parlamentarismus sogar anriet. Deswegen wurden ihrer instrumentellen Leitidee durchaus fremde Merkmale geduldet oder gar gepflegt, sofern sie – ohne realpolitisch zu stören – die Selbstdarstellung als wahrhafte und wahrhaft arbeitende Vertretung eines geeinten Volkes beglaubigen mochten. Das Mehrfraktionenprinzip diente dem ebenso wie der durch sozialstrukturelle Repräsentativität glaubhaft gemachte Anspruch auf eine wirkungsvolle gesellschaftliche Vernetzung, das Ritual von doch zweifellos in Einstimmigkeit mündenden Debatten ebenso wie die Ehrenamtlichkeit des Mandats, welche die Volksvertreter als ‚Menschen wie du und ich' zeigen sollte.

Nun haben institutionelle Gefüge aber stets eine Eigenlogik des Funktionierens, eine auch recht eigendynamische Funktionslogik, die man nicht nach Wunsch und Belieben um ihre Existenz bringen kann, solange man bestimmte institutionelle Strukturen aufrechterhält. Wo es etwa parlamentarische Strukturen gibt, werden ihre Akteure diese auch nutzen, etwa um sich in die Gesetzgebung einzumischen, um die

---

9 Zu dessen Durchführung siehe etwa die Beiträge über die Volkskammer der DDR, die Nationenkammer der Tschechoslowakei, den kanadischen Senat und die französische Nationalversammlung in W. J. Patzelt 2001a.
10 Was freilich noch lange nicht dazu führen muß, dass es sich auch um einen Rechtsstaat handelt!

Regierung zu kontrollieren oder um mit der Bevölkerung – auf diese Weise eigene Autorität schöpfend – in engen Kontakt zu treten. Das alles *wird* geschehen, falls man Abgeordnete und Parlamente nicht umsichtig daran *hindert*. Die sozialistische Volkskammer der DDR – und zumal ihre Endphase zwischen dem November 1989 und dem März 1990 – ist ein gutes Beispiel dafür, was beim Wegfall solcher Bremsen geschieht. Doch solange die Macht der SED Bestand hatte, waren derartige Bremsen dem DDR-Parlamentarismus kunstvoll eingebaut und machten ihn zu einem wahrhaft sozialistischen. Dennoch aber blieb er Parlamentarismus, nämlich von seinen – nach Wegfall der SED-Macht dann auch realisierten – Möglichkeiten her. Immer schon kollidierte nämlich mit dem manifesten Zweck der Volkskammer, ein Transmissionsriemen der SED zu sein, der deklamatorische Anspruch der DDR, eine *Volksvertretung* als oberstes Staatsorgan haben zu wollen. Die Bremse griff, indem theoretisch die Staatsmacht von der politischen Macht unterschieden und die letztere, mit revolutionärer und geschichtsspekulativer Rechtfertigung, als legitimer Führungsanspruch kommunistischer Avantgarde der ersteren unkontrolliert übergeordnet wurde. Doch jederzeit *konnte* hier wieder parlamentarische Macht entstehen, falls die SED nachließ, die Bedingungen dieser Möglichkeit außer Funktion zu halten. Als im Herbst 1989 die Macht der SED anfing gebrochen zu werden, hauchte das denn auch der Volkskammer – und selbst noch der sozialistischen – sofort wieder neues Leben ein.

Nur als gefesseltes Parlament war die Volkskammer, aufgrund ihrer instrumentell ernstgemeinten Leitidee als Transmissionsinstitution, für die SED akzeptabel. Doch gleichzeitig verlangte ihre deklamatorische Leitidee, eine überlegene Vertretungskörperschaft neuen Typs zu sein, eben die Tatsache dieser Fesselung zu verbergen. Das machte jede ernstgemeinte Analyse der Volkskammer für die Träger des SED-Staates unerquicklich, die Institution selbst unflexibel und für Leute mit Gestaltungswillen zunächst einmal viel weniger attraktiv als höhere SED-Funktionen. Vor allem aber entzog jene Fesselung dem politischen und gesellschaftlichen System der DDR einen großen Teil jenes Nutzens, den Parlamente nun einmal stiften können, wenn sie ihre Repräsentations-, Gesetzgebungs- und an die Regierung gerichtete Kontrollfunktion erfüllen. Doch mit dem Führungsanspruch und Wahrheitsmonopol einer privilegierten politischen Gruppe verträgt sich effizienter Parlamentarismus nun einmal nicht. Die Auszehrung parlamentarischen Leistungsvermögens war somit der Preis, der für die Errichtung und Aufrechterhaltung der SED-Diktatur zu zahlen war. Die Zinsen für den hier aufzunehmenden politischen Kredit haben schließlich die SED und die DDR ruiniert.

4. Die Volkskammer, ihre Abgeordneten und deren Verantwortung

Die Frage nach dem Nutzen, den Parlamente stiften können, interessiert hoffentlich viele Politikwissenschaftler, idealerweise auch einige Politiker, möglicherweise auch den einen oder anderen Journalisten und Bürger. Doch in empirischen Studien muss die Beschäftigung mit Institutionen, muss zumal die zeitgeschichtliche Analyse nicht enden. Ungemein nahe liegt nämlich stets die normative Frage: Ist oder war denn dasjenige *gut*, was wir untersuchen? Wie weit ist oder war es *schlecht*? Was wären brauchbare *Kriterien* eines solchen Urteils? Und wer trägt die *Verantwortung* für das, was wir beurteilen? Wer ist zu loben, wenn wir etwas als gut beurteilen – und wer zu tadeln oder zu bestrafen, wenn unser Urteil auf fahrlässige oder vorsätzliche Schuld lautet? Solche Fragen gehen uns alle als Bürger an, die wir durch Tun oder Lassen schon rein faktisch an der Geltung jener ethischen Grundsätze mitwirken, nach denen wir uns regieren oder regieren lassen wollen. Auch hinsichtlich der Volkskammer der DDR – ebenso wie natürlich mit Blick auf den Deutschen Bundestag – sollten wir uns darum nicht gegen die Anmutung sperren, Antworten auf die folgenden Fragen zu finden: Liegt eine eher gute oder eher schlechte Institution vor? Nach welchen Kriterien fällen wir jenes Urteil? Und wer ist für das Werden und Wirken einer solchen Institution verantwortlich – vor wem, und mit welchen Folgen?

Als Kriterium für die Beurteilung eines Parlaments kommt zunächst einmal in Frage, welche Parlamentsfunktionen es wie gut erfüllt. Die schlechte Erfüllung so gut wie keiner Parlamentsfunktion wird, alle mildernden Umstände eingerechnet, zu einem schlechteren Urteil führen, als wenn eine parlamentarische Institution sämtliche Parlamentsfunktionen vorzüglich erfüllt. Solches *benchmarking* erreicht aber noch nicht den Kernbereich normativer Analyse. Dieser ist erst dann erreicht, wenn es um die Leitidee einer Institution geht, zumal um die instrumentelle Leitidee und darum, welches Verhältnis möglicherweise zwischen der instrumentellen und den deklamatorischen Leitideen besteht. Denn wenn man eine instrumentell ernstgemeinte Leitidee durch eine deklamatorische Leitidee meint verblenden zu sollen, so ist das stets ein erster Hinweis auf einen möglicherweise fragwürdigen ethischen Gehalt der instrumentellen Leitidee. In der Tat kann die instrumentelle Leitidee selbst schlecht sein – bemessen etwa daran, ob sie der Sicherung von Menschenrechten und persönlicher Freiheit eher dient oder eher schadet. Einem Parlament, und somit auch der Volkskammer, mit solchen Fragen zu kommen, ist keineswegs ‚unwissenschaftlich' – es sei denn, man verstünde unter Wissenschaft bloß Positivismus und stellte sich alle Theorie nur als empirische, nie aber als *kritische* Theorie vor.

Benchmarking, also eine Evaluation der Qualität parlamentarischer Funktionserfüllung, nehmen die Herausgeber dieses Bandes für die Volkskammer durchgehend vor. Das *normative* Urteil überlassen sie den Autoren, ohne aber mit dem eigenen Urteil hinter dem Berg zu halten. Weitestgehend offen halten sie die Frage nach der *Verantwortung*. Ersprießliches zeitigt sie nämlich vor allem dann, wenn sie jeder für sich und ohne das Gefühl angehen kann, allein schon durch die Frage auf eine Anklagebank gedrängt zu werden. Doch immerhin formulieren und konkretisieren muss man diese Frage. Sie gliedert sich dann so auf: Vor wem sind und wofür waren die Mitglieder der sozialistischen Volkskammer wirklich verantwortlich? Für ihre Kandidatur zur Volkskammer? Für ihr individuelles Handeln? Für das ganze politische System, dessen Teil die Volkskammer war? Für die Grenzen der Einflussmöglichkeiten der Volkskammer und ihrer Mitglieder? Für das, was der SED-Staat jenseits der Einflussmöglichkeiten der Volkskammer tat? Dafür, dass man als herausgehobener DDR-Bürger, wie es ein Mitglied der Volkskammer war, dieses blieb, obwohl man nicht billigte, was jenseits eigener Einflussmöglichkeiten geschah? Und vor wem wurde die eine oder andere Art solcher Verantwortung je übernommen? Worin bestand derartige Verantwortungsübernahme? Und wann endete sie? Mit der DDR – oder auch heute noch nicht?

Solche Fragen sind leichter zu stellen als zu beantworten – zumal von jenen, die nur Beobachter sind und waren. Man sollte jene Fragen aber auch nicht ignorieren, weder als Analytiker noch als ehemaliger Akteur. Ebensowenig sollten wir aber ignorieren, dass sich faire und tragfähige Antworten auf solche Fragen nur dann finden lassen, wenn man auch die Alltagswirklichkeit der Volkskammer und ihrer Abgeordneten gründlich versteht. Darum ist, gerade bei vergleichender Betrachtung, die Sicht *von innen* so wichtig. Sie ist allerdings nicht die *einzig* legitime Perspektive. Fruchtbar wird sie vor allem im Vergleich mit dem, was sich aus *anderer* Perspektive zeigt, und im Vergleich mit dem, wie die Alltagswirklichkeit anderer Parlamente und anderer politischer Systeme beschaffen ist. Aus solchen Vergleichen möglichst viel zu lernen, das muss – nächst einem historisch angemessenem Verstehen der Volkskammer – unser Ziel sein: als Politikwissenschaftler, als Betrachter der Zeitgeschichte, als Bürger.

Literaturverzeichnis:

Blondel, Jean (1973): Comparative Legislatures, Englewood Cliffs, London (etc.): Prentice-Hall.

Boldt, Hans (1978) Parlamentarismus: In: Otto Brunner u.a. (Hrsg.): Geschichtliche Grundbegriffe. Historisches Lexikon zur politisch-sozialen Sprache in Deutschland, Bd. 4, Stuttgart: Klett, S. 649-676.

Loewenberg, Gerhard u.a. (Hrsg.) (1985): Handbook of Legislative Research, Cambridge/Mass.: Harvard Univ. Press.

Loewenberg, Gerhard/Patterson, Samuel C. (1979): Comparing Legislatures, Lanham u.a.: Univ. Pr. of America.

Mezey, Michael L. (1979): Comparative Legislatures, Durham: Duke Univ. Press.

Oberreuter, Heinrich (1978): Kann der Parlamentarismus überleben? Bund-Länder-Europa, 2. Aufl. Zürich: Ed. Interfrom.

Patzelt, Werner, J. (1995): Vergleichende Parlamentarismusforschung als Schlüssel zum Systemvergleich. Vorschläge zu einer Theorie- und Forschungsdebatte. In: Steffani, Winfried/Thaysen, Uwe (Hrsg.) (1995): Demokratie in Europa. Zur Rolle der Parlamente (= Zeitschrift für Parlamentsfragen, Sonderband zum 25jährigen Bestehen), Opladen: Westdeutscher Verlag, S. 355-385.

Patzelt, Werner J. (1997) Instrumentelle und symbolische Funktionen von Repräsentationsinstitutionen, in: Institutionalität und Geschichtlichkeit. Ein neuer Sonderforschungsbereich stellt sich vor. Eine Informationsbroschüre im Auftrag des SFB 537, hrsg. vom Sprecher, Dresden (Universitätsdruck), S. 127-138.

Patzelt, Werner J. (2000): Institutions as Knowledge-Gaining Systems, in: Evolution and Cognition 6, 2000/1, S. 70-83.

Patzelt, Werner J. (Hrsg.) (2001a): Parlamente und ihre Symbolik. Programm und Beispiele institutioneller Analyse, Wiesbaden: Westdeutscher Verlag.

Patzelt, Werner J. (2001b): Grundzüge einer ‚institutionellen Analyse' von Parlamenten. In: Patzelt, Werner J. (Hrsg.): Parlamente und ihre Symbolik. Programme und Beispiele institutioneller Analyse, Wiesbaden: Westdeutscher Verlag, S. 12-38.

Polsby, Nelson W. Legislatures, in: Greenstein, Fred J./ders., (Hrsg.) (1975): Handbook of Political Science, Bd. 5, Reading/Mass.: Addison-Wesley, S. 257-319, v.a. S. 262-277.

Kapitel 2:

Die Volkskammer der DDR. Eine Einführung

Roland Schirmer

1. Der Charakter der Volkskammer

Als sich am 7. Oktober 1949 die Provisorische Volkskammer in Berlin konstituierte, war bereits die Frage entschieden, ob sie ein Parlament oder eine sozialistische Volksvertretung werden sollte.[1] Nachdem die KPD seit dem VII. Weltkongress der Kommunistischen Internationale 1935 unter dem Druck der eigenen politischen Defensive aus bündnistaktischen Gründen von ihrem antiparlamentarischen Kurs der zwanziger Jahre abgewichen war und statt einer deutschen Sowjetrepublik eine deutsche demokratische Republik mit mehr oder weniger parlamentarischen Zügen gefordert hatte, verfügte sie mit dieser Strategie unmittelbar nach 1945 über eine geeignete Konzeption, um zumindest in der sowjetischen Besatzungszone und mit Hilfe der dortigen Besatzungsmacht schrittweise wieder an politischem Einfluss zu gewinnen. Das Ziel einer parlamentarischen Demokratie berücksichtigte zwar die Erwartungen vieler Bürger und auch der anderen damals zugelassenen Parteien, entsprach allerdings nicht den tatsächlichen Interessen der deutschen und sowjetischen Kommunisten. Deshalb begannen die KPD und später die SED sehr schnell, wieder ihre Überlegungen von einem parlamentarischen System zurückzunehmen.[2] Im Herbst 1949 konnte sich die SED ihrer Macht in Ostdeutschland sicher genug sein, um mit der Volkskammer kein Parlament, sondern eine Vertretungskörperschaft ‚neuen Typs' zu formieren, mit der man den geplanten Aufbau des Sozialismus in Angriff nehmen konnte. Ganz im Sinne der von Marx und Lenin geforderten Ersetzung der Parlamente durch revolutionäre Vertretungskörperschaften des Proletariats interpretierte die SED die Volksvertretungen der DDR als staatliche Machtorgane, durch welche die Arbeiterklasse unter Führung der SED und im Bündnis mit den anderen werktätigen Klassen und Schichten die politische Macht ausübt.[3]

Die Volkskammer galt für ihre Gründungselite als historisch-notwendige Alternative zum Parlamentarismus, als eine Vertretungskörperschaft, in der die Einheit

---

[1] An zentraler DDR-Literatur zur Volkskammer sei verwiesen auf: H. Kelle/T. Riemann 1989; E. Poppe 1959; A. Steiniger 1949, K. Polak 1963, O. Unger/I. Fiedler/R. Acker 1988, Volkskammer (Hrsg.) 1987. Die wichtigsten westdeutschen Analysen der Volkskammer waren: D. Feddersen 1965, S. Lammich 1977, P. J. Lapp 1975, H. Roggemann 1974, S. Mampel 1997, H. Oberreuter 1980, G. Neugebauer 1974, H. Weber 2000.

[2] Deutlich wird das bereits am Verfassungsentwurf des Parteivorstandes der SED von 1946, vgl. SED 1946.

[3] Volkskammer (Hrsg.) 1987, S.19.

von politischer Führung und Bevölkerung in bisher nicht gekannter Art und Weise ermöglicht wurde. Noch bis zum Herbst 1989 verstand sich die Volkskammer als Repräsentationsinstitution, welche aus der marxistisch-leninistischen Kritik am Parlamentarismus die nötigen Lehren gezogen und Defizite wie Parteienegoismus, Bürgerferne, einseitige Parteinahme für das Kapital, persönliche Bereicherungssucht von Berufsabgeordneten und institutionelle Selbstblockade durch lähmende politische Gewaltenteilung progressiv überwunden habe. Dies schien möglich geworden zu sein, weil in der Volkskammer angeblich Sachprobleme parteiübergreifend und ergebnisorientiert diskutiert wurden statt im ‚Parteiengezänk' parteipolitischer Selbstprofilierung unterzugehen. Abgeordnete und Bürger sah man eng miteinander verbunden, wozu die formal weitreichenden Kompetenzen der Bürger, von ihren Mandataren Rechenschaft zu fordern und sie notfalls sogar aus der Volksvertretung abberufen zu können, ebenso beitragen sollten wie die strikte Ablehnung des Berufsparlamentariertums. Auch Gewaltenteilung begrenze nicht mehr die Souveränität der Volksvertretung; sie sei gesetzgebende und vollziehende Kraft zugleich, und nur sie selbst könne die Rechtmäßigkeit der von ihr erlassenen Gesetze überprüfen. Schließlich – so argumentierte man seitens der offiziellen DDR-Vertreter – hätten die bitteren Erfahrungen des Nationalsozialismus sowie die Vergesellschaftung des Eigentums an den Produktionsmitteln die Grundlage für eine weitgehende Interessenübereinstimmung aller werktätigen Klassen und Schichten in der DDR geschaffen, welche angesichts der wissenschaftlich begründeten Fähigkeit der SED, den Gesamtwillen des Volkes richtig zu erkennen, politischen Pluralismus und parlamentarischen Interessenausgleich unnötig machte.

Ausgehend von diesen Annahmen definierte 1987 ihr Präsidium die Volkskammer und alle Volksvertretungen in der DDR als die umfassendsten Massenorganisationen der Werktätigen, denen die Ausübung der Staatsmacht übertragen worden sei. In ihnen konzentrierten

> „... sich alle Energien und Aktivitäten der Bürger unserer Republik zur weiteren Gestaltung der entwickelten sozialistischen Gesellschaft. Die Volksvertretungen verwirklichen in ihrer Tätigkeit die Einheit von Beschlussfassung, Durchführung und Kontrolle der Durchführung. Damit wurden in der Deutschen Demokratischen Republik wie in allen sozialistischen Ländern der Parlamentarismus der bürgerlichen Gesellschaft durch arbeitende Körperschaften ersetzt und die einheitliche sozialistische Staatsmacht geschaffen."[4]

Diese Charakterisierung der Volkskammer in der offiziellen politischen Literatur der DDR hatte sich sehr weit von ihrer wirklichen Rolle im politischen System der DDR entfernt und stand in gravierendem Widerspruch zu ihrer Wahrnehmung durch die Mehrzahl der DDR-Bürger, die in ihr eine eher unscheinbare Institution im Schatten der Macht sahen. Der Vision von einer historisch dem Parlamentarismus überlegenen Vertretungskörperschaft endete praktisch darin, dass die Volkskammer eine von der SED abhängige Institution ohne nennenswerte Kompetenzen wurde.

---

4 Ebenda.

Der Suprematie[5] der SED unterstellt, ohne legalen politischen Pluralismus und Gewaltenteilung, eingebettet in den streng hierarchischen Aufbau des unitarischen Staates und den Prinzipien des ‚demokratischen Zentralismus' unterworfen, blieb vom verfassungsrechtlichen Versprechen, ‚oberstes staatliches Machtorgan' zu sein, dessen Rechte von niemandem eingeschränkt werden können, nur der deklamatorische Anspruch übrig. Unter den realpolitischen Bedingungen unumschränkter SED-Herrschaft endete die Utopie von einer überlegenen Vertretungskörperschaft neuen Typs in der Zweitrangigkeit einer nachgeordneten Institution. Mit der Durchsetzung der staatsrechtlichen Grundlagen des Sozialismus war in der DDR nicht nur die Basis für Parlamentarismus, sondern auch für Demokratie weitgehend entzogen.

2. Die Entstehung der Volkskammer

Nach dem Ende des 2. Weltkrieges begann sich in den deutschen Besatzungszonen schrittweise das politische Institutionengefüge neu herauszubilden. Während sich insbesondere die Kommunalstrukturen unter dem großen praktischen Handlungsdruck schnell formierten, war die Konstituierung vor allem der zentralen politischen Institutionen, darunter speziell der nationalen Volksvertretung, abhängig von der grundsätzlichen Frage nach dem Charakter des künftigen deutschen Staates bzw. der künftigen deutschen Staaten.

Die KPD und später die SED verfolgten ihr Ziel von einem antifaschistisch-demokratischen Gesamtdeutschland, in dem sie selbst die entscheidende Rolle spielen wollten, u.a. durch die Initiierung und Unterstützung einer „Volkskongressbewegung für Einheit und gerechten Frieden". Diese von ihr wesentlich getragene, zonenübergreifende Bewegung sollte nicht nur die ‚imperialistische Politik der Spaltung Deutschlands' verhindern helfen, sondern darüber hinaus den wesentlichen Mitgestaltungsanspruch der SED an einem neuen Deutschland legitimieren. Seit dem 1. Volkskongress am 6. und 7. Dezember 1947 sah man in dessen politischer und sozialer Zusammensetzung „die erste gesamtdeutsche überparteiliche Repräsentation des deutschen Volkes nach 1945".[6] Im März 1948 wählte der 2. Deutsche Volkskongress den Deutschen Volksrat als beratendes und beschließendes Organ zwischen den Kongressen. Mit dessen Präsidium und Ausschüssen bildeten sich bereits Strukturen der zukünftigen Volkskammer heraus. Durch jene Strukturen erfolgte auch die Erarbeitung des Verfassungsentwurfs für die DDR. Als dann im September 1949 die Bundesrepublik Deutschland gegründet war, konstituierte sich am 7. Oktober aus dem 3. Deutschen Volkskongress mit seinen 330 Mitgliedern die Provisorische Volkskammer der DDR, welche in ihrer ersten Sitzung das Gesetz über die Verfassung der Deutschen Demokratischen Republik verabschiedete. Die

---

5 Dieser Begriff wurde eingeführt von S. Mampel 1982, S. 100 ff.; vgl. auch E. Jesse 1989, S. 1820-1844, S. 1822.
6 Volkskammer (Hrsg.) 1987, S. 11.

erste Wahl einer Volkskammer erfolgte, später und nach einem anderen Wahlmodus als ursprünglich festgelegt, im September 1950.

Abbildung 1: Die konstituierende Sitzung der Provisorischen Volkskammer am 7. Oktober 1949

3. Die Volkskammer und ihre Organe

Die Volkskammer verstand sich als das oberste staatliche Machtorgan der DDR, welches in seinen Plenartagungen über die Grundfragen der Staatspolitik entschied und die einzige verfassungs- und gesetzgebende Institution war. Eine besondere Rolle spielten die Volkswirtschaftspläne, welche seit der zweiten Wahlperiode den Rang von Gesetzen erhielten. Zu den weiteren Aufgaben der Volkskammer gehörte die Wahl des Präsidiums der Volksvertretung, des Vorsitzenden und der Mitglieder des Ministerrates, des Vorsitzenden des Nationalen Verteidigungsrates, des Präsidenten und der Richter der Obersten Gerichtes sowie des Generalstaatsanwaltes. Alle diese Einrichtungen wurden als rechenschaftspflichtige Organe der Volkskammer definiert, deren Tätigkeitsgrundsätze von dieser zu bestimmen waren. Die Volksvertretungen der Kommunen, Kreise und Bezirke waren der Volkskammer unterstellt. Dieses normative Selbstverständnis berücksichtigte allerdings nicht den seit 1968 zum Verfassungsgrundsatz erhoben und schon früher verbindlichen politischen Führungsanspruch der SED, welcher damit letztlich alle staatlichen und gesellschaftlichen Akteure untergeordnet waren und der von niemandem – außer der KPdSU – kontrolliert werden konnte.

Die Volkskammer bestand bis 1963 aus 466, seither aus 500 Abgeordneten, die für die Dauer von vier, später fünf Jahren gewählt wurden. Seit den Volkskammerwahlen von 1958 wurden neben den Abgeordneten auch Nachfolgekandidaten gewählt, deren Anzahl ursprünglich auf 100 Personen beschränkt blieb, später jedoch bis auf über 200 erhöht wurde.[7] Nachfolgekandidaten besaßen zwar kein allgemeines Stimmrecht, nahmen aber weitgehend gleichberechtigt an allen Arbeitsprozessen teil und konnten auch in den Ausschüssen abstimmen.[8] Sie verstärkten vor allem die Kommunikationsfähigkeit der Vertretungskörperschaft mit der Gesellschaft und bildeten darüber hinaus eine bereits gewählte und kaderpolitisch überprüfte Personalreserve für den Fall, dass ausscheidende Abgeordnete ersetzt werden mussten.

In ihrer Gesamtheit sollten die Abgeordneten der Volkskammer die „politisch-moralische Einheit aller Klassen und Schichten des Volkes unter Führung der Arbeiterklasse und ihrer marxistisch-leninistischen Partei [verkörpern]".[9] Sie stellten eine von den politischen Funktionaleliten der DDR getroffene Auswahl unter für idealtypisch gehaltenen Repräsentanten des sozialistischen Deutschland dar. Ein konkreter, z.T. auch in der Verfassung enthaltener Katalog von Rechten und Pflichten definierte ihre Aufgaben. Im Mittelpunkt stand dabei die gewünschte legitimitätsstiftende enge Verbindung zu den Bürgern, der u.a. die strikte Beibehaltung des ehrenamtlichen Mandats dienen sollte. Dies war eng gekoppelt an die Zielvorgabe, den Bürgern die Politik des sozialistischen Staates und damit der führenden Partei zu erläutern, wozu Aussprachen und Sprechstunden durchzuführen waren. Formal bestand eine weitgehende Rechenschaftspflicht der Abgeordneten vor ihren Wählern. Letztere konnten sie theoretisch jederzeit abberufen. Diese ‚Kontrolle durch die Bürger' ließ sich allerdings in der Praxis kaum durchführen, weil sie am Vorrecht der SED scheiterte, politische Personalfragen zu entscheiden. So besaßen die Bürger beispielsweise keine Möglichkeit, eigenständig Kandidaten für eine Wahl aufzustellen.

Anders als die Abgeordneten freiheitlicher Parlamente waren die der Volkskammer an Aufträge gebunden und besaßen kein freies Mandat. Selbst wenn durch die formelle Rechtsetzung der durchaus gewünschte Eindruck vermittelt wurde, dass die Abgeordneten an die Aufträge ihrer Wähler gebunden seien, waren sie das in der Praxis vor allem an die Wünsche der führenden Partei, also der SED.

Alle fünf in der DDR bis 1989 bestehenden Parteien sowie weitere vier bzw. fünf Massenorganisationen waren in der Volkskammer mit einer bereits vor den Wahlen feststehenden Anzahl von Sitzen vertreten. Sowohl die Parteien und Organisationen wie auch deren Mandatszahlen änderten sich in den neun Wahlperioden der sozialistischen Volksvertretung nur geringfügig und stellten nie die zugunsten der SED wirkenden Mehrheitsverhältnisse in Frage. In der ersten Wahlperiode war noch die Ostberliner SPD aus politisch-taktischen Gründen mit sechs Mandaten vertreten; seit 1986 erhielt auch wieder die Vereinigung der gegenseitigen Bauernhilfe nach 23 Jahren Abwesenheit 14 Sitze.[10]

---

7 Siehe § 7 des Gesetzes über die Wahlen zur Volkskammer am 16.11.1958 vom 24.9.1958 (GBL I, S. 677); sowie S. Lapp 1975, S. 76; und vgl. Tabelle 5 im Anhang, S. 390.
8 § 29 der Geschäftsordnung der Volkskammer vom 7. Oktober 1974, im Anhang S. 381.
9 Volkskammer (Hrsg.) 1987, S. 24.
10 Siehe Anhang Tabelle 14, S. 394. Über die inhaltlichen Hintergründe dieser Ereignisse siehe den Beitrag von R. Schirmer „Die Volkskammer – ein ‚stummes' Parlament?" in diesem Band S. 155 f.

Auf dieser Grundlage bildeten sich fast durchgängig neun bzw. zehn Fraktionen, deren Handlungsmöglichkeiten praktisch nicht allzu groß waren. Ihr Hauptzweck bestand darin, aktiv an der gemeinsamen Gestaltung der sozialistischen Gesellschaft mitzuwirken. Über die Ursachen solcher Gemeinsamkeit führte eine Selbstdarstellung der Volkskammer aus:

> „Die Basis des gemeinsamen Handelns der Fraktionen ist die Übereinstimmung der Parteien und Massenorganisationen in den politischen Grundfragen – der Erhaltung des Friedens und der Förderung des gesellschaftlichen Fortschritts. Ihre Wurzeln hat sie im gemeinsamen Widerstandskampf der deutschen Antifaschisten gegen das Hitlerregime."[11]

Eine bedeutsame Rolle bei der Organisierung des Zusammenwirkens der Fraktionen spielte der Demokratische Block, welcher als ‚Form der kameradschaftlichen Zusammenarbeit der SED mit den verbündeten Parteien und Massenorganisationen' verstanden wurde. Er stellte nicht nur ein entscheidendes Gremium dar, über welches die SED ihre politische Führung außerparlamentarisch durchsetzen konnte, sondern bot weiterhin die Möglichkeit, immer wieder entstehende Probleme und Differenzen zu klären. Damit wird deutlich, dass die Fraktionen der Volkskammer kaum originäre Aufgaben besaßen, es sei denn die der symbolischen Dokumentation politischer Einheit. Kaum ein anderes Gremium der sozialistischen Volksvertretung war dem politischen System der DDR so fremd wie die Fraktionen.

Abbildung 2: Honecker im Gespräch mit den Vorsitzenden der Blockparteien und dem Präsidenten des Nationalrates der Nationalen Front, Oktober 1988

---

11 Volkskammer (Hrsg.) 1980, S. 9.

Nach der Funktionslogik der Volkskammer bildeten ihre Abgeordneten das Plenum,[12] deren Tagungen die „grundlegende und höchste Form der Tätigkeit der obersten Volksvertretung [sind]".[13] Hier sollten die Entscheidungen der Volkskammer vorbereitet, Beschlüsse gefasst und deren Durchführung kontrolliert werden. Die Qualität der Volksvertretung, eine arbeitende Körperschaft zu sein, begründete sich wesentlich aus der Plenartätigkeit und der damit einhergehenden Ausschussarbeit. Im Widerspruch dazu zeigt die langjährige Statistik, dass die Anzahl der Tagungen des Plenums fast kontinuierlich zurückging. Waren es in der 1. Wahlperiode noch 50 Sitzungen in vier Jahren, kamen die Abgeordneten in den fünf Jahren der 8. Wahlperiode nur noch zwölfmal zusammen.[14]

Das Präsidium leitete die Arbeit der Volkskammer gemäß ihrer Geschäftsordnung und gewährleistete die Vorbereitung der Tagungen. Die Existenz eines weiteren Steuerungsorgans in Gestalt des Ältestenrates erübrigte sich mangels klar abgrenzbarer Aufgaben in einer sozialistischen Vertretungskörperschaft mit insgesamt eher geringem Regelungsbedarf; der Ältestenrat wurde folgerichtig 1974 aufgelöst. Seither waren alle Fraktionen im Präsidium vertreten. Mit der Zunahme der außenpolitischen Repräsentationsaufgaben der Volkskammer im Zuge der allgemeinen diplomatischen Anerkennung der DDR Anfang der siebziger Jahre übernahm 1976 mit Horst Sindermann ein Politbüromitglied das Präsidentenamt, welches seit 1949 traditionell Politikern von Blockparteien zugestanden hatte.

Abbildung 3: Tagung der Volkskammer, Präsidium

Dem Präsidium unmittelbar unterstellt war das Sekretariat der Volkskammer, also dessen Verwaltung. Diese war mit ihren ungefähr 100 Mitarbeitern personell und materiell mit vergleichsweise geringen Ressourcen ausgestattet, was auf einen eher

---

12 Volkskammer (Hrsg.) 1987, S. 25.
13 H. Kelle/T. Riemann 1989, S. 50.
14 Vgl. im Anhang Tabelle 26, S. 402.

weniger umfangreichen Bedarf der Volkskammer hindeutet. Haupttätigkeitsfelder waren, legt man die Anzahl der dafür eingesetzten Mitarbeiter zugrunde, die allgemeine Verwaltung, das stenografische Amt sowie die Betreuung der Ausschüsse. Besonders gering war der explizite Aufwand für die Öffentlichkeitsarbeit und den wissenschaftlichen Dienst.[15]

Wichtigste Arbeitsgremien der Volkskammer waren ihre meist 15 Ausschüsse. Sie hatten die Aufgabe, Gesetzentwürfe zu beraten. Dabei lag der offiziell gesetzte Schwerpunkt weniger in der inhaltlichen Sacharbeit und Prüfung der vorgelegten Gesetzesentwürfe, sondern vielmehr darin, diesbezüglich Akzeptanz bei der Bevölkerung zu erreichen und später die Wirksamkeit der Gesetze zu überprüfen. Dies liest sich in einer Broschüre der Volkskammer so:

„Sie [die Ausschüsse] haben die Aufgabe, mit den Wählern Gesetzentwürfe zu beraten und diese Dokumente für die Behandlung im Plenum der Volkskammer vorzubereiten. Darüber hinaus prüfen sie ständig, wie die beschlossenen Gesetze in der Praxis wirken. Sie helfen, gute Erfahrungen bei ihrer Verwirklichung zu verallgemeinern und Probleme einer Klärung zuzuführen."[16]

Der Staatsrat war als Organ der Volkskammer das kollektive Staatsoberhaupt, welches u.a. die DDR völkerrechtlich vertrat. In den sechziger Jahren, unter dem Vorsitz von Walter Ulbricht, erhielt er zunehmend die Aufgabe eines leitenden Führungsgremiums der Volksvertretung. Er begann auch zunehmend Rechtsetzung zu praktizieren, womit sich das verfassungsrechtliche Unterordnungsverhältnis zur Volkskammer faktisch umkehrte. Nach der politischen Entmachtung Ulbrichts verlor der Staatsrat wieder an Bedeutung.

Als weiteres rechenschaftspflichtiges Organ der Volkskammer hatte der Ministerrat in deren Auftrag die ‚einheitliche Durchführung der Staatspolitik der DDR' zu leiten. In seiner Verantwortung stand die Erfüllung der Volkswirtschaftspläne, die Sicherung der ökonomischen Zusammenarbeit mit den anderen sozialistischen Ländern und die Durchführung der Außenpolitik.

4. Wahlen

Wahlen, auch die zur Volkskammer, besaßen in der DDR nicht den Sinn, wechselnde Mehrheitsverhältnisse in den Vertretungskörperschaften hervorzubringen und politische Macht auf Zeit zu vergeben. Ihr Ziel war es vielmehr, die enge Verbundenheit von Staat und Volk zu symbolisieren. Deshalb waren Wahlen auf der Basis der Einheitslisten der Nationalen Front vorrangig Volksaussprachen über die Grundfragen der Politik[17], ohne diese allerdings in Frage stellen zu sollen. Die sozialistische Verfassung der DDR von 1968/74 sowie das entsprechende Wahlgesetz verbinden allgemein-demokratische Wahlgrundsätze mit ‚unverzichtbaren sozialisti-

---

15 Vgl. Abbildung 3 im Anhang, S. 417.
16 Volkskammer (Hrsg.) 1980, S.13f.
17 Vgl. Artikel 22 der Verfassung von 1974 im Anhang dieses Bandes S. 332.

schen Wahlprinzipien'. Trotz gewisser Möglichkeiten von Bürgern, Arbeitskollektiven und Organisationen, Kandidaten zu prüfen, zu kritisieren und sie auch im Einzelfall abzulehnen, behielt die SED letztlich die vollständige Kontrolle darüber, wer als Kandidat aufgestellt und gewählt wurde. Gegen ihren Willen konnte bis 1990 niemand Mitglied in der Volkskammer werden. Die sozialistischen Wahlen waren eben „Ausdruck der Machtausübung durch die von der Arbeiterklasse und ihrer marxistisch-leninistischen Partei geführten Werktätigen".[18] Deshalb konnten die Wahlergebnisse kein wirklicher Indikator für die Zustimmung der Bürger für die gewählte Institution und die Politik des Staates sein. Viele alltagspraktische Mechanismen und vorsorgliche Maßnahmen verhinderten ohnehin eine Stimmabgabe oder eine Wahlbeteilung, welche verlässliche Rückschlüsse auf die tatsächliche Stimmung im Lande und auf die Legitimationsbasis der Volkskammer zugelassen hätten. Als dies in den letzten Jahren der DDR immer weniger den Unmut vieler auch bei Wahlen verhindern konnte, griff man auf massive Methoden offener Wahlfälschung zurück, um den symbolischen Schein der Einheit von Partei und Volk zu wahren.[19]

5. Tagungsorte der Volkskammer

Die Tagungsorte der Volksvertretung besaßen, gewollt und ungewollt, einen erheblichen symbolischen Wert. Die Gründung der Provisorischen Volkskammer vollzog sich am 7. Oktober 1949 im Hause der Deutschen Wirtschaftskommission in der Leipziger Straße, also im Zentrum von Berlin, unweit der Ruine der früheren Reichskanzlei, und in Anwesenheit tausender auf dem, nun nach Thälmann benannten, Platz versammelter Menschen.[20] Auch durch diesen Ort sollte der Anspruch des neuen Staates und seiner Vertretungskörperschaft hervorgehoben werden, eine konsequente geschichtliche Wende zur reaktionären und faschistischen deutschen Vergangenheit eingeleitet zu haben. Dieser Bruch war gleichzeitig zu verstehen als Fortführung der revolutionären Traditionen und Errungenschaften der deutschen Arbeiterbewegung, die nun zur Grundlage der Staatspolitik erhoben sei. Die offizielle Geschichtsschreibung der DDR beschreibt das so:

> „Die geschichtliche Wende beinhaltete Bruch und zugleich Fortsetzung – Bruch mit dem faschistischen, militaristischen, imperialistischen, reaktionären und volksfeindlichen Erbe und mit allen daran geknüpften Traditionen; Bewahrung, ‚Aufhebung' und Wandlung des humanistischen, wirklich demokratischen und progressiven Erbes der deutschen Geschichte und Fortführung aller entsprechenden, insbesondere der proletarisch-revolutionären Traditionen."[21]

Von ganz anderer symbolischer Qualität war ihr Domizil in der Luisenstraße, welches die Volkskammer 1950 bezog und in dem sie, mit geringen Unterbrechungen,

---

18 O. Unger/I. Fiedler/I. Acker 1988, S. 37.
19 Vgl. K. Marxen/G. Werle (Hrsg.) 2000.
20 SED 1966, S. 9.
21 R. Badstübner 1989, S. 459.

bis zum Juni 1976 untergebracht war. Der frühere Universitätsbau war weder repräsentativ noch erfüllte er funktionell die Anforderungen an eine moderne Volksvertretung. Selbst elementare Bedingungen für ein normales Funktionieren der Volkskammer wurden immer mangelhafter erfüllt. So reichten die Sitzplätze nach der personellen Aufstockung der Volkskammer und der Integration von Nachfolgekandidaten im Plenarsaal nicht mehr aus, und die Abgeordneten klagten über eine unzureichende Belüftung.[22] In den siebziger Jahren fanden auch deshalb Tagungen der Volksvertretung im neuerbauten Kongresssaal am Alexanderplatz statt.

Nachdem bereits alle anderen zentralen politischen Institutionen der DDR angemessene Gebäude erhalten hatten, fristete lediglich die Volkskammer diesbezüglich noch ein unterprivilegiertes Dasein. Darin ist durchaus eine ungewollte, jedoch funktionslogisch folgerichtige Symbolik zu erkennen. Da die Volkskammer im politischen System der DDR lediglich eine untergeordnete Bedeutung besaß, musste ihre Arbeitsfähigkeit nicht durch außergewöhnliche Ressourcenzuwendung verbessert werden. Dieser Zustand ließ sich ideologisch korrekt mit der Behauptung erklären, dass eine solche spartanische Ausstattung dem Anliegen der Institution entspräche, im Interesse der Bürger keine unnötigen Mittel zu verausgaben, womit sie im wohltuenden Gegensatz zum aufwendigen Repräsentationsstil westlicher Parlamente stünde.

Mit der formell wachsenden Rolle der Volkskammer im Gefolge der internationalen Anerkennung der DDR 1973 ließ sich ein derartiger Zustand allerdings nicht mehr rechtfertigen. Die oberste Volksvertretung rückte nunmehr stärker in das öffentliche Blickfeld vor allem im Westen. Im Juni 1976 konnte die Volkskammer dann ihre neue Unterkunft im gerade errichteten Palast der Republik am Marx-Engels-Platz beziehen, dem früheren und heutigen Schlossplatz, unweit des ZK- und Staatsratsgebäudes.

Sie erhielt damit ein vor allem repräsentatives Gebäude, welches sie allerdings zum überwiegenden Teil nicht selber nutzen konnte, sondern das als Kulturhaus mit Gaststätten, einem Theater und Freizeiteinrichtungen konzipiert war. Wieder wurde mit starker Symbolik die Volkskammer in ein Konzept eingebunden, welches sie in dekorativer Einheit von Volkssouveränität und Volkswohlstand zeigt. Die Volksvertretung beschreibt diesen Umstand so:

„Dieser Palast der Republik soll ein Haus des Volkes werden, die Stätte verantwortungsbewußter Beratungen der höchsten Volksvertretung unseres Arbeiter-und-Bauern-Staates, ein Ort wichtiger Kongresse und internationaler Begegnungen. Unsere sozialistische Kultur wird hier ebenso eine Heimstatt finden wie Frohsinn und Geselligkeit der werktätigen Menschen."[23]

---

22. Zur symbolischen Funktion der Volkskammer und ihrer Gebäude vgl. R. Schirmer 2001, S. 136-197.
23 Volkskammer (Hrsg.) 1987, S. 34.

Abbildung 4: Palast der Republik; im Vordergrund Denkmal des Freiherrn von Stein

Selbst in den letzten Monaten ihrer Existenz begleitete die Volkskammer eine auffallende Symbolträchtigkeit ihrer Tagungsgebäude: Im Jahr 1990 musste sie aus bautechnischen Gründen in das ehemalige Gebäude des Zentralkomitees der SED umziehen. Dort wurde auch bemerkenswerterweise über den Beitritt der DDR zur Bundesrepublik abgestimmt. Damit blieb in gewisser Hinsicht die Volkskammer während ihrer gesamten Existenz im Schatten der SED.

6. Institutioneller Wandel

In den fast vierzig Jahren ihrer Existenz veränderte sich die sozialistische Volkskammer anscheinend nur wenig. Überwiegend erweckte sie den gewollten Eindruck von Dauerhaftigkeit und Stabilität. Diese Art von Stabilität gründete allerdings auf der Ablehnung flexibler Reformstrategien, also auf dem Fehlen einer institutionellen Anpassung an notwendige Veränderungen im umgebenden Milieu. Gerade das minimierte weitgehend das institutionelle Problemlösungsvermögen der Volkskammer.

Dennoch unterlag auch die sozialistische Volkskammer einem erkennbaren Wandlungsprozess in ihrer Leitidee, Struktur sowie ihren symbolischen und instrumentellen Funktionen. Doch dieser vollzog sich überwiegend wenig transparent, weil die SED oft nur geringes Interesse besaß, ihr Reagieren auf veränderte Rahmenbedingungen öffentlich zu machen. Das galt beispielsweise für den unmittelbar nach der Gründung der DDR entstehenden Konflikt zwischen der verfassungsrechtlichen Grundlage und der Verfassungswirklichkeit des Staates.

So wurde im Unterschied zur ersten Verfassung die Volkskammer seit 1950 nicht nach dem Verhältniswahlrecht, sondern auf der Grundlage von Einheitslisten des Demokratischen Blocks gewählt. Abgeordnete besaßen kein freies Mandat, sondern ein imperatives, gebunden an den politischen Willen der SED. Selbst minimale Regierungskontrolle wurde fast unmöglich. Generell schränkte das faktisch herrschende Rechtsverständnis in der DDR die in der ersten Verfassung noch enthaltenen parlamentsähnlichen Normen ein oder neutralisierte sie zumindest. Das galt, wenn auch weniger unmittelbar, ebenso für die Leitidee der Volkskammer. Aus einer Vertretungskörperschaft eines einheitlichen Deutschland wurde schließlich das oberste staatliche Machtorgan der sozialistischen DDR.

Charakteristisch für die ersten Wahlperioden ist auch die definitive Akzeptanz einer vollständigen Unterordnung der Volkskammer unter den politischen Führungsanspruch der SED. Mit dem so erfolgten Umbau des politischen Systems festigte die Partei endgültig ihre Herrschaft auf Kosten des eigenständigen Handlungsspielraums der obersten Volksvertretung. Dies drückt sich u.a. in der kontinuierlich zurückgehenden Zahl der Plenartagungen, der Anpassung der Arbeitsrhythmen der Volkskammer an die des ZK der SED, der weitgehenden Personalunion von SED-Spitzenfunktionären und Amtsinhabern der Volkskammer sowie in der verfassungsrechtlichen Verankerung der SED-Suprematie aus.

Als 1960 der Staatsrat als Nachfolgeinstitution für das Amt eines Präsidenten der Republik gebildet wurde, erfolgte eine weitere Auslagerung von Kompetenzen aus der Volkskammer hin zum Staatsrat. Mit der Beseitigung der ständigen Volkskammer-Ausschüsse ging auch formell ein weiteres Stück institutioneller Arbeitsfähigkeit verloren. Die verbleibenden Fachausschüsse hatten von da an bis 1974 dem Staatsrat als bloß noch formell untergeordnetem Organ der Volkskammer zuzuarbeiten. Sogar ihre Verwaltung musste die Volksvertretung an ihn zeitweilig abgeben.

Viele strukturelle Veränderungen in den vierzig Jahren der Volkskammer ergaben sich recht zwangsläufig aus den gesellschaftlichen Umfeldbedingungen oder aus neuen Bewertungen und Orientierungen der SED, ohne institutionell wirklich bedeutsam zu sein. Das galt für die Modifikationen im Ausschussgefüge, bei den minimalen Veränderungen einzelner Fraktionen oder im Falle der Abschaffung des Ältestenrates 1974. Symbolisch-politische Wirkung wurde dagegen bewusst angestrebt, indem seit 1958 mehr Kandidaten zur Wahl gestellt wurden, als Mandate zu vergeben waren. Einerseits konnte so der Anschein von Auswahlmöglichkeiten durch die Wähler erweckt werden. Andererseits erhielt man durch die überzähligen Bewerber Nachfolgekandidaten, die fast gleichberechtigt in die Parlamentsarbeit integriert wurden, und damit einen personellen Reservepool für ausscheidende Abgeordnete bildeten.

In anderer Weise symbolisch war die 1979 vollzogene Gleichstellung der Ostberliner Abgeordneten in der Volkskammer, wodurch letztere nicht nur volles Stimmrecht erhielten, sondern seither wie die anderen gewählt und nicht mehr von der Stadtverordnetenversammlung delegiert wurden. Diese Entscheidung sollte seitens der Partei- und Staatsführung der DDR die endgültige Ablehnung des nach

Kriegsende festgelegten besonderen politischen Status von Gesamtberlin signalisieren.

Veränderungen mit hingegen erkennbarer instrumenteller Bedeutung vollzogen sich vor allem auf drei wichtigen Gebieten: beim Bemühen um mehr Bürgernähe, in der Profilierung der Ausschüsse und ihrer Arbeitsgruppen bei der Kontrolle der Wirksamkeit von Gesetzen in der Praxis, und bei der internationalen Arbeit der Volkskammer.

Zu den Bestrebungen um mehr Bürgernähe gehört die 1958 vollzogene Einführung von Wahlkreisen und deren Verkleinerung 1963.[24] Obwohl dies beim herrschenden Wahlprinzip keine Bedeutung für die Verteilung der Mandate besaß, ist darin das Bemühen um mehr Bindung der Abgeordneten an ihre Wähler zu erkennen. Da die Volkskammer und ihre Mandatare vorrangig die Aufgabe hatten, den Bürgern die Politik des Staates zu erklären und die politische Führung über die Lage in der Gesellschaft zu informieren, gab es in diesem Bereich immer wieder Optimierungsbestrebungen. Zu den offensichtlich weniger erfolgreichen Versuchen gehört die seit den fünfziger Jahren übliche Praxis der Wähleraufträge. Geplant als Form der Massenunterstützung für die Politik der SED, gerieten sie immer stärker zur Möglichkeit von Bürgern und Bürgergruppen, auf unlösbare Probleme aufmerksam zu machen oder Kritik zu äußern. Daraufhin wurde diese Praxis in den achtziger Jahren weit weniger propagiert und benutzt. Mehr Legitimation versprach man sich im übrigen auch von mehr formaler Bürgerbeteiligung im Prozeß der Kandidatenaufstellung, so in Gestalt der seit 1974 üblichen Kandidatenvorstellung in den Arbeitskollektiven.

Mit der zunehmenden Komplexität gesellschaftlicher Prozesse wurden die Anforderungen an die handlungssichernde Wirkung von Gesetzen wichtiger. Deshalb erhielten die Arbeitsgruppen der Volkskammer-Ausschüsse seit den sechziger Jahren zunehmend den Auftrag, die konkreten Auswirkungen der Gesetze zu überprüfen und nötigenfalls Korrekturen zu veranlassen. Schließlich nahm diese ‚Kontrolle der Durchführung von Gesetzen' mehr Zeit in Anspruch als die sonstige Ausschussarbeit.[25] Im übrigen spielte die Volkskammer bereits in der Vorbereitungsphase der breiten internationalen Anerkennung der DDR eine nicht zu unterschätzende Rolle. Seither kamen auf sie weitere Aufgaben zu. Innerhalb der Interparlamentarischen Union warben Abgeordnete etwa für ihre Institution sowie für den von ihr repräsentierenden Staat und beteiligten sich an der internationalen Arbeit. Als neues Gremium wurde 1963 zu diesem Zweck die interparlamentarische Gruppe der Volkskammer gebildet.

Ihren radikalsten Wandel vollzog die Volkskammer unter dem Druck der demonstrierenden Bürger seit dem Herbst 1989. Mit dem Zerbrechen der SED-Herrschaft emanzipierten sich noch in der 9. Wahlperiode die Fraktionen als eigenständig handelnde Gremien und Interessenvertreter einer bestimmten Klientel. Die

---

24 Vgl. O. Unger/I. Fiedler/R. Acker 1988, S. 23f.
25 Vgl. Tabelle 22 und Tabelle 23 im Anhang, S. 399f.

Abgeordneten folgten nicht mehr dem Gebot einheitlichen Abstimmungsverhaltens; die Ausschüsse begannen sich zu Foren echter Willensbildung und Kompromissbildung zu entwickeln; und im Plenum wurde um öffentliche Akzeptanz für unterschiedliche Positionen und Konzepte geworben. Mit den freien Volkskammerwahlen vom 18. März 1990 erhielt die Volksvertretung endlich eine wirklich demokratische Legitimationsbasis.

Selbst nach 40 Jahren konnten sich die parlamentarischen Strukturrudimente der sozialistischen Vertretungskörperschaft also rasch wieder mit institutionellem Leben füllen. Dies geschah allerdings nicht aus eigenem Antrieb, sondern bedurfte – ganz im Sinne der bisherigen Funktionsweise einer nachgeordneten Institution – der Fremdinitiative, diesmal von Seiten des in Bewegung geratenen Volks der DDR. Der Preis für solches Wiedererwachen des Parlaments war allerdings deren Selbstauflösung.

Abbildung 5: Palast der Republik, Sitz der Volkskammer, im Sommer 1990

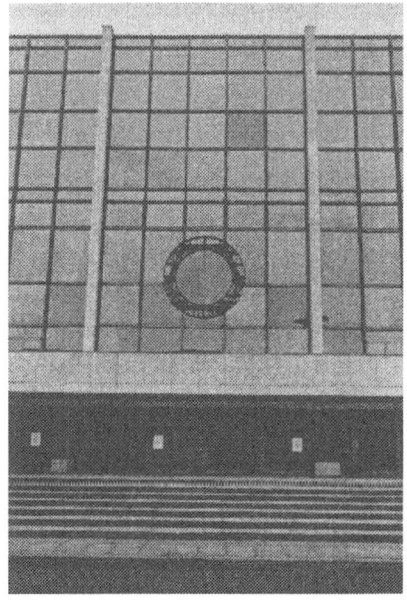

Literaturverzeichnis:

Badstübner, Rolf et al. (Hrsg.) (1989): Deutsche Geschichte. Band 9, Köln: Pahl-Rugenstein.

Feddersen, Dieter (1965): Die Rolle der Volksvertretungen in der Deutschen Demokratischen Republik, Hamburg: Hansischer Gildenverlag.

Jesse, Eckhard (1989): Die Volkskammer der DDR: Befugnisse und Verfahren nach Verfassung und politischer Praxis. In: Schneider, Hans-Peter/Zeh, Wolfgang (Hrsg.) (1989): Parlamentsrecht und Parlamentspraxis in der Bundesrepublik Deutschland. Ein Handbuch, Berlin, New York: Walter de Gruyter, S. 1820-1844.

Kelle, Herbert/Riemann, Tord (1989): Die Volkskammer – wie sie arbeitet, Berlin (Ost): Staatsverlag der Deutschen Demokratischen Republik.

Lammich, Siegfried (1977): Grundzüge des sozialistischen Parlamentarismus, Baden-Baden: Nomos Verlagsgesellschaft.

Lapp, Peter Joachim (1975): Die Volkskammer der DDR, Opladen: Westdeutscher Verlag.

Mampel, Siegfried (1982): Die Sozialistische Verfassung der Deutschen Demokratischen Republik, Frankfurt am Main: Metzner.

Mampel, Siegfried (1997): Die sozialistische Verfassung der Deutschen Demokratischen Republik: Kommentar, Goldbach: Keip.

Marxen, Klaus/Werle, Gerhard (Hrsg.) (2000): Strafjustiz und DDR-Unrecht, Bd. 1 Wahlfälschung, Berlin, New York: Walter de Gruyter.

Neugebauer, Gero (1974): Die Volkskammer der DDR. In: Zeitschrift für Parlamentsfragen. 1974, S. 386-411.

Oberreuter, Heinrich (1980): Sozialistischer Parlamentarismus? Idee, Norm und Realität sozialistischer Vertretungskörperschaften in vergleichender Sicht. In: Weber, Jürgen (Hrsg.) (1980): DDR - Bundesrepublik Deutschland: Beiträge zu einer vergleichenden Analyse ihrer politischen Systeme, München: Günter Olzog Verlag, S. 213-250.

Polak, Karl (1963): Zur Dialektik in der Staatslehre, Berlin (Ost): Akademie-Verlag.

Poppe, Eberhard (1959): Der sozialistische Abgeordnete und sein Arbeitsstil, Berlin (Ost): Deutscher Zentralverlag.

Roggemann, Herwig (1974): Volksvertretungen im Sozialismus. In: Zeitschrift für Parlamentsfragen. 1974, S. 339-385.

Schirmer, Roland (2001): Die Volkskammer und deren Selbstsymbolisierung. In: Patzelt, Werner J. (Hrsg.) (2001): Parlamente und ihre Symbolik. Programm und Beispiel institutioneller Analyse, Wiesbaden: Westdeutscher Verlag, S. 136-197.

SED, Institut für Marxismus-Leninismus beim Zentralkomitee der (Hrsg.) (1966): Geschichte der deutschen Arbeiterbewegung. Band 7, Berlin (Ost): Dietz.

SED, Parteivorstand der, 16.11.1946: Entwurf einer Verfassung für die Deutsche Demokratische Republik. In: Neues Deutschland: S. 3-21.

Steiniger, Alfons (1949): Das Blocksystem: Beitrag zu einer Verfassungslehre, Berlin: Akademie-Verlag.

Unger, Oswald/Fiedler, Inge/Acker, Roland (1988): Wahlsystem und Volksvertretungen in der DDR, Berlin (Ost): Staatsverlag der Deutschen Demokratischen Republik.

Volkskammer der DDR (Hrsg.) (1980): Die Volkskammer der DDR, Berlin (Ost): Verlag Zeit im Bild.

Volkskammer, Sekretariat der (Hrsg.) (1987): Die Volkskammer der Deutschen Demokratischen Republik und ihre Organe, Berlin (Ost): Staatsverlag der DDR.

Weber, Hermann (2000): Die DDR 1945-1990, München: Oldenbourg.

Kapitel 3:

Die Volkskammer und ihre Geltungsgeschichte

Werner J. Patzelt

Institutionen leben sowohl in den Empfindungen ihrer Zeitgenossen als auch in der Erinnerung späterer Zeiten sehr oft in Gestalt von ‚Geltungsgeschichte' und ‚Geltungsgeschichten'. Die in diesem Band vereinten Berichte von Zeitzeugen der Volkskammer bemühen sich sogar überaus sorgfältig, Wesen und Wert der Volkskammer von solchen Geltungsgeschichten abzuleiten und in ihrem Rahmen auszulegen. Darum wird es sinnvoll sein, jenen geltungsgeschichtlichen Schleier, mit dem eine Institution sich selbst umgibt, oder mit welchem sie von ihren Akteuren und Interpreten umgeben wird, auch einmal als solchen zu studieren, um dergestalt die Chancen dafür zu erhöhen, dass eine Institution wie die Volkskammer unter bewusster Wegnahme genau *dieses* Schleiers betrachtet werden kann.

1. Rolle und Eigenart von Geltungsgeschichten

Geltungsgeschichten sind mündlich und schriftlich erzählbare, lehrbare, auch in Film, bildender Kunst und Ritualen veranschaulichbare Geschichten, aus denen hervorgeht, wie bestimmte Ordnungsprinzipien als gut erkannt, als richtig bewiesen wurden, und wie sodann, solchen Ordnungsprinzipien folgend, jene institutionellen Strukturen aufgebaut wurden, in denen man nun erfreulicherweise leben kann oder wenigstens leben konnte, bis sie – aufgrund von ‚Schicksal' oder feindlicher Übermacht – zugrunde gingen. Indem man solche Geschichten erzählt oder vor Augen führt, von der Einsetzung des christlichen Altarsakraments bis zur Geburt der DDR aus dem Geist des Antifaschismus, vergewissert man sich und andere jener Sinndeutungen, die dem eigenen Handeln zugrunde liegen, sowie der Geltungsgründe jener Institution, in der man agiert und für die man eintritt. Darüber hinaus erzeugt man aus solchen Geltungsgeschichten, falls sie bis in die seelischen Tiefenschichten ihrer Adressaten hinein vermittelt werden, Mal um Mal den Glauben an die immer schon gegebene Richtigkeit dessen, was besteht oder – leider – verging. In die Perspektive solcher Geltungsgründe ihrer Ordnungsprinzipien gestellt, mutet eine Institution dann nicht einfach als Ergebnis kontingenter[1] Entwicklungen an, die auch

---

[1] Als immer noch kürzeste Definition sei auf folgende Formel von *Leibniz* verwiesen: „Contingens est, quod nec est impossibile nec necessarium" („Kontingent ist, was weder unmöglich noch notwendig ist").

zu ganz anderen Strukturen hätte führen können, schon gar nicht als Hervorbringung machtgestützter Willkür. Vielmehr bringt sie sich in den Ruf einer Verwirklichung und Heimstatt ‚immer schon' wichtiger und richtiger Sinnstrukturen. Als solche Heimstatt tritt sie aus der Kontingenz – dem Zusammenwirken von Pfadabhängigkeit und Zufall – alles Geschichtlichen heraus und behauptet sich, mit glaubhaft gemachtem Recht, als eigenständige Gestalterin künftiger Geschichtlichkeit. So steigert man die Chance, eine bestehende institutionelle Ordnung selbst unter den Zerr- und Scherkräften eines Wandels ihrer Umwelt und ihrer Akteure stabil zu halten oder eine zerstörte Institutionsorganisation um eine intakt und attraktiv gehaltene Leitidee herum neu aufzubauen. Institutionen aller Art stabilisieren sich unter anderem durch derartige Geltungsgeschichten – natürlich auch die Volkskammer der DDR.

Eine wichtige Machart von Geltungsgeschichten besteht immer darin, die Kontinuität dessen, was eine institutionelle Ordnung *gegenwärtig* an Geltung beansprucht, möglichst weit in die Geschichte zurückzuführen und jedenfalls mit solchen historischen Ereignissen zu verbinden, die im kulturellen Gedächtnis als besonders wertvoll und zukunftsträchtig gelten. Gründungsmythen, die ‚vor aller Zeit' spielen, d.h. *vor* einer der empirisch-kritischen Prüfung – vermeintlich – zugänglichen Zeit, gehören zu den wirkungsmächtigsten Formen, solche Kontinuität herzustellen. Je nach dem Grad mythen- und geschichtskritischen Bewusstseins, den man in der jeweiligen Gesellschaft antrifft, wird sich solche Herausarbeitung von Kontinuität zwischen – mehr oder minder die Tatsachen verbiegender – Rekonstruktion und freier Erfindung bewegen. In jedem Fall muss solche (Re-)Konstruktion glaubhafte Inhalte vorlegen, was meist dann recht gut gelingt, wenn gegenwärtig ‚evidente' Strukturen in die Vergangenheit zurückprojiziert und dabei darstellerisch so aufbereitet werden, dass sie wiederum gegenwärtige Strukturen und Handlungsoptionen ‚evident präfigurieren'.[2] Und ist es erst einmal gelungen, die Geltung einer bestehenden Ordnung auf diese Weise als nicht nur geschichtlich, sondern überdies als nachgerade *ontologisch notwendig* darzustellen, dann wirkt es nicht mehr bloß als töricht oder fahrlässig, sich einer dergestalt in ihren Ordnungsprinzipien und Geltungsansprüchen gerechtfertigten Institution *nicht* anzuschließen oder sich ihr gar in den Weg zu stellen. Solches Verhalten wirkt auf die ‚Wissenden' vielmehr befremdend, unverständlich und allenfalls dahingehend erklärbar, der Abseitsstehende sei böswillig oder geistig minderbemittelt. Freund und Feind konfrontieren einander dann mit guten Gründen, und was immer geschieht, um den Feind niederzuhalten, bekommt einen guten Klang als Episode in der fortgeschriebenen Geltungsgeschichte guter Ordnung: sei es als Sieg in einer auf den Gründungsmythos folgenden ‚Krisengeschichte', sei es als heroisch ertragene einstweilige Niederlage, aus der die Getreuen neue Kraft schöpfen werden.

---

2 Siehe zu dieser Entfaltung von Konzept und Methodik einer ‚Geltungsgeschichte' G. Melville 1987, S. 415-432, und ders. 1988, S. 133-153, ein Beitrag, dem passagenweise eng gefolgt wird.

Die über ihre eigene Institution erzählten Geschichten der Akteure oder Adressaten von Institutionen *so* zu sehen, eröffnet einen gewissermaßen kulturanthropologischen Blick auf deren Sichtweisen und Selbstverständnis. Dieser ermöglicht es, in einer Haltung urteilsmäßiger Indifferenz solche Sichtweisen und Selbstverständnisse verstehend zu erklären.[3] In einer derartigen Haltung wird man einen Gründungsmythos oder eine Geltungsgeschichte natürlich nie umstandslos für eine ‚wahre Beschreibung' halten, selbst wenn Zeitgenossen gerade *das* in aller Selbstverständlichkeit der Fall zu sein scheint. Vielmehr gilt es, derlei Narrationen zu dekonstruieren und sodann – über alternative Narrationen – nach den Fakten hinter den Bestandteilen all dessen zu suchen. Im übrigen darf es aber auch nicht mit einer bequemen Beobachterposition sein Bewenden haben, wonach es jenseits konkurrierender und zu dekonstruierender Geltungsgeschichten für empirische Forschung *nichts* mehr aufzufinden gäbe, da alle wissenschaftlichen Beschreibungen *nur* – und nicht bloß *auch* – konstruierte Geltungsgeschichten eigener Art wären.

In diesem Zusammenhang sollen als ‚*parlamentarische* Geltungsgeschichten' jene ‚Geschichten' verstanden werden, die in Selbstverständigungsreden von Parlamentariern und in Selbstdarstellungsschriften von Parlamenten verwendet werden, desgleichen in affirmativen Darstellungen von Parlamenten, sofern aus ihnen Folgerungen dafür plausibel gemacht werden, welche Sinndeutungen und Verhaltensweisen in bzw. gegenüber der Institution angemessen sind und mit welchen Entscheidungen sich die Institution selbst, bzw. ein anderer ihr gegenüber, treu bleibt. Die Analyse solcher parlamentarischer Geltungsgeschichten ist wichtig im Rahmen einer institutionellen Analyse von Parlamenten, welcher es – unter anderem – um eine an den Konstruktionsprozessen sozialer und politischer Wirklichkeit interessierte Untersuchung von endogener wie exogener Parlamentskultur[4] und um eine Analyse der in ihrem Rahmen geleisteten Reproduktion, Modifikation, Transformation oder Destruktion der sozialen Wirklichkeit einer konkreten Vertretungskörperschaft geht.[5] Bezogen auf Parlamente geht es hier darum, „die Statik institutioneller Gefüge als Modus ihrer (Selbst-)Stabilisierung zu verstehen", indem man „jene spezifischen Mechanismen zu fassen sucht, welche die Verlaufsformen sozialen Handelns zu einer gleichförmigen Stetigkeit führen und auf Dauer zu stellen suchen."[6]

---

3 Dies entspricht ganz der Haltung ethnomethodologischer Indifferenz, aus welcher heraus die wirklichkeitskonstruktiven Darstellungstechniken der Mitglieder gemeinsamer Wirklichkeit analysiert werden. Siehe W. J. Patzelt 1987, S. 35-41.

4 Unter ‚endogener' Parlamentskultur verstehen wir die Alltagskultur unter Parlamentariern und ihren primären parlamentarischen Rollenpartnern, unter ‚exogener' Parlamentskultur jene für Parlamentarier relevante politische Alltagskultur einer Gesellschaft, in welche ein Parlament eingebettet ist.

5 Des weiteren verlangt institutionelle Analyse von Parlamenten danach, jene konkreten, gerade in der Alltagspraxis genutzten institutionellen Mechanismen ausfindig zu machen, anhand oder aufgrund welcher es Vertretungskörperschaften mehr oder minder gut gelingt, ihre instrumentellen und symbolischen Funktionen zu erfüllen. Im übrigen ist es Aufgabe einer institutionellen Analyse von Parlamenten, deren Geschichte und Geschichtlichkeit jenseits eines rein archivalischen oder nur bildungsmäßigen Interesses zu thematisieren. Siehe zu alledem W. J. Patzelt 2001.

6 TU Dresden 1996, S. 19.

Für so ausgerichtete Untersuchungen ist offenbar die sozialistische Volkskammer der DDR besonders interessant. Nach gut vierzigjährigem Bestand ist nämlich nicht einmal eine Institutionsruine von ihr geblieben. Verschwunden ist ihre Institutionsorganisation, überaus verblasst sind ihre Geltungsansprüche und Ordnungsprinzipien. Dabei hielten doch viele vor noch keinen fünfzehn Jahren wenig für gewisser als die Fortexistenz des Realsozialismus, seiner Staatenwelt und ihrer Institutionen. Was also waren das für Geltungsgeschichten, die es eben *nicht* schafften, Menschen zur Reproduktion wenn schon nicht der Institutionsorganisation der Volkskammer, so doch wenigstens der Leitideen jener Institution und ihrer institutionellen Umwelt zu veranlassen? Was alles fällt an der Geltungsgeschichte, oder an den Geltungsgeschichten, um die Volkskammer auf? Und was lässt sich gerade am *Scheitern* einer dergestalt (mit-)bewerkstelligten Wirklichkeitskonstruktion über die Rolle von Geltungsgeschichten erkennen?

2. Die Volkskammer und ihre Geltungsgeschichte

2.1. Die ‚Geltungsgeschichten' zur Volkskammer im Überblick

Die DDR war ein Staat, dessen Ordnungsprinzipien und Geltungsansprüche überaus sorgfältig und konsistent ausformuliert wurden.[7] Innerhalb des Wissenschaftlichen Kommunismus widmete sich dem die Lehre vom sozialistischen Staat. Der Historische Materialismus wiederum stellte ein Geschichtsbild bereit, in dem die Geschichte der DDR als Geschichte der Durchsetzung jener Ordnungsprinzipien zu erzählen war, die in der besonderen historischen Epoche des Übergangs vom Kapitalismus zum Sozialismus, sowie vom letzteren zum Kommunismus, nun einmal ‚objektiv galten' und revolutionär-progressiv durchgesetzt wurden, bzw. mit konterrevolutionär-reaktionären Kräften dort eine friedliche Koexistenz suchten, wo der offene Kampf nicht zu vertretbaren Kosten geführt werden konnte. In dieser historischen Selbstsicht, in der das Notwendige und Vernünftige in Gestalt des sozialistischen Staates zur Wirklichkeit geworden war, ließ sich Geschichte im Grunde *nur noch* als Geltungsgeschichte erzählen: Aufgrund objektiver Gesetzmäßigkeiten setzte sich im Bereich der historisch fortgeschrittensten Länder, nämlich der sozialistischen, notwendigerweise das durch, was jetzt dort zu Recht gilt.

Wegen der sich so einstellenden Identität von Geschichte und Geltungsdurchsetzung nahm die politische und politisch-historische Sprache der DDR ihren typischen Charakter eines Oszillierens zwischen Beschreibung und Bewertung, zwischen empirischer und normativer Diktion an.[8] Dieses Oszillieren prägt auch die

---

7 Siehe hierzu etwa den Beitrag von Heinrich Oberreuter in diesem Band.
8 Eine weitere Ursache dieses Oszillierens war der Versuch, Ungereimtheiten und Widersprüche wenigstens für den Gutwilligen zu überdecken. Glatt erscheinende Sätze, wie sie typisch für das Sprachrepertoire der SED waren, verhinderten meist schon im Ansatz kritische Nachfragen. Dank ihrer durch selbstverständliche Formelhaftigkeit erwirkten Plausibilität ließen sie auch leicht ein ihren Aussagen

Geltungsgeschichten der und zur sozialistischen Volkskammer. Sie lassen sich als ein dreifaches Geschichte rekonstruieren. Zuunterst liegt hier die Rahmengeschichte vom objektiv notwendigen Aufbau der sozialistischen Staatsmacht. Auf der nächsten Schicht finden sich Argumentationen, warum die sozialistischen Volksvertretungen eine notwendigerweise vom bürgerlichen Parlamentarismus zu unterscheidende, da ihn historisch überholende Form von Vertretungskörperschaften darstellten. Die oberste Schicht stellen Geschichten darüber dar, wie in der DDR diese Geltungsansprüche real eingelöst wurden und ein anhand guter Ordnungsprinzipien regiertes blühendes Gemeinwesen hervorbrachten.

2.2. Die Geschichte vom historisch notwendigen Sieg des Sozialismus in Deutschland

Die Ordnungsprinzipien und Geltungsansprüche der DDR sowie aller ihrer politischen Institutionen erschließt am besten das folgende Credo aus Eberhard Poppes Standardwerk über sozialistische Abgeordnete:

> „Der Marxismus-Leninismus hat als einzige Wissenschaft die objektiven Gesetzmäßigkeiten der gesellschaftlichen Entwicklung aufgedeckt. Die bewußte Leitung der Gesellschaft in Übereinstimmung mit diesen Gesetzmäßigkeiten kann nur eine Kraft durchführen, die es versteht, die marxistisch-leninistischen Erkenntnisse unter den konkreten Bedingungen anzuwenden und weiterzuentwickeln. Diese führende Kraft ... ist die marxistisch-leninistische Partei der Arbeiterklasse".[9]

Von einer solchen Perspektive aus ist die folgende Geltungsgeschichte der DDR völlig plausibel. Sie ist dem Einleitungskapitel des bis 1987 in drei Auflagen erschienenen Standardwerks zur Selbstdarstellung der Volkskammer entnommen[10] und gibt wieder, in welche geschichtlichen Zusammenhänge und Geltungstraditionen sich die Volkskammer selbst eingeordnet sehen wollte. Zunächst einmal wird klargestellt, dass die DDR kein willkürlich errichtetes Staatswesen sei, sondern das keiner Revision mehr bedürfende Ergebnis des Sieges progressiver Kräfte im geschichtsnotwendigen, zum Sieg des Kommunismus führenden Klassenkampf:

> „Die Gründung der Deutschen Demokratischen Republik am 7. Oktober 1949 war das notwendige Ergebnis der Klassenkämpfe in Deutschland, insbesondere der Kämpfe der revolutionären Arbeiterklasse.[11] Mit der Gründung der Deutschen Demokratischen Republik ver-

---

wirklich folgendes Nach-Denken als beckmesserisch oder gar böswillig erscheinen. Dergestalt war die DDR-Sprache ihrerseits eine wichtige Ressource der Wirklichkeitskonstruktion, ihre bereitwillige Anwendung eine geltungssichernde Anschlußpraxis zu den ‚politics of reality' der SED. Siehe hierzu W. J. Patzelt 1998.

9 E. Poppe 1959, S. 12f.
10 Sekretariat der Volkskammer 1987, S. 5-15; passagenweise auch abgedruckt im Anhang, S. 422 ff.
11 Als Mitakteur hatte Wilhelm Pieck derlei in den historischen Zusammenhang der Machtergreifung der Pariser Kommune, der Russischen Oktoberrevolution sowie der Ungarischen Revolution nach dem Ersten Weltkrieg gerückt und davon abgeleitet: „Diese historischen Beispiele zeigen uns, dass die Arbeiterklasse in den verschiedenen Ländern und unter verschiedenen Bedingungen auf unterschiedliche Weise zur politischen Macht gelangte. Das gilt auch für uns in Deutschland. Wir haben nach der Zer-

wirklichte die Arbeiterklasse unter der Führung der SED das nationale Selbstbestimmungsrecht und erfüllte in einem Teil Deutschlands die geschichtliche Aufgabe des deutschen Volkes: einen friedliebenden, demokratischen Staat zu gründen."[12]

Sodann wird hervorgehoben, dass es die marxistisch-leninistischen Ordnungsprinzipien und Geltungsansprüche der KPD sind, welche der DDR und ihren Institutionen zugrunde liegen. Der KPD hat sich sodann die SPD angeschlossen, der so entstandenen SED jede andere politische Gruppierung, sofern sie demokratisch und fortschrittlich war. Damit ist die politische Führungsfrage abschließend geklärt:

> „An der Spitze aller aufbauwilligen und demokratischen Kräfte, die bereit waren, mit den alten Verhältnissen der Ausbeutung, Krisen und Kriege Schluß zu machen, stand die Kommunistische Partei Deutschlands, die auch in der Zeit tiefster Illegalität den Kampf gegen Krieg und Faschismus, für die demokratische Erneuerung Deutschlands fortgesetzt hatte. ... Die KPD entwickelte zugleich ein Programm des Aufbaus einer neuen Staatlichkeit, in der die Arbeiterklasse im Bündnis mit den anderen Werktätigen die Führung ausübt und sich zugleich auf eine breite antifaschistisch-demokratische Zusammenarbeit aller Kräfte des Fortschritts stützt. ... Im Kampf um die Überwindung der Vergangenheit und zur Lösung der antifaschistisch-demokratischen Aufgaben entstand die Aktionseinheit zwischen KPD und SPD. ... Sie gipfelte in dem geschichtlichen Höhepunkt der Vereinigung beider Parteien im April 1946 zur Sozialistischen Einheitspartei Deutschlands. Damit hatte sich die Arbeiterklasse in der damaligen sowjetischen Besatzungszone ihre einheitliche revolutionäre führende Kraft geschaffen. ... Von der ersten Stunde an wirkte die SED für ein festes Bündnis aller demokratischen und fortschrittlichen Kräfte."[13]

Anschließend wird gezeigt, wie jene von Natur aus demokratischen und antifaschistischen Ordnungsprinzipien und Geltungsansprüche, für welche die SED steht, nach dem Sieg über den Nationalsozialismus allenthalben von den besten Kräften des Volkes aufgegriffen und in neue Institutionen umgesetzt wurden:

> „Unmittelbar nach der Befreiung vom Faschismus durch die Sowjetarmee bildeten sich in den Dörfern und Städten demokratische Selbstverwaltungsorgane, zunächst nur im lokalen Rahmen. Antifaschisten und Demokraten, viele von ihnen kamen aus den Konzentrationslagern, standen an der Spitze dieser ersten demokratischen Verwaltungsorgane nach dem zweiten Weltkrieg. ... Diese Selbstverwaltungskörperschaften waren Keime einer neuen Staatsmacht. ... Die Wahlbewegung gestaltete sich zu einem großen Ringen um die Festigung der antifaschistisch-demokratischen Ordnung, die Gewinnung der Werktätigen für die demokratische Neugestaltung und ein enges Bündnis aller progressiven Kräfte unter Führung der Arbeiterklasse und ihrer Partei."[14]

---

schlagung der Hitlermacht ... durch die alliierten Truppen und Besatzungsmächte eine besondere Lage, die der deutschen Arbeiterklasse eine Chance dafür eröffnet, auf dem demokratischen Wege in den Besitz der politischen Macht zu gelangen. Der demokratische Weg besteht darin, dass die Arbeiterklasse unter der Führung der Sozialistischen Einheitspartei es versteht, im Bunde mit den übrigen werktätigen Massen ihren Einfluß in der Wirtschaft und im Staatsleben immer mehr zu steigern und durch die Entfaltung einer wahrhaft kämpferischen Demokratie die Entscheidung über alle wichtigen Lebensfragen des deutschen Volkes in ihre Hand zu bekommen und durch die Entfaltung ihrer Klassenkraft die reaktionären Kräfte daran zu hindern, mit den Mitteln der Gewalt und des Bürgerkrieges der Arbeiterklasse in ihrem Bestreben in den Weg zu treten" [zit. nach O. Grotewohl 1947, S. 48]. Klarer läßt sich kaum sagen, was aus welchen ‚guten historischen Gründen' die Geltungsansprüche und Ordnungsprinzipien des neuen Staatswesens waren.

12 Sekretariat der Volkskammer 1987, S. 5.
13 Ebenda, S. 5f.
14 Ebenda, S. 7f.

Diese neue Ordnung wird durch Wahlen bekräftigt, ihr rascher Wandel hin zu einer wahrhaft sozialistischen Ordnung durch den objektiv notwendigen Gang der Geschichte herbeigeführt, nachgerade erzwungen:

> „Die Wahlen bekräftigten das historische Mandat der Arbeiterklasse, die Gesellschaft auf einen antiimperialistischen Weg des sozialen Fortschritts zu führen. ... In den Jahren 1947 und 1948 erreichte der Staatsapparat in bezug auf Inhalt und Form seiner Tätigkeit eine qualitativ höhere Entwicklungsstufe. ... In der gesamten Wirtschaft machte es sich notwendig [sic![15]], eine über die Länder hinausgehende zentrale staatliche Leitung und Planung durchzusetzen. ... Die antifaschistisch-demokratische Entwicklung in der sowjetischen Besatzungszone war Teil des revolutionären Weltprozesses jener Jahre."[16]

Er hätte auch dem westlichen Teil Deutschlands Fortschritt bringen können, wäre dieser nicht dem Imperialismus und dessen westdeutschen Lakaien in die Hände gefallen. Deren reaktionäre Politik zwang dazu, die Einheit eines demokratischen Deutschland von der sowjetischen Besatzungszone aus vorzubereiten:

> „Die fortschrittliche, demokratische Entwicklung in der sowjetischen Besatzungszone und anderen Staaten Europas stieß auf den erbitterten Widerstand der deutschen und der ausländischen imperialistischen reaktionären Kräfte. ... Die Politik der imperialistischen Kräfte zielte darauf ab, gemeinsam mit den reaktionären deutschen Kräften die imperialistischen Verhältnisse in den Westzonen zu restaurieren und Deutschland zu spalten. ... Im Kampf gegen die Wiederherstellung imperialistischer Verhältnisse und die Spaltung Deutschlands entstand die Volkskongressbewegung für Einheit und gerechten Frieden, der auch Vertreter der Westzonen angehörten. Auf Einladung der SED fand am 6. Und 7. Dezember 1947 der 1. Deutsche Volkskongreß in der Berliner Staatsoper ... statt. ... In seiner politischen und sozialen Zusammensetzung war der Kongreß die erste gesamtdeutsche überparteiliche Repräsentation des deutschen Volkes nach 1945."[17]

Leider spalteten der Imperialismus und die westdeutsche Bourgeoisie Deutschland, weswegen der Sozialismus zunächst nur in der DDR verwirklicht werden konnte:

> „Die Organe der Volkskongressbewegung – der Volksrat, sein Präsidium und die Ausschüsse – nahmen in der sowjetischen Besatzungszone immer mehr den Charakter einer Volksvertretung an. ... Nachdem die Spaltung Deutschlands und Berlins ... entgegen allen demokratischen fortschrittlichen Bemühungen der Sowjetunion und der Volkskongressbewegung vollzogen war, beschlossen alle Parteien und Massenorganisationen in der sowjetischen Besatzungszone eine Beratung über die Bildung einer provisorischen Regierung. ... Nach einer Beratung des Deutschen Volksrates und des Blocks der antifaschistisch-demokratischen Parteien ... wurde der Deutsche Volksrat zu seiner 9. Tagung am 7. Oktober 1949 einberufen. ...

---

15 Diese passivische Form von Prozeßdarstellungen ist typisch für die Geltungsgeschichten realsozialistischer Autoren. Ihr liegt die Überzeugung zugrunde, dass Geschichte einen objektiv notwendigen Verlauf nimmt, den zu ignorieren oder dem sich entgegenzustellen falsch, den zu erkennen und zu fördern aber richtig ist: Einesteils befreit eine solche Ansicht von der Zumutung persönlicher Verantwortung, da alles, was gilt, aufgrund geschichtlicher Notwendigkeit und nicht dank kontingenter menschlicher Setzung gilt. Andernteils muß man nicht einmal für einen späteren Überzeugungswechsel Verantwortung übernehmen: Die Geschichte zeigt eben erst im Nachhinein, dass man sich ehedem irrte. Wie unter einem Brennglas scheinen diese Zusammenhänge auf in zwei Sätzen des langjährigen Volkskammerabgeordneten Werner Kalweit zum Zusammenbruch der DDR: „Mit den Ereignissen gegen Ende der achtziger Jahre hat die Geschichte vorerst ihr Urteil gesprochen. Unverkennbar haben sich in der politischen Interessenvertretung der Bürger die Vorzüge demokratischer Freiheitsrechte durchgesetzt." Beitrag von Werner Kalweit in diesem Band, S. 183.
16 Sekretariat der Volkskammer 1987, S. 9f.
17 Ebenda, S. 10f.

Die Volkskammer und ihre Geltungsgeschichte 49

> Einmütig beschlossen die 330 Mitglieder das Gesetz über die Provisorische Volkskammer der DDR in der Zusammensetzung des aus den Wahlen zum 3. Deutschen Volkskongreß hervorgegangenen Deutschen Volksrates."[18]

Die Volkskammer hatte somit einesteils das Erbe der gesamtdeutschen Volkskongressbewegung angetreten und war andernteils zum Instrument der SED-geführten antifaschistisch-demokratischen Parteien geworden, mit welchem in der DDR ein progressives, prosperierendes, friedliebendes sozialistisches Staatswesen errichtet wurde:

> „Am 10. Oktober empfing der Chef der SMAD in Deutschland ... das Präsidium der Provisorischen Volkskammer und den Ministerpräsidenten der DDR. Er übergab ... alle bisher von der SMAD ausgeübten Verwaltungsfunktionen ... den Organen der Deutschen Demokratischen Republik. Dieser historische Akt war ein Ausdruck des Vertrauens der Regierung der UdSSR und der KPdSU, dass die Politik der Arbeiterklasse der DDR und ihrer Verbündeten auf die Verwirklichung des Potsdamer Abkommens und auf die Festigung des Friedens in Europa gerichtet sein werde.[19] ... Inzwischen hat die DDR einen Platz unter den ersten Industrienationen der Welt erlangt. ... Die antiimperialistische Solidarität ist in unserem Volke tief verwurzelt".[20]

Selbst nach dem Ende der DDR wird von ehemaligen Volkskammerabgeordneten diese Geschichte im Grunde noch gleich erzählt. Werner Kalweit etwa formuliert in diesem Band:

> „Die Intention zur Konstituierung der Volkskammer im Kontext mit der Gründung der Deutschen Demokratischen Republik entstand aus den bitteren Erfahrungen mit dem parlamentarischen Konstrukt der Weimarer Republik, die in der Machtergreifung und totalitärer Herrschaft des Faschismus endete. Kriege von der Wurzel her auszuschließen, sollte darum zum wesensbestimmenden Merkmal einer Interessenvertretung des werktätigen Volkes werden. Daran hat die Volkskammer bis zu ihrem Ende festgehalten. Und so ist auch verständlich, dass in dieser Volkskammer des Neubeginns kein Platz war für Leute und Ansichten, welche die Schuld der Deutschen im Ganzen oder als persönliche nicht wahrhaben wollten, die einen Fortbestand Deutschlands in den Grenzen von 1937 suggerierten oder gar nach Revanche trachteten. ... Von Geburt an stand die DDR im Wettbewerb, in existentieller Konkurrenz zu dem anderen deutschen Staatsgebilde. Sowohl die erste Verfassung der DDR als auch das Grundgesetz der BRD erhoben den Anspruch, Vorbild für ganz Deutschland zu sein – im Westen vorwiegend konservativ, im Osten mit dem Versuch eines revolutionären Neuansatzes. Eben keine Propagandafloskel war der von Johannes R. Becher verfasste Text der Nationalhymne der DDR, welcher mit den Worten begann: ‚Auferstanden aus Ruinen und der Zukunft zugewandt, laßt uns dir zum Guten dienen, Deutschland, einig Vaterland!' ... Im Artikel 1 der DDR-Verfassung wurde Deutschland jedenfalls ‚eine unteilbare demokratische Republik' genannt. Entsprechend fand die Erhaltung gesamtdeutscher Strukturen in der Gesetzgebung der Volkskammer Beachtung. Selbst nach dem Bau der Mauer wurde in der durch Volksentscheid 1968 angenommen sozialistischen Verfassung der DDR am einleitenden Ver-

---

18 Ebenda, S. 11 und 13.
19 Dass die UdSSR mehr als nur ein wenig mit der Machtdurchsetzung der KPD und der Staatswerdung der DDR zu tun hat, konnten natürlich auch Anhänger des SED-Staates nicht ignorieren. Bei diesen klang das dann aber selbst nach dem Ende der DDR so: „Im Rückblick auf die Bildung sowie das Zustandekommen ihrer [d.h. der DDR] Konzeption übersehen wir nicht, dass sie in der ehemaligen SBZ entstand und von den Ratschlägen der SMAD begleitet wurde, verhältnisgleich [sic!] dem Einvernehmen mit den Militärgouverneuren der drei westlichen Besatzungszonen bei der Inkraftsetzung des Grundgesetzes" Beitrag von Werner Kalweit in diesem Band, S. 183.
20 Sekretariat der Volkskammer 1987, S. 14.

fassungsgrundsatz festgehalten, ‚der ganzen deutschen Nation den Weg in eine Zukunft des Friedens und des Sozialismus zu weisen'".[21]

In solchen Rahmenerzählungen wird der Volkskammer ein klarer Platz in der deutschen und revolutionären Weltgeschichte angewiesen: Sie steht für sozialistische Ordnungsprinzipien und erhebt legitime geschichtsprägende Geltungsansprüche marxistisch-leninistischer Prägung – leider nur für jenen kleineren Teil Deutschlands, der vom Zugriff des Imperialismus verschont blieb.[22] Welche Ordnungsprinzipien und Geltungsansprüche aber sind das im Vergleich mit vor- und nichtsozialistischen Vertretungskörperschaften?

2.3. Sozialistischer Parlamentarismus als geschichtlich überlegene Form des Parlamentarismus

Zunächst einmal war klar, dass man mit dem bürgerlichen Parlamentarismus und dessen Ordnungsprinzipien nichts zu tun haben wollte.[23] Bezugspunkt des eigenen institutionellen Selbstverständnisses blieb stets die folgende These Lenins:

> „Den korrupten und verfaulten Parlamentarismus der bürgerlichen Gesellschaft ersetzt die Kommune durch Körperschaften, in denen die Freiheit des Urteils und der Beratung nicht in Betrug ausartet, denn da müssen die Parlamentarier selbst arbeiten, selbst ihre Gesetze ausführen, selbst kontrollieren, was bei der Durchführung herauskommt, selbst unmittelbar vor ihren Wählern die Verantwortung tragen. Die Vertretungskörperschaften bleiben, aber der Parlamentarismus als besonderes System, als Trennung der gesetzgebenden von der vollziehenden Tätigkeit, als Vorzugsstellung für Abgeordnete besteht hier nicht. Ohne Vertretungskörperschaften können wir uns eine Demokratie nicht denken, auch die proletarische Demokratie nicht; ohne Parlamentarismus können und *müssen* wir sie uns denken."[24]

Auf diese Weise die eigenen institutionellen Ansprüche zu formulieren, brachte kurzfristige argumentative Vorteile und führte langfristig in eine Sackgasse. Einesteils befreite man sich von allen Hemmnissen, welche die Funktionslogik des bekannten bürgerlichen Parlamentarismus hätte auferlegen können. Anderenteils blieb aber sehr unbestimmt, welche Eigenarten die neuen, dezidiert ‚nichtparlamentarischen' Vertretungskörperschaften denn in realer Abgrenzung vom ‚bürgerlichen Parlamentarismus' haben könnten. Rationaler Leitgedanke des Leninschen Arguments ist ja, dass Parlamentarier mit jener Wirklichkeit in engem Kontakt ste-

---

21 Siehe in diesem Band, S. 182 f.
22 Symbolisch repräsentiert wurden diese Ordnungsprinzipien und Geltungsansprüche unter anderem im monumentalen Bronzerelief, das für das Foyer des Palasts der Republik, des Sitzungsgebäudes der Volkskammer, entlang Bertolt Brechts Gedicht ‚Lob des Kommunismus', Joachim Jastram schuf. Zu dessen offizieller und geltungsgeschichtlicher Interpretation siehe Volkskammer der Deutschen Demokratischen Republik o.J., S. 12-14. Vgl. auch R. Schirmer 2001, S. 174f.
23 Eine nicht einfach von den Klassikern des Marxismus-Leninismus, sondern vorzüglich aus einer historisch-vergleichenden Analyse der deutschen Verfassungsgeschichte abgeleitete Begründung der Ablehnung des bürgerlichen Parlamentarismus samt des bürgerlichen Verfassungsstaates gibt K. Schulte 1948.
24 W. I. Lenin (1955): Ausgewählte Werke in 2 Bänden, Band II, Berlin (Ost), S. 193, hier zitiert nach E. Poppe 1959, S. 11.

hen sollen, die sie politisch mitgestalten. Eben das ist aber auch eine der Leitideen des demokratischen ‚bürgerlichen' Parlamentarismus. Wo er praktiziert wird, dort tragen Parlamentarier tatsächlich vor ihren Wählern unmittelbar Verantwortung, kontrollieren sie über Bürger- und Wahlkreisservice sowie durch Kontakt mit politikfeldspezifischen Interessengruppen, was bei der Durchführung von Gesetzen herauskommt, und arbeiten persönlich ziemlich viel.[25] Selbst plebiszitäre Elemente (‚direkte Demokratie') sind in vielen Staaten mit derartigem Parlamentarismus verbunden, desgleichen umfangreiche politische Partizipationsrechte von wenigstens fallweise zum Engagement bereiten Bürger.

An tatsächlichen Unterschieden zum ‚bürgerlichen Parlamentarismus' bleibt also im Grunde nur, dass im sozialistischen Parlamentarismus die Abgeordneten die Gesetze angeblich ‚selbst durchführen', sie keine Berufsparlamentarier – sehr wohl aber Berufspolitiker – sein dürfen, es keine Trennung zwischen gesetzgebender Gewalt und Exekutive gibt, ebensowenig eine eigenständige, von politisch-parlamentarischem Einfluss freigestellte Judikative, und vor allem: dass der sozialistische Parlamentarismus von vornherein und grundsätzlich auf den Sozialismus als monistischer Leitidee des gesamten politischen Institutionensystems ausgerichtet ist, bürgerlich-demokratischer Parlamentarismus hingegen nach Ansatz, Praxis und Ziel durchweg pluralistisch. Der erste behauptete Unterschied war nun allerdings stets unrealisierbar: Die Vollziehung von Gesetzen bedarf nun einmal eines Verwaltungsapparates und lässt sich nebenberuflich schon gleich gar nicht bewerkstelligen. Darum blieb die Volkskammer auf den Versuch angewiesen, ihre Geltungsansprüche von jener Überlegenheit abzuleiten, welche vermeintlich eben das Fehlen von professionellen Abgeordneten ihren Volksvertretungen bescherte, sowie daraus, wie vorteilhaft die Beseitigung von Gewaltenteilung sei. Das letztere konnte zumal dann gelingen, wenn man – wie es auch geschah – die Ordnungsprinzipien des Gesamtsystems und der Volkskammer vom historisch legitimen Führungsanspruch der SED her auslegte. Dann allerdings war eine Rolle der Volkskammer als des ‚obersten Staatsorgans' nur zu dem Preis plausibel zu machen, dass man zunächst einmal die Sphäre der politischen Führung von jener der staatlichen Durchführung unterschied und die letztere – samt dem sozialistischen Parlamentarismus – der ersteren klar unterordnete. Das Parlament als ‚oberstes Staatsorgan' konnte dann sehr wohl eine ‚nachrangige politische Institution' sein – tauglich als Schnittstelle zu anderen, zumal westlichen Staaten, doch dem Intellektuellen ein Ärgernis und dem nichtzynischen Analytiker eine Torheit.

Die Folgekosten eines solchen äußerlichen Anknüpfens am normativ gar nicht gewollten Parlamentarismus waren erheblich. Einesteils begab man sich der meisten instrumentellen Funktionsvorteile des Institutionstyps eines Parlaments. Andernteils besaß man nun eine staatliche Institution mit einer durchaus unstimmigen und nur dank aufwendiger Interpretationskunststücke halbwegs plausibel zu machenden Leitidee. ‚Runde', eingängige Geltungsgeschichten ausdrücklich der Volkskammer

---

25 Siehe hierzu im Detail W. J. Patzelt 1995.

– und nur nicht der DDR insgesamt – liessen sich nicht mehr verfertigen. Teile der Real- und Normengeschichte der Volkskammer, zumal die einschlägigen Bestimmungen der ersten DDR-Verfassung, musste man glatt verschweigen; und hinsichtlich einer tatsächlichen Einlösung der verbalen Gestaltungs- und Geltungsansprüche dieser Institution war Schönrednerei viel angebrachter als eine nüchterne Dokumentation der Fakten. Dergestalt holte der unentrinnbare Zusammenhang zwischen der Stimmigkeit, Ernsthaftigkeit und Wirksamkeit der Leitidee einer Institution und der Möglichkeit, ihre Stabilität sichernde Geltungsgeschichten zu generieren, die Volkskammer eben doch ein.

In der Verfassung von 1968/1974 bestimmte der Art. 48,1: „Die Volkskammer ist das oberste staatliche Machtorgan der Deutschen Demokratischen Republik". Die Leitidee dieses Staates legte der Art. 1 dieser Verfassung fest: „Die Deutsche Demokratische Republik ist ein sozialistischer Staat der Arbeiter und Bauern. Sie ist die politische Organisation der Werktätigen in Stadt und Land unter Führung der Arbeiterklasse und ihrer marxistisch-leninistischen Partei". Damit war die Sphäre des Staatlichen von der des umfassend Politischen geschieden und der letzteren untergeordnet. Mit geschichtlicher Notwendigkeit wurde die Politik nämlich von der SED geführt, war die Volkskammer deren Instrument. Dies wollten KPD und später SED auch von Beginn an so. Schon vor der Gründung der DDR führte das Otto Grotewohl in aller Klarheit aus.[26] Seine Ausgangsfeststellung war:

> „Aus den Erfahrungen der deutschen Verfassungsgeschichte heraus hat der Verfassungsentwurf der Sozialistischen Einheitspartei Deutschlands alle bürokratischen Hemmnisse, die der Entfaltung der vollen Entschlußfassung der Volksvertretung sich entgegenstemmen könnten, beseitigt und das Parlament zum höchsten Machtorgan erhoben."[27]

Wie der Folgetext zeigt, sind mit ‚bürokratischen Hemmnissen' nichts anderes als Rechtsstaatlichkeit und Gewaltenteilung gemeint:

> „Wir haben aus der Geschichte gelernt. ... Freiheit und Fortschritt können nicht dadurch gesichert werden, dass das Volk sich durch allerhand Garantien von einer allmächtigen Staatsgewalt abgrenzt, sondern nur dadurch, dass es die Staatsgewalt in seine Hand nimmt und in seinen Dienst stellt. Darum fragen wir nicht in erster Linie nach den juristischen Formen der Staatsmacht, sondern nach ihrem Inhalt: Was will die Staatsmacht? ... Welches sind die Grundlinien ihrer Politik?[28] ... Die Festlegung einer konsequent demokratischen Ausrichtung unseres zukünftigen Staatswesens durch die Entfernung aller volksfeindlichen Institutionen aus dem gesellschaftlichen, staatlichen und wirtschaftlichen Leben und die Verankerung der Staatsgewalt in den Massen des Volkes selbst, das ist die Aufgabe, vor der die Schöpfer einer zukünftigen deutschen Verfassung stehen. Es ist nicht überflüssig, dies hier mit aller Schärfe zu betonen. ... Eine Reihe von Einwendungen, die gegen unseren [SED-] Verfassungsentwurf gemacht wurden, versuchen, die Diskussion über die Probleme der Demokratie wieder auf das Formal-Juristische abzuschieben. ... Hier aber lautet die entscheidende Frage: Soll das [von der Arbeiterklasse geführte] Volk selbst und unmittelbar in seiner politischen Aktivität der Verwirklicher dieser Politik sein, oder soll sich zwischen diesem Willen des Volkes und seiner staatsrechtlichen Verwirklichung ein Staatsapparat, eine Beamtenhierarchie, einschalten? Wir stehen auf dem ersteren Standpunkt. Wir sehen die Möglichkeit der Verwirklichung

---

26 Siehe O. Grotewohl 1947, v.a. S. 39-49 ‚Rechtsstellung des Parlaments'.
27 Ebenda, S. 41.
28 Ebenda, S. 41.

einer lebensvollen Demokratie in Deutschland nur in der Herstellung der vollen Volkssouveränität, der unmittelbaren Verwirklichung aller staatlichen Funktionen – auch der Justiz und der Verwaltung – durch das Volk selbst bzw. unter ständiger Leitung und Kontrolle der Volksvertretung, des Parlaments."[29]

Gemeint war damit natürlich nicht eine pluralistische Volksvertretung, mittels welcher ein Volk *ohne* historisch klar festgelegte Mission und ohne geschichtlich legitimierte Führung einer Avantgardepartei sich selbst regieren würde.[30] Grotewohl läßt hier überhaupt keinen Zweifel aufkommen:

„Es wäre falsch, zu glauben, dass wir, indem wir das Parlament zum höchsten Staatsorgan erheben, einer zufälligen Parlamentsmehrheit gleichsam freie Bahn geben würden. Der Entwurf kennt Regulative gegenüber der Möglichkeit einer Diktatur oder Willkürherrschaft einer Parlamentsmehrheit. Durch Volksentscheid kann nach unserem Entwurf das Parlament jederzeit aufgelöst werden. Außerdem kann eine Minderheit des Parlaments von einem Drittel ein Veto gegenüber Gesetzesbeschlüssen des Parlaments einlegen und einen Volksentscheid einleiten. Wir schalten also als höchste Instanz gegenüber dem Parlament das Volk selbst in die Verfassung ein."[31]

Das sichert offenbar denen die Macht, welche sich bei einem Volksentscheid gleichwie durchsetzen können – oder kraft geschichtlicher Legitimation das Recht haben, den wahren Volkswillen zu definieren, und zwar selbst dann, wenn sie im Parlament in der Minderheit geblieben sind. Denn auch die Parlamentsmehrheit soll hier nicht so herrschen, wie sie es will; und wenn schon ‚Diktatur', dann nicht die der Mehrheit, sondern die jener Minderheit, die das historische Recht auf ihrer Seite hat. Gewinnt diese Minderheit die Mehrheit, ob bei einer Parlamentswahl oder bei einem Volksentscheid, um so besser; doch auch andernfalls geht es nur um die Durchsetzung jener Ordnungsprinzipien, die in der gegebenen historischen Situation nun einmal aus geschichtlicher Notwendigkeit gelten.

In der DDR ging das alles gut. Kontinuierlich vollzog sich gemäß historischer Gesetzmäßigkeit der Aufbau des sozialistischen Staates. Jederzeit galt:

---

29 Ebenda, S. 42.
30 Zwar klingt eine anschließende Passage (ebenda, S. 43f), durchaus danach. Aber im Gesamtzusammenhang wird klar, dass hier eher versucht werden sollte, den tatsächlichen Machtanspruch der SED zu verkleiden, als dass die Rolle des Parlaments tatsächlich pluralistisch gemeint war, wie das auf den ersten Blick erscheinen mag: „Es kann kein Zweifel daran bestehen, daß das Parlament, das aus der gleichen, unmittelbaren, geheimen Wahl aller Bürger hervorgeht, in dem die politischen Willensträger des Volkes, die Parteien, entsprechend ihres faktischen Einflusses im Volke ihre Vertretung finden, das beste Spiegelbild des Volkswillens und sein bester Ausdruck ist. Im Parlament, aus der Diskussion der Parteien heraus, erfolgt die Klärung aller politischen, ideologischen und sozialen Differenzen in unserem Volke, es kristallisiert sich hier die große Synthese, die Einheit der Gegensätze, heraus. Die Einheit der Nation hat sich hier zu bestätigen, zu bewähren und zu befestigen. Bei der Herausbildung der demokratischen Grundentscheidungen der gesamten Nation, die jeden Bürger in gleicher Weise angehen und die das Leben aller Bürger Deutschlands in gleicher Weise betreffen, muß auch jeder Bürger Deutschlands – gleich, wo er seinen Wohnsitz hat – ohne alle Vermittlung von Zwischeninstanzen – in gleicher und möglichst unmittelbarer Weise beteiligt sein. Da aber heute nicht mehr wie einst in alten Zeiten das Volk sich selbst versammeln kann, so ist die unmittelbare Wahl der Volksvertretungen die beste Form seiner Repräsentation. Indem wir dieses Parlament zum höchsten Willensträger im Staate erheben, machen wir Ernst mit der Konstituierung einer wahren Volksrepublik."
31 Ebenda, S. 44.

„Klassencharakter der Wahlen ... und ‚ausschließliche und volle Demokratie des Volkes' bilden eine unabdingbare Einheit".[32]

Die Volkskammer selbst stellte sich ohne jedes Wenn und Aber in diesen Zusammenhang. In ihrer offiziellen Selbstdarstellung, der schon die oben zitierte ‚Rahmengeschichte' entnommen wurde, folgte dieser ein Abschnitt über ‚Grundfragen des sozialistischen Staates der DDR', in dem es in völliger Klarheit hieß:

> „Der sozialistische Staat in der Deutschen Demokratischen Republik ist das Hauptinstrument der von der Arbeiterklasse und ihrer marxistisch-leninistischen Partei ... geführten Werktätigen bei der weiteren Gestaltung der entwickelten sozialistischen Gesellschaft."[33]

Und damit es über die Rolle von Vertretungskörperschaften im Sozialismus nun wirklich zu keinerlei Missverständnissen komme, gab es einen weiteren Abschnitt über ‚Die Volksvertretungen der DDR'. Dort wurde gezeigt, dass die geschichtlich-institutionelle Entwicklung der DDR tatsächlich gemäß jenen Ordnungsprinzipien erfolgt ist:

> „Durch die Volksvertretungen übt die Arbeiterklasse unter der Führung der SED und im Bündnis mit den Genossenschaftsbauern, der Intelligenz und den anderen werktätigen Schichten die politische Macht aus; sie sind Grundlage der einheitlichen sozialistischen Staatsmacht. ... Seit der Gründung der Deutschen Demokratischen Republik wurde ... die Ausübung der Staatsmacht den gewählten staatlichen Organen, das heißt den Volksvertretungen als den umfassendsten Massenorganisationen der Werktätigen, übertragen. In den Volksvertretungen konzentrieren sich alle Energien und Aktivitäten der Bürger unserer Republik zur weiteren Gestaltung der entwickelten sozialistischen Gesellschaft. Die Volksvertretungen verwirklichen in ihrer Tätigkeit die Einheit von Beschlußfassung, Durchführung und Kontrolle der Durchführung. Damit wurde in der Deutschen Demokratischen Republik wie in allen sozialistischen Ländern der Parlamentarismus der bürgerlichen Gesellschaft durch arbeitende Körperschaften ersetzt. ... Der Leninsche Grundsatz, dass die Abgeordneten in den sozialistischen Staaten ‚selbst arbeiten, selbst ihre Gesetze ausführen, selbst kontrollieren, was bei der Durchführung herauskommt', fand damit auch in der DDR seine Verwirklichung."[34]

Also galt: „Die Volksvertretungen sind die gewählten Machtorgane der Werktätigen unter der Führung der Arbeiterklasse und bringen den Willen des Volkes zum Ausdruck."[35] Auch das wird durch die geschichtliche Entwicklung der DDR bewiesen:

> „In Übereinstimmung mit dem Charakter unseres sozialistischen Arbeiter-und-Bauern-Staates verkörpert die Volkskammer die politische Macht des von Ausbeutung und Unterdrückung befreiten werktätigen Volkes, das gemeinsam unter Führung der Arbeiterklasse und ihrer marxistisch-leninistischen Partei die entwickelte sozialistische Gesellschaft errichtet und damit grundlegende Voraussetzungen für den allmählichen Übergang zum Kommunismus schafft.[36] Die Volkskammer widerspiegelt sowohl in ihren Aufgaben, Rechten und

---

32 O. Unger 1988, S. 10.
33 Sekretariat der Volkskammer 1987, S. 17.
34 Ebenda, S. 19f. Vgl. auch Volkskammer der Deutschen Demokratischen Republik o.J.: Material für die Aussprachen über die Volkskammer der DDR, 9. Wahlperiode, Berlin, S. 4ff, wo das institutionelle Selbstverständnis der Volkskammer überaus prägnant zusammengefaßt wird.
35 Sekretariat der Volkskammer 1987, S. 21.
36 H. Kelle/G. Schulze 1984, S. 771-779, hier S. 771: „Als oberstes staatliches Machtorgan ... verkörpert sie [die Volkskammer] die Macht der Arbeiterklasse und des ganzen Volkes und spielt bei der Ver-

Pflichten als auch in ihrer Zusammensetzung und in ihrer Tätigkeit die grundlegenden gesellschaftlichen Veränderungen, die in den 30 Jahren sozialistischer Revolution ... vollzogen wurden. ... Zwischen der präzisen juristischen Ausgestaltung der Aufgaben, Rechte und Pflichten der Volkskammer in der Verfassung und der tatsächlichen Wahrnehmung besteht eine unumstößliche Einheit.[37] Mit der Wahrnehmung ihrer Funktion leistet die Volkskammer einen entscheidenden Beitrag zur Stärkung der sozialistischen Staatsmacht der Arbeiter und Bauern, die die Interessen des ganzen Volkes vertritt. Sie dient damit zugleich der weiteren Vervollkommnung der sozialistischen Demokratie, die – wie Erich Honecker auf dem IX. Parteitag der SED betonte – ‚die Hauptrichtung der weiteren Entwicklung unseres Staates (ist)'. Im Gegensatz dazu spielen heute die Parlamente in den meisten kapitalistischen Ländern die Rolle eines sicheren Garants [sic!] für die Herrschaft der Bourgeoisie. ... Entsprechend den Fortschritten in der ökonomischen und klassenmäßigen Entwicklung unserer sozialistischen Gesellschaft ... wurde die Funktion der Volkskammer mit dem Gesetz zur Ergänzung und Änderung der Verfassung der DDR vom 7. Oktober 1974 weiter gestärkt. ... Die Effektivität der Arbeit der Volkskammer hat sich dadurch weiter erhöht. Sie konzentriert sich in stärkerem Maße auf die Beratung und Beschlußfassung der Grundfragen der sozialistischen Staatspolitik auf allen Gebieten der gesellschaftlichen Entwicklung. Vor allem die folgenden Aufgaben der Volkskammer erlangen zunehmende Bedeutung: 1. Es wächst ihre Verantwortung, mit den Gesetzen und Beschlüssen endgültig und für jedermann verbindlich die Ziele der gesellschaftlichen Entwicklung der DDR zu bestimmen. ... 2. Immer wichtiger wird die langfristige Vorbereitung von Gesetzentwürfen für die Tagungen der Volkskammer. ... 3. Von großer Bedeutung ist die Bestimmung der Grundsätze für die Tätigkeit des Ministerrates als Regierung der DDR. ... 4. Schließlich wird die Verbindung der Volkskammer und ihrer Abgeordneten zu den Bürgern ständig weiter ausgebaut."[38]

Da die Autoren hier ausdrücklich die Bestimmung der Ziele der gesellschaftlichen Entwicklung anführen, die Vorbereitung von Gesetzentwürfen, die Bestimmung der Grundsätze für die Tätigkeit des Ministerrates sowie die Verbindung zu den Bürgern, fällt das Fehlen jeden Verweises auf die Gestaltungsansprüche der Volkskammer im Bereich der Ausführung der Gesetze und der Kontrolle von deren Durchführung schon sehr auf. In der Praxis der Abgeordnetenarbeit wurde der Blick auf die Auswirkungen staatlicher Gesetze in der Wirklichkeit von Betrieben und Gesellschaft in den siebziger und achtziger Jahren zwar immer wichtiger, auch wenn er zu nicht mehr führen konnte als zu interner Kritik an Details innerhalb von als unveränderlich akzeptierten Rahmenbedingungen. Doch das Beschweigen selbst jener vom Anspruch her reduzierten Kontrollfunktion war schon damals ein Indiz dafür, dass die Geschichte der Volkskammer gerade *nicht* als Geschichte der Geltung solcher (Mit-)Gestaltungsansprüche erzählt werden konnte. Schweigen war die eine

---

wirklichung ihrer auf die Sicherung des Friedens und das Wohl der Menschen gerichteten Politik die dominierende [sic!] Rolle im System der Staatsorgane."
37 Das sollte in der rückblickenden Einschätzung Kelles später anders klingen. Vgl. unten S. 201.
38 H. Kelle/G. Schulze 1978, S. 734-745, hier S. 734-739. Auch in einem internen Entwurf von „Vorschlägen zur weiteren Erhöhung der Rolle der Volkskammer und ihrer Organe" vom 6. Juni 1980 wird auf S. 1 betont: „Bei der weiteren Gestaltung der entwickelten sozialistischen Gesellschaft und des allmählichen Übergangs zum Aufbau des Kommunismus wächst die Rolle der Volksvertretungen auf allen Ebenen als die gewählten [sic] Machtorgane des sozialistischen Staates. Die Rolle der Volksvertretungen und ihrer Abgeordneten wird weiter erhöht und ihre Verbindung mit den werktätigen Massen noch wirksamer gestaltet".

Möglichkeit, mit dieser Schwierigkeit umzugehen;[39] zweckvolles Oszillieren zwischen beschreibender und vorschreibender Sprache war die andere.[40]

Was aber waren „die Hauptkennzeichen der Abgeordneten sozialistischen Typs in der gegenwärtigen Etappe der Vollendung der sozialistischen Umwälzung in der Deutschen Demokratischen Republik?"[41] In Übereinstimmung mit den beanspruchten Besonderheiten des sozialistischen Parlamentarismus sind dies – nach Poppe – die Weiterarbeit der Abgeordneten in ihrem bisherigen Beruf sowie die ‚Bindung an die Werktätigen und deren Willen'. Letzteres führte zumal in den frühen Jahren der DDR und ihrer Volksvertretungen in das Problem, dass die in den Verfassungstexten niedergelegten Ordnungsprinzipien mit den real eingelösten Geltungsansprüchen schlechterdings nicht zur Deckung zu bringen waren, gleichwohl aber nachgewiesen werden musste, dass der Institutionstyp sozialistischer Vertretungskörperschaften sich sowohl historisch notwendig als auch mit vollem Recht entwickele. Den Ausweg aus diesem Dilemma wies Poppe anhand einer Auseinandersetzung mit den ersten Landtagen in der DDR so:

> „Noch erinnerten die einschlägigen Verfassungsbestimmungen, insbesondere die des Landes Sachsen und des Landes Mecklenburg, an die aus der bürgerlichen Ära überkommenen Auffassungen. Während die Verfassung der Provinz Sachsen-Anhalt mit der Bestimmung ‚Die Abgeordneten sind Vertreter des ganzen Volkes' schon versuchte, eine Orientierung zu geben, die eine der demokratischen Entwicklung gemäße Auslegung zuließ, ... hieß es sinngemäß übereinstimmend in der sächsischen und mecklenburgischen Verfassung: ‚Die Abgeordneten sind Vertreter des ganzen Volkes. Sie sind nur ihrem Gewissen unterworfen und an Aufträge nicht gebunden'. Obwohl das die klassische Formel für die Stellung des Abgeordneten im bürgerlichen Staat war und ist, ... konnte für unsere gesellschaftlichen Verhältnisse weder in diesem bürgerlichen Sinne aufgefaßt werden, noch gleicht die tatsächliche Stellung unserer Abgeordneten der bürgerlichen.[42] Nicht ausschließlich die formell-rechtliche

---

39 Ein hübsches Beispiel dafür bietet unfreiwillig E. Poppe 1959, S. 7, wo er schreibt: „Es wurde [in diesem Buch] bewußt auf eine Auseinandersetzung mit der Abgeordnetenstellung im kapitalistischen Staat verzichtet, obgleich damit die große Bedeutung und Überlegenheit unserer Abgeordneten sozialistischen Typus noch augenscheinlicher geworden wäre". Zur Wirklichkeit der sozialistischen Abgeordnetenrolle siehe die Beiträge von Roland Schirmer, Gerd Delenschke, Karl Heinz Schulmeister und Günter Hartmann in diesem Band.
40 Wiederum ein schönes Beispiel bietet E. Poppe 1959, S. 5: „Der V. Parteitag der Sozialistischen Einheitspartei Deutschlands hat uns den Weg der revolutionären sozialistischen Umwälzung gewiesen, auf dem wir unter Führung der Arbeiterklasse und ihrer Partei voranschreiten müssen. ... Den Volksvertretungen kommt bei der Durchsetzung des demokratischen Zentralismus durch die sozialistische Staatsmacht eine entscheidende Bedeutung zu. Die Volksvertretung ist das oberste Machtorgan ihres Territoriums, sie trägt die Verantwortung für die gesamte politische, ökonomische und kulturelle Entwicklung in ihrem Bereich und hat die Verpflichtung, ... die sozialistische Umwälzung zu leiten und dafür die Initiative und Aktivität der Werktätigen ... zu organisieren. Dieser Verantwortung und Verpflichtung können die Volksvertretungen nur gerecht werden, wenn sie wirklich arbeitende Körperschaften sind und nicht nur beschließende Organe. ... Das setzt vor allem voraus, dass unsere Volksvertreter Abgeordnete sozialistischen Typus sind".
41 Ebenda, S. 15.
42 Derlei musste natürlich erst einmal durchgesetzt werden. Sogar im affirmativen Schrifttum, das die Entstehung des sozialistischen Parlamentarismus als einen geradlinigen Prozeß der notwendigen Entfaltung historisch auf der Tagesordnung stehender Geltungsansprüche beschreibt, scheint derlei immer wieder durch; siehe etwa E. Poppe 1959, S. 6: „Gerhard Grüneberg stellte auf der Partei- und Staatsfunktionärskonferenz am 27. Februar 1959 in Babelsberg im Schlußwort sogar kritisch fest: ‚So wird

Bestimmung war es ja, die das Wesen der Stellung der neuen Abgeordneten bestimmte, sondern die geschaffenen, bestehenden und sich entwickelnden gesellschaftlichen und Machtverhältnisse prägten ihren Inhalt".[43]

Und daraus ergab sich mit allem historischen Recht:

„Die Stellung und Funktion unserer Abgeordneten war bereits vor Gründung unserer Republik nicht mehr nach der bürgerlichen Repräsentationstheorie und ihrem freien Mandat ausgestaltet. Dem widersprach auch nur scheinbar die Tatsache, dass die klassische Regelung des freien Mandats 1949 noch Eingang in unsere Verfassung fand. ... Zweifellos sollte diese Verfassungsnorm nicht dem freien Mandat bürgerlicher oder imperialistischer Form das Wort reden. Das hätte dem Wesen der entstandenen antifaschistisch-demokratischen Ordnung und der Verfassung selbst widersprochen, die in Artikel 3 ausdrücklich die Herrschaftsausübung durch das Volk entsprechend dem Charakter der revolutionär-demokratischen Staatsmacht betont. ... Eine solche Auffassung hätte die Staatsgewalt und die Demokratie der Werktätigen nicht gefestigt und gesichert, sondern die noch in der Entstehung begriffenen engen Beziehungen zwischen Staatsmacht, Abgeordneten und Werktätigen gelockert und allmählich beseitigt. ... Verankerte die Verfassung scheinbar das freie Mandat als Grundlage der Abgeordnetenstellung, so nur im Sinne der revolutionär-demokratischen Arbeiter-und-Bauern-Macht."[44]

In genau der gleichen Interpretation, welche den auf den ersten Blick sich erschließenden Sinn einschlägiger Rechtsnormen schlicht umkehrte, waren natürlich auch alle Bestimmungen zur Stellung der Volkskammer im politischen System der DDR zu verstehen, und zwar längst bevor die Verfassung von 1968 derlei auch ausdrücklich formulierte. Ob Rolle der Abgeordneten, der sozialistischen Volksvertretungen schlechthin oder der Volkskammer im besonderen – stets galt sinngemäß, was mit Blick auf das Abgeordnetenmandat Poppe wie folgt formulierte:

„Diese revolutionär-demokratische Sinngebung, die dem gesamten Wesen der Verfassung entsprach, ließ vom bürgerlichen freien Mandat [bzw. vom Parlamentarismus] nur noch die eingebürgerte Form und Formel übrig. Die antifaschistisch-demokratische Ordnung bot keinen Raum für den bürgerlichen Inhalt dieser Formel. ... Von den Werktätigen, den Trägern der Macht und des Neuaufbaus, durfte und konnte der Abgeordnete nicht unabhängig sein. ... Hatte unsere Abgeordnetenfunktion [oder unsere ‚Parlamentarismustheorie'] schon in dieser ersten Entwicklungsperiode nur noch äußerliche, formelle Berührungspunkte mit der bürgerlichen Konzeption, so hatte sie mit ihrem Inhalt nichts mehr gemein, weil unsere Abgeordneten nicht die Macht der Bourgeoisie vertraten und sanktionierten. ... Es hoben sich mit dem Übergang und dem Eintritt in die sozialistische Etappe der Entwicklung unserer Staatsmacht und Gesellschaft der neue Inhalt und die neuen Formen unserer Abgeordnetentätigkeit [und parlamentarischen Wirklichkeit] immer deutlicher heraus".[45]

In der Tat gehört es – nicht nur – „zu den elementaren Erkenntnissen und Lehren des Marxismus-Leninismus, jede gesellschaftliche Erscheinung nicht neutral und isoliert, sondern unter der Fragestellung zu betrachten, welche Macht sie geprägt hat und ständig auf sie einwirkt."[46] Also steht die besondere Geltungsgeschichte sozialistischer Vertretungskörperschaften zu Recht im Rahmen der geltungsbegründenden

---

schon wieder hier und dort versucht, die Tätigkeit der Volksvertreter nach dem alten Stil zu organisieren'".
43 Ebenda, S. 20.
44 Ebenda, S. 23f.
45 Ebenda, S. 24f.
46 Ebenda, S. 11.

Geschichtserzählungen über den Aufbau des Kommunismus schlechthin. Dann aber zeigt ‚eben die Geschichte', dass Folgendes gilt und auch zu gelten hat:

> „So wie die Abgeordnetentätigkeit in keinem gesellschaftlichen Vakuum geleistet wird, ... so muß sich auch die Abgeordnetenfunktion organisch in den Gesamtmechanismus der Diktatur der Arbeiterklasse einfügen.[47] Da der sozialistische Staat das Machtinstrument der Werktätigen unter der Führung der Arbeiterklasse ist, sind unsere Abgeordneten die von ihnen beauftragten Lenker des sozialistischen Staates und Organisatoren des Sieges des Sozialismus. ... Ihre Aufgabe ist es auch, ... zu Beschlüssen und Maßnahmen zu gelangen, die dem objektiv gegebenen Volkswillen entsprechen. Die Beratungen, Auseinandersetzungen und die operative Tätigkeit ... werden unter der führenden Rolle der Partei der Arbeiterklasse durchgeführt. Das gewährleistet eine wissenschaftlich exakte Leitung des Staates. ... Dabei ist es ... erforderlich, dass unsere Volksvertreter ... sich die Erkenntnisse des Marxismus-Leninismus und vor allem der marxistisch-leninistischen Staatslehre zu eigen machen sowie die Dokumente der Partei der Arbeiterklasse studieren. Das Studium des Marxismus-Leninismus und der Dokumente der Partei der Arbeiterklasse befähigt den Abgeordneten, die Entwicklungsgesetze der Gesellschaft zu erkennen und Staat und Werktätige in Übereinstimmung mit ihnen zu leiten."[48]

Letzteres entspricht offenbar im Rahmen christlicher Orden einem Studium der Theologie und täglicher Schriftlesung.[49] Derlei hat die Aufgabe, Geltungsansprüche täglich vor Augen zu führen und Menschen dafür zu befähigen, durch Tausende von Handlungen, die solchen Geltungsansprüchen entsprechen, in Hunderten von Alltagssituationen jene Institutionen in Geltung zu halten, die auf solchen Geltungsansprüchen aufgebaut sind. Selbst wissenschaftliche Texte haben Teil an der Aufgabe solcher Geltungssicherung, wie Poppes Beschreibung seines eigenen Zieles zeigt:

> „Es muß nachgewiesen werden, dass er [der sozialistische Abgeordnete] die Kraft zur Lösung seiner Aufgaben in der unablässigen engen Verbindung zu den Werktätigen und im Kollektiv der Volksvertretung findet, wobei der Abgeordnete nicht passiver Registrator und Zuhörer sein darf, sondern bewußt und aktiv für die Entwicklung des sozialistischen Staates wirken muß".[50]

Der sozialistische Abgeordnete, orientiert an der historischen Mission der Arbeiterklasse, muss also auch seinerseits zum Träger und Durchsetzer jener Geltungsansprüche werden:

> „Die Arbeiterklasse mit ihrer Partei an der Spitze muß ... darum ringen, dass immer mehr Werktätige die historische Notwendigkeit und große Perspektive des Sozialismus erkennen und dieser Erkenntnis gemäß bei der Leitung der sozialistischen Gesellschaft durch die Ar-

---

47 Ebenda, S. 15.
48 Ebenda, S. 17f.
49 Erschließt man sich jenes Schrifttum als Texte in einem funktionslogisch *religiösen* Kontext, in welchem es auf die Gewährleistung der Heiligkeit der Texte ebenso wie auf die Heiligung ihrer Rezipienten ankommt, so tritt auch der Zweck ihrer so überaus formelhaften Sprache zutage, etwa der immerwährenden Anfügung eigentlich ganz selbstverständlicher Floskeln wie ‚unter Führung der Arbeiterklasse und ihrer marxistisch-leninistischen Partei', oder der ständigen *invocatio* sowohl der ‚Klassiker' als auch von Reden der Generalsekretäre von SED und KPdSU. Einesteils wird hier nämlich – wie in der Formelsprache von Psalmen – die wirklichkeitskonstruktive und heiligende Wirkung von Repetition zur Geltung gebracht, anderteils wirkt die Autorität von Religionsstiftern und Gemeindeführern gehorsamsheischend, so dass man geltungssichernde Anschlußpraxen nur mehr schweren Herzens verweigern kann.
50 E. Poppe 1959, S. 6.

beiter-und-Bauern-Macht mitwirken. ... Aus dem Bewußtsein vieler Menschen muß die Hetze der Bourgeoisie gegen den Sozialismus ausgetilgt ... werden. So ist die Erziehung zur bewußten aktiven Teilnahme an der Leitung und Lenkung des Staates ein allmählicher Prozeß,[51] [an dem die Abgeordneten unbedingt mitzuwirken haben:] ... Das ständige Eintreten für unsere sozialistische Ordnung unter den Wählern, das kennzeichnet den Abgeordneten sozialistischen Typus!"[52]

Natürlich gehören diese Geltungsansprüche des Abgeordnetenamtes im Sozialismus auch zu jenen der Volkskammer, konkretisieren sie diese doch in der Praxis. Deren Geltungsansprüche gehen aber weit darüber hinaus. Kelle und Schulze stellten sie 1984 in drei Punkten zusammen:[53]

- Erstens entscheidet die Volkskammer „als oberstes staatliches Machtorgan in Durchsetzung der Beschlüsse der Partei der Arbeiterklasse mit ihren Gesetzen über alle Grundfragen der Staatspolitik und legt für jeden verbindlich die Ziele der Entwicklung der DDR und die Hauptregeln für das Zusammenleben ... fest. Damit wird der gesellschaftlichen Entwicklung im Sozialismus eine klare Perspektive und allen politischen Kräften des Volkes eine gemeinsame Plattform für ihr einheitliches Handeln ... gegeben".

- „Zweitens repräsentiert die Volkskammer in ihrer Zusammensetzung die Gemeinsamkeit aller politischen und sozialen Kräfte der sozialistischen Gesellschaft unter Führung der Arbeiterklasse und ihrer marxistisch-leninistischen Partei."

- „Drittens wirkt die Volkskammer als arbeitende Körperschaft und realisiert das Prinzip der Einheit von Beschlußfassung und Durchführung. ... Ihre Abgeordneten sind selbst Arbeitende, keine Berufsparlamentarier."

Bei letzterem aber war zu beherzigen:

„Die Eigenschaft der Volksvertretungen als arbeitende Organe und umfassendste Massenorganisationen der Werktätigen ist ... nicht schlechthin ein arbeitsorganisatorisches, sondern ein Klassenprinzip der Machtausübung durch Vertretungsorgane sozialistischen Typs. ... Die unmittelbare Verknüpfung von Machtausübung und Leitung der gesellschaftlichen Entwicklung durch die Volksvertretungen ... ist das Wesentliche".[54]

Das hieß im Klartext: Die Volksvertretungen sind dafür da, der SED ein weiteres Instrument zur Ausübung ihrer Führungsrolle an die Hand zu geben.

2.4. Geltungsgeschichten als Geschichten über die Einlösung von Geltungsansprüchen

Das war so und galt als gut. Kelle und Schulze kannten da ohnehin keine Zweifel:

„Als sich mit der Gründung der DDR ... der Deutsche Volksrat zur Provisorischen Volkskammer konstituierte, trat eine oberste Volksvertretung an die Spitze des neuen Arbeiter-und-Bauern-Staates, die von Anfang an mit den Maßstäben des bürgerlichen Parlamentarismus brach und ihr Handeln nach sozialistischen, den Sowjets weseneigenen Prinzipien gestaltete.

---

51 Ebenda, S. 13.
52 Ebenda, S. 18.
53 Siehe H. Kelle/G. Schulze 1984, S. 771f. Vgl. auch den um den sozialistischen Wahlprozess gelagerten Prinzipienkatalog in Wahlsystem und Volksvertretungen, O. Unger/I. Fiedler/R. Acker 1988, S. 11f.
54 O. Unger/I. Fiedler/R. Acker 1988, S. 88f.

In den seither durchlaufenen acht Wahlperioden sind diese sozialistischen Prinzipien in der Tätigkeit der Volkskammer immer sichtbarer in folgender Weise zutage getreten. ... In Verwirklichung dieser Prinzipien hat die Volkskammer einen bedeutenden Beitrag geleistet, damit die DDR zu einem sozialistischen Staat mit hochentwickelter Wirtschaft, einem in aller Welt geachteten Bildungswesen, reicher Nationalkultur und einer zuverlässigen Landesverteidigung heranwuchs".[55]

Am Anfang gab es da zwar einige Schwierigkeiten:

„Es waren aber noch von der Großbourgeoisie angestiftete Verräter des Volkes vorhanden, die die demokratische Entwicklung hemmten und versuchten, gegen die gesetzmäßige Entwicklung der Gesellschaft lakaienhaft zu intrigieren. ... Noch ließen die ideologischen und ökonomischen Bedingungen keinen sozialistischen Aufbau, keine sozialistische Demokratie zu. ... [Doch] dieser revolutionäre Geist und Elan in den Parlamenten war ... deshalb vorhanden, weil die vereinte Arbeiterklasse und ihre Partei auch in ihnen die Führung ausübte und es ihr gelang, die demokratisch gesinnte Mehrheit der Abgeordneten von der Richtigkeit ihrer Politik zu überzeugen und sie für deren Verwirklichung zu begeistern.[56] ... Der neue Inhalt der Abgeordnetenfunktion in dieser Etappe wurde vor allem durch die klassenmäßige, soziale und berufliche Verbindung der Abgeordneten zu ihren Wählern bestimmt. Im steigenden Maße wurde gewährleistet, dass die ... Abgeordneten ... ihre ganze Kraft aufboten, um Willen und Interesse der Werktätigen durchzusetzen. Noch waren zwar die uns heute vertrauten Formen der Tätigkeit der Abgeordneten nur keimhaft vorhanden (Wähleraufträge) oder hatten ausgesprochenen Kampagnencharakter (Rechenschaftslegung), noch standen überkommene parlamentarische Formen der Abgeordnetentätigkeit im Vordergrund (insbesondere das Ausschußwesen, die Differenzierung zwischen beschließendem Vertretungsorgan und vollziehenden Exekutivorganen), doch die Abgeordnetenfunktion bekam allmählich einen neuen Inhalt."[57]

Bald galt darum schon:

„[Die Abgeordneten der Volkskammer] werden vom Vertrauen der Wähler getragen und erfüllen ihre Aufgaben als deren Vertrauensleute. Ihre Autorität wird ständig gestärkt, und ihre Aktivität ... hat in den letzten Jahren beträchtlich zugenommen. ... Die Abgeordneten studieren sorgfältig die Anliegen der Bürger, fördern ihre Mitarbeit bei der Vorbereitung von Gesetzen und prüfen die Wirksamkeit beschlossener Gesetze in der Praxis. Sie werten fortgeschrittene Erfahrungen aus und sorgen dafür, dass diese in den Gesetzen ihren Niederschlag finden. ... Diese vielgestaltige unmittelbare Verbindung zwischen Abgeordneten und ihren

---

55 H. Kelle/G. Schulze 1984, S. 771f. Andere Varianten solcher Geltungsgeschichten finden sich etwa in E. Poppe 1959, S. 11f. und 21-25, in O. Unger/I. Fiedler/R. Acker 1988, S. 20-23, oder in K.-H. Schöneburg/G. Seeber 1984, S. 144-180.
56 Natürlich fielen nicht nur westlichen Beobachtern schon zu SBZ-Zeiten die diktatorischen Methoden zur Durchsetzung der neuen Ordnungsprinzipien auf. Der allfälligen Erinnerung an überaus ähnliche politische Praktiken zu nationalsozialistischen Zeiten galt es darum vorzubeugen. Otto Grotewohl, um nur ein Beispiel für viele zu nennen, tat das so: „Wir müssen die Gleichstellung der Eroberung der politischen Macht durch die Arbeiterklasse mit der Nazidiktatur zurückweisen. Die Naziherrschaft war die grausame und totalitäre Diktatur einer Handvoll entmenschter Kreaturen, in deren Schatten ein Häufchen profitgieriger und raublüsterner Finanzmagnaten zur Unterdrückung der Volksmassen und zur Herbeiführung und Durchführung des imperialistischen Krieges wirkte. Die politische Macht der Arbeiterklasse wird dagegen die Herrschaft der überwiegenden Mehrheit des Volkes sein zur Unterdrückung einer kleinen Minderheit von Ausbeutern und Kapitalisten, zur Beseitigung der Klassen und zur endgültigen Sicherung des Völkerfriedens. Der grundsätzliche Unterschied ist einfach und tritt klar zutage." O. Grotewohl 1947, S. 47. Solche Tabuisierung einer Dekonstruktion der eigenen Geltungsgeschichte war auch im Westen wirksam bis zum Ende der DDR, ja weit darüber hinaus.
57 E. Poppe 1959, S. 21f.

Wählern ist Wesensmerkmal sozialistischer Demokratie[58] und zugleich lebendiger Ausdruck der Einheit von Beschlußfassung und Durchführung in der Tätigkeit der Volkskammer."[59]

Im Grunde stand alles zum besten:

„In der Tätigkeit der Volkskammer und ihrer Organe sowie im Umgang der Abgeordneten untereinander wurde das Miteinander anstatt des Gegeneinander zur Gewohnheit. Sacharbeit ersetzte Standpunkterklärungen. Das galt besonders für die Kontrolle der verfassungsgemäßen Grundrechte und Grundpflichten der Bürger, darunter das Recht auf Mitbestimmung, auf Bildung und auf Arbeit, die unmittelbar geltendes Recht waren. Insoweit erkenne ich in der Konzeption und Praxis der Volkskammer eine progressive Alternative zum traditionellen Parlamentarismus."[60]

Also handelte es sich zweifellos um eine Erfolgsgeschichte:

„In den ersten zehn Jahren der Arbeit der Volkskammer [1949 bis 1959] war sie [die Volkskammer] bei der Gestaltung der antifaschistisch-demokratischen Ordnung und der Herausbildung von Elementen und Bedingungen einer demokratisch verfassten fortschrittlichen Gesellschaftsordnung außerordentlich aktiv. Durch ihre Gesetzgebung und deren gründliche Behandlung in den Ausschüssen und anderen demokratisch verfassten Zusammenkünften, wie z. B. dem Demokratischen Block, wurden viele Grundentscheidungen getroffen. Das war verbunden mit der Herausbildung eines völlig neuen Staatsverständnis als in der Vergangenheit deutscher Staaten und der Überwindung überholter Rechtsnormen."[61]

Auch für die Folgezeit gab es nichts als Erfolge zu melden:

„Bei der Erfüllung der Aufgaben, die dem sozialistischen Staat als Hauptinstrument der von der Arbeiterklasse geführten Werktätigen ... erwachsen, gewinnt die Volkskammer als oberstes staatliches Machtorgan der DDR zunehmend an Bedeutung. Unter diesen Bedingungen tritt einer der entscheidenden Vorzüge des Sozialismus gegenüber dem Kapitalismus immer deutlicher hervor: die umfassende und kontinuierliche Entwicklung aller Seiten des gesellschaftlichen Lebens, die es ermöglicht, wirtschaftliche und soziale Aufgaben in einem entsprechenden Verhältnis zueinander zu lösen und ... die Arbeits- und Lebensbedingungen der Werktätigen ständig besser zu befriedigen.[62] Zugleich verlangt die wachsende internationale Rolle der DDR ... eine zunehmende Repräsentanz unseres Arbeiter-und-Bauern-Staates auf

---

58 Siehe auch ebenda, S. 14: „Mit der zunehmenden sozialistischen Bewußtsein der Werktätigen, mit den wachsenden ökonomischen Erfolgen steigt die Aktivität der Massen bei der sozialistischen Staatsleitung" – was alles natürlich die Lebenskraft der Prinzipien der SED-geführten DDR unter Beweis stellt.
59 H. Kelle/G. Schulze 1978, S. 739f und 741.
60 Kalweit in diesem Band, S. 184
61 Herbert Kelle in diesem Band, S. 196f.
62 Siehe auch O. Unger/I. Fiedler/R. Acker 1988, S. 69f.: „Mit der ökonomischen Strategie der SED, in deren Mittelpunkt die umfassende Intensivierung auf der Basis des wissenschaftlich-technischen Fortschritts steht, schafft die Arbeiterklasse im engen Zusammenwirken mit der sozialistischen Intelligenz und den anderen Werktätigen die entscheidenden Voraussetzungen für die Sicherung und weitere Verbesserung des materiellen und kulturellen Lebensniveaus des Volkes. ... Die Arbeiterklasse ist aufgrund ihrer sozialen Lage und ihrer historischen Ziele die an der Entwicklung und der effektiven Nutzung der Produktivkräfte, der Steigerung der Arbeitsproduktivität und der Beschleunigung des wissenschaftlich-technischen Fortschritts interessierteste Klasse und in der Lage, wissenschaftlich-technischen Fortschritt, Intensivierung und Rationalisierung im Interesse aller Werktätigen mit sozialem Fortschritt und sozialem Frieden zu verbinden. Dies ermöglicht und erfordert zugleich, ständig ihren Einfluß auf die Ausübung der politischen-staatlichen Macht und auf die Leitung der Gesellschaft zu verstärken". Führungsrolle der SED und gute Wirtschaftsentwicklung werden hier als zwei Seiten derselben Medaille behauptet, so dass ein Bestreiten dieser Führungsrolle nicht nur als politisch reaktionär, sondern auch als wirtschaftlich sabotierend anzusehen war.

höchster staatlicher Ebene. Aus diesen inneren wie äußeren Faktoren folgt, dass sich die Funktion der Volkskammer bei der Lösung der Grundfragen der sozialistischen Staatspolitik objektiv verstärkt."[63]

Und in der Eröffnungsrede der Alterspräsidentin Schirmer-Pröscher zur konstituierenden Tagung der 6. Wahlperiode der Volkskammer klang diese Erfolgsgeschichte im November 1971 dann so:

> „Alles das, was wir heute in unserer sozialistischen Deutschen Demokratischen Republik auf allen Gebieten unseres gesellschaftlichen Lebens erreicht haben, hätte ich mir in jener [Jugend-] Zeit in meinen kühnsten Träumen nicht auszumalen gewagt. ... Sollte unser Volk eine gesicherte Zukunft haben, dann nur unter der Führung der Arbeiterklasse und ihrer Partei. ... Der Beginn der 6. Wahlperiode ... steht ganz im Zeichen der Verwirklichung der Beschlüsse des VIII. Parteitages der Sozialistischen Einheitspartei Deutschlands, die, wie die Volksaussprachen zu den Wahlen und das Wahlergebnis zeigen, zum Programm des ganzen Volkes geworden sind. Diese Volksaussprachen haben bewiesen, wie sehr unserer ganzen Bevölkerung bewußt ist, dass all unsere Arbeit dem Menschen dient. ... Der Sinn unseres Wahlauftrages besteht im Wirken für den Frieden, für den Wohlstand des Volkes und seine glückliche Zukunft. ... Als Vertrauensleute unserer Bürger ... sind wir uns der großen Verantwortung bewußt, die bei der Gestaltung der entwickelten sozialistischen Gesellschaft auf uns ruht."[64]

Die den eigenen Ansprüchen Geltung verleihende Arbeit der Volkskammer war natürlich auch während der 8. Wahlperiode (1981-1986) rundum zu loben:

> „Die Volkskammer hat ihren Charakter als arbeitende Körperschaft sowohl bei der Vorbereitung als auch bei der Durchführung und Kontrolle der Durchführung der Gesetze weiter ausgeprägt. Dabei leistete sie einen aktiven Beitrag, um den bewährten Kurs der Hauptaufgabe in ihrer Einheit von Wirtschafts- und Sozialpolitik zielstrebig fortzuführen. ... Die Abgeordneten der Volkskammer haben durch vorbildliche berufliche Tätigkeit und breite massenpolitische Wirksamkeit in der Plandiskussion und -durchführung zum Aufschwung der Initiative der Werktätigen beigetragen. ... Bei aller durch die verschiedenen gesellschaftlichen Bereiche bedingten Spezifik kommt in allen Gesetzen der umfassende und konsequente Ausbau des Prinzips des demokratischen Zentralismus zum Ausdruck. Jedes dieser Gesetze arbeitet auf seine Weise die Einheit von höherer Qualität in der staatlichen Leitungstätigkeit und die zielgerichtetere und umfassendere Einbeziehung der Werktätigen in Stadt und Land in die Lösung der immer komplexer werdenden Aufgaben unserer politischen, wirtschaftlichen und sozialen Entwicklung sowie beim Schutze der sozialistischen Errungenschaften heraus".[65]

In solchen, ganz bewusst zum Weitererzählen an der Basis (‚Volksaussprache') verfertigten Texten tritt aufs klarste die nach außen gewendete Selbstsicht der Volkskammer hervor: Ihre Geschichte ist eine Erfolgsgeschichte; die Institution und ihre Abgeordneten leisten Wichtiges; und die der gesamten Tätigkeit zugrunde liegenden Geltungsansprüche und Ordnungsprinzipien sind gut, richtig, bewährt. Keiner Revision, allenfalls weiterer allseitiger Vervollkommnung bedürfen sie und die von ihnen getragene Institution. Allerdings verbarg sich hinter der Fassade immerwährender Wahrheit jener Ordnungsprinzipien und einer immer besseren Einlösung solcher Geltungsansprüche sehr wohl etlicher Wandel sowohl der praktizierten Ordnungsprinzipien als auch der konkret erhobenen Geltungsansprüche. Freilich wurde

---

63 H. Kelle/G. Schulze 1978, S. 734.
64 Volkskammer der DDR, 1971, 1. (konstituierende) Tagung, Freitag, den 26. November 1971, S. 3f.
65 Sekretariat der Volkskammer der DDR 1986, S. 1, 2 und 4.

in solchem Wandel eher die institutionelle Widersprüchlichkeit und leitgedankliche Unstimmigkeit der Volkskammer kenntlich als eine fortschreitende ‚allseitige Vervollkommnung' dieser Institution. Darum überging man solche Wandlungsprozesse nach Möglichkeit und stellte kontrafaktisch Kontinuität und Identität heraus. Doch weil die Spannung zwischen Anspruch und Wirklichkeit dergestalt eher größer als geringer wurde, nahm das Erzählen derartige Geltungsgeschichten schon zu DDR-Zeiten einen für viele erkennbaren Charakter des Heuchlerischen an und führte zu eher extrinsisch als intrinsisch motivierten, und darum im Fall institutioneller Krisen kaum belastungsfähigen, Anschlusspraxen.

Des weiteren ist unverkennbar, dass im Mittelpunkt dieser Skizzen und Auszüge ‚der' – durch Rekonstruktion zu erschließenden – Geltungsgeschichte der Volkskammer weniger die Volkskammer selbst mit ihrer institutionellen Konstruktion und ihren Funktionen steht als vielmehr das Gesamtsystem der DDR mit seiner sozialistischen Leitidee und seinen als konkurrenzlos gut hingestellten Politikinhalten. Das geht darauf zurück, dass die Leitidee der Volkskammer nun einmal unstimmig, im Grunde rein deklamatorisch und instrumentell ineffizient war. Nicht ihrer selbst willen, sondern nur als einem Teil im Getriebe eines an sich fortschrittlichen, friedlichen, humanistischen, sozial gerechten und verdienten Wohlstand genießenden Staatswesens konnte darum der Volkskammer ein Wert ihrer Ordnungsprinzipien und die Einlösung ihrer Geltungsansprüche zugeschrieben werden. So zu verfahren war zwar einesteils kontraproduktiv, weil ein Großteil der Bevölkerung ihr eigenes Staatswesen am beobachteten oder vermuteten Wohlstand Westdeutschlands maß, im Vergleich mit dem die DDR zunehmend schlechter abschnitt. Doch immerhin vermieden solche Argumentationsmuster die Kollision von Geltungsgeschichten des ‚obersten Staatsorgans' mit jenen zur staatsleitenden Partei der Arbeiterklasse sowie den recht aussichtslosen Versuch, eine symbolische wie instrumentelle Überlegenheit der Volkskammer im Vergleich zum Deutschen Bundestag – dem anderen nationalen deutschen Parlament – herausstellen zu müssen. Auch derlei hätte sowohl den Eindrücken und Meinungen eines Großteils der DDR-Bevölkerung widersprochen als auch schlecht zu den Argumentationsnotwendigkeiten in Zeiten der Entspannungspolitik gepasst. Im übrigen zeigt der nähere Blick, dass die aus argumentationsrelevant herausgestellten Differenzen zum westdeutschen Teilstaat sich speisenden Geltungsansprüche von DDR und Volkskammer im Lauf der DDR-Geschichte sich ebenfalls änderten. Betonte man anfangs den antifaschistisch-demokratischen, gesamtdeutsch-antiimperialistischen Charakter der DDR und ihrer Institutionen im Unterschied zum restaurierten (Krypto-)Faschismus, antidemokratischen Kapitalismus, imperialistischen Spaltertum und friedensfeindlichen Revanchismus der ‚Bonner Ultras', so trat später in den Mittelpunkt der Selbstdarstellung, die politische Elite der DDR und die Volkskammer seien ein Hort von Kräften eines Dialogs der Vernunft, die bereitwillig und lagerübergreifend mit ähnlich gesinnten fortschrittlichen Kräften im Westen zusammenarbeiten wollten. Die mit Anspruch auf Geltungssicherung der eigenen Institution betonte Differenz war nunmehr vor allem die zwischen fortschrittlich-friedliebender Herrschaftspraxis als Angelpunkt politischer Arbeit in der Volkskammer und einer überaus prekären (Minderheits-)Lage progressiver Kräfte im Bundestag, welchen die DDR-Führung im Dienste friedlicher Koexistenz und Völkerverständigung die – allzu oft ausgeschlagene – Hand bot. Auch das unterhöhlte allerdings im Lauf der Zeit die Glaubwürdigkeit der um eine solche Leitdifferenz gelagerten Geltungsgeschichten von DDR und Volkskammer, entwertete der Argumentationswechsel weg vom klaren Klassenkampf hin zum lagerübergreifenden Friedenskampf aller fortschrittlichen Kräfte doch ziemlich die früheren Geltungsgeschichten, zu deren Darstellungsrahmen der unveränderliche Charakter des Imperialismus und die prinzipielle Chancenlosigkeit progressiver Politik im bürgerlich-kapitalistischen Staats gehörten.

Indessen bot dieser Argumentationswechsel große Vorteile bei den geltungssichernd willkommenen internationalen Kontakten der Volkskammer. Als besonderer Beweis der Richtigkeit der Ordnungsprinzipien der Volkskammer und der Lebenskraft ihrer Geltungsansprüche diente nämlich immer wieder das Argument, dass auch die ‚bürgerlichen Parlamente' sie im Rahmen der Interparlamentarischen Union (IPU) 1972 in ihren Kreis aufgenommen hätten und von gleich zu gleich behandelten.[66] Höhepunkt dieses – im Zuge der Entspannungspolitik gegen mancherlei Bedenken von den westlichen Staaten bewusst geförderten – Prozesses der Geltungssicherung über demonstrative Anschlusspraxen einer Anerkennung von außen war die 64. Jahreskonferenz der IPU, die 1980 in Ostberlin stattfand. Einesteils war das ein unleugbares Beweismittel dafür, in der Tat ein international geachtetes Parlament mit offenkundig akzeptierten Geltungsansprüchen zu sein. Andernteils eröffnete eben diese Anerkennung weitere Spielräume der Projektion und Sicherung sozialistischer Geltungsansprüche:

> „Die interparlamentarischen Beziehungen der Volkskammer sind fester Bestandteil der sozialistischen Außenpolitik der DDR. Sie fördern die Erfüllung der außenpolitischen Aufgaben unseres Staates, indem sie die günstigen internationalen Bedingungen für die Gestaltung der sozialistischen Gesellschaft sichern helfen."[67] Denn: „Die Abgeordneten der Volkskammer gehen davon aus, dass jede internationale Begegnung genutzt werden muß, um die friedensfeindliche Politik der reaktionären Kreise des Imperialismus zu entlarven, die Konfrontation abzubauen, den konstruktiven Dialog weiterzuführen und so die friedliche Koexistenz zu fördern. ... Die umfangreiche Tätigkeit der Volkskammer und ihrer Organe auf innen- wie außenpolitischem Gebiet zeugt davon, wie vom höchsten staatlichen Machtorgan der DDR die Politik des Friedens und des Volkswohlstandes vertreten wird".[68]

Das wurde sie in der Tat und – wie der Rückblick auf die Wandlung westlicher ‚DDR-Geschichten' zeigt – nicht ohne Erfolg. Hinsichtlich der Zusammenarbeit mit westlichen Parlamenten und Abgeordneten wird etwa über die 8. Wahlperiode der Volkskammer berichtet:

> „Die Parlamentarier kapitalistischer Staaten informierten sich während ihrer DDR-Besuche mit Interesse über das Leben im realen Sozialismus. In Industriebetrieben, Genossenschaften

---

66 Siehe etwa Sekretariat der Volkskammer 1987, S. 25; H. Kelle/G. Schulze 1978, S. 743f., und dies. 1984, S. 777-779.
67 H. Kelle/G. Schulze 1978, S. 744.
68 H. Kelle/G. Schulze 1984, S. 778f.

und Institutionen, in Gesprächen mit unseren Bürgern äußerten sie sich nicht selten beeindruckt über die Wirtschafts- und Sozialpolitik unseres Staates. Viele Gäste versicherten, dass sie infolge dieser Eindrücke ihr bisheriges Bild von der DDR revidieren müßten".[69]

Das war auch so erhofft und führte dazu, dass unter Verweis auf sogar gegnerische Außenakzeptanz seitens der SED jene erst recht als Außenseiter etikettiert werden konnten, die im Inneren die Geltungsansprüche und Ordnungsprinzipien des SED-Staates nicht akzeptieren wollten. Natürlich wirkte von der Ferne aus oft auch besser als in der Nähe, wie es um die tatsächliche Rolle der Volkskammer im politischen System der DDR und um die Wirklichkeit ihres Abgeordnetenalltags bestellt war. Um auch solchem Blick aus der Nähe den richtigen Blickwinkel zu verleihen, stellten Kelle und Schulze glasklar fest:

„Maßstab der Tätigkeit der Volkskammer sind nicht die Turbulenz von Beratungen, die Häufigkeit ihrer Tagungen, die Anzahl der verabschiedeten Gesetze [also die üblichen Indikatoren für machtvollen Parlamentarismus], sondern ihr erfolgreiches Wirken für die Sicherung des Friedens und zum Wohle des Volkes. ... Der Gradmesser für die Tätigkeit der Abgeordneten kann ... immer nur der Nutzen sein, der für die Gesellschaft, die Kollektive der Werktätigen und für die Bürger entsteht".[70]

Dieser Nutzen aber nahm sich in der Selbstdarstellung der DDR und ihrer politischen Eliten meist viel besser aus als in der Alltagswahrnehmung der DDR-Bürger. Dort – und durchaus auch bei gar nicht wenigen systemloyalen, doch führungskritischen Angehörigen der politischen Elite – klangen viele dieser Geltungsgeschichten ziemlich hohl, kam das Erleben der Realgeschichte der Überzeugungskraft von Geltungsgeschichten immer wieder in die Quere. Das machte besondere Anstrengungen der Geltungssicherung solcher Erfolgsgeschichten, der Herbeiführung und Erzwingung geltungsstiftender Anschlusspraxen erforderlich.[71] Auch sie halfen aber nur solange über die Stabilitätsmängel im Fundament der DDR-Institutionen hinweg, wie sie sich auf reale Ausgrenzungs- und Liquidierungsmacht stützen konnten, und wie – diese fürchtend – der Versuch einer Herausforderung der Institutionen und eines realen Tests ihrer Geltungsansprüche schlechterdings unterblieb.

Als es im Sommer und Herbst 1989 dann aber zu solchen Herausforderungen und machtpolitischen Überprüfungen der Geltungsansprüche zentraler DDR-Institutionen kam, nutzten die jahrzehntelang kanonisierten Geltungsgeschichten der politischen Elite wenig. Bald schon war die politische Landschaft der DDR zu einer potemkinschen geworden, und die so oft erzählten Geltungsgeschichten blamierten nur noch den, der sie ohne Ironie oder Selbstkritik vortrug. Und im Nachhinein, nach dem Zusammenbruch der DDR, wurde dann manche Geltungsgeschichte aus DDR-Zeiten ohnehin mit klar anderem Akzent formuliert als zu DDR-Zeiten. Herbert Kelle, aus seinen früheren Publikationen schon mehrfach zitiert, äußert etwa in diesem Band:

---

69 Sekretariat der Volkskammer 1986, S. 14.
70 H. Kelle/G. Schulze 1984, S. 772 und 775.
71 Siehe hierzu die Erörterung von Methoden zweckvoller ‚politics of reality' in W. J. Patzelt 1998.

"Waren in den Anfangszeiten der DDR noch sehr umfassende Beratungen des Demokratischen Blocks der Gesetzgebung vorausgegangen, verstärkte sich jetzt der unmittelbare Einfluss der SED auch auf die Arbeit der Volkskammer. ... Das Politbüro der SED bestimmte auch die Tätigkeit der Volkskammer. Mit dieser Entwicklung und dem Ausbau der Rolle des Staatsrates gingen einher etliche Einengungen der Vollmachten und Wirkungsweise anderer Staatsorgane – von der Volkskammer und ihrem Präsidium über den Ministerrat bis zu den örtlichen Staatsorganen. Das musste sich zwangsläufig auch auf die weitere Gestaltung des demokratischen Verständnisses in der Bevölkerung auswirken. ... In der täglichen Praxis aber verstärkten sich die Widersprüche zwischen Aussagen und Realität. Die Verhärtung dieses für die sozialistische Demokratie schädlichen Prozesses wurde wesentlich durch eine zunehmende Konzentration aller Entscheidungen beim Politbüro, bei einzelnen Mitgliedern der Parteiführung und beim Parteiapparat bewirkt. Die führende Rolle der SED wurde nun erst durch „Bevormundung" ersetzt. Auch der Präsident der Volkskammer und andere Mitglieder des Präsidiums sowie Volkskammer überhaupt waren darauf fixiert.[72] Leider ersetzte zum Teil gläubige Disziplin eine kritische und lebendige Arbeit. Auf der anderen Seite ist aber gerade für diesen Zeitraum eine breite internationale Anerkennung der DDR und ihrer Friedenspolitik festzustellen. Es gelang den Abgeordneten, durch ihre Arbeit in der obersten Volksvertretung dazu beizutragen, dass unser Land weltweit als ein souveräner, friedlicher Staat anerkannt wurde".[73]

Nach 1990 zeigte sich dann allerdings, wie schlecht die DDR auch unter ökonomischen Gesichtspunkten regiert worden war und wie wenig die jahrzehntelange Selbstdarstellung als wissenschaftlich geleitete, weltweit mit an der Spitze stehende Industriemacht den Tatsachen entsprochen hatte. Auch war der durch und durch diktatorische Charakter des SED-Staates seither unbestritten. Dennoch sollten die so lange aufrecht erhaltenen Ordnungsprinzipien dieses politischen Systems nicht als schon *von Anfang an* falsch gelten müssen. Kelle löste dieses Problem, indem er die Geschichte der DDR und ihrer Volkskammer nun nicht länger als eine linear nach oben weisende Erfolgsgeschichte erzählte, sondern als eine Krisengeschichte, bei welcher subjektive Fehler der SED-Führung in eine Krise und aus der Krise in eine Katastrophe führten. Dann kann natürlich immer noch gelten, wofür die DDR und ihre Volkskammer einst standen: Die gute Idee wurde – nach trefflichem Beginn –

---

[72] Bei Kalweit in diesem Band auf S. 184 f. klingt das in Nachhinein ähnlich: „Infolge des Leitsatzes der Verfassung von 1968, den Sozialismus unter Führung des Staates durch die SED zu verwirklichen, wurde die Volkskammer als oberstes Machtorgan faktisch formalisiert. Tragende Entscheidungen der Politik wurden nun rechtens außerhalb ihres Hauses getroffen und in der Volkskammer nur mit kosmetischen Ergänzungen in die Gesetzesform gekleidet. ... Von der impulsgebenden Kraft in der Geburtsstunde der Volkskammer als revolutionär neuartiger Vertretungskörperschaft der Interessen des Volkes blieb jedenfalls am Ende noch schlichte Bevormundung. Die Konstituierung der ersten Volkskammer der DDR erfolgte in Übereinstimmung mit der Verfassung von 1949. Es war die Verfassung einer antifaschistisch-demokratischen Ordnung. Neben der Volkskammer wurde zur Vertretung der Belange der Länder eine Länderkammer gebildet. Nach der Gebietsreform 1952 wurde sie aufgelöst. Mit ihr ging ein Stück Demokratie verloren. In den sechziger Jahren ändert sich dann Konzeption und vor allem Praxis der Volkskammer, nachdem nämlich der Übergang zum Sozialismus proklamiert, die Westgrenze geschlossen und an Stelle des verstorbenen Staatspräsidenten ein Staatsrat geschaffen war. In dem Bestreben, die Leitung der Gesellschaft effektiver zu gestalten, nahm die Tendenz zur Zentralisierung aller Entscheidungsprozesse zu, und zwar auf Kosten der Demokratie."
[73] Siehe Herbert Kelle, Zeuge der Arbeit der Volkskammer über fast drei Jahrzehnte, in diesem Band S. 198

nur schlecht ausgeführt, weswegen an ihren Geltungsansprüchen nichts zurückzunehmen ist.[74]

3. Geltungsgeschichten und institutionelle Eigenstabilisierung. Das Dilemma der Volkskammer

Die Volkskammer war als Institution deshalb so rasch ‚fertig', weil – dank zugunsten der KPD/SED entschiedener Machtfrage – ihre maßgeblichen Ordnungsprinzipien und Geltungsansprüche im Rahmen des Marxismus-Leninismus von vornherein klar waren. Auch gab es zu ihrer Nutzung einen stattlichen Fundus an ‚großen Erzählungen' über kommunistische Machtübernahmen und über revolutionssichernde Institutionen, etwa aus dem Umkreis der Pariser Kommune und der Oktoberrevolution. Ohnehin konnte man in die große Geschichtserzählung des Historischen Materialismus eintreten. Mythen von den Kämpfen der Arbeiterklasse und vom Opfergang ihrer Führer in faschistischen Konzentrationslagern lagen zur Anschlussnutzung bereit, und alles vollzog sich im Rahmen einer das Pathos und die Inszenierung liebenden Ideologie. Hier gab es also gute Möglichkeiten, die neuen sozialistischen Institutionen von vornherein durch darstellerische Einbettung in solche Traditionen zu rechtfertigen und ihren Akteuren das mitunter sehr tief empfundene Gefühl zu vermitteln, an der welthistorisch bedeutsamen Verwirklichung überzeitlicher Prinzipien mitzuwirken. Um so leichter ging das, als im Grunde nur Glaube an die historische Mission der Arbeiterklasse und an das Führungsrecht der jeweiligen kommunistischen Partei zu stiften war. Das fixierte die hier und jetzt erhobenen Geltungsansprüche und weckte die Hoffnung, derlei werde rasch auch von innen her stabilisierend wirken.[75]

Insgesamt besaß die Volkskammer eine pathosgesättigte Geltungsgeschichte *ex ante*, in welche die neue Institution einfach hineingestellt wurde, ein historisch längst entfaltetes Sinnmodell, dessen nachgerade ‚Abfallprodukt' die Volkskammer war. Das musste für diese Institution aber fatale Folgen haben, falls die Widersprüche zwischen ihren – bzw. den über sie behaupteten – Geltungsansprüchen und ihrer praktizierten Funktionswirklichkeit zu groß wurden. Und im Fall der Volkskammer

---

74 Andere ehemalige Volkskammerabgeordnete und Vertreter des SED-Staates teilen hingegen Kalweits Urteil: Es „war die Art und Weise, in welcher die Volkskammer die Volkssouveränität verwirklichen sollte, mit systeminhärenten Fehlern behaftet. Sie beruhten auf einem gebrochenen Demokratieverständnis" (so Kalweit, Konzeption und Praxis der Volkskammer, in diesem Band S. 184); siehe auch die Beiträge von Gregor Schirmer, Gerd Delenschke, Karl Heinz Schulmeister und Günter Hartmann in diesem Band.
75 Hinzu kamen negative Mythologeme, die konkurrierenden Institutionen zugeschrieben wurden, um sich von ihnen positiv und die eigene Geltung sichernd abzuheben. Erfolgreich war das bei der Volkskammer vor allem dort, wo sich als solche ‚Konstraststrukturen' traditionelle Argumentationsschablonen weiternutzen ließen. Das betraf etwa die Rede vom sterilen ‚Parteiengezänk', das die bürgerlichen Parlamente kennzeichne, oder vom ‚abgehobenen, verantwortungslosen Berufsparlamentarier', dem sich der weiterhin werktätige, die Vollziehung der Gesetze in der Praxis beobachtende sozialistische Abgeordnete gegenüberstellen ließ.

gab es ja auch Zeitzeugen, welche nicht nur die späteren Selbstdarstellungen kannten, sondern auch die tatsächlichen institutionellen Anfänge. Darum wurde für die Volkskammer zur Schwäche, dass ihre Geltungsgeschichte im Grunde schon ‚fertig' war, *bevor* die durch sie zu rechtfertigende Institution überhaupt Gestalt angenommen hatte. Folglich musste jenes als praktizierter Verzicht auf ‚eigentlich' zustehende Rechte entfaltete institutionelle Lernen unbedingt beschwiegen werden, das die immer bescheideneren Mitgestaltungsansprüche der Volkskammer im Lauf ihrer Geschichte kennzeichnete. Darin zeigt sich, dass eine überaus homogen *erzählbare* Geltungsgeschichte wie die der Volkskammer auch eine nur *scheinbar* starke Wirkung haben kann, insofern nämlich die reale Entwicklung der ihre Geltungsansprüche so begründenden Institution der narrativen Logik zuwiderlaufen kann. Das bringt dann die Narration *und* die Institution wechselseitig um ihre Glaubwürdigkeit.

In der Tat muss die Leitidee einer Institution stimmig, ernstgemeint und auch instrumentell wirksam sein muss, wenn zu dieser Institution überzeugende und nachhaltig tradierbare Geltungsgeschichten generiert werden sollen. Der Volkskammer misslang hier fast alles – nicht, weil es an entsprechenden Anstrengungen fehlte, sondern weil sich allenfalls dem Ausland gegenüber verdecken ließ, dass die Trennung zwischen der parteidominierten Sphäre des Politischen und der rein ausführenden Sphäre des Staatlichen das ‚oberste staatliche Machtorgan der DDR' instrumentell unwirksam und seine ausdrücklich formulierte Leitidee zu einer rein deklamatorischen machte. Da die Spannung zwischen den Geltungsansprüchen der Volkskammer und ihrer instrumentellen Funktionswirklichkeit so überaus groß war, ließen sich um die Volkskammer selbst keine sonderlich überzeugenden Geltungsgeschichten auskristallisieren. Statt dessen wurde sie auf dem Trittbrett der großartigen Narrationen vom objektiv notwendigen Siegeszug des Sozialismus mitgenommen, was ihre – im Grunde recht armselige – Eigengeschichte völlig in den Hintergrund treten ließ.

In diesem Zusammenhang wurde zwar nicht normativ, sehr wohl aber faktisch zur überaus belastenden Hypothek der Volkskammer, dass sie um keinen Preis ein Parlament werden sollte. Das hätte sie nämlich in Querlage zur Aufbau- und Funktionslogik eines sozialistischen Staates gebracht. Zwar mussten die KPD und später SED angesichts der realen Machtverhältnisse im ersten Jahrfünft nach dem Kriegsende durchaus einige kosmetische Kompromisse eingehen, um ihre Blockpolitik nicht nur auf blanke Repression zu gründen. So entstand die Volkskammer als sozialistische Vertretungskörperschaft mit etlichen durchaus parlamentarischen Zügen.[76] Diese wurden von der SED zwar eher geduldet als gewünscht. Sie erwiesen sich aber als so potentiell lebenskräftig, dass selbst noch die sozialistische Volkskammer im Winter 1989/90 parlamentarisches Leben zu entfalten begann, sobald auch in ihr die Ketten der SED-Hegemonie gelockert waren. Doch im Grunde definierten sich die Ordnungsprinzipien der Volkskammer nur durch Negation des ‚bürgerlichen Parlamentarismus' und entfalteten sich ihre Gestaltungsansprüche bloß

---

76 Siehe hierzu auch in diesem Band Roland Schirmer, Das ‚stumme' Parlament, S. 101 ff.

dahingehend, eine dienende Kraft im SED-geführten DDR-Sozialismus zu sein. Das letztere machte ihre institutionelle Geltung als sozialistische Vertretungskörperschaft – nicht die als ‚gefesseltes Parlament' – völlig von der zumindest praktizierten Akzeptanz der SED-Herrschaft *abhängig*. Das erstere hingegen führte zu keinen *funktionstüchtigen* Geltungsansprüchen. Auf ihre *eigenen* Ordnungsprinzipien und Leistungen abhebende Geltungsgeschichten mochte die Volkskammer darum zwar konstruieren oder konstruiert bekommen; doch sie mussten mangels institutioneller Substanz ziemlich anämisch und seicht bleiben. Von der politischen Klasse der DDR wurden sie darum nicht anders als vom einfachen DDR-Bürger als das genommen, was sie waren: nette Sonntagsgeschichten, deren Tragfähigkeit man im Alltag nicht allzu sehr belasten sollte. Darum war der Versuch so völlig plausibel, die Geltungsansprüche der Volkskammer – viel mehr noch als jene der DDR überhaupt – demonstrativ durch den umweghaften Verweis auf deren Anerkennung seitens anderer zu bekräftigen, zumal seitens von ‚imperialistischen' Gegnerstaaten und ‚kapitalistischer' Parlamente. Doch natürlich kann solch ‚exogene' Geltungssicherung, kann der Verweis auf – realpolitisch, wirtschaftlich oder ideologisch motivierte – geltungsunterstellende Anschlusspraxen *anderer* immer nur Zuwaage und Abrundung zur endogenen Geltungssicherung sein, nie aber ersetzen, was an geltungsstiftenden Anschlusspraxen seitens der primären Adressaten der Institution gerade unterbleibt. Also freuten sich zwar DDR-Bürger, welche ihren Staat mochten und die Volkskammer wahrnahmen, über der letzteren Anerkennung gerade auch durch westliche Parlamente; doch daran, dass man selbst die Volkskammer viel eher als eine nebensächliche denn als eine zentrale Institution im politischen System der DDR einschätzte und behandelte, änderte das natürlich nichts. Und dass die Volkskammer als machtpolitisch mindere und hinter ihren formal zugeschriebenen Geltungsansprüchen real so weit zurückbleibende Institution auch in den DDR-Medien nur ein Schattendasein fristete, dass sie dieses Schattendasein – sollten geltungsmindernde Nachfragen nicht geradezu provoziert werden – wohl auch fristen musste, rundet den Befund eigentlich nur ab.

Da waren jedenfalls keine weiterreichenden Geltungsansprüche mehr einzulösen; das Vernünftige war schon zum Wirklichen geworden. Dessen Wirkung anhand harter Indikatoren parlamentarischer Funktionserfüllung empirisch auch zu überprüfen, galt gerade darum als unnötige positivistische Wirklichkeitsverdopplung und war forschungspraktisch auch gar nicht möglich. Weil dennoch kaum einem die Kluft zwischen der rhetorisch und der real konstruierten Wirklichkeit der Volkskammer, kaum einem die Widersprüchlichkeit ihrer Ordnungsprinzipien und die Nutzlosigkeit von das Faktische überschreitenden Geltungsversuchen der Volkskammer verborgen blieb, wandelte diese Institution durch die vier Jahrzehnte DDR-Geschichte wie im Märchen Chinas Kaiser in seinen neuen Kleidern: nackt, als nackt auch von sich und allen anderen erkannt – doch im äußerlichen Handeln wie im Kaisergewand behandelt, solange er nur nicht aus dem ‚als ob' ein ‚als' zu machen versuchte. So prekäre Gaukelei aufrechtzuerhalten, bedarf in der Tat eines sehr kunstvoll den Blick auf die Wirklichkeit steuernden Kommunikationsmanagements und braucht Geltungsgeschichten, die man zwar erzählt, aber nicht beim Wort nimmt. Das allerdings macht eine Institution abhängig von *Außen*stabilisierung durch Tun *und* Lassen, versperrt ihr aber den Weg zu einer *Innen*stabilisierung durch kraftvolles Erheben und Einlösen von Geltungsansprüchen.[77]

In der Tat war der Volkskammer bis zum Zusammenbruch der SED-Herrschaft eine Weiterentwicklung völlig versagt, die im Zusammenwirken von Geltungsansprüchen und Anspruchseinlösung die Institution von innen hätte stabilisieren können. Natürlich waren auch ihre theoretisch wie faktisch widersprüchlichen Ordnungsprinzipien, die in der Theorie sozialistischer Vertretungskörperschaften und Wahlen der Institution vorgeblendet wurden, für eine wirklich zur Sache gehende intellektuelle Analyse zugleich ein Ärgernis und ein argumentatives Minenfeld. Indem man um beides einen möglichst großen Bogen machte, entstand vergleichsweise wenig DDR-Literatur zum obersten Staatsorgan der DDR und zu dessen Abgeordneten, in der mit dem Anspruch von Sachkunde und wissenschaftlicher Autorität die Ordnungsprinzipien und Geltungsansprüche dieser Institution ausgelegt worden wären. Vielmehr wurde dieser Diskurs über die Volkskammer schon in den frühen fünfziger Jahren regelrecht eingefroren und in die überwölbende, mythen- und pathosgeladene Geltungsgeschichte vom erfolgreich erfolgten Aufbau des Sozialismus integriert. Seither wurden im Grunde immer nur die gleichen Aussagen über die sozialistischen Vertretungskörperschaften vorgetragen, meist in einer das Deskriptive und Präskriptive völlig amalgamierenden Sprache, aus welcher zur Volkskammer stets hervorging, dass man es mit einer eigentlich ‚vollendeten', bestenfalls noch einer weiteren *Vervollkommnung* bedürfenden Institution zu tun habe.

Zur besonderen Ironie der Geschichte der Volkskammer gehört es außerdem, dass sich ihr institutioneller Charakter so ganz und gar machtgestützter Willkür verdankte, sie hingegen in ihrer geltungsgeschichtlichen Selbstdarstellung die objektive historische Notwendigkeit der Entstehung genau dieses Charakters von Volkskammer und DDR so stark betonte. Dann schafft der Zusammenbruch von DDR und Volkskammer natürlich erst recht Erklärungsbedarf. Immerhin galt der sozialistische Staat mit seinen Volksvertretungen als im der Industriellen Revolution folgenden 20. Jahrhundert objektiv richtiges, anders als reaktionär und konterrevolutionär auch gar nicht mehr aufzuhaltendes politisches Ordnungsarrangement, dessen Frühformen in der Pariser Kommune und dessen vorbildliche Entfaltung in der Sowjetunion bereits bewiesen hatten, dass solche Geltungsversprechen sich auch für die DDR würden einlösen lassen. Von außen gesehen brach 1989/90 einfach der

---

77 Es ist durchaus eine zur westlichen Selbstkritik Anlaß gebende Pointe, dass die Geltungsgeschichten der Volkskammer vor allem im Westen wenn schon nicht geglaubt, so doch als glaubhaft behandelt wurden, und darum ihren Nutzen nicht zuletzt durch das in die DDR zurückhallende Echo ihrer westlichen Nacherzählungen entfalteten. In der DDR, und zumal unter den Mitgliedern der Volkskammer, gewannen sie so erst recht die Selbstverständlichkeit des politisch Korrekten, von dem sich zu entfernen es meist ohnehin keinen Grund gibt. Um die möglichen Risiken eines Abweichens von solcher politischer Korrektheit wußte man im übrigen aus immer wieder selbst erlebten Beispielen. Kraft für ein Agieren aus *eigenem* Recht und Geltungsanspruch zogen die Mitglieder des obersten Staatsorgans der DDR aus den Geltungsgeschichten ihrer Institution jedenfalls nicht.

immer schon illusionäre Anspruch solch historizistischer Geschichtsspekulationen zusammen: *Niemals* waren DDR und Volkskammer etwas anderes als Produkte voluntaristischer Wirklichkeitskonstruktion entlang untauglicher Leitideen, die zwar eine ‚objektive Richtigkeit' ihrer Ordnungsprinzipien und Geltungsansprüche behaupteten und in – vielfach nur erzwungene – Anschlusspraxen umsetzten, sich aber nie auf tatsächlich funktionstüchtige Geltungsansprüche und Ordnungsprinzipien gründeten. Von innen her gesehen wurde aber nur ‚von der Geschichte bewiesen', dass der *konkret eingeschlagene* Weg zum Sozialismus falsch war, keineswegs aber, dass der Sozialismus *an sich* kein überzeitlich gültiges Ordnungsprinzip wäre. Also mag den Weg zum Sozialismus aufs neue zu beschreiten weiterhin sehr wohl eine historische Notwendigkeit sein. Mithin scheiterte die Volkskammer im Grunde nur wegen der Erstickung von Pluralismus und Demokratie durch die SED, war und bleibt ‚ansonsten' aber eine ‚progressive Alternative zum traditionellen Parlamentarismus'. Völlig unklar ist in einer solchen Argumentation zwar das ‚ansonsten', nämlich was eine in pluralistisch-demokratische Rahmenbedingungen gestellte Volkskammer vom ‚traditionellen Parlamentarismus' noch unterschieden hätte oder künftig unterscheiden könnte. Doch immerhin erlauben solche Denk- und Redefiguren die Aufrechterhaltung des Glaubens, die ‚eigentlichen' Geltungsansprüche und Ordnungsprinzipien von DDR und Volkskammer seien durch das Scheitern ihrer realsozialistischen Institutionalisierung durchaus nicht diskreditiert. Die Geltungsgeschichten zur DDR und ihren Institutionen können dann im Kern unverändert und mit der alleinigen Modifikation weitererzählt werden, die gerontokratische SED-Führung hätte es bloß an jener Reformbereitschaft fehlen lassen, mit welcher je aktuelle Zustände selbst dann nachgesteuert werden müssen, wenn sie ziemlich unmittelbar von immerwährend gültigen Prinzipien geprägt werden.

Es ist also überaus aufschlussreich, in den Berichten von Zeitzeugen und Akteuren der Volkskammer die Weiternutzung und Modifizierung von Geltungsgeschichten *nach* dem Erlöschen jener Institutionen zu betrachten, in deren Dienst Geltungsgeschichten einst gestellt wurden. Diese dienen dann nicht mehr ‚ihrer' Institution, sondern einesteils der Rechtfertigung und Selbstverständigung jener Elitegruppen, welche eine zerfallene oder zerstörte Institution einst aufrechterhielten und führten. Aus dieser Zwecksetzung erklären sich dann viele jener Neuakzentuierungen, welche postinstitutionelle Geltungsgeschichten erfahren: Es muss klar gemacht werden, dass und warum man nicht einer verfehlten, von Beginn an verlorenen Sache diente, sondern einer kenntlich guten, die allenfalls durch eigene oder fremde *Fehler* Schaden nahm. Anderenteils kann durch die Weitergabe solcher Geltungsgeschichten dafür gesorgt werden, dass eines Tages eine Chance auf Neuinstitutionalisierung des Verfallenen genutzt werden, dass aus Tradition neues Leben erwachsen kann. Dann haben Neuakzentuierungen vor allem die Aufgabe, die Leitidee der gescheiterten Institution als nach wie vor attraktiv und lediglich deren praktische Umsetzung als unvollkommen oder falsch darzustellen. Eben das vollzieht sich in diesem Band in den Darstellungen der meisten Zeitzeugen.

Wir tun gut daran, solche Umakzentuierungen ernst zu nehmen – analytisch, politisch und menschlich. Weder als Realgeschichte noch als deren bloß subjektiv-ideologische Verzerrung dürfen wir Geltungsgeschichten behandeln. Sie sind vielmehr auch Inspiration, Motivation und Rechtfertigung politischen Handelns, gleich ob kollektiv oder persönlich. Darum fällt es mitunter schwer, den analytischen Diskurs um sie von einer geschichtspolitischen Auseinandersetzung mit ihnen oder von einer kritischen Reflexion persönlicher Verantwortung für die Verfertigung und Verbreitung solcher Geltungsgeschichten zu trennen. Doch stellen müssen wir uns allen drei Aufgaben: der ersten, um künftig mit der Wirkungsmacht von Geltungsgeschichten kritisch umgehen zu können; der zweiten, um nicht aufs neue Geltungsansprüche von Ordnungsprinzipien attraktiv werden zu lassen, die Alternativen zu denen einer freiheitlichen demokratischen Grundordnung sind; und der dritten, um jene verstehen und annehmen zu können, die ihrer eigenen Identitätsbedürfnisse willen sich lieber an Geltungsgeschichten halten als an die Ergebnisse geschichts- und politikwissenschaftlicher Aufklärung.

Literaturverzeichnis:

Grotewohl, Otto (1947): Deutsche Verfassungspläne, Berlin: JHW Dietz.

Kelle, Herbert/Schulze, Gerhard (1978): Die Volkskammer: das oberste staatliche Machtorgan der DDR. In: Staat und Recht 27. 1978, S. 734-745.

Kelle, Herbert/Schulze, Gerhard (1984): Die Volkskammer der DDR: Verkörperung und Instrument der Souveränität des werktätigen Volkes. In: Staat und Recht 10. 1984, S. 771-779.

Melville, Gert (1987): Troja – Die integrative Wiege europäischer Mächte im ausgehenden Mittelalter, In: Eberhard, Winfried/Seibt, Ferdinand (Hrsg.): Europa 1500. Integrationsprozesse im Widerstreit: Staaten, Regionen, Personenverbände, Christenheit, Stuttgart: Klett-Cotta, S. 415-432.

Melville, Gert (1988): Kompilation, Fiktion und Diskurs. Aspekte zur heuristischen Methode der mittelalterlichen Geschichtsschreiber, In: Meier, Christian/Rüsen, Jörn (Hrsg.): Historische Methode (= Beiträge zur Historik, Bd. 5), München: Deutscher Taschenbuch-Verlag, S. 133-153.

Patzelt, Werner J. (1987): Grundlagen der Ethnomethodologie. Theorie, Empirie und politikwissenschaftlicher Nutzen einer Soziologie des Alltages, München: Wilhelm Fink Verlag.

Patzelt, Werner J. (1995): Abgeordnete und ihr Beruf. Interviews, Umfragen, Analysen. Mit einem Vorwort von Rita Süssmuth, Berlin: Akademie-Verlag.

Patzelt, Werner J. (1998): Wirklichkeitskonstruktion im Totalitarismus. Eine ethnomethodologische Weiterführung der Totalitarismuskonzeption von Martin Drath, In: Siegel, Achim (Hrsg.): Totalitarismustheorien nach dem Ende des Kommunismus, Köln/Weimar: Böhlau, S. 235-271.

Patzelt, Werner J. (2001): Grundzüge einer ‚institutionellen Analyse' von Parlamenten, In: Patzelt, Werner J. (Hrsg.): Parlamente und ihre Symbolik. Programm und Beispiele institutioneller Analyse, Wiesbaden: Westdeutscher Verlag, S. 12-38.

Poppe, Eberhard (1959): Der sozialistische Abgeordnete und sein Arbeitsstil, Berlin (Ost): Deutscher Zentralverlag.

Schirmer, Roland (2001): Die Volkskammer und deren Selbstsymbolisierung, In: Patzelt, Werner J. (Hrsg.): Parlamente und ihre Symbolik. Programm und Beispiele institutioneller Analyse, Wiesbaden: Westdeutscher Verlag, S. 136-197.

Schöneburg, Karl-Heinz/Seeber, Gustav (1984): Arbeiterklasse und Parlament: Parlamentarische Traditionen der revolutionären deutschen Arbeiterbewegung 1848 bis 1949, Berlin (Ost): Staatsverlag der Deutschen Demokratischen Republik.

Schulte, Karl (1948): Staatsgewalt und Volksvertretung, in: Neue Justiz 2. 1948, S. 249-257.

Sekretariat der Volkskammer der DDR (1986) (Hrsg.): Material zur Unterstützung der Volksaussprache der Abgeordneten der Volkskammer für die Wahlen zur Volkskammer, zur Stadtverordnetenversammlung von Berlin und zu den Bezirkstagen am 8. Juni 1986, unveröffentlicht, Berlin (Ost).

Sekretariat der Volkskammer der DDR (1987) (Hrsg.): Die Volkskammer der Deutschen Demokratischen Republik und ihre Organe. 3. überarb. Aufl. Berlin (Ost): Staatsverlag der Deutschen Demokratischen Republik.

TU Dresden (1996): Antrag auf Einrichtung eines Sonderforschungsbereichs „Institutionalität und Geschichtlichkeit", Dresden.

Unger, Oswald/Fiedler, Inge/Acker, Roland (1988): Wahlsystem und Volksvertretungen in der DDR, Berlin (Ost): Staatsverlag der Deutschen Demokratischen Republik.

Volkskammer der Deutschen Demokratischen Republik (1971) (Hrsg.): Sitzungsprotokolle und Drucksachensammlung 1971, [Bd. 19]: o.w.A.

Volkskammer der Deutschen Demokratischen Republik (o. J.): Hinweise für Besichtigungen des Plenarsaales und der Sitzungsräume der Volkskammer, o.O.

Teil II: Die Volkskammer im Blick von außen.

Kapitel 4:

Idee, Norm und Realität sozialistischer Vertretungskörperschaften

Heinrich Oberreuter

Wieso der vielfach missverständliche Begriff ‚sozialistischer Parlamentarismus' überhaupt Eingang in die wissenschaftliche Diskussion gefunden hat, ist unerfindlich.[1] Denn die Gründerväter der marxistisch-leninistischen Systeme konnten sich ihre ‚Demokratie' zwar nicht ohne Vertretungskörperschaften denken, aber durchaus ohne Parlamentarismus.[2] Damit war gemeint: ohne freie Wahlen, ohne eigenständige parlamentarische Macht und ohne die Freiheit der Abgeordneten.

Parlamentarismus galt – zu bestimmten Zeiten historisch sogar zutreffend – als die spezifische Herrschaftsform der Bourgeoisie.[3] Daher musste er mit jener fallen. Soweit sich in dieser Doktrin Parlamentarisierungsforderungen finden, dienen sie nur dem Zweck, jene letzte bürgerliche Staatsform herzustellen, in welcher der Klassenkampf definitiv auszufechten sei:[4] Parlamentarismus als nutzbares Instrument revolutionärer Umwälzung.

Verabschiedet hat sich also eigentlich die ‚sozialistische' Vertretungskörperschaft – und viele protestieren auch gegen diesen Begriff, weil sie im Kontext jener leninistischen Systeme den Sozialismusbegriff missbraucht sehen. In den ‚alten' Bundesländern haben wir uns mit diesen Vertretungskörperschaften kaum beschäftigt.[5] Es gab eine Fülle von Unkenntnis und Verlegenheit. Die wissenschaftliche Literatur flüchtete sich gelegentlich geradezu ins Institutionenkundliche, wenn die Annäherung an diesen Gegenstand unvermeidlich wurde. Daher sind zunächst die wichtigsten verfassungstheoretischen Prämissen zu skizzieren (1); sodann sind sie auf die Volkskammer anzuwenden (2), bevor von deren Wandel und Verabschiedung die Rede ist (3).

1. Verfassungstheoretische Prämissen

Am Anfang muss eine banale Erinnerung stehen. Sie liefert aber den systematischen Schlüssel zur Erkenntnis von Theorie und Praxis. Gemäß ihren geschichtsphiloso-

---

1 *Anmerkung der Herausgeber:* Siehe dazu in diesem Band den Beitrag von W. J. Patzelt, S. 13ff.
2 W. I. Lenin 1970, S. 51.
3 K. Marx 1966b, S. 41; W. I. Lenin 1970, S. 49f.
4 K. Marx 1966a, S. 187.
5 Wichtige Ausnahmen: P. J. Lapp 1975; G. Neugebauer 1974, S. 386-411; E. Jesse 1989, S. 1821-1844.

phischen Ansprüchen sind die sozialistischen Systeme des 20. Jahrhunderts keineswegs plurale, offene und freiheitliche Staaten, die parlamentarische Repräsentation möglichst aller gesellschaftlichen Kräfte und den Ausgleich ihrer politischen und sozialen Interessen in einem offenen und möglichst chancengleichen Willensbildungsprozess erstreben. Vielmehr sind sie gemäß ihrer eigenen Doktrin und ihrer täglich geübten Praxis Steuerungssysteme in den Händen politischer Eliten, die das Interpretationsmonopol des ‚wahren' Volkswillens verwalten. Demnach beanspruchen sie auch das Politikmonopol und das Monopol für die öffentliche Kommunikation.

Von Verfassungs wegen ist auch in allen sozialistischen Systemen[6] das Volk der Souverän – aber nur das ‚werktätige Volk'. In dieser Einschränkung, die überall die Regel ist, offenbart sich der Klassencharakter des Staates. Sie hat seit je willkürliche Ausgrenzungen aus dem Kreis des Souveräns und entsprechenden Entzug von Rechten ermöglicht. Wenn später gelegentlich von einem ‚Staat des gesamten Volkes' gesprochen wurde, so bedeutete dies keine Preisgabe dieser Prinzipien; dahinter stand vielmehr die konsequente Schlussfolgerung, nach der Unterwerfung und Ausschaltung der ehemaligen ‚Ausbeuterklassen' nur noch werktätige Bevölkerung zu besitzen. Wäre solche Homogenität tatsächlich im Innern hergestellt gewesen, hätte sich die Auseinandersetzung mit dem ‚Klassenfeind' nur noch nach außen zu richten brauchen. Die Perfektionierung des Stasi-Systems und der ständige Gebrauch staatlicher Zwangsgewalt nach innen zeigten jedoch, wie wenig diese Homogenität tatsächlich bestand.

Allerdings war die soziologisch eingegrenzte Volkssouveränität des weiteren nun auch politisch keineswegs freigesetzt. Denn der Führungsanspruch der Doktrin wurde zum Verfassungsgut erhoben. Als ‚Vorhut der Arbeiterklasse' galt die Partei. Sie reklamierte den Führungs- und Leitungsanspruch im Staat für sich: Konsequenz ihres historischen Auftrages. Eine potentielle Konkurrenz zwischen Volkswillen und Parteiwillen verfängt sich in diesem Führungsanspruch und löst sich von vornherein in ihm auf. Insofern reduzierte sich bereits systematisch die Souveränität des werktätigen Volkes auf die Souveränität der Kommunistischen Partei. Diese Zusammenhänge gelten für den ‚sozialistischen Parlamentarismus' insgesamt. Sie zeigten sich mit aller Deutlichkeit in der Verfassung der DDR, wenn es einerseits hieß: „Die Souveränität des werktätigen Volkes, verwirklicht auf der Grundlage des demokratischen Zentralismus, ist das tragende Prinzip des Staatsaufbaues" (Art. 47,2), und wenn man andererseits aus Art. 1, der Leitnorm des Systems, die Aussage hinzunimmt, die DDR sei „die politische Organisation der Werktätigen ..., die gemeinsam unter Führung der Arbeiterklasse und ihrer marxistisch-leninistischen Partei den Sozialismus verwirklichen". Der ‚demokratische Zentralismus' als maßgebliches Gestaltungsprinzip der Staats- und Gesellschaftsordnung[7] gewährleistete dabei den

---

6 Unter systematischen Aspekten siehe hierzu: S. Lammich 1977; H. Roggemann 1974, S. 339-385; H. Oberreuter 1980, S. 213-250.
7 Vgl. Autorenkollektiv 1981.

Führungs- und Durchsetzungsanspruch der SED, zumal faktisch und theoretisch die Spannung zwischen seinen demokratischen und zentralistischen Elementen längst zugunsten hierarchischer Unterordnung und strikter Parteidisziplin aufgehoben war. So sagte Art. 47 der DDR-Verfassung in aller Knappheit, dass Volkssouveränität sich durch den ungebremsten Führungsanspruch der Kommunistischen Partei als Avantgarde der Arbeiterklasse verwirklicht.

Damit sind die elementaren Existenzbedingungen der Vertretungskörperschaften im Sozialismus angesprochen. Natürlich soll auch in den sozialistischen Systemen das werktätige Volk seine Souveränität durch gewählte Vertreter in den Vertretungskörperschaften wahrnehmen. Nachdem aber Volkssouveränität bereits von vornherein im Führungsanspruch der Partei aufgehoben ist, stellt sich die entscheidende Frage nach dem Verhältnis von Volksvertretung und eben dieser Partei. Da der Volksvertretung schwerlich mehr politischer Spielraum zugestanden werden kann als dem idealtypisch souverän gedachten Volk, partizipiert sie faktisch ebenso wenig wie das Volk an der realen Macht im Staate. Aus den einschlägigen Verfassungsbestimmungen lässt sich diese Tatsache durchaus erkennen; allerdings nicht durch schlichte Lektüre ihres Wortlauts, sondern durch ihre Interpretation im Zusammenhang mit der marxistischen Staatstheorie und Verfassungslehre.

Zwar stellte Art. 48 der Verfassung der DDR lapidar fest: „Die Volkskammer ist das oberste staatliche Machtorgan der Deutschen Demokratischen Republik. Sie entscheidet in ihren Plenarsitzungen über die Grundfragen der Staatspolitik". Aber was bedeutete das wirklich? Die Festlegung eines ‚obersten' Organs scheint doch eindeutige Prioritäten zu setzen! Allerdings entsteht hier schon ein beträchtliches verfassungstheoretisches Problem, ja ein fundamentaler Unterschied zur Verfassungstheorie liberaler Demokratien: Derartige Priorität lässt keinen Raum mehr für kunstvolle Konstruktionen der Gewaltenteilung und Gewaltenverschränkung, der *checks and balances*, der Kontrolle und Hemmung von Macht durch die Etablierung unterschiedlicher, in ihrem Kern eigenständiger Machtzentren. Die sozialistischen Systeme verwerfen diesen Grundgedanken bewusst und prinzipiell. Die DDR-Verfassung beschwor sogar „den Grundsatz der Einheit von Beschlussfassung und Durchführung" (Art. 48,2). Sie folgte damit der vorgezeichneten klassischen, auf Karl Marx selbst zurückzuführenden Linie, die jedoch die Macht nur scheinbar in der Vertretungskörperschaft konzentrierte. Dieser Abfall von der Gewaltenteilung machte das Parlament nicht stark. Er öffnete vielmehr Einfallstore in dessen ursprünglichen Kompetenzbereich. So diente er zum Beispiel zur Rechtfertigung der in all diesen Ländern äußerst umfangreichen rechtsetzenden Aktivitäten anderer Staatsorgane, besonders des Regierungsapparats. Solange nur klargestellt war, dass sich alle diese Staatsorgane dem ‚souveränen Willen des Volkes' unterwarfen, solange galt zum Beispiel die rechtsetzende Tätigkeit des Regierungsapparates als eine für ihn ‚unerlässliche Tätigkeitsform'.[8]

---

8 So W. Zakrzewski, zit. n. S. Lammich 1977, S. 42.

Da Volkssouveränität sich im Führungsanspruch der Arbeiterpartei vollendete, der ohnehin den gesamten Staatsapparat und ganz besonders die Exekutive für seine Zwecke instrumentalisierte, waren diese staatlichen Machtorgane alles andere als mächtig. Die führende Rolle der Partei ließ bei ihnen irgendwelche Machtansprüche in Wirklichkeit gar nicht aufkommen. Soweit angesichts der Struktur des Systems hier überhaupt ein Widerspruch aufzutreten vermochte, wurde er durch die subtile Unterscheidung zwischen ‚staatlicher' und ‚politischer' Macht gelöst: Träger der staatlichen Macht sind die Volksvertretungen, Träger der politischen Macht ist die Partei. Mit der politischen Macht fällt ihr die übergeordnete, führende Rolle zu. Die Verfassungs- und Staatstheorie des Marxismus löst diese Frage abschließend und lässt keinerlei Spielraum für Interpretationen. Für das Verhältnis von Partei und Volksvertretung bleibt Lenins Aussage bestimmend, dass keine einzige „wichtige politische oder organisatorische Frage ... von irgendeiner staatlichen Institution ohne Direktiven des Zentralkomitees unserer Partei entschieden"[9] werde.

Die Priorität der sozialistischen Vertretungskörperschaft besteht damit bestenfalls rechtlich. Aber auch über diese, in der Literatur häufig anzutreffende Position, lässt sich streiten, wenn man der Interpretation das Prinzip der Einheit der Verfassung zugrunde legt. Diese lässt Widersprüche eigentlich nicht zu und deckt die faktische politische Diktatur der Partei auch rechtlich. Demgegenüber reduziert sich die Staatsgewalt, wie Lammich wohl zutreffend erkennt, auf „einen technisch-organisatorischen Charakter; der politische Inhalt der staatlichen Tätigkeit der Vertretungsorgane wird von der Kommunistischen Partei (bzw. von ihren Instanzen) für diese Organe verbindlich bestimmt".[10] Damit hängt die Rolle des angeblich obersten Verfassungsorgans von jenem Spielraum ab, den die das Politikmonopol für sich beanspruchende Partei ihm zuweist. In dieser systemimmanenten ‚Entpolitisierung' der sozialistischen Vertretungskörperschaft liegt ihr grundsätzlicher Unterschied zum demokratischen Parlament. Übrig bleibt der Lenin'sche Auftrag, Transmission der Partei der Arbeiterklasse zu sein. Sozialistische Volksvertretungen sind daher weder in der Theorie noch in der Praxis Organe politischer Willensbildung und Entscheidungsfindung, von denen – idealtypisch betrachtet – politische Kommunikation ebenso ausgeht, wie sie in sie einmündet; dies entspräche der Aufgabenstellung des demokratischen Parlamentarismus. Sozialistische Vertretungskörperschaften können „nur als Instrumente zur Durchführung der von der Partei definierten Aufgaben"[11] funktionieren, und sie besitzen darüber hinaus in erster Linie die Pflicht, im Sinne dieser Aufgaben offensiv auf das Volk einzuwirken. Diese Aussage trifft sich mit einer knappen Funktionsbestimmung aus dem sozialistischen Lager, nach der die Vertretungsorgane entscheidend an der Durchsetzung des demokratischen Zentralismus mitwirken,[12] d.h. also verantwortlich sind für strikte Einheitlichkeit und Hierarchisierung statt für Pluralität und Partizipation. Vervollkommnung sozialistischer

---

9 W. I. Lenin, Der „linke Radikalismus ...", zit.n. H. Roggemann 1974, S. 356.
10 S. Lammich 1977, S. 43.
11 H. Roggemann 1974, S. 351; vgl. auch Lapp 1975, S. 260ff.
12 E. Poppe 1960, S. 5.

Demokratie geschieht demnach z.b. nicht durch verbesserte Transparenz oder vermehrte kontroverse Mitbestimmung. Sie liegt vielmehr in der Information der Bürger, „damit sie den Sinn der von den Staatsorganen getroffenen Entscheidungen verstehen".[13] Entsprechend fällt die Rollenzuweisung an Abgeordnete und Volksvertretungen aus, „die Arbeit im Territorium mit den Bürgern zu organisieren und ökonomische Reserven zu mobilisieren".[14]

Solche Volksvertretung ist nicht ‚von unten' inspiriert und nicht einmal durch die Vertretungskörperschaft selbst. Sie ist auferlegte Auftragsarbeit ‚von oben' im Sinne der geschilderten Instrumentalisierung und der von Lenin geforderten Transmission. Abgeordnete können gar kein plurales Volk vertreten. Sie stehen vielmehr im Dienst der historischen Entwicklung, und ihre Aufgabe ist, diese voranzutreiben und dem Volk zu vermitteln. Sie sind Agenten der Entwicklung, nicht Vertreter des Volkes. Ihnen und der Institution, der sie angehören, bleibt es im Ansatz schon verwehrt, politische Autonomie zu entfalten. „Wir führen die Massen, wohin sie gehen müssen", schrieb ein DDR-Staatsrechtler.[15] Legitimität folgt nicht aus Zustimmung, sondern aus geschichtlichen Notwendigkeiten. Politische Willensbildung wird zur Einbahnstraße, die nur zur Einsicht in diese Notwendigkeiten und zum Einspuren führen darf.

2. Die Volkskammer

Die Volkskammer war natürlich in diesem Sinn bis zur Wende eine voll sozialistische Vertretungskörperschaft. Dadurch erinnert ihr verfassungsrechtlich reich geziertes Kompetenzkostüm an des Kaisers neue Kleider. Der Wandel in der DDR wurde in dem Moment unvermeidlich, in welchem der Mut sich einstellte, öffentlich zu sagen: Der Kaiser ist nackt. Jens Reich hat in einem Aufsatz ja tatsächlich darauf hingewiesen, die Hypnose verliere ihre Wirkung, sobald das Kaninchen die Furcht vor der Schlange ablege.

Zu erinnern ist zunächst an die systemimmanente Scheidung der politischen von der staatlichen Sphäre und sodann an die absolute Priorität der politischen gegenüber der staatlichen. Damit verfängt sich jeder Autonomieanspruch im verfassungsrechtlich festgelegten Führungsanspruch der Partei. Die Tätigkeit der Volkskammer wird zum „Ausdruck der geschichtlichen Aufgabe der Diktatur des Proletariats",[16] sie wird „systemimmanentes, nicht ersetzbares Glied im Gesamtsystem der Führung der Gesellschaft durch die Partei".[17] Dass sie „durch Gesetze und Beschlüsse endgültig und für jedermann verbindlich die Ziele der Entwicklung der Deutschen Demokratischen Republik" bestimmt (Art. 49 Verfassung der DDR), erweist sich in diesem

---

13 K. Sorgenicht 1980, S. 366.
14 Ebenda S. 367.
15 K. Polak 1960, S. 70.
16 W. Ulbricht, zit. n. P. J. Lapp 1975, S. 225.
17 M. Hartung 1971, S. 1039.

Lichte als verfassungsrechtliche Reduzierung ihrer Funktion auf staatlich notarielle Beglaubigungsakte für anderswo getroffene politische Entscheidungen ohne die Möglichkeit, materiell auf sie einwirken zu können. Die Volkskammer wird, wie es der offizielle Kommentar der Verfassung selbst ausdrückt,[18] ein durch staatsrechtliche Notwendigkeiten begründetes, formelles Akklamationsorgan zur Herrschaft der marxistisch-leninistischen Partei, die ihr gegenüber „insofern ‚absolut' ist, als sie keinerlei (öffentlich-rechtlichen) Rechtsbindungen unterliegt und innerparteilich-organisatorisch außerhalb der Reichweite des von der Volksvertretung gesetzten Rechts"[19] bleibt.

Die Volkskammer spielte noch nicht einmal im ureigenen parlamentarischen Aufgabenbereich demokratischer Kommunikation und kommunikativer Legitimation eine nennenswerte Rolle. Wo das Gemeinwesen keine Konflikte kennt, kann die Volksvertretung es auch nicht in seinen Auseinandersetzungen repräsentieren. Ihr bleibt eine periodische und periphere Funktion in jenem unkritisch mobilisierenden Identifikationsprozess von Volk und Führung, auf den es im Grunde nicht der Sache, sondern nur der Demonstration nach ankommt. Daher hat gerade der aufklärerische Aspekt klassischer parlamentarischer Öffentlichkeit jegliche Bedeutung verloren. Wenn Einigkeit vorausgesetzt wird, kommt es auf die Sicherung der Einheit und Kontinuität der parlamentarischen und vorparlamentarischen Diskussion und Willensbildung gar nicht mehr an. Der Parlamentsdebatte, dem ‚schwatzenden' Parlamentarismus, hatte die Hochachtung marxistischer Theoretiker nie gegolten; ihr Ideal war die ‚arbeitende' Institution.[20] Aber die Volkskammer besaß bis zur Wende eine äußerst ärmliche Sitzungsfrequenz: zwischen 1980 und 1986 ganze 2,6 Sitzungen pro Jahr.[21] Von daher entfällt jegliche Voraussetzung für eine demokratische Kommunikation zwischen Bürgern und Institution. Ebenso sehr entfällt aber die Voraussetzung für ein arbeitendes „Parlament"; denn wer nicht tagt, kann schwerlich arbeiten. Apologetisch hieß es zu dieser politischen Stilllegung der Volkskammer in der sozialistischen Publizistik, Diskussionsfreude (‚Turbulenz'), Tagungsfrequenz und Gesetzesarbeit seien keine Maßstäbe, sonder nur „ihr erfolgreiches Wirken für die Sicherung des Friedens und zum Wohle unseres Volkes".[22]

Entsprechend bescheiden war denn auch die legislatorische Leistung der Volkskammer. Die Beschränkung der Volksvertretung auf ‚Grundfragen' der Gesetzgebung wies ihr inhaltlich derart allgemeine Normierungen zu, dass den angeblich nur durchführenden Organen die Konkretisierung im Grunde völlig überlassen blieb und ihnen die Kompetenz zu einer Fülle von Nachfolgeentscheidungen zugeschoben wurde. So war zwar die Volkskammer der DDR das einzige ‚gesetzgebende Organ',

---

18 K. Sorgenicht 1969, S. 252; Vgl. dazu auch S. Mampel 1978, bes. S. 822f.
19 H. Roggemann 1974, S. 357.
20 Vgl. W. I. Lenin 1970, S. 49; K. Marx 1966b, S. 213.
21 Zwischen 1950/59 waren es 11,1; 1960/69 6,0 und 1970/79 3,4 Sitzungen pro Jahr – eine im Vergleich zum Bundestag stets minimale Sitzungstätigkeit. Daten nach E. Jesse 1989, S. 1840 auf der Grundlage von G. Brunner 1987, S. 415.
22 H. Kelle/G. Schulze 1984, S. 772.

aber nicht das einzige Organ, das Rechtsnormen setzen durfte. Zwischen 1961 und 1970 z.B. setzte sie ganze 3,3% des allgemein verbindlichen Rechts.[23] Zwischen 1980 und 1986 brachte sie es gerade noch auf 22 echte Gesetze.[24] Aus der Gesetzesinitiative hat sich die Volkskammer formell wie materiell frühzeitig zurückgezogen. Materiell ruhte sie – und musste dies auch gemäß der Logik des Systems – bei der Partei. Denn wer das politische Führungsmonopol beansprucht, kann im Bereich politischer Grundfragen, die gesetzlicher Regelung bedürfen, die das Terrain absteckende und die Entwicklung bestimmende Initiative eben nicht teilen.

Verfahren und Ergebnis der Gesetzgebung waren ebenso Funktion wie permanent aktualisierte Bestätigung dreier Grundannahmen: erstens der Objektivität und Homogenität der Interessenlage, zweitens der führenden Rolle der Arbeiterpartei bei der Erkenntnis dieser objektiven Interessen und Gesetze und bei ihrer Vollziehung; und drittens der Notwendigkeit, Volk und Staat mit diesen Erkenntnissen zu identifizieren. Insofern konnte es keine autonome Rolle der Volkskammer bei der Gesetzgebung geben und auch, da dies den genannten Prämissen widerspräche, keine „kausale Gesetzesinitiative aus ihren eigenen Reihen heraus. Wenn gelegentlich doch Organe der Volkskammer einschließlich des Staatsrats Gesetzesinitiativen einbringen, verhält es sich grundsätzlich so wie in der Parabel von Hase und Igel: die SED war immer schon da und inszenierte die vermeintliche Initiative.[25]

‚Demokratischer Zentralismus' widerstreitet jeder kommunikativen Führungsstruktur; darüber hinaus destruiert er auch Kontrolle. Angesichts des Grundsatzes der Gewalteneinheit und angesichts des totalen politischen Formierungsanspruchs stellt sich die Grundsatzfrage, wer oder was faktisch überhaupt kontrolliert werden soll. Das politische Führungszentrum entzog sich jedem Zugriff: die sozialistische Volksvertretung ist „kein Forum für eine Kontrolle über die Tätigkeit der Partei, die die den Staat leitende politische Kraft darstellt".[26] Mit jeglichem Kontrollobjekt verflüchtigt sich auch die Sache selbst, oder sie wendet sich nach außen, auf die Gesellschaft. Insofern verfälscht Kontrolle sich zur institutionellen Mitarbeit an der Verwirklichung der Beschlüsse der Partei, und sie wandelt sich zur Mitwirkung an jener politischen Kontrolle, die Partei und Staatsorgane gegenüber der Gesellschaft üben. Kontrolle der politischen Führung stellt kein prekäres, wie in den westlichen Demokratien, sondern gar kein bzw. sogar ein logisch nicht existierendes Problem dar.

Von der Leitnorm der Verfassung und von ihrer Funktion als einheitliches System aus interpretiert, offenbart sich das Elend des sozialistischen „Parlamentarismus", dessen politisch entmächtigte Institutionen zum Akklamationsorgan für den Willen der Partei und zum bloßen Transformationsorgan dieses Willens in staatliche Entscheidung degeneriert sind. Die Parabel vom Hasen und vom Igel, die Lapp zur Charakterisierung der Gesetzgebung heranzog, gilt nicht nur dort, sondern allgemein:

---

23 Bericht der Bundesregierung 1972, S. 61; vgl. auch die Daten bei P. J. Lapp 1975, S. 219.
24 G. Brunner 1987, S. 416.
25 P. J. Lapp 1975, S. 212.
26 W. Zakrzewski, zit. n. S. Lammich 1977, S. 103.

Die Volksvertretung war kein eigenständiges Machtzentrum, sondern „ein politisch relativ bedeutungsloses Organ".[27]

Die Frage, warum das so lange gut ging, lässt sich wahrscheinlich nur mit den Sozialisationsmechanismen in der DDR und mit den Rekrutierungskriterien für das Abgeordnetenpersonal beantworten. Diese Abgeordneten repräsentierten sozialstrukturell keineswegs die Gesellschaft der DDR. Angehörige der Intelligenz, Hochschulabsolventen und Funktionäre überwogen.[28] Aber sie bildeten – anders als in Westdeutschland bisweilen vermutet – offensichtlich keine Gegenelite zur alten Amtselite der Parteifunktionäre. Sie stellten sich vielmehr auf den Boden der Dogmatik. Die Alten – von P. C. Ludz als „strategische Clique"[29] – bezeichnet, behielten sich die strategischen Schlüsselpositionen vor. Die vorherrschende Meinung war, dass bei allem Wandel die „strategische Clique" die Zügel in der Hand behielte, diesen Wandel steuere, initiiere, kontrolliere und notfalls auch revoziere. Die Verfügung über das Politik- und Kommunikationsmonopol – ein Trugschluss angesichts der täglichen Wiedervereinigung vor dem Westfernsehen – konnte diese ideologische Steuerung natürlich erleichtern. Offenbar bestand ja auf Seiten der „Clique" auch die Selbsttäuschung, über derlei Souveränität zu verfügen – und über die Autonomie, die Verhältnisse an die Ideologie oder die Ideologie an die Verhältnisse anpassen zu können. Die westdeutsche Forschung folgte dem auch weithin und sah die politische Führungsfunktion der SED an der Schwelle der achtziger Jahre „ohne Aufgabe von Grundprinzipien sogar gestärkt".[30]

Zur gleichen Zeit konnte man aber auch einwenden, dass die rigide ideologische Orientierung, auf welcher der ausgeprägte Führungsanspruch beruhe, letztlich doch Lernverweigerungen und erhebliche Anpassungsschwierigkeiten des SED-Systems heraufbeschwören könne.[31] So war es dann auch. Und im Umbruch zeigte sich, dass in der von jeglicher Führungsfunktion ausgeschlossenen Volkskammer durchaus auch kritisches Potential geschlummert hatte, ohne dass zu glorifizierenden Übertreibungen Anlass wäre. Genau dagegen richtete sich nun die friedliche Revolution in der DDR.

3. Der Wandel zum Parlamentarismus

Der ‚sozialistische Parlamentarismus' hat sich nicht selbst verabschiedet oder zu entscheidenden Zeitpunkten die Entwicklung beschleunigt. Die alte Volkskammer hatte zwar zuletzt noch erstaunliche Fähigkeiten, parlamentarische Verhaltensweisen und – von außen angeschoben – ein erhebliches Arbeitspensum entwickelt. Aber sie

---

27 K. Sontheimer/W. Bleek 1979, S. 106.
28 Vgl. für die 1. - 7. Wahlperiode die zusammenfassenden Übersichten bei Oberreuter 1980, S. 245ff., für die Endphase entsprechende Hinweise bei E. Jesse 1989, S. 1833.
29 P. C. Ludz 1970, S. 351.
30 W. Behr 1979, S. 79.
31 So H. Oberreuter 1980, S. 249.

hatte doch „nicht mehr als das getan, was ihr immer zugemutet worden war: nämlich, der Macht zu gehorchen, die gerade waltete – erst also der SED-beherrschten Macht der Nationalen Front, später der politisch-gesellschaftlichen Macht der Nach-Wende-Verhältnisse".[32] „Sie gab sich zwar den Ritualen parlamentarischer Demokratie mit wahrer Inbrunst hin"[33] – und das zeigt, wie sehr den gleichen Abgeordneten, die jahrzehntelang dem Regime den dünnen Schein der Legitimität vermittelt hatten, die ihnen vom SED-Kartell auferlegten Verhaltensweisen gegen den Strich gegangen waren. Aber aus Verhaltensänderungen, aus Diskurs, Kontroversen und geheimen Wahlen erwächst keine neue Vollmacht. Ohne freie Wahl entsteht keine parlamentarische Demokratie, wie sie Egon Krenz im November 1989 nur allzu gern für die damalige Volkskammer in Anspruch genommen hätte, um aus neuen und bislang in der Tat unerhörten Diskussionsformen Änderungen in der Substanz vorzutäuschen – Änderungen, welche die alten Machthaber doch eigentlich noch immer erheblich zu behindern suchten. Erst mit der freien Wahl im März 1990 wurde aus der Volkskammer eine Volksvertretung. Erst dann entstand auch jenes Parlament, dem ob seines Ernstes in der Sache und seiner Unbefangenheit in der Form in Schlagzeilen das Prädikat zugebilligt worden ist: „einfach hinreißend".[34] Es ist nicht erinnerlich, dass dem Bundestag je solche Elogen dargebracht worden sind.

Der Prozess, der dazu führte, bestätigte nur historische und theoretische Gewissheiten des modernen demokratischen Parlamentarismus. Zu seinen Voraussetzungen gehören unabdingbar konkurrenzoffener Pluralismus und freie politische Öffentlichkeit. Genau um diese Prinzipien ging es natürlich auch bei der Wende. Denn das Gegenmodell zur parlamentarischen Demokratie beruht auf der Verleugnung dieser beiden Grundannahmen. Der Kampf um die Beseitigung des alten Systems war zunächst ein Kampf um die Öffentlichkeit; genauer: ein Kampf um die Außerkraftsetzung des Parteilichkeitsprinzips, als unabdingbare Voraussetzung legitimen öffentlichen Agierens, ebenso ein Kampf gegen das Monopol der Partei, über Öffentlichkeit und Macht zu verfügen. Es war zunächst eine Auseinandersetzung um die Bürgerrolle in jenem alten Staat, eine Auseinandersetzung um Partizipations- und Diskussionschancen der Bürger.

Die Initiativ- und Bürgergruppen,[35] die seit den 70er Jahren unter dem Dach der Kirche entstanden waren und globale Themen auf die innerstaatlichen Verhältnisse umformulierten, wurden hingenommen, solange sie sich unter dieses Dach duckten. Die Scheidelinie war Öffentlichkeit. Versuche, diese Linie zu überschreiten, bedeuteten Ausgrenzung aus der Gesellschaft, Ausreise, Ausweisung. Im Sommer 1989 erhob sich nun der Anspruch der allmählich gewachsenen Gegenkultur auf Öffentlichkeit und Einmischung in die Politik.

---

32 Süddeutsche Zeitung vom 6.4.1990.
33 Süddeutsche Zeitung vom 14.11.1989.
34 Rheinischer Merkur vom 7.9.1990.
35 Dazu u.a. W. Kühnel/J. Wielgohs/M. Schulz 1990, S. 22-37; W. Süß 1990, S. 907-921 (hier S. 911ff.).

Der Aufruf des ‚Neuen Forums' vom 11. 09. 1989[36] bot kein alternatives Gesellschaftsmodell. Er entschleierte vielmehr die Wirklichkeit mit der Feststellung, die Kommunikation zwischen Staat und Gesellschaft sei gestört. Und er forderte Öffentlichkeit und Dialog über die Aufgabe des Rechtsstaats, der Wirtschaft und der Kultur. Der Name war genial gewählt, da es bislang kein öffentliches Forum gab – oder eben nur das sozialistische, eine politische Richtungsbestimmung, die den Zutritt zur Öffentlichkeit von der Übereinstimmung mit ihr abhängig machte. Damit aber wird Öffentlichkeit willkürlich zugeteilt. Wo Pluralität verweigert und Öffentlichkeit monopolisiert wird, erhebt sich der Ruf nach einem neuen Forum zu Recht. Die offene Demokratie ist dieses Forum. Wo sie besteht, gehört zur Aktivität kein Mut. In der DDR aber war dieses Forum erst von mutigen Bürgern gegen eine repressive Staatsmacht zu erstreiten. Daher war der Name Programm. Er war das Programm einer fundamentalen Alternative zum bestehenden System. Die sich tausendfach erhebende Forderung ‚Neues Forum zulassen' bedeutete deswegen nichts anderes als eine tausendfache Absage an das bisherige Zwangssystem und zugleich die Forderung, sich über die Grundsätze des politischen Zusammenlebens öffentlich und im Diskurs zu verständigen. So war der Kern der revolutionären Situation das Begehren aus der Gesellschaft, sich den öffentlichen Raum anzueignen. Diese Situation war in dem Moment da, in dem dies praktisch geschah.

Man sollte nicht vergessen, dass die Staatsmacht ursprünglich dagegen einzuschreiten suchte, indem sie erstmals seit 1953 wieder massive offene Gewalt gegen das eigene Volk wendete,[37] ohne dadurch mehr zu erreichen, als dessen um so nachhaltigere Mobilisierung. Erst in dieser Situation schaltete auch die alte Macht scheinbar auf Dialog und Diskussion um. Aber indem sie gemeinsame Beratung „über alle grundlegenden Fragen unserer Gesellschaft" anbot, behielt sie ihre restriktive Linie bei. Sie verdeutlichte nämlich, dass an Zugeständnisse gegenüber der sich um das Neue Forum sammelnden Opposition nicht gedacht war, indem sie nach wie vor für sich reklamierte, diese Diskussion politisch zu steuern und zu kanalisieren. Denn mit dem Dialogangebot verband sie die Feststellung: „Wir haben dafür alle erforderlichen Formen und Foren der sozialistischen Demokratie.[38] Im Klartext hieß das, dass man zur Bereinigung der entstandenen Situation des neuen Forums ebenso wenig bedürfe wie des Pluralismus und der demokratischen Öffentlichkeit. Diese Dialogangebote waren Scheinangebote zu dem Zweck, die Menschen von der Straße zu bringen, um integrativ auf sie einzuwirken.

Die Gesellschaft in der DDR lehnte diese Angebote ab. An ihrer Mobilisierungsbereitschaft zerschellte der Anspruch der SED, mit der Herrschaft über die öffentliche Kommunikation auch die über den Staat zu verteidigen. Bald musste sie öffentlich mit den Sprechern der Opposition reden, wodurch sichtbar wurde, dass sie

---

36 „Aufbruch 89 - Neues Forum", 1990, S. 29ff.
37 Vgl. dazu die „Gedächtnisprotokolle. Tage und Nächte nach dem 7. Oktober in Berlin", 1990, S. 71-118.
38 Vgl. die Erklärung des Politbüros der SED, Neues Deutschland vom 12. 10. 1989.

nicht mehr Macht und Monopol darauf hatte, zu entscheiden, wer an der öffentlichen Debatte teilnehmen durfte und was zu sagen ihm erlaubt war. Die neugewonnene plurale Öffentlichkeit transzendierte die alten Strukturen und Institutionen erstaunlich schnell. Das gilt für die Massenorganisationen ebenso wie für die Blockparteien. Es gilt auch für die Volkskammer. Binnen kurzem wurde sie zu einer debattierenden Körperschaft, deren Sitzungen mit Gewinn für die Rezipienten von Hörfunk und Fernsehen direkt übertragen wurden. Dort, in der Volkskammer, wurde auch das alte System öffentlich liquidiert. Als Erich Mielke am 17. November zum ersten Mal gezwungen war, sich vor dem Plenum und zugleich vor dem Fernsehpublikum öffentlicher Kontrolle zu stellen, war seine Macht gebrochen. Die Volkskammer war über Nacht ihrer Bevormundung ledig, ein Zentrum der politischen Diskussion und zunehmend auch der Entscheidung geworden.[39]

Literaturverzeichnis:

„Aufbruch 89 - Neues Forum" (1990). In: Schuddekopf, Charles (Hrsg.): „Wir sind das Volk!" Flugschriften, Aufrufe und Texte einer deutschen Revolution. Reinbek.

Autorenkollektiv unter Leitung von Gerhard Schüßler (1981): Der demokratische Sozialismus, Berlin (Ost): Staatsverlag der DDR.

Behr Wolfgang (1979): Bundesrepublik Deutschland - Deutsche Demokratische Republik. Systemvergleich Politik-Wirtschaft-Gesellschaft, Stuttgart, Berlin (West), Köln, Mainz: W. Kohlhammer.

Bericht der Bundesregierung und Materialien zur Lage der Nation 1972, Opladen 1972.

Brunner, Georg (1987): Das Staatsrecht der Deutschen Demokratischen Republik. In: Isensee, Josef/Kirchhoff, Paul (Hrsg.): Handbuch des Staatsrechts Bd.1, Heidelberg.

Hartung, Marianne (1971): Höhere Wirksamkeit der Volkskammer im sozialistischen Gesellschaftssystem. In: Staat und Recht 6.1971, S. 1037-1043.

Jesse, Eckhard (1989): Die Volkskammer der DDR: Befugnisse und Verfahren nach Verfassung und politischer Praxis. In: Schneider, Hans-Peter/Zeh, Wolfgang (Hrsg.): Parlamentsrecht und Parlamentspraxis, Berlin, New York: de Gruyter, S. 1821-1844.

Kelle, Herbert/Schulze, Gerhard (1984): Die Volkskammer der DDR - Verkörperung und Instrument der Souveränität des werktätigen Volkes. In: Staat und Recht 10. 1984, S. 771-779.

Kühnel, Wolfgang/Wielgohs, Jan/Schulz, Marianne (1990): Die neuen politischen Gruppierungen auf dem Wege von politischem Protest zur parlamentarischen Interessenvertretung. In: Zeitschrift für Parlamentsfragen 1. 1990, S. 22-37.

Lammich, Siegfried (1977): Grundzüge des sozialistischen Parlamentarismus, Baden-Baden: Nomos Verlagsgesellschaft.

Lapp, Peter Joachim (1975): Die Volkskammer der DDR, Opladen: Westdeutscher Verlag.

---

39 Dazu P. J. Lapp, 1990, S. 115-125 (bes. S. 121 ff.).

Lapp, Peter Joachim (1990): Anspruch und Alltag der Volkskammer vor dem Umbruch 1989/90. In: Zeitschrift für Parlamentsfragen 1. 1990, S. 115-125.

Lenin, W. I. (1970): Staat und Revolution, Berlin (Ost).

Ludz, Peter Christian (1970): Parteielite im Wandel, 3. Aufl. Köln, Opladen: Westdeutscher Verlag.

Mampel, Siegfried (1978): Die sozialistische Verfassung der Deutschen Demokratischen Republik, 2. Aufl. Frankfurt am Main, Mainz.

Marx, Karl (1966a): Marx-Engels Studienausgabe Bd. 3 (Fischer-Bücherei), Frankfurt am Main.

Marx, Karl (1966b): Marx-Engels Studienausgabe Bd. 4 (Fischer-Bücherei), Frankfurt am Main.

Neugebauer, Gero (1974): Die Volkskammer der DDR. In: Zeitschrift für Parlamentsfragen 3. 1974, S. 386-411.

Neues Deutschland vom 12.10.1989.

Oberreuter, Heinrich (1980): Sozialistischer Parlamentarismus? Idee, Norm und Realität sozialistischer Vertretungskörperschaften in vergleichender Sicht. In: Weber, Jürgen (Hrsg.): DDR-Bundesrepublik Deutschland: Beiträge zu einer vergleichenden Analyse ihrer politischen Systeme, München: Günter Olzog Verlag, S. 213-250.

Polak, Karl (1960): Zur Dialektik der Staatslehre, Berlin (Ost): Akademie-Verlag.

Poppe, Eberhard (1960): Der sozialistische Abgeordnete und sein Arbeitsstil, Berlin (Ost): Deutscher Zentralverlag.

Rheinischer Merkur vom 7.9.1990.

Roggemann, Herwig (1974): Volksvertretungen im Sozialismus. In: Zeitschrift für Parlamentsfragen 3. 1974, S. 339-385.

Sorgenicht, Klaus/Weichelt, Wolfgang/Riemann, Tord (1969): Verfassung der Deutschen Demokratischen Republik 2 Bde., Berlin (Ost): Staatsverlag der DDR.

Sorgenicht, Klaus (1980): Die Kernfrage der Revolution. In: Einheit 4. 1980.

Sontheimer, Kurt/Bleek, Wilhelm (1979): Die DDR. Politik, Gesellschaft, Wirtschaft. 5. erweiterte, neubearbeitete Aufl. Hamburg: Hoffmann und Campe.

Süddeutsche Zeitung vom 14.11.1989.

Süddeutsche Zeitung vom 6.4.1990.

Süß, Walter (1990): Revolution und Öffentlichkeit in der DDR. In: Deutschland-Archiv 6. 1990, S. 907-921.

Kapitel 5:

Die Volkskammer der DDR – trug sie diesen Namen zu Recht?

Lothar de Maizière

Am 17. März 2000 hielt der Deutsche Bundestag aus Anlass des 10. Jahrestages der ersten freien Volkskammerwahlen eine Sondersitzung ab, auf der ich – von der CDU/CSU-Fraktion gebeten – sprechen durfte. In meiner Rede heißt es: „Aus den Wahlen ging eine Volkskammer hervor, die diesen Namen erstmals zu Recht trug. Die Wahlen waren aber zugleich in mehrfacher Hinsicht ein Plebiszit: ein Plebiszit zur Herstellung der Einheit Deutschlands; ein Plebiszit für eine föderale, grundgesetzkonforme Demokratie; ein Plebiszit für den Rechtsstaat mit seiner Gewaltenteilung". Stimmen diese Sätze, und der Applaus des hohen Hauses ließ es mich fast glauben, hätte ich die Antwort auf die mir gestellte Frage bereits gegeben. Doch so leicht ist es wohl nicht! Es soll ja auch um die Wege oder meist doch wohl Irrwege der Körperschaft gehen, die jenen Namen trug. Gerade die Auseinandersetzung mit den *Irrwegen* scheint mir wichtig, denn in den letzten Jahren ist in ostalgischer Verklärung versucht worden, ein Geschichtsbild verharmlosender Art zu implantieren.

Etwa so: Zunächst sei es im Osten Deutschlands um die Verwirklichung antifaschistisch-demokratischer und dann sozialistischer Ideale gegangen, bevor die Widrigkeiten der Nachkriegsentwicklung, die Vergröberung des Ost-West-Gegensatzes und schließlich Fehler und Machtmissbrauch der Regierenden das Antlitz dieses Staates DDR entstellten. Nein! Wir wissen auch aus Zeugnissen unmittelbar Beteiligter, wie Wolfgang Leonhard (welcher der Arbeitsgruppe Ulbricht angehörte, d.h. jene Arbeitsgruppe, die der Roten Armee unmittelbar folgte), dass die sowjetische Besatzungsmacht und ihre deutschen Verbündeten von Anfang an eine totalitäre Diktatur anstrebten und dies nur in dem Maße kaschierten, wie es taktische Rücksichtnahme auf demokratische Traditionen aus der Weimarer Republik erforderte. Eben diese demokratischen Traditionen waren den Sowjets und ihren Helfern ein Dorn im Auge, und sie versuchten, sie schrittweise zu eliminieren. Andere bürgerliche Kräfte – sowohl in der Liberal-Demokratischen Partei, als auch in der CDU – versuchten, sich dem zu widersetzen.

Vor zehn Jahren konnte ich die bis dahin streng unter Verschluss gehaltenen Protokolle des Berliner Gründerkreises der CDU lesen. Sie umfassen lediglich den Zeitraum eines halben Jahres. Aber in ihnen sind alle Themen angeschlagen, welche die Gründer der CDU vor nunmehr 55 Jahren bewegten: Nein zur Diktatur, Ja zu Wahrheit und Recht; das Bekenntnis zu parlamentarischer Demokratie, zu rechtsstaatlicher Ordnung, zu sozialer Gerechtigkeit; und die Besinnung auf die kulturgestaltenden sittlichen und geistigen Kräfte des Christentums. Es rührt einen an, wenn man schon im Protokoll einer Tagung des Gründungsausschusses vom 19. Juli 1945, auf der Dr. Hermes über die Verhandlungen mit den anderen antifaschistischen Parteien berichtet, liest: „Wesentlich ist, dass eine Blockbildung vermieden wurde, die die Partei in ihrer Bewegungsfreiheit gehemmt hätte." Nun, wir wissen aus der Geschichte, wie zunächst Hermes und Schreiber und später Jacob Kaiser und Ernst Lemmer aus ihren Positionen gedrängt und verjagt wurden. Wir wissen, dass im Zeitraum von 1947 bis 1955 mehr als 1.500 Mitglieder der Union der sowjetischen Besatzungszone und später in der DDR verhaftet, in Lagern interniert, in Gefängnisse geworfen und in die Fremde verschleppt wurden. Wir wissen auch, dass uns die Blockbildung, die Hermes im Juli 1945 noch verhindern konnte, nicht erspart blieb und uns das Kainsmal der Blockflöte aufgedrückt wurde.

Noch heute bin ich stolz darauf, dass ich am 20. November 1989 in der ersten Sitzung des Blocks, an der ich als neugewählter CDU-Vorsitzender teilnahm, für die CDU den Austritt erklärte und so zur Selbstbefreiung aus der babylonischen Gefangenschaft beitrug. Da wir zur Zeit keinen Wahlkampf haben, können oder dürfen solche Fakten auch der historischen Gerechtigkeit wegen einmal erwähnt werden. Bereits im Sommer 1945 hatte die KPD in der sowjetischen Besatzungszone den Plan der Blockbildung in Angriff genommen. Dem ‚Zentralen Blockausschuss' gehörten zunächst nur die KPD, die SPD, CDU und LDP mit je fünf Vertretern an. Durch die Zwangsvereinigung von KPD und SPD im April 1946 und durch die Aufnahme von Massenorganisationen – FDGB (1948), FDJ (1950), DFD (1952) – und zuvor bereits der beiden ‚Retortenprodukte' der NDPD und der DBD im Jahre 1948 konnten die Kommunisten gegen den Widerstand von LDP und CDU ihre Macht im Block ausbauen. Im Vorfeld der Londoner Außenministerkonferenz 1948 rief die SED im Dezember 1947 zur Einberufung des sogenannten ‚Deutschen Volkskongresses für Einheit und gerechten Frieden' auf. Die Mitglieder dieses Kongresses waren *nicht* gewählt, sondern von den Parteien und Massenorganisationen delegiert.

Einzelheiten hier darzustellen ginge zu weit. Aus diesem Volkskongress ging jedenfalls der Deutsche Volksrat hervor (DVR), der verschiedene Ausschüsse – darunter einen Verfassungsausschuss – bildete. In diesem Verfassungsausschuss wurde über drei Grundfragen gestritten:

1. Welchem Staatsprinzip sollte der neue Staat folgen. Dem Prinzip der Gewaltenteilung nach Montesquieu – oder dem der Volkssouveränität nach Rousseau, wie es die SED wollte? Die SED setzte sich durch. Karl Polak – der damalige und langjährige Staatsrechtspapst der DDR – erklärte die ‚Dreiteilung der Gewalten' für aufgehoben; die Volkskammer sei deshalb ein „beschließendes und die Durchführung ihrer Beschlüsse überwachendes Organ zugleich".

2. Man stritt über das Wahlrecht, also darüber, ob es ein Mehrheitswahlrecht oder ein Verhältniswahlrecht geben sollte, oder – wie von der CDU gewollt – eine Mischung aus beidem. Man stritt ferner über die Art der Kandidatenaufstellung

und darüber, ob es eine Einheitsliste geben solle. Letztlich entschied man sich[1] für ein Verhältniswahlrecht, nach dem aber dann nie Wahlen durchgeführt wurden.

3. Außerdem ging der Streit um die Notwendigkeit eines unabhängigen ‚Staatsgerichtshofes', ähnlich dem Bundesverfassungsgericht. Auch hier konnten sich die bürgerlichen Parteien nicht durchsetzen. Statt dessen wurde in Art. 66 die Bildung eines ‚Verfassungsausschusses', der sich im wesentlichen aus der Volkskammer selbst rekrutieren sollte, festgelegt.

Es ist hier nicht der Ort, die gesamte Verfassung durchzukonjugieren. Doch so viel muss fairerweise gesagt werden: Sie hielt am Ziel der deutschen Einheit fest (Art. 1), sie hielt am aus der Geschichte begründeten Föderalismus fest (ebenfalls Art. 1) und bestimmte in Art. 112, auf welchen Gebieten die Republik die ausschließliche Gesetzgebungskompetenz haben sollte. Alles übrige sollte bei den Ländern verbleiben. Ich denke auch, dass nur wenige der Delegierten des 3. Volkskongresses, die am 30. Mai 1949 – d.h. nur wenige Tage, nachdem am 23. Mai das Bonner Grundgesetz angenommen worden war – die Verfassung verabschiedeten, ahnten, welch verbrecherischer Missbrauch und welch unsägliches Leid mit dem Art. 6 der 49er Verfassung angerichtet werden würde.[2]

Der vom 3. Volkskongress ‚gewählte' Deutsche Volksrat (DVR) erklärte sich am 7. Oktober 1949 zur ‚Provisorischen Volkskammer der Deutschen Demokratischen Republik', setzte die Verfassung in Kraft und verschob die Wahlen zu einer regulären Volkskammer um ein Jahr. Ein über eine – manipulierte – Abstimmung aufgrund einer Einheitsliste zustande gekommenes Gremium, der Deutsche Volksrat, verwandelte sich damit, ohne dass die Bevölkerung in einer formellen Wahl daran beteiligt worden wäre, durch Selbsternennung in die verfassungsmäßige Volksvertretung des neuen Staates. Der Gründungsmythos der DDR basiert also auf einem Verfassungsbruch. Wahlen, die den Ansprüchen des Art. 51 genügt hätten, wonach die Abgeordneten in „allgemeiner, gleicher, unmittelbarer und geheimer Wahl nach den Grundsätzen des Verhältniswahlrechts auf die Dauer von vier Jahren gewählt" werden sollten, fanden nie statt.

Schon in dieser provisorischen Volkskammer besaß die SED über Schleppmandate in der Gewerkschaft und den sonstigen gesellschaftlichen Organisationen die absolute Mehrheit. Ab den ersten ‚regulären' Volkskammerwahlen am 15.10.1950 gab es einen festen Verteilerschlüssel auf der Einheitsliste. Zunächst war vereinbart worden, nur bei dieser Wahl einmalig eine Einheitsliste aufzustellen. Bei späteren Wahlen sollte dann gemäß Art. 51 der Verfassung gewählt werden, was dann jedoch nie geschah. Dieser Verteilerschlüssel lautete: SED 100 Sitze; CDU und LDP je 60 Sitze; FDGB 40 Sitze; NPD und DBD je 30 Sitze; FDJ und Kultur-

---

1 Vgl. Art. 51 Satz 1 der Verfassung von 1949.
2 *Anmerkung der Herausgeber:* Gemeint ist das Verbot der sogenannten ‚Boykotthetze', mit welchem auch legale Kritik am Staat unterdrückt und verfolgt wurde.

bund je 20 Sitze; DFD und VVN je 15 Sitze; VdgB und übrige Genossenschaften je fünf Sitze. Hinzu kamen 66 Abgeordnete, die von der Berliner Stadtverordnetenversammlung – nach gleichem Verteilermuster – nominiert wurden. Die 1963 erfolgte Erhöhung auf insgesamt 500 Abgeordnete folgte einem ähnlichen Schema; die NDPD und die DBD wurden für treue Dienste der LDPD und der CDU gleichgestellt. Immer war gesichert, dass die SED – dank ihrer Schleppmandate – über die Mehrheit verfügte: es waren etwa 35 der 37 FDJ-Delegierten oder 29 der 32 DFD-Abgeordneten Mitglied der SED.

Im Dezember 1989, bei der Konstituierung des Zentralen Runden Tisches, erlebten wir Ähnliches. Neben den vom Bund der Evangelischen Kirchen in der DDR eingeladenen Gruppen und Parteien erschienen der FDGB, der DFD, die VdgB und andere Organisationen und begehrten Sitz und Stimme am Runden Tisch. Der Runde Tisch beschloss daraufhin, dass zwar einige dieser Formationen am Runden Tisch teilnehmen dürften, dass aber gesichert sein müsse, dass die am Tisch sitzenden Vertreter nicht zugleich Mitglieder der SED-PDS sein durften. Das Interesse an der Teilnahme ließ danach spürbar nach.

Wie wenig die SED bereit war, die Volkskammer als echte Volksvertretung ernst zu nehmen, erhellt daraus, dass sie zunehmend die Entscheidungen in Parteigremien verlagerte und die Volkskammer so zum Erfüllungsgehilfen degradierte. Deutlich wird dies insbesondere im Jahr 1952. Vom 2. bis 12. Juli fand damals die 2. Parteikonferenz der SED in Berlin statt, auf der sie das ‚Programm zum planmäßigen Aufbau des Sozialismus' beschloss. In Verfolg dieses Beschlusses ließ sie durch die von ihr majorisierte Volkskammer, offensichtlich von langer Hand vorbereitet, bereits am 23. Juli 1952 ein Gesetz beschließen, durch das die auf den Steinschen Reformen von 1807/1808 beruhende und dem Prinzip der Subsidiarität genügende kommunale Selbstverwaltung zerschlagen und die Länderstruktur der DDR zerstört wurde. In der Rechtssprache der DDR des Jahres 1952 hörte sich das wie folgt an: „Das noch vom kaiserlichen Deutschland stammende System der administrativen Gliederung in Länder mit eigenen Landesregierungen sowie in große Kreise gewährleistet nicht die Lösung der neuen Aufgaben unseres Staates." Einher ging damit die Zerschlagung der freiwilligen Gerichtsbarkeit, der Verwaltungsgerichtsbarkeit, der Finanzgerichtsbarkeit, kurz aller Formen der demokratischen oder rechtlichen Kontrolle und Korrektur staatlichen Handelns. Es war die endgültige Abkehr vom Prinzip der Gewaltenteilung. Das Prinzip des ‚Demokratischen Zentralismus', der nie demokratisch, dafür immer zentralistisch war, und das so rigide und unter Missachtung der bestehenden Verfassung durchgesetzt wurde, diente ausschließlich der Monopolisierung der Macht durch das Politbüro der herrschenden Partei.

Später hat sich die SED von der Peinlichkeit befreit, die Durchsetzung ihrer Ziele kaschieren oder gar die Verfassung brechen zu müssen, indem sie ihren Willen einfach zum Verfassungsauftrag erklärte. Artikel 1 der Verfassung von 1968/74 lautet nämlich: „Die DDR ist ein sozialistischer Staat der Arbeiter und Bauern. Sie ist die politische Organisation der Werktätigen in Stadt und Land unter Führung der

Arbeiterklasse und ihrer marxistisch-leninistischen Partei". Zwar war die Volkskammer gemäß Art. 48 der 68er Verfassung formal das „oberste Machtorgan der Deutschen Demokratischen Republik", und sie hatte in ihren Plenarsitzungen über die Grundfragen der Staatspolitik zu entscheiden. Doch sie tat dies, wie es hieß, in „Durchsetzung der Beschlüsse der Partei der Arbeiterklasse", und die Rechtsgrundlage für diese Kastration war eben der Absatz 1 der Verfassung. Dessen Abschaffung war darum die unverzichtbare Vorbedingung für den Koalitionsschluss zur Bildung der Modrow-Regierung.

Der eigentliche – und so auch gewollte – genetische Geburtsdefekt der Volkskammer und des von der Verfassung vorgegebenen Staatsaufbaus war der Art. 92 der Verfassung von 1949. Er lautete: „Die stärkste Fraktion der Volkskammer benennt den Ministerpräsidenten; er bildet die Regierung. Alle Fraktionen, soweit sie mindestens vierzig Mitglieder haben, sind im Verhältnis ihrer Stärke durch Minister oder Staatssekretäre vertreten." Auf diese Weise wurde jedwede Opposition und damit die durch Opposition bewirkte Kontrolle ausgeschlossen. Ein ganzes theoretisches Gebäude wurde errichtet, um dies zu begründen. Dies hörte sich wie folgt an: Dem Sozialismus sind antagonistische Widersprüche wesensfremd, d.h. es gibt keine grundlegenden Widersprüche über das Ziel der Gesellschaft; verbleibende nichtantagonistische Widersprüche gibt es allenfalls über den Weg zum Ziel; diese Widersprüche werden in Ausschüssen in kameradschaftlicher Weise geklärt und gehören nicht ins Plenum.

Die Geschäftsordnung der Volkskammer aus dem Jahre 1949 erhob noch die Forderung, dass die Redner „möglichst im freien Vortrag sprechen" sollten. Diese Forderung wurde bereits 1954 aufgegeben. Nicht aber, weil die Abgeordneten – was zu vermuten ist – dazu nicht in der Lage waren, sondern weil die Redebeiträge in fast allen Fällen vorher eingereicht und bestätigt werden sollten. Dieses Verfahren sicherte die Einstimmigkeit und trug maßgeblich dazu bei, dass die Rundfunk- und Fernsehübertragungen von Volkskammersitzungen stark zur Senkung des Elektroenergieverbrauchs der DDR beitrugen. Eine bemerkenswerte Ausnahme gab es allerdings am 9. März 1972, als 14 Abgeordnete der CDU gegen das Gesetz über den Schwangerschaftsabbruch stimmten. Acht weitere enthielten sich der Stimme. Diese ‚Freigabe' der Abstimmung war in einem mühseligen Verfahren der SED abgetrotzt worden. Von der SED zunächst als Niederlage angesehen, wurde diese Episode später in ihr Gegenteil umgedeutet: Ein Abgeordneter, der *so* frei ist, bei einem derart wichtigem Gesetz eine Gegenstimme abzugeben, ist natürlich ebenso frei, wenn er allen anderen Gesetzen und Beschlussvorlagen zustimmt!

Die Anzahl der Sitzungen der Volkskammer hat in ihrer Geschichte beständig abgenommen. Immer weniger war man offenbar auf den Rat der Volksvertreter angewiesen. Benötigte man 1950 noch 18 Sitzungstage zur Formulierung von Volkes Willen, so senkte man diesen Aufwand später kontinuierlich, bis man ab 1974 etwa mit zwei, maximal drei Sitzungstagen auskam. Wie wurde dies erreicht?

Einesteils übernahm der seit 1968 bestehende Staatsrat, der sich (Art. 66) als Organ der Volkskammer begriff, einen Teil der Aufgaben der obersten Volksvertretung. Andernteils kam es etwa ab dem gleichen Zeitpunkt zu einer Ausuferung der Verordnungspraxis. Der Ministerrat besaß laut Art. 78 Abs. 2 eine grundsätzliche Verordnungsermächtigung. Das heißt, dass er sich diese nicht, wie in einem Rechtsstaat wohl selbstverständlich, für jeden einzelnen Regelungsgegenstand vom Parlament erteilen lassen musste. Auf diese Weise wurden Verordnungen erlassen, die tief in die Freiheitsrechte des Bürgers eingriffen, ohne dass die Volkskammer damit befasst worden wäre. Als Beispiel kann die Ordnungswidrigkeiten-Verordnung von 1984 dienen,[3] die manches Delikt, das zuvor nur als Straftat von einem Gericht hätte verfolgt werden können, der Verantwortung (oder besser: der Willkür) von Polizei und Steuerfahndung, Zollfahndung oder anderer Staatsorgane überließ. Formal war diese ‚Entkriminalisierung' eine Liberalisierung, tatsächlich aber dadurch, dass diese Taten einem öffentlichen richterlichen Verfahren entzogen wurden, eine Verschärfung. Alledem sah die Volkskammer tatenlos zu.

Die in der DDR-Staatsrechtslehre und auch international immer wieder propagierte Behauptung, die Volkskammer sei eine ‚arbeitende Körperschaft', zugleich gesetzgebend und die Gesetze ausführend, ließ sich im Laufe der Jahre immer weniger rechtfertigen – auch dann nicht, wenn die durchschnittlich drei Sitzungen der Ausschüsse pro Jahr den Sitzungstagen hinzugezählt wurden. Viel häufiger konnten die Mitglieder der Volkskammer aber auch nicht tagen, denn sie waren grundsätzlich berufstätig und erhielten lediglich eine Aufwandsentschädigung von 500,- Mark je Monat sowie eine Freifahrkarte für die öffentlichen Verkehrsmittel. Sie verfügten nicht über Abgeordnetenbüros, Mitarbeiter oder gar Wohnungen am Sitz des Parlaments.[4]

Die Zusammensetzung der Volkskammer sollte zumindest nach außen hin den Anschein erwecken, dass sie den beruflichen Querschnitt der DDR-Bevölkerung widerspiegele, dass sie das Parlament eines Arbeiter- und Bauernstaates sei und darüber hinaus, dass sie die besten und erfolgreichsten Bürger des Landes als Mitglieder besitze. Dies war der Grund dafür, dass Erich Honecker sich anlässlich von Volkskammerwahlen seiner Dachdeckerlehre und Willi Stoph sich seiner Maurerlehre erinnern musste und dass Täve Schur und Manfred von Ardenne zu den Mitgliedern des ‚Hohen Hauses' zählten. Tatsächlich war es aber so, dass hauptamtliche Funktionäre von Parteien und Massenorganisationen, Betriebsdirektoren und leitende Angestellte das Gros der Abgeordneten stellten. Hinzu gesellten sich noch einige Paradiesvögel aus Sport, Kunst und Wissenschaft.

Mit unserem Verständnis vom freien Mandatsträger völlig unvereinbar waren die Mitglieder der Volkskammer verpflichtet, Wähleraufträge entgegenzunehmen und vor den Wählern Rechenschaft abzulegen. Wenn auch beides nicht sonderlich praktisch wurde, zeigt es doch die Art des ‚in den Dienst Nehmens' der Abgeordne-

---

[3] GBl. I 1984, Nr.14, S. 173ff.
[4] Daraus ergaben sich 1990 große Schwierigkeiten. Das ehemalige Zentralkomitee am Werderschen Markt wurde umgewidmet zum Haus der Parlamentarier, um so Arbeitsmöglichkeiten für die Abgeordneten zu schaffen. Die Abgeordneten wohnten überwiegend, wenn auch ständig von ihnen kritisiert, im Gästehaus der Staatssicherheit in der Normannenstraße.

ten. Besonders schwierig stelle ich mir bei der Rechenschaftslegung zu den stets einstimmigen Beschlüssen die Herausarbeitung des individuellen Anteils bei der Entscheidungsfindung vor! Wohl nicht ohne Grund galten die Wahlveranstaltungen, die der Rechenschaftslegung und der Vorstellung neuer Kandidaten dienen sollten, als außerordentlich langweilig und wurden schlecht besucht. Es gab allerdings eine Ausnahme: Bei den Wahlveranstaltungen – die den letzten Kommunalwahlen in der Vorwende-DDR vom 7. Mai 1989 vorausgingen – wurden die armen Kandidaten nicht nur von den die Veranstaltungen majorisierenden Ausreiseantragstellern sondern auch von ‚normalen' Bürgern mit Hohn und Spott überzogen! Diese explosive Stimmung – man konnte sie mit Händen greifen – war es wohl auch, welche die SED veranlasste, in besonders schamloser Weise die Ergebnisse zu fälschen. Ich persönlich glaube nicht, dass die gesamten vierzig Jahre zuvor die Wahlen anders gelaufen sind als bei diesen Kommunalwahlen. Doch diesmal wurde erstmals der Betrug öffentlich Betrug genannt, und die Bürger fanden den Mut, entsprechende Strafanzeigen zu erstatten.

Damit sind wir bei jener Zeit, die wir untertreibend die Wende nennen. Damals, im Herbst 1989, begann auch in der noch auf alte Weise zustande gekommenen Volkskammer der Dialog und – zum Teil – auch offene Disput. Etwa erhielt Egon Krenz bei seiner Wahl zum Staatsratsvorsitzenden 26 Gegenstimmen und ebenso viele Enthaltungen, und Günter Maleuda setzte sich in einer Kampfabstimmung gegen Manfred Gerlach bei der Wahl zum Volkskammerpräsidenten durch. Neben der tragikomischen Beteuerung Erich Mielkes, wie sehr er uns doch alle liebe, kam es auch zu vielen anderen Peinlichkeiten und Entgleisungen. Dennoch: diese Volkskammer war vom Geist der Zeit und vom Sog der Demokratie schon so weit erfasst, dass sie die alte Führung abwählte, am 18. November die Übergangsregierung Modrow installierte und am 1. Dezember 1989 den Führungsanspruch der SED aus Artikel 1 der Verfassung strich. Doch „wer zu spät kommt, den bestraft das Leben".

Kapitel 6:

Die Volkskammer – ein ‚stummes' Parlament? Die Volkskammer und ihre Abgeordneten im politischen System der DDR

Roland Schirmer

Zehn Jahre nach dem Ende der DDR ist ihr oberstes Repräsentativorgan, die Volkskammer, ziemlich in Vergessenheit geraten. Kaum jemand beschäftigt sich heute noch theoretisch oder publizistisch mit ihr. Warum dann der Forschungsaufwand ihrer wissenschaftlichen Analyse?

Dafür gibt es mehrere Gründe. Wenn mit Recht heute von der Notwendigkeit gesprochen wird, die jüngste deutsche Geschichte, darunter die der DDR, aufzuarbeiten, dann gehört deren oberste Volksvertretung dazu. In ihr konzentrierten sich naturgemäß bestimmte Eigenschaften des politischen Systems der DDR. Außerdem sind heute die früheren Restriktionen für eine erfolgreiche Analyse dieser Volksvertretung weggefallen. Archive stehen offen, und Akteure von damals können befragt werden. Andererseits bietet sich nur selten die Chance in der Wissenschaft, ein abgeschlossenes Gesellschaftsexperiment umfassend untersuchen zu können. Die DDR wie ihre Volkskammer begriffen sich als progressive, als revolutionäre Alternative zum ‚bürgerlichen' deutschen Staat und zum Parlamentarismus. Durch die wissenschaftliche Untersuchung der Volkskammer ist es möglich, die Frage besser zu beantworten, warum beide scheiterten. Und schließlich darf nicht übersehen werden, dass die meisten der gegenwärtig existierenden Volksvertretungen in vielen Ländern nicht dem Typus des freiheitlich-demokratischen Parlamentarismus entsprechen, sondern eher minimalparlamentarische Züge tragen, also der Volkskammer näher sind als dem Bundestag. Deshalb stellen die vorliegenden Untersuchungen zur Volkskammer auch einen Beitrag zur aktuellen vergleichenden Parlamentarismusforschung dar.[1]

---

[1] Neben Dokumenten- und Archivstudien bilden die Aussagen von 56 mit früheren Abgeordneten und mit Mitarbeitern der Volkskammer durchgeführten semistrukturierten Interviews eine wesentliche Quelle der Untersuchung. Deren verschriftete Texte (ca. 2.500 Seiten) bildeten die Grundlage einer umfassenden qualitativen Analyse, auf die im Folgenden zurückgegriffen wird.

1. Die Entstehung der Volkskammer und ihr zeit- und ideengeschichtlicher Kontext

Nach dem zweiten Weltkrieg stellte sich mit der Rückkehr zum normalen gesellschaftlichen Leben in Deutschland die Frage, wie das politische System konstruiert sein müsse, damit eine erneute Entwicklung hin zu Gewaltherrschaft und Krieg verhindert werden könne. Anders als 1918 war 1945 die Kontinuität deutscher Geschichte tiefgreifend erschüttert. Die Weimarer Republik als erster Versuch eines parlamentarisch-demokratischen Verfassungsstaates war gescheitert, die Möglichkeit zum positiven Rückblick in die jüngste deutsche Vergangenheit versperrt, die Funktionalelite diskreditiert und selbst der Ausweg aus der NS-Diktatur nur durch fremde Kraft gelungen. So begann die Suche nach den politischen Grundlagen der neuen Gesellschaft nicht in Eigenverantwortung der Deutschen, sondern geprägt und beherrscht von den Interessen, den Vorgaben und Wünschen der jeweiligen Besatzungsmacht. Es entstand eine Parallelität von ost- und westdeutscher Entwicklung, welche als Wettbewerb kommunistisch bzw. freiheitlich-demokratisch intendierter Gesellschaftsalternativen auf der Grundlage unterschiedlicher Lernstrategien aus der bisherigen Geschichte zu verstehen war. Eine gemeinsame Ausgangsgröße stellte dabei die – allerdings sehr unterschiedliche Bewertung – der politischen Ordnung der Weimarer Republik dar.

Sowohl in Ost- wie auch in Westdeutschland entstanden durch die jeweiligen Vorgaben der Siegermächte Pfadabhängigkeiten, die Eigendynamik in Kraft setzten und zu unterschiedlichen Resultaten führten. So bildete sich im Westen Deutschlands ein parlamentarisch-föderales Regierungssystem auf der Grundlage weniger politisch einflussreicher Parteien heraus. Dabei ging die Orientierung auf Föderalismus und ein begrenztes Mehrparteiensystem wesentlich auf die Intentionen der westlichen Besatzungsmächte zurück. Eine anfänglich ‚verordnete Demokratie'[2] formierte sich zu einem originären parlamentarischen Regierungssystem von hoher Stabilität. In der sowjetischen Besatzungszone wurden die Weichen auf eine spezielle Variante der ‚Volksdemokratie' gestellt, was letztlich zum weitgehenden Import des sowjetischen Systems führte und auch als ‚verordnete proletarische Diktatur' zu interpretieren ist.

Prägend für die Entwicklung der beiden politischen Systeme war ihre Einbindung in den Kalten Krieg. Die Konfrontation übernationaler politisch-militärischer Blöcke mit ihren Weltsichten, Grundkonsensen, Feindbildern, ihren inneren Zwängen und gemeinsamen Kraftreserven führte wesentlich dazu, beiden deutschen Staaten in deren Schutz einen nicht unbeträchtlichen zusätzlichen Handlungsspielraum einzuräumen, welcher auch dafür genutzt wurde, neue Wege beim Aufbau der neuen Gesellschaft zu beschreiten. Während es in Westdeutschland gelang, die eigene Legitimationsbasis schrittweise zu festigen, führte das im Falle der DDR immer stärker dazu, politische Stabilität ohne wirkliche Legitimation herzustellen.

---

2 G.-J. Glaeßner 1999, S. 18.

Aus der Besonderheit der Systemkonfrontation resultiert eine Erklärung dafür, warum es sich die DDR über längere Zeiträume leisten konnte, weitgehend auf den institutionellen Sachverstand eines Parlamentes zu verzichten. Darin lässt sich immerhin ein allgemeiner Hinweis darauf finden, dass im Unterschied zum westdeutschen das ostdeutsche Regierungssystem weniger gut konstruiert war, um die notwendigen institutionellen Lernleistungen für politische Beständigkeit zu erbringen. So wird auch aus der inneren Funktionslogik des östlichen Systems verständlich, dass zu jenem Zeitpunkt, als der generelle Schutzmechanismus des eigenen Bündnisses nicht mehr ausreichte, die staatliche Existenz der DDR zu sichern, eine zusätzliche Sicherung in Gestalt der Grenzschließung von 1961 erforderlich war. Ursprünglich gedacht als zeitweilige Maßnahme der inneren Regeneration, stärkte ihre Permanenz die Unfähigkeit zum notwendigen Wandel. Das politische System verlor so, trotz anfänglicher Reformversuche, wesentliche Impulse zur Anpassung an die veränderten Bedingungen, verharrte im Bisherigen und destabilisierte sich dadurch langfristig selbst.

Anfänglich mussten beide deutsche Entwicklungswege als Experimente gelten, erwiesen sie sich doch trotz aller Rückbindung an die deutsche Geschichte als politisch wenig legitimierte Neuanfänge. Dabei erschien der Bruch mit der Vergangenheit in der DDR radikaler, weil er von den Akteuren als bewusste Alternative nicht nur in der Politik, sondern auch in Wirtschaft und Kultur sowie als gesamtgesellschaftlicher Gegenentwurf zum bürgerlichen Deutschland verstanden wurde. Allerdings war dieser Umbruch so radikal und schnell weder möglich noch wünschenswert. Für die Entstehungsgeschichte der Volkskammer bedeutete das: Sie wurde von der SED und der Besatzungsmacht anfänglich zwar nicht als sozialistische Vertretungskörperschaft konzipiert, sehr wohl aber ins Leben gerufen als politische Institution, die den Weg in eine sozialistische Gesellschaft bereiten sollte. Aus einer Reihe von Gründen wurde die Idee der Volkskammer in den vierziger Jahren nicht als radikale Alternative zum Parlamentarismus geplant, sondern als Mischung eines von den Fehlern des Weimarer Reichstages befreiten Parlaments mit Elementen des Rätemodells und der sowjetischen Vertretungskörperschaften.

Zwar hatte die Potsdamer Konferenz 1945 das Einflussgebiet der Sowjetunion eindeutig festgelegt. Die SBZ unterlag der strategischen Entscheidungsgewalt der Besatzungsmacht. Jedoch schloss deren Kalkül damals durchaus noch die Überlegung ein, die Herrschaft über das ihr zuerkannte deutsche Gebiet zugunsten eines von ihnen mitkontrollierten neutralen Gesamtdeutschland aufzugeben.[3] Glaeßner betont zu Recht, dass die Existenz der DDR durch die Sowjetunion mehrfach – insbesondere in der „Stalin-Note" von 1952 – offen zur Disposition gestellt wurde.[4] In der Konsequenz bedeutete das, die politische Infrastruktur im Osten Deutschlands anfänglich zumindest formal noch kompatibel für eine solche Entwicklung zu er-

---

3 K. Schroeder 1998, S. 82.
4 G.-J. Glaeßner 1999, S. 70.

halten. Dem entsprach auch das Bemühen der SED, die nationale Frage zwar in ihrem Interesse, aber auf der Grundlage der deutschen Einheit lösen zu wollen. Dieser eher geschichtsoffenen Interpretation stehen heute verbreitet Auffassungen entgegen, die bereits in der Entwicklung der vierziger Jahre eine lineare Vorbereitung der späteren Entwicklung erkennen.[5] Für sie war die Volkskammer unumkehrbar als kommunistisches Machtorgan konzipiert. Symptomatisch für einen derartigen Standpunkt ist die retrospektive Bewertung durch ein früheres Mitglied des Politbüros der SED in den Interviews:

> „Also, da konnte der Eindruck entstehen, als ob es da 'ne Phase gegeben hätte, da war noch alles drin usw. Da sag ich: Blödsinn, das war die stalinistische Zeit. Und wenn es am Anfang diese Optik gegeben hatte, dann hängt die eben mit den Subjekten zusammen, die dort wirkten in der Zeit und die das Schicksal und die Zeit eben zusammengewirbelt hatte in der Zeit. Aber die Struktur war grundsätzlich vorgegeben, die würde sich zwangsläufig dahin entwickeln müssen, wo sie eben 89 oder 79 angelangt war. Nur, damals sah das noch so aus, durch die Figuren, durch ihre Eloquenz, durch ihre gewisse bürgerliche Drapiertheit, die da so mitschwang. Aber das war eine Rezeptur, die auch schon damals sich in nichts unterschied von der, die später dann wirksam sein sollte."[6]

Auch wenn in dieser Darstellung viel Zutreffendes über die politischen Gestaltungsabsichten der kommunistischen Führung in der SBZ enthalten ist, darf man keinesfalls die inneren und äußeren Rahmenbedingungen vergessen. So verfügte beispielsweise die SED in den vierziger Jahren noch viel weniger als später über die Fähigkeit, ihre Orientierungen dauerhaft und erfolgreich politisch umsetzen zu können.

Entscheidend für eine anfänglich eher moderate Konzeption von politischen Vertretungskörperschaften in der SBZ war allerdings die zunächst nicht endgültig zu Gunsten der SED geklärte Machtfrage. Bis hin zur Gründung der DDR besaßen nichtkommunistische Kräfte – vor allem Vertreter der CDU und LDP – noch die Möglichkeit, abweichende Vorstellungen öffentlich zu artikulieren und in die Diskussion über die zukünftige Gestaltung beispielsweise der ostdeutschen Parlamente – der Landtage wie der Volkskammer – einzubringen, womit diese die Interessen eines erheblichen Teils der Bevölkerung vertraten. Deutlicher Ausdruck für den offensichtlich begrenzten Einfluss der SED in der eigenen Bevölkerung waren u.a. die ernüchternden Wahlergebnisse des Jahres 1946, in deren Resultat die SED in vielen wichtigen Städten, und ebenso in zwei von fünf Ländern, trotz erheblicher Unterstützung durch die Besatzungsmacht nicht die Mehrheit erringen konnte.[7] Auch in den Landtagen waren Kampfabstimmungen mit knappen Mehrheitsverhältnissen noch nicht ausgeschlossen. So wurde beispielsweise das ‚Gesetz zur Überführung der Bodenschätze und Bergbaubetriebe in die Hände des Volkes', eines der

---

5 Siehe die Beiträge von Lothar de Maizière, Heinrich Oberreuter und Werner J. Patzelt in diesem Band.
6 Interview Nr. 41, SED, S. 10.
7 H. Weber 1999, S. 87.

bedeutendsten Gesetzeswerke der Landtage, am 30. Mai 1947 in Thüringen lediglich mit den Stimmen der SED und gegen die von CDU und LDP angenommen.[8]

Aus unterschiedlichen Gründen konnten die SED und die Sowjetunion in den ersten Jahren keine maximalen Veränderungen im sich herausbildenden politischen System der SBZ durchsetzen. Sie waren noch auf Kompromisse angewiesen, wenngleich das keinen Verzicht auf die eigene politische Herrschaft und auf das sozialistische Gesellschaftsziel bedeutete. Das konzeptionelle und praktisch-politische Verhältnis zur entstehenden Volkskammer zeigt anschaulich, wie im Entstehungsprozess dieser Volksvertretung die SED ihre Programmatik in dem Maße durchsetzte, in der es ihr gelang, die Herrschaft über das Parteiensystem zu erlangen. Dabei wurde die Diskussion um die erste Verfassung der DDR in ihrer normativen Bedeutung für die Volkskammer ebenso wie die Gründung und Lenkung der Volkskongressbewegung zum Instrument kommunistischer Herrschaft.

Ihre Vorstellungen über die zukünftigen politischen Vertretungskörperschaften in Deutschland präsentierten die KPD bzw. SED in verschiedenen Dokumenten vor bzw. nach dem Kriegsende. In einem konfliktreichen Prozess kehrte sich die Führung der KPD nach 1935 von der Idee ab, im antifaschistischen Kampf unmittelbar die Diktatur des Proletariats errichten zu können, und propagierte im Zusammenhang mit der Volksfrontkonzeption ihre neuen staatstheoretischen Überlegungen von einer demokratischen Republik. Wilhelm Pieck fasste den Standpunkt der KPD 1936 im Entwurf der „Richtlinien für die Ausarbeitung einer Plattform der deutschen Volksfront"[9] zusammen. In ihnen bekannte sich die KPD trotz ihrer scharfen Kritik an der Weimarer Republik zur parlamentarisch-demokratischen Staatsform. Die KPD betonte, dass sie während der Weimarer Republik nicht gegen die bürgerlich-demokratische Republik und gegen eine parlamentarisch-demokratische Ordnung schlechthin gekämpft habe, sondern gegen die staatliche Diktatur des Monopolkapitals und des Junkertums, nicht gegen die Demokratie und die errungenen Rechte des Volkes, sondern für deren volle Entfaltung im Interesse der Werktätigen, nicht gegen den Reichstag und die Länderparlamente, sondern gegen deren Machtlosigkeit.[10] Jedoch blieb die demokratische Republik lediglich die Form, in der sich die Macht der Volksfront organisieren sollte. Ihre Befürwortung ergab sich aus der eigenen politischen Schwäche und aus der Notwendigkeit des Kompromisses mit anderen antifaschistischen Bündnispartnern; sie entsprach nicht der eigentlichen strategischen Zielstellung der KPD. Immerhin strebten die deutschen Kommunisten seit 1936 eine parlamentarische Demokratie zumindest als Übergangszustand in Deutschland an, in der durch allgemeine, gleiche, geheime und direkte Wahlen eine Nationalversammlung konstituiert werden sollte, und in welcher sich politischer Pluralismus aller staatstragenden Parteien unter Einschluss der dazu notwendigen Konkurrenz etablieren sowie die Einheit der Republik und das Selbstverwaltungs-

---

8 Vgl. S. Doernberg 1959, S. 107f., siehe weiter: Institut für Marxismus-Leninismus beim Zentralkomitee der SED 1966, S. 25.
9 Vgl. Die Internationale, 1-2/1937, 5-6/1938; zit. n.: E. Fischer 1988, S. 980.
10 Vgl. ebenda S. 981.

recht der Gemeinden garantiert werden sollten. Allerdings ging man davon aus, dass die Demokratie nicht vor den Werkstoren Halt machte, was tendenziell schon die Option der Vergesellschaftung von Privateigentum an Produktionsmitteln offen hielt, obwohl die KPD hinsichtlich der Entmachtung des Kapitals in dieser Zeit noch sehr zurückhaltend war. Zugunsten eines angestrebten breiten Bündnisses verzichtete die KPD bewusst auf einen Führungsanspruch. In den von 1937 bis 1939 vorgenommenen Nuancierungen ihrer Auffassung von der demokratischen Republik betonten die Kommunisten allerdings bereits stärker die Führungsrolle der Arbeiterklasse und eine weitgehende Entmachtung des Großkapitals.[11]

Auf dieser konzeptionellen Grundlage wandte sich die KPD-Führung mit ihrem „Aufruf des Zentralkomitees der Kommunistischen Partei Deutschlands" vom 11. Juni 1945 an die deutsche Öffentlichkeit und stellte ihre Position zur parlamentarisch-demokratischen Republik dar. Diese blieb im grundsätzlichen Bekenntnis zu ihr dennoch eher allgemein und betonte vor allem die Unmöglichkeit der unmittelbaren Übernahme des sowjetischen Modells:

> „Wir sind der Auffassung, dass der Weg, Deutschland ein Sowjetsystem aufzuzwingen, falsch wäre, denn dieser Weg entspricht nicht den gegenwärtigen Entwicklungsbedingungen in Deutschland. Wir sind vielmehr der Auffassung, dass die entscheidenden Interessen des deutschen Volkes in der gegenwärtigen Lage für Deutschland einen anderen Weg vorschreiben, und zwar den Weg der Aufrichtung eines antifaschistischen, demokratischen Regimes, einer parlamentarisch-demokratischen Republik mit allen demokratischen Rechten und Freiheiten für das Volk."[12]

Im Aufruf der KPD selbst finden sich nur fragmentarische Hinweise auf das anzustrebende neue Regierungssystem. Ohne ein geschlossenes Gesamtkonzept zu entwickeln, orientierte die KPD auf legale Gewerkschaften und demokratische Parteien, auf demokratische Selbstverwaltungsorgane, Schutz der Werktätigen vor Unternehmerwillkür, Liquidierung des Großgrundbesitzes, Vergesellschaftung von Betrieben und auf anderes mehr.[13] Eine Entscheidung für oder gegen eine demokratisch-parlamentarische Republik bedeutete das nicht. In der offiziellen Bewertung der eigenen Geschichte interpretierte die SED das damalige Ziel so:

> „Diese antifaschistisch-demokratische Ordnung bedeutete keine Wiederholung der formalen Demokratie von Weimar, deren Schoß der Faschismus entsprossen war, aber auch noch keine sozialistische Demokratie."[14]

Konkretisiert wurden diese Vorstellungen Ende 1946 im Verfassungsentwurf des Parteivorstandes der SED, in dem durchgängig die anzustrebende Vertretungskörperschaft als ‚Parlament' bezeichnet wird. Ferner spricht er den Bürgern erhebliche direkte Partizipationsrechte, eingeschlossen Volksentscheide (Artikel 2), weitgehende persönliche Grundrechte im Zusammenhang mit ‚Grundpflichten' (Abschnitt B)

---

11 Vgl. ebenda, S. 987.
12 Vgl. Aufruf des Zentralkomitees der KPD vom 11. Juni 1945. In: A. Herbst/G.-R. Stephan/J. Winkler (Hrsg.) 1997, S. 530.
13 Institut für Marxismus-Leninismus beim Zentralkomitee der SED 1966, S. 40.
14 Ebenda, S. 40.

und das Verhältniswahlrecht (Artikel 41). Die Abgeordneten sollen ein freies Mandat ausüben (Artikel 41). Auf der Grundlage der Einberufung möglicher Untersuchungsausschüsse (Artikel 54) sowie des Zitier- bzw. Budgetrechts (Artikel 53 und 55) übt das Parlament Kontrolle über die Regierung aus. Mit dem Grundsatz der Gewalteneinheit löst sich allerdings dieser Entwurf erheblich vom bisherigen Parlamentarismus. Verwaltung und Gerichte unterliegen der direkten Entscheidung des Parlaments, eine Normenkontrolle fehlt, bei Verfassungsschwierigkeiten zwischen der Republik und den Ländern oder zwischen den Ländern soll der Präsident des Parlamentes entscheiden (Artikel 49).[15]

In seinem Vorwort zum Verfassungsentwurf hebt Wilhelm Pieck auf die neuen Grundgedanken dieses Entwurfes ab, indem er das Streben der SED nach einem föderalen und dezentralisierten Deutschland betont und dann fortfährt:

„Die frühere verhängnisvolle Dreiteilung der Staatsgewalt, 1. in die Gesetzgebung – ausgeübt durch das Parlament, 2. in die Verwaltung – ausgeübt durch die Staatsbürokratie, und 3. in die Rechtsprechung – ausgeübt durch unabsetzbare Richter, wird beseitigt. Gerade diese Dreiteilung der Staatsgewalt, wie sie in der Weimarer Republik bestand, ermöglichte es der Reaktion, in der Verwaltung und der Rechtsprechung ihre Machtpositionen immer mehr auszubauen und gegen das Volk einzusetzen."[16]

In diesem Verfassungsentwurf der SED zeichnet sich bereits klar der Kern dessen ab, was zukünftig unter der neuen Qualität politischer Vertretungskörperschaften verstanden werden sollte, nämlich parlamentarisch erscheinende Vertretungskörperschaften in einem System ohne Gewaltenteilung. Im Zusammenhang mit der Kritik am Parlamentarismus entstand der Begriff des ‚Parlamentsabsolutismus'.[17]

Diese Konstruktion besaß eine erhebliche Anziehungskraft. Einerseits schien sie die Unzulänglichkeiten des alten Parlamentarismus und das Scheitern des Weimarer Reichstages deutlich zu machen, trug also dem Bedürfnis nach Klärung Rechnung. Andererseits bedurfte es nicht eines radikalen Bruchs mit dem Parlamentarismus schlechthin und wurden bestimmte seiner unbestreitbar positiven Leistungen erhalten, was den alltagspraktischen Erkenntnissen vieler Bürger und speziell der sich bildenden politischen Funktionselite in Deutschland entsprach. Somit erhielt sich die KPD die Chance zu einem breiten Bündnis innerhalb der SBZ und blieb auch handlungsfähig in ihrem Streben nach deutscher Einheit. Schließlich barg das Prinzip der Gewalteneinheit eine Option darauf, sich selbst an die Spitze dieser Machtkonzentration stellen zu können und damit den perspektivisch nicht aufgegebenen Führungsanspruch effizient einzulösen. In der Gewalteneinheit war also nicht allzu verborgen der Wille enthalten, das Grundprinzip sowjetischer Staatlichkeit zu importieren. Diese Gefahr wurde natürlich von den politischen Konkurrenten der KPD erkannt. Deshalb konzentrierte sich die Auseinandersetzung mit der CDU und LDP vorzugsweise auf diesen Punkt. Trotz der eindeutigen Zielstellung der KPD bzw. SED, die politische Macht im sozialistischen Umgestaltungsprozess zu über-

---

15 Neues Deutschland, 16. 11. 1946, S. 3-21.
16 W. Pieck 1946, S. 3.
17 Vgl. K. Zweiling 1947, S. 74-82.

nehmen, war dies aber 1946 keinesfalls schon endgültig entschieden und bestand durchaus noch die Möglichkeit, dass der konzeptionelle Ansatz eines Minimalparlamentes, wie im Entwurf der KPD enthalten, zur Bildung einer parlamentarischen Republik hätte führen können.

Die gesellschaftlichen und politischen Besonderheiten der Nachkriegszeit in den vierziger Jahren zwangen die KPD bzw. SED, konzeptionell drei Zielstellungen miteinander zu kombinieren: die Unumgänglichkeit des Durchlaufens einer nichtsozialistischen (antifaschistisch-demokratischen) Übergangsperiode; die mittelfristigstrategische Orientierung auf die sozialistische Gesellschaftsordnung; und die Hoffnung auf den wesentlich mitbestimmten und beeinflussten Erhalt der deutschen Einheit. Diese, wie sich zeigen sollte, unlösbare Heterogenität der Aufgaben führte in den kommunistischen Staatsrechtsvorstellungen zu politisch bedingten Kompromissen mit unvermeidlichen Widersprüchen sowie zur Kurzlebigkeit vieler Vorstellungen. Gerade hinsichtlich der Ideen zu politischen Vertretungskörperschaften zeigte sich, wie schnell sich die Konzepte änderten. Die SED kehrte rasch wieder zu Positionen zurück, in denen parlamentarische Repräsentativinstitutionen nur noch als formale, als strukturelle Fassaden verstanden wurden, die sich dem sozialistischen Ziel unterzuordnen hatten. Einen Hinweis darauf geben die Äußerungen von Anton Ackermann als Mitglied des Parteivorstandes der SED in einem Artikel über den besonderen deutschen Weg zum Sozialismus. Er führt hinsichtlich der Notwendigkeit einer parlamentarisch-demokratischen Republik aus:

„1. ...

2. Wenn wir von der demokratischen Republik sprechen, handelt es sich zunächst noch nicht um die Verwirklichung des Sozialismus, sondern um eine ihrem Charakter nach bürgerliche Demokratie.

3. Zum Aufbau einer solchen parlamentarisch-demokratischen Republik stehen wir nicht nur deshalb positiv, weil sie einen großen Fortschritt gegenüber allen autokratischen Regierungsformen darstellt, sondern vor allem auch deshalb, weil die Demokratie den günstigsten Boden für den Kampf um den Sozialismus bietet.

4. Die sozialistische Arbeiterbewegung kämpft in der demokratischen Republik um die ganze Macht im Staate.

5. Die Aufrichtung dieser ganzen Macht der Arbeiter (wie Marx sagt: ‚die revolutionäre Diktatur des Proletariats') ist die grundlegende Voraussetzung zur Verwirklichung des Sozialismus."[18]

In dieser Darstellung wurde die Alternative lediglich zwischen einem ‚neuen Gewaltstaat der Reaktion' oder einer ‚antifaschistisch-demokratischen Republik als Staat aller Werktätigen unter Führung der Arbeiterklasse' gesehen.[19] Aus dieser verkürzten Perspektive blieb kein Raum mehr für eine freiheitlich-parlamentarische

---

18 A. Ackermann 1997, S. 548.
19 Ebenda, S. 549.

Republik. Es wurde der Weg hin zum zügigen Aufbau einer sozialistischen Gesellschaft vorgegeben, in dem zwar durchaus nationale Elemente zu erkennen sind, der allerdings kein besonderer ist, weil er einige Jahre später in die Adaption des sowjetischen Modells mündet. Bereits 1952 verkündet die II. Parteikonferenz der SED:

> „Die politischen und die ökonomischen Bedingungen sowie das Bewußtsein der Arbeiterklasse und die Mehrheit der Werktätigen sind so weit entwickelt, daß der Aufbau des Sozialismus zur grundlegenden Aufgabe der Deutschen Demokratischen Republik geworden ist."[20]

Abbildung 1: Präsidium der II. Parteikonferenz der SED 1952

Trotz dieser frühen Entscheidung für den unmittelbaren Aufbau des Sozialismus kam es 1949 zur Verabschiedung einer Verfassung, welche für die oberste Vertretungskörperschaft noch deutlich parlamentarische Züge definierte. Das lässt sich vor allem aus drei Gründen erklären. Erstens erleichterte die normative Orientierung auf eine parlamentarischen Republik die nationalen Ambitionen der SED. Die formale Konstruktion eines Parlaments als obersten Staatsorgans sollte die DDR als modernen demokratischen Staat ausweisen und die westliche Akzeptanz vergrößern. Zweitens konnte sich die SED darauf einlassen, eine parlamentarisch aussehende Volkskammer zu akzeptieren, weil sie mit der absehbaren Beherrschung des ostdeutschen Parteiensystems ihren eigenen Machtanspruch damit nicht ernsthaft gefährdete. Und drittens war es der SED in der verfassungsgebenden Debatte vor 1949 noch nicht möglich, ihre eigenen Vorstellungen ohne Abstriche festzuschreiben, weil sie noch einen gewissen Kompromiss mit den bürgerlichen Parteien in der SBZ benötigte. Diese drängten sie aber, demokratisch-parlamentarische Elemente in die Verfassung einzuarbeiten. Besondere Streitpunkte zwischen der SED und der CDU bzw. LDP existierten hinsichtlich des Wahlrechtes, des Prinzips der Gewaltenteilung

---

20 SED 1997, S. 589.

im politischen System, des Charakters des Mandats, der Vertretung von Massenorganisationen in der Volkskammer, der Stellung zum Berufsbeamtentum sowie des Gewichts plebiszitärer Demokratie.[21]

Schließlich musste die SED in den Diskussionen innerhalb des Volksrates um eine Verfassung der DDR sich auf einige nicht unwesentliche Kompromisse im Vergleich zum Verfassungsentwurf der SED von 1946 einlassen. So stimmte sie, gegen ihrem ursprünglichen Willen, der Einrichtung einer Länderkammer und des Amtes eines Präsidenten der Republik zu, akzeptierte die Prüfung von Gesetzen durch einen Verfassungsausschuss der obersten Volksvertretung, die Ausdehnung des Prinzips der Richterwahl sowie das Selbstverwaltungsrecht der Gemeinden.[22] Roggemann erkennt immerhin in der ersten Verfassung der DDR einen Verfassungskompromiss zwischen der traditionell bürgerlich-rechtsstaatlichen und der sozialistischen Staatsauffassung in Deutschland nach 1945.[23] Aber auch seiner Gesamtbewertung ist zuzustimmen:

> „Ähnlich wie zur Zeit der Diskussion um die erste Sowjetverfassung nach 1917 herrschte in der Sowjetzone nach 1945 die marxistisch-leninistische Partei noch nicht unumschränkt, sondern war auf die Zusammenarbeit mit bürgerlichen Kräften angewiesen. Politische Meinungsgegensätze konnten offen diskutiert und alternative Lösungsvorschläge formuliert werden. Die in der Volksrats-Verfassung gefundenen Formelkompromisse schienen jedoch schon damals kaum geeignet, die bei aller Bereitschaft zum grundsätzlichen Neubeginn vorhandenen wesentlichen Meinungsverschiedenheiten zwischen den bürgerlichen Parteien und der SED für längere Zeit zu überbrücken. Ein einheitliches ‚vorverfassungsmäßiges Gesamtbild' lag ihnen nicht zugrunde."[24]

In der Endkonsequenz setzte sich die SED mit allen für sie wichtigen Forderungen durch. Die Gewaltenteilung wurde fallen gelassen; gleiches galt für eine Verfassungsgerichtsbarkeit. Massenorganisationen waren in der Volkskammer vertreten, und die Bürger erhielten normativ deutliche Kompetenzen der unmittelbaren Einflussnahme auf das Parlament. Zwar blieb das Mehrheitswahlrecht formal erhalten, jedoch kam es praktisch nie zur Anwendung, sondern wurde schon bei den ersten Wahlen zur Volkskammer 1950 durch die von der SED gewünschte Wahl nach Einheitslisten ersetzt.

---

21 P. J. Lapp 1975, S. 12ff.; G.-J. Glaeßner 1999, S. 50.
22 H. Roggemann 1976, S. 24f.
23 H. Roggemann 1974, S. 77.
24 H. Roggemann 1976, S. 24.

Abbildung 2: Bürger bei der Wahl zur Volkskammer am 15. Oktober 1950

Ebenso galt theoretisch ein freies Mandat, welches faktisch aber nicht zur Handlungsgrundlage der Abgeordneten wurde. Fraktionen, Ausschüsse, Präsidium und Ältestenrat bildeten parlamentarische Grundstrukturen, eine Geschäftsordnung nach weitgehend parlamentarischem Muster war die formelle Handlungsbasis, ohne dass dies alles aber mit ausreichender Funktionalität ausgestattet worden wäre. Es gelang der SED, parlamentarische Rudimente im Sinne ihres Machtgewinns entweder zu ignorieren oder umzufunktionieren. Dabei erwies sich die Gewalteneinheit – übernommen, um das Parlament von seiner angeblichen früheren Ohnmacht zu befreien[25] - als äußerst formbar. Im Prozess der Beherrschung von Staat und Gesellschaft verstand es die SED-Führung, Gewalteneinheit zum Katalysator für die Errichtung ihrer praktischen Alleinherrschaft zu nutzen, indem sie mit ihr schnell und durchschlagend politische Konzentration und Zentralisation förderte. Aus dem Widerspruch zwischen normativer Rechtsgrundlage und tatsächlicher politischer Ausrichtung wurde von Beginn an der Volkskammer eine Reihe deklamatorischer Eigenschaften zugewiesen, die zwar auf dem Papier standen, politisch aber nicht wirklich ernst gemeint waren. Das war vor allem deshalb möglich, weil die SED zunehmend die absolute Kontrolle über das ostdeutsche Parteiensystem erlangte, was durch Ausgrenzung bürgerlicher Führungskräfte von CDU und LPD, durch deren Ersetzung mit ihr loyalem Personal und durch die Etablierung weiterer fügsamer Blockparteien in Gestalt von NDPD und DBD gelang. Hinzu kam die Formierung der SED als ‚Partei neuen Typs' Ende der vierziger Jahre, wodurch auch in den eigenen Reihen unliebsame oder als unpassend empfundene Diskussionen unterblieben.

In der nachträglichen Betrachtung ist deshalb Doernberg trotz einiger unzulässiger Verkürzungen zuzustimmen, wenn er aus der Sicht eines Vertreters der DDR 1959 ausführt:

---

25 K. Polak 1947, S. 16ff.

„Bei der Durchführung der demokratischen Umgestaltungen, der Ausmerzung der Wurzeln des deutschen Imperialismus und Faschismus, dem Aufbau und der weiteren Festigung der antifaschistischen Ordnung im Osten Deutschlands spielte die Ausnutzung der im Verlaufe der deutschen Geschichte von den demokratischen Kräften geschaffenen parlamentarischen Einrichtungen und Gepflogenheiten ebenfalls eine bestimmte Rolle, die jedoch keinesfalls überschätzt werden darf."[26]

So kam es dazu, dass die Volkskammer immerhin als minimalparlamentarische Institution entstehen konnte, obwohl und gerade weil durch die Zuspitzung des west-östlichen Globalkonfliktes wie der Veränderung des inneren Kräfteverhältnisses in der SBZ an eine ernsthafte Entfaltung parlamentarischer Funktionen und Strukturen seitens der SED nicht gedacht war. Unter den sich schnell wandelnden Bedingungen konnte die SED die bereits Ende der dreißiger Jahre formulierte These umsetzen, dass jeder Schritt in die sozialistische Richtung davon abhänge, in welchem Maße die Arbeiterklasse im Rahmen der demokratischen Republik der weiteren Gesellschaftsentwicklung ihren Stempel aufzudrücken vermöchte.[27]

In Vorbereitung auf die Konstituierung einer gesamtdeutschen demokratischen Republik hatte die SED in Gestalt des „Deutschen Volkskongresses für Einheit und gerechten Frieden" eine zonenübergreifende politische Bewegung ins Leben gerufen, die diesen Prozess in ihrem Sinne unterstützen sollte. Auf dem 2. Volkskongress 1948 wurde ein 400 Mitglieder umfassender „Deutscher Volksrat" als ständig tagendes Gremium gewählt, der die erste zentrale Vertretungskörperschaft in der SBZ darstellte, konzeptionell wie organisatorisch als Prototyp der Volkskammer zu verstehen ist und sich selbst als „berufene Repräsentation für ganz Deutschland" sah.[28] Dominiert von der SED, erarbeitete der Verfassungsausschuss des Volksrates unter Leitung von Otto Grotewohl die Verfassung der neuen deutschen Republik, die – vom 3. Volkskongress angenommen – zur Gründungsverfassung der DDR wurde.

Wir haben es hier mit einem besonderen Verlauf einer institutionellen Primärgenese zu tun. In ihm etablierte sich schrittweise ein neuer Ordnungszustand aus der anfänglich eher amorphen Ausgangssituation Ostdeutschlands. In diesem Prozess stellte sich eine Wechselwirkung zwischen einem institutionellen Prototyp,[29] der späteren Vertretungskörperschaft ‚Volkskammer' in Gestalt des Volksrates, mit dem umgebenden Milieu ein, die beide einander beeinflussten und aufeinander einwirkten. Durch den Volksrat wurde, gesteuert durch die SED, gezielt Einfluss auf die Umwelt genommen. Dabei entstanden nicht nur die intendierten gesellschaftlichen Rahmenbedingungen, sondern auch die gewünschten späteren Eigenschaften und Charakteristika der Volkskammer, und zwar bevor die geplante Institution eigentlich konstituiert wurde. Initiiert und beherrscht von der SED und der sowjetischen Besatzungsmacht, geriet die Bildung neuer zentraler Repräsentativorgane von einem anfänglich noch erkennbarem Kompromiss unterschiedlicher politischer Kräfte immer

---

26 S. Doernberg 1959, S. 97.
27 E. Fischer 1988, S. 986.
28 Neues Deutschland vom 5. 8. 1948, zit. n. H. Weber 1999, S. 106.
29 C. Dowidat nennt das ‚Vorparlament'; vgl. C Dowidat 1986, S. 14.

deutlicher zu einem parlamentarisch nur anmutenden Institutionenimport des sowjetischen Systems. Zunehmende Alleinherrschaft der SED, Gültigkeit der Blockpolitik im Umgang zwischen den beteiligten Parteien und Massenorganisationen, die Wahl nach Einheitslisten und eine weitgehend einstimmige Beschlussfassung im Volksrat nahmen die Grundlagen der Volkskammer bereits vorweg. Gleiches galt für den Anspruch, im gesamtdeutschen Interesse handeln zu wollen, und der gleichzeitigen Unmöglichkeit, dies auch praktizieren zu können. Fortschreitend bis zur Gründung der DDR wurde der Volksrat selbst zum Forum, zur Institution und zum Ferment politischer Machtkonzentration in den Händen der SED. Politisch benutzt, um die Hegemonie über das Parteiensystem zu erringen,[30] konnte durch ihn ebenso die Bedeutung der Landtage eingeschränkt werden,[31] und über die Verfassungsdiskussion brachte die SED ihre normativen Vorstellungen in das zukünftige ostdeutsche Regierungssystem verbindlich ein. Der Deutsche Volksrat fungierte für die SED als Machtinstrument, als Vermittlungsinstitution von Parteiwillen in die Gesellschaft, als Legitimationsstütze und als Symbol für die ‚soziale Repräsentation' des deutschen Volkes[32] – alles typische Aufgaben der späteren Volkskammer.

Die Delegierten des 3. Deutschen Volkskongresses wurden bereits im Mai 1949 auf der Grundlage von Einheitslisten gewählt, so dass die parteipolitische Zusammensetzung durch vorherbestimmte Quoten festgelegt war. Über die Mandate der Massenorganisationen erhielt die SED so die absolute Mehrheit. Dieses Wahlverfahren wurde zur Grundlage aller zukünftigen Wahlen in der DDR. Die noch 1949 vorgesehenen Volkskammerwahlen sagte die SED-Führung in Abstimmung mit der sowjetischen Besatzungsmacht ab. Entscheidend für diesen Entschluss dürfte die geringe Zustimmung bei den Wahlen zum 3. Volksrat von 66 Prozent sowie das schlechte Abschneiden der KPD in den Wahlen zum Bundestag (5,6 Prozent) gewesen sein. So konstituierte sich einfach der Deutsche Volksrat am 7. Oktober zur Provisorischen Volkskammer und vollzog damit die Gründung der DDR.

---

30 H. Weber 1999, S. 101.
31 K. Schroeder 1998, S. 47.
32 C. Dowidat 1986, S. 176.

Abbildung 3: Deutscher Volkskongress, 29. bis 30. Mai 1949. Blick auf das Präsidium bei der Annahme des Entwurfs der Verfassung der DDR

Von ihrem ersten Tag an war die Volkskammer dergestalt nicht nur mit einem erheblichen Legitimationsdefizit belastet, sondern hatte auch die Widersprüche zwischen geschriebener und gelebter Verfassung zu ertragen. Diese Differenz besaß nicht nur jene Qualität, die sich aus der grundsätzlichen Dynamik einer Gesellschaft ergibt, sondern trug in bestimmtem Umfang vorkonstitutionelle Züge, weil sie sich aus der zunehmenden Alleinherrschaft einer Gruppe ergab. Aus den genannten Gründen definierte die erste Verfassung der DDR auch ihre höchste Volksvertretung weitgehend anders, als diese tatsächlich agieren konnte. Obwohl in der Verfassung von 1949 so festgeschrieben, war die Volkskammer von Beginn an nicht wirklich das ‚höchste Organ der Republik', bestimmte nicht die Grundsätze der Regierungspolitik, überwachte die Regierung nicht. Ihre Abgeordneten waren keineswegs nur ihrem Gewissen unterworfen und an keine Aufträge gebunden. Wahlen fanden nicht nach dem Verhältniswahlrecht statt, und der Föderalismus war ausgehebelt.[33]

Mit ihrem Entstehen schon war die Volkskammer eine Vertretungskörperschaft im Auftrag der SED. Sie handelte als Transmissionsorgan, welches den Willen der Parteiführung in allgemein verbindliche Gesetze überführte; sie hatte ihren Teil beizutragen, das neue Regime möglichst glaubwürdig zu machen. Das alles vollzog sich allerdings in der strukturellen Hülle einer parlamentarischen Institution, die immer mehr zu einem Relikt bürgerlicher Verhältnisse und zu einem Fremdkörper im sich entwickelnden neuen politischen System wurde. Trotzdem existierten in der DDR stärker als in den meisten anderen sozialistischen Ländern formelle Grundlagen eines parlamentarischen Institutionentyps fort. Die sich daraus ergebenden politikwissenschaftlichen Fragen konzentrieren sich auf das zu erwartende Spannungsverhältnis zwischen der institutionellen Struktur und Funktion einerseits und dem

---

33 Vgl. Artikel 50, 51, 63 der Verfassung von 1949 im Anhang dieses Bandes.

umgebenden Milieu andererseits. Zu welchen Leistungen ist eine solche Vertretungskörperschaft unter realsozialistischen Bedingungen fähig? Kann sie mehr bewirken, als ihr von der politischen Führung vorgegeben wurde? Entwickelte sich – zumal in Krisensituationen – ein gewisses Interesse der Akteure oder Adressaten an den unterdrückten Fähigkeiten der Repräsentativinstitution Volkskammer? Stellte diese so etwas wie eine latente Reserveinstitution für das Regierungssystem der DDR dar, welche unter bestimmten Voraussetzungen vitalisiert werden konnte? Und schließlich verbirgt sich hinter diesen Problemen auch die Frage danach, ob Realsozialismus und Parlamentarismus überhaupt über eine gewisse innere Kompatibilität verfügen. Diese Fragen sollen in der nachfolgenden Analyse beantwortet werden. Dabei wird der Schwerpunkt, ausgehend von der institutionellen Leitidee der Volkskammer, auf ihre instrumentellen Funktionen gesetzt.[34]

2. Die institutionelle Leitidee der Volkskammer

Die Aufgabe von politischen Institutionen, insbesondere von politischen Zentralinstitutionen, besteht darin, Subjekte unterschiedlicher Interessen in ein Gemeinwesen zu integrieren. Gerade die Fähigkeit, divergierende Bedürfnisse durch die Akzeptanz gemeinsamer Werte und Normen in stabile Verhältnisse einzubinden, macht die soziale Ordnungsleistung von Institutionen aus und begründet ihre Fähigkeit, Dauerhaftigkeit und Kontinuität zu stiften.[35] Von besonderer Bedeutung sind in diesem Zusammenhang die Leitideen der Institutionen. In ihnen bündeln sich in konzentrierter Form die gemeinsamen Werte, Ziele und Vorstellungen der Akteure vom Zweck der jeweiligen Institution. Leitideen bieten in ihrer Komprimiertheit gute Möglichkeiten zur symbolischen Darstellung und zur Identifikation. Dabei spielen neben rationalen auch emotionale Komponenten eine wichtige Rolle. Über die Leitideen bildet sich im Idealfall ein mehr oder weniger tiefes und dauerhaftes Vertrauen der Akteure und Adressaten einer Institution in deren Zweckmäßigkeit heraus. Im Unterschied zu vordemokratischen Institutionen, die solches Vertrauen beispielsweise durch Unterwerfung, traditionelle Akzeptanz oder Glauben an eine übergeordnete Vernunft dauerhaft erreichen können, benötigen demokratische Institutionen einen stärker emanzipatorischen Integrationsmechanismus. In einem Set aufeinander abgestimmter Kontexte spielen dabei Partizipationsmöglichkeiten, rechtliche Verbindlichkeit der gemeinsamen Werte und funktionale Effektivität eine wichtige Rolle.

Die Volkskammer besaß aus unterschiedlichen Gründen von Beginn an erhebliche Probleme mit ihrer Leitidee. Diese konnte schon anfangs nicht klar und eindeutig formuliert werden, war in sich widersprüchlich, unterlag einem raschen Ver-

---

34 Zu den symbolischen Funktionen der Volkskammer siehe R. Schirmer 2001, S 136-197.
35 G. Göhler 1994, S. 43ff.

änderungsprozess in der Phase der institutionellen Primärgenese und ließ sich symbolisch nur begrenzt vermitteln.

Im Entstehungsprozess der Volkskammer entwickelte sich sehr schnell ein Widerspruch zwischen der angestrebten Integration einer möglichst breit angelegten Einheit aller antifaschistisch-demokratischen Kräfte, die in dieser Repräsentativinstitution vertreten sein sollten, und dem marginalen und auch schwindenden Einfluss der nichtkommunistischen Gründungsakteure. Mit der Unterstützung der sowjetischen Besatzungsmacht gelang es der SED rasch, deren Mitgestaltungsmöglichkeiten in der zukünftigen Volkskammer zu begrenzen.

Anfänglich war die SED bemüht, dem aus den dreißiger Jahren übernommenen Konzept der antifaschistischen Einheit eine aktuelle theoretische Grundlage zu geben, um sie zur tragenden Säule der neuen Vertretungskörperschaft zu machen. Vor allem Alfons Steiniger beschäftigte sich mit dem Problem, wie im Unterschied zum ‚bürgerlichen' Parlamentarismus eine neuartige politische Vertretungskörperschaft formiert werden könnte, die ohne die Reibungsverluste des ‚Parteiengezänks' sowie ohne die als hemmend empfundene Begrenzung des Parlaments im System der Gewaltenteilung auszukommen vermöchte.[36] Er unternahm im Auftrag seiner Partei, der SED, den Versuch, eine Vertretungskörperschaft zu konzipieren, die ohne Interessenkonflikte zwischen unterschiedlichen sozialen und politischen Gruppen und somit ohne die Notwendigkeit von politischem Konsens und Kompromiss arbeiten sollte. Die Volkskammer wollte man so vom parlamentarischen Paradoxon befreien, dass gerade durch innerinstitutionellen Streit und Konflikt staatliche und gesellschaftliche Stabilität erzeugt werden kann.

Verständlich wird ein solches Anliegen nicht allein aus den Erfahrungen des Weimarer Reichstages mit seinen selbstzerrstörerischen Tendenzen, sondern auch aus der diesem Konzept innewohnenden Möglichkeit für die SED, bei Bedarf den angenommenen antifaschistisch-demokratischen Grundkonsens der Volkskammer problemlos in ein einheitliches institutionelles Handeln unter eigener Führung umzuwandeln. Bereits vor der Gründung der Volkskammer kehrte sich die SED-Führung verständlicherweise von Steinigers Ideen über ein Blocksystem ab. Die in ihm enthaltenen Überlegungen zu einem begrenztem Parteienpluralismus, zur abgeschwächten Möglichkeit politischer Opposition oder zur noch vorhandenen Regierungskontrolle standen den gewachsenen Möglichkeiten der SED im Wege, die absolute politische Führung und somit auch die alleinige Gestaltung der Volkskammer zu übernehmen.

In diesem Zusammenhang ist es durchaus angebracht, im Antifaschismus den Gründungsmythos der Volkskammer zu sehen. Antifaschismus war eben nicht nur die treibende Kraft der meisten Gründer und Abgeordneten der Volkskammer, den aufrichtig gemeinten Versuch einer alternativen Repräsentativinstitution zu wagen. Mehr noch wurde er darüber hinaus von der SED-Führung gezielt für ihre einseitigen machtpolitischen Interessen ausgenutzt. Die im Kampf gegen den Nationalso-

---

36 A.Steiniger 1949.

zialismus entwickelte Vorstellung einer politischen Einheits- und Volksfront implizierte ursprünglich den kommunistischen Verzicht auf Suprematie. Über das Konstrukt eines harmonischen Interessenausgleichs im antifaschistischen Nachkriegsblock setzte die SED schließlich mit dem Verweis auf den von ihr verkörperten Antifaschismus ihren Alleinvertretungsanspruch in der DDR durch. Der Antifaschismus wurde also im wesentlichen instrumentalisiert, seiner ehemaligen Inhalte bis zu einem gewissen Grad entleert und so zur rhetorischen Metapher; geschichtliche Prozesse wurden aus ihrem Zusammenhang gelöst, die gewünschte Aussage mit unbegrenzter Gültigkeit versehen. Freiwillige Bereitschaft zum gemeinsamen institutionellen Handeln wurde ersetzt durch verordnete institutionelle Einheit. Gerade weil sich dadurch ein gravierender Bruch im offiziellen politischen Selbstverständnis der jungen SED hin zum Bekenntnis uneingeschränkter politischer Führung vollzog, war die symbolische Kraft des Begriffs Antifaschismus so wichtig. Bewusst unscharf gehalten, konnte durch ihn polarisiert, konnten alte und neue Feindbilder geformt werden. Mit dem Verweis auf die nationale Katastrophe des NS-Regimes wie auf die als antinational dargestellte Integrationstendenz Westdeutschlands, wo ungebrochen jene alten Kräfte weiterzuleben schienen, die dem Faschismus schon einmal an die Macht verholfen hatten, konnte das eigene Machtstreben kaschiert, das eigentliche Anliegen der Volkskammer verwischt und die Bereitschaft zur Unterstützung für das eigene Vorhaben vergrößert werden.[37] Wie jeder Mythos basierte auch jener der Volkskammer auf dem Bemühen, Geschichte aufzuheben, ohne auf Geschichte verzichten zu wollen.

Dieser antifaschistische Mythos der Volkskammer war keinesfalls wirkungslos. Noch 50 Jahre nach der Gründung des ostdeutschen Parlaments sahen viele ehemalige Abgeordnete im Antifaschismus dessen und ihre eigene Legitimation, konnten sie mit Verweis auf ihn die zahlreichen Widersprüche im politischen System der DDR besser ertragen. Charakteristisch ist folgende Passage aus einem Interview:

> „Ich bin Vertreter eines Staates mit den Zielen Friedenspolitik und Antifaschismus. Dass man sich als solcher fühlte und auch in dem Sinne auftrat, das war klar, aber nicht mehr oder weniger von außen aufgetragen. Sondern das ergab sich, glaub' ich, für jeden Abgeordneten oder für die meisten Abgeordneten aus ihrer geistigen Haltung oder aus ihrer geistigen Entwicklung. Westdeutschland war keine Alternative, der Kapitalismus und die bürgerliche Gesellschaft war keine. Für uns war die DDR ein antifaschistisches Land, das reformbedürftig war, aber ... wir standen zu sehr auf dem Standpunkt, dass wir den richtigen Weg gehen, dass wir in dem Sinne Sieger der Geschichte sind."[38]

Die dominierende Leitidee vom einheitlichen Handeln aller Beteiligten in der Volkskammer wandelte sich bereits vor deren institutioneller Gründung von einem freiwillig gewählten Grundsatz zur einseitig von der SED verfügten Unterordnung der Akteure unter ihre Führung. In die Leitidee der Volkskammer flossen kaum andere Vorstellungen als die der SED ein, und diesbezüglich fand nur in sehr geringem Umfang gemeinsame Willensbildung aller politisch Betroffenen statt. Eine

---

37 Zum antifaschistischen Gründungsmythos vgl. K. H. Schöneburg 1984, S. 144ff.; vgl. weiter R. Zimmering 2000.
38 Interview Nr. 47, KB, S. 17f. und S. 37f.

solche Vorgehensweise verhinderte, dass sich in der geplanten Institutionengründung alle Akteure wiederfanden, sich mit ihr ausreichend identifizieren konnten. Die Leitidee der Volkskammer litt also von Beginn an unter beschränkter Integrationskraft und konnte darum ihre eigentliche Funktion nicht leisten. Zusammen mit dem allgemeinen Legitimationsdefizit verstärkte sich dadurch das institutionelle Grundproblem der Volkskammer im Mangel an Akzeptanz seitens der Adressaten, also der Bürger, und auch ihrer Akteure. Die SED reagierte auf diesen Zustand, indem sie alle jene aus dem institutionellen Gründungsprozess schrittweise ausschloss, die sich kritisch gegen sie stellten. Das galt vor allem für einen Teil der Vertreter von CDU und LDP, aber auch für Mitglieder aus den eigenen Reihen. Nachdem schon früher Vertreter des Volksrates und der Provisorischen Volkskammer ihr Mandat verloren bzw. niedergelegt hatten, erlebte dieser Prozess der personellen Anpassung an die neu geschaffene Institution 1952 und 1953 ihren Höhepunkt, als offiziell die Weichen für den Aufbau des Sozialismus gestellt wurden und die erste politische Krise die DDR mit dem Aufstand vom 17. Juni 1953 erschütterte. In dieser Zeit verloren 58 MdV ihre Sitze. Davon wurden 24 aus ihren Parteien ausgeschlossen; neun von ihnen wurden verhaftet, zwölf gingen in den Westen. Neun weitere hatten die Mandate unter Druck und zwölf aus ‚sonstigen Gründen' zurückgegeben. In der gesamten Wahlperiode legte jeder sechste Abgeordnete sein Mandat vorzeitig nieder.[39] Die Leitidee wurde also nicht den Interessen der Akteure, sondern es wurden umgekehrt die Akteure der Leitidee angepasst.

Resultierend aus dieser Art institutioneller Neugründung kam es in der späteren Geschichtsschreibung der DDR zu einer verkürzten, die Kontinuität und Harmonie betonenden Darstellung des antifaschistischen Gehalts der Volkskammer und der DDR allgemein. Das schloss gleichzeitig die Tabuisierung der konfliktreichen und widersprüchlichen Aspekte der Institutionengründung ein. Typisch ist die folgende Aussage:

> „Die DDR entstand gemäß dem Vermächtnis der antifaschistischen Widerstandskämpfer aus den Reihen der deutschen Arbeiterklasse und des deutschen Volkes, im Sinne des Kampfes der Völker der Antihitlerkoalition und in Übereinstimmung mit den Beschlüssen der Konferenzen von Jalta und Potsdam. Mit dem ersten deutschen Arbeiter- und Bauern-Staat wurde ein neues Kapitel der deutschen Geschichte aufgeschlagen."[40]

Noch eine weitere Schwierigkeit belastete die Leitidee der Volkskammer. Zwar war sich die SED darüber einig, kein Parlament als höchste Vertretungskörperschaft der DDR zu schaffen. Was jedoch an deren Stelle treten sollte, war unmittelbar nach 1945 theoretisch weitgehend unerschlossen. Die KPD bzw. SED verfügten über nur unzureichende Vorarbeiten auf diesem Gebiet. Der Theorievorlauf des Marxismus-Leninismus war gering. Eine umfassende Diskussion kam in der SBZ und später in der DDR nur sporadisch auf und wurde aus den genannten Gründen schnell wieder abgebrochen. Ein Beteiligter charakterisiert diesen Zustand folgendermaßen:

---

39 C.Dowidat 1986, S. 223, vgl. auch den Beitrag von Lothar de Maizière im vorliegenden Band.
40 R. Badstübner 1989, S. 460.

„Ich glaube, es ist auf allen Gebieten des gesellschaftlichen Lebens mehr oder weniger doch so gewesen, dass nicht die Wissenschaft vorneweg gegangen ist, sondern dass eigentlich das Leben die Geschichte und die Lehrbücher geschrieben hat."[41]

Konzeptionelle Defizite ersetzte man durch politischen Pragmatismus. Ein derartiger Zustand widersprach eklatant dem kommunistischen Selbstanspruch der wissenschaftlichen Einsicht in den Geschichtsverlauf. Die konzeptionelle Alternative einer neuen Vertretungskörperschaft war also ein Gegenentwurf ohne hinreichende theoretische Fundierung. Auch deshalb schien es wohl den verantwortlichen Gründungsvätern der Volkskammer durchaus vertretbar, politische Ideen und Elemente unterschiedlicher Herkunft und mit unzureichender Passfähigkeit in die formale Geburtsurkunde der Volkskammer, die erste Verfassung der DDR, einfließen zu lassen. So finden sich dort Restbestände des Parlamentarismus neben rätedemokratischen Vorstellungen und Importen aus dem politischen System der Sowjetunion. Schnell kam es dann zu offensichtlichen Inkonsistenzen. Sehr deutlich wird das am Gegensatz zwischen dem Führungsanspruch der SED und der postulierten Volkssouveränität, verstanden als Möglichkeit der Bürger, umfangreich direkten Einfluss auf die Volkskammer und auf die Tätigkeit der Abgeordneten nehmen zu können. Diesen Gegensatz löste die SED in ihrem Sinne auf, indem sie sich selbst als eigentlichen Interessenvertreter des Volkes postulierte und daraus die Notwendigkeit ihrer Führung ableitete.[42]

Da vieles im Entwurf der Volkskammer eher deklamatorischen Wert hatte und politisch von der SED ohnehin nicht ernsthaft verfolgt wurde, besaßen diese Unstimmigkeiten im Konzept der neuen Repräsentativinstitutionen aus der Sicht der SED lediglich eine untergeordnete Rolle. Meinungsunterschiede wurden praktisch-politisch überwiegend im Sinne der SED entschieden. Allerdings blieb die Differenz zwischen Verfassungswirklichkeit und tatsächlicher Rolle der Institution lange Zeit bestehen. Die Leitidee der Volkskammer fand sich zumindest bis 1968 nicht im normativen Verfassungstext wieder, sondern existierte unmittelbar im politischen Willen der SED, den sie durch Rechtssetzungen unterhalb der Verfassungsebene verbindlich äußerte oder informell durchsetzte. Mit dem Auseinanderfallen von geschriebener Verfassung und tatsächlicher Verfasstheit der Institution konnte deren ursprüngliche Leitidee nicht ihre Integrationsleistung entfalten, weil sie eben nicht auf den mehrheitlich als richtig empfundenen Grundsätzen und Werten der Bürger beruhte. Ihr fehlte jenes Maß an allgemeiner Akzeptanz, das eine moderne Vertretungskörperschaft benötigt, um stark und handlungsfähig zu sein. Offensichtlich wird hier, wie die Volkskammer ihre Kompetenz nicht aus sich selbst heraus bezog, sondern wie sie ihr von außen geliehen wurde.

Erst mit der sozialistischen Verfassung der DDR von 1968/74 konnte sich die gültige Leitidee der Volkskammer im Verfassungstext wiederfinden. So wurde beispielsweise mit dem Artikel 1 die Supremat der SED festgeschrieben und wurden

---

41 Interview Nr. 32, DBD, S. 13.
42 vgl. Institut für Marxismus-Leninismus beim Zentralkomitee der SED 1966, S. 15ff.

andere Korrekturen vorgenommen, die im klaren Gegensatz zur ersten Verfassung standen, aber bereits viele Jahre praktisch gelebt wurden.

Prägend für das Konzept der Volkskammer war von Beginn an die Theorie des Marxismus-Leninismus und seine Kritik am Parlamentarismus. Die Volkskammer verstand sich entsprechend ihrer bis 1989 gültigen Leitidee selbst nicht als Parlament, sondern als sozialistische Volksvertretung. Basis dieser Grundidee bildete die vorausgesetzte, aber nicht zutreffende, Interessenidentität von werktätigem Volk, führender Partei der Arbeiterklasse und sozialistischem Staat. Nicht Gewaltenteilung, sondern politische Gewalteneinheit prägte das Konzept der Volkskammer. In ihrer Leitidee wurde der Versuch unternommen, eine Vertretungskörperschaft herauszubilden, die ohne Interessenkonflikte zwischen unterschiedlichen sozialen und politischen Gruppen und somit ohne die Notwendigkeit von politischem Konsens und Kompromiss auskommen sollte.

Noch in den letzten Jahren der DDR wurde daran festgehalten, in der Volkskammer sei kein Parlament, sondern eine historisch weiterentwickelte sozialistische Vertretungskörperschaft zu sehen, die ihre politische Überlegenheit aus einer besonderen Bürgernähe, ihrem Charakter als ‚arbeitender Körperschaft' und aus der politischen Gewalteneinheit bezog. In einer Selbstdarstellung schreibt das Sekretariat der Volkskammer über den Charakter dieser Volksvertretung 1987:

> „In den Volksvertretungen konzentrieren sich alle Energien und Aktivitäten der Bürger unserer Republik zur weiteren Gestaltung der entwickelten sozialistischen Gesellschaft. Die Volksvertretungen verwirklichen in ihrer Tätigkeit die Einheit von Beschlußfassung, Durchführung und Kontrolle der Durchführung. Damit wurde in der Deutschen Demokratischen Republik wie in allen sozialistischen Ländern der Parlamentarismus der bürgerlichen Gesellschaft durch arbeitende Körperschaften ersetzt und die einheitliche sozialistische Staatsmacht geschaffen."[43]

Die Gründungsväter wollten aus der Volkskammer eine oberste Vertretungskörperschaft machen, welche ohne die Reibungsverluste eines im Parteiengezänk sich verschleißenden Parlamentarismus, ohne dessen angeblich bürgerferne Berufsabgeordneten, ohne die vermutete Entmachtung der Volksvertretung durch die Exekutive und ohne die Einschränkung direkter Demokratie auskommen sollte. Ein zentraler Konstruktionsfehler der Leitidee der Volkskammer bestand im Anspruch, eine demokratische Vertretungskörperschaft bei gleichzeitiger Ablehnung von Pluralismus konstituieren zu wollen.[44] Ohne Pluralismus verliert aber jede Volksvertretung jene stimulierende Kraft, welche einst aus ständischen Parlamenten demokratische Repräsentativinstitutionen mit flexibler Willensbildung und Entscheidungsfindung machte. Durch die Einpflanzung des Grundsatzes der Suprematie einer Partei war grundsätzlich der Weg versperrt, Politik durch Interessenausgleich aller relevanten Gruppen im Staat zu gestalten. Statt zu einer Körperschaft des institutionalisierten Interessenausgleichs wurde die Volkskammer zu einem Organ der herrschenden

---

43 Sekretariat der Volkskammer 1987, S. 19.
44 K. Sorgenicht/W. Weichelt/T. Riemann 1969a, S. 229.

Partei, welche das Gemeinwohl a priori und ausgehend vom eigenen Machtanspruch definierte.

Faktisch erhielt die Volkskammer mit der Gründung der DDR den Auftrag, als staatliches Bindeglied zwischen der politisch führenden Partei und dem Volk zu handeln. Politische Verantwortung nahm sie nicht stellvertretend für Bürger, sondern zwar im Namen des Volkes, doch beauftragt durch die SED wahr. Im Widerspruch zur ersten Verfassung gab es kein freies Mandat der Abgeordneten, sondern ein generell-imperatives Mandat der SED. Wahlen zur Volksvertretung wurden nicht nach dem Verhältniswahlrecht, sondern auf der Basis von Einheitslisten durchgeführt. Parlamentarische Opposition wurde verboten; Föderalismus und somit auch die Länderkammer abgeschafft, Grundlagen politischer Gewaltenteilung eliminiert.

Streng genommen hatten sich die Aufgaben der sozialistischen Volkskammer darauf reduziert, als institutionelles Symbol demokratischer Staatlichkeit zu dienen, Organ der Umsetzung von Parteiwillen der SED in staatliche Gesetze zu sein und eine besondere Einrichtung des permanenten Bürgerkontakts zu bilden, über welche Bürgern die Politik des Staates erklärt wurde und sich andererseits Anliegen und Wünsche der Bevölkerung zu den zentralen Entscheidungsinstitutionen transportieren ließen.

Obwohl die Existenz der Volkskammer als solche ein wichtiges Symbol der politischen Verhältnisse war, hatte deren Leitidee erhebliche Schwierigkeiten, sich als integrationsfähig zu erweisen. Die Leitidee einer zweitrangigen Institution hatte zwangsläufig hinter das Primat der SED zurückzutreten. Nimmt man der ‚höchsten' Vertretungskörperschaft ihren Anspruch, oberstes Organ im Staate zu sein, kann auch ihre versuchsweise Symbolisierung dessen nicht gelingen. Eben das bemerkten auch die Bürger und selbst die institutionellen Akteure, indem sie der Volkskammer nur begrenzte Bedeutung in der DDR zumaßen. Gefragt nach der Resonanz der Volkskammer bei den Bürgern, äußerten sich die interviewten ehemaligen Abgeordneten fast übereinstimmend mit folgender Tendenz:

„Ich will nicht sagen, dass es keinen Respekt gab, obwohl das sehr eingeschränkt war. Also, die Volkskammer wurde zur Kenntnis genommen; sie ist da und sie tagt, und es ist ein respektierlicher Kreis, der da sitzt. Aber als ein Instrument der Führung des Staates oder der Führung der Bürger auf den Staat oder der Kontrolle usw. hat sie niemand angesehen."[45]

Charakteristisch für die Leitidee der Volkskammer war neben ihrer theoretischen Schwäche, welche sich auch in der Annahme falscher Gültigkeitsvoraussetzungen wiederfindet, die Notwendigkeit deklamatorischer Floskeln in der öffentlichen Darstellung, das Fehlen ihrer systematischen Weiterentwicklung, an der sich die unterschiedlichen Akteursgruppen hätten beteiligen können, die innere Widersprüchlichkeit einzelner ihrer Elemente zueinander, und schließlich ihre nur geringe Fähigkeit, institutionelle Glaubwürdigkeit zu erzeugen. Dies alles resultierte aus der einseitigen

---

45 Interview Nr. 7 KB, S. 47.

Unterordnung der Institution Volkskammer unter die Interessen der SED, weshalb sie auch nur dank ihrer Hilfe existieren konnte.

Näher bleibt zu untersuchen, in welchem Umfang trotz dieses grundlegenden Defizits die Volkskammer und ihre Abgeordneten unter den konkreten Verhältnissen der DDR in der Lage waren, bestimmte Leistungen für das politische System zu erbringen. Dabei gilt es nicht nur nach den offiziell verfolgten, den manifesten Funktionen zu suchen, sondern ebenso nach latenten. Diese können entstehen, wenn sich Akteure – bewusst oder unbewusst – von den Vorgaben der Leitidee lösen und Ersatzfunktionen erfüllen, die zwar nicht im Gegensatz zur offiziellen Vorgabe stehen, diese jedoch erweitern. Eben dies ist bei der Volkskammer zu erwarten, weil es sich bei ihr einerseits um eine schwache, stark deklamatorisch deformierte Institution handelt, die allerdings über ein gewisses Potential an strukturellem Restparlamentarismus verfügte. Hinzu kommt, dass viele ihrer Akteure, wie die Interviews zeigten, mit der ihnen offiziell zugewiesenen Rolle nicht glücklich waren und sich bemühten, mehr für die Interessenvertretung ihrer Wähler und ihres Landes zu leisten.

3. Die Funktionen der Volkskammer

3.1. Kommunikationsfunktion

Besser als andere politische Institutionen sind Parlamente bzw. Vertretungskörperschaften geeignet, ein ausgedehntes und komplexes Kommunikationsgeflecht zwischen einer Gesellschaft und ihrem zentralen politischen Entscheidungssystem herzustellen. Zu einem Umschlagplatz für politisch wichtige Informationen werden sie dadurch, dass diese Institutionen, und vor allem ihre Abgeordneten, als durch das Repräsentationsprinzip getragene Bindeglieder zwischen Staat und Gesellschaft agieren. Parlamente vollziehen diese Kommunikationsfunktion auf vier Wegen:

1. Indem sie als Bindeglied mit allen wichtigen politischen Akteuren wie Parteien, Interessengruppen, den Einzelbürgern und den Massenmedien verbunden sind (Vernetzungsfunktion).

2. Dadurch, dass Anliegen, Wünsche, Meinungen und Informationen aus allen Teilen der Gesellschaft in den parlamentarischen Willensbildungs- und Entscheidungsprozeß eingebracht werden (Responsivitätsfunktion).

3. Indem diese Ansichten, Wünsche und Sorgen in der öffentlichen Diskussion widergespiegelt werden (Darstellungsfunktion).

4. Dadurch, dass die Regierungs- bzw. Oppositionspolitik vor den Bürgern vertreten, ihnen erklärt und für sie geworben wird (kommunikative Führungsfunktion).

Vergleicht man die Stellung der Volkskammer im politischen System der DDR mit der von Vertretungskörperschaften in parlamentarischen Demokratien, so fallen deutliche Unterschiede hinsichtlich ihrer Fähigkeit zur Kommunikation auf. Parlamente kommunizieren mit der Gesellschaft wie mit den zentralen politischen Institutionen durch die Vermittlung intermediärer Organisationen, also unter Einbeziehung von Parteien, Verbänden und Vereinen. In der DDR fehlte dieser Bereich mehr oder weniger autonom handelnder Subjekte weitgehend. Somit fehlte auch deren katalysierende Kraft für die politische Kommunikation. Die Abgeordneten der Volkskammer waren also viel mehr als ihre parlamentarischen Kollegen auf ihre individuelle, aber darum auch isolierte, Kraft angewiesen und konnten nur sehr begrenzt institutionelle Ressourcen nutzen. Immer wieder lassen sich in den Interviews Hinweise darauf finden, dass die Parteien und Massenorganisationen ebenso wie die Fraktionen eine eher geringe Rolle bei dieser Kommunikation spielten, ganz zu schweigen von sonstigen Vereinen und Verbänden.

Zwar existierten in der DDR fünf Parteien und weitere Massenorganisationen, die mit Sitz und Stimme in der Volkskammer vertreten waren. Trotzdem lag – entsprechend der institutionellen Leitidee – kein pluralistisches Mehrparteiensystem vor. Die SED war bei der Verwirklichung ihres Pluralismusverbots sehr erfolgreich gewesen, denn nur so konnte sie sich weitgehend unbegrenzte Macht sichern. Alle neben ihr bestehenden Parteien waren entweder – wie NDPD und DBD – von ihr selbst ins Leben gerufen und von Beginn an personell wie programmatisch von ihr getragen, oder aber – wie CDU und LDPD – ihres kritischen Personals bzw. Inhalts weitgehend beraubt worden. Auch ein Teil der interviewten Abgeordneten sah das so. Im Einzelfall wurden sogar von den Blockpolitikern selbst Zweifel geäußert, ob es sich bei den ‚befreundeten Parteien' überhaupt um wirkliche Parteien handelte, denn ohne eigenes Programm und ein gewisses Maß an politischer Handlungsfreiheit war das kaum möglich. Ein früherer NDPD-Mandatar führt dazu aus:

> „Für mich stellt sich heute die Frage, ob außer der SED die Parteien überhaupt Parteien waren. Sie waren Parteien in struktureller Hinsicht, das ist gar keine Frage, mit Mitgliedern und Gremien usw. Die Überlegung ist eigentlich folgende, und das spielt natürlich auch im Parlament eine Rolle: dass ja eine Partei immer tätig sein muss mit Meinungen zum Ganzen, also zum Staat, zur Gesellschaft als ganzes. Das heißt: Jede Partei, sonst macht sie eigentlich gar keinen rechten Sinn, muss Positionen haben, muss Konzepte haben im Hinblick auf die Entwicklung der Gesellschaft – ganz unabhängig, ob es eine kleine oder große Partei ist, welchen Einfluss sie hat. Aber sie muss ein eigenes Ziel haben. Eine Partei kann sich nicht darin erschöpfen, die Politik eines anderen zu unterstützen. Das macht noch nicht eine Partei aus. Das kann durchaus notwendig sein; aber das ist nicht das, was das Wesen einer Partei ausmacht."[46]

---

46 Interview Nr. 35, NDPD, S. 22.

Diese Einparteienherrschaft in Gestalt eines Mehrparteiensystems raubte der Vertretungskörperschaft ganz wesentlich ihre Fähigkeit, unterschiedliche gesellschaftliche Bedürfnisse und Meinungen in den zentralen politischen Entscheidungsprozess zu transportieren. Damit waren der Volkskammer wichtige Möglichkeiten genommen, als entscheidende Informationszentrale zu fungieren. Letzteres war allerdings auch nicht angestrebt. Nach der sozialistischen Verfassung der DDR von 1968/74 war offiziell ihre Kommunikationsfunktion vor allem darauf ausgerichtet, den Bürgern die Politik des Staates und somit der SED zu erklären.[47] Die Verpflichtung der Abgeordneten, Hinweise und Kritiken der Wähler zu beachten, konnte einen parlamentarischen Input aus der Gesellschaft nicht ersetzen, zumal ihm die nötige Verbindlichkeit fehlte. Bezeichnenderweise suchte sich das Bedürfnis nach Gehör bei den Bürgern einen separaten Weg in die oberste Volksvertretung, indem es das Eingabenwesen der DDR zu seinem Sprachrohr umwandelte.[48]

Trotz dieser Zurechtstutzung des Mehrparteiensystems ging ihm nicht vollständig die Fähigkeit verloren, unterschiedliche Informationskanäle aus der Gesellschaft über die Volksvertretung in die zentralen politischen Entscheidungsorgane offen zu halten. So vertraten die befragten Abgeordneten mehrheitlich die Position, dass die Parteien und Massenorganisationen in der Volkskammer durchaus unterschiedliche Interessengruppen repräsentierten und innerhalb der gesetzten Grenzen in deren Sinn agieren konnten. Das erscheint durchaus plausibel, trugen doch sowohl das in den Parteien lebendige Identitätsgefühl als auch die historisch gewachsene Mitgliedschaft zu einer solchen Möglichkeit bei. Außerdem unterstützte die SED-Führung ungewollt mit ihren oft strengen Vorgaben hinsichtlich der Mitgliederwerbung anderer Parteien diese Entwicklung. So kam es, dass in der Volkskammer durchaus verschiedene soziale Gruppen in unterschiedlichem Ausmaß von den einzelnen Parteien und Massenorganisationen vertreten wurden. Ihnen fehlte allerdings die legale Möglichkeit, dies nach eigenem Ermessen und auf der Grundlage gesicherter Verfahren auch parlamentarisch umzusetzen. So musste die politische Kommunikation im hier beschriebenen Sinn im Ansatz stecken bleiben, musste sich informelle Wege suchen und sowohl auf die Interessen zusammenfassende Kraft der Parteien wie auch auf die der öffentlichen Artikulation verzichten.

Wer auf das als unproduktiv kritisierte ‚Parteiengezänk' parlamentarischer Vertretungskörperschaften nicht zurückgreifen will, benötigt alternative Kommunikationsverfahren und –regeln. In der DDR trat an die Stelle einer ausgewogenen und beidseitigen vertikalen bzw. horizontalen Kommunikation die Dominanz des Informationsflusses von ‚oben' nach ‚unten'. Die Volkskammer wurde dabei zu einem institutionellen Kommunikationsknoten neben anderen.

Ganz im Sinne dieser Funktionslogik wurde in der DDR ein partei- und verbandszentriertes professionell-parlamentarisches Netzwerk im vorpolitischen Raum ersetzt durch das Informationsmonopol der SED. Ihre Führung besaß die weitestge-

---

47 Vgl. Artikel 56, Abs. 4 der Verfassung von 1968 im Anhang des Bandes, S. 320.
48 Vgl. Tabelle 31 im Anhang, S. 416.

hende Kompetenz, Themen und Inhalte der politischen Kommunikation vorzugeben und auch durchzusetzen. Dabei kam der Bürgernähe vieler Abgeordneter eine erhebliche Bedeutung als Vermittler der offiziellen Politik wie als ‚Ohr an der Masse' zu. Aber auch in dieser Eigenschaft konnten die Abgeordneten nur sehr begrenzt als eigenständige politische Repräsentanten handeln. Ihre nicht selten kritische Reflexion der Lage in der DDR hatte nur eine sehr geringe Chance, bei der politischen Entscheidungsfindung berücksichtigt zu werden. Dies war nicht zuletzt deshalb so, weil die tatsächlichen Entscheidungen außerhalb der Institution Volkskammer getroffen wurden und diese nur sehr geringe Möglichkeiten besaß, sie zu beeinflussen.

Hinzu kommt, dass die von den Abgeordneten gewonnenen Informationen nur ausnahmsweise durch die Arbeit parlamentarischer Gremien zusammengefasst und verallgemeinert wurden. Normalerweise hatte jeder Mandatar vierteljährlich einen Informationsbericht über die Situation in seinem Wahlkreis nach vorgegebenen Kriterien abzufassen und in der Volkskammer einzureichen. Diese meist mit wenig Enthusiasmus abgefassten Berichte unterlagen einer überwiegend bürokratischen Verwaltung, aber meist keiner nachvollziehbaren politischen Nutzung. Neben der Abkoppelung politischer Kommunikation von politischer Entscheidung war es die Individualisierung, welche der Volkskammer die kommunikative Kraft raubte. Abgeordnete handelten überwiegend als Einzelne; die in den parlamentarischen Strukturrudimenten von Fraktionen, Arbeitsgruppen oder Fraktionen enthaltenen Möglichkeiten zu einer wirksamen politischen Kommunikation konnten nur begrenzt genutzt werden.

Politikwirksame Kommunikation konnten schon deshalb die meisten Abgeordneten in der Volkskammer nicht leisten, weil ihnen weitgehend alle materiellen und personellen Ressourcen dazu fehlten. Wer über keine Mitarbeiter, kaum finanzielle Mittel, keine notwendige Technik und nicht über hinreichend Zeit verfügt, kann nicht zum kommunikativen Bindeglied zwischen Bürgern und politischer Führung werden. Abgesehen davon waren jedem selbständigen Agieren in dieser Hinsicht klare Grenzen gesetzt. Verbunden war das mit der stark beschnittenen Möglichkeit, die Ansichten und Wünsche der Bürger, Gemeinden oder Betriebe unverfälscht öffentlich darzustellen. Weder in den Medien noch auf der parlamentarischen Bühne war das in der DDR durchzusetzen. Informelle und nichtöffentliche Kommunikation oder das persönliche Gespräch wurden immer bedeutender, bildeten sogar eine eigenständige politische Kommunikationskultur, konnten allerdings nur unvollkommen jenes Defizit ersetzen.

Auch in der Konstruktion des nicht professionellen Mandats ist ein wesentliches Hindernis bei der Erfüllung notwendiger politischer Kommunikation zu sehen. Ursprünglich gedacht als progressive Alternative zum Berufsabgeordneten, erwiesen sich seine Vorzüge als zu schwach und die Nachteile als so hemmend, dass von der revolutionären Idee eines ehrenamtlichen Abgeordneten nur noch ein Mythos übrig blieb. Dieser erwies sich allerdings als langlebig. Sowohl in der DDR-Bevölkerung[49]

---

49 Vgl. W. J. Patzelt 2000, S. 38-47.

als auch unter den ehemaligen Abgeordneten ist selbst nach dem Ende der DDR die Vorstellung lebendig, dass auf der Grundlage eines ehrenamtlichen Mandats mehr Volksverbundenheit zu erzielen wäre. Wir haben es hier mit einem der seltenen Fälle zu tun, wo ein Element der Leitidee sozialistischer Vertretungskörperschaften eine gewisse Anziehungskraft bis heute nicht verloren hat. Die Ursachen dafür sind sicher vielgestaltig; wesentlich dürfte auf jeden Fall die fortbestehende Unkenntnis vom Funktionieren parlamentarischer Demokratie sein. Unstreitig ist, dass die Dogmatisierung des nicht professionellen Mandats dazu beigetragen hat, die politische Kommunikation einseitig zu gestalten.

Die Abgeordneten wie ihre Institution hatten also vorrangig die Aufgabe, die Politik der Partei bürgernah zu erläutern, und weniger, Bürgerinteressen in den zentralen politischen Willensbildungs- und Entscheidungsprozess einzubringen. Wie in der politischen Praxis existierten auch im konzeptionellen Selbstverständnis der Institution Volkskammer Faktoren, die deren Kommunikation begrenzten. So gab es beispielsweise keine ausdrückliche Repräsentationstheorie, auf deren Grundlage etwa eine umfassende und wechselseitige politische Kommunikation unterstützt worden wäre. Auch theoretisch führende Wissenschaftler, die selbst über viele Jahre Mitglieder der Volkskammer waren, bestätigten diesen Eindruck.[50] Das Fehlen einer mehr oder weniger geschlossenen Theorie bzw. die wissenschaftliche Nichtbeschäftigung mit einem solchen Gegenstand erhärten den geäußerten Verdacht einer ungenügenden theoretischen Fundierung der untersuchten Institution, bedeuten aber noch nicht, dass es keine verbindlichen Vorstellungen über die Art des Repräsentationsverhältnisses gab, in welches sich die Abgeordneten begaben.

Aus den Artikeln 1 und 56 der letzten Verfassung der DDR bestimmte sich ihre Rolle als Träger eines imperativen Mandats im Auftrag der SED. Erstmals definierte Steiniger 1949 ein generell-imperatives Volkskammermandat, durch welches die Abgeordneten stärker an die nominierende Körperschaft gebunden werden sollten.[51] Poppe kommt 1958 zu der Beurteilung, dass auch ohne eine formelle Änderung des entsprechenden Verfassungsartikels das freie Mandat unter sozialistischen Bedingungen gegenstandslos geworden sei.[52] Diese Inhaltsbestimmung des Mandats der Volkskammer als nicht freies drückte sich auch umgangssprachlich aus. So war es in der DDR üblich, die in der Volkskammer vertretenen Parteien und Massenorganisationen und nicht die einzelnen Abgeordneten als ‚Mandatsträger' zu bezeichnen.[53] Aus diesem Versuch einer Alternative sowohl zum freien wie zum imperativen, an den Wählerwillen gebundenen Mandat, wurde sehr schnell in der DDR das generell-imperative Mandat, welches die Abgeordneten zu Beauftragten der SED machte.[54] Wieder gelang es der SED-Führung, die konzeptionelle Unschärfe des alternativen Neubeginns in der SBZ zu ihren Gunsten auszunutzen.

---

50 Vgl. Interview Nr. 38, KB, S. 6f., und Interview Nr. 10, KB, S. 14.
51 A. Steiniger 1949, S. 36ff.
52 E. Poppe, Volkssouveränität und Abgeordnetenstellung, zit. in: H. Roggemann 1976, S. 33.
53 Vgl. auch Beitrag von Werner Kalweit in diesem Band.
54 Vgl. P. J. Lapp 1975, S. 56f.

Damit war ein politisch eindeutiges Repräsentationsverständnis festgelegt. Die Abgeordneten hatten dem von der SED formulierten Wohle des gesamten Volkes zu dienen. Im Unterschied zur Praxis in freiheitlichen Parlamenten fehlte den Mitgliedern der Volkskammer die Freiheit des eigenen unabhängigen Handelns, die Möglichkeit, zumindest im zeitweiligen Widerspruch sowohl zu den Repräsentierten wie auch zur eigenen Führung legal zu agieren, um so ein ausgewogenes Verhältnis von Responsivität und politischer Führung praktizieren zu können. Die Rollenorientierung der Volkskammermandatare war also wenig flexibel und nur begrenzt kommunikativ ausgelegt. Es traten deutliche Spannungen zwischen den individuellen Rollenerwartungen einzelner Abgeordneter und deren Rollenpraxis auf. Speziell der Pflicht, die Staatspolitik den Bürgern zu erklären, versuchten sich einige zu entziehen. Andererseits sahen viele Abgeordnete ihre Pflicht vor allem darin, die Meinungen und Bedürfnisse der Bürger in den zentralen politischen Entscheidungsapparat über die Volkskammer zu transportieren.

Trotz aller Eingrenzung parlamentarischer Kommunikation war diese aber gerade in einem staatssozialistischen System von erheblicher Bedeutung, weil hier eine der wenigen Möglichkeiten zum ständigen *Dialog* zwischen Bürgern, sozialen oder Berufsgruppen und Einrichtungen auf der einen Seite und den Repräsentanten eines zentralen Staatsorgans auf der anderen Seite existierte. Hier gab es eine institutionalisierte vertikale Kommunikation, deren Vorzug darin bestand, dass die Abgeordneten sehr viel mehr als die Vertreter anderer Staatsorgane die soziale und weltanschauliche Vielfalt der DDR verkörperten. Im Ansatz existierte durch die Volkskammer so etwas wie eine Klientelbeziehung und Gruppenrepräsentanz. Schwellenangst konnte leichter von den Bürgern abgebaut werden, weil nicht wenige Abgeordnete in ihrem Umfeld bekannt waren, dort ihrem Beruf nachgingen, eben erreichbar waren. Zusätzlich darf nicht übersehen werden, dass gerade in den Wahlkreisen viele Bürger mit konkreten Anliegen und aus eigenem Antrieb zu ihren politischen Vertretern gingen, hier also die rituelle Demonstration offizieller DDR-Politik fehlte. Alltagsfragen konnten nicht selten frei von agitatorischem oder propagandistischem Beiwerk als *politische* Probleme behandelt und u. U. auch gelöst werden. Gerade im Kontakt zwischen Bürgern und Abgeordneten wurde oft das Dogma durchbrochen, politisch sei nur die *große Linie*, wodurch das scheinbar Unpolitische, vor allem die täglichen Sorgen und Nöte der Bürger, eine bestimmte Chance auf Artikulation und Klärung hatten.

Abbildung 4: Eine Abgeordnete an ihrem Arbeitsplatz im Betrieb im Kreise ihrer Kollegen

Welches Ausmaß speziell der Bürgerkontakt durch die Wahlkreisarbeit bei Volkskammermandataren annehmen konnte, belegt die Analyse entsprechender Aktivitäten eines Abgeordneten, die auf der Grundlage seiner zwischen 1981 und 1990 gemachten Aufzeichnungen anfertigt werden konnte. So gab es jährlich etwa 50 offizielle Wahlkreistermine, bei denen insgesamt zwischen eintausend und dreitausend Bürger direkt erreicht wurden.[55] Zu berücksichtigen ist allerdings, dass in diesem Beispiel die eigentliche Erwerbsarbeit des Abgeordneten als hauptberuflicher Mitarbeiter in einer Massenorganisation eine förderliche Rolle spielte und es andererseits nicht wenige Abgeordnete mit einer viel geringeren Wahlkreisarbeit gab. Durch ihre hauptberufliche Tätigkeit gut mit materiellen Ressourcen ausgestattete Mandatare hatten offensichtlich Vorteile, umfangreiche Wahlkreisarbeit zu leisten. Die Erhebungen belegen ebenso, dass viele Abgeordnete trotz ihres nebenberuflichen Mandats viel Kraft, Zeit und Idealismus in eine extensive Wahlkreistätigkeit steckten und dabei nicht selten an die Grenzen des Möglichen stießen.

Einerseits war parlamentarische Kommunikation durch die Volkskammer formelles Instrument der Herrschaftssicherung. Andererseits ergab sich aber daraus praktisch eine Reihe eher informeller und latenter Konsequenzen, die neben der dominierenden Tendenz des Erklärens der Staatspolitik und des Werbens dafür auch Platz für die Artikulation von Bürger-, Gruppen- und Wahlkreisinteressen ließen. Von der SED geforderte kommunikative Führung wurde so durch wirklichkeitsgeleitete Responsivität ergänzt. Die parlamentshomologen Strukturen und Tätigkeitsmuster der Volkskammer und ihrer Abgeordneten suchten fast spontan nach dem ihnen adäquaten Inhalt. Allerdings stellten sich einer effektiven politischen Kom-

---

55 Vgl. Tabelle 30 und Grafik 1 im Anhang, S. 415f.

munikation, die zur Triebkraft eines sich dynamisch entwickelnden Institutionengefüges hätte werden können, immer wieder systemimmanente Hemmnisse entgegen.

Gravierend wirkte sich das bereits genannte Fehlen eines von mehr oder weniger autarken Interessengruppen, Verbänden oder Vereinen besiedelten vorpolitischen Raumes aus. Viele der von diesen normalerweise erbrachten Leistungen, wie die Bündelung und Darstellung von Teilinteressen, kamen nicht zustande. Die Ablehnung des politischen Pluralismus führte in der Konsequenz dazu, dass sich politische Interessen aus der Gesellschaft heraus nur isoliert, spontan und individuell artikulieren konnten, was ihnen konstruktive Kraft und Verallgemeinerungsfähigkeit nahm.

Die Netzwerke der Abgeordneten waren außerdem defizitär strukturiert. Sie waren primär nicht von der parlamentarischen Stellung und Funktion der Mandatare, sondern von deren Beruf und von sonstigen politischen Ämtern außerhalb der Volkskammer abhängig. Anders als in parlamentarischen Demokratien fehlte diesen Netzwerken die mobilisierende Kraft ergebnisorientierter Wiederwahlabsicht.

Die Vermutung, sozialistische Abgeordnete hätten – mehr noch als ihre Kollegen im Westen – eine umfangreiche Betriebsarbeit geleistet, erwies sich im Ergebnis der vorliegenden Untersuchungen als nur begrenzt richtig. Während Abgeordnete vor allem im eigenen Unternehmen gut verankert waren, begrenzte das Eigeninteresse fremder Betriebsleitungen und Ministerien die Möglichkeit, darüber hinaus wirksam zu werden. Ausnahmen ergaben sich aus der Kontrolltätigkeit der Ausschüsse oder wenn politisch hochrangige Mandatare – eventuell im Ministerrang – entsprechende Visiten beabsichtigten.

Quasi als Ersatz für die geschwächte Kommunikationsleistung der Volkskammer bildeten sich Surrogatfunktionen heraus, deren wichtigste das Eingabenwesen war. Ursprünglich entstanden aus einer Mischung von parlamentarischem Petitionswesen und dem Räte-Ideal direkter Partizipation, sollte es in der DDR eigentlich die Bereitschaft der Bürger symbolisieren, durch Eigeninitiative und Neuerermentalität den Sozialismus mittels zustimmender Verbesserung aufbauen zu helfen. Bald jedoch wurde die Eingabe zu einem der wenigen Mittel der Bürger, um unberücksichtigte Interessen und Anliegen artikulieren und durchsetzen zu können. Da die Verwaltungsgerichtsbarkeit in der DDR frühzeitig abgeschafft wurde und die meisten wichtigen Entscheidungen ohnehin die SED traf, wandelte sich die Funktion des Eingabenwesens teilweise zurück zur Erbittung eines Gnadenakts des Herrschers. Durch die zunehmende Alleinverantwortung der SED war die führende Partei allerdings auch in gewissem Sinn erpressbar geworden. Eingaben wurden nämlich von den Bürgern unter Androhung von möglichen Ausreiseanträgen bzw. Wahlboykott erfolgreich genutzt, um Wohnungen oder knappe Versorgungsgüter zu erhalten.Letztlich diente das Eingabenwesen mit seinen hunderttausend Petitionen pro Jahr als profunde Informationsquelle über die Lage im Lande. Die Ausschüsse bezogen daraus wichtige Anregungen für ihre Arbeit. Andererseits besaßen die Eingaben auch eine merkliche Ventilfunktion. Bürger wie beteiligte Abgeordnete hatten den Eindruck, im Rahmen des Möglichen auf diese Weise Wichtiges zu erreichen.

Die zentrale Sollbruchstelle der Kommunikationsleistung der Volkskammer bestand im Widerspruch zwischen einerseits der überwiegend umfangreichen Wahlkreisarbeit ihrer Abgeordneten, durch die viele Anliegen, Sorgen und Wünsche von Bürgern, Betrieben und Einrichtungen aufgenommen und zu den zentralen politischen Institutionen transportiert wurden, und andererseits dem weitgehenden Fehlen verbindlicher Verfahren, dies alles wirksam in den politischen Willensbildungs- und Entscheidungsprozess einbringen zu können. Der responsiven Seite parlamentarischer Kommunikation fehlte die Möglichkeit zur politischen Entfaltung. Willensbildung von ‚unten nach oben' war im streng hierarchisch strukturierten Politiksystem der DDR nicht wirklich eingeplant.

3.2. Regierungskontrolle der Volkskammer?

Die Parlamentsfunktion der Regierungskontrolle ergibt sich aus der Logik eines parlamentarischen Systems, in dem institutionelle Gewaltenteilung sowie legale politische Opposition grundlegend verankert sind. Von der Volkskammer als einer Vertretungskörperschaft in einem staatssozialistischen System durfte deshalb eine wirkliche Regierungskontrolle im parlamentarischen Sinn nicht erwartet werden, weil der Verzicht auf politischen Pluralismus und die verfassungsrechtlich verankerte Suprematie der SED dem widersprachen.

Die theoretische Herausforderung der wissenschaftlich-vergleichenden Analyse besteht hier also nicht darin, das Fehlen parlamentarischer Regierungskontrolle nachzuweisen. Vielmehr gilt es nach möglichen Rudimenten parlamentarischer Kontrollfunktionen oder nach analogen Mechanismen und Strukturen für jene Leistungen zu suchen, die Regierungskontrolle im voll entwickelten Parlamentarismus erbringen kann. Kein politisches System, zumal in komplexen Gesellschaften, kann auf bestimmte Korrektur- und Kontrollprozesse der Exekutive verzichten, ohne Gefahr zu laufen, relativ schnell Funktionstüchtigkeit, Stabilität und Integrationsfähigkeit zu verlieren. Darum liegt es nahe, nach dergleichen für die DDR wenigstens zu suchen.

Die empirischen Befunde zeigen, dass eine bestimmte Art politischer Kontrolle durch die Volkskammer und ihre Akteure wirklich existierte. Diese konzentrierte sich vorzugsweise auf die politische Leistungskontrolle, erfasste also die konkreten Auswirkungen der Regierungstätigkeit und war deutlich schwächer hinsichtlich der politischen Richtungskontrolle ausgeprägt, also der Einflussnahme auf die exekutive Willensbildung und Entscheidungsfindung. Damit erfüllte die Volkskammer ihre Rolle als nachgeordnete Einrichtung, der es oblag, außerhalb der Institution, also im Ministerrat oder im Politbüro der SED, getroffene Entscheidungen in bestimmtem Umfang auf ihre Praxiswirksamkeit und auf Akzeptanz bei den Adressanten hin zu überprüfen.

Solche politische Kontrolle vollzog sich unter den Bedingungen eines streng unitarischen Systems und ohne die Mitwirkung einer parlamentarischen Opposition oder unabhängiger Medien. Die Öffentlichkeit wurde nur selektiv über die Kontrolltätigkeit informiert. Politische Kontrolle blieb eher informell und nichtöffentlich. Während positive Kontrollergebnisse überschwänglich verbreitet wurden, blieb Kritisches meist verborgen, wurde fast immer intern behandelt. Wesentliche Folge des Fehlens effizienter Regierungskontrolle war die schlechte Problemlösungskapazität des DDR-Systems. Sein Mangel bestand darin, nicht rechtzeitig die entstandenen Widersprüche zu artikulieren und nicht auf der Grundlage einer kontroversen Willensbildung notwendige Korrekturen einschließlich einer Reform des politischen Systems einzuleiten. Fehlende Regierungskontrolle verhinderte entscheidend institutionelles Lernen.

Formal ergab sich aus der Position der Volkskammer als oberstes Staatsorgan auch eine machtvolle Kompetenz zur politischen Richtungskontrolle gegenüber dem Ministerrat, Staatsrat, dem Obersten Gericht, dem Generalstaatsanwalt sowie dem Nationalen Verteidigungsrat, die alle der Volkskammer für ihre Tätigkeit verantwortlich waren. Ein erstes grundlegendes Defizit entstand allerdings durch die Aussparung der politischen Führungsinstanz, des zentralen Parteiapparats der SED, welcher keinerlei Kontrolle durch die Volkskammer unterlag. Weiterhin existierten selbst auf formaler verfassungsrechtlicher Ebene Lücken, die eine tatsächliche Kontrolle durch die Volkskammer zumindest einschränkten. Im Unterschied zu allen anderen Organen der Volkskammer war lediglich der Ministerrat ihr gegenüber ausdrücklich zur Rechenschaft verpflichte.[56]

Zwar musste die Volkskammer vor allem in Gestalt der Volkswirtschaftspläne den gouvernementalen Mittelanforderungen zustimmen. Jedoch war das an keine wirkliche Auseinandersetzung zwischen Parlament und Regierung mit kontrollierender Funktion gebunden.[57] Das lag nur teilweise am fast unumstößlichen Prinzip der Volkskammer, in Plenardebatten Geschlossenheit und Einheit zu demonstrieren und keinesfalls Meinungsverschiedenheiten sichtbar zu machen. In den vier Jahrzehnten nahmen mit der Anzahl der Plenarsitzungen auch diese Möglichkeiten der Regierungskontrolle ab.[58] Regierungserklärungen oder sonstige Rechenschaftslegungen des Ministerrats wurden seit den sechziger Jahren immer seltener und mehr und mehr zur Kopie, zur Wiederholung des Berichtes des Generalsekretärs der SED vor dem ZK-Plenum.

---

56 Vgl. Artikel 76 der DDR-Verfassung von 1974 im Anhang.
57 Vgl. auch den Beitrag von Herbert Kelle im vorliegenden Band.
58 Vgl. Tabelle 26 im Anhang, S. 402.

Abbildung 5: Otto Grotewohl beantwortet eine Anfrage aller Fraktionen der Volkskammer zu aktuellen politischen Problemen 1956

Hinzu kam, dass die Abgeordneten immer weniger mit problemorientierten Hintergrundinformationen durch den Ministerrat oder das ZK versorgt sowie die Beratungszeiten für die Fraktionen und Ausschüsse verkürzt wurden, was die Möglichkeit einer fundierten Kontrolle zusätzlich erschwerte. In diesem Sinne berichtet ein früherer Fraktionsvorsitzender einer Blockpartei:

„In der letzten Zeit [wurden] auch manche Entscheidungen plötzlich getroffen. Das heißt, es gab dann nicht die Möglichkeit, in den Fraktionen sich auf die Dinge gründlich vorzubereiten. Das war nicht so, dass man da völlig überrascht wurde im Plenum; aber diese vorher üblichen Fristen, die wurden dann plötzlich enger. Und dann war es manchmal so, dass eben die Fraktion zusammentrat am Morgen um 9; und um 11 war Volkskammer; oder am Abend spät, nicht, und am nächsten Morgen um 9 ging es los. Also, es war dann auch gar nicht mal möglich, sich dort zu entscheiden. Man darf ja nicht vergessen: Diejenigen, die nicht in den Ausschüssen und in der Fraktion waren, die bekamen ja diesen ganzen Prozess der Gesetzesvorbereitung nur dadurch mit, dass es vor der Plenartagung eine Fraktionssitzung gegeben hat. Und in dieser kurzen Fraktionssitzung mussten sie sich mit dem vertraut machen. ... Es gab früher volkskammerinternes Informationsmaterial; die Volkskammerabgeordneten bekamen Materialien, die die SED herausgab. Zu irgendeiner Frage gab es ein Informationsblatt; das gab die Abteilung Agitation, oder Agitationskommission, wie das da hieß bei der SED, heraus. Also, diese Dinge bekamen eine Zeitlang natürlich die Abgeordneten. Plötzlich ging das nicht [mehr]."[59]

Im Unterschied zum Plenum war dennoch eine gewisse Korrektur der Regierungsvorhaben in den Ausschüssen der Volkskammer möglich. Hier konnten Meinungsverschiedenheiten artikuliert und Modifikationswünsche innerhalb der unveränderten Gesamtzielstellung angemeldet werden. In gewissem Umfang kam es im Ergebnis dessen zu einer marginalen Ressourcenumverteilung, konnten also die Interessen bestimmter Gruppen – etwa der Wissenschafts- und Forschungsklientel, der Bauern oder anderer – stärker berücksichtigt werden. Von Bedeutung war in diesem Zusammenhang durchaus das Zitierrecht der Ausschüsse. Dieses wurde in der Praxis

---
59 Interview Nr. 19, NDPD, S. 40f.

häufig angewendet und entwickelte sich insoweit zur Gewohnheit, als bei allen wichtigen Beratungen der Ausschüsse über Gesetzesentwürfe die Minister bzw. ihre Vertreter in den Sitzungen anwesend waren. Die Autorität der Volkskammerausschüsse war in dieser Beziehung hoch. Kaum ein Vertreter des Ministerrates erlaubte es sich, einer Ladung nicht zu folgen. Dabei spielten zweifellos die in den Ausschüssen anwesenden Mitglieder des Politbüros der SED eine verstärkende Rolle, so dass die Autorität der Volkskammer zum Teil die durch Personalunion übertragene Autorität der SED-Führung war. Die Anwesenheit der Minister oder anderer hoher Staatsfunktionäre in den Ausschüssen diente allerdings weniger der Regierungskontrolle als vielmehr der Information der Ausschüsse über geplante Gesetzesvorhaben und deren Begründung, über neu herangereifte Probleme, oder der Auswertung der von den Ausschüssen übermittelten Empfehlungen.[60]

Seitens des Ministerrates bestand überwiegend die Bereitschaft, konstruktive Kritik der Abgeordneten und Ausschüsse entgegenzunehmen und – so weit wie möglich – auch umzusetzen. Die meisten Minister zeigten sich nach Meinung der befragten Abgeordneten sehr kooperativ. Dafür war sicherlich auch ihre Mitgliedschaft in der Volkskammer förderlich.[61] Andererseits konnte die meist in den Ausschüssen geübte Regierungskritik auch Ausdruck der gelegentlichen latenten Spannungen zwischen Politbüro und Ministerrat sein. Politbüromitglieder übten solche Kritik als Mandatare selbst oder nahmen sie, von anderen vorgetragen, wohlwollend zur Kenntnis.[62] Die Volkskammer wurde dann zur Arena für Reibereien zwischen anderen politischen Institutionen bzw. für Rangordnungskämpfe unter den Vertretern der absoluten politischen Elite.

Im Lauf der Entwicklung der Volkskammer wurde ihre Kompetenz zur Regierungskontrolle aber normativ wie faktisch gemindert, wurde sie immer mehr in ein bloßes Informationsrecht umgewandelt. In dieses Bild fügt sich durchaus, dass in der sozialistischen Verfassung der DDR das Budgetrecht der Volkskammer – im Unterschied zur ersten Verfassung – nicht mehr ausdrücklich vermerkt war.

Nicht weniger kraftlos war die Auskunftspflicht der Exekutive geregelt. Nach dem Artikel 59 der Verfassung von 1974 hatte jeder Abgeordnete der Volkskammer das Recht, Anfragen an den Ministerrat und jedes seiner Mitglieder – nicht aber an die anderen Organe der Volkskammer – zu richten. Praktisch spielten Interpellationen und Änderungsanträge in den Plenarsitzungen der Volkskammer aber eine untergeordnete Rolle. Auch hier setzte sich im Plenum die gewünschte Demonstration von Einheit und Geschlossenheit durch. Da, wo es keine parlamentarische Opposition und keine Meinungsverschiedenheiten widerspiegelnde Öffentlichkeit gibt, verliert das politische Mittel der Interpellation schließlich seine Bedeutung als Kontrollinstanz. Selbst die SED-Führung empfand die weitgehende Abstinenz von Anfragen in den siebziger Jahren als unpassend und forderte informell auf, wieder verstärkt Anfragen ins Plenum einzubringen. Zu verstehen ist das allerdings nur als

---

60 Vgl. K. Sorgenicht/W. Weichelt/T. Riemann 1969b, S. 287.
61 Vgl. Tabelle 7 im Anhang, S. 391.
62 Vgl. Beitrag von Günter Hartmann in diesem Band, S. 210.

Versuch, das äußere Erscheinungsbild der Volkskammer parlamentsähnlicher zu gestalten, um mehr internationale Akzeptanz zu gewinnen.

Nach der sozialistischen Verfassung waren weitere parlamentarisches Kontrollinstrumente nicht vorgesehen. Untersuchungsausschüsse, die es nach der Verfassung von 1949 noch gab, die allerdings nie eingerichtet wurden, öffentlichkeitswirksame Demonstrationen oder Presseerklärungen sowie plebiszitäre Aktionen, etwa Unterschriftensammlungen oder die Einleitung von Volksbegehren, fehlten in Verfassungsrecht und Verfassungspraxis. Ähnlich unterentwickelt war die rechtliche Kontrolle der Regierung. Verfassungsgerichtliche Klagen waren ebenso unzulässig wie die Anklage von Amtsträgern.

Politische Richtungskontrolle leistete die Volkskammer nur in einem sehr begrenzten Umfang. Diese war – wenn überhaupt – um so wirkungsvoller, je weniger öffentlich sie stattfand. Ganz in dieser Tendenz liegt die Wirkung der sogenannten *Abgeordneteninformation*. Dabei handelte es sich um eine unregelmäßig stattfindende Veranstaltung, zu der sich Mandatare im Plenarsaal versammelten, um außerhalb des formellen Rahmens und meist von Ministern Hintergrundinformationen zur Lage zu erhalten. Anders als im Plenum, so berichteten frühere Mandatare in den Interviews übereinstimmend, konnten sich dabei kontroverse Dialoge zwischen Auditorium und Vortragendem entwickelten. Hier war die sterile Demonstration von Geschlossenheit nicht so bindend, weil die Diskussionsansätze nicht öffentlich sichtbar und politisch weitgehend ohne Folgen blieben. Durch kritische Bemerkungen konnten die Abgeordneten in geringem Umfang Impulse für den von ihnen erkannten Korrekturbedarf geben, in jedem Fall aber begrenzt ihren Unwillen gegenüber der Exekutive artikulieren. Es war also das Dilemma der Volkskammer, dass ihre Möglichkeiten zur kritischen Kommentierung der Regierungspolitik dort am besten waren, wo es die geringsten formellen Kompetenzen zur politischen Richtungskontrolle gab.

Politische Leistungskontrolle fand primär durch die von den Ausschüssen organisierten Arbeitsgruppen statt, welche die Durchführung von Gesetzen zu überprüfen hatten. Ziel war es, eine von der Volkskammer ausgehende Kontrolle darüber zu haben, welche Probleme bei der praktischen Umsetzung der Gesetze auftraten. Die dafür zuständigen Arbeitsgruppen der Volkskammer verfügten in Vergleich zu anderen Kontrollorganen über spezielle Vorteile. Sie konnten ohne den Interessenegoismus anderer Einrichtungen, also in gewissem Sinne objektiver, überregional und relativ ungebunden aus der Perspektive sachkundiger Pragmatiker die Probleme erkennen und verallgemeinern. Hinzu kam, dass die Arbeitsgruppen einerseits durchaus eine gewisse Autorität und einen nicht zu unterschätzenden Handlungsspielraum besaßen. Andererseits basierte ihre Kontrolltätigkeit unmittelbar auf dem Kontakt mit allen beteiligten Akteuren, welche nicht selten direkt in die Arbeit einbezogen wurden. So bauten die Arbeitsgruppen der Volkskammer im Idealfall ein temporäres horizontales und vertikales Netzwerk aller Beteiligten mit dem Ziel auf, politische, soziale oder wirtschaftliche Probleme zu lösen. In dieser Form stellten sie in der ansonsten streng hierarchisch und einseitig-kommunikativ strukturierten

DDR-Gesellschaft etwas Besonderes dar, womit Optimierungsprozesse erfolgreicher möglich waren als auf anderen Wegen.

Berücksichtigt man die fehlende Verwaltungsgerichtsbarkeit in der DDR, so bekamen die Kontrollgruppeneinsätze der Volkskammer zusätzlich noch die latente Funktion, dieses offensichtliche Defizit zu verringern. Viele Betriebsleiter, politische Funktionäre oder Bürger versuchten, durch bereitwillige Kooperation mit den Abgeordneten offensichtliche Reibungsverluste in der Gesellschaft zu verringern. Infolge dieser Tätigkeit konnten die Volkskammer und ihre Akteure ein gewisses, wenn auch begrenztes, Institutionsvertrauen erzeugen.

Aber auch die Grenzen solcher Kontrolltätigkeit werden sichtbar. Charakteristisch für die Kontrollkompetenz der Volkskammer war ihre Orientierung nicht auf die zentralen Staatsorgane und Repräsentanten der obersten politischen Exekutive, sondern vorzugsweise auf die unteren administrativen Ebenen. Damit wurde die eigentliche politische Kontrollfähigkeit der Volkskammer weiter eingeschränkt. Verstärkt wurde diese Tendenz zusätzlich durch eine nicht geringe Tabuisierung wichtiger Politikfelder und Institutionen, welche vollständig oder teilweise von der Kontrollzuständigkeit der obersten Volksvertretung der DDR ausgenommen wurden. Dazu gehörten vor allem die unmittelbaren macht- und sicherheitsrelevanten Bereiche wie das MfS, die NVA und die Justiz sowie die zentralen politischen Institutionen, etwa der Ministerrat. Vollständig jeder direkten Kontrolle entzogen waren alle Parteistrukturen der SED, also auch jene Gremien, in denen die wichtigsten politischen Entscheidungen vor Ort oder zentral getroffen wurden. Da in der DDR durchgängig die Parallelität von staatlicher und SED-Struktur bei gleichzeitigem Entscheidungsprimat der Partei bestand, wurde so die Kontrollkompetenz der Arbeitsgruppeneinsätze der Volkskammer entscheidend begrenzt.

Hinzu kommt, dass die Ausschüsse und ihre Arbeitsgruppen keine eigene Sanktionskraft besaßen. Ihre Aufgabe bestand vielmehr darin, mögliche Mängel vor allem bei der Durchführung von Gesetzen zu erkennen, diese Mängel systematisch auszuwerten und möglichst zu verallgemeinern, um sie danach an den Ministerrat bzw. einzelne Ministerien sowie an den Parteiapparat der SED weiterzuleiten. Erst von hier aus konnten wirkliche Korrekturentscheidungen vorgenommen werden, über die dann wiederum die Ausschüsse informiert wurden.

Tatsächliche Mängel konnten nur insoweit nachhaltig thematisiert werden, als sie nicht eine Kritik an systemimmanenten Grundlagen intendierten, wozu beispielsweise das Politbüro auch die Preispolitik, die Medienpropaganda oder das Wohnungsbauprogramm – um nur einiges zu nennen – erklärt hatte. Derlei war somit wirklicher Kontrolle durch die Volkskammer entzogen. Die Unterordnung unter die Suprematie der SED ging so weit, dass bestimmte Spitzenfunktionäre – wie etwa einige Politbüromitglieder, Bezirkssekretäre oder Kombinatsdirektoren mit Sitz im ZK – den Arbeitsgruppen der Volkskammer Auflagen für ihre Arbeit im jeweiligen Zuständigkeitsbereich erteilten oder ihnen diese sogar untersagten. In anderen Fällen unterstützten hohe SED-Funktionäre diese Kontrollarbeit der Volksvertretung, was deren Handlungsspielraum wiederum spürbar erweiterte. In jedem

Fall war die Tätigkeit der Kontrollgruppen zumindest indirekt abhängig von der Einstellung der jeweiligen Parteifunktionäre. Normalerweise wurden diese über einen bevorstehenden Arbeitsgruppeneinsatz und die dabei erzielten Ergebnisse vom Leiter der Arbeitsgruppe informiert, ohne dass es dafür einer formellen Regelung bedurfte.

Nicht selten werteten die SED-Parteigremien in den Betriebs- und Kreisleitungen die zu Tage geförderten Probleme schneller aus als die zuständigen staatlichen Institutionen. Die Arbeitsgruppeneinsätze der Volkskammer wurden durchaus als anerkannte Mechanismen zur Überprüfung der politischen und sozialen Lage im Lande interpretiert. Ihre diesbezügliche Kompetenz wurde genutzt, um bestimmte Reibungsverluste beim Umsetzen der politischen Strategie in der gesellschaftlichen Alltagspraxis zu vermindern. Dabei wurden die Arbeitsgruppen von den politischen Eliten aber stets als spezielles Instrument der SED und erst in zweiter Linie als Gremien der obersten Volksvertretung verstanden. Dieser Funktion im Dienste der herrschenden Partei entsprach auch die Trennung von Lagebeurteilung und Veränderungsbefugnis. Letztere besaßen die Arbeitsgruppen der Volkskammer nicht. Ihre Einschätzungen konnten erst durch den Ministerrat in verbindliche Entscheidungen umgesetzt werden. Praktisch war es allerdings durchaus möglich, dass durch die Initiative von Arbeitsgruppen Probleme unmittelbar und unkonventionell vor Ort gelöst werden konnten.[63] Erfolge waren in dieser Hinsicht vor allem dann zu erwarten, wenn es sich um bürokratische Fehlentscheidungen bzw. lokal begrenzte Missstände zu handeln schien, nicht jedoch um Fehlleistungen des Systems oder um Tabubereiche.

Seit den siebziger Jahren nahm offensichtlich das Interesse der politischen Führung an problemorientierter Leistungskontrolle durch die Gremien der Volkskammer weiter ab. Intern erfolgte durch den zentralen Parteiapparat der SED die klare Anweisung, in den Mittelpunkt der Arbeitsgruppentätigkeit die Analyse und Propagierung positiver Beispiele zu stellen. Unter dem Druck zunehmender wirtschaftlicher und auch politischer Schwierigkeiten sollte so der Eindruck einer erfolgreichen politischen Strategie der SED zusätzlich unterstützt werden. Symbolisch-ideologische Selbstdarstellung erschien wichtiger als institutionelle Optimierung und Lernfähigkeit. Die Kontrolle der Durchführung der Gesetze hatte ein weiteres Stück an tatsächlicher Kontrollfunktion verloren. Illustriert wird die zwiespältige Situation der Ausschüsse und ihrer Arbeitsgruppen durch folgendes Zitat aus dem Interview mit einem früheren Abgeordneten:

„Die Einsätze, die wir gemacht haben über die Kontrolle von Gesetzen, die haben bis ins Politbüro immer eine bestimmte Rolle gespielt. Wir legten den Finger auf die Wunden, die wir fanden, und das war nicht immer so beliebt. Vor allen Dingen in den letzten Jahren wollte man das nicht mehr wissen. Also, ich weiß von meinem Chef, dass er sagte: ‚Ihr mit euren ständigen Kritiken! Das wissen wir ja alles, nun wendet euch mal den positiven Dingen zu'."[64]

---

63 Vgl. Interview Nr. 31, LDPD, S. 37ff.
64 Interview Nr. 40, FDGB, S. 5.

Kontrolltätigkeit der Volkskammer bedeutete also kaum eigentliche Regierungskontrolle. Dies hätte auch dem Herrschaftsanspruch der SED entgegengestanden. Die Volkskammer und ihre Abgeordneten konnten kontrollierend vor allem in dem Sinne wirksam werden, dass sie über Arbeitsgruppen bestimmter Ausschüsse die Wirksamkeit der politischen Entscheidungen möglichst praxisnah recherchierten und dabei auf Unzulänglichkeiten und Probleme aufmerksam machten. Die Arbeitsgruppen fungierten also vorrangig als kommunikative Bindeglieder zwischen den zentralen politischen Institutionen und der Gesellschaft und weniger als Einrichtungen einer wirksamen Kontrolle politischer Macht. Trotz aller Einschränkungen entwickelte sich aus dieser ‚Kontrolle der Durchführung von Gesetzen' ein nicht unwichtiges Tätigkeitsfeld der Volkskammer. Neben der Verbesserung des allgemeinen politischen Informationsflusses wirkten vor allem die Arbeitsgruppen und gelegentlich auch einzelne Abgeordnete als Katalysatoren, welche durch ihre sachliche Kompetenz, ihre grundsätzliche Autorität und durch den ihnen nicht zuletzt von der SED übertragenen Einfluss auch unmittelbar zu Problemlösungen beitragen konnten. Das setzte allerdings die Akzeptanz der Tabubereiche und die Bereitschaft voraus, sich der Richtlinienkompetenz der SED zu beugen. Immerhin wird hier spürbar, wie sich im politischen System der DDR das Bedürfnis nach gesicherten Erkenntnissen über die Wirksamkeit von Gesetzen und deren Integration in die Tätigkeit der gesetzgebenden Institution zaghaft artikulierte. Die immer wieder betriebene Reduzierung dieser Tendenz auf die Propagierung politischer Erfolge, und vor allem die fast vollständige Unterdrückung von Regierungskontrolle, verhinderten allerdings eine wirkungsvolle institutionelle Integrations- und Steuerungsleistung im Sinne einer ‚obersten Volksvertretung'.

3.3. Wahlfunktionen der Volkskammer

Neben der Gesetzgebung als Aspekt der Politikgestaltung und der Kommunikation zwischen politischem System und Gesellschaft ist der Einfluss von Parlamenten auf die Wahl und ggf. die Abberufung von staatlichen Amtsträgern und Regierungsmitgliedern eine wichtige Leistung des Parlaments für sein umgebendes System. Wird diese Kreationsfunktion unterdrückt, schwächt das nicht nur die Handlungsfähigkeit und demokratische Legitimation von Parlamenten, sondern hat auch weitreichende Konsequenzen für die Funktionsweise des politischen Systems. Die besondere Leistungsfähigkeit parlamentarischer Regierungssysteme resultiert erheblich aus der wechselseitigen Abhängigkeit und funktionellen Ergänzung von Legislative und Exekutive.

Auch hinsichtlich der Wahlfunktion begegnen wir erneut einem zentralen Widerspruch, der sich aus der besonderen Trennung von staatlicher Leitung und politischer Führung ergab. Formell besaß die Volkskammer sehr große Macht, Einfluss auf die personelle Zusammensetzung exekutiver Staatsorgane zu nehmen. Die Abgeordneten der Volkskammer wählten den Vorsitzenden und die Mitglieder des

Staats- und des Ministerrates, den Präsidenten sowie die Richter des Obersten Gerichts, den Generalstaatsanwalt und den Vorsitzenden des Nationalen Verteidigungsrates, die alle von ihr auch theoretisch jederzeit abberufen werden konnten.[65] Praktisch jedoch erwies sich die Volkskammer als machtlos, wenn es um die Besetzung der genannten Ämter ging. Speziell Entscheidungen über Nomenklaturkader verstand die SED-Führung als erstrangige Machtfragen, in die sie keine Einmischung zuließ. Das galt auch für die von ihr vollständig beherrschte Volkskammer. Es sind solche Befunde, die jene Hypothese bestätigen, wonach viele instrumentelle Funktionen der Volkskammer deklamatorisch, nicht ernst gemeint und ohne wirkliche politische Kompetenz waren.

Die SED-Führung hatte sich in der sozialistischen Verfassung noch stärker als in der von 1949 die eigene Vormachtstellung gesichert. Wichtig war neben der rein quantitativen Mehrheitsposition der SED-Mitglieder unter den Abgeordneten besonders das Vorschlagsrecht der größten Fraktion, also der SED, für die Besetzung des Vorsitzes im Staatsrat (Artikel 67,3 der Verfassung von 1974) und im Ministerrat (Art. 79,2). Der Vorsitzende des Nationalen Verteidigungsrates wiederum wurde auf Vorschlag des Staatsrates gewählt. Es bestanden also miteinander verknüpfte Abhängigkeiten, die von der SED gesteuert und bestimmt wurden. Allerdings bedurfte es dieser formalen Machtabsicherungen eigentlich nicht. Wie alle interviewten Abgeordneten übereinstimmend erläuterten, fielen die wirklichen Entscheidungen über die Vergabe der zentralen Staatsämter ausschließlich im Politbüro der SED. Es gab dazu keine praktische Willensbildung in der Volkskammer und in deren Gremien. Und selbst im Politbüro der letzten Jahre wurden solche Personalentscheidungen nicht allgemein diskutiert. Praxis schien gewesen zu sein, dass Erich Honecker sich mit einigen wenigen Politbüromitgliedern abstimmte und dann diese Entscheidung ohne weitere Aussprache so getroffen wurde. Ein früheres Politbüromitglied beschrieb diesen Prozess folgendermaßen:

„Zu meiner Zeit, also unter Honecker, besonders im letzten Jahr von Honecker ... gab es keine Diskussionen mehr. Und die Kaderfragen, die kamen – ich will nicht sagen von Honecker alleine; ich bin überzeugt davon, dass sich Honecker mit dem und dem beraten hat, dass er nicht willkürliche [Entscheidungen] getroffen hat ... dass Ministerentscheidungen mit Mittag und was weiß ich mit wem noch abgestimmt worden sind. Aber nicht im Politbüro!"[66]

Ein solcher Verfahrensweg dürfte in dieser Form nicht typisch für die gesamte DDR-Geschichte gewesen sein, veranschaulicht aber, wie sehr Kaderprobleme durch die SED-Führung als zentrale Machtfragen gehandhabt wurden. Das ging fast automatisch einher mit einer Konzentration wichtiger diesbezüglicher Kompetenzen bei einigen wenigen Verantwortlichen. Somit wurden die Vorzüge einer parlamentarischen Willensbildung und Entscheidungsfindung im Rahmen der Regierungsbildung funktionslos.

Die Abgeordneten bekamen in der ersten Sitzung einer neuen Legislaturperiode Namenslisten, auf denen die von der SED-Führung ausgewählten Kandidaten für die

---

65 Vgl. H. Kelle/T.Riemann 1989, S. 12; vgl. auch Artikel 50 der Verfassung von 1974 im Anhang.
66 Interview Nr. 8, SED, S. 17.

zu besetzenden Ämter enthalten waren. In einem Verfahren ohne Aussprache oder Anfragen an die betreffenden Bewerber erfolgte die einstimmige Bestätigung der Vorschläge in öffentlicher Abstimmung. Erstmals im Herbst 1989 wurde ein Volkskammerpräsident von den Abgeordneten geheim gewählt.[67] Ein langjähriger Mandatar beschreibt das für die Volkskammer typische Verfahren folgendermaßen:

> „Personalentscheidungen wurden in der Volkskammer überhaupt nicht vorbereitet, überhaupt nicht. Ich kenne kein Gremium aus den 25 Jahren, in dem mal personale Fragen behandelt worden wären. ... Da gab es nur im Plenum eine Druckvorlage ohne Begründung, nur mit Namen und im Grunde genommen keine Debatte. Leider – auch im Vorfeld – im Unterschied zu Sachfragen, die im Vorfeld diskutiert wurden."[68]

Auch die Verteilung von staatlichen Ämtern und Posten zwischen den Parteien bedurfte keiner größeren Diskussionen. Die Zuweisung von Ministerposten und Sitzen in den zentralen Staatsorganen an die Blockparteien war durch die allgemein bekannte Quotierung gegeben. Im Prinzip verfügte jede Partei seit den siebziger Jahren über einen Minister- oder äquivalenten Posten. Die SED hatte ihren Anteil an Spitzenposten seit den fünfziger Jahren vergrößert, was insbesondere auch bei der Funktion des Volkskammerpräsidenten deutlich wurde, die erst seit 1976 an die SED fiel.[69] Das Problem bestand darin, dass hinsichtlich der Quote kein Rechtsanspruch bestand, sondern vieles unmittelbar vom Willen der SED-Führung abhing. Allerdings fanden in den bilateralen Gesprächen zwischen den Parteien, nicht selten im informellen Kontakt, manchmal auch in den Beratungen des Demokratischen Blocks, Konsultationen über personelle Fragen zwischen der SED und den anderen Parteien statt. Grundsätzlich konnten die Blockparteien eigenständige Personalentscheidungen bei den für sie reservierten Ämtern und Mandaten treffen. Voraussetzung war natürlich, dass die üblichen Rekrutierungsregeln eingehalten wurden und die Kandidaten aus dem Kreis der Nomenklaturkader stammten.[70] Dies war allerdings kein Problem und wurde bereitwillig erfüllt. Darüber hinaus behielt sich die SED-Führung vor, die möglichen Amts- und Mandatsträger einer umfassenden politischen Prüfung zu unterziehen, bevor sie ihre endgültige Zustimmung zu deren Kandidatur gab. In jedem Fall lief die Entscheidung darüber, wer z.B. Mitglied in der Regierung wurde, an der Volkskammer vorbei. Sie war in solche Prozesse als Institution nicht wirklich integriert.

Zur weiteren Schwächung der Volkskammer führte eine z.T. unpräzise bzw. lückenhafte rechtliche Festlegung der Zuständigkeiten und Verfahrensweisen sowie die schlichte Missachtung vorgeschriebener Prinzipien und Verfahren in bestimmten Situationen. Bis zur Verfassungsnovelle von 1974 war beispielsweise nicht geregelt, wer hinsichtlich der Amtsbesetzung des Staatsratsvorsitzenden das Vorschlagsrecht besaß.[71] Ferner war auch nach 1974 nicht festgelegt, wer die Mitglieder des Staats-

---

67 Vgl. den Beitrag von Herbert Kelle im vorliegenden Band, S. 203.
68 Interview Nr. 21, SED, S. 14.
69 Vgl. Tabelle 25 im Anhang, S. 401 und Tabelle 32 im Anhang, S. 418.
70 Interview Nr. 23, SED, S. 31ff.
71 Vgl. Artikel 67 der Verfassung von 1968 im Anhang.

rates vorschlug. Gewisse Veränderungen und Unstimmigkeiten in der Verfahrensregelung bestanden weiterhin in bezug auf die Wahl des Ministerrates. Ursprünglich hatte der Vorsitzende des Staatsrates den Vorschlag für das Amt des Ministerpräsidenten zu machen.[72] Erst seit 1974 besaß die SED-Fraktion das formale Vorschlagsrecht dafür. 1971 machte, unter klarem Bruch der Rechtsgrundlage, der Erste Sekretär des ZK der SED den entsprechenden Personalvorschlag in Übereinstimmung mit seiner und den anderen Fraktionen.[73] In die gleiche Zeit fällt ein weiterer Regelverstoß. Am 24.6.1971 hatte sich die Volkskammer sowohl über das Gesetz über den Nationalen Verteidigungsrat als auch über die eigene Geschäftsordnung hinweggesetzt, als sie nicht auf Vorschlag des Staatsrates, sondern auf gemeinsamen Antrag der Volkskammerfraktionen Erich Honecker zum neuen Vorsitzenden des Nationalen Verteidigungsrates gewählt hatte, was die Abberufung des bisherigen Amtsinhabers, Walter Ulbricht, bedeutete.[74]

Abbildung 6: 1971 übernahm Honecker die politische Macht von Ulbricht

Zu verstehen sind diese Missachtungen von Rechtsregeln u.a. als Folgen des damals entbrannten Machtkampfes zwischen Ulbricht und Honecker. In Situationen relativer Instabilität zeigte sich die Beliebigkeit selbstgegebener Normen. Die Geschäftsordnung der Volkskammer wirkte nicht als stabilisierendes Regelwerk, sondern sie wurde partiell außer Kraft gesetzt. Die Volkskammer büßte damit weitgehend ihre Fähigkeit zur institutionellen Selbstreproduktion wie auch zur Steuerung der Gesellschaft ein. Offizielle institutionelle Verhaltensnormen besaßen in der Volkskammer eine geringe Bedeutung. Deswegen kann es eigentlich auch nicht verwundern, dass

---

72 Vgl. Artikel 80,1 der Verfassung von 1968 im Anhang.
73 S. Mampel 1982, S. 931.
74 Vgl. S. Mampel 1982, S. 931.

nur wenige der interviewten Abgeordneten, nach eigenen Angaben, die Geschäftsordnung kannten. Sie war für viele der tatsächlichen Prozesse nicht wirklich wichtig. Wie man sich in der obersten Volksvertretung zu verhalten hatte, lernte man durch die allgemeine politische Sozialisierung, nicht durch die Institution.

Die Defizite verbindlicher Handlungsanweisungen wurden besonders im Fall der von der Verfassung genannten Möglichkeit zur Abberufung von Amtsinhabern deutlich. Weder in der Verfassung noch in ihrem Kommentar oder in der letzten Geschäftsordnung der sozialistischen Volkskammer finden sich Hinweise, wie eine eventuelle vorzeitige Abberufung von Mitgliedern der Volkskammerorgane geregelt war.

In der sozialistischen Verfassung war das Abberufungsrecht der Volkskammer – im Unterschied zu der von 1949 – sehr allgemein enthalten. Nach Artikel 50 konnte die Volkskammer den Vorsitzenden und die Mitglieder des Staatsrates, den Vorsitzenden und die Mitglieder des Ministerrates, den Vorsitzenden des Nationalen Verteidigungsrates, den Präsidenten und die Richter des Obersten Gerichts sowie den Generalstaatsanwalt jederzeit abberufen.[75] Voraussetzungen, Verfahrensweisen oder notwendige Stimmenmehrheiten für diese Abberufungen legte die Verfassung nicht fest; es handelte sich hier um rein politische Entscheidungen, die einer normativen Regelung entzogen waren.[76] Dem entsprach auch die Verfassungsinterpretation durch Weichelt u.a., die als Voraussetzung für eine vorzeitige Abberufung den nicht näher beschriebenen Vertrauensverlust gegenüber der Volkskammer und dem ‚Willen des werktätigen Volkes' annahmen.[77] Da der Volkswille wesentlich durch die SED definiert wurde, lässt sich indirekt daraus schließen, dass die Abberufung durch die politische Führung selbst entschieden wurde, was ja auch der Praxis entsprach.

Geht man davon aus, dass das Vorschlagsrecht für die Abberufung das gleiche war wie für die Nominierung, dann besaß dieses die SED-Fraktion als stärkste Fraktion hinsichtlich des Staatsrats- und Ministerratsvorsitzenden; für die Mitglieder des Ministerrates besaß es der Regierungschef. Somit befanden sich alle diesbezüglichen Schlüsselpositionen direkt in der Hand der SED-Führung. Die Möglichkeit eines Rücktritts dieser Amtsinhaber war im Unterschied zur 49er Verfassung in der sozialistischen Verfassung von 1968/74 nicht mehr vorgesehen.

Die Abberufung der Vorsitzenden der Organe der Volkskammer in Eigenverantwortung der obersten Volksvertretung war zwar formal-rechtlich möglich, praktisch jedoch nicht ernsthaft vorgesehen und fand bis 1989 auch nicht statt. Es zeigt sich deutlich, dass die SED-Führung, obwohl sie zahlenmäßig wie verfahrensrechtlich praktisch unumschränkt in der Volkskammer Personalfragen nach eigenem Willen durchsetzen konnte, selbst diese Entscheidung der Vertretungskörperschaft entzog. Zu interpretieren ist dies als fortbestehendes Misstrauen oder als Geringschätzung der Führung gegenüber einer Repräsentativinstitution, die zumindest teilweise als Fremdkörper im politischen System des Sozialismus angesehen wurde.

---

75 Artikel 50 der Verfassung von 1974 im Anhang.
76 Vgl. S. Mampel, 1982, S. 933.
77 K. Sorgenicht/W. Weichelt/T. Riemann 1969b, S. 256.

3.4. Gesetzgebungsfunktion der Volkskammer

Die Gesetzgebungskompetenz ist ein zentraler Bestandteil der Politikgestaltung eines Parlamentes. Dessen Möglichkeiten dazu, die relevanten Strukturen und Faktoren, der konkrete Mechanismus, wie Parlamente auf die Regierung dabei Einfluss nehmen und über welches Druckpotential sie verfügen, charakterisierten den Handlungsspielraum der Vertretungskörperschaft im jeweiligen politischen System.

Die Gesetzgebung in der DDR besaß viele Analogien zum parlamentarischen Verfahren. Gesetzesentwürfe wurden überwiegend von der Regierung (Ministerrat) eingebracht, in mehreren Lesungen behandelt, an die Ausschüsse überwiesen und dort beraten, um schließlich vom Plenum der Volkskammer beschlossen und vom Staatsrat veröffentlicht zu werden.[78]

Praktisch hatte jedoch die SED-Führung seit der Gründung der DDR zunehmend die Entscheidungsgewalt auch in diesem Punkt an sich gerissen. Im Vorfeld des eigentlichen Gesetzgebungsverfahrens in der Volkskammer hatten die Führungsgremien der SED nämlich nicht nur im sogenannten Gesetzgebungsplan festgelegt, welche Gesetze zu erlassen waren, sondern oft lagen auch schon fertig formulierte Entwurfstexte vor, die meist im ZK-Apparat und von dort gebildeten Kommissionen unter eventueller Einbeziehung des Ministerrates ausgearbeitet und vom Politbüro bestätigt worden waren. Damit war im Kern der legislative Prozess, soweit er die strategische Willensbildung und Grundsatzentscheidung betraf, aus der politischen Institution der Volkskammer ausgelagert.

In parlamentarischen Systemen scheint das auf den ersten Blick ähnlich zu sein, wenn dort vor allem die regierungstragenden Parteien entsprechende Vorleistungen erbringen. Allerdings können hier die Parteien den parlamentarischen Willensbildungsprozess nicht beliebig reduzieren oder ihn gar auf symbolische Zustimmung minimieren, wie das in vielen Fällen in der DDR geschah. Ganz im Gegenteil erweisen sich in parlamentarischen Regierungssystemen Gesetzgebungsverfahren oft als entscheidende Auseinandersetzungen zwischen den in der Repräsentativinstitution vertretenen Parteien, in denen diese ihre eigene Kompetenz und andererseits die Unzulänglichkeiten des anderen politischen Lagers nachweisen möchten. In diese Konkurrenz der Akteure um politisches Vertrauen und Zustimmung werden auch Interessenverbände und externer Sachverstand von Experten einbezogen, so dass sich die Gesetzgebung zu einem zentralen Prozess parlamentarischer Interessenartikulation und Interessenwahrnehmung profiliert. Indem die SED ihren Anspruch durchsetzte, auf der Grundlage wissenschaftlicher Kenntnis der gesellschaftlichen Entwicklung die Bedürfnisse der Klassen und Schichten sowie der Bürger in der DDR zu kennen, bedurfte es nicht mehr eines Gesetzgebungsverfahrens, welches gleichzeitig eine Suche nach den mehrheitlichen politischen Interessen darstellt und durch Kompromisse auch den Einfluss von politischen Minderheiten berücksichtigt.

---

78 Vgl. Grafik zum Gesetzgebungsverfahren, in: H. Kelle/T. Riemann 1989, S. 46.

Auch frühere Abgeordnete bewerteten den legislativen Handlungsspielraum der Volkskammer realistisch:

> „[Die Volkskammer] war das größte gesetzgebende, das größte Organ, ... formal ja, denn gegen den Willen des Politbüros wäre kein Gesetz gegangen durch die Volkskammer. Die Volkskammer war so zusammengesetzt, dass es ... im Plenum der Volkskammer keine Auseinandersetzungen gab, und wenn es eine Nachfrage gab, dann war die vorher auch schon organisiert zum Teil."[79]

Allerdings wäre es dennoch falsch anzunehmen, die gesetzgeberische Aufgabe der Volkskammer habe sich auf die rein akklamatorische Transformation des Parteiwillens in staatlich-allgemeinverbindliche Gesetze begrenzt. In Wirklichkeit war die Bedeutung der Volksvertretung durchaus größer. Während bestimmte Gesetze weitgehend ihrer Einflussnahme entzogen wurden, gab es andere, die ganz erheblich durch sie erarbeitet und beraten wurden. Praktisch kann man zwei Typen von Gesetzen unterscheiden; solche, die nach Auffassung der obersten Parteileitung der SED keiner substantiellen Beteiligung, sondern lediglich einer mehr symbolischen Zustimmung der Volkskammer und ihrer Gremien bedurften, und jene, bei denen von der Volksvertretung ausdrücklich ein größeres Maß an Eigeninitiative erwartet wurde. Eine eindeutige Kriterienzuweisung, welche Art von Gesetzen wozu gehörte, ist bisher noch nicht möglich. Grob lässt sich allerdings unterteilen in eher staats- und strafrechtliche Gesetze, die vorzugsweise restriktiv behandelt wurden, und eher zivilrechtliche Gesetze, bei denen die Volkskammer deutlich mehr Handlungsfreiheiten besaß. Im Rahmen der damit vorgegebenen Leitlinien konnte die Volkskammer immerhin einen erheblichen Beitrag zur Neufassung und Optimierung einer Reihe wichtiger Gesetze leisten. Dazu gehörten das Arbeitsgesetz, das Zivilgesetz, das Eingabengesetz, das LPG- und das Arzneimittelgesetz, das Gesetz über Wohnraumlenkung u.a.m. Während die Plenarberatungen über die Gesetze fast immer der Vorgabe inszenierter Einheit und Geschlossenheit folgten, entwickelten sich insbesondere bestimmte Ausschüsse zu wirklichen Arbeitsgremien. Das betraf neben dem Verfassungs- und Rechtsausschuss vor allem jene Fachausschüsse, in deren Zuständigkeitsbereich die jeweiligen Gesetzesentwürfe fielen.

---

79 Interview Nr. 06, NDPD, S. 12.

Abbildung 7: Sitzung des Ausschusses für Landwirtschaft, Forstwirtschaft und Nahrungsgüterwirtschaft im Hause der Volkskammer

Normalerweise veränderten die Beratungen in den Ausschüssen oder Fraktionen die Gesetzesentwürfe kaum, bestätigte die Volkskammer weitgehend den Entwurf. Jedoch bestanden durchaus die Möglichkeiten, bestimmte Modifikationen durchzusetzen. Ein Abgeordneter beschreibt einen solchen Prozess folgendermaßen:

> „1982 wurde ein Gesetz über das Gesundheitswesen verabschiedet. Und da wurde ein Arbeitsausschuss von der Fraktion der CDU gebildet, den ich leitete, und ich hatte die Vorlage vom Ministerium zu überarbeiten, mit anderen Mitgliedern der Fraktion zu besprechen und zu entscheiden, ob ich im Plenum der Vorlage in der vorliegenden Form zustimme oder Abänderungen verlange; das gab es ja an sich kaum. Es gab zwei Positionen in dieser Vorlage, die ich nicht akzeptieren, oder die wir nicht akzeptieren konnten. Und ich habe in der Volkskammer gesprochen, habe im Prinzip ‚ja, ja' gesagt, habe gesagt, dass wir der Vorlage aber nur zustimmen können, wenn Punkt 1 und Punkt 2 abgeändert werden. Das gab in der SED-Fraktion fast 'nen Aufstand, weil das ein völliges Novum war. Ich war vorher vom Ministerrat ein paar Mal bedrängt worden, ich sollte doch um Gottes Willen dem zustimmen, wie es da ist, es wäre doch alles schon abgesprochen und ich brauch' bloß noch ‚ja' zu sagen. Also, ich hab nur der Vorlage zugestimmt mit Abänderungen, die dann auch akzeptiert worden sind vom Sindermann. Das ist dann also abgestimmt worden, dass die Vorlage mit den beiden eingebrachten Abänderungen akzeptiert wurde. Das war ein völliges Novum."[80]

Neben dem eigentlichen Gesetzgebungsverfahren bestand die Aufgabe der Ausschüsse darin, die neuen Gesetze den Bürgern zu erläutern und ihre Wirkung in der Praxis zu überprüfen. Diese sogenannte *Kontrolle der Durchführung der Gesetze* war im Selbstverständnis des politischen Systems der DDR der eigentliche Auftrag der Volkskammer und ihrer Gremien im sozialistischen Gesetzgebungsverfahren. Folgt man dieser Logik, dann war es durchaus gewollt, die legislative Verantwort-

---

80 Interview Nr. 04, CDU, S. 11f.

lichkeit der Volkskammer mehr oder weniger in die nachgeordneten Bereiche der Lagebeurteilung, der Kommunikation und Information zu exportieren.

Abbildung 8: Abgeordnete einer Arbeitsgruppe des Volkskammerausschusses für Arbeit und Sozialpolitik bei ihrer Kontrolltätigkeit vor Ort

Durch das Gespräch mit den Bürgern konnten diese allerdings mit dem politischen Vorhaben der Regierung vertraut gemacht und mochte die Unverständlichkeit von Gesetzestexten abgebaut werden. Fanden die Bürgergespräche noch während der Behandlung des Gesetzes in der Volkskammer, z.B. im Rahmen einer Volksaussprache zum Gesetzentwurf statt, war es auch möglich, seitens der Bürger Änderungswünsche zu formulieren oder sonstige Anregungen zu geben. Ansatzweise schien damit der Versuch einer intensiveren Einbeziehung der Bürger in den Gesetzgebungsprozess gelungen zu sein. Dieser positive Effekt wird allerdings relativiert durch die fehlende Verbindlichkeit, wie mit diesen Anregungen umzugehen war. Es oblag letztlich dem wirklichen politischen Machtzentrum, also der SED-Führung, und nicht der Volkskammer, welche Impulse in den endgültigen Gesetzestext übernommen wurde. Die Belanglosigkeit direkter Bürgerbeteiligung wie die mangelnde Kraft zum eigenständigen institutionellen Handeln der obersten Volksvertretung bei der Gesetzgebung beschreibt eine frühere Abgeordnete so:

> „Wenn die Debatte abgeschlossen war, die erste Lesung, dann sind wir erst mal rausgegangen in die Bevölkerung und haben ... in Einwohnerversammlungen oder Betrieben oder [vor] Bauern erläutert, warum das Gesetz nötig ist und was wir damit erreichen wollen. Haben dann dort wieder Hinweise und Empfehlungen entgegengenommen und die Möglichkeit gehabt, bei der zweiten Lesung das mit einzubringen, vorzutragen. Wir haben das meist schon schriftlich dem Minister zugesandt; ... haben unsere Stellungnahme, die Stellungnahme der Fraktion vorher dem Minister zugesandt, und wie wir feststellen konnten, wurde dann nach Möglichkeiten gesucht, das mit einzubauen. Und wenn es dann in die zweite Lesung ging, zweite Lesung und Gesetzesverabschiedung, dann konnten wir entweder unsere [Ideen] wie-

derfinden oder auch nicht wiederfinden. Das war unterschiedlich; wenn es nicht so in den Kram passte oder nicht möglich war, dann wurde das eben nicht mit eingebaut. Und wir haben dann noch mal versucht, darauf hinzuweisen, und dann wurde das Gesetz eben verabschiedet. Aber wie gesagt, die Unklarheiten wurden meist immer vorher bereinigt oder versucht zu bereinigen oder versucht, das Beste draus zu machen. So will ich es mal formulieren."[81]

Die unterschiedliche Behandlung verschiedener Gesetze verdeutlicht den Zwiespalt der politischen Führung. Einerseits war sie nicht bereit, Fragen der unmittelbaren Macht- und Sicherheitsrelevanz aus den Händen zu geben; andererseits aber musste sie dem Zwang folgen, durch eine Sachdebatte innerhalb der Volkskammer und darüber hinaus Gesetze zu verabschieden, die auf der Grundlage kollektiver Problem- und Detailkenntnis wirklich ihre Aufgabe erfüllen konnten, Handlungssicherheit für die politischen und gesellschaftlichen Akteure zu stiften. Der Volkskammer gelang es bei verschiedenen umfangreichen Gesetzeswerken, ihre Fähigkeit unter Beweis zu stellen, effektive Arbeit leisten zu können. Zu Recht werden in Publikationen der Selbstdarstellung immer wieder das Arbeits-, das Sozial- und das Zivilgesetzbuch als Ausweis erfolgreicher legislativer Tätigkeit der Volkskammer angeführt.[82] Tatsächlich konnte hier die Volkskammer einen wesentlichen Teil der Gesetzgebung inhaltlich gestalten. Es fand eine umfangreiche Arbeit in den Ausschüssen, in Arbeitsgruppen und Fraktionen statt, und die Abgeordneten nahmen mit Teilen der Bevölkerung einen Dialog um die Notwendigkeit und den Inhalt der neuen Gesetze auf. Obwohl auch hier die Suprematie der SED in all ihren Facetten wirkte, sind diese Gesetzgebungsverfahren als Beispiele dafür zu werten, wie sozialistische Vertretungskörperschaften im Rahmen ihrer systemeigenen Grenzen mehr als nur symbolisch zur Gesetzgebung beitragen konnten. Partiell wurden die Möglichkeiten selbst minimalparlamentarischer Institutionen spürbar, durch responsive Kommunikation und gruppenübergreifende Sachkompetenz in einem formalisierten Prozess Rechtssetzung zu verwirklichen. Trotz dieser bemerkenswerten Tendenzen bleibt festzuhalten, dass dies nicht Ausdruck institutioneller Selbständigkeit war, sondern eine von der führenden Partei zeitweilig und begrenzt zugestandene Handlungsoption, die jederzeit wieder der Volkskammer entzogen werden konnte. Auf dieser Grundlage konnten sich auch nicht Strukturen und Abläufe verfestigen, welche die Volkskammer unabhängiger und arbeitsfähiger gemacht hätten. Im Widerspruch zwischen eigenem Machterhalt und mehr Souveränität der obersten Volksvertretung entschied sich die SED-Führung stets für ersteres. Die damit erkaufte Stabilität war allerdings eine trügerische, nicht von Dauer. Immer stärker gingen die Interessen von politischer Führung und Geführten in der DDR auseinander. Mögliche Bindeglieder, wie etwa die Volkskammer, wurden ihrer Chance beraubt, als solche auch vermittelnd wirken zu können.

Aus der Verschärfung der ökonomischen Situation, dem tendenziellen Scheitern der Strategie einheitlicher Wirtschafts- und Sozialpolitik, zog die SED-Führung

---

81 Interview Nr. 13, DFD, S. 13.
82 H. Kelle/T. Riemann 1989, S. 45.

nicht die Schlussfolgerung, mehr auf die Kraft politischer Repräsentation der Volkskammer zu setzen, sondern noch stärker die politische Macht in den eigenen Händen zu zentralisieren. Versuche das Gesetzgebungsverfahren zu reformieren, ließen sich bisher nicht nachweisen, auch wenn es gelegentlich schüchterne, eher informelle Wünsche in dieser Richtung aus einigen Ausschüssen und von einzelnen Abgeordneten gegeben hat.[83]

Begünstigt wurde die zunehmende Vorherrschaft der SED im Gesetzgebungsprozess durch den Umstand, dass es keine unabhängige Normenkontrollinstanz gab. Allein die von der SED geführte Volkskammer entschied endgültig über die Rechtmäßigkeit von Gesetzen (Artikel 49). Das bedeutete einen signifikanten Verlust an materiellem Prüfungsrecht in der Geschichte des politischen Systems der DDR. Dieses war in der ersten Verfassung sehr viel umfassender geregelt (vgl. Artikel 66,4), und selbst die Verfassung von 1968 gestand dem Staatsrat noch ein solches Kontrollrecht zu, welches dann 1974 ersatzlos gestrichen wurde. Einzig der Verfassungs- und Rechtsausschuss besaß die Zuständigkeit, Gesetzentwürfe auf ihre Verfassungskonformität und Rechtsverträglichkeit hin zu überprüfen. Dadurch konzentrierte sich die politische Macht der Gesetzgebung praktisch unkontrolliert in den Händen des zentralen Parteiapparates. Gewalteneinheit, ursprünglich gedacht als Mittel, ein starkes Parlament zu schaffen, schlug ins Gegenteil um.

Ein Beispiel aus den Interviews soll belegen, was geschah, wenn doch einmal unaufgefordert aus einem Ausschuss gravierende Änderungswünsche formuliert wurden:

> „Das war so in der zweiten. Hälfte 60er Jahre auf dem Gebiet des Gesundheitswesens. Dieses Gesetz war von der Gesetzgebungsseite her, aber auch inhaltlich, außerordentlich verbesserungsbedürftig. Es gab viel Kritik und einen umfassenden Änderungsantrag. Der Verfassungs- und Rechtsausschuss hat das beschlossen und in zweiter Lesung eingereicht. Und an dem Morgen der Sitzung, der Plenarsitzung, kommt ein Telefonanruf: ‚Stoph will, dass Du sofort runterkommst zu ihm'. Bin ich runter zu Stoph, saß der in seinem Arbeitszimmer und hatte den Änderungsantrag vorliegen. ‚Sag mal, was soll denn das hier?' Ich sage: ‚Genosse Stoph, das ist der Antrag des Verfassungs- und Rechtsausschusses'. ‚Das wollen wir noch mal durchgehen.' Er las den nicht das erste Mal. Und nun, ich würde sagen, so an der dritten oder vierten Stelle, wurde das ja problematisch. Als er den veränderten Satz sah, wollte er wissen, was dahintersteckt. Nun waren ja Sachen dabei, die der Gesundheitsausschuss gemacht hatte, die ich vom medizinischen [Standpunkt] oder was weiß ich, überhaupt nicht beurteilen konnte. Ich sagte: ‚Ja, Genosse Stoph, nun tut mir das sehr leid; ich bin verantwortlich für den gesetzgeberisch-technischen Zustand, das kann ich Dir erläutern; was der Gesundheitsausschuss da verändert hat, das kann ich Dir nun nicht erläutern'. Das ging also ungefähr 'ne Stunde, dann hat der gesagt: ‚Gut, erledigt. Aber das kann ich Dir sagen, das war das letzte Mal, dass euer Ausschuss so einen Vorschlag auf den Tisch bringt, das hört sofort auf!'"[84]

---

83 Vgl. Sammlung interner Arbeitspapiere aus dem Nachlass von Mitarbeitern des Sekretariats im Bestand des Teilprojekts K des SFB 537, darunter: Sekretariat der Volkskammer, Erste Vorstellungen über die Arbeit der Volkskammer, 4 Seiten; siehe auch: Sekretariat der Volkskammer, Vorschläge zur weiteren Erhöhung der Rolle der Volkskammer und ihrer Organe, 10 Seiten; Bundesarchiv Berlin DA 1/14698.
84 Interview Nr. 30, Sekretariat, S. 64.

Ebenso blockierte der gewollte Status der Mandatare als Nichtberufsabgeordnete die Gesetzgebungskompetenzen der Volkskammer. Ohne hinreichende Zeit und Mittel waren sie stets von den Informationen der Partei- und Staatsführung bei ihrer Arbeit abhängig. Wurde diese reduziert, blieb nur noch das eigene berufspraktische Wissen oder der gesunde Menschenverstand, um sich ein Bild machen zu können. Außerdem fehlte weitgehend die kollektive Beratung von Gesetzesentwürfen in den Fraktionen. Gerade bei der Gesetzgebung wird deutlich, dass die Ablehnung des Berufsparlamentariertums nicht zu mehr politisch verwertbarer Bürgernähe führte, sondern eher zur Entmündigung der Legislative. Dem entspricht auch die geringe Tagungshäufigkeit der Volkskammer im Plenum, wo weitgehend symbolisch eine im westlichen Vergleich geringe Zahl von Gesetzen verabschiedet wurde.[85] Dabei ist allerdings zu berücksichtigen, dass die einheitlichere sozio-ökonomische Struktur der DDR-Gesellschaft auch eine im Vergleich mit Westdeutschland geringere Anzahl von Gesetzen benötigte.[86]

Abbildung 9: Plenarsaal der Volkskammer

Ebenso wie im Parlamentarismus dienten die Plenarsitzungen der Öffentlichkeitsdarstellung der Volkskammer. Während es in parlamentarischen Systemen allerdings darauf ankommt, die Meinungs- und Interessenunterschiede von Regierungsmehrheit und Opposition dem Zuschauer und Wähler zu verdeutlichen, hatte die Volkskammer die Aufgabe, die Einheit von Volk, Staat und SED zu symbolisieren. Deshalb waren auch die Plenardebatten zu Gesetzesentwürfen oft nicht mehr als

---

85 Vgl. Tabelle 28 im Anhang, S. 404.
86 Vgl. Beitrag von Ludwig Elm in diesem Band, S. 234.

ritualisierte Prozeduren. Unter diesen Bedingungen spielten formelle Regeln des parlamentarischen Verfahrens eine untergeordnete Rolle. Zwar gab es sie auch im Gesetzgebungsverfahren; aber wo keine Meinungsunterschiede ausgetragen werden konnten, keine kontroverse Willensbildung möglich war, spielten innerinstitutionelle Regeln eine unwesentliche Rolle.

Schließlich sei noch auf den einmaligen Fall einer nicht einheitlichen Plenarabstimmung über ein Gesetz in der Volkskammer eingegangen, weniger weil er spektakulär, sondern weil er vor allem aufschlussreich für Bestimmung der Funktionslogik der Volkskammer war. 1972 kam es im Zusammenhang mit der Verabschiedung des Gesetzes zur Legalisierung des Schwangerschaftsabbruchs zu 16 Gegenstimmen und 14 Enthaltungen. Später wurde darüber spekuliert, ob dieser Vorfall inszeniert war oder sich spontan ergab. Auf der Grundlage der Interviewaussagen lässt sich mit hinreichender Sicherheit sagen, dass es sich hier nicht um eine geplante Aktion handelte. In Gestalt einer elementaren Gewissensentscheidung entschlossen sich Christdemokraten in der vorbereitenden Fraktionssitzung der CDU und entgegen dem ursprünglichen Willen ihres Fraktionsvorstandes, nicht für die Annahme dieses Gesetzes zu votieren. Der damalige Fraktionsvorsitzende Götting hob darauf hin den Fraktionszwang auf, wie Beteiligte berichteten. Die SED-Führung wurde erst danach offiziell informiert. Ein Beteiligter von damals beschreibt die Ereignisse wie folgt:

> „Wir hatten genau wie der Bundestag eine Fraktionsdisziplin. Die ist eigentlich nur einmal bei der CDU aufgehoben worden, nämlich bei der Interruptio-Gesetzgebung. Da [gab] es furchtbaren Krach in der Fraktion mit den Geistlichen usw. und mit mir auch, und da hat Götting damals gesagt: ‚Also gut, jetzt wird der Fraktionszwang aufgehoben, und Sie können so abstimmen, wie Sie es mit Ihrem Gewissen vereinbaren können'. Als anschließend dann diese Plenartagung zu Ende war, kamen ausgerechnet von der LDPD Abgeordnete zu mir und sagten: ‚Also wissen Sie, wenn wir gewusst hätten, dass wir dagegen stimmen dürfen, hätten wir ja auch dagegen ...'."[87]

Das Beispiel zeigt, dass bei machtpolitisch eher unwichtigen Gesetzen nicht nur ein gewisser Handlungsspielraum existierte, sondern sogar Gegenstimmen möglich wurden, ohne das gesamte Sanktionspotential der Institution zu mobilisieren. Allerdings war das an bestimmte Ausnahmebedingungen gebunden, die 1972 in Gestalt der ethischen Gewissensentscheidung von Christen in der Volkskammer, aber auch einer sensiblen Situation der internationalen Öffnung und Anerkennung der DDR gegeben waren. Hinzu kommt, dass 1972 die neu an die Macht gekommene Gruppe um Honecker ihre eigene Position noch festigen musste und sich auch deshalb an die von ihr selbst propagierte Politik eines neuen, verständnisvolleren Kurses hielt. Das förderte die Bereitschaft der Führung, ein solches Verhalten der Abgeordneten zu tolerieren. Nach Auffassung der Akteure trug diese Abstimmung dazu bei, dass in den Wahlkreisen Bürger sich von ihren Abgeordneten besser vertreten fühlten und die Volkskammer eher akzeptierten als zuvor. In gewissem Sinne gab es einen begrenz-

---

87 Interview Nr. 04, CDU, S. 15.

ten Legitimationsschub. Das erkannten auch Vertreter der SED-Führung, die später vor allem in der westlichen Öffentlichkeit dieses Abstimmungsergebnis bewusst als Beweis für parlamentarische Normalität in der Volkskammer anführten.

„Im ersten Augenblick war es schockierend. Da hat es erst eine Aufregung gegeben bis dann schließlich jemand sagt: ‚Was besseres konnte uns gar nicht passieren um die Glaubwürdigkeit der demokratischen Gremien zu beweisen, als das', und dann wurde das noch serviert als ein besonders erfreulicher Akt."[88]

Verheerend für die weitere Entwicklung der DDR und speziell die nötige Wandlungsfähigkeit der Institution Volkskammer war allerdings, dass diese praktische Erfahrung, die lediglich ein Verstoß gegen das oktroyierte Szenario war, aber keinesfalls den Sozialismus geschwächt hatte, nicht zu spürbaren Überlegungen führte, wie die Volkskammer besser an die aktuellen Erfordernisse anzupassen sei. Dieses abweichende Abstimmungsverhalten, erwachsen aus der gewünschten sozialen und weltanschaulichen Heterogenität der Mandatare, wurde eben nur ausnahmsweise durch die Herrschaftsstruktur toleriert, nicht aber akzeptiert und systemkonform verarbeitet. Die politische Führung war nicht bereit, die Möglichkeiten einer Repräsentativinstitution zur differenzierten Interessenartikulation und Willensbildung grundsätzlich zu nutzen. In gewisser Weise ist die Ablehnung verständlich, hätte sie doch letztlich eine Schwächung der Suprematie der SED und die Anerkennung eines bestimmten politischen Pluralismus und Parlamentarismus bedeutet. An diesem Beispiel beweist sich, dass politische Macht auch als Privileg verstanden werden kann, nicht lernen zu müssen. Der in allen Selbstdarstellungen der Volkskammer enthaltene Hinweis auf die soziale Vielfalt der Abgeordneten war eben nur deklamatorisch gemeint, sollte lediglich symbolisch, nicht aber politisch-instrumentell wirken. Auch hier treffen wir auf den immer wiederkehrenden Konflikt, der entsteht, wenn parlamentarische Rudimente innerhalb eines nichtparlamentarischen Systems eine gewisse Eigendynamik entfalten. Solche Widersprüche können zwar nicht nur als Störfelder empfunden und beseitigt, sondern auch als Ausgangspunkt für institutionelles Lernen begriffen werden. Das setzt allerdings Bedingungen voraus, wie sie in der DDR bis 1988 nicht hinreichend vorhanden waren. Entweder verfügt die Institution über genügend eigenen Handlungsspielraum, um ihn diesbezüglich zu nutzen, oder in der politischen Führungselite, also der SED-Parteiführung, wächst die Bereitschaft, sich auf politische Reformen und Experimente im eigenen Interesse einzulassen. Auch der Druck aus der Gesellschaft war bis zum Herbst 1989 zu gering, um ernsthaftes institutionelles Lernen der Volkskammer einfordern zu können.

---

88 Interview Nr. 07, KB, S. 8f.

Abbildung 10: Symbolträchtige Verabschiedung des Jugendgesetzes 1950 in der Volkskammer in Anwesenheit von Jugenddelegationen

Das parlamentarische Gesetzgebungsverfahren besaß weit mehr symbolischen als instrumentellen Gehalt. Das zeigt sich beispielhaft am Initiativrecht. Es konnten nach der Verfassung auch einzelne Abgeordnete einen Gesetzesentwurf einbringen; eine präzise Angabe der dafür nötigen Zahl von Mandataren fehlt allerdings. Ebenso ist das Initiativrecht des FDGB, also seines Vorstandes, vorzugsweise symbolisch zu verstehen, denn natürlich konnte der Gewerkschaftsbund durch seine Fraktion jederzeit gesetzesinitiativ werden. In einem Arbeiter- und Bauernstaat war dieses Vorrecht der Gewerkschaft aber Bestandteil des politischen Selbstverständnisses. Aufschlussreich ist weiterhin, dass im entsprechenden Verfassungsartikel 65 die Fraktionen nicht ausdrücklich als initiativberechtigte Gremien genannt werden, obwohl sie dieses Recht faktisch besaßen.[89] Fraktionen waren eben verbal wie substantiell im politischen System der DDR Fremdkörper. Selbst die in der Volkskammer vertretenen Parteien und Massenorganisationen fungierten nur in Ausnahmefällen gesetzesinitiativ, dann allerdings mit gewollt hohem Symbolgehalt. So brachten beispielsweise der FDGB das Arbeitsgesetz, die Fraktion des DFD das Familiengesetz und die FDJ-Fraktion das Jugendgesetz ein.

Eine Folge davon war die Dominanz der Exekutive, also des Ministerrates. Die weitaus größte Anzahl aller Gesetzesentwürfe wurde durch den Ministerrat in die Volkskammer eingebracht.[90] Das entspricht zwar in etwa der Normalität in parlamentarischen Systemen, wo ebenfalls vorzugsweise die Regierung gesetzesinitiativ wird, resultiert aber nicht wie dort aus einer mehr oder weniger intensiven Wechselwirkung zwischen Exekutive und parlamentarischer Regierungsmehrheit, sondern war in der Volkskammer Ausdruck der Machtlosigkeit der Vertretungskörperschaft. Auch in diesem Punkt konnte die Volkskammer ihr selbstgestelltes Ziel nicht errei-

---

[89] Vgl. Artikel 65 der Verfassung von 1974 im Anhang.
[90] Siehe Tabelle 27 im Anhang, S. 403.

chen, die Vorherrschaft der Exekutive zu brechen. Neu gewählte Mandatare erkannten im Alltag der Volkskammer recht schnell, dass verfassungskonforme Gesetzesinitiativen von einzelnen Abgeordneten oder Fraktionen nicht durchsetzbar waren. Ein Interviewpartner berichtet darüber:

> „Andererseits ... konnte man, nicht gleich in den ersten Wochen, aber schon nach 'nem halben, dreiviertel Jahr Tätigkeit in der Volkskammer, auch die Grenzen feststellen, die die Arbeit dort hatte. Also etwa, dass man jetzt eine Vorstellung zu einer Gesetzesinitiative entwickeln kann über seine Fraktion, dass man in dieser Fraktion Unterstützung bekommt und dass man die dann dem Präsidium der Volkskammer vorlegen kann mit der Bitte, zu prüfen, ob man das zur Entscheidung bringt: also diese Illusion war sehr bald zerbrochen. Da merkte man schon, dass manche Dinge, die im Leben durchaus hätten geändert werden müssen, durch Beschlüsse der Volkskammer nicht geändert werden konnten. ... Denn im Grunde genommen, [wurden] die entscheidenden Beschlüsse, die in der Volkskammer zu fassen waren, vorher in vielen anderen Gremien behandelt. Also, was in der Volkskammer beschlossen wurde, an wichtigen Entscheidungen, das ist ja vorher [im Politbüro der SED] bestätigt worden. Das war mit dem Arbeitsgesetzbuch genau so."[91]

Die legislative Kompetenz der Volkskammer wurde zusätzlich dadurch geschwächt, dass der Ministerrat, Staatsrat, der Nationale Verteidigungsrat, einzelne Minister sowie Leiter anderer Staatsorgane beachtliche eigenständige Rechtssetzungskompetenz besaßen und diese auch nutzten, wodurch zusätzlich an der Volkskammer vorbei rechtliche Normen in Kraft gesetzt wurden. In einigen Fällen erhielten beispielsweise Erlasse des Staatsrates nachträglich Gesetzeskraft, wurde also die oberste Volksvertretung unmittelbar in ihrer Gesetzgebungsfunktion unterdrückt.

Unter solchen Bedingungen waren umfangreiche Plenardebatten über Gesetzesentwürfe nicht notwendig. Mit der Abnahme der allgemeinen Sitzungstätigkeit der Volkskammer ging zusätzlich auch die Zusammenfassung von erster und zweiter Lesung einher. Erleichtert wurde diese Entwicklung dadurch, dass die Verfassung nicht vorschrieb, wie viele Lesungen im Gesetzgebungsverfahren nötig waren. Anfänglich gab es meist zwei, die allerdings seit Ende der sechziger Jahre zunehmend auf eine reduziert wurden. Die aus parlamentarischen Verfahren 1949 in die Volkskammer übernommene Praxis mehrerer Lesungen verlor also ihre anfängliche politische wie symbolische Bedeutung. Das Plenum wurde noch stärker zu einem Forum reiner Akklamation, in welchem extern vorgegebene Entscheidungen formal bestätigt wurden. Ein besonders drastisches Beispiel dafür ist die Plenarsitzung vom 27. September 1974. In nur insgesamt 1 Stunde und 10 Minuten wurden von der Volkskammer beispielsweise die Novelle zur Verfassung, die neue Geschäftsordnung, zwei weitere Gesetze und andere Tagesordnungspunkte abgehandelt bzw. bestätigt.[92] Solche Ereignisse wurden zumindest von Teilen der Bevölkerung zur Kenntnis genommen und festigten den Glauben an die Bedeutungslosigkeit der Volksvertretung. Dieser Eindruck täuschte nicht, auch wenn durch eine solche öffentliche Selbstdarstellung der Volkskammer die insgesamt in den Ausschüssen und Wahlkreisen geleistete Arbeit zu deren Nachteil überdeckt wurde.

---

91 Interview Nr. 02, FDGB, S. 10f.
92 Vgl. Sekretariat der Volkskammer 1974, S. 243.

Nicht viel anders lagen die Dinge hinsichtlich der plebiszitären Komponenten der Gesetzgebung. Sie waren eher deklamatorisch gemeint, sollten also keine wirkliche instrumentelle Bedeutung entfalten. Direkter Bürgerwille konnte auf zwei Wegen in den legislativen Prozess eingreifen: einmal durch von der Volkskammer beschlossene Volksabstimmungen über neue Gesetze und Verfassungen,[93] und andererseits über die Möglichkeit zu Volksaussprachen, welche bei solchen Gesetzesentwürfen möglich waren, die für *grundlegend* erachtet wurden.[94] Beides fand praktische Anwendung, und speziell die Volksaussprachen gewannen an Bedeutung, beispielsweise im Zuge der Rechtsreform der sechziger und siebziger Jahre beim Entwurf des Zivil- , Arbeits- oder Jugendgesetzbuch sowie beim Entwurf der Verfassung von 1968.[95] Ohne die mobilisierende und artikulierende Kraft solcher Gesetzesdiskussionen bei nicht wenigen der Beteiligten in Abrede stellen zu wollen, war hier Bürgerbeteiligung nicht als starkes direktes Mitbestimmungsrecht geplant – so wie es sich noch Marx dachte – sondern als begleitende Zustimmung, gelegentliche Präzisierung und vor allem als symbolische Demonstration demokratisch geprägter Einheit von Volk und Staatsführung.[96] Selbst die große Zahl von Veranstaltungen und Veränderungsvorschlägen, die im Rahmen solcher Diskussionen über Gesetzesentwürfe erreicht wurden, beweisen weniger die tatsächliche politikgestaltende Kraft der Bürger, als vielmehr ihre Bereitschaft zur Beteiligung, aber auch die Selektivität des Verfahrens.[97] Eigentlich haben wir es hier eher mit quasiplebiszitären Erscheinungen der Gesetzgebung zu tun, weil sie nicht von den Bürgern gefordert, sondern nur *von oben* gewährt werden konnten. Dazu passt die beabsichtigte Unschärfe dessen, was unter Gesetzentwürfen von *grundlegender* Bedeutung zu verstehen sei, und ebenso die eher schwammige Aussage, wonach die Ergebnisse einer solchen Volksaussprache bei der endgültigen Fassung lediglich *auszuwerten* seien.[98]

Wie selektiv und auch willkürlich in bestimmten Fällen quasi-plebiszitäre Verfahren durch die politische Führung zugelassen oder unterlassen wurden, zeigte die Erarbeitung der neuen Verfassung von 1968 bzw. deren Novellierung 1974. 1968 wurde ein Volksentscheid durchgeführt, nachdem sich die SED-Spitze vorher davon überzeugen konnte, dass er positiv ablaufen würde. Anders war es 1974, als trotz oder gerade wegen der grundlegenden Bedeutung der Verfassungsänderung keine derartige Bürgerbefragung zugelassen wurde und auch in der Volkskammer das Verfahren eher stillschweigend, wie einige Abgeordnete meinten, absolviert wur-

---

93 Siehe Artikel 53 der Verfassung von 1974 im Anhang.
94 Siehe Artikel 65,3 im Anhang.
95 Wie kritisch unter Umständen Bürger mit den Entwürfen umgehen konnten, zeigt z.B. die Auswertung der Zuschriften zum Verfassungsentwurf 1968 durch die Verfassungskommission. Siehe Anhang, S. 405ff.
96 Die spiegelt auch der Bericht über den Verlauf der Diskussion zum Zivilgesetzbuch 1975 wieder. In: Volkskammer der Deutschen Demokratischen Republik, Verfassungs- und Rechtsausschuss 1975, persönlicher Nachlass eines früheren Mitarbeiter des Sekretariats.
97 Vgl. Tabelle 29 im Anhang, S. 404.
98 Vgl. Artikel 65,4 der Verfassung von 1974 im Anhang.

de.[99] Ein wesentlicher Beweggrund, so zu verfahren, waren zweifellos die unpopuläre Anerkennung eines sozialistischen Nationenbegriffs und die Abkehr vom Selbstverständnis der deutschen Nation in der Verfassungsnovelle.

Obwohl die Gesetzgebung in der DDR dem erklärten revolutionären Ideal direkter Demokratie nicht gerecht werden konnte, darf man auch nicht übersehen, dass breite Volksaussprachen trotzdem auch ein gewisses Maß an Beteiligung und Identifikation bei einem Teil der Akteure erzeugten, nicht zuletzt bei den stark engagierten Abgeordneten, die als Bindeglieder zwischen Bürgern und Führung handelten. Deshalb konnte die Volkskammer hier auch ein bestimmtes Maß an Integration und begrenzter Glaubwürdigkeit erreichen.

4. Wandel der Volkskammer von 1949 bis 1988

Da die Volkskammer nicht als Institution geschaffen wurde, um erhebliche Steuerungs- bzw. Integrationsleistungen zu erbringen, bestand auch ein nur geringer Zwang zur eigenen Dynamik. Es waren nicht primär die Veränderungen der Gesellschaft, auf welche sie zu reagieren und welche sie zu beeinflussen hatte, sondern vor allem die Erwartungen der SED-Führung, denen sie unterlag. Deshalb zeichnete sich die Volkskammer insgesamt nicht durch große Wandlungsprozesse aus. Dennoch kann man eine gewisse Dynamik von 1949 bis 1988 registrieren, die allerdings den institutionellen Charakter kaum veränderte. Diese Modifikationen waren in erster Line Erfordernisse des Wandels im umgebenden gesellschaftlichen Milieu. So durchlief die DDR beispielsweise eine Phase unmittelbarer Nachkriegsentwicklung mit eher antifaschistisch-bürgerlichen Zügen, welche dann rasch vom sozialistischen Aufbau überlagert wurden. Anfangseuphorie und Perioden immer wieder neu aufkeimender Hoffnungen auf mehr politische Flexibilität in bestimmten sozialen Gruppen wichen ständig Etappen verstärkter Repression; Phasen des Aufschwungs lösten immer wieder Krisensituationen ab; vor 1961 herrschten andere politische und wirtschaftliche Bedingungen in der DDR als danach; und schließlich prägten die individuellen Führungsstile unterschiedlicher Personen die Entwicklung in der DDR.

4.1. Zunahme der Suprematie der SED

Der für die Volkskammer entscheidende Prozess war ihre zunehmende Beherrschung durch die SED. Die Suprematie der SED war formal-juristisch in der ersten Verfassung der DDR von 1949 noch nicht verbindlich geregelt. Trotzdem war das Primat der SED latent schon damals fixiert. Allein schon durch die erste Wahl zur Volkskammer, welche 1950 auf der Grundlage von Einheitslisten stattfand, hatte

---

99 Vgl. dazu den Beitrag von Gregor Schirmer in diesem Band, S. 190.

sich die SED eine absolute Mehrheit der Abgeordnetenmandate gesichert und nutzte diese zur Durchsetzung ihrer Interessen. Hinzu kam, dass in allen staatlichen Organen, darunter der Volkskammer, nur die SED interne Parteigruppen besaß, über die Einfluss genommen werden konnte. Anfänglich existierende Parteigruppen anderer Parteien, wurden rasch zurückgedrängt und verboten.[100] Schließlich galt schon in den fünfziger Jahren das Prinzip, keine wichtige Frage im Staatsapparat ohne richtunggebende Hinweise der Parteiorgane zu entscheiden.[101] Trotzdem existierten zu diesem Zeitpunkt noch keine verfassungsrechtlichen Grundlagen für die Suprematie der Partei. Dies war allerdings eher die Folge der besonderen innerdeutschen Umstände sowie des durch die Sowjetunion praktisch etablierten Primats einer kommunistischen Partei in der DDR, als Ausdruck eines Abweichens von der Position der führenden Rolle der Arbeiterklasse, wie sie im Marxismus-Leninismus fest verankert war. Zum Bestand der Leitidee der Volkskammer gehörte perspektivisch die Suprematie der SED von Beginn an.

In den fünfziger Jahren wurde das auf Gewohnheit und der Kraft des Faktischen basierende Primat der Partei durch gesetzliche Regelungen unterhalb der Verfassungsebene fixiert. Mampel sieht in der Überarbeitung ihres Statuts von 1954 einen ersten Hinweis darauf, wie die SED ihren eigenen Führungsanspruch öffentlich machte. Hier wird die SED zur führenden Kraft aller Organisationen der Arbeiterklasse und der Werktätigen sowie der gesellschaftlichen und staatlichen Institutionen deklariert, indem sie die dort bestehenden Parteigruppen lenkte.[102] Über eine Vielzahl gesetzlicher Bestimmungen findet 1968 das Primat der SED verfassungsrechtliche Gültigkeit im Artikel 1 der sozialistischen Verfassung. In einem internen Analysepapier der Volkskammer wurde die Bedeutung des Artikels konkretisiert:

„Die Volkskammer wird auf der Grundlage langfristiger Arbeitspläne tätig, die vom Politbüro des ZK der SED bestätigt und vom Präsidium der Volkskammer beschlossen werden."[103]

Dieses Prinzip fand konsequente Umsetzung. So wurden der Ablaufplan und die Tagesordnung der Volkskammersitzungen jeweils vom Politbüro genehmigt. Dabei erhielten selbst alltägliche Prozesse und Inhalte als Vorlage an das Politbüro die damals übliche höchste Geheimhaltungsstufe, womit ihre Bedeutung als Entschlussmaterial des Politbüros symbolisiert wurde. Im Herbst 1989 trat die hemmende Wirkung dieser Suprematie der SED offen zu Tage, als sich der Präsident der Volkskammer, Horst Sindermann, gegen die Geschäftsordnung und Verfassung verstoßend weigerte, die Volksvertretung ohne vorherigen Parteileitungsbeschluss des Politbüros einzuberufen.[104]

---

100 Interview Nr. 39, DBD, S. 13.
101 Vgl. S. Mampel 1982, S. 31.
102 Vgl. S. Mampel 1982, S. 111.
103 Internes Analysepapier der Volkskammer: Die Qualifizierung der zentralen staatlichen Leitung und Planung durch die leitenden Staatsorgane und die Vervollkommnung des demokratischen Zentralismus in ihrer Tätigkeit, Berlin, 22.9.1975, S. 2, aus dem Nachlass eines früheren Mitarbeiters des Sekretariats.
104 Vgl. Beitrag von Herbert Kelle in diesem Band.

Die volle Durchsetzung der Suprematie der SED war weit mehr als lediglich ein formaler Prozess der endgültigen Annäherung an ein theoretisches Dogma. Sie ging einher mit der immer weiteren Entfernung von den parlamentarischen Elementen einer Vertretungskörperschaft, die nicht unumkehrbar als sozialistische Volksvertretung entstanden war. In dem Maße allerdings, wie sie ihrer parlamentarischen Rudimente entledigt wurde, verlor sie nicht nur an institutioneller Kompetenz und Handlungsfähigkeit, sondern wurde durch die absolute Vormacht einer Partei zur typisch sozialistischen Volksvertretung.

Mit der normativen Verankerung der Suprematie der kommunistischen Partei verändert sich auch die Leitidee der Volkskammer weg von einem zulässigen Parteienpluralismus hin zu einer jeglichen politischen Pluralismus ausschließenden, die angebliche Interessenharmonie aller Klassen und Schichten repräsentierenden Volksvertretung. Praktisch bedeutete diese Veränderung den Übergang zur absoluten Alleinherrschaft der SED. Die SED-Führung konzentrierte die gesamte politische Macht durch den Aufbau einer strengen staatlichen Hierarchie im Sinne des demokratischen Zentralismus, der in den fünfziger Jahren als dominierendes Staatsprinzip durchgesetzt wurde. Der sozialistische Staat verstand sich demzufolge als die umfassende Form der politischen Organisation aller Klassen und Schichten. Mit dem Staat wurde auch sein oberstes Organ, die Volkskammer, endgültig zum Haupt*instrument*, zur nachvollziehenden Institution, der führenden Partei. Schließlich definierte sich, ausgehend von dieser Auffassung, die sozialistische Demokratie als die im Sinne der Diktatur des Proletariats breit entfaltete Einbeziehung der Werktätigen in die Planung und Leitung der gesellschaftlichen Entwicklung auf der Grundlage der objektiven Gesetze des gesellschaftlichen Fortschritts, wodurch sich politische Partizipation auf die Umsetzung der von der Partei vorgegebenen Strategie reduzierte.[105] Die Suprematie der SED wurde zum alles dominierenden Mechanismus der Volkskammer.

Die überwiegende Zahl der interviewten Abgeordneten nahm das Primat der SED als selbstverständlich, als etwas Unveränderliches hin. Nur wenige erkannten nach eigener Einschätzung schon frühzeitig die destruktiven Wirkungen des Artikels 1 der Verfassung. Als in den achtziger Jahren allerdings die Konflikte in Gesellschaft und Staat zunahmen, regte sich unter ihnen ein wachsendes kritisches Bewusstsein. Im Kontext der Erfahrungen des Zusammenbruchs der DDR sehen die meisten der ehemaligen Mandatare im damaligen Anwachsen der Suprematie der SED den zentralen Konstruktionsfehler des politischen Systems der DDR und der Volkskammer.

„Naja, die Kernfrage, die hier das ganze System mit bestimmte, war die führende Rolle der Partei, und die Volkskammer hatte [danach] zu arbeiten; das war eine von allen Abgeordneten und auch [ein] unabhängig von ihrer Parteizugehörigkeit anerkanntes Prinzip ... Das hatte gewisse Vorteile, das ermöglichte eine Bündelung der Politik in einem bisher unbekannten Ausmaß, hatte aber natürlich dann auf die Dauer überwiegend negative Auswirkung, weil eine Meinung nur richtig war, wenn sie der Meinung der Partei entsprach. Und demzufolge wa-

---

105 Vgl. K. Sorgenicht/W. Weichelt/T. Riemann 1969b, S. 217f.

ren die negativen Auswirkungen eben mangelnde Kreativität, Bürokratismus und alle die Folgen, die dann dem Sozialismus auch den Garaus gemacht haben."[106]

Selbst in der unmittelbaren politischen Führung der SED verbreitete sich zumindest nach 1990 ein gewisses Unbehagen über die exzessive Monopolisierung der Macht, welches in einer selbstkritischen Betrachtung zu dem Resultat kam, das eigentliche Übel hätte in der Übernahme des stalinistischen Sowjetmodells gelegen, wodurch die Volkskammer irreparable Schäden erlitten hätte und ihrer Aufgabe als sozialistische Volksvertretung nicht mehr gerecht werden konnte:

> „Wir müssen meiner Meinung nach bei der Analyse der Volkskammer davon ausgehen, dass sie ja sozusagen eine Nachfolgeorganisation der Sowjets werden sollte. Wir haben doch zu einem Großteil, zu einem übergroßen Teil Praktiken, Strukturen der Sowjetunion [übernommen]. Darüber gibt's heute Streitfragen – bitteschön – aber ich klammere das mal aus. Ich geh mal davon aus, dass die Sowjets die parlamentarische Organisation waren, oder die Gemeinschaftsvertretung waren, die wir auch nachahmen wollten, im Grunde genommen. Aber: Die Sowjets wurden seinerzeit schon unter Stalin degradiert; sie haben ihre ursprüngliche Funktion eingebüßt, und wir haben dann nicht mehr die Sowjets, die seinerzeit den Oktober siegreich zum Ende geführt haben, nachgeahmt, sondern wir haben das von Stalin veränderte und degradierte und verzerrte Bild des Parlaments übernommen, ... und das ist unser Problem. Der Ausgangspunkt dafür liegt aber weniger im Parlamentarismus, sondern mehr an der falschen Auslegung der führenden Rolle der Partei. Unter Stalin wurden die politisch-ideologische Funktion der Partei, wie sie Lenin seinerzeit herausgebildet hat, degradiert zu einer administrativen Funktion. Und da die Partei administrative Funktionen übernommen hat, wurde automatisch Ministerrat und dementsprechend auch Volkskammer ich will mal sagen: ‚entmannt'. Also, sie hatten nicht mehr die Funktion, die sie haben müssten, weil die Vorgaben, die vorgedruckten, vorgekauten, vorgemachten Vorgaben, kamen aus dem Politbüro zum großen Teil eben, oder aus dem Apparat der Partei. Und damit erübrigte sich die parlamentarische Funktion, die ja dann bloß eine Nebenfunktion nur bekleidete, und zum großen Teil eben eine formale Funktion *nur* noch bekleidete."[107]

In den ersten zwanzig Jahren des Bestehens der Volkskammer wurden die politische Dominanz und Übermacht der SED in ein verfassungsrechtlich abgesichertes System der Suprematie umgewandelt und verfestigt. Mit der Durchsetzung des demokratischen Zentralismus und begleitet von einer kompromisslosen Profilierung der SED zu einer ‚Partei neuen Typs' formierte sich ein streng hierarchisch aufgebautes Staatswesen, an dessen Spitze die SED allgemein verbindliche Entscheidungen treffen konnte. Das galt auch für die Volkskammer, die nun nicht mehr *höchstes*, sondern *oberstes* Staatsorgan war,[108] womit einerseits die unmittelbare Unterordnung der anderen Volksvertretungen der DDR, aber auch ihre eigene Unterstellung unter die Suprematie der SED symbolisch formuliert wurde. Die Proklamierung zum obersten Staatsorgan geschah bewusst im Artikel 48 der DDR-Verfassung von 1968, um ihn in direkten Gegensatz zum Artikel 48 der Weimarer Verfassung zu stellen. So sollte die vermeintliche Stärke der Volkskammer im Kontrast zur Schwäche des Weimarer Parlaments symbolisiert werden. Dieser Symbolisierungsversuch scheiterte jedoch an der faktischen Beherrschung der Volkskammer durch die SED.

---

106 Interview Nr. 24, SED, S. 13f.
107 Interview Nr. 08, SED, S. 5f.
108 Vgl. Artikel 49 der Verfassung von 1949 und Artikel 48 der Verfassung von 1968 im Anhang.

4.2. Strukturwandel

Deutlich wird die relative Konstanz der Volkskammer anhand einer Strukturanalyse. Zwar vollzogen sich bis 1988 einige Veränderungen, welche allerdings die Gesamtinstitution nicht signifikant veränderten, sondern eher auf bestimmte Weichenstellungen durch die politische Führung hinwiesen. Das gilt besonders für die Repräsentanz von SED-Vertretern in wichtigen Ämtern und Posten der Volkskammergremien. Die Vermutung, die SED habe sich in den Jahren immer mehr Posten angeeignet, lässt sich so nicht bestätigen. Ein Vergleich der Anzahl von Ausschussvorsitzenden zeigt, dass bereits in der 3. Wahlperiode von 1954 bis 1958 50 Prozent von SED-Mitgliedern – auch wenn sie als Vertreter von Massenorganisationen auftraten – besetzt waren und sich dieses Niveau bis zur 9. Wahlperiode (1986 bis 1989) nicht wesentlich änderte.[109] Unter den Ausschussvorsitzenden befanden sich durchschnittlich vier bis fünf Mitglieder des Politbüros bzw. des Parteivorstandes der SED. Der Prozentsatz von Spitzenfunktionären der SED unter den Ausschussvorsitzenden und deren Stellvertreter sank sogar insgesamt ab,[110] während im Staatsrat als einem wichtigen Organ der Volkskammer der Anteil von SED-Spitzenfunktionären erst nach der internationalen Anerkennung der DDR auf fast 60 Prozent deutlich anstieg.[111]

Diese Ergebnisse zeigen, dass seit Gründung der Volkskammer die SED ihre Vormachtstellung in dieser Institution personell stark ausgebaut hatte. Anfänglich spielten dabei die Überlegungen eine Rolle, den anderen, politisch eher unsicher erscheinenden Parteien wenig Spielraum zur Entfaltung eigener Vorstellungen zu überlassen. Später, als diese Unwägbarkeiten ausgeräumt waren, bedurfte man keiner weiteren Anstrengungen, diese Vormachtstellung quantitativ zu erweitern. Politisch besonders wichtige Ausschüsse blieben überwiegend in der Hand der SED und wurden meist von Politbüromitgliedern geleitet. Dazu gehörten die Ausschüsse für Auswärtige Angelegenheiten, für Nationale Verteidigung, für Industrie, Bauwesen und Verkehr sowie für Volksbildung.

Auf dem hohen Niveau personeller Präsenz der SED-Führung in der Volkskammer waren numerische Größen irgendwann nicht mehr von entscheidender Bedeutung. Vielmehr ergaben sich aus der festen Einbindung der Volkskammer in das hierarchisch-politische System und aus einer ständigen Personalunion von Politbüro, Staatsrat, Ministerrat und Volksvertretung die entscheidenden Machtkonfigurationen, welche die Volkskammer zunehmend in den Schatten der wirklichen Machtzentren stellten und sie die ihr zugewiesene Rolle spielen ließen. Gelegentlich kam es dabei zu Neuakzentuierungen. So erhielt beispielsweise der Posten des Volkskammerpräsidenten mit der weltweiten politischen Anerkennung der DDR einen bedeutenderen Stellenwert. Das führte dazu, seine traditionelle Besetzung mit Politikern aus den anderen Parteien zurückzunehmen. Sindermann wurde 1976 Präsident

---

109 Vgl. Tabelle 25 im Anhang, S. 401.
110 Ebenda.
111 Vgl. Tabelle 33 im Anhang, S. 418.

der Volkskammer und löste damit Götting (CDU) und Dieckmann (LDPD) ab. Bei dieser Entscheidung wirkte sich zweifellos der Umstand aus, dass Honecker aus ähnlichen Überlegungen damals den Posten des Staatsratsvorsitzenden beanspruchte und damit eine Reihe von Umbesetzungen auslöste. Bedeutungsvoller als Posten- und Ämterverteilung war allerdings, dass hierbei die SED-Führung autark Entscheidungen treffen konnte, ohne wirklich auf die Interessen anderer Rücksicht nehmen zu müssen. In diesem Sinne unterlag die Volkskammer im hier betrachteten Zeitraum keinem erkennbaren funktionellen Wandel.

Veränderungen ergaben sich allerdings hinsichtlich der in der Volkskammer existierenden Ausschüsse. Neben eher administrativ bedingten Umgestaltungen während der ersten Jahre verweist die Abschaffung der Ständigen Ausschüsse auf den gezielten instrumentellen Kompetenzverlust der Volkskammer.[112] Bis zur 3. Wahlperiode (1958-1963) bestanden auf der Grundlage der Verfassung von 1949 vier ständige Ausschüsse. Nach Artikel 60 hatten diese in der Zeit zwischen den Plenartagungen, nach Beendigung einer Wahlperiode oder nach der Auflösung der Volksvertretung deren Geschäfte zu führen. Gleichzeitig besaßen diese Ausschüsse die Rechte von Untersuchungsausschüssen.[113] 1949 mit dem Ziel etabliert, die Volkskammer zu einem ständig arbeitenden Staatsorgan zu machen, verloren sie sehr schnell mit der Konzentration der politischen Macht in den Händen der SED an praktischer Bedeutung und fristeten bis 1963 nur noch ein eher formales Dasein. Ihr symbolischer Gehalt drückt sich auch darin aus, dass beispielsweise in der 3. Wahlperiode der Ständige Ausschuss für Auswärtige Angelegenheiten gleichzeitig als (Fach-) Ausschuss für Auswärtige Angelegenheiten fungierte, die besonderen Kompetenzen eines ständigen Ausschusses also schon weitgehend aufgehoben waren.[114]

Mit der Bildung des Staatsrates 1960, der die Aufgaben der Volkskammer in der Zeit übernahm, da sie nicht versammelt war, wurden die Ständigen Ausschüsse überflüssig und schließlich abgeschafft.[115] In der Geschäftsordnung der Volkskammer von 1963 wurde hinsichtlich der Ausschüsse nicht weiter differenziert,[116] so dass praktisch nur noch die Fachausschüsse fortbestanden, deren Arbeit sich durch eine geringere Kontinuität auszeichnete. Somit ging der Anspruch einer kontinuierlich arbeitenden Vertretungskörperschaft frühzeitig verloren.

Die Abschaffung der ständigen Ausschüsse sollte allerdings nicht zu sehr in die Öffentlichkeit gelangen, weil sie die weitere politische Reduzierung der Volkskammer anzeigte. So wird in der entsprechenden Plenardebatte 1963 die angestrebte neue Qualität der Zusammenarbeit zwischen neu gegründetem Staatsrat und den Fachausschüssen in den Mittelpunkt der Aufmerksamkeit gerückt, jedoch die Ab-

---

112 Über die Entwicklung der Ausschüsse in der Volkskammer vgl. Tabellen 20 und 21 im Anhang, S. 397f.
113 Artikel 60 der Verfassung von 1949 im Anhang.
114 Sitzungsprotokolle der Volkskammer 1958-59, [Bd. 9], S. 36ff.
115 Vgl. S. Mampel 1997, S. 974f.
116 Sekretariat 1964, S. 117.

schaffung der ständigen Ausschüsse praktisch nicht genannt. Im Unterschied zu früheren Verfahrensweisen erfolgte die Bestätigung der Ausschüsse sowie die Wahl ihrer Mitglieder im Plenum nicht durch Benennung der einzelnen Ausschüsse, sondern im Block durch Verweis auf eine Drucksache, in welcher die Neugliederung der Ausschussstruktur der Volkskammer enthalten war.[117]

Mit der Beseitigung der Ständigen Ausschüsse war im Unterschied zur damals noch gültigen Verfassung nicht nur die Möglichkeit von Untersuchungsausschüssen genommen, sondern auch die permanente Arbeitsfähigkeit der Volkskammer reduziert. Als 1974 die Befugnisse des Staatsrates wieder eingeschränkt wurden, blieb es bei der mittlerweile bestehenden Praxis in der Volkskammer.

Praktisch kannte die Volkskammer während ihrer gesamten Existenz keine Unterausschüsse. Lediglich in der Konstituierungsphase der Provisorischen Volkskammer war 1949 geplant, den Ständigen Ausschuss für Wirtschafts- und Finanzfragen in „zahlreiche Unterausschüsse zu gliedern".[118] Die Vermeidung der Einrichtung von Unterausschüssen in der Volkskammer entspricht durchaus der Funktionslogik dieser Vertretungskörperschaft. Unterausschüsse zeigen arbeitsteilige Aktivitäten der Institution an und verweisen auf eine gewisse politische Bedeutung der Gremien. Eine Volksvertretung, die eher zweitrangig in einem hierarchischen System verankert ist, benötigt Unterausschüsse eigentlich nicht. Mit der systematischen Einberufung von Arbeitsgruppen der Ausschüsse wurde später eine den sozialistischen Verhältnissen angepasste Möglichkeit gefunden, die Arbeitsfähigkeit der Ausschüsse umfangreicher zu nutzen. Ähnlich verhält es sich mit den nach Artikel 65 der Verfassung von 1949 möglichen Untersuchungsausschüssen. Auch sie wurden nie ins Leben gerufen. Eine politische Kontrollfunktion beispielsweise im Sinne der Regierungskontrolle war also nicht wirklich gewollt.

Dieser Prozess verminderter institutioneller Kompetenz ordnet sich in einen Abschnitt Mitte der sechziger Jahre ein, in welchem die Volkskammer generell viel Einfluss an den Staatsrat verlor. Als kollektives Leitungsorgan übernahm der Staatsrat wichtige Funktionen; so nahmen etwa Rechtssetzungsakte auf dem Wege von Erlassen des Staatsrates deutlich zu, womit die Gesetzgebungsbefugnis der Volkskammer praktisch begrenzt wurde. Die Ausschüsse hatten dem Staatsrat zuzuarbeiten, und das Sekretariat der Volkskammer wurde administrativ dem Staatsrat unterstellt. Einerseits sollte so die Arbeitsfähigkeit der zentralen politischen Institutionen erhöht werden, andererseits geschah das aber durch die Auslagerung von Zuständigkeit aus der Volkskammer. Diese Entwicklung wurde im Zusammenhang mit der Machtübernahme durch Honecker und dem allgemeinen Bedeutungsverlust des weiter unter Ulbrichts Führung stehenden Staatsrates zurückgenommen. Allerdings spielten dabei Überlegungen einer Stärkung der obersten Volksvertretung keine Rolle.

---

117 Vgl. Sitzungsprotokolle der Volkskammer 1963-64, [Bd. 13], S. 6ff.
118 Vgl. Sitzungsprotokolle der Provisorischen Volkskammer 1949-50, [Bd. 1], S. 54ff.

Formaler Schwerpunkt ihrer Tätigkeit war – folgt man der Verfassung von 1949 – die Beratung von Gesetzen in den Volkskammerausschüssen und die Regierungskontrolle.[119] Praktisch besaß die Kontrollfunktion nur einen geringen Stellenwert, die außerdem immer schwächer wurde. Dafür trat seit den sechziger Jahren an ihre Stelle mit zunehmender Bedeutung die ‚Kontrolle der Durchführung von Gesetzen', also die Analyse der Wirksamkeit von Gesetzen vor Ort.[120] In der Formulierung der sozialistischen Verfassung trug man dem Rechnung und setzte an die Stelle der Regierungskontrolle eben diese Zielstellung.[121] Obwohl in den Geschäftsordnungen nicht speziell ausgewiesen, wurden die von den meisten Ausschüssen gebildeten Arbeitsgruppen immer wichtiger, die derartige Untersuchungen vornahmen. So überstieg seit der 6. Wahlperiode die Anzahl der Arbeitsgruppeneinsätze deutlich die Tagungen im Kulturausschuss.[122] Für eine Analyse wurden bis zu zehn solcher Arbeitsgruppen aus dem betreffenden Ausschuss gebildet, die mehrmals vor Ort gingen und denen auch eine gewisse Möglichkeit zur Nachkontrolle über die erzielten Veränderungen zustanden, ohne allerdings selbst verbindliche Entscheidungen treffen zu können.[123] Insgesamt wandelte sich auch in dieser Hinsicht die Volkskammer zu einer Institution mit Erfüllungsauftrag im Dienste der politischen Führung, verlor an Möglichkeit zur eigenständigen Kompetenz.

Ähnlich wie bei den Ausschüssen vollzogen sich auch gewisse Veränderungen bei den Volkskammerfraktionen. Charakteristisch ist die Existenz von bestimmten ‚Übergangs'-Fraktionen in der Anfangsphase der Volkskammer, durch welche spezielle politische Gruppen zeitweilig eingebunden bzw. symbolisch in der Volkskammer repräsentiert werden sollten. Das trifft auf die SPD als legale Partei mit besonders starker Resonanz in (Ost-)Berlin zu und ebenso auf die VdgB bzw. die Genossenschaften, durch welche man die Bauern und Handwerker als Bündnispartner der Arbeiterklasse und die angestrebte Tendenz zur Vergenossenschaftlichung unterstützen wollte. Ähnliches gilt für die VVN, welche nicht nur den antifaschistischen, sondern auch den gesamtdeutschen Selbstanspruch der Institutionen betonen sollte.

Von Anfang an spielte das Bestreben eine wichtige Rolle, alle für wichtig gehaltenen sozialen und politischen Gruppen in der Volkskammer abzubilden. Soziale Repräsentation prägte während der gesamten Existenz der sozialistischen Volkskammer ihre Leitidee und ihr Erscheinungsbild.[124] Aus der formalen Zusammensetzung der Volkskammer wurde ein direkter Bezug zur politischen Souveränität des Volkes gezogen:

> „Nicht nur kraft ihrer staatsrechtlichen Stellung, sondern ebenso in ihrer politisch-sozialen Zusammensetzung verkörpern unsere Volksvertretungen am vollständigsten den Charakter der sozialistischen Staatsmacht, die führende Rolle der Arbeiterklasse und ihr festes Bündnis

---

119 Vgl. Artikel 64ff. der Verfassung von 1949 im Anhang.
120 Vgl. Beitrag von Herbert Kelle in diesem Band.
121 Vgl. Artikel 61 der Verfassung von 1968 im Anhang.
122 Vgl. Tabelle 22 im Anhang, S. 399.
123 Vgl. H. Kelle/T. Riemann 1989, S. 98f.
124 Vgl. C. Dowidat 1986, S. 16.

mit der Klasse der Genossenschaftsbauern, der sozialistischen Intelligenz und den anderen werktätigen Schichten."[125]

Dies hatte allerdings überwiegend symbolischen Wert, da zumindest offiziell eine eigenständige Interessenvertretung einzelner Gruppen in der Volkskammer nicht angestrebt wurde und dem damals herrschenden Repräsentationsgedanken widersprach. Allerdings darf nicht übersehen werden, dass unter dem Diktat dieser Repräsentationsvorstellung die Volkskammer zur sozial und auch politisch am heterogensten besetzten zentralen Institution des Staates wurde und sich im Ergebnis auch bestimmte Klientelbeziehungen aufbauen konnten.

In der 10. Wahlperiode kam es erneut zur Bildung einer VdgB-Fraktion. Diese entstand auf Betreiben der SED-Führung und verfolgte mehrere Ziele. Einerseits bestanden offenbar, folgt man den betreffenden Interviewaussagen, gewisse Überlegungen, die DBD und ihre Fraktion politisch zu schwächen, mit der es seitens des Politbüros einige Unstimmigkeiten gab,[126] womit wieder Überlegungen in der SED erneuert wurden, selbst zum unmittelbaren Interessenvertreter der Bauern werden zu wollen.[127] Vor allem war die SED-Führung bemüht, durch die Einbindung der VdgB, einer bei den Bauern anerkannten bäuerlichen Organisation, den Einfluss der SED in dem sensiblen Bereich der valuta-effektiven Landwirtschaft in einer Periode des wirtschaftlichen Niedergangs der DDR zu stärken. Immerhin stand an der Spitze der VdgB-Fraktion das ZK-Mitglied Dallmann.[128] Mit der Gründung der VdgB-Fraktion war allerdings keine zahlenmäßige Schwächung der Blockparteifraktionen verbunden. Die dafür notwendigen 14 Mandate wurden den Massenorganisationen entzogen, womit deren Rolle als besonders enge Bündnispartner der SED mit hohem Genossenanteil deutlich wurde.[129]

In den vierzig Jahren Volkskammer unterlag auch der Anteil der Mandate von Blockparteien gewissen Schwankungen. Waren sie in der Provisorischen Volkskammer noch mit 37,6 Prozent der Sitze vertreten, stieg ihr Anteil in der 1. Wahlperiode, ohne Berliner Abgeordnete, auf etwas über 50 Prozent, um in der 2. Wahlperiode auf 45,3 Prozent und bis zur 6. Legislaturperiode auf 44,8 Prozent zu sinken. Schließlich pegelte sich ihr Anteil auf 41,6 Prozent ein.[130] Auch diese Veränderungen weisen auf eine relative Unbeweglichkeit und Konstanz der Volkskammer hin. Die Schwankungsbreiten hatten keinen Einfluss auf die instrumentellen Leistungen, wohl aber signalisierten sie den von der SED gewollten Trend einer symbolischen Verminderung der Bedeutung der Blockparteien im politischen System.

Zu den strukturellen Veränderungen in der Volkskammer gehörte weiterhin die Auflösung des Ältestenrates. Seit der Geschäftsordnung von 1974 war dieser nicht

---

125 Akademie für Staats- und Rechtswissenschaft der DDR 1979, S. 107.
126 Vgl. H. Reichelt 1997, S. 242ff.
127 Vgl. Interview Nr. 39, DBD; Interview Nr. 32, DBD.
128 Vgl. dazu Interview Nr. 05, VdgB; Interview Nr. 32, DBD; Interview Nr. 39, DBD.
129 Vgl. Tabelle 14 im Anhang, S 394.
130 Ebenda.

mehr vorgesehen. Seine Aufgaben übernahm das Präsidium der Volkskammer, in welchem nunmehr alle Fraktionen – und nicht mehr lediglich die mit mindestens 40 Mitgliedern – vertreten waren. Der Funktionslogik einer sozialistischen Volksvertretung folgend, verschwand damit ein weiteres strukturelles Relikt des Parlamentarismus. Obwohl die Verfassungsnovelle von 1974 den Stellenwert des Präsidiums erweiterte, indem dieses auch außerhalb der Plenarsitzungen Leitungsfunktionen wahrzunehmen hatte und damit bestimmte Kompetenzen des Staatsrates übernahm[131], erlangte das Präsidium auch nach dieser Veränderung nie eigenständige politische Kompetenz, sondern war immer zumindest vermittelndes Organ der SED-Führung. Aus der Sicht ehemaliger Abgeordneter fungierte es als ‚gehobene Tagungsleitung von Plenarsitzungen' nach innen und hatte nach außen die Volkskammer international zu repräsentieren.[132] 1960 gab es offensichtlich kurzzeitig Überlegungen, aus dem Präsidium der Volkskammer ein kollektives Staatsoberhaupt zu machen und damit dem Beispiel der Sowjetunion zu folgen.[133] Doch diese Aufgabe übernahm dann der neu gebildete Staatsrat. Ein möglicher Grund dafür kann unter anderem der Umstand gewesen sein, dass damals noch traditionell Vertreter aus den Blockparteien Präsidenten der Volkskammer waren und es den Interessen der SED zuwider lief, einen Politiker an die Spitze des Staates zu stellen, der nicht aus den eigenen Reihen kam.

4.3. Modifikationen des Wahlsystems

Seit den ersten Wahlen zur Volkskammer von 1950 fanden diese auf der Grundlage von Einheitslisten der Nationalen Front statt. Durch die damit von vornherein feststehende Verteilung der Sitze in der Volkskammer war die Dominanz der SED numerisch immer gesichert. Genau aus diesem Grund wurde auch damals, im Widerspruch zur ersten Verfassung, der Wahlmodus umgestellt. Anders als in der Verfassung von 1949 (Artikel 51,2) legte sich die von 1968/74 nicht ausdrücklich auf einen konkreten Wahlmechanismus fest, sondern forderte im Artikel 54 lediglich eine ‚freie, allgemeine, gleiche und geheime Wahl'. Das Wahlgesetz vom 9. August 1950 schuf die rechtliche Grundlage für die Wahl nach Einheitslisten, indem es das Recht der Organisationen regelte, gemeinsame Wahlvorschläge für die Wahl der Volksvertretungen einzubringen. Mit dem Verzicht auf das Mehrheitswahlrecht litt die Volkskammer dauerhaft an einem erheblichen Legitimationsverlust. Alle Bemühungen, diesen zu mildern, scheiterten, zumal das eigentliche Anliegen dieser Umgestaltungen die Fortsetzung des eingeschlagenen Weges, also die Festigung der Führungsrolle der SED war. Grundlegendes Prinzip der Zusammensetzung der Volksvertretungen war die ständige Festigung und Stärkung der führenden Rolle der Arbeiterklasse und ihrer Partei. Unter diesen Voraussetzungen sollten Wahlen weniger

---

131 Sekretariat der Volkskammer im Auftrag des Präsidiums der Volkskammer der DDR 1977, S. 50.
132 Interview Nr. 38, KB, S. 27.
133 Vgl. S. Mampel 1997, S. 951.

Die Volkskammer im politischen System der DDR 157

zu Personalentscheidungen über zukünftige Vertreter in Repräsentativinstitutionen, sondern immer mehr zu Volksaussprachen über die – von der SED entschiedenen – Grundfragen der Politik werden. Abgeordnete sollten weniger als Interessenvertreter bestimmter sozialer bzw. politischer Gruppen agieren, sondern eine symbolisch-repräsentative Auswahl der Besten darstellen.[134] Die Zielstellungen sozialistischer Wahlen umreißen Unger und Mitarbeiter 1988 folgendermaßen und beschreiben damit das gewünschte Resultat der Veränderungen im Wahlsystem der DDR:

> „Unter sozialistischen Bedingungen sind die Wahlen zu den staatlichen Machtorganen daher nicht nur ein Instrument zur Erneuerung und Vervollkommnung der Volksvertretungen, sondern auch eine Quelle der gesellschaftlichen Aktivitäten, der breiten Masseninitiative der Arbeits- und Bürgerkollektive, der gesellschaftlichen Organisationen und jedes einzelnen. Auch die weitere Ausprägung dieser politischen Integrationsfunktion der Wahlen verlangt, ständig nach neuen Wegen zur weiteren Erhöhung der Effektivität des Wahlsystems zu suchen, um es so zu gestalten, dass es immer besser die gesellschaftliche Aktivität der Bürger und ihre entscheidende Mitwirkung bei der Ausübung der politisch-staatlichen Macht und der Leitung der Gesellschaft fördert. In diesem Sinne wurde in den letzten 20 Jahren insbesondere die Anwendung von Wahlprinzipien vervollkommnet, die auf die weitere Erhöhung der führenden Rolle der Arbeiterklasse und ihrer marxistisch-leninistischen Partei und die Festigung des Bündnisses mit allen Werktätigen gerichtet sind."[135]

Im einzelnen kam es zu weiteren bedeutsamen Veränderungen im Wahlmechanismus auf der Grundlage von jeweils neuen Wahlgesetzen. Einen Schwerpunkt bildeten dabei Bestrebungen, die Möglichkeiten der Wähler bei der Auswahl, Prüfung und Abberufung von Kandidaten bzw. Abgeordneten zu erhöhen. So bestand seit 1954 eine Rechtspflicht zur Vorstellung der Kandidaten vor ihren Wählern und ein Ablehnungsrecht von deren Seite.[136] Die Formen gesellschaftlicher Prüfung der Kandidaten wurden in Gestalt der Wählervertreterkonferenzen und Wahlausschüsse weiterentwickelt. Seit 1974 mussten die Kandidaten zuerst von ihren Arbeitskollektiven geprüft und vorgeschlagen werden.[137] Trotz einiger positiver Effekte waren die Möglichkeiten gering, dass Kandidaten aus den Listen gestrichen werden konnten oder Abgeordnete wegen unzureichender Leistungen von ihren Wählern abberufen wurden. Kalweit hat in bestimmten Umfang recht, wenn er diesem Kontrollprozess eine bestimmte kritische Fähigkeit zuschreibt;[138] sie reichte jedoch nicht aus, die Kandidatenaufstellung in die Eigenverantwortung der Parteien und Massenorganisationen zu stellen. Bei den Kommunalwahlen 1979 fanden 859 Kandidatenvorschläge von 201.570 zu besetzenden Abgeordnetenmandaten keine Bestätigung; das waren 0,4 Prozent.[139] Vergleichbare Zahlen für Kandidaten zur Volkskammerwahl liegen nicht vor. Vieles in diesem Bestreben ist als Versuch zu werten, die sozialistischen Visionen eines bürgernahen politischen Systems von Marx und Lenin mit

---

134 O. Unger/I. Fiedler/R. Acker 1988, S. 66.
135 Ebd., S. 12.
136 Gesetz über die Wahlen zur Volkskammer der Deutschen Demokratischen Republik am 17.10.1954, S. 667.
137 Vgl. O. Unger/I. Fiedler/R. Acker 1988, S. 45; siehe auch: Gesetz über die Wahlen zu den Volksvertretungen der Deutschen Demokratischen Republik –Wahlgesetz– vom 24. Juni 1976. S. 301.
138 Vgl. Beitrag von Werner Kalweit in diesem Band, hier S. 184.
139 O. Unger/I. Fiedler/R. Acker 1988, S. 46.

Leben zu erfüllen. Manches erwuchs aus dem Idealismus des gesellschaftlichen Neubeginns der fünfziger Jahre. Das meiste entsprang allerdings dem Machtkalkül der neuen Elite, die, ohne ihre Herrschaft zu gefährden, die offensichtliche Distanz zwischen Staat und Bürgern so verkleinern wollte. Dabei siegten schließlich die deklamatorischen Züge des Wandels.

Abbildung 11: Erich Honecker im Gespräch mit Bürgern bei der Vorbereitung der Volkskammerwahlen 1958

Deutlich wird das an den Wähleraufträgen. Anders als die Gründungsverfassung interpretierte die Geschäftsordnung der Volkskammer von 1954 das Mandat der Abgeordneten als ein imperatives. Die Abgeordneten wurden verpflichtet, Wähleraufträge entgegenzunehmen und für deren Erledigung persönliche Verantwortung zu tragen.[140] Im Spannungsfeld zwischen Wählerwillen, Partei- bzw. Fraktionsdisziplin, Staatsräson und verfügbaren Ressourcen wurde die Erfüllung der Wähleraufträge, der geltenden Repräsentationslehre folgend, an den ‚Willen des Gesamtvolkes' gebunden und damit letztlich an den Willen der führenden Partei.[141] Je nach ‚Interessen breiter Bevölkerungskreise' und der volkswirtschaftlichen Realisierbarkeit konnten demzufolge Abgeordnete Wähleraufträge auch ablehnen.[142] Mit wachsender Unzufriedenheit vieler Bürger besonders seit den späten siebziger Jahren nahm auch der Druck auf die Abgeordneten zu. Schließlich wurden Wähleraufträge immer weniger in den Mittelpunkt der Abgeordnetentätigkeit gestellt.[143] Ein Abgeordneter beschreibt das so:

> „In der ersten Zeit, war ein Wählerauftrag etwas, das musste unbedingt bewältigt werden. Und dem wurde dann gegengesteuert, indem den Abgeordneten empfohlen wurde, nur realisierbare Wähleraufträge entgegenzunehmen. Und in den letzten ... weil das Feld immer enger

---

140 Vgl. Volkskammer der Deutschen Demokratischen Republik 1957, S. 150.
141 Vgl. E. Poppe 1956, S. 869-881.
142 Vgl. auch Akademie für Staats- und Rechtswissenschaft der DDR 1974, S. 400.
143 Interview Nr. 18, SED, S. 3; auch Interview Nr. 20, Sekretariat, S. 3.

wurde mit dem Realisierbaren, in den letzten Jahren spielten Wähleraufträge kaum noch eine Rolle."[144]

Wähleraufträge beschränkten sich, soweit sie spontan von Einzelpersonen erteilt wurden, überwiegend auf die Lösung individueller, eher unpolitischer Wünsche. Diese Aufgabe konnte eigentlich besser das Eingabenwesen lösen, welches denn auch in dieser Hinsicht immer stärker in den Vordergrund trat. Häufig wurden Wähleraufträge ‚organisiert' an die Mandatare herangetragen, um die gewünschte aktive Teilnahme der Werktätigen am Aufbau des Sozialismus zu simulieren. In jedem Fall konnten durch Wähleraufträge nie ernsthaft politische Grundsatzfragen mitbestimmt werden. Generell ist Tendenz erkennbar, dass mit der wachsenden Abnahme des ökonomischen und auch politischen Handlungsspielraums in den letzten 15 Jahren der DDR die meisten Formen direkter Bürgerbeteiligung wie Volksentscheide, Volksbefragungen, Aktivitäten der Wahlvorbereitung, aber auch politische Willensbekundungen in Sprechstunden der Abgeordneten, eher gebremst als forciert wurden. Damit ging die politische Entscheidungselite der DDR einen zwar konsequenten, aber durchaus verheerenden Weg, Stabilität durch politische Neutralisierung oder zumindest gewünschte Passivität der Bürger zu bewahren. Die immerhin erkennbaren Versuche, zu einer aktiven Partizipation im Rahmen des Sozialismus zu gelangen, war damit endgültig gescheitert.

Diese Erkenntnis trifft auch auf die Tendenz der fünfziger und sechziger Jahre zu, durch die Einführung von Wahlkreisen (1958) und durch deren spätere Verkleinerung den Kontakt zwischen Bürgern und Abgeordneten zu verbessern. 1958 wurden bei den Wahlen zur Volkskammer 24 Wahlkreise gebildet, 1963 waren es 67, und seit 1986 existierten 73 Wahlkreise.[145] Immerhin ist aus dieser Entwicklung ersichtlich, dass der Volkskammer wichtige Funktionen zuerkannt wurden. Dabei stand natürlich der offizielle Auftrag der Mandatare im Vordergrund, die Staatspolitik zu erläutern und Informationen über die Lage zu sammeln, weniger die effektivere Umsetzung von Interessen der Bürger und Kommunen in den zentralen politischen Willensbildungsprozess.

Auch die Anzahl der Abgeordneten änderte sich in den 40 Jahren Volkskammer. Ursprünglich wurden 400 Mandatare in die höchste Volksvertretung gewählt und weitere 66 aus Ost-Berlin entsandt. Letztere waren nicht voll stimmberechtigt. Mit der Verabschiedung des Wahlgesetzes von 1963 erhöhte sich, im formellen Gegensatz zur gültigen Verfassung, die Zahl gewählter Mandatare auf 434.[146] Dies stand im direkten Zusammenhang mit der Vergrößerung der Wahlkreise. Dabei gelang es allerdings der SED, den relativen Anteil der Blockparteien an den Volkskammersitzen von 44,6 auf 41,6 Prozent abzusenken.[147] Dabei sind zweifellos weniger die Prozentzahlen von Bedeutung als vielmehr die damit durch die SED getroffene Bewertung der befreundeten Parteien.

---

144 Interview Nr. 21, SED, S. 46.
145 Vgl. O. Unger/I. Fiedler/R. Acker 1988, S. 23f.
146 Vgl. Gesetz über die Wahlen zu den Volksvertretungen der DDR – Wahlgesetz – vom 31. Juli 1963.
147 Vgl. Tabelle 14 im Anhang, S. 394.

Mit dem Wahlrechtsänderungsgesetz von 1979 wurde nicht mehr zwischen Abgeordneten aus den Bezirken und Berlin unterschieden.[148] Damit erhielten die Berliner Mandatare gleiche Rechte, womit der besondere Status von Berlin für die Volkskammer seinen Einfluss verlor.

Seit 1958 ließ das überarbeitete Wahlgesetz die Nominierung von zunächst 100 Nachfolgekandidaten zu.[149] Es konnten also mehr Kandidaten aufgestellt werden, als Mandate zu vergeben waren. Der damit verbundene Eindruck größerer Legitimation durch die Möglichkeit der stimmberechtigten Bürger zur Auswahl war sicherlich gewollt. Möglich war eine solche Selektion allerdings kaum, da die zentral festgelegte Reihenfolge auf dem Listenvorschlag darüber entschied, wer ein vollwertiges Mandat erhielt und wer Nachfolgekandidat wurde.[150] Praktisch verfügte die Volkskammer damit über eine Gruppe geeignet erscheinender und bereits kaderseitig überprüfter Personen, welche vorzeitig ausgeschiedene Abgeordnete ersetzten konnten. Sie waren mit der zu leistenden Arbeit vertraut, da sie sowohl an der Parlaments- wie auch der Wahlkreisarbeit mit fast den gleichen Rechten und Pflichten wie die ordentlichen Mandatare teilnahmen, und sie besaßen darüber hinaus den Vorzug, weitgehend auch den Kriterien der sozialen Repräsentation zu entsprechen. Die Zahl der Nachfolgekandidaten stieg kontinuierlich an. Betrug sie 1971 noch 150, erreichte sie 1986 bereits 203 Nachfolger und somit etwa 30 Prozent der regulären Mandate.[151]

---

148 Gesetz zur Änderung des Wahlgesetzes vom 28.6.1979; vgl. auch: P. J. Lapp 1982, S. 117ff.
149 Vgl. Wahlgesetz vom 16.11.1958, S. 677; siehe auch H. Roggemann 1976, S. 33.
150 P. J. Lapp 1975, S. 54.
151 O. Unger/I. Fiedler/R. Acker 1988, S. 61.

Abbildung 12: Stimmzettel der Volkskammerwahl 1976

STIMMZETTEL

Wahlvorschlag der Nationalen Front
der Deutschen Demokratischen Republik
zur Wahl der Volkskammer

— Wahlkreis 31 —

K a n d i d a t e n :

Prof. Dr. sc. jur. Poppe, Eberhard
Anclam, Kurt
Prof. Dr. sc. agr. Wabersich, Rudolf
Simon, Hans-Heinrich
Hennig, Waltraut
Schönfeldt, Wolfgang
Sievert, Rosemarie
Lesk, Edelgard
Beck, Zita

Schließlich vollzogen sich noch Anpassungsprozesse im Arbeitsrhythmus der Volkskammer an den des Zentralkomitees der SED und den Ministerrat. Dazu wurde die ursprüngliche Dauer der Wahlperiode von vier Jahren 1974 auf fünf Jahre erhöht. Diese Umstellung folgte primär dem Zwang zur Synchronisierung mit dem Wirtschaftsleben, welches sich an Fünfjahresplänen orientierte. Dahinter stand vor allem die Entscheidungskompetenz der SED, welche über den Ministerrat diese Pläne konzipierte und auch durchsetzte. Die Volkskammer folgte damit der entsprechenden Änderung des Parteistatuts der SED von 1971, wo diese den Abstand zwischen den Parteitagen bereits von vier auf fünf Jahre erhöht hatte.

Fast alle Modifikationen des Wahlmechanismus und der damit verbundenen Änderungen zeigten deutlich die Abhängigkeit der Volkskammer von den Entscheidungen und Bedürfnissen der SED. Nicht ausreichend konnte sich die Volksvertretung als zentrale politische Institution mit ihren eigenen Bedürfnissen dabei durchsetzen. Vieles bei diesem Wandel verfolgte symbolische oder deklamatorische Zielen, nur ausnahmsweise wurden die instrumentellen Leistungen der Volkskammer gestärkt.

4.4. Rolle der Führungspersönlichkeiten und Einfluss der internationalen Anerkennung der DDR auf den Institutionenwandel

Lassen sich bestimmte strukturelle oder normative Veränderungen der Volkskammer relativ gut quantifizieren, so gilt das nicht für den Einfluss, welchen Spitzenpolitiker der DDR auf sie hatten. In einem politischen System strenger hierarchischer Ordnung erlangten gerade die Ansichten und Vorstellungen der jeweiligen SED-Chefs eine erhebliche Bedeutung für den Stellenwert und Arbeitsweise der obersten Volksvertretung. Sowohl Ulbricht wie auch Honecker waren Vertreter eines autoritären Führungsstils und hatten gerade deshalb die Führungsposition in ihrer Partei erlangt, weil sie die Spielregeln des kommunistischen Machtkampfes perfekt beherrschten. Trotzdem waren für die interviewten Abgeordneten unterschiedliche Bewertungen der Volkskammer zwischen beiden spürbar.

Vor allem in den sechziger Jahren bemühte sich Ulbricht, so sahen das viele befragte Mandatare, die Stellung der Volkskammer etwas zu stärken. Zwar blieb sie auch weiterhin den zentralen Gremien der SED, dem Staatsrat sowie dem Ministerrat faktisch nachgeordnet, jedoch schien Ulbricht die Möglichkeiten erkannt zu haben, durch die Volksvertretung zusätzliche Informationen und Impulse für die von ihm verantwortete Staatspolitik zu erlangen. Besonders der in der Volkskammer versammelte fachliche Sachverstand wurde bei politischen Entscheidungen eher genutzt, ohne deshalb die Suprematie der SED auch nur ansatzweise zu schwächen. Die Ergebnisse der Ausschusstätigkeit, in die auch viel außerinstitutionelles Expertenwissen einfloss, dienten diesem Ziel ebenso wie die regelmäßige Diskussion von Ulbricht beispielsweise mit den Ausschussvorsitzenden. Sogar die Plenarsitzungen wurden stärker als in späteren Jahren genutzt, um Nützliches zu Tage zu fördern. Dazu gehörte auch der Brauch, kontinuierlicher Berichterstattung des Ministerrates vor dem Plenum, welche unter Honecker fast völlig verloren ging, oder die Aufforderung nach mehr Lebendigkeit der Diskussion. Gesetze durchliefen bis in die sechziger Jahre normalerweise zwei Lesungen und nicht – wie später – nur eine, bevor über sie abgestimmt wurde.

Für die insgesamt größere Wertschätzung der Volkskammer durch Walter Ulbricht gibt es mehrere Ursachen. Von Bedeutung war zweifellos der in den sechziger Jahren angewachsene Druck, die gesetzlichen Regelungen an die Erfordernisse des geplanten längerfristigen Aufbaus des Sozialismus unter den Bedingungen moderner Industrialisierung und Technisierung anzupassen. Hier konnte die Volksvertretung eine ihrer originären institutionellen Aufgaben leisten und dazu beitragen, mehr dringend notwendige staatliche Handlungssicherheit für alle Akteure zu erzeugen. Nachdem 1961 die Grenze zu Westdeutschland geschlossen war, ergab sich in gewisser Weise ein neuer Spielraum, um auf eigener Grundlage relativ ungestört die neue Gesellschaft umfassend aufzubauen. Sogar eine bestimmte, wenn auch zaghafte Reformbereitschaft war dafür Anfang der sechziger Jahre erkennbar, selbst wenn sie sich überwiegend auf ökonomische und nur sehr zurückhaltend auf politische Prozesse bezog. Dennoch entstand bei den damaligen Akteuren der Volkskammer der Eindruck, dass jetzt mehr von ihnen und ihrer Institution erwartet würde.

Nicht unbegründet erscheint weiterhin die Einschätzung, Ulbricht hätte sich bemüht, damals durch die stärkere Einbeziehung der Volkskammer, auch etwas mehr Dualismus vor allem im Prozess der Informationsgewinnung und -verarbeitung zu erreichen. Demnach war er bestrebt, die weitgehende Einseitigkeit und Abhängigkeit vom eigenen Parteiapparat etwas zu lindern, um so möglicherweise zu effektiveren Ergebnissen der politischen Meinungsbildung zu gelangen.[152] Ulbricht setzte dabei allerdings vorzugsweise auf den Staatsapparat und erst dann auf die Volkskammer. Ein früherer Mitarbeiter des Sekretariats der Volkskammer bewertete das so:

> „Ulbricht versuchte einen Ansatz zu finden, um zunächst mal dieses Machtorgan Volkskammer als Organ der Demokratie wirksamer zu machen. Auch im Verhältnis zur Parteiführung. Davon bin ich überzeugt. ... Er hatte einen qualifizierten Apparat in der Kanzlei des Staatsrates geschaffen; das waren gut ausgebildete Leute, die er da hatte, auch wirtschaftlich, und da war die Kaderauswahl so, dass er sich sagte, er holte sich auch jüngere Leute, die nicht aus dem Parteiapparat kamen. Aus dem Parteiapparat kamen andere. Deswegen gab es ja, als Ulbricht abgehalftert wurde, oder als er abgelöst wurde, gab's ja dann zunächst mal eine Periode, in welcher der gesamte Apparat des Staatsrates verteufelt war im Apparat der Partei. Also wir hatten es nicht leicht mit den Genossen da drüben."[153]

Auch aus anderer Sicht bestätigen sich Eindrücke, Ulbricht habe die Volkskammer stärker als sein Nachfolger als wichtige Informationsquelle genutzt:

> „Und so lange Ulbricht da war, war das für ihn sozusagen eine Quelle, wo er Informationen bekam, wo er wieder Druck auf die Regierung ausübte. Das ist ein Unterschied. Er hat diese Kritik nicht unterbunden. Sondern für ihn war das sogar eine Möglichkeit, weitere Informationen [zu bekommen] und damit auch weitere Maßnahmen zu treffen. Das heißt also, hier gab es ein lebendiges parlamentarisches Leben."[154]

Auf der anderen Seite verwendete Ulbricht die Volkskammer intensiver als Honecker zur öffentlichen Darlegung der Regierungspolitik; sie war für ihn weit mehr Sprachrohr auch in die Gesellschaft hinein:

> „Das Parlament war in der Tat das auch damals von der SED-Führung anerkannte politische Repräsentations- und Machtorgan, da gibt's überhaupt keinen Zweifel. Ich erinnere nur daran, der Unterschied zu den ersten Jahren der DDR und später, wie oft Walter Ulbricht oder Grotewohl das Parlament benutzt haben als Tribüne zur Darlegung der gesamten Regierungspolitik. Selbst bei den einfachsten Preissenkungen oder bei Erhöhung der von irgendwelchen

---

152 Vgl. dazu M. Kaiser 1997, S. 57ff.
153 Interview Nr. 30, Sekretariat, S. 14.
154 Interview Nr. 39, DBD, S. 14.

Geschichten, Verbesserung der Lebenslage in den ersten Jahren, das ging nur übers Parlament. Und das wurde [ihm] ja später zum Vorwurf gemacht, dass Ulbricht das Parlament praktisch als Tribüne zur Darlegung der Politik ständig benutzt hatte ..."[155]

Das alles bedeutete keinesfalls Abkehr vom Herrschaftsanspruch der SED, ist aber immerhin ein Indiz für die Einsicht, dass eine stärkere Rückkoppelung mit der Gesellschaft, also mehr differenzierte Responsivität, bessere Resultate bei der politischen Führung durch die SED erbringen mochte.

Ohne den subjektiven Faktor überschätzen zu wollen, spielten auch Sozialisierungserfahrungen der Spitzenfunktionäre eine nicht unerhebliche Rolle bei der unterschiedlichen Bewertung der Volkskammer. Während Honecker selbst nie positive Erfahrungen in Parlamenten sammeln konnte, hatten Ulbricht und andere wichtige Akteure der ersten Führungsgeneration in der DDR sehr wohl erlebt, welche konstruktive Kraft demokratische Parlamente entfalten können. Ulbricht, Grotewohl, Dieckmann, Ebert, Koenen und andere waren Mitglieder in Landtagen bzw. im Reichstag der Weimarer Republik. Sie kannten aus eigenem Erleben Stärken und Schwächen dieser Parlamente und behielten bei aller Kritik dennoch die Erinnerung an deren positive Leistungsfähigkeit in Erinnerung.

„Ich habe Grotewohl als Ministerpräsident im Parlament erlebt, und auch seine zwei weiteren Nachfolger. Grotewohl hat Erfahrungen aus der Weimarer Republik, Ebert kommt aus einer Familie, die parlamentarische Traditionen geradezu vererbt, und sie gehen mit einem Parlament um, dass man das Gefühl auch als Abgeordneter hat, du bist in diesem Parlament eine Wichtigkeit, und die musst du auch mit deiner Verantwortung wahrnehmen. Honecker hatte überhaupt keine Tradition im Parlament, und für ihn ist auch das Parlament ab 1949, die Volkskammer, in meinem Empfinden nie ein Erlebnis geworden. Er hat nicht erlebt, wie parlamentarische Arbeit ist, der hat nie in einem Ausschuss gearbeitet, der war nicht Vorsitzender eines Ausschusses über Jahre, um dort auch als Parlamentarier tätig zu sein."[156]

Mancher der SED-Funktionäre schien die parlamentarische Seite der unter eigener Mithilfe sozialistisch disziplinierten Volkskammer gelegentlich zu vermissen. Das galt auch für Ulbricht, welcher sich in bestimmten Situationen beispielsweise den spontanen Dialog im Plenum wünschte und sich damit im Widerspruch zu seinen eigenen Bemühungen verfing, der Volkskammer alles Parlamentarische auszutreiben. Darin ist ein subjektiver Indikator dafür zu sehen, wie inkonsequent eigentlich die Existenz einer parlamentarischen Institution im Realsozialismus war. Ein langjähriger Mitarbeiter Ulbrichts erinnert sich:

„Aber das Gefühl kann man dem Ulbricht nicht absprechen; er ist Parlamentarier geblieben und spürt, hier fehlt etwas – und will das ausgleichen und schafft es am Ende doch nicht."[157]

Das Verhältnis Ulbrichts zur Volkskammer soll keinesfalls romantisiert werden. Zeit seines Lebens blieb er prinzipiell seiner kommunistischen Dogmatik verpflichtet. Aber man darf auch nicht übersehen, zu welchen Modifikationen im Denken die Umstände und eigene Erfahrungen Ulbricht geführt haben. Im Unterschied zu Ho-

---

155 Interview Nr. 02, Sekretariat, S. 9.
156 Interview Nr. 34, SED, S. 6f.
157 Interview Nr. 34, SED, S. 5.

necker schloss er die Volkskammer bei seinen zaghaften Versuchen mit ein, dem Sozialismus in der DDR etwas mehr Dynamik zu geben. Typischerweise stand dabei das Bemühen um Wirtschaftsreformen weit mehr im Vordergrund als politisch-institutionelle Überlegungen. Letztlich dominierte auch bei Ulbricht der Rückzug auf Althergebrachtes über den Versuch, neue Wege zu beschreiten. Dennoch bleibt zu berücksichtigen, was ein langjähriger Wegbegleiter Ulbrichts dazu sagt:

„Auch hier würde ich differenzieren: Ulbricht ist nicht gleich Ulbricht. Ulbricht 1945 usw. war ein anderer als [jener,] der den Weg des NÖSPL ging, der den Weg der Reformen ging. Ulbricht war ja nicht immer reformfreudig. Aber als er den Weg beschritt zur Reformfreudigkeit, ... hat er den Wissenschaftsbeirat geschaffen mit Ardenne und Steenbeck und Prof. Thiessen, also er hat Gremien geschaffen außerhalb der Parteistrukturen, die eingebunden waren, Ideen einzubringen in diese Sache und da bin ich schon überzeugt davon, dass er in dieser Zeit, da er sehr suchte nach Wegen und da er sehr bereit war, Reformen zu bestreiten, dass er da auch Unterstützung in der Volkskammer suchte und bestimmt sogar Ausschüsse der Volkskammer beauflagt hat, in diesem Bereich weiter zu arbeiten und zu agieren."[158]

Zur insgesamt größeren Wertschätzung der Volkskammer in den ersten zwanzig Jahren der DDR kommt hinzu, dass damals der Anteil politisch souverän handelnder Abgeordneter größer war als später. Spürbarer im politischen Geschehen war der Einfluss jener, die sich nicht über die Gebühr ihren eigenen Stil und ihre Wertschätzung der Volkskammer nehmen ließen.[159] Das galt nach einhelliger Auffassung aller auskunftsfähigen Befragten insbesondere für den langjährigen Präsidenten der Volksvertretung, Johannes Dieckmann. Obwohl oder vielleicht gerade weil er fest in die bestehenden Verhältnisse eingebunden war, erlebten sie ihn als einen Interessenwahrer einer stärker handlungsfähigen Vertretungskörperschaft, in der noch ein bestimmter parlamentarischer Hauch zu spüren war. Das gelang seinen Nachfolgern weit weniger.

Im Maße, in dem die Kaderpolitik der SED immer besser funktionierte, gelangten auch mehr Personen in Spitzenpositionen, die vom entsprechenden Rekrutierungsprozess ausgelesen waren. In vielen Parteifunktionen und staatlichen Ämtern setzten sich tendenziell Kandidaten durch, die sich vor allem durch ihre nicht selten unflexibel verstandene Parteitreue und -disziplin ausgezeichnet hatten. In der politischen Elite der DDR ging immer stärker die Fähigkeit und Bereitschaft zur öffentlichen, aber auch zur informellen Sachkritik, zur durchaus systemloyalen Zivilcourage verloren. Dem sozialen Gedächtnis der Funktionaleliten wurde zunehmend die anfänglich noch vorhandene Erfahrung an einen demokratischen Parlamentarismus entzogen. Struktur- und Funktionswandel der Volkskammer fanden ihre logische Ergänzung im damaligen Sozialisierungsprofil ihrer Akteure. Ohne plötzlichen Veränderungen zu unterliegen, wurden der Volkskammer kontinuierlich immer mehr der ihr noch verbliebenen subjektiven parlamentarischen Ressourcen entzogen. Ein Abgeordneter beschreibt das sehr anschaulich folgendermaßen:

---

158 Interview Nr. 08, SED, S. 22f.
159 Vgl. auch den Beitrag von Schulmeister in diesem Band.

> „Als die FDJ in den Nachkriegsjahren gegründet wurde, war sie eine Organisation von jungen Menschen, die Schluss machen wollten mit dem Krieg, ein neues Deutschland aufbauen wollten. Wenn ich vor der Wende oftmals FDJ-Funktionäre gesehen habe in den verschiedensten Funktionen, dann war das eine Nobelsorte von Menschen oft geworden, ... diese Claqueure, die an den Vorbeimärschen klatschten, das war ein ganz anderes Klatschen, als wir 1948 geklatscht hatten, ja. Und so eine Mauserung hatte auch die Interessenvertretung genommen.
>
> Da war Mehltau gefallen auf die zarten Pflanzen [des gesellschaftlichen Neubeginns]. ... Zu meiner Periode noch glaubten wir eben, die Dinge in Deutschland umkehren zu können, die Entwicklung, und zumindest aber gleichzuziehen mit Westdeutschland. Das beflügelte unser Handeln. ... Später dann, als das offensichtlicher wurde, auch nach 68, nach der CSSR, da senkte sich so Mehltau auf diese Pflanzen hier, da nahm die Arbeit einen immer formaleren Charakter an. ... Nehmen wir mal mein persönliches Schicksal: Jeder hat in dem Volkskammerausschuss für Haushalt und Finanzen gesehen, was ich für eine Rolle dort spiele, ... jeder hatte mich gesehen, wie ich aufgetreten bin, in unzähligen Ausschusssitzungen oder im Plenum, kannte meine Meinung, wusste, wo ich mit der Linie übereinstimmte, wo nicht; jeder hatte das gesehen. Und dann hat aber auch jeder gesehen, wie ich nun, weil ich eben eine andere Meinung hatte zu vielen Dingen oder zumindest zu einigen entscheidenden Fragen der Wirtschaftspolitik, was mit mir gemacht wurde; und wie es gemacht wurde. Und das ist ja nicht nur ein Einzelbeispiel gewesen. Es gab ja die Parteiopposition der SED; die kann man ja von A, von Ackermann, bis Z wie Zaisser kann man die ja belegen mit unzähligen Namen, und jeder erlebte, wie das sich nicht in Richtung mehr Demokratie entwickelte, sondern in einen Abbau der Demokratie. Das ist doch klar, dass dann der nächste sagte: ‚Nee, ich bin doch nicht dumm, ich reiß doch hier nicht mein Maul auf'. So hat sich das im großen und ganzen vollzogen, es wurde immer formaler, die Arbeit."[160]

In bestimmter Hinsicht repräsentierte Erich Honecker diesen Entwicklungstrend auch persönlich konsequent. Die mit seinem Machtantritt 1971 aufkommende Hoffnung auf mehr Flexibilität war nur kurzlebig. Sein Verhältnis zur Volkskammer war rein formal und von keiner erkennbaren Überlegung zu deren speziellen Fähigkeiten belastet; so bewerten es zumindest die meisten der befragten früheren Abgeordneten. Für ihn gehörte die Volkskammer zum normalen Inventar des politischen Systems der DDR, und hatte dort die ihr zugewiesene untergeordnete Rolle zu spielen. Die abnehmende Parlamentsarbeit war allerdings anfänglich durchaus verbunden mit dem Bemühen um Bürgerkontakt:

> „Der Einschnitt, der 1971 bis 73 begann, war eine Wiederbelebung der Volkskammer, die dann aber mit zunehmender Entwicklung der persönlichen Funktionstätigkeit von dem damaligen Generalsekretär Erich Honecker sich wieder einschränkte; die Tätigkeit war dann wesentlich eingeschränkt. Das ist einfach schon zu erkennen daran, dass wir früher ja viel mehr Tagungen hatten, dann in den letzten Jahren bis kurz vor der Wende im Jahr, wenn es hochkam, 3, 4 mal tagten, oftmals nur 2, 3 Stunden. Allerdings war in der Zeit, was ich vorhin schon sagte, eine ausgesprochen breite Tätigkeit aller Abgeordneten in ihren Wahlkreisen und mit den Ausschüssen, in sogenannten Arbeitsbesuchen, Untersuchungen, Kontrolluntersuchungen, Kontrolleinsätzen, vorbereitenden Einsätzen, da und – das muss man allerdings auch sagen – das war eine breite Zeit der Vorbereitung von grundsätzlichen Entscheidungen nach öffentlicher Diskussion. Es hat wohl in Deutschland kaum früher und später als in den Jahren zwischen 1970 und 1989 soviel öffentliche Diskussion von Gesetzen gegeben, wie das dann der Fall war."[161]

---

160 Interview Nr. 24, SED, S. 16 und S. 48f.
161 Interview Nr. 22, Sekretariat, S. 4.

Anfänglich war die Position Honeckers noch nicht so gefestigt, und er bemühte sich um mehr Zustimmung. Das galt auch für die Volkskammerabgeordneten. Hinzu kam, dass durch die gleichzeitig sich vollziehende internationale Anerkennung der DDR die Volkskammer unabhängig von subjektiven Einstellungen an Gewicht hinzugewann. Deshalb erlebte die Volksvertretung kurzzeitig eine gewisse politische Aufwertung, ohne allerdings tatsächlich mehr Kompetenzen zu erhalten.

Selbst von den Politbüromitgliedern wurde hundertprozentige Anwesenheit in den Plenarsitzungen verlangt, und sie hatten ihre Aufgaben als Ausschussvorsitzende zu erfüllen. Dies diente aber weit mehr der symbolischen Darstellung nach außen als der institutionellen Leistungssteigerung. Ein früheres Politbüromitglied rekonstruiert den Zeitgeist der Honeckerära sehr anschaulich, wenn er die Ansichten vieler im inneren Machtzirkel der DDR über die Volkskammer wiedergibt:

„Also im Grunde war das eine Formalie, im weitesten Sinne ist das Parlament eine notwendige Formalie. Ja, wenn jemand vorgeschlagen hätte, wir schaffen das Ding ab, dann hätte es eine Riesendebatte gegeben darüber, wie wichtig das sei, und was weiß ich alles; aber im tiefsten Inneren ist das nur von dieser Frage bestimmt gewesen: Machterhaltung. ... Es ist eben gefährlich für die SED, wenn in einer Gesellschaft eine Mehrparteiengesellschaft existierte, die nicht schon so gefasst ist, wie es also die Blockpolitik darstellt. Schon die Blockpolitik macht deutlich, dass das Parlament eine Formalie ist, denn im Parlament treffen sich die Vertreter der Blockparteien, die längst vorher eingeschworen sind, grundsätzlich eingeschworen sind, durch ihre eigenen Selbstverpflichtungen, durch ihre eigenen Parteibeschlüsse, auf die Dominanz der SED. Und wenn die sich dann wieder treffen, das ist ein Ritual. ... und dann tendiert man dazu, das zu vernachlässigen. ‚Ach Gott Mensch, morgen ist ja Parlaments-, ist ja Volkskammersitzung! Mann, ich wollte ja morgen da oder dorthin fahren!' Nee, ich muss [zur Volkskammer]!"[162]

Unter Honecker nahm die Taugungshäufigkeit der Plenarsitzungen weiter ab, kam es kaum noch zu Rechenschaftsberichten der Regierung, strich man fast vollständig die zweiten Lesungen von Gesetzesentwürfen, erhielten die Abgeordneten weniger Hintergrundinformationen über die politische oder wirtschaftliche Lage, wurden die Arbeitsgruppen immer öfter aufgefordert, vor allem Positives über die Entwicklung im Lande zu berichten, und auch Sprechstunden erhielten informell einen eher geringeren Stellenwert. Die Volkskammer verlor ihre Zeitschrift „Sozialistische Demokratie", deren Erscheinen ersatzlos eingestellt wurde. Vor allem unter dem Druck zunehmender ökonomischer und politischer Krisenerscheinungen der achtziger Jahre orientierte die SED-Führung immer mehr darauf, die Arbeit in der Volkskammer zu minimieren. Für Honecker kam keinesfalls in Betracht, die Volksvertretung als eine mögliche Reserveinstitution zur Krisenbewältigung zu verstehen. Zwei Zeitzeugen beschreiben diese Entwicklung aus unterschiedlichen Perspektiven folgendermaßen:

„Mit der Periode der größeren Aktivität der Ausschüsse war das Sekretariat natürlich mehr gefordert als Ende der 80er Jahre, als das aufhörte. Damit also erloschen auch die Anforderungen an das Sekretariat. ... Es wurde vorherrschender der alltägliche Geschäftsbetrieb in so einem Sekretariat. Natürlich waren Abgeordnete – nicht alle, aber viele Abgeordnete, die in den Ausschüssen arbeiteten – waren interessiert, mit ihren Mitarbeitern Kontakte zu haben

---

[162] Interview Nr. 41, SED, S. 22.

und die hatten Arbeit. Aber die Arbeit war nicht mehr von dem Umfang, von der Qualität her, so stark wie in früheren Perioden. Die Gesetzgebung war nicht mehr so groß, Volkswirtschaftspläne, so große Diskussion, wurden gar nicht gewünscht. Ich meine, das wurde den Mitgliedern der SED schon beigebracht, dass sie da also nicht allzu komplizierte Fragen aufwerfen, die vielleicht noch untersucht werden müssen; also das Anforderungsniveau war anders als in den 60er Jahre. In den 60er Jahren gab's mehr, und deswegen hatte das Sekretariat auch mehr leisten müssen, auch von der inhaltlichen Seite mehr, nicht, da waren die Mitarbeiter inhaltlich noch mehr gefordert."[163]

„Das war noch die Phase, wo ich das Empfinden hatte, dass das Plenum einen bedeutenden, eigenständigen Platz hatte mit Diskussionen, streitbar, und dass die Ausschüsse zur Vorbereitung der Gesetzgebung auch als Ausschüsse im Parlament arbeiteten und tätig waren, also keine Reiseausschüsse waren, sondern Ausschüsse als Arbeitsgremien, Ausschüsse, die auch mit kompetenten Leuten sich berieten und arbeiteten, Ausschüsse, die auch Vertreter der Regierung zur Rechenschaft holten, von ihnen Rechenschaft forderten und auf dieser Grundlage ihre Tätigkeit entfalteten."[164]

So verstärkte sich bei den meisten Abgeordneten der Eindruck eines zunehmenden Desinteresses der politischen Führung an der Volkskammer. Das drückte sich insbesondere darin aus, ihr kontinuierlich instrumentelle Aufgaben zu entziehen und sie dafür ständig mehr symbolisch-dekorativ auszurichten. In diesen Prozess passt der von einigen Mandataren beobachtete Kompetenzverlust der Volkskammer bei der Gesetzgebung:

„Ich glaube, dass die Tendenz dahin ging, immer mehr Gesetze und Entwürfe von Gesetzen und Plänen durch die Parteigremien nicht nur als Leitlinien vorberaten zu lassen, sondern sozusagen in der Entwurfsfassung, der dann auch der Volkskammer vorgelegt wurde, und das, spürbarer in den 80er Jahren, wiederum zur Folge hatte, dass die Ausschüsse, die dann die Entwürfe weiter beraten sollten, diskutieren sollten, schon so eingeschüchtert wurden, dass mit dem Verdikt, es ist im ZK schon beraten und verabschiedet oder im Politbüro beraten und verabschiedet, [sie] sich kaum noch Änderungen trauten; und wenn schon Änderungen vorgeschlagen wurden, es geschah dennoch hin und wieder, aber selten genug, dann die Ausschussvorsitzenden in Schwierigkeiten waren, im entsprechenden Schreiben, das sie dem Präsidenten der Volkskammer über die Beratung und ihre Ergebnisse machen mussten, abschriftlich an den Ministerratsvorsitzenden, bänglich wurden, denn sie wussten ja, das waren ja Politbüromitglieder; und die hatten das schon abgesegnet."[165]

Parallel dazu zwangen die internationale Anerkennung der DDR und die daraus resultierenden parlamentarischen Kontakte die SED-Führung, die Volkskammer zunehmend als eine Institution zu profilieren, welche parlamentarischen Anschein nach außen verbreitete. Dazu gehörte auch die gelegentliche Aufforderung, durch Anfragen und Zwischenrufe mehr parlamentarische Normalität zu erzeugen. Ein Mandatar erinnert sich über den Gebrauch von Anfragen in der Volkskammer zu dieser Zeit:

„Es wurde im Prinzip wenig davon Gebrauch gemacht, aber im Zusammenhang mit der Kritik auch von westlicher Seite, wurde das sogar von SED-Führungsseite forciert. Indem gefor-

---

163 Interview Nr. 30, Sekretariat, S. 25f.
164 Interview Nr. 34, SED, S. 4f.
165 Interview Nr. 38, KB, S. 19f.

dert wurde, und auch den anderen Parteien und den Fraktionen mitgeteilt, mehr Anfragen in der Volkskammer [zu stellen], um die Sitzungen lebendiger zu gestalten."[166]

Die diplomatische Anerkennung der DDR entfaltete aber auch eine bestimmte Eigendynamik für die Volkskammer. Es genügte nun nicht mehr, durch deren bloße Existenz parlamentarische Normalität zu demonstrieren. In der außenpolitischen Alltagsarbeit ergaben sich zahlreiche Anforderungen an die Institution und ihre Akteure. Ihren formellen Ausdruck fand das in der Aufnahme der Volkskammer in die Interparlamentarische Union und der damit verbundenen Gründung der Interparlamentarischen Gruppe, der faktisch alle Abgeordneten der Volkskammer angehörten. Inhaltlich entwickelten sich zahlreiche unterschiedliche Kontakte und Arbeitsaufgaben. Einerseits erlebten die DDR-Vertreter, dass auch in vielen nichtsozialistischen Ländern sehr unterschiedliche Parlamente existierten, die nicht selten nur eine geringe demokratische Legitimation und politische Kompetenz besaßen; andererseits spürten sie deutlich, wie ihre Rolle als Repräsentanten einer sozialistischen Volksvertretung, eines Minimalparlaments, ihre Möglichkeiten in der internationalen Zusammenarbeit begrenzte.

Auf die Vertreter der Blockparteien kamen ungewohnte Aufgaben zu. Sie wurden zu erwünschten Gesprächspartnern von Christdemokraten, Liberalen oder Vertretern von Bauernparteien.[167] Damit spielten sie in der außenpolitischen Selbstdarstellung der DDR plötzlich eine nicht unwichtige Rolle, hatten aber im Gegensatz dazu auf die Gestaltung der Außenpolitik der DDR so gut wie keinen Einfluss. Die festzementierten Widersprüche des politischen Systems, in dem die Volkskammer grundsätzlich ein Schattendasein spielte, brachen unter den veränderten Bedingungen internationaler Kooperation erneut auf. Allerdings waren die Zwänge nicht stark genug, um spürbare Veränderungen zu provozieren. Eine Folge war allerdings, dass SED-Spitzenfunktionäre intensiver als früher die Nützlichkeit eines Mandats der Volkskammer bzw. eines parlamentarischen Amtes spürten, weil erst so für sie die normale Kompatibilität zu vielen westlichen Politikern hergestellt werden konnte. Ein früheres Mitglied des Politbüros der SED sieht das nachträglich folgendermaßen:

„Also, auf der einen Seite waren SED-Politbüromitglieder die mächtigsten Gestalten in der DDR. [Doch] wenn sie ins Ausland kamen und hatten nicht die entsprechende Regierungsfunktion, dann war es für sie schwer, adäquate Gesprächspartner zu haben. Also ich sag das jetzt mal so banal: Der war mindestens soviel wie ein Minister; aber wenn er mit dem Minister dort sprechen wollte, hat der gesagt, was ist denn das für einer, den hab ich ja noch nie erlebt oder gesehen, ja. Bis sich das allmählich auch im Westen rumsprach und der Generalsekretär empfangen wurde wie der Parlamentspräsident oder der Präsident des Landes überhaupt ... Aber das gab mir die Möglichkeit, wenn ich ins Ausland gefahren bin, also mit sozusagen staatlich etablierten Spitzenpolitikern zu sprechen, weil da war man schon Abgeordneter, oder der war vielleicht Vorsitzender eines Ausschusses, wie der Axen, der konnte in Amerika Gespräche führen über das jüdische Eigentum, oder irgend so 'ne Geschichten, nicht. Also das ist sicherlich vielleicht etwas einseitig oder übertrieben; aber ich sehe diese, diese, Choreographie sozusagen, die mit dem Parlament auch existierte, unter dem Gesichts-

---

166 Interview Nr. 32, DBD, S. 36.
167 Interview Nr. 37, CDU, S. 3.

punkt der Zweckmäßigkeit einer, wenn man so will, analogen politischen Form zu Erscheinungen und zu Formen, wie sie in der westlichen Welt existierten.[168]

Insgesamt fällt die Bilanz der meisten Abgeordneten über die Rolle der Volkskammer in der zweiten Hälfte der DDR-Existenz ernüchternd aus. Während sich der Eindruck bei ihnen verstärkte, zunehmend weniger Einfluss auf die innenpolitischen Entwicklungen zu haben, sahen sie wenigstens in ihren internationalen Verpflichtungen noch einen größeren Sinn:

> „Die Erwartungen [an die Volkskammertätigkeit] waren insbesondere bis Anfang der 70er Jahre sehr hoch ... Und nachdem die völkerrechtliche Anerkennung der DDR vollzogen war, also so Anfang der 70er Jahre, nach dem VIII. Parteitag, da ließ das immer mehr nach. Und die 70er Jahre waren für mich, wäre die außenpolitische Tätigkeit nicht gewesen, eigentlich weniger ergiebig gewesen in der Volkskammer. Die Zahl der Sitzungen ging zurück, auch die Inhalte in den Sitzungsbesprechungen waren nachher bloß noch Darlegungen, was schon geschehen war, und man nahm es zur Kenntnis. Wenigstens hier im Auswärtigen [Ausschuss]. Und insofern leitete sich eigentlich in meinem Gefühl dort also ein gewisser Substanzverlust in der Volkskammer ziemlich deutlich ein."[169]

In dieses Bild politischer Perspektivlosigkeit der Volkskammer fügt sich das fast vollständige Fehlen jeglicher systematischer Reformbemühungen plausibel ein. Es war der politischen Führung in der DDR anscheinend gänzlich durch die strukturelle, funktionelle und personelle Gestaltung der obersten Volksvertretung gelungen, jeden erkennbaren Impuls institutioneller Revitalisierung zu unterdrücken. Verständlich erscheint, dass in einem offiziellen Klima des gesellschaftlichen Reformverbots, über dem die Losung stand: „Keinerlei Experimente", eine Umgestaltung der Volkskammer nur Folge eines umfassenderen gesellschaftspolitischen Neuansatzes sein konnte. Da dieser bis 1989 nicht erfolgte, blieb auch der Weg zu Reformen in der Volksvertretung versperrt. Trotzdem erstaunt schon, wie sich die Abgeordneten weitgehend mit dem auch für sie oft unbefriedigenden Zustand abgefunden hatten. Dennoch gab es sporadisch immer wieder Überlegungen, die Arbeit der Volkskammer zu verbessern. Auffällig, aber nicht überraschend ist dabei die überproportionale Rolle, welche Mitarbeiter des Sekretariats oder beruflich mit besonderem Sachverstand ausgestattete Abgeordnete dabei spielten. Schriftliches Material ließ sich dazu zwar nur selten finden. Vor allem die Interviews machen aber deutlich, dass es dabei vor allem um mehr Transparenz der Institution, eine umfassendere Information der Mandatare durch die staatlichen Organe, regelmäßige Berichterstattung der Regierung vor der Volkskammer, um die Rückkehr zur Praxis von zwei Lesungen bei der Debatte von Gesetzesentwürfen, mehr Kompetenzen der Arbeitsgruppen der Ausschüsse, die Begrenzung der Ehrenamtlichkeit des Mandats oder auch um mehr Rechtssicherheit durch eine Art Verfassungsgericht ging.[170] In einem Erfahrungsbericht des Staats- und Rechtsausschusses wurde 1980 gefordert:

---

168 Interview Nr. 41, SED, S. 4f.
169 Interview Nr. 06, NDPD, S. 37f.
170 Vgl. die textanalytische Datei ‚Reformbestrebungen' der Interviewauswertung.

„Die Volkskammer sollte öfter tagen. Sie ist nicht nur ein gesetzgebendes Organ, sondern das oberste Organ der Staatsmacht. Das verpflichtet zu mehr als nur zur Gesetzgebung."[171]

Die meisten Vorschläge waren kein Ergebnis systematischen Suchens der Institution nach Optimierung, sondern gingen auf Impulse einzelner bzw. einzelner Gremien zurück. Dabei wurde, wie in der DDR üblich, die offiziell geforderte Berichterstattung genutzt, um auch Kritisches und Lösungen für entstandene Konfliktfelder zu benennen. Diese Anmeldung eines systemkonformen Reformbedarfs wurde allerdings nie öffentlich diskutiert oder gar institutionell umgesetzt. Viele der durchaus vorhandenen Reformüberlegungen blieben auf der Stufe eher informeller Gespräche stecken, kamen nie zu Papier und verschwanden damit spurlos aus dem institutionellen Gedächtnis. So gut wie keine der Anregungen fand Berücksichtigung. Das war nicht zuletzt darauf zurückzuführen, dass es keinen institutionalisierten und rechtlich abgesicherten Mechanismus gab, derartige Inhalte zum offiziellen Arbeitsgegenstand der Volkskammer werden zu lassen. In bestimmter Hinsicht untypisch ist darum die offizielle Initiative zu Verbesserungsmöglichkeiten für die Volkskammer in den sechziger Jahren, über die ein ehemaliger Mitarbeiter berichtete, typisch sind dagegen die Umstände und Resultate dieses Bemühens:

„Also es gab intern mal den Versuch aufzuschreiben, was können wir aus der Volkskammer mehr machen ... Das haben wir mit dem Gotsche besprochen, und der sagte, Ulbricht möchte das auch mal wissen. Da haben wir geschrieben: Wir haben ein Blocksystem, ja. Parteien zwar, Nationale Front, gut; aber dennoch ein Blocksystem. Meine These war, also eine meiner Thesen war: Wenn unsere Partei, ich hab das ja auch vom Parteistandpunkt her immer betrachtet, wenn unsere Partei erreichen will, dass sie mit ihrer Demokratieauffassung von der Bevölkerung angenommen wird, muss sie den Weg über die Volkskammer gehen und in der Volkskammer über die Debatten, die da stattfinden, sichtbar machen, dass es volksdemokratisch zugeht. Also eine andere Natur der Debatten hab ich zum Beispiel dort vorgeschlagen und dazu Gesichtspunkte entwickelt. Das zweite war, die Wahlkreisaktivs anders zu gestalten, mit mehr Verzahnung auch mit den im Wahlkreis vorhandenen politischen Institutionen. Und das dritte waren die Ausschüsse. ... Ausschüsse mit viel mehr Kontrollkompetenz zu betrauen, also Kontrolle der Durchführung. Da hatten wir ja Erfahrungen schon, also wir ja im Verfassungs- und Rechtsausschuss, hier und dort [hatten wir] also solche Erfahrungen gemacht. Das haben wir auch zu Papier gebracht und das wurde abgegeben und dann kriegten wir nun die Nachricht, ‚Das könnte ihr vergessen!' ... Ich glaube, davor hatte auch Ulbricht Manschetten. Insofern war er ja begrenzt ..."[172]

Charakteristisch für die Volkskammer insbesondere in den siebziger und achtziger Jahren ist die Verbindung von abnehmender instrumenteller Bedeutung, der Zunahme deklamatorisch-symbolischer Aufgaben und dem weitgehenden Fehlen ernsthafter Versuche einer institutionellen Reform. Wachsende gesellschaftliche Krisenerscheinungen verschärften diese Situation weiter, steigerten die Inflexibilität der politischen Klasse, vermehrten die Verharrungstendenzen, die Stagnation und das Bewusstsein der Ausweglosigkeit. Das alles endete 1989 in der Korrektur durch die auf der Strasse versammelten Bürger. Was institutionelle Lernleistung nicht vermochte, erzwang das vom Obrigkeitsdenken befreite Volk.

---

171 O. A. 1980, S. 4.
172 Interview Nr. 30, Sekretariat, S. 22.

4.5. Warum taten die Abgeordneten nicht mehr für die Stärkung der Volkskammer?

Viele Interviews, aber auch die meisten Beiträge ehemaliger Akteure der Volkskammer in diesem Band, zeigen einen offensichtlichen Widerspruch: Nicht wenige der Abgeordneten besaßen eine durchaus kritische Haltung zu wesentlichen Elementen der Funktionslogik sozialistischer Volksvertretungen, die Mehrzahl von ihnen erkannte letztlich in der Suprematie der SED den eigentlichen Krebsschaden nicht nur der Institution, sondern des gesamten politischen Systems – und trotzdem wirkten sie scheinbar reibungslos im Sinne der Machtverhältnisse mit. Wie lässt sich dieser Widerspruch begreifen?

Verständlich ist, dass in der späteren Rückschau, also nach dem Ende der DDR, manche kritische Bewertung leichter fällt. Aber das darf nicht vom eigentlichen Phänomen ablenken, nämlich dem, wie es einem realsozialistischen System gelingen konnte, sich die Loyalität der doch auch zur Kritik fähigen Repräsentanten eines wesentlichen Teils der wissenschaftlichen, kulturellen, wirtschaftlichen, medizinischen und sonstigen Elite dauerhaft zu sichern. Neu ist diese Erscheinung in der jüngeren deutschen Geschichte nicht. Sowohl an demokratische wie an diktatorische Bedingungen passten sich jeweils die Mehrheit der Bevölkerung und deren Funktionaleliten aus pragmatischen oder anderen Gründen an. Dabei spielten die Vermeidung persönlicher Konfliktsituationen, die Hoffnung auf eigenes Fortkommen oder die willkommene Zuflucht in individueller Ohnmacht immer eine spezielle Rolle. Für die Akteure der Volkskammer stehen darüber hinaus aber auch andere Faktoren im Vordergrund.

Entscheidend war zuerst der Rekrutierungsmechanismus, durch den grundsätzlich nur jene in die engere Auswahl für ein Mandat in der Volkskammer kamen, die sich als hinreichend loyal erwiesen hatten. In Kombination mit dem Prinzip der sozialen Repräsentation konnte man dabei allerdings keine allzu engen Grenzen setzen. Unter dem Druck der Quotenerfüllung hatten auch nicht wenige eine Chance, die nur bedingt dem kaderpolitischen Ideal der SED entsprachen. Am deutlichsten wurde das im Bemühen, auch geistliche Würdenträger für ein Mandat zu gewinnen. Trotzdem verhinderte der Auswahlmechanismus weitgehend, dass systemkritische Personen ein Mandat erhalten konnten.

Typisch für den absolut überwiegenden Teil der Abgeordneten war ein politisches Weltbild, das den Sozialismus bejahte. Dieses erwuchs vor allem für die Älteren auch als Reaktion auf die traumatischen Erfahrungen des Versagens der politischen Eliten wie des politischen Systems Deutschlands in der ersten Hälfte des 20. Jahrhunderts. Bereitwillig sahen viele im unkonventionellen Neuanfang Ostdeutschlands mit seiner Suche nach neuartigen Lösungen und mit seinem Antifaschismus ein glaubwürdiges und tragfähiges Gegenmodell gerade zu Westdeutschland. Diese spezielle Identifikation mit der DDR verfestigte sich bei vielen derart, dass sie auch dann keinen Bruch mit der DDR zuließ, als deren systemimmanente Widersprüche immer offensichtlicher wurden.

Die jüngeren Mandatare wuchsen praktisch mit der DDR und deren erlebten Vor- und Nachteilen auf. Die DDR wurde zur bestimmenden und meist auch akzeptierten Alltagswirklichkeit, zu der es keine realistische Alternative zu geben schien. Die offizielle politische und intellektuelle Sozialisation verhinderte den offenen, kritischen Umgang mit den realen Verhältnissen des Sozialismus und disziplinierte das Denken und Handeln der Betroffenen.

Es waren drei zentrale Faktoren, welche ferner dazu beitrugen, dass die bei vielen vorhandene kritische Loyalität trotz zunehmender Unzufriedenheit mit der politischen Führung gerade nicht in radikalen Reformwillen, Opposition oder Widerstand umschlug:

1. Bei den meisten Mandataren existierte – wie insgesamt bei der nicht kleinen Gruppe staatstragender Bürger – eine starke emotionale Bindung an die Utopie bzw. das Ideal eines Sozialismus als kraftvoller Alternative zur bürgerlichen Gesellschaft. Dessen offensichtliche Schwächen in der Praxis wurden verdrängt, mit dem Hinweis auf den Systemwettbewerb relativiert oder durch die Hoffnung auf eine Veränderung ‚von oben' ertragen. In jedem Fall erfolgte die individuelle Auseinandersetzung mit dem Problem nur in Einzelaspekten, nicht auf der grundsätzlichen Ebene eines Durchdenkens des Gesamtsystems. Das Beispiel Gorbatschow schien zeitweilig wieder Hoffnung zu geben, dass die politische Ausweglosigkeit auch Konstruktives hervorbringen könne und somit der eigene ‚Weg durch die Instanzen' durchaus akzeptabel sei, selbst wenn er mehr Anpassung als gewollt abverlangte.

2. Tief verinnerlicht war politische Selbstdisziplinierung. Auch bei jenen, die sich um weitreichende Veränderungen im Rahmen des Sozialismus bemühten, wirkte die ‚Schere im Kopf' weiter. Alles wurde daraufhin geprüft, ob es nicht ‚der Sache' oder der DDR mehr schade als nütze. Das galt besonders dann, wenn manches öffentlich gesagt wurde und eventuell von westlichen Zuhörern oder Medien aufgegriffen werden konnte. So wurde die Scheinwelt äußerlicher, symbolischer Geschlossenheit bis ins Innerste übernommen. Dies war nur mittelbar Resultat drohender Repression oder in Aussicht gestellter Gratifikation, sondern vor allem Ausdruck internalisierter Wertemuster und Rollenorientierungen.

3. Besonders negativ wirkte sich der von der politischen Führung mit allen Mitteln durchgesetzte systematische Wissensentzug aus. Alle Möglichkeiten, sich über Reformbestrebungen im Realsozialismus, über alternative Denkansätze und auch über die tatsächliche Funktionsweise parlamentarischer Demokratien sachkundig zu machen, waren extrem beschränkt und unterlagen einer rigiden Kontrolle. Völlig ausgeschlossen waren legale Diskussionen zu diesen Problemen. So kam es, dass der Vergleich politischer Systeme oder Theorien nur ansatzweise entwickelt war und der Bewertungsmaßstab beispielsweise für parla-

mentarische Demokratien nicht mehr erfasste als deren tendenziös interpretiertes Erscheinungsbild. Dadurch wurde jede fundierte Reformüberlegung verhindert und jenen der Mut genommen, die mangels Kenntnis nur Teilvorstellungen von dem hatten, was unbedingt zu verändern sei.

Dies alles wirkte sich auf die Bereitschaft aus, den ‚Weg durch die Institutionen' mit seinen Kritik absorbierenden Tendenzen als einzig gangbare Variante sozialistischer Veränderung zu akzeptieren. Obwohl die Begleitumstände zweifellos für eine solche Entscheidung sprachen, reichte das grundsätzliche Reformpotential des Realsozialismus in Europa eben nicht aus, um so in der gebotenen Schnelligkeit die notwendigen Wandlungsprozesse auszulösen. Ein früherer Abgeordneter fasste dies so zusammen:

> „Ich glaube, dass dabei die den Leuten anerzogene Disziplin [eine außerordentlich große Rolle gespielt hat]. Sozusagen unter dem Motto: ‚Die Grundrichtung hin zum Sozialismus, hin zu einer anderen Gesellschaftsordnung, die eingeschlagen ist, ist richtig, wenn du mithelfen willst, diese Richtung wirklich durchzuhalten, musst du bei der Sache bleiben. Es hat keinen Sinn auszuscheren, das Gute wird sich irgendwann einmal durchsetzen. Es kann gar nicht anders sein, der Sozialismus verträgt das. Wenn du sozusagen den Aufstand machst, gibt's Wirrwarr. Die Veränderungen können nur durch Einsichten von oben durchgesetzt werden.' Das ist ein ganzer Komplex von Vorstellungen, die hinderlich waren, das System wirklich zu ändern, und die bewirkt haben, dass diejenigen, die nun völlig erstarrt waren, sich halten konnten, sich solange halten konnten, bis es dann zu spät war mit irgendwelchen Änderungen."[173]

Eine bestimmte disziplinierende Wirkung übte auch das Gefühl einiger Abgeordneter aus, trotz aller Begrenztheit das Mandat für wichtige Gestaltungsmöglichkeiten nutzen zu können. Eine allzu kritische Haltung hätte demzufolge dem Verlust dieser Chance bedeutet, den sie für nicht zweckmäßig hielten. Ein betroffener Abgeordneter beschreibt das folgendermaßen:

> „Ich war mir im Klaren, dass diverse Sachen, die zur Staatspolitik gehören, nicht in der Volkskammer entschieden wurden. Das war mir vollkommen klar. Ich hab' mir aber folgendes gesagt: Wenn du jetzt ‚nein' sagst, du willst jetzt nicht Abgeordneter sein – es ging dabei nicht um die Bezahlung oder freie Bahnfahrt! –, dann hast du überhaupt keine Möglichkeiten, im Rahmen deiner Gegebenheiten etwas zu verändern. Mit deiner eigentlichen [Berufs-] Tätigkeit auf Bezirksebene hast du nur im Bezirk die Möglichkeiten. Aber zentral überhaupt nicht; ich kann also wesentlich weniger den Menschen helfen. Und das war für mich an sich das Kriterium."[174]

Es war das Dilemma eines sozialistischen Abgeordneten, einerseits durch das Mandat mehr selbst politisch gestalten zu können, andererseits sich den nicht selten sehr rigiden herrschenden Spielregeln unterzuordnen. Dieses Dilemma erzeugte eine besondere Disziplinierungskraft. Diese durchaus systemübergreifende Erfahrung entfaltete allerdings im realsozialistischen Umfeld als Bestandteil eines reformfeindlichen Gesamtkonzepts eine besonders subtile Wirkung, konnte man nun doch

---

173 Interview Nr. 43, KB, S. 19.
174 Interview Nr. 04, CDU, S. 14.

guten Gewissens selbst den zwingend notwendigen politischen Wandlungsbedarf mehr oder weniger ignorieren.

Es war nach einigen Jahrzehnten in der DDR gelungen, das intellektuelle Potential wie die Bereitschaft zum kreativen politischen Reformwillen fast vollständig zu unterdrücken. Soweit es beides noch gab, fristete es ein Schattendasein in den Nischen kleiner privater Gesprächsgruppen oder führte im Einzelfall zum offenen Bruch mit dem System. Beides war nicht unerheblich durch die Sanktionskraft des Staates und der Partei bedroht, angefangen von persönlichen Aussprachen, über parteierzieherische Maßnahmen bis hin zu strafrechtlicher Verfolgung. Prominente Dissidenten wurden oft in den Westen ausgewiesen, wodurch einer möglichen geistigen Reformbewegung immer wieder die Kristallisationskeime und Führungspersönlichkeiten genommen werden.

Das erzeugte bei vielen Abgeordneten nicht nur ein Gefühl der Ohnmacht, sondern stärker noch der Orientierungslosigkeit. Im institutionellen Mechanismus der Volkskammer gefangen und systematischer Kritikfähigkeit beraubt, schien der Impuls zur Veränderungsbereitschaft in ihnen erstorben zu sein. Dieser erwachte, für einige durchaus überraschend, wieder, als im Herbst 1989 die bisherigen Werte und Strukturen fließend wurden sowie ihre beherrschende Kraft verloren. Anschaulich berichtet eine Abgeordnete über diesen Prozess und über die Umstände wiedergewonnener Eigenverantwortung und Courage:

> „Ich bin nie zu einer Stimmabgabe gezwungen worden, hätte aber auch nicht gewusst, warum ich dagegen bin. Aber bei der letzten Sitzung, hab' ich dagegen gestimmt. Da war ich bei den 19 Gegenstimmen [gegen die Wahl von Egon Krenz zum Staatsratsvorsitzenden]. Aber das war für mich eine ganz dramatische Sache. Und als ich nach Hause gekommen bin, war das in der ersten Wahlversammlung, wo man mich fragte: ‚Na, was haben Sie denn gestimmt?' Und ich gab' gesagt: ‚Dagegen'. ... Obwohl ich jetzt gegen die Person, ich hab' mich mit ihm mehrmals unterhalten, über die FDJ-Strecke, ich hatte keine Vorbehalte; aber das Prinzip, das System, hab' ich gesagt, so kann's nicht sein. Ich war nicht mal sehr aufgeregt. Ich war die Ruhe [selbst]. Meine Umsitzenden haben es ja dann erst gemerkt, als ich mich [zur Abstimmung] aufgestellt habe. ... Ich hab' das völlig spontan entschieden, aber ich war ganz gefasst. Ich habe ja hier nun jede Versammlung mitgemacht, die da über die Bühne ging, und mir selber war klar, so kann's nicht weitergehen. [Auch] weil der Druck des Volkes dahinter stand, finde ich. Und die eigene Einstellung zu der Thematik, dass man sagte, das kannst du mit deinem Gewissen nicht mehr vereinbaren, was hier losgeht. Es ging nicht mehr; ich dachte, hier machste nicht mehr mit."[175]

Die mangelnde Reformbereitschaft unter den Abgeordneten erwuchs aus den gleichen Quellen, die auch die Institution Volkskammer deformierten. Es fehlte die Kraft funktional wirkungsvoller Gremien, Strukturen und Regeln, die aus dem einzelnen Unbehagen ein kollektives und institutionelles Lernen hätten machen können. Fraktionen, Ausschüsse oder gar das Präsidium konnten das nicht leisten. Deren Grenzen waren bereits an dem Punkt erreicht, wo Abgeordnete nicht selten ihren Unmut über die alltäglichen Bedingungen äußerten oder eher geringfügige Änderungen von Regierungsentscheidungen wünschten. Die Orientierung auf äußerliche Einheit und Geschlossenheit schuf die Unfähigkeit zum politischen Konflikt und

---

175 Interview Nr. 46, LDPD, S. 59f.

Kompromiss, stellte die abweichende Meinung unter Strafe und verhinderte, meist tief verinnerlicht, den Mut zum Neuen und zum Experiment. Die verbreitete Kultur informeller politischer Kommunikation, also der Versuch einzelner, im direkten Gespräch mit Entscheidungsträgern auf Probleme hinzuweisen oder Lösungsmöglichkeiten anzubieten, ließ viele gute Ideen versickern und verstärkte den Eindruck von der Bedeutungslosigkeit der Volkskammer in der Bevölkerung weiter. Wie in der Phase institutioneller Primärgenese wurden auch später die Akteure an die Institution und wurde nicht umgekehrt die Institution den Akteuren angepasst. Als dann die Sicherheitsgarantie der Sowjetunion wegfiel und die inneren Probleme immer größer wurden, zeigte sich die destabilisierende Wirkung des Fehlens eines institutionellen Gedächtnisses, welches demokratisch-parlamentarische Erfahrungen und die Fähigkeit zum Wandel beherbergt hätte.

Typisch für diese erstarrende, nicht effektive Institution war der Versuch der Volkskammer und damit des politischen Systems der DDR, bei Zunahme der Konflikte und Krisen Stabilität gerade durch Isolierung vom umgebenden Milieu erreichen zu wollen. Das bedeutete auch, die immer wieder zaghaft aufkommenden Reformüberlegungen aus den eigenen Reihen zu ignorieren und die betreffenden Akteure unter Druck zu setzen. Unter diesen Bedingungen ist der Mut einzelner zur informellen Kritik persönlich hoch zu bewerten. Politisch war er allerdings bedeutungslos, und er war auch nicht vorherrschend unter den institutionellen Akteuren. Typisch war vielmehr die folgende Haltung:

> „Wenn ich den Prozess der Bildung aus meiner Sicht sehe, den ich durchgemacht habe, dann war das Folgendes: Die Grundrichtung dürfen wir nicht angreifen; dieses Konstrukt DDR muss erhalten bleiben, wir dürfen nicht zu sehr an diesem Konstrukt kritisieren, da das letztlich dem Klassengegner nur hilft. Das heißt, in der Konsequenz haben wir uns diesem Zwang unterworfen, was in der DDR letztlich als politisches Credo gesetzt war: Die führende Rolle der Partei und ihre Kenntnisse, ihre historische Mission der Arbeiterklasse müssen wir versuchen zu unterstützen, zu fördern; und wir dürfen nicht dieses System an sich in Frage stellen, sondern können nur Details diskutieren. Und wir waren alle in diesen Zwängen! Und wir haben natürlich, das muss ich heute sagen, eben vieles zu unkritisch gesehen. Wir waren in vielen Fällen zu blauäugig, haben uns auf vieles verlassen, was gesagt wurde, ohne genügend zu hinterfragen. Das ist natürlich für einen Menschen sehr kritisch zu sehen, aber ist nun mal so gewesen."[176]

5. Zusammenfassende Bewertung

Der Versuch, in Gestalt der Volkskammer eine Vertretungskörperschaft neuen Typs zu schaffen, war auch Folge des zum Teil gescheiterten Parlamentarismus der zwanziger Jahre in Deutschland. Ohne genügende theoretische Vorkenntnisse wurde in der DDR eine sozialistische Volksvertretung errichtet, die dauerhaft unter dem Widerspruch zu leiden hatte, demokratische Repräsentationsinstitution in einem realsozialistischen System sein zu sollen. Anders als parlamentarische Systeme, welche in

---

176 Interview Nr. 53, DBD, S. 50f.

der Geschichte über längere Zeiträume wachsen konnten, bestimmten rasch umgesetzte ideologische Wünsche der neuen Herrschaftselite, Sachzwänge der Gesellschaft sowie die Konsequenzen des Systemwettbewerbes Funktion, Struktur und Entwicklung der Volkskammer. So wurde bis 1955 das sowjetische Modell immer stärker von der DDR übernommen, ohne dessen Eignung für deutsche Verhältnisse zu prüfen bzw. prüfen zu können.

Die sozialistische Volkskammer der DDR besaß nur minimale Parlamentskompetenzen, weil sie – wie von der sozialistischen Verfassung gewollt – von Beginn an Instrument der herrschenden SED war. Das in der Leitidee formulierte Ziel, einen leistungsfähigeren Typ von Vertretungskörperschaft als überlegene Alternative zum ‚bürgerliche Parlament' zu schaffen, scheiterte. Die Ursachen dafür sind vielgestaltig. Doch sie liegen vor allem in der Missachtung der Kombination von freiheitlicher Demokratie mit dem Repräsentationsprinzip. Genau darum gelang es der Volkskammer nicht, zum effizienten Bindeglied zwischen der Gesellschaft und den zentralen politischen Institutionen zu werden. Die Negierung des politischen Pluralismus unterdrückte die umfassende Artikulation der bestehenden Interessenvielfalt und deformierte den vorpolitischen Raum. Politische Repräsentation schloss nicht autonomes Handeln der Abgeordneten bzw. der Fraktionen und Ausschüsse ein, sondern basierte auf dem imperativen Mandat im Dienste der SED. Institutionell geleistete Kommunikation fand keinen Eingang in die eigentliche politische Willensbildung und Entscheidung. Vielfache personelle, strukturelle und prozessuale Sicherungen banden die Volkskammer an die SED und verhinderten institutionelle Eigendynamik. Im Ergebnis führte das zu geringer Problemlösungskapazität der Volkskammer wie des gesamten politischen Systems. Die absolute Macht der SED wurde zum Privileg, nicht lernen zu müssen. Das wiederum verstärkte zwar langsam, aber letztlich unaufhaltsam die Tendenz zu geringer werdender politischer Stabilität und Integration. Die Bürger und viele Abgeordnete sahen in der Volkskammer jene machtlose Institution, die sie tatsächlich war. Die latenten Möglichkeiten einer demokratischen Vertretungskörperschaft wurden in der DDR ignoriert, weil sie im Widerspruch zur Funktionslogik des auf Suprematie der SED ausgerichteten politischen Systems standen.

Doch selbst wenn die Volkskammer lediglich partiell und begrenzt Politik mitgestalten und nur in Ausnahmefällen Legitimationsglauben wecken konnte, dürfen in einer Gesamtbilanz ihre Leistungen nicht übersehen werden. Vor allem durch das Engagement vieler Abgeordneten und Mitarbeiter erfüllte sie begrenzte Aufgaben in der politischen Kommunikation, Gesetzgebung und Kontrolle. Dergestalt trug sie ein wenig dazu bei, die Schwächen des Systems auszutarieren, Fehlentscheidungen abzupuffern, der Politik eine persönlichere Note zu verleihen und ein gewisses Maß an Systemvertrauen zu erzeugen. Allerdings geschah das weitgehend informell, latent und nicht öffentlich. Die Volkskammer war eben ein ‚stummes Parlament'.

Literaturverzeichnis:

Ackermann, Anton (1997): Gibt es einen besonderen deutschen Weg zum Sozialismus? (Auszug). In: Herbst, Andreas/Stephan, Gerd-Rüdiger/Winkler, Jürgen (Hrsg.) (1997): Die SED. Geschichte – Organisation – Politik. Ein Handbuch, Berlin: Dietz Verlag, S. 547-552.

Akademie für Staats- und Rechtswissenschaft der DDR (Hrsg.) (1974): Wörterbuch zum sozialistischen Staat, Berlin (Ost): Dietz Verlag.

Akademie für Staats- und Rechtswissenschaft der DDR (Hrsg.) (1979): DDR – Gesellschaft Staat Bürger, Berlin (Ost): Staatsverlag der Deutschen Demokratischen Republik.

Badstübner, Rolf et al. (Hrsg.) (1989): Deutsche Geschichte. Band 9, Köln: Pahl - Rugenstein.

Doernberg, Stefan (1959): Die Geburt eines neuen Deutschland 1945 – 1949: Die antifaschistisch-demokratische Umwälzung und die Entstehung der DDR, Berlin (Ost): Rütten & Loening.

Dowidat, Christel (1986): Zur Entwicklung der politischen und sozialen Strukturen der Mitglieder von Landtagen, Volksrat und Volksklammern in der SBZ/DDR zwischen 1946 und 1950/54, Dissertation, Mannheim: o. A.

Fischer, Erich (1988): Die Vorstellungen der KPD von einer deutschen demokratischen Volksfrontrepublik und ihrer Verfassung (1939-1939) in: Staat und Recht 12. 1988, S. 979-987.

Fischer, Erich/Künzel, Werner (1989a): Die Verfassung der Deutschen Demokratischen Republik vom 7. Oktober 1949. In: Akademie der Wissenschaften der DDR, Institut für Theorie des Staates und des Rechts. Ausgew. u. eingel. von Erich Fischer und Werner Künzel (Hrsg.): Verfassungen der deutschen Länder und Staaten. Von 1816 bis zur Gegenwart, Berlin (Ost): Staatsverlag der Deutschen Demokratischen Republik, S. 469-492.

Fischer, Erich/Künzel, Werner (1989b): Verfassung der Deutschen Demokratischen Republik vom 6. April 1968. In: Akademie der Wissenschaften der DDR, Institut für Theorie des Staates und des Rechts. Ausgew. u. eingel. von Erich Fischer und Werner Künzel (Hrsg.): Verfassungen deutscher Länder und Staaten. Von 1916 bis zur Gegenwart, Berlin (Ost): Staatsverlag der Deutschen Demokratischen Republik, S. 495-518.

Fischer, Erich/Künzel, Werner (1989c): Verfassung der Deutschen Demokratischen Republik vom 6. April, in der Fassung des Gesetzes zur Ergänzung und Änderung der Verfassung der DDR vom 7. Oktober 1974. In: Akademie der Wissenschaften der DDR, Institut für Theorie des Staates und des Rechts. Ausgew. u. eingel. von Erich Fischer und Werner Künzel (Hrsg.): Verfassungen deutscher Länder und Staaten: Von 1816 bis zur Gegenwart, Berlin (Ost): Staatsverlag der Deutschen Demokratischen Republik, S 519-540.

Gesetz über die Wahlen zur Volkskammer der Deutschen Demokratischen Republik am 17.10.1954. In: GBl. 69. 1954, S. 667.

Gesetz über die Wahlen zur Volkskammer der Deutschen Demokratischen Republik am 16. 11. 1958. In: GBl. 60. 1958, S. 667.

Gesetz über die Wahlen zu den Volksvertretungen der Deutschen Demokratischen Republik – Wahlgesetz – vom 31. 7. 1963. In: GBl. 8. 1963, S. 97.

Gesetz über die Wahlen zu den Volksvertretungen der Deutschen Demokratischen Republik – Wahlgesetz – vom 24. 6. 1976. In: GBl 22. 1976, S. 301.

Gesetz zur Änderung des Wahlgesetzes vom 28.6.1979. In: GBl. 17. 1979, S. 139.

Göhler, Gerhard (1994): Politische Institution und ihr Kontext. Begriffliche und konzeptionelle Überlegungen zur Theorie politischer Institutionen. In: Göhler, Gerhard (Hrsg.): Die Eigenart der Institutionen, Baden-Baden: Nomos, S. 19-46.

Glaeßner, Gert-Joachim (1999): Demokratie und Politik in Deutschland, Opladen: Leske + Budrich.

Herbst, Andreas/Stephan, Gerd-Rüdiger/Winkler, Jürgen (Hrsg.) (1997): Die SED. Geschichte – Organisation – Politik. Ein Handbuch, Berlin: Dietz Verlag.

Institut für Marxismus – Leninismus beim Zentralkomitee der SED (Hrsg.) (1966): Geschichte der Deutschen Arbeiterbewegung, Bd. 7, Berlin (Ost): Dietz Verlag.

Kaiser, Monika (1997): Machtwechsel von Ulbricht zu Honecker: Konfliktmechanismen der SED - Diktatur in Konfliktsituationen 1962 bis 1972, Berlin: Akademie Verlag.

Kelle, Herbert/Riemann, Tord (1989): Die Volkskammer – wie sie arbeitet, Berlin (Ost): Staatsverlag der Deutschen Demokratischen Republik.

Lapp, Peter Joachim (1975): Die Volkskammer der DDR, Opladen: Westdeutscher Verlag.

Lapp, Peter Joachim (1982): Wahlen in der DDR: Wählt die Kandidaten der Nationalen Front, Berlin: Verlag Gebr. Holzapfel.

Mampel, Siegfried (1982): Die Sozialistische Verfassung der Deutschen Demokratischen Republik, Frankfurt am Main: Metzner.

Mampel, Siegfried (1997): Die sozialistische Verfassung der Deutschen Demokratischen Republik: Kommentar, Goldbach: Keip.

O. A. (1980): Probleme, die für die weitere Entwicklung der Arbeit der Volkskammer im Sinne der Vervollkommnung der sozialistischen Demokratie wesentlich sind. [Unveröffentlichter Erfahrungsbericht des Verfassungs- und Rechtsausschusses aus dem Nachlass eines Mitarbeiters des Sekretariats], Berlin (Ost): o. A.

Parteivorstand der SED (1946): Entwurf einer Verfassung für die Deutsche Demokratische Republik. In: Neues Deutschland, 16.11.1946, S. 3-21.

Patzelt, Werner J. (2000): Der Bürger – Schwachpunkt der Demokratie? In: Das Baugerüst. Zeitschrift für Mitarbeiterinnen und Mitarbeiter der evangelischen Jugendarbeit und außerschulischen Bildung 52. 2000, S. 38-47.

Pieck, Wilhelm (1946): Frieden und Freundschaft. Ein Wort zum Verfassungsentwurf. In: Abteilung Kultur und Erziehung der SED (Hrsg.): Entwurf einer Verfassung für die Deutsche Demokratische Republik, o. w. A., S. 3.

Polak, Karl (1947): Marxismus und Staatslehre: mit einem Geleitwort von Otto Grothewohl, Berlin: Verlag Einheit GmbH.

Poppe, Eberhard (1956): Zum Wesen und Begriff des Wählerauftrages. In: Staat und Recht 7. 1956, S. 869-881.

Provisorische Volkskammer der Deutschen Demokratischen Republik, Sitzungsprotokolle und Sammeldrucksachen 1949-50, [Bd. 1], o w A.

Reichelt, Hans (1997): Blockflöten – oder was? Zur Geschichte der DBD, Berlin: Edition ost.

Roggemann, Herwig (1974): Die Staatsordnung der DDR, Berlin: Berlin Verlag.

Roggemann, Herwig (1976): Die DDR-Verfassungen, Berlin: Berlin Verlag.

Schirmer, Roland (2001): Die Volkskammer und deren Selbstsymbolisierung In: Patzelt, Werner J. (Hrsg.): Parlamente und ihre Symbolik. Programm und Beispiel institutioneller Analyse, Wiesbaden: Westdeutscher Verlag, S. 136-197.

Schöneburg, Karl Heinz (1984): Die DDR Verfassung von 1949: Geschichte und Aktualität. In: Neue Justiz 10. 1984, S. 386-389.

Schroeder, Klaus (1998): Der SED-Staat. Partei, Staat und Gesellschaft 1949-1990, München: Carl Hanser.

Sekretariat der Volkskammer (Hrsg.) (1974): Sitzungsprotokolle der Volkskammer der DDR, 6. Wahlperiode, 13. Tagung, Berlin (Ost).

Sekretariat der Volkskammer im Auftrag des Präsidiums der Volkskammer der DDR (Hrsg.) (1964): Die Volkskammer der Deutschen Demokratischen Republik: 4. Wahlperiode [Handbuch], Berlin (Ost): Staatsverlag der Deutschen Demokratischen Republik.

Sekretariat der Volkskammer im Auftrag des Präsidiums der Volkskammer der DDR (Hrsg.) (1977): Die Volkskammer der Deutschen Demokratischen Republik: 7. Wahlperiode [Handbuch], Berlin(Ost): Staatsverlag der Deutschen Demokratischen Republik.

Sekretariat der Volkskammer im Auftrag des Präsidiums der Volkskammer der DDR (Hrsg.) (1987): Die Volkskammer der Deutschen Demokratischen Republik: 9. Wahlperiode [Handbuch], Berlin (Ost): Staatsverlag der Deutschen Demokratischen Republik.

SED (1997): Beschluss der II. Parteikonferenz der SED vom 9. bis 12. Juli 1952. In: Herbst, Andreas/Stephan, Gerd-Rüdiger/Winkler, Jürgen (Hrsg.): Die SED. Geschichte – Organisation – Politik. Ein Handbuch, Berlin: Dietz Verlag, S. 588-592.

Volkskammer der Deutschen Demokratischen Republik Sitzungsprotokolle und Drucksachensammlung 1958-59, [Bd. 9], o.w.A.

Volkskammer der Deutschen Demokratischen Republik, Sitzungsprotokolle und Drucksachensammlung 1963-64, [Bd. 13], o.w.A.

Sorgenicht, Klaus/Weichelt, Wolfgang/Riemann, Tord (Hrsg.) (1969a): Verfassung der Deutschen Demokratischen Republik. Dokumente, Kommentar, Band 1, Berlin (Ost): Staatsverlag der Deutschen Demokratischen Republik.

Sorgenicht, Klaus/Weichelt, Wolfgang/Riemann, Tord (Hrsg.) (1969b): Verfassung der Deutschen Demokratischen Republik. Dokumente, Kommentar, Band 2, Berlin (Ost): Staatsverlag der Deutschen Demokratischen Republik.

Steiniger, Alfons (1949): Das Blocksystem. Beitrag zu einer Verfassungslehre, Berlin(Ost): Akademie-Verlag.

Unger, Oswald/Fiedler, Inge/Acker, Roland (1988): Wahlsystem und Volksvertretungen in der DDR, Berlin (Ost): Staatsverlag der Deutschen Demokratischen Republik.

Volkskammer der Deutschen Demokratischen Republik (Hrsg.) (1957): Handbuch der Volkskammer der Deutschen Demokratischen Republik: 1./2. Wahlperiode, Berlin (Ost): Kongress-Verlag.

Volkskammer der Deutschen Demokratischen Republik, Verfassungs- und Rechtsausschuss (1975): Bericht über den Verlauf und die Ereignisse der Diskussion des Entwurfs des Zivilgesetzbuches der Deutschen Demokratischen Republik. In: Drucksache 49. 1975, S. 1-7.

Wahlgesetz vom 16.11.1958. In: GBl. I, S. 677.

Weber, Hermann (1999): Geschichte der DDR, München: Deutscher Taschenbuch Verlag.

Zimmering, Raina (2000): Mythen in der Politik der DDR. Ein Beitrag zur Erforschung politischer Mythen, Opladen: Leske + Budrich.

Zweiling, Klaus (1947): Was ist „Parlamentsabsolutismus"? Einige Einwände gegen den Verfassungsentwurf der SED. In: Einheit 2. 1947, S. 74-82.

Teil III: Die Volkskammer im Blick von innen.

Kapitel 7:

Zur Konzeption und Praxis der Volkskammer 1949 – 1989

Werner Kalweit

Bei der Vorbereitung dieses Beitrags kamen mir skeptische Vorbehalte in den Sinn, die ich bereits zu DDR-Zeiten gegen die Beschäftigung mit Zeitgeschichte als Wissenschaft hegte. Denn unvermeidbar wurde – und wird – die Betrachtung der Zeitgeschichte, insbesondere seitens beteiligter Personen, vom subjektiven Erleben, von Emotionen und nicht zuletzt von politischen Vorurteilen beeinträchtigt. Seien wir uns darum bewusst, dass der geschichtliche Abstand noch zu gering ist, um die Nachwehen der Konfrontation zwischen den Blöcken und der – nur in ihrem Gefolge verständlichen – deutschen Spaltung völlig aus dem forschenden Geist eliminieren zu können. Aufarbeitung der Geschichte hilft zwar Abstand zu gewinnen; aber wissenschaftlicher Anspruch setzt ihn auch voraus. Zugleich ist keine gesellschaftliche Institution außerhalb ihres geschichtlichen Zusammenhang zu begreifen; Institutionalität und Geschichtlichkeit sind untrennbar.

1. Zur Entstehung von DDR und Volkskammer

Die Intention zur Konstituierung der Volkskammer im Kontext mit der Gründung der Deutschen Demokratischen Republik entstand aus den bitteren Erfahrungen mit dem parlamentarischen Konstrukt der Weimarer Republik, die in der Machtergreifung und totalitären Herrschaft des Faschismus endete. Kriege von der Wurzel her auszuschließen, sollte darum zum wesensbestimmenden Merkmal einer Interessenvertretung des werktätigen Volkes werden. Daran hat die Volkskammer bis zu ihrem Ende festgehalten. Und so ist auch verständlich, dass in dieser Volkskammer des Neubeginns kein Platz war für Leute und Ansichten, welche die Schuld der Deutschen im Ganzen oder persönlich nicht wahrhaben wollten, die einen Fortbestand Deutschlands in den Grenzen von 1937 suggerierten oder gar nach Revanche trachteten. Die vernichtende Niederlage des Deutschen Reiches im zweiten Weltkrieg und seine von Hunger, Trümmern und Wiedergutmachungspflicht gezeichnete Hinterlassenschaft erzeugte in der politischen Öffentlichkeit einen breiten, von allen Parteien getragenen Konsens, nie wieder Krieg in und von Deutschland ausgehend entstehen zu lassen.

Dann zerbrach die Anti-Hitler-Koalition der Siegermächte. Politische und weltanschauliche Gegensätze traten hervor. Die Weltmächte USA und UdSSR formierten militärische Machtblöcke im Weltmaßstab. Forciert wurden der Rüstungswettlauf, das Bestreben zur Ausdehnung der Einflusssphären sowie der Wettkampf um wirtschaftliche Überlegenheit. In diesem globalen Umfeld kam es zuerst in den westlichen Besatzungszonen und sodann in der SBZ zu eigenständigen Staatsgründungen. Von Geburt an stand die DDR im Wettbewerb, in existentieller Konkurrenz zu dem anderen deutschen Staatsgebilde. Sowohl die erste Verfassung der DDR als auch das Grundgesetz der BRD erhoben den Anspruch, Vorbild für ganz Deutschland zu sein – im Westen vorwiegend konservativ, im Osten mit dem Versuch eines revolutionären Neuansatzes. Eben keine Propagandafloskel war der von Johannes R. Becher verfasste Text der Nationalhymne der DDR, welcher mit den Worten begann: „Auferstanden aus Ruinen und der Zukunft zugewandt, lasst uns dir zum Guten dienen, Deutschland, einig Vaterland!" Leider macht es keinen Sinn, einen vom Wunschdenken abweichenden Lauf der Geschichte zu bedauern. Im Artikel 1 der DDR-Verfassung wurde Deutschland jedenfalls „eine unteilbare demokratische Republik" genannt. Entsprechend fand die Erhaltung gesamtdeutscher Strukturen in der Gesetzgebung der Volkskammer Beachtung. Selbst nach dem Bau der Mauer wurde in der durch Volksentscheid 1968 angenommen sozialistischen Verfassung der DDR am einleitenden Verfassungsgrundsatz festgehalten, „der ganzen deutschen Nation den Weg in eine Zukunft des Friedens und des Sozialismus zu weisen".

Im Rückblick auf die Bildung der DDR sowie das Zustandekommen der Konzeption ihrer Verfassung übersehen wir nicht, dass sie in der ehemaligen SBZ entstanden und von den Ratschlägen der SMAD begleitet wurden, verhältnisgleich dem Einvernehmen mit den Militärgouverneuren der drei westlichen Besatzungszonen bei der Inkraftsetzung des Grundgesetzes. Mit den Ereignissen gegen Ende der achtziger Jahre hat die Geschichte vorerst ihr Urteil gesprochen. Unverkennbar haben sich in der politischen Interessenvertretung der Bürger die Vorzüge demokratischer Freiheitsrechte durchgesetzt.

2. Zum demokratischen Charakter der Volkskammer

In diesem Zusammenhang ist die These von der Volkssouveränität zu erwähnen. Tatsächlich waren mit der Enteignung der großen Vermögen auf dem Territorium der sowjetischen Besatzungszone wichtige Voraussetzungen geschaffen worden, um der Einflussnahme mächtiger Interessengruppen auf die Zusammensetzung und Entscheidungsfindung der Abgeordneten den Boden zu entziehen. Auf der Grundlage des Volkseigentums wurde die sozialistische Gesellschaft nämlich als Wirtschafts- und Lebensgemeinschaft begriffen, und an die Stelle spontaner Marktkräfte sollte Entwicklung nach Plan treten.

Die Zusammensetzung der Volkskammer widerspiegelte jedenfalls die sozialen Schichten, die Berufsstände und politische Vereinigungen sowie die Altersstruktur der Bevölkerung. Die Zugehörigkeit zur Volkskammer wechselte mit jeder Wahlperiode bis zu einem Fünftel, mit Ausnahme der Mitglieder des Politbüros der SED sowie der Spitzenfunktionäre der Blockparteien. Volksvertreter zu sein, war dabei keine Erwerbsgrundlage. Während der ersten acht Wahlperioden erhielten die Mitglieder der Volkskammer eine monatliche Aufwandsentschädigung von 500 Mark, später von 1000 Mark, von denen die Hälfte von den Mandatsträgern zumeist wieder eingezogen wurde. Abgeordneter zu sein, hatte also keinen materiellen Anreiz und bewirkte auch keinen Rentenanspruch. Vielmehr war dieses Amt eine Form neben anderen, dem Verfassungsgrundsatz zu entsprechen: „Jeder Bürger hat das Recht und die Pflicht zur Mitgestaltung in seiner Gemeinde, seinem Kreis, seinem Lande."

Zu den Grundsätzen bei jeder Neukonstituierung der Volkskammer gehörte die Prüfung der Kandidaten. Sie wurden nicht im herkömmlichen Sinn gewählt. Doch ihre persönliche Aufstellung – ausgenommen wiederum die Führungsgruppe – verlief nicht weniger kritisch als der heute übliche Zugang auf einen Listenplatz.

In der Tätigkeit der Volkskammer und ihrer Organe sowie im Umgang der Abgeordneten untereinander wurde das Miteinander anstatt des Gegeneinander zur Gewohnheit. Sacharbeit ersetzte Standpunkterklärungen. Das galt besonders für die Kontrolle der verfassungsgemäßen Grundrechte und Grundpflichten der Bürger, darunter der Rechte auf Mitbestimmung, Bildung und Arbeit, die unmittelbar geltendes Recht waren. Insoweit erkenne ich in der Konzeption und Praxis der Volkskammer eine progressive Alternative zum traditionellen Parlamentarismus.

Jedoch war die Art und Weise, in welcher die Volkskammer die Volkssouveränität verwirklichen sollte, mit systeminhärenten Fehlern behaftet. Sie beruhten auf einem gebrochenen Demokratieverständnis. Konzeptionell wurde die Dreiteilung der Staatsgewalt überwunden. Nach dem Text der Verfassung war die Volkskammer das oberste Machtorgan des Staates und sollte die Einheit von Legislative und Exekutive gewährleisten. Gesetzgebende und ausführende Gewalt zusammenzuführen, erschien als Lehre aus den Entgleisungen des bürgerlichen Parlamentarismus einsichtig. Doch es geriet die im Inhalt monolithische, im Stil monodische Führung des Staates durch die SED zur Aufhebung der programmatisch angestrebten Volkssouveränität. Herausgekommen ist letztlich eine Unterdrückung kritischer Auseinandersetzung mit Politik und eine einschränkende Kanalisierung der Kontrolle machttragender Bereiche der Staatsgewalt.

Als irrig hat sich auch die Annahme erwiesen, dass mit der Dominanz des Volkseigentums in der Industrie nicht nur der Gegensatz zwischen Kapital und Arbeit aufgehoben sei, sondern auch eine generelle Harmonisierung der gesellschaftlichen Interessen erreicht werde. Der Interessenpluralismus erwies sich in Wirklichkeit als vielfältiger und viel breiter gefächert, was aber in der Konzeption der Volkskammer keine Beachtung fand. So entstand ihr Dilemma: Zur Verwirklichung der Volkssouveränität angetreten, entfernte sie sich in der Praxis von der Demokratie.

3. Volkskammer und SED

Infolge des Leitsatzes der Verfassung von 1968, den Sozialismus unter Führung des Staates durch die SED zu verwirklichen, wurde die Volkskammer als oberstes

Machtorgan faktisch formalisiert. Tragende Entscheidungen der Politik wurden nun rechtens außerhalb ihres Hauses getroffen und in der Volkskammer nur mit kosmetischen Ergänzungen in Gesetzesform gekleidet. Selbstverständlich gab es im Vorfeld häufig Rückkopplungen, weil 500 Mitglieder der Volkskammer durch ihre Verbindungen mit den Wählern ja etwas zu sagen hatten. Gelegentlich kam es in der Beratung von Gesetzentwürfen darum auch zu Textänderungen oder Ergänzungen, etwa bei den Regelungen zur Mutterschaft oder beim Zivilgesetzbuch.

Doch natürlich wäre es unzureichend, den gestaltenden Einfluss der Volkskammermitglieder getrennt von den Parteiorganen beurteilen zu wollen. Die politische Organisation der DDR war ein ganzes, übergreifend in ihren Teilen und in diesen verknüpft. Darin bestand sicher auch ihre relative Stärke, die sie fähig machte, trotz aller Belastungen 40 Jahre zu bestehen. Das „tragende Prinzip des Staatsaufbaus" der DDR – Artikel 47 der Verfassung – war der demokratische Zentralismus. Seinen Ursprung hatte dieses Prinzip in der deutschen und internationalen Arbeiterbewegung. Ursprünglich verband es als Organisationsprinzip revolutionärer Arbeiterparteien demokratische Meinungsbildung mit einheitlichem, von einem Zentrum aus geleiteten Handeln. Nach der Oktoberrevolution wurde das Prinzip des demokratischen Zentralismus in der Sowjetunion dann auf den Staatsaufbau übertragen und später von der DDR übernommen. Planwirtschaft ist ohne zentrale Leitung natürlich nicht machbar. Nur müssen das demokratische und das zentralistische Element dieser Verknüpfung gleichwichtig entwickelt werden. Das jedoch wurde zu Lasten der Demokratie arg vernachlässigt und missachtet.

Solche Verzerrungen begannen in der SED selbst. Zunehmend trugen ihre Beschlüsse den Charakter der Bestätigung von Willenserklärungen ihrer jeweiligen Führer. Die Volkskammer folgte dann. Von solcher Nachordnung zeugen die Unregelmäßigkeit ihrer Tagungen sowie die Verlagerung von Aktivitäten in den Staatsrat, der nach der Verfassung zwar Teil der Volkskammer war, aber völlig eigenständig mit Erlassen bis zur faktischen Gesetzgebung fungierte. So liefen Konzeption und Praxis der Volkskammer auseinander.

4. Entwicklungsphasen der Volkskammer

Es gibt gute Gründe, das Verhältnis zwischen Konzeption und Praxis der Volkskammer nach den einzelnen Entwicklungsetappen der DDR zu untergliedern. Von der impulsgebenden Kraft in der Geburtsstunde der Volkskammer als revolutionär neuartiger Vertretungskörperschaft der Interessen des Volkes blieb jedenfalls am Ende nur noch schlichte Bevormundung.

Die Konstituierung der ersten Volkskammer der DDR erfolgte in Übereinstimmung mit der Verfassung von 1949. Es war die Verfassung einer antifaschistisch-demokratischen Ordnung. Neben der Volkskammer wurde zur Vertretung der Belange der Länder eine Länderkammer gebildet. Nach der Gebietsreform 1952 wurde sie aufgelöst. Mit ihr ging ein Stück Demokratie verloren. In den sechziger Jahren änderten sich dann Konzeption und vor allem Praxis der Volkskammer, nachdem nämlich der Übergang zum Sozialismus proklamiert, die Westgrenze geschlossen und an Stelle des verstorbenen Staatspräsidenten ein Staatsrat geschaffen war. In dem Bestreben, die Leitung der Gesellschaft effektiver zu gestalten, nahm die Tendenz zur Zentralisierung aller Entscheidungsprozesse zu, und zwar auf Kosten der Demokratie. Der Staatsrat übernahm Aufgaben, die zuvor von der Volkskammer wahrgenommen wurden.

War die Volkskammer ein Scheinparlament oder eine Vertretungskörperschaft neuen Typs? Jedenfalls brach die Volkskammer mit der Traditionslinie des deutschen Parlamentarismus. Dessen Begriffe sind folglich für ihre Beurteilung untauglich. Sie hätte eine Volksvertretung neuen Typs werden können. Doch die historischen Umstände in Deutschland erlaubten das nicht.

Kapitel 8:

Die Volkskammer und die politische Führung der SED

Gregor Schirmer

Die folgenden Ausführungen beziehen sich hauptsächlich auf die Zeit unter Erich Honecker. Die Volkskammer in der Periode davor, also in der Zeit unter Walter Ulbricht, sehe ich weniger negativ. Ich werde versuchen, die Volkskammer an jenen Ansprüchen zu messen, die dafür in der marxistischen Theorie, in der Programmatik der SED und nicht zuletzt in der Verfassung der DDR festgeschrieben wurden. In Anwendung dieser Maßstäbe komme ich zur Einsicht, dass die Volkskammer – trotz beachtenswerter Neuerungen gegenüber dem Parlamentarismus westlicher Prägung – keine Vertretungskörperschaft neuen Typs war, wie sie sich Marx und Lenin vorgestellt hatten. Sie ist allerdings auch nicht auf ein Scheinparlament zu reduzieren. Eine solche Reduktion verbietet sich allein schon wegen der nützlichen Arbeit der Ausschüsse und der Abgeordneten an der Basis.

1. Vorbemerkungen

Ich war von 1963 bis 1990 Mitglied der Volkskammer und seit 1965 stellvertretender Vorsitzender der Fraktion des Kulturbundes und habe in dieser Zeit zugleich Staats- und Parteifunktionen als stellvertretender Minister und als stellvertretender Abteilungsleiter des Zentralkomitees der SED ausgeübt. Diese Vita könnte die Erwartung wecken, dass ich Enthüllungen eines Insiders vortrage. Das kann und wird nicht stattfinden. Die Dinge liegen auch so offen zu Tage: Die Führung der SED hielt nicht so viel von der Volkskammer. Das geht schon daraus hervor, dass sie die Funktion des Präsidenten der Volkskammer von 1949 bis 1976 der LDPD (Johannes Dieckmann) und der CDU (Gerald Götting) überließ. Als dann auch diese Funktion von einem Mitglied der SED-Führung (Horst Sindermann) übernommen wurde, war das weniger ein Akt der Aufwertung der Volkskammer als das unvermeidliche Ergebnis eines Kader-Karussells, das durch die Ablösung von Willi Stoph als Vorsitzendem des Staatsrats durch Erich Honecker in Gang gesetzt wurde. Horst Sindermann musste für Willi Stoph den Stuhl des Vorsitzenden des Ministerrats räumen und wurde dafür mit dem relativ einflussarmen, aber nach außen ehrenvollen Amt des Präsidenten der Volkskammer abgefunden.

Manch einer wird erwarten, dass ein Mann aus dem zentralen Apparat der SED in besonderem Maße geeignet ist, eine selbstkritische Antwort auf die Frage zu geben, warum Funktionäre, die – wenn auch sehr spät – erkannt hatten, dass es so nicht weitergehen konnte, keinen ‚Aufstand' in den Institutionen wagten. Es gibt dafür einen ganzen Komplex von Ursachen. Man war überzeugt, dass die Grundrichtung der gesellschaftlichen Entwicklung richtig sei. Man hoffte, dass die Deformationen über kurz oder lang auch ‚oben' erkannt und von dort herüberwunden würden. Eine große Rolle spielte auch die in vielen Jahren verinnerlichte Disziplin sowie die Furcht, grundlegende Reformen könnten – weil schwer beherrschbar – unvermeidbar in einem kapitalistischen Weg enden, den wir alle nicht wollten. Auch das Nichtvorhandensein eines schlüssigen Konzepts für einen anderen Weg zum Sozialismus gehört in diesen Komplex von Ursachen; Gorbatschows ;Perestrojka' war in dieser Hinsicht ja keineswegs ermutigend. Aber das ist ein weites Feld und braucht jetzt nicht betreten werden, weil es hier um Institutionalität und Geschichtlichkeit, nicht aber um individuelle Befindlichkeit geht.

Im übrigen will ich von vornherein sagen, dass ich aus prinzipiellen Gründen eine sehr kritische Sicht auf die Rolle der Volkskammer habe. Natürlich ist die DDR nicht an der Volkskammer zugrunde gegangen. Sie hätte an ihr auch nicht genesen können. Die Missachtung der Volkskammer durch die Führung der SED gehört aber in den ganzen Komplex der hauptsächlichen Ursachen für das Scheitern des sozialistischen Versuchs in der DDR. Diese hauptsächlichen Ursachen liegen, nach meiner Meinung, in den Demokratiedefiziten der am sowjetischen Modell orientierten Staats- und Gesellschaftsordnung der DDR, konkret: in der Deformation dessen, was wir in der sozialistischen Theorie und Praxis die Machtfrage nannten. Bertolt Brecht hat 1954 an den damaligen Ministerpräsidenten Otto Grotewohl ein Papier geschickt, in dem es heißt: „Vielleicht machen wir zu wenig aus unserer Volkskammer... Wir könnten aber die Volkskammer als ein großes Kontaktinstrument von Regierung zu Bevölkerung und von Bevölkerung zu Regierung einrichten".[1] Daraus wurde nichts. Die politische Führung *wollte* nicht mehr aus unserer Volkskammer machen. Nach meiner Wahrnehmung hatten sogar die örtlichen Volksvertretungen, z. B. in meinem Wahlkreis Gotha/Eisenach, in ihrem begrenzten Verantwortungsbereich mehr reale Einflussmöglichkeiten als die Volkskammer in den gesamtgesellschaftlichen Angelegenheiten!

2. Die machtpolitische Stellung der Volkskammer

Die Stellung der Volkskammer war in Abschnitt II Kapitel 1 Art. 48 ff. der Verfassung der DDR von 1968/74 geregelt. Es gibt nach meiner Meinung wenige Bereiche im politischen System der DDR, in denen Verfassungsrecht und Verfassungswirklichkeit so sehr auseinander klafften. Nach Art. 48 Abs. 1 war die Volkskammer das oberste staatliche Machtorgan der DDR. Formal war das richtig. Das Politbüro war kein *staatliches* Machtorgan, sondern nach dem Parteistatut das Exekutivorgan des Zentralkomitees der SED. Die tatsächliche Macht lag jedoch beim Politbüro und

---

[1] B. Brecht 1968, S. 233.

beim Generalsekretär des ZK der SED. Das Politbüro war somit die eigentliche politische Führung nicht nur der SED, sondern auch des Staates DDR. Der Macht des Politbüros war auch die Volkskammer untergeordnet. Sie entschied eben nicht – wie in der genannten Verfassungsbestimmung festgelegt – „in ihren Plenarsitzungen über die Grundfragen der Staatspolitik". Diese Grundfragen wurden vielmehr im Politbüro und vom Generalsekretär entschieden. In den Plenarsitzungen der Volkskammer kamen diese Grundfragen nur eingeschränkt zur Sprache, geschweige denn zur Entscheidung. Der Generalsekretär bestimmte also die Richtlinien der Politik, und zwar mit weit größerer Machtfülle als der Bundeskanzler nach Art. 65 GG. Die wichtigste Aufgabe der Volkskammer war aus der Sicht des Politbüros darum die Mitwirkung an der Ausführung von Beschlüssen der politischen Führung. Ich würde das Verhältnis von Volkskammer und politischer Führung in die Kurzformel fassen, dass die Volkskammer die Aufgabe hatte, die Beschlüsse des Politbüros in den ‚Staatswillen', in allgemein verbindliche Beschlüsse und in Rechtsnormen mit Gesetzeskraft zu transformieren.

Ich hebe deshalb auf die Machtfülle des Politbüros ab, weil zuweilen undifferenziert vom zentralen Parteiapparat als dem Träger der Macht die Rede ist. Man muss jedoch drei Institutionen unterscheiden. Erstens: Das Zentralkomitee der SED, das – vom Parteitag in geheimer Wahl bestimmt –, nach dem Parteistatut das leitende und entscheidende Organ zwischen den Parteitagen war. Diesem Zentralkomitee widerfuhr weitgehend eine ähnliche Entmachtung wie der Volkskammer. Zum anderen gab es den eigentlichen Apparat des Zentralkomitees mit seinen Abteilungen, deren Leiter und Mitarbeiter. Dieser Apparat hatte durchaus Macht nach außen und unten. Von Ausnahmen abgesehen galt das Wort der Abteilungen viel. Im Verhältnis zum Politbüro und zu den Sekretären des ZK, denen die Abteilungen unterstellt waren, war der Apparat jedoch machtlos. Er hatte deren Aufträge zu erfüllen. Das Machtzentrum schließlich waren weder das Zentralkomitee noch der Apparat, sondern das Politbüro, der Generalsekretär und das Sekretariat des ZK.

3. Politische Führung und Volkskammer

Natürlich konnte nur die Volkskammer Gesetze beschließen. Sie war nach Art. 48 Abs. 2 der Verfassung „das einzige gesetzgebende Organ". Das Politbüro hatte keine Gesetzgebungsbefugnis. Die von der Volkskammer zu beratenden und zu verabschiedenden Gesetze – von den verfassungsändernden Gesetzen über die Gesetze zu den Volkswirtschaftsplänen bis zu Gesetzen über spezielle Fragen – wurden aber regelmäßig vorher, also vor der Einbringung in den parlamentarischen Prozess, vom Politbüro beschlossen. Dasselbe gilt für die der Volkskammer obliegenden Personalentscheidungen. Wer Vorsitzender und Mitglied des Staatsrats, Vorsitzender und Mitglied des Ministerrats, Vorsitzender des Nationalen Verteidigungsrats, Präsident und Richter des Obersten Gerichts und Generalstaatsanwalt werden sollte, wurde vor der Wahl durch die Volkskammer im Politbüro entschieden.

Nun ist es wahrhaft nichts Außergewöhnliches, dass Vorstände von Regierungsparteien Gesetzesvorhaben beraten und billigen sowie Ämter verteilen, bevor das Parlament zum Zuge kommt. In der Parteiendemokratie der BRD geschieht das allenthalben, und die Abgeordneten des Bundestags stimmen gewöhnlich so ab, wie die Parteivorstände das wollen. Aber derlei geschieht nicht auf so rigorose Weise und mit so weitreichenden Folgen wie in der DDR, wo der Beschluss des Politbüros über einen Gesetzentwurf in den meisten Fällen praktisch gleichbedeutend war mit dessen endgültiger Verabschiedung. Von Vorabentscheidungen des Politbüros konnte und wollte die Volkskammer nämlich nicht mehr abweichen. Sie vollzog vielmehr das nach, was im Politbüro beschlossen worden war. Auch wenn in – allerdings bedeutsamen – Ausnahmefällen der Weg einer breiten öffentlichen Diskussion über einen Gesetzentwurf eingeschlagen wurde, hing dies vom Willen des Politbüros ab, und die im Ergebnis der Diskussion in den Entwurf eingearbeiteten Änderungen wurden ebenfalls vom Politbüro abgesegnet. Das Politbüro hatte also in jeder Hinsicht das Sagen. Insofern war es schon reichlich euphemistisch, wenn es in Art. 48 Abs. 2 der Verfassung der DDR hieß: „Niemand kann ihre [der Volkskammer] Rechte einschränken." Unter den Begriff ‚niemand' fiel jedenfalls nicht das Politbüro des ZK der SED. In solchen Umständen hatte die parlamentarische Prozedur meist nur noch formale Bedeutung. Zweite oder dritte Lesungen von Anträgen und Entwürfen erübrigten sich. Die Gesetze wurden in der Regel sogleich endgültig in erster und letzter Lesung beschlossen. Substanzielle Beratungen in den Ausschüssen waren damit unmöglich.

Ein besonders krasser Fall von Dirigismus des Politbüros gegenüber der Volkskammer war die Art, wie die sehr grundlegende Änderung der Verfassung der DDR von 1968 am 27. September 1974 in der Volkskammer geradezu im Handstreich durchgezogen wurde, nachdem sie vorher im Politbüro faktisch als endgültig beschlossen und vom Zentralkomitee der SED der Form halber abgesegnet worden war. 1968 hatte es eine öffentliche Diskussion und eine Volksabstimmung über den Entwurf der Verfassung gegeben. 1974 bekamen die Abgeordneten den Entwurf des Gesetzes zur Ergänzung und Änderung der Verfassung der DDR als Antrag aller Fraktionen[2] etwa ein oder zwei Stunden vor Beginn der Plenartagung in ihren Fraktionen vorgesetzt. Jedenfalls war das in der Fraktion des Kulturbundes so. Der Antrag enthielt keine Begründung. Eine Diskussion in den Fraktionen und eine Beratung in den Ausschüssen war schon aus Zeitgründen nicht möglich und fand auch im Plenum nicht statt. Nur der Verfassungs- und Rechtsausschuss hatte den Entwurf vorher gesehen. Nach einer kurzen Rede von Erich Honecker wurde der Entwurf sodann einstimmig bestätigt.[3] Die Bestimmung aus Art. 65 Abs. 4 der Verfassung, wonach „Entwürfe grundlegender Gesetze ... vor ihrer Verabschiedung der Bevölkerung zur Erörterung unterbreitet" werden, wurde nicht beachtet. Die politische Führung wollte – aus welchen Gründen auch immer – eine Debatte über die Festschrei-

---

2 Drucksache 1974.
3 Stenografische Protokolle der Volkskammer der DDR 1974, S. 244ff.

bung jener grundsätzlichen Änderung ihrer Position zur nationalen Frage vermeiden,[4] über die auch Erich Honecker in seiner Rede kein Wort verloren hatte. Das wurde rigoros auch so durchgesetzt.

Während Walter Ulbricht viele seiner Grundsatzreden vor der Volkskammer gehalten hat, konnte man von Erich Honecker in der Volkskammer – außer der Rede zur Änderung der Verfassung – nur die Ableistung der Eidesformel als Vorsitzender des Staatsrats vernehmen. Seine bedeutsamen Reden hielt er andernorts.

Auch das Verhältnis der Volkskammer zum Staatsrat und zum Ministerrat war von der Dominanz des Politbüros überlagert. Art. 66 sah vor, dass der Staatsrat ein Organ der Volkskammer und ihr für seine Tätigkeit verantwortlich sei. In der Praxis war davon wenig zu spüren. Der Staatsrat unter Erich Honecker war eher ein Instrument seines Vorsitzenden, das ihm internationale Reputation verschaffte, die er als Generalsekretär der SED formell nicht beanspruchen konnte. Allerdings wurde in der Ägide Erich Honeckers die Beinahe-Gleichstellung von Volkskammer und Staatsrat, die Walter Ulbricht eingeführt hatte, wieder abgeschafft.

Der Ministerrat war in Art. 76 ebenfalls als Organ der Volkskammer konzipiert, das für seine Tätigkeit der Volkskammer verantwortlich und rechenschaftspflichtig ist. Es gab jedoch keine Rechenschaftsberichte der Regierung. Der Vorsitzende des Ministerrats trat zwar zu Beginn der Wahlperiode mit der Regierungserklärung vor die Volkskammer, dann aber nur noch sehr selten. Die Verantwortung der Regierung gegenüber der Volkskammer war also praktisch nicht gegeben. Sie war vielmehr dem Politbüro gegenüber verantwortlich. Bestenfalls in den Ausschüssen war von einer Kontrolle der Regierung durch die Volkskammer etwas zu spüren. In den meisten Fällen reichte der Ministerrat, nach vorheriger Absegnung durch das Politbüro die Vorlagen für Gesetze der Volkskammer ein. Vom Recht der Abgeordneten, der Ausschüsse, des Staatsrats und des Freien Deutschen Gewerkschaftsbundes zur Einbringung von Gesetzesvorlagen nach Art. 65 der Verfassung wurde hingegen kaum Gebrauch gemacht. Der Ministerrat war dergestalt kein Organ der Volkskammer, sondern viel eher das staatliche Instrument zur Vorbereitung und Durchführung von Beschlüssen der SED-Führung.

Auch an dieser Stelle muss ich allerdings als meine Erfahrung als Mitarbeiter in der PDS-Fraktion des Bundestags einflechten, dass es auch dort von einer effektiven Verantwortung und Kontrolle der Regierung wenig zu spüren ist. Eigenständige parlamentarische Initiativen der Opposition haben keine Chance, angenommen zu werden, mögen sie auch noch so vernünftig sein. Vorschläge und Forderungen von Oppositionsfraktionen werden nur und insoweit berücksichtigt, als das aus politischen oder verfassungsrechtlichen Gründen unumgänglich erscheint. Allerdings kann die Opposition Aktuelle Stunden aufsetzen lassen, Kleine und Große Anfragen an die Regierung stellen, die Einsetzung von Untersuchungsausschüssen erzwingen,

---

4 In Art. 1 der Verfassung der DDR von 1968 hieß es, die DDR sei „ein sozialistischer Staat deutscher Nation"; nach Art. 1 in der Fassung von 1974 war die DDR „ein sozialistischer Staat der Arbeiter und Bauern". Der Bezug auf die deutsche Nation wurde also stillschweigend gestrichen.

Anhörungen von Experten und von Vertretern der Verbände Betroffener erreichen. Doch solche parlamentarischen Vorkehrungen haben nach meiner Meinung eine begrenzte Wirkung und dienen oft nur als demokratische Fassade.

Ein Defizit sozialistischer Volksvertretung in der DDR bestand nun freilich darin, dass es solche Strukturen und Verfahren überhaupt nicht gab. Opposition war einfach nicht vorgesehen. Es sollte statt dessen nach Art. 2 der Verfassung das „feste Bündnis der Arbeiterklasse mit der Klasse der Genossenschaftsbauern, den Angehörigen der Intelligenz und den anderen Schichten des Volkes" und nach Art. 3 ein „Bündnis aller Kräfte des Volkes", organisiert in der Nationalen Front, verwirklicht werden. Das sind durchaus neue Ansätze von Volksvertretung, die über den bürgerlichen Parlamentarismus mit seinem unproduktiven Hickhack zwischen der Regierung und den sie kritiklos stützenden Koalitionsfraktionen einerseits und den Oppositionsfraktionen andererseits hinausgehen. Eine gleichberechtigte, am Ergebnis orientierte kritische Zusammenarbeit der Parteien und Massenorganisationen in der Volkskammer nach demokratischen Prinzipien hätte durchaus eine Alternative sein können. Der Jammer ist, dass dieser Ansatz in der führenden Rolle der SED und deren administrativ-dirigistischer Handhabung unterging.

4. Personalpolitische Vorkehrungen

Ein wichtiges Instrumentarium zur Absicherung, dass der Wille der politischen Führung sich in der Volkskammer durchsetzen würde, war selbstverständlich die Kaderpolitik und Nomenklatur. In der Bundesrepublik heißt das Personalpolitik und wird subtiler, aber durchaus wirksam verwirklicht. Das Wahlsystem in der DDR sorgte dafür, dass mehr als 50% der Abgeordneten der Volkskammer der SED angehörten. Diese Mehrheit kam dadurch zustande, dass – neben der SED-Fraktion mit ihren 127 von 500 Abgeordneten – die Fraktionen des Freien Deutschen Gewerkschaftsbundes, der Freien Deutschen Jugend, des Kulturbundes und der Vereinigung der gegenseitigen Bauernhilfe weitere Mitglieder der SED rekrutierten. So hatte die 21-köpfige Fraktion des Kulturbundes in der 9. Wahlperiode nur vier Nichtmitglieder der SED.

Alle Kandidaten mit SED-Mitgliedschaft wurden vom Politbüro bestätigt. In die vorherige Auswahl der Kandidaten des Kulturbundes haben Parteiinstanzen aber nicht dirigierend hineingeredet. Die Vorschläge des Kulturbundes wurden so akzeptiert, wie sie vom Präsidium des Kulturbundes beschlossen waren. Die Mitglieder der SED in der Volkskammer wurden unabhängig von ihrer Zugehörigkeit zu Fraktionen in der Parteigruppe der SED in der Volkskammer zusammengefasst. Diese Parteigruppe spielte allerdings bis zum Herbst 1989 keine Rolle. Vielmehr entschlief sie jeweils nach der Wahl des Parteiorganisators zu Beginn der Wahlperiode als Organisationsform zur Sicherung der führenden Rolle der Partei wegen offenkundiger Entbehrlichkeit.

Traditionsgemäß waren alle Mitglieder und Kandidaten des Politbüros zugleich Abgeordnete der Volkskammer. Einige wichtige Ausschüsse der Volkskammer hatten Mitglieder des Politbüros als Vorsitzende. Diese sorgten dafür, dass ‚ihr' Ausschuss entweder möglichst wenig in die Regierungsgeschäfte hineinredete[5] oder aber umgekehrt durch ihre eigene Autorität, sowie durch die Tätigkeit von Arbeitsgruppen vor Ort, eine durchaus konstruktive und kritische Arbeit leistete.[6]

Aus dem Apparat des Zentralkomitees gab es nur wenige Abgeordnete der Volkskammer. Wenn ich mich recht erinnere, waren es einschließlich mir nur fünf oder sechs Personen. Im Apparat des ZK war die Abteilung Staat und Recht für die Volkskammer zuständig. Ich glaube nicht, dass sie auf die Arbeit der Volkskammer großen Einfluss hatte. Die Abteilung Kultur, die für den Kulturbund zuständig war, hat die Fraktion des Kulturbundes jedenfalls in keiner Weise bevormundet. Es ist auch nicht vorgekommen, dass Debattenbeiträge in der Volkskammer inhaltlich vorgeschrieben oder vorzensiert wurden.

5. Fazit

Die führende Rolle der SED war in Art. 1 der Verfassung von 1968/1974 verankert – im Unterschied zur Verfassung von 1949, in der es eine solche Bestimmung nicht gab. In diesem Artikel 1 wird die DDR als „die politische Organisation der Werktätigen in Stadt und Land unter der Führung der Arbeiterklasse und ihrer marxistisch-leninistischen Partei" charakterisiert. Aus der Sicht von alter Erfahrung und neuer Erkenntnis will ich dazu drei Bemerkungen machen.

Erstens hat sich die Auffassung als falsch und historisch widerlegt erwiesen, dass es einen – deterministisch missverstandenen – gesetzmäßigen Verlauf von Geschichte gibt sowie die Partei – und nur sie – kraft ihrer Verfügung über die Theorie des Marxismus-Leninismus diese Gesetze erkennen und kraft ihrer Organisation und Verbindung mit der Arbeiterklasse sie durchsetzen könne. Sicherlich gibt es nicht nur in der Natur, sondern auch in der menschlichen Gesellschaft Gesetzmäßigkeiten, die erkannt werden können. Aber es kann keine Institution, keine Partei, keine Einzelperson geben, die kraft ihrer Stellung in der Gesellschaft und ihrer Autorität über die Wahrheit und ihre Durchsetzung gebietet. Zweitens war es undemokratisch, die Führungsrolle der Partei in der Verfassung festzuschreiben, sie zu verankern als Verfassungsrechtsnorm und damit als Machttatsache und Herrschaftsverhältnis mit höchster juristischer Verbindlichkeit ohne Rücksicht auf den Volkswillen und seine Veränderung. Wenn schon führende Rolle, dann als ein ständiges Ringen um die Hegemonie über den Zeitgeist im Sinne von Antonio Gramsci, um das Vertrauen der Geführten mit demokratischen Mitteln der Überzeugung! Diese Erkenntnis hat die

---

5 Das galt etwa für den Ausschuss für Auswärtige Angelegenheiten unter Hermann Axen, dem ich angehörte.
6 Das galt für den Ausschuss zum Bildungswesen unter Kurt Hager, dessen Arbeit ich als Hochschulpolitiker einigermaßen einschätzen kann.

politische Führung der DDR erst akzeptiert, als es zu spät war. Am 1. Dezember 1989 beschloss die Volkskammer mit den Stimmen der SED, die führende Rolle aus dem Art. 1 zu streichen. Und drittens kann die Art und Weise, wie die führende Rolle verwirklicht wurde, selbst auf Artikel 1 nicht gestützt werden. Dieser Artikel trifft eine euphorische Feststellung über den Charakter des Staates DDR, enthält aber keine Handlungsanleitung oder Handlungserlaubnis, welche die Praktiken der Ausübung der führenden Rolle der Partei in der Volkskammer deckten. Die Crux des Verhältnisses von Volkskammer und politischer Führung bestand nach sozialistischen Maßstäben also darin, dass diese Führung nicht in der Volkskammer selbst als der Vertretung des Volkes lag, sondern außerhalb. Der Souverän war nicht das Volk, sondern die Parteiführung.

Literaturverzeichnis:

Brecht, Bertolt (1968): Schriften zur Politik und Gesellschaft, Band II. Berlin, Weimar: Aufbau Verlag.

Drucksache der Volkskammer (1974): Nr. 47 und Anlage.

Stenografische Protokolle der Volkskammer der DDR (1974): 6. Wahlperiode, 13. Tagung.

Kapitel 9:

Zeuge der Arbeit der Volkskammer über fast drei Jahrzehnte

Herbert Kelle

1. Vorbemerkung

Vergangenes zu beurteilen – noch unter den aktuellen gegebenen Bedingungen – ist sicher sehr schwierig. Jede politische Wertung ist ja immer eingebunden im Betrachtungswinkel der Gesellschaftsauffassung, der Inhalte und Strukturen. Das trifft natürlich auch auf mich zu, wenn ich aus meinen Erlebnissen und Erfahrungen zur Volkskammer berichte. Als Abteilungsleiter im Staatsrat und Leiter des Sekretariats bzw. Direktor der Volkskammer hatte ich fast drei Jahrzehnte vielfältige Gelegenheit, das Wirken der Volkskammer, ihrer Ausschüsse, die Tätigkeit der Abgeordneten, die Arbeit des Präsidiums und auch das Zusammenwirken mit anderen politischen Organen in Gesellschaft und Staat beruflich zu verfolgen.

Von meinen dabei gewonnenen Erfahrungen, Einsichten und Eindrücken will ich berichten, ohne den Versuch zu unternehmen, vergleichend auch andere systembedingte politisch determinierte Gesellschaftstheorien, Staats- und Parlamentsstrukturen, Demokratieverständnisse und Gewalt- und Rechtsverhältnisse zu bewerten.

2. Gesamtwürdigung der Volkskammer

Die Volkskammer ist in ihrer Rolle, Stellung und Wirkungsweise nur als unabdingbarer Teil des politischen Gesellschaftssystems in der DDR zu begreifen. Seit Gründung eines zweiten Staates auf deutschem Boden am 7. Oktober 1949, der Deutschen Demokratischen Republik, war die Volkskammer nach Art. 50 der ersten Verfassung „höchstes Organ der Republik" bzw. nach Art. 48 der 1968 durch Volksstimmung geschaffenen neuen Verfassung „oberstes staatliches Machtorgan der DDR". Entsprechend der sozialistischen Staatstheorie und der sehr nachhaltigen Wirkung des sowjetischen Gesellschaftsmodells für die Grundstrukturen des Staates und der Wirtschaft bestand in der DDR keine Gewaltenteilung. Es gab keinen Parlamentarismus. Er war dem System wesensfremd. Als tragendes Prinzip des Staatsaufbaus war die „Souveränität des werktätigen Volkes, verwirklicht auf der Grundlage des demokratischen Zentralismus" bestimmt. Die politische Praxis zeigte eine zu unterschiedlichen Zeiten und Bedingungen sehr unterschiedliche Entfaltung der Volkskammer als oberstes staatliches Machtorgan bei der Verwirklichung ihrer

Befugnisse, über die Grundlagen der Staatspolitik zu entscheiden. Jene Bedingungen waren solche nationaler wie internationaler Prägung; zu ihnen gehörten Nachkriegszeit, Kalter Krieg, antifaschistisch-demokratische Ordnung, Schaffung der Grundlagen und Aufbau des Sozialismus, Annäherung zwischen den beiden deutschen Staaten nach den Grundlagenverträgen.

Die Plenartagungen der Volkskammer fanden hohe Beachtung in der Bevölkerung. Sie waren öffentlich und wurden vollständig in Funk und Fernsehen übertragen sowie in der Presse veröffentlicht. Das Diplomatische Korps sowie Vertreter bedeutender Nachrichtenagenturen und andere Besucher nahmen daran teil. Die Gesetze waren jedermann zugänglich. Das Ansehen der Volkskammer als einziger gesetzgebender Versammlung wuchs in der 40jährigen Geschichte der DDR sowohl im Lande als auch international. Für letzteres spricht u. a. die 1980 in Berlin durchgeführte 67. Konferenz der Interparlamentarischen Union sowie der Vereinigung der Generalsekretäre der Parlamente. Hunderte Abgeordnete von 87 Parlamenten und 15 internationalen Organisationen aus Ländern aller Kontinente waren anwesend. Ich habe selbst aktiv daran mitgewirkt und kann mit aller Sachlichkeit feststellen: In nicht einem Falle wurde die Arbeit der Volkskammer als undemokratisch oder unrechtmäßig, als völker- und menschenrechtswidrig bezeichnet. Im Gegenteil: Die Vertreter der westlichen Welt, einschließlich der Vertreter aller Fraktionen des Deutschen Bundestages und natürlich auch die Abgeordneten der Entwicklungsländer, würdigten die Arbeit der Volkskammer und anerkannten die DDR als einen Staat des Friedens, der Völkerverständigung und einer – wenn auch sehr unterschiedlich bewerteten – bemerkenswerten sozialen, ökonomischen, wissenschaftlichen und kulturellen Entwicklung.[1] Natürlich ist aber für die Beurteilung einer Volksvertretung ihre Rolle und Wichtung durch ihre Wähler, d.h. durch das Volk, das Entscheidende.

3. Entwicklungsphasen der Volkskammer

Meine Betrachtungen zur Tätigkeit der Volkskammer will ich sehr vereinfacht in Zehn-Jahres-Abschnitte gliedern.

1949 - 1959

In den ersten zehn Jahren der Volkskammer war sie bei der Gestaltung der antifaschistisch-demokratischen Ordnung und bei der Herausbildung von Elementen und Bedingungen einer demokratisch verfassten fortschrittlichen Gesellschaftsordnung außerordentlich aktiv. Durch ihre Gesetzgebung und deren gründliche Behandlung in den Ausschüssen und in anderen demokratisch verfassten Zusammenkünften, wie

---

[1] Siehe Protokoll und Veröffentlichung des Sekretariats der Volkskammer, in G. Maleuda/H. Kelle 1990.

z.B. dem Demokratischen Block, wurden viele Grundentscheidungen getroffen. Das war verbunden mit der Herausbildung eines völlig neuen Staatsverständnis als in der Vergangenheit deutscher Staaten üblich, und mit der Überwindung überholter Rechtsnormen. In dieser Periode nutzten die führenden Persönlichkeiten der Regierung die Volkskammer insbesondere durch Regierungserklärungen für die Verwirklichung politischer Ziele und zur Entwicklung zu einem antifaschistischen demokratischen Staat, in dem die Arbeiterklasse im Bündnis mit anderen Klassen und Schichten und der Intelligenz ihre Machtansprüche verwirklichte. Die ersten zehn Jahre waren aber auch gekennzeichnet durch den neuen Kurs[2] und durch vielerlei Erfahrungen in der Gestaltung der Lebensverhältnisse.

1959 – 1969

In die zweite Zehn-Jahres-Periode fällt die Bildung des Staatsrates. In dieser Zeit entwickelte sich die Volkskammertätigkeit zunehmend hin auf eine Bestätigung der Erlasse des Staatsrates und auf die vom Staatsrat initiierten Gesetzesvorbereitungen. Ich erinnere in diesem Zusammenhang an Rechtsakte wie neue Regelungen auf den Gebieten der Rechtspflege, die Vorbereitung und Verabschiedung – unter Berücksichtigung von 23.000 Vorschlägen und Stellungnahmen – des Gesetzbuches der Arbeit, das Jugendgesetz von 1964 unter Beachtung von 5.000 Meinungen, Freundschaftsverträge mit der UdSSR, mit Polen und der CSSR, sowie die Ausarbeitung einer neuen Verfassung mit Volksaussprache und Volksentscheid. In diesem Zeitabschnitt nahm die Arbeit der Ausschüsse der Volkskammer eine neue Qualität an. Diese behandelten nun nicht mehr nur zwischen den Lesungen im Plenum Gesetzesvorlagen, sondern begannen, mit operativer Tätigkeit, mit Untersuchungen vor Ort, mit Sach- und Fachgruppen und mit Erfahrungsaustauschen die Gesetze vorzubereiten und deren Durchführung zu kontrollieren.

Waren in den Anfangszeiten der DDR noch sehr umfassende Beratungen des Demokratischen Blocks der Gesetzgebung vorausgegangen, verstärkte sich jetzt der unmittelbare Einfluss der SED auch auf die Arbeit der Volkskammer. Im Artikel 1 der Verfassung von 1968 war die führende Rolle der SED staatsrechtlich festgeschrieben. Folglich wurde von der politisch führenden Partei die überwiegende Anzahl aller Gesetzesanträge, soweit dies nicht Aufgabe des Ministerrates war, direkt oder gemeinsam mit allen Fraktionen eingebracht. Letzteres galt besonders für Personalentscheidungen, da diese zuvor im Demokratischen Block oder in der Nationalen Front abgestimmt worden waren. Das Recht der Gesetzesinitiative hatten alle in der Volkskammer vertretenen Fraktionen und natürlich die Regierung.

---

2 *Anmerkung der Herausgeber:* Gemeint ist die Neubestimmung des politischen Kurses der SED in Reaktion auf den Aufstand vom 17. Juni 1953.

Das Politbüro der SED bestimmte auch die Tätigkeit der Volkskammer. Mit dieser Entwicklung und dem Ausbau der Rolle des Staatsrates gingen einher etliche Einengungen der Vollmachten und Wirkungsweise anderer Staatsorgane – von der Volkskammer und ihrem Präsidium über den Ministerrat bis zu den örtlichen Staatsorganen. Das musste sich zwangsläufig auch auf die weitere Gestaltung des demokratischen Verständnisses in der Bevölkerung auswirken.

1969 - 1979

In der dritten Periode wurden fast alle wesentlichen Grundsatzentscheidungen einer neuen gesellschaftlichen, d.h. sozialistischen Ordnung getroffen. 1973 war die veränderte Führung des Landes mit dem Anspruch angetreten, die Anfänge und Erscheinungen des Personenkults, der Machtkonzentration sowie der Einschränkung verfassungsrechtlicher Zuständigkeiten zu beseitigen und die Volkskammer als oberstes staatliches Machtorgan, den Ministerrat aber als die Regierung der Republik und den Staatsrat als kollektives Staatsoberhaupt zu gestalten und auszuprägen.

Besonders nach dem 10. und 11. Parteitag der SED wurde der Charakter der Volkskammer als arbeitender Körperschaft betont, in welcher die Abgeordneten vollziehend und verfügend zugleich wirkten. In der täglichen Praxis aber verstärkten sich die Widersprüche zwischen Aussagen und Realität. Die Verhärtung dieses für die sozialistische Demokratie schädlichen Prozesses wurde wesentlich durch eine zunehmende Konzentration aller Entscheidungen beim Politbüro, bei einzelnen Mitgliedern der Parteiführung und beim Parteiapparat bewirkt. Die führende Rolle der SED wurde mehr und mehr durch ‚Bevormundung' ersetzt. Auch der Präsident der Volkskammer und andere Mitglieder des Präsidiums sowie Volkskammer überhaupt waren darauf fixiert.

Leider ersetzte zum Teil gläubige Disziplin eine kritische und lebendige Arbeit. Auf der anderen Seite ist aber gerade für diesen Zeitraum eine breite internationale Anerkennung der DDR und ihrer Friedenspolitik festzustellen. Es gelang den Abgeordneten durch ihre Arbeit in der obersten Volksvertretung dazu beizutragen, dass unser Land weltweit als ein souveräner, friedlicher Staat anerkannt wurde. In dieser Zeit der siebziger Jahre suchten die Abgeordneten mit viel Kraft und Aufwand die Verbindung zu ihren Wählern enger zu knüpfen. Diesen waren sie rechenschaftspflichtig und verantwortlich. Abgeordnetensprechstunden, Versammlungen, Bürgerberatungen, Aussprachen im Arbeitskollektiv bestimmten mehr und mehr die Abgeordnetentätigkeit. Das schloss auch die Arbeit mit den Eingaben der Bevölkerung an den Staatsrat und die Volkskammer sowie eine wachsende Öffentlichkeitsarbeit ein. Eigentlich ist festzustellen, dass in diesem Abschnitt der seltener werdenden Plenartagungen und der Einschränkung der zeitlichen Beratungsdauer viele Abgeordnete in einem besonders anzuerkennenden Maße in ihren Wahlkreisen, in ihren Fraktionen und in den Ausschüssen der Volkskammer wirkten.

Verstärkt wurden Erfahrungsaustausche und Abgeordnetenberatungen organisiert, bei denen vieles erörtert wurde, was im Plenum leider zu kurz kam, zum Beispiel die Aussprache mit Ministern, die Diskussion grundlegender Entwicklungsprobleme, Erfahrungen und Meinungen aus den Betrieben und Genossenschaften, aus Wohngebieten in Gemeinden und Städten. Gleichzeitig entwickelte sich die Arbeit in den 15 Ausschüssen der Volkskammer zur wichtigsten Tätigkeit der Abgeordneten zwischen den Plenartagungen. Zumal der Verfassungs- und Rechtsausschuss war von besonderer Bedeutung für die Rechtsstaatlichkeit in der Gesetzgebungsprozedur. Er behandelte alle Vorlagen und prüfte ihre Übereinstimmung mit der Verfassung sowie anderen Rechtsnormen. Er beriet Wirkungs- und Auswirkungstendenzen und stellte die Rechtssicherheit mit in den Mittelpunkt seiner Tätigkeit. Er stützte sich dabei auf sachkundige Mitglieder sowie auf Fachberater, Juristen, Hochschullehrer und andere Rechtswissenschaftler.

Diese vielgestaltige enge Verbindung von Wahlkreis-, Fraktions- und Ausschussarbeit mit der Praxis wirkte sich leider nicht im gleichen Maße aus auf eine rechtzeitige und den gegebenen Möglichkeiten und Fähigkeiten gerecht werdende Weiterentwicklung der Gesellschaft und ihres Rechts. Vielerlei Versuche der Abgeordneten, rechtzeitig auf Grundentscheidungen Einfluss zu nehmen, wurden durch Allmachtdenken und durch Rechthaberei, durch Nichtsehen- und Nichtwahrhabenswollen verhindert. Anstelle fruchtbaren Meinungsstreites dominierten der Verlust von Realitätssinn und Reaktionsfähigkeit. Versuche, mittels langfristiger Pläne zu Gesetzgebungsvorhaben Änderungen herbeizuführen, hatten wenig Erfolg. Es kam zu vielen Diskussionen, besonders in Fraktionsberatungen der mit der SED befreundeten Parteien und Massenorganisationen, um diese Zustände zu beenden.

Exkurs zur Arbeit der Abgeordneten

Die Mitglieder der Volkskammer waren bekanntlich auch nach ihrer Wahl weiter in ihren Berufen und an ihren Arbeitsplätzen tätig. Das befähigte sie, mit Ideen und Vorschlägen für Veränderungen im Lande und auch in der Volkskammer, aufzuwarten, da sie tagtäglich die Situation, die Wünsche, Sorgen und Freuden der Bürger vor Ort kennenlernten. In den fast drei Jahrzehnten meiner Tätigkeit war die Arbeit in den Fraktionen allerdings sehr unterschiedlich. Die Fraktionstätigkeit der SED beschränkte sich meistens auf die Information der Abgeordneten über die von der Parteiführung gefassten Beschlüsse, insbesondere bei der Konstituierung der Staatsorgane und bei den jährlichen Planberatungen. Andere Fraktionen entwickelten hingegen vielgestaltige Inhalte und Formen der Tätigkeit ihrer Abgeordneten. Die Arbeit der Abgeordneten wurde kontrolliert; es gab Erfahrungsaustausche und Orientierung für die Arbeit. Viele Fraktionen führten jährlich mehrtägige Zusammenkünfte durch, was natürlich auch zum besseren gegenseitigen Verständnis und zu gegenseitiger Hilfe führte.

Die Fraktionen bemühten sich besonders, ihre Vorstellungen und ihre Vorschläge in Vorbereitung grundlegender Entscheidungen auf den Parteitagen der SED sowie den zentralen Tagungen der Nationalen Front einzubringen. Speziell bei den Fraktionen der DBD, CDU, LDPD, NDPD, von FDGB und VdgB kam es zu grundsätzlichen Ausarbeitungen für ein Mehr an demokratischer Teilnahme der Abgeordneten bei der Entwicklung des gesellschaftlichen Lebens in der DDR und für die Ausfüllung der Abgeordnetenmandate in allen ihren Pflichten und Rechten. Dabei vertraten sie natürlich auch besondere Erfahrungen und Kenntnisse der von ihnen vorrangig vertretenen Bevölkerungsgruppen. Jährliche Beratungen der FDJ-Fraktion dienten der Qualifizierung und engeren Verbindung der jungen Abgeordneten.

Exkurs zum Präsidium der Volkskammer

Seit Anfang der sechziger Jahre nahm ich an Sitzungen des Präsidiums teil, bereitete sie organisatorisch und technisch vor und war im Rahmen meiner Zuständigkeit für die Auswertung der Entscheidungen verantwortlich. Stellung, Zusammensetzung und praktizierte Kompetenzen des Präsidiums nahmen verschiedenartige Entwicklungen. Immer war das Präsidium offiziell für die Vorbereitung und Einberufung (mit Ausnahme der Konstituierung) sowie für die Geschäftsführung und Leitung der Plenartagungen verantwortlich. Unter Leitung des ersten Präsidenten der Volkskammer, Johannes Dieckmann (LDPD), und seines langfristigen ersten Stellvertreters, Hermann Matern (SED), nahm das Präsidium, unterstützt vom Ältestenrat, bedeutenden Einfluss auf die Entwicklung der Volkskammer und ihrer Ausschüsse, auf die beginnende interparlamentarische Arbeit sowie auf das Wirken der Abgeordneten. Diese Rolle des Präsidiums erfuhr nachhaltige Veränderungen nach der Bildung des Staatsrates und nachdem der Staatsrat wesentliche Leitungs- und Kontrollfunktionen der Volkskammerarbeit an sich gezogen hatte. In der Geschäftsordnung der Volkskammer vom 14. Juli 1967 fand dies seinen rechtlichen Ausdruck.

Bis Anfang der siebziger Jahre kam es auch zu einer Reduzierung der Rolle und Vollmachten der Volkskammer zugunsten des Ministerrates. Eine Kontrolle der Volkskammer über die Tätigkeit des Staatsrates und des Ministerrates erfolgte nicht, sieht man von der jährlichen Staatshaushaltsabrechnung und Entlastung der Regierung ab. Kontrolle erfolgte zum Teil durch die Ausschüsse der Volkskammer. Eine spürbare Wiederzunahme der Rolle des Präsidiums der Volkskammer gab es Anfang der siebziger Jahre, als nach dem Ableben von Johannes Dieckmann der CDU-Politiker Gerald Götting zum Präsidenten der Volkskammer gewählt wurde und gleichzeitig die Bevormundung durch den Staatsrat beseitigt war.

Exkurs zur internationalen Anerkennung der Volkskammer

Besonders in der internationalen und interparlamentarischen Arbeit erfolgte ein spürbarer Aufschwung. Sicher trug dazu auch die erfolgreiche Durchbrechung diplomatischer Blockaden und die Aufnahme der DDR als gleichberechtigtes Mitglied der UNO bei. In den siebziger und achtziger Jahren gewann besonders die Arbeit der Interparlamentarischen Gruppe an Ansehen und Gewicht. 1980 wurden einstimmig der Vorsitzende der Interparlamentarischen Gruppe in der DDR, der Abgeordnete Herbert Fechner, zum Mitglied des Rates und des Exekutivkomitees der Interparlamentarischen Union sowie der Leiter des Sekretariats der Volkskammer in das Exekutivkomitee der Vereinigung der Generalsekretäre der Parlamente der Welt gewählt. Es erfolgte eine starke Zunahme des Austausches von Delegationen. Abgeordnete aller Fraktionen der Volkskammer traten in Erfahrungsaustausche mit Parlamentariern aller Erdteile. Viele Abgeordnete besuchten als Mitglieder von Freundschaftsgruppen Parlamente, z.b. in Frankreich, Japan oder den skandinavischen Ländern. Auch die Verbindungen zwischen den sozialistischen Parlamenten erfolgten nunmehr regelmäßiger und waren auf die Vermittlung von Erfahrungen für die praktische Arbeit orientiert. Die Anzahl von Delegationen, welche die DDR besuchten, nahm an Umfang und Inhalt bemerkenswert zu. Das betraf auch Delegationen der Parlamente westlicher Länder.

1979 - 1989

Große Erwartungen an eine breitere Entfaltung der Demokratie und an einen spürbaren Aufschwung der Lebensverhältnisse waren mit der Entscheidung von 1973 über die Abgrenzung, die Zuständigkeiten und Verantwortungsbereiche der höchsten Staatsorgane geweckt worden. In diese Zeit fällt auch die Wahl von Horst Sindermann (SED) zum Präsidenten der Volkskammer. Leider setzte schon wenige Jahre später eine Stagnation ein, die viele Hoffnungen und Vorstellungen einengte oder gar verhinderte. Das betraf nicht nur den Ministerrat, sondern vor allem die Volkskammer und deren Plenartagungen. In der letzten Periode, in den achtziger Jahren, war ihr Wirken weitgehend eingeschränkt. Schließlich fanden nur noch zwei oder drei Plenartagungen im Jahr statt. Die Abläufe dieser Tagungen wurden zunehmend formaler. Die gläubige Parteidisziplin und die zum Fetisch erhobenen Beschlüsse des Politbüros der SED führten zu Widersprüchen im Verantwortungsbewusstsein vieler Abgeordneter sowie ihrer Aufgabe, ihren verfassungsgemäßen Auftrag zu erfüllen. Diese Zustände von Unbeweglichkeit und eingefahrenen Normen, die sich auch auf andere Gebiete des gesellschaftlichen Lebens negativ auswirkten, führten schließlich am Ende der achtziger Jahre zu einem neuen Kapitel in der Geschichte der DDR und ihres Parlamentes.

Die letzten Monate der sozialistischen Volkskammer

Eine tiefgreifende politische Deformierung des gesellschaftlichen Systems, die Missachtung von politischen und persönlichen Rechten, Massenflucht von Bürgern, die schlechte Wirtschafts- und Versorgungslage sowie eine von außen verstärkte Propaganda und Einwirkung prägten zunehmend die öffentliche Meinung in der DDR. Es vertiefte sich zusehends der Widerspruch zwischen Partei und Staatsführung sowie Teilen des Volkes. Täglich nahm der Druck auf die Volkskammer, besonders ihren Präsidenten Horst Sindermann (SED) zu, in dieser Situation entsprechend ihrem Verfassungs- und Wählerauftrag Initiativen zur Beratung der Lage, zur Wende in Staat und Gesellschaft zu ergreifen. Weder der Präsident noch das Politbüro der SED waren allerdings trotz einer Vielzahl von Forderungen von Abgeordneten oder von Vorschlägen von uns zu bewegen, eine bereits Mitte des Jahres 1989 auf einer Abgeordnetenberatung geforderte Sitzung der Volkskammer einzuberufen. Politische Blindheit und formale Disziplin – ‚ohne Parteibeschluss keine Einberufung der Volkskammer' – führten bis zur Verletzung der Verfassung. Auch nach den Veränderungen an der Spitze der Partei- und Staatsführung im Oktober 1989 trat zunächst keinerlei Aktivierung in der Arbeit der Volkskammer ein.

Die 10. Tagung der Volkskammer wählte – erstmals mit Gegenstimmen und Stimmenthaltungen, doch nach gewohntem Ritual – Egon Krenz zum Vorsitzenden des Staatsrates und des Nationalen Verteidigungsrates. Anschließend behandelte die Volkskammer in einer Stunde sechs wichtige Tagesordnungspunkte. Diese Volkskammertagung wurde vom überwiegenden Teil der Abgeordneten und auch der Öffentlichkeit als äußerst formal, ja als undemokratisch empfunden. Die Reden, der Inhalt, die Art und Weise des Verfahrens zeigten, dass alles an den im Leben entstandenen Fragen und Konflikten weit vorbeiging. Es fehlte eine ausweisende Konzeption. Sicherlich muss man berücksichtigen, dass die Verhinderung von Blutvergießen und von Bürgerkrieg, dass die Sicherung der Ordnung und Versorgung, die Beachtung internationaler Einflüsse und der Beziehungen zwischen den beiden deutschen Staaten ungewöhnlich viel Kraft und Mühe auch von den Abgeordneten erforderten.

Am 8. November war ein neues Politbüro gewählt worden. Es fielen die Entscheidungen zum Rücktritt der bisherigen führenden Repräsentanten leitender Staatsorgane, des Präsidiums der Volkskammer und des Ministerrates. Ferner wurden die Veränderungen im Staatsrat und im Nationalen Verteidigungsrat beschlossen. Auch legten viele Abgeordnete der Volkskammer ihre Mandate nieder. In der Zeit von der 11. bis zur 14. Tagung der Volkskammer betraf das beispielsweise von 127 Abgeordneten der SED-Fraktion 49, vorrangig bisherige Funktionsträger. Insgesamt wurden in diesem Zeitraum 84 Mandate aller Fraktionen verändert. In einer solchen Lage bereitete das Präsidium der Volkskammer am 9. November 1989 die 11. Tagung der Volkskammer vor.

Die Beratungsatmosphäre war gereizt, kontrovers und konfus. Präsident und Präsidium waren in den Ausschüssen und Fraktionen, in Öffentlichkeit und Medien in die Kritik geraten. Erst nach grundsätzlichen Auseinandersetzungen, besonders mit dem Präsidenten Horst Sindermann, um einen notwendigen Rücktritt des gesamten Präsidiums, um die Durchführung einer geheimen Wahl des neuen Präsidenten der Volkskammer, um die beabsichtigte Diskussion ‚zur Lage in der DDR' und um ein angemessenes Reagieren auf Tausende von Wortmeldungen der Bürger und Arbeitskollektive wurde die 11. Tagung für den 13. November einberufen. Dem langen Drängen vieler Abgeordneter und nunmehr auch den Anträgen der Fraktionen entsprechend, wurde für die 11. Tagung der Volkskammer eine Aussprache zur politischen Lage in der DDR angesetzt. In Vorbereitung darauf trat der Demokratische Block zusammen, tagten alle Fraktionen und fand eine Zusammenkunft der Vorsitzenden der Fraktionen statt. Hier wurden Verfahrensfragen für die geheime Durchführung der Wahlen zum neuen Präsidium sowie zum Ablauf der 11. Tagung gründlich besprochen.

Auch die Fraktionssitzungen zur Vorbereitung der 11. Tagung der Volkskammer wurden zu Foren heftigster Auseinandersetzungen, ohne Rücksichtnahme auf Ansehen oder Person. Noch erhitzter wurde die Stimmung durch die inzwischen – ohne Kenntnis der Abgeordneten – erfolgte Öffnung der Grenze. Alle Fraktionsberatungen waren gekennzeichnet durch eine – bis dahin lange nicht vorhandene – offene kritische Atmosphäre, durch das rücksichtslose Aufdecken ernsthafter Fehler, Versäumnisse und Mängel, sowie durch eine Vielzahl von Vorschlägen für die Veränderung der eingetretenen Situation. Der Fraktionszwang wurde aufgehoben. Mit der 11. Tagung am 13. November wurde eine neue Etappe in der parlamentarischen Arbeit der obersten Volksvertretung der DDR eingeleitet.

Die 11. Tagung der Volkskammer wählte erstmals in der 40jährigen Geschichte der DDR ihren Präsidenten in geheimer Abstimmung. Nachdem im ersten Wahlgang keiner der fünf Kandidaten die erforderliche Stimmenzahl erhalten hatte, wurde in einer Stichwahl Dr. Günther Maleuda (DBD) mit einer Mehrheit von 16 Stimmen zum Präsidenten der Volkskammer gewählt. Unter seiner Leitung wurde die Würde der Volkskammer wieder hergestellt und eine offene, breite Aussprache zur Lage im Lande und zur Kontrolle der Verantwortungsträger in Gang gesetzt. Der Präsident, unterstützt von den neugewählten Mitgliedern des Präsidiums, entwickelte eine neue politische Kultur der Parlamentsberatungen.

Der Blick auf die Monate zwischen November 1989 und März 1990 zeigt: Die Einheit Deutschlands oder die Lösung des Bündnisses mit den Staaten des Warschauer Vertrages, besonders mit der Sowjetunion, standen zu dieser Zeit noch nicht auf der Tagesordnung. Im Gegenteil gab es seit 1987 viele offizielle Beratungen über die Schaffung einer gemeinsamen parlamentarischen Körperschaft der sozialistischen Länder, gab es viele Aktivitäten bei der Errichtung des ‚Hauses Europa', fanden Treffen der Parlamentspräsidenten aller Länder Europas, der USA und Kanadas statt. Der großen Mehrheit der Abgeordneten war die Situation in der DDR, waren die Argumente, Vorwürfe und Erwartungen der Menschen bekannt. Sie spürten den Willen des Volkes zu einer politischen Erneuerung, zu grundlegenden Reformen des politischen Systems in der DDR. Das alles spielte bei der Vorbereitung und Durchführung der 11. Tagung eine nachhaltige Rolle.

Im Verlaufe der ihr bis zum 18. März 1990 verbleibenden Monate schuf die Volkskammer eine Vielzahl von Regelungen als erforderliche Grundlagen einer rechtlichen Ausgestaltung des Demokratisierungsprozesses und zur Aufrechterhaltung des Lebens und der Ordnung im Lande. Zu den umfassenden Reformen des politischen Systems, der Wirtschaft, der Bildung, des öffentlichen Dienstes, der Sicherheits- und Justizarbeit sowie zur Entwicklung der Tätigkeit der Medien gehörten u.a. solche Gesetze wie das Parteiengesetz, die Veränderung des Staatsbürgerschaftsrechts, das Versammlungsgesetz, sowie die Grundlinie und Standpunkte einer neuen Sozialcharta.

Mit dem Wahlgesetz vom 20. Februar 1990 schuf die Volkskammer in Übereinstimmung mit dem Zentralen Runden Tisch die Voraussetzungen für die vorgezogenen Neuwahlen zur Volkskammer am 18. März 1990. Das Wahlgesetz und anderes wurden als gemeinsame Werke der Volkskammer und des ‚Runden Tisches' erarbeitet. Nach anfänglichen beiderseitigen Vorbehalten und Missverständnissen entwickelten sich auf verschiedenartige Weise Elemente der Zusammenarbeit zwischen dem Präsidium und den Ausschüssen der Volkskammer, besonders des Verfassungs- und Rechtsausschusses, sowie Vertretern des Runden Tisches. In diesem Zusammenhang kann die Rolle der Abgeordneten der Volkskammer, und besonders ihres Präsidiums, für die Aufrechterhaltung der Ordnung, der Wirtschafts- und Lebensgrundlagen sowie der Versorgung der Bevölkerung, oder für die Gestaltung der Verhältnisse im Sozial- und Gesundheitswesen, in Kultur und Bildung, d.h. für das gesellschaftliche Sein in dieser Zeit, nicht hoch genug eingeschätzt werden. In manchen Darstellungen wird heute das Wirken der Volkskammer und des Runden Tisches in und nach der Wende herabgewürdigt, totgeschwiegen oder einseitig nur auf die Regierung bezogen. Offenbar erscheint manchen eine Darstellung des konstruktiven Zusammenwirken von Parlament und außerparlamentarischer Opposition nicht zeitgemäß. Unbestritten ist jedoch, dass Volkskammer und Runder Tisch zwar kontrovers, doch konstruktiv zusammengearbeitet haben. Sie gewährleisteten im entscheidenden Maße den friedlichen Verlauf der politischen Entwicklung der DDR im Jahr 1990.

4. Fazit

Es waren viele Tausende Volksvertreter, Frauen und Männer aus allen Klassen und Schichten der DDR, die in den Gemeinden und Städten, in den Volksvertretungen der Kreise und Bezirke sowie in der Volkskammer mit Fleiß und Können, mit Einsatzbereitschaft und Verantwortungsbewusstsein gemäß dem Willen ihrer Wähler im Lande gearbeitet haben. Ihre Biografien und Leistungen sind Bestandteil und bleibende Verdienste der Überwindung der Kriegsfolgen, der Entwicklung eines neuen demokratischen Staates und seiner Vertretungskörperschaften, eines sozialistischen Staates des Friedens auf deutschem Boden. Auch für sie gilt: Die Würde des Menschen ist unantastbar.

Literaturverzeichnis:

Maleuda, Günther/ Kelle, Herbert (1990): Gegen das Vergessen. Zum Aufbruch in der Volkskammer im November 1989. Eggersdorf: Verlag Mathias Kirschner.

Kapitel 10:

Fraktionen: parlamentarische Rudimente oder Gremien mit Bedeutung?

Günter Hartmann

Verständlicherweise kann ich über Fraktionen in der Volkskammer nicht schlechthin, schon gar nicht über die Fraktion der SED reden. Vielmehr will ich vom Selbsterlebten und Selbstgetanen, auch vom Nichtgetanen oder Nichtvermochten meines Wahrnehmungsfeldes, der Fraktion der NDPD, sprechen – wo immer möglich aber auch verallgemeinernd.

1. Warum gab es in der Volkskammer Fraktionen?

Einer sozialistischen Volksvertretung, die nach eigener Bekundung kein Parlament im klassischen Sinne sein will, sind Fraktionen im Grunde wesensfremd. Es gab sie zwar, doch sie wirkten zunächst einmal wie parlamentarische Rudimente, als ein spezifisches zeitgeschichtliches Phänomen des Sozialismus in der DDR.

Tatsächlich waren die Fraktionen der Volkskammer den Umständen der Gründung der DDR geschuldet, waren Zugeständnisse an eine aus dem deutschen Parlamentarismus herreichende Parteientradition, in der sich viele Menschen – gerade auch Mitbegründer der DDR – stehen sahen. In deren Demokratievorstellungen wäre eine Volksvertretung ohne Parteien und Fraktionen undenkbar gewesen. Und Parteien existierten ja; zwei davon waren eigens in Vorausschau auf einen zweiten deutschen Staat gegründet worden. Im übrigen erschienen der SED die Fraktionen in der Volkskammer nicht nur als möglich; vielmehr lagen sie in ihrem Machtkalkül. Von Anfang an um eine demokratisch scheinende Legitimität besorgt, musste die SED wünschen, einen nach innen und außen dank seines Mehrparteienbildes repräsentablen und deshalb auch möglichst akzeptablen ‚Parlamentarismus' vorführen zu können – einen, der sich zudem vorteilhaft von den Einparteiensystemen und entsprechenden Vertretungskörperschaften der meisten ihrer Bruderparteien unterschied. In Moskau und anderswo sah man das, wie ich selbst erlebte, nicht unbedingt mit Wohlgefallen.

Aus der Bundesrepublik hingegen war mir zu DDR-Zeiten die 1988 veröffentlichte Studie der Adenauer-Stiftung über „Die Blockparteien im politischen System der DDR" bekannt.[1] Deren These war, dass die Blockparteien und deren Fraktionen

---

1 P. J. Lapp 1988.

Die Bedeutung der Fraktionen 207

in der Volkskammer außen- und innenpolitisch von nicht zu unterschätzender Relevanz seien und durchaus ins Blickfeld der Deutschlandpolitik der Bundesrepublik gehörten. Begründet wurde das hauptsächlich damit, dass sich fast eine halbe Million DDR-Bürger in den erklärtermaßen nichtkommunistischen Parteien der – wie es hieß – direkten politischen Verfügung der SED entzogen hatten, also jeder zwanzigste Wahlberechtigte. Ich setze noch hinzu, dass in den achtziger Jahren, aus denen die Zahlen stammen, die Stärke der vier Blockparteien um mehr als ein Viertel wuchs, nämlich um über 100.000 Mitglieder, und so die Größe aus dem Gründungsjahr der DDR mehr als wiedererlangte. Die Presse der Blockparteien erreichte eine Millionenauflage; am Ende war von drei Millionen Lesern die Rede.

Immerhin vollzog sich das zu einer Zeit, in welcher der gesellschaftliche Einfluss der Blockparteien von der SED-Führung noch weiter eingeschränkt, der Zugang zu den Blockparteien erschwert und für einige Gruppen – wie Lehrern oder bestimmten Wissenschaftsberufen – sogar verschlossen wurde. Man konnte meinen, der SED sei der Preis nun doch dafür zu hoch geworden, mit diesen Parteien – und in Gestalt einer fraktionsstrukturierten Volkskammer – über zuverlässige Bürger, über an ihre Politik bindende Funktionselemente zu verfügen. Doch als die äußeren Umstände sich änderten, etwa zur Zeit der Entspannung der deutsch-deutschen Beziehungen, waren die Blockparteien wieder gefragt, waren vorzeigewürdig und weniger eingeschränkt in ihren Handlungsräumen.

Die SED schwankte ja stets zwischen der vorrangigen Absicht, sich und ihr System mittels der Volkskammer als demokratisch, ihre Herrschaftspolitik als gesetzlich auszugeben, und ihrer beständigen Sorge, so ihre Macht teilen zu müssen. Sie kann nicht übersehen haben, dass sich in den Fraktionen, deren Parteien in Selbstaufgabe den Führungsanspruch der SED akzeptiert hatten, dennoch ein Impetus ergab, der eine gewisse Eigenständigkeit hervorbrachte und verfestigte. Die SED zeigte sich deshalb noch mehr auf der Hut vor jedem noch so geringen Ansatz von politischem Pluralismus, der – nach ihrer Lehrmeinung – gefährlicher Revisionismus an der Diktatur des Proletariates war.

In diesem Spannungsfeld überhaupt als Fraktion einer Blockpartei tätig sein zu können, setzte Mitbeteiligung an der Ausübung jener Transmissionsfunktion voraus, die der Volkskammer bezüglich der SED-Politik als wichtigste, wohl auch als einzige Aufgabe von Bedeutung zugedacht war. Eigenes war dabei sogar erwünscht. Maß möglicher Eigenständigkeit war, wie wir spürten, die erreichbare Wirkung unterschiedlicher Überzeugungslinien in gleicher Sache. Denn Eigenheiten waren möglich, wo es darum ging, die Politik der SED verständlich zu machen, nicht aber, um sich damit als eigenständige Partei zu profilieren. Konkurrenz zum Parteiwillen der SED durfte es also nicht geben, sehr wohl aber Unterschiedlichkeit in dessen Vermittlung. Das war sogar geboten angesichts der nach ihrer sozialen Stellung, weltanschaulichen Bindung und politischen Zugehörigkeit so unterschiedlichen Empfänger der zu verbreitenden zentralen Botschaften. Sich in dieser Rolle institutionalisiert zu haben, im Ausüben der zugewiesenen Funktion als Fraktion sozusagen wesenhaft geworden zu sein, war angesichts der Begrenztheit des Spielraums von Fraktionen im Machtsystem der SED – und von dieser sicher eher ungewollt – schon ein Politikum. Es blieb übrigens in einigen Parlamenten westlicher Länder nicht unbemerkt und ließ bei Auslandsbesuchen von DDR-Parlamentsdelegationen das Interesse auffallend stark den Fraktionsvertretern der Blockparteien zukommen.

2. Die Rolle der Fraktionen

Die Fraktionen der Volkskammer *nur* als bedeutungslose Überbleibsel aus Vergangenem zu betrachten, wird ihrer tatsächlichen Bedeutung also nicht gerecht. Ohnehin verstand sich die Mehrzahl der Fraktionsmitglieder nicht als bloßer Politiktransporteur. Sie meinten, doch irgendwie Volksvertreter sein zu müssen, Interessenvertreter von Bürgern ihresgleichen, ihrer Profession, ihres politischen Selbstwertgefühls. Das galt gerade auch dann, wenn sie sich immer wieder mit einer anderen Wirklichkeit, mit einem anderen Anspruch konfrontiert sahen, nämlich sich als Beauftragte der führenden Arbeiterklasse und ihrer Partei zu verstehen.

Gewöhnlich luden die Abgeordneten in der Fraktion ab, was sie in ihren örtlichen Wirkungskreisen erlebten und erfuhren. Die Fraktion begann ihre Sitzungen denn auch meist mit dem Tagesordnungspunkt ‚Zur aktuellen Lage'. Sie befasste sich, oft auch in Verbindung mit Berichten ihrer Vertreter in Staatsrat und Ministerrat, mit Reaktionen der Bevölkerung und erhielt dabei, dank der Vielzahl und Vielfalt von Informationen aus der Wahlkreisarbeit, ein nicht unrealistisches Stimmungsbild. Dieses bot die Fraktion zuerst einmal der eigenen Partei für die Beurteilung getroffener und für die Vorbereitung neuer Entscheidungen an. Die Partei wiederum gab der Fraktion auch öfter einmal das Recht in gemeinsamen Tagungen von Parteiführungsgremien und Fraktion. Noch wichtiger war, dass Fraktionsmitglieder in diversen Beratungsorganen und Arbeitsgruppen der Partei tätig wurden, etwa zu Kultur, Wissenschaft, Bildung, Handwerk und Gewerbe. Sie erwiesen sich dort oft kenntnisreicher, sachkompetenter und vorschlagssicherer als unmittelbare Parteimitarbeiter und Funktionäre.

Der Weg der Fraktion ‚heraus aus der Volkskammer' war angezeigt, weil oft nur so auf anstehende Entscheidungen Einfluss zu nehmen war, etwa zum jährlichen Volkswirtschaftsplan, nämlich durch Kontaktaufnahme der eigenen Parteiführung mit dem Politbüro der SED. Auch aus anderen Erfahrungen mit der eigenen Partei klug geworden, ging die Fraktion über ihre Mitglieder in den Ausschüssen der Volkskammer ebenfalls den direkten Weg. Fraktionsmitglieder erhielten beispielsweise den Auftrag, Regierungsmitglieder anzusprechen, sie zu Stellungnahmen vor dem jeweiligen Ausschuss aufzufordern[2] sowie bei der Beratung von Gesetzentwürfen Erwartungen oder Bedenken vorzubringen und um deren Berücksichtigung bemüht zu sein. Für die NDPD-Fraktion ergab sich hier der Vorteil, dass sie über mehrere Wahlperioden den Vorsitz im Ausschuss für Haushalt und Finanzen und im

---

2 Abgeordnete waren zu Fragen berechtigt, Minister zu Antworten verpflichtet.

Verfassungs- und Rechtsausschuss innehatte. Das waren die beiden Ausschüsse, von denen die meisten Veränderungen bewirkt wurden. Besonderes Interesse zeigte die Fraktion außerdem stets daran, in jenen Arbeitsgruppen der Volkskammer vertreten zu sein, die sich vor Ort ein Bild von der praktizierten Gesetzlichkeit machten. Wir haben darauf bestanden, auch wenn der SED immer weniger daran gelegen schien, hier Abgeordnete anderer Parteien zu beteiligen.

Aufgrund all dessen kann ich keineswegs der Meinung folgen, dass die Abgeordneten der Volkskammer sich damit begnügt hätten, ‚beschäftigt' worden zu sein, also nur bessere ‚Laufburschen' gewesen wären und darin eine Art Ersatzbefriedigung gesucht hätten. Auch heute könnte ja zu den Abgeordnetenpflichten gehören, im Wahlkreis bestimmten Dingen nachzugehen und sich für verfassungsmäßige Rechte der Bürger stark zu machen.[3] Zu DDR-Zeiten galt jedenfalls mancher Abgeordnete gerade deshalb in seinem örtlichen Wirkungskreis als Vertrauensperson, wurde für kompetent gehalten und verstand es, die offenbare Bürgerdistanz der Regierung durch seine Bürgernähe auszugleichen

Die Ausübung der laut Geschäftsordnung zwar nicht den Fraktionen, wohl aber den Abgeordneten und Ausschüssen zustehenden, also rechtlich gedeckten Kontrollfunktion gegenüber der Regierung tat ein Übriges, Selbstwert und Unverwechselbarkeit bei den Fraktionen zu stärken. Denn die Regierung akzeptierte Kontrolle durchaus und zeigte Bereitschaft zur Veränderung, solange es nicht um auch ihr prinzipiell Vorgegebenes ging. Tatsächlich wurde einiges verändert, was aber nicht immer ausschloss, dass es in neuen Vorlagen in alter Form wiederkam. Schließlich kamen die Vorlagen der Regierung ja nicht unbedingt von ihr. Initiiert wurden sie mehr oder weniger vom Politbüro der SED und in dessen Apparat oft auch verfasst.

Das Politbüro oder dessen Mitarbeiter forderten, wenn es ihnen zweckdienlich erschien, übrigens auch den Blockparteien Zuarbeiten ab, ersuchten sie um Vorschläge oder führten Vorabstimmungen herbei. So reduzierte sich das, was in den Ausschüssen und Fraktionen der Volkskammer geschehen konnte, natürlich um ein Beträchtliches. Das beschämendste Kapitel war sicher die Art und Weise der Annahme der letzten Verfassungsänderung. Und in bestimmten Bereichen war jede Mitarbeit von vornherein ausgeschlossen, nämlich bei allem, was die Schutzfunktion des Staates, also die innere Sicherheit und Landesverteidigung anging.

3. Grenzen der Fraktionsarbeit

Dergestalt waren den Ausschüssen wie den Fraktionen die Grenzen eigenen Agierens und Mitredens streng gezogen. Natürlich war ihnen nicht unbekannt, wie sich die sozialistische Staatsgewalt definierte und in Funktion setzte: Staatsgewalt als „konzentrierter Ausdruck der politischen Macht der Arbeiterklasse" – so die deut-

---

3 *Anmerkung der Herausgeber:* Ebenso verhält es sich heute in der Praxis; siehe W. J. Patzelt 1995.

lichste aller Formulierungen.[4] Darum waren die Volksvertretungen – die örtlichen mit dieser Begründung auch ohne Recht auf Fraktionsbildung – selbst in Gestalt der Volkskammer nichts anderes als ein *dem* entsprechendes Machtorgan, also gerade *kein* eigener Machtfaktor neben der SED. Nicht nur die Bevormundung, sondern die Machtverhältnisse selbst waren Grund für die Reduzierung der Rechte der Volkskammer.

Als Fraktionsmitglied einer städtischen Mittelstandspartei fand man sich in solchen Definitionen sozialistischer Staatslehre nicht wieder. Auch nicht, wenn man wusste, was die Fraktionen der Blockparteien für die SED *auch* noch waren, wie unentbehrlich sie ihr schienen, selbst wenn sie sie nicht mochte. Wer zudem in den Fraktionen von jenen Friktionen wusste oder ahnte, die es zwischen Politbüro und Ministerrat gab, der riskierte – begleitet von der Häme des Politbüros – schon mal prinzipiellere Kritik an der Regierung, für welche die Volkskammer immerhin eine Institution darstellte, durch die sie ihre Vorlagen erst einmal bringen musste. Und es stimmt einfach nicht, wenn man sagt, die Vorlagen seien immer so aus der Volkskammer herausgekommen, wie sie zuvor hereingegeben wurden. So war es wirklich nicht, dass dem Jasagen im Plenum das ungehinderte Passieren der Regierungsvorlagen in Fraktionen und Ausschüssen voranging!

Doch natürlich war den Fraktionen in ihren Stellungnahmen im Plenum verwehrt, was sich in Fraktion und Ausschuss an Debatten und Auseinandersetzungen vollzog. Jene Dialektik von Dissens und Konsens, aus welcher der bürgerliche liberale Parlamentarismus lebt und zu seinen Entscheidungen kommt, war im Plenum der Volkskammer in der Tat ausgeschlossen. Hier wurden die Fraktionen wirklich als macht- und funktionslos vorgeführt. Ich kann es mir immer weniger verzeihen, einer Einmütigkeit gehuldigt zu haben, die es da nicht gab, nicht geben konnte und die auf Kosten jeglichen Vertrauens seitens vieler Bürger ging. Tatsächlich wurde jenes Bild, das die Medien von den Plenarsitzungen vermittelten, den Abgeordneten aber nicht gerecht, die ja mehr und anderes taten, als nur im Plenum ja zu sagen. Viele von ihnen empfanden das als diskriminierend und eben nicht als großartigen Ausdruck einer nur dem Sozialismus eigenen völligen Interessenübereinstimmung.

Die Frage ist berechtigt, warum intelligente Menschen sich solches antaten und sich als Volksvertreter zur Verfügung stellten, ohne es doch eigentlich zu sein – trotz allem, was sie sich an Freiräumen meinten erschlossen zu haben. Der Hauptgrund, und wohl auch bei mir, lag in der Überzeugung, dem vermeintlich besseren der beiden deutschen Staaten zu dienen, demjenigen, der nicht in der Rechtsnachfolge des Vorangegangenen stand, dem konsequent antifaschistischen, antikapitalistischen, dem sozial gerechteren, im Kalten Krieg hart bedrängten, dem man auch manches nachsehen müsse – und so weiter und so fort, wie es gelehrt und gelernt und zum Teil auch erfahren wurde. Gründe lagen auch in einem gewissen Pflichtgefühl gegenüber der Gesellschaft, zu deren Gunsten man etwas verändern wollte. Und sie lagen nicht zuletzt im Interesse am eigenen Vorankommen. Das entschuldigt nichts;

---

4 Akademie 1974, S. 342.

Die Bedeutung der Fraktionen 211

es erklärt nur. Vor allem soll diese Antwort nicht jenen den Respekt versagen, die anders dachten und, vor allem, auch anders handelten – wenn sie es denn wirklich getan haben. Und jene, die in diesem Staate nicht gelebt haben, sollten wohl den Versuch unternehmen, sich in eine Rolle wie die meine hineinzuversetzen, wenn es denn für sie anders gewesen wäre.

4. Mechanismen der Arbeit in der Volkskammer und ihren Fraktionen

Die bislang vorgeschlagene Periodisierung der Geschichte der Volkskammer kann ich so nicht nachvollziehen. Auch die Tendenz einer über die Jahre ständig zunehmenden Einengung des Spielraums der Blockparteien bzw. ihrer Fraktionen kann ich aus eigener Erfahrung nicht bestätigen. Was mir allerdings auffiel, war eine Veränderung in den Mechanismen der Arbeit der Volkskammer und ihrer Fraktionen.

Im letzten Jahrzehnt der DDR wurden beispielsweise vom Politbüro geplante und zum Gesetz erhebende Grundorientierungen kaum noch – wie zuvor – zwischen dem Generalsekretär der SED und den Vorsitzenden der Blockparteien im ‚Offiziellen Gespräch' vorabgestimmt, so formal dies auch gewesen sein mag. Dass ebenfalls der Zentrale Block so gut wie nicht mehr zusammentrat und sich folgerichtig auch der ZK-Apparat gegenüber den Blockparteien in Zurückhaltung übte, hatte für die offiziell Gesetze einbringende Regierung den Nachteil, dass ihre Vorlagen in den Ausschüssen und Fraktionen nun mehr Diskussionen auslösten als angesichts früherer ausdrücklicher Vorabsprachen. Für die Fraktionen hatte das wiederum den Vorteil, manche nicht unwichtige Veränderung doch noch bewirken oder zur Veränderung beitragen zu können.

Der bekannten Verordnungswut der Regierung stand entgegen, dass nicht verordnet werden konnte, wozu es im Grundsätzlichen keine vorherige Übereinstimmung gab. Die aber ließ sich meist nur im Zusammenhang mit den Gesetzen über den jährlichen Volkswirtschaftsplan herstellen. Hier denke ich, zum Beispiel, an wiederholte Versuche der Regierung (und sicher nicht nur und in erster Linie von ihr), den privaten Sektor der Wirtschaft mit schnellen Schritten ganz abzuschaffen, die Produktionsgenossenschaften des Handwerks und größere Kommissionsbetriebe in Volkseigentum zu überführen oder den für alle Einzelhandelsformen auf dem Papier gleichen Versorgungsauftrag noch weiter zu Ungunsten der privaten und Kommissionseinzelhändler wie ihrer Kunden einzuschränken. Solches über die Plandebatten wenn auch nicht völlig abgewendet, so doch erheblich relativiert und zeitlich gestreckt sowie einen ungesetzlichen Verordnungsweg verhindert zu haben,[5] rechne ich den drei Blockparteien, die sich diesen Bevölkerungsgruppen besonders verpflichtet fühlten, durchaus als Verdienst zu.

---

5 Immerhin gab es unmittelbar vor der Wende noch über 400.000 private Handwerker und Gewerbetreibende.

Also erwies es sich schon als vorteilhaft, in den Fraktionen über jenen Sachverstand zu verfügen, der solches möglich machte. Beispielsweise bestand die NDPD-Fraktion in der letzten Wahlperiode ab 1987 mit ihren 52 Mitgliedern zu fast drei Vierteln aus in ihren Berufen tätigen Akademikern. Darunter waren acht Angehörige der wissenschaftlich-technischen Intelligenz, sieben Professoren und zwei weitere Dozenten, vier Lehrer, vier Ärzte, sechs Künstler (ein weiterer über die Kulturbundfraktion), und dazu noch vierzehn Handwerker bzw. Gewerbetreibende. Nur sieben Mitglieder der Fraktion waren hauptamtliche Parteimitarbeiter oder Staatsfunktionäre. Für eine städtische Mittelstandspartei ist das eine auch im Vergleich zu heutigen Fraktionen gute Zusammensetzung. Und was da an Potenz und Handlungsbereitschaft – auch in anderen Fraktionen – zusammengekommen war, das passte offensichtlich nicht so ganz zur eigentlichen Zweckbestimmung der Fraktionen der Blockparteien, zu deren einseitigen Beauftragtsein. Mit anderen Worten: Die eingangs zitierten Machtdefinitionen und absoluten Herrschaftsansprüche der SED passten nicht in allem zur von Abgeordneten selbst geschaffenen Wirklichkeit. Natürlich war damit der Raum längst nicht ausgefüllt, den die Verfassung im Artikel 65 den Abgeordneten der Volkskammer bot.[6]

Auch war den Fraktionen nach § 8 der Geschäftsordnung der Volkskammer das Recht eingeräumt, selbst Gesetzesvorlagen einzubringen. Doch die NDPD-Fraktion fungierte nur einmal als direkte Gesetzesinitiatorin. Das war noch zu Beginn der DDR-Zeit mit dem Gleichberechtigungsgesetz für ehemalige Mitglieder der NSDAP, für Offiziere und Berufssoldaten, die sich keiner Verbrechen schuldig gemacht hatten. Weitere Male ergriff die NDPD gemeinsam mit LDPD und CDU Gesetzesinitiativen, etwa für anschließend doch von der Regierung eingebrachte Gesetze zur Förderung von Handwerk und Gewerbe, die selbst von heute aus gesehen wirkliche Fördergesetze waren.

Insgesamt muss einfach eingestanden werden, dass die politische Bewegungsfreiheit – besonders nach der Geschäftsordnung – rechtlich größer war, als sie in der Regel auch nur versuchsweise in Anspruch genommen wurde. Das Argument, um Gesetze und deren Inhalt wäre es gegangen, nicht um den Weg ihres Zustandekommens, hilft darüber nicht hinweg. Auch wenn mit konsequenterer Wahrnehmung bestehender Rechtsansprüche die absolute Konzentration der Macht in der Spitze der SED nicht zu unterlaufen gewesen wäre: Es hat bereits am Versuch gefehlt.

Die Volkskammer konnte ohnehin während der Zeit der politischen Wende in der DDR, also noch vor ihrer Neuwahl im März 1990, selbst noch den Beweis erbringen, was es für ihre Akzeptanz und vor allem für die Demokratie bedeutete, sich aus der Abhängigkeit einer einzigen Partei, der man mit der politischen auch die staatliche Führung überlassen hatte, zu lösen, ja zu befreien. Da zeigte sich, welch reiche Potenz, welch geistiges, politisches und fachliches Vermögen in den Fraktionen vorhanden war, und zwar um eben nicht nur, und bestenfalls Gruppeninteressen zu vertreten, sondern um gesamtstaatliche Entscheidungen zu treffen und das tat-

---

6 E. Fischer/W. Künzel 1989, S. 533.

sächlich oberste staatliche Machtorgan zu sein. Damit war man dann allerdings nicht mehr *sozialistische* Volksvertretung, wenn auch noch nicht frei gewähltes *Parlament*. Unbestritten aber hat der in der ‚Volkskammer der Wende' errungene Pluralismus den Fraktionen der Blockparteien zu ungeahnter Effizienz verholfen und die Volkskammer, trotz ihrer im Verständnis vieler Bürger fehlenden demokratischen Legitimation, einen von ihr kaum mehr erwarteten Beitrag zur gesetzlichen Stützung der Wende leisten lassen.

Meine Ausführungen zusammenfassend möchte ich feststellen: Die NDPD-Fraktion, der ich angehörte, besaß ein gewisses Maß an Identität. Gleiches dürfte auch für die Wesensart der anderen Fraktionen der Blockparteien zutreffend gewesen sein. Gewonnen wurde solche Identität sowohl aus der objektiven Entwicklungslogik, wonach Teile eines gesellschaftlichen Ganzen Eigendynamik entfalten, als auch aus bewusster Wahrnehmung einer immerhin mit Verfassungsrechten ausgestatteten Verantwortung und aus dem selbstlosen Wirken der Abgeordneten. Sich eben nicht als bedeutungsloses Restgut aus Vergangenem verstanden, sondern eine solche institutionelle Bedeutung erlangt zu haben, das kennzeichnet – bei vorurteilsfreier Bewertung – die Rolle der Fraktionen in der Volkskammer.

An der faktischen Situation einer über allem stehenden und herrschenden SED hat das aber nichts Wesentliches verändert. Es waren eben nur Korrekturen möglich, die zugestanden wurden, weil sie letztlich doch der SED ins Konzept passten, weil sie in schwierigen Zeiten entspannend wirkten und der SED vermeintlich halfen, sich als auf Volkes Stimme hörend darzustellen. Also bleibt es dabei: Dem realitätsfernen Anspruch der SED, die von ihr dominierte Volkskammer in den Rang einer Vertretungskörperschaft neuen Typs zu erheben, einer dem bundesdeutschen Parlamentarismus in allem überlegenen alternativen sozialistischen Volksvertretung, waren Fraktionen eher zuwider. Und jener Anspruch wurde nicht nur wegen der Art und Weise seiner Umsetzung verwirkt, sondern vor allem aus prinzipiellen, in den tatsächlichen Machtverhältnissen liegenden Gründen. Bewirkt wurde lediglich eine Art Mittlerrolle zwischen Bürger und Staat, zu der es eigentlich keiner Vertretungskörperschaft wie der Volkskammer bedurft hätte, die faktisch ohne jede selbständige Entscheidungsvollmacht war.

Und die Blockparteien, der Führung durch die SED selbstverpflichtet, waren deshalb ebensowenig Parteien wie ihre Fraktionen unbestreitbar Fraktionen. Nicht aus freien Wahlen hervorgegangen, nach einem Verteilerschlüssel zusammengestellt, fehlte es ihnen an demokratischer Legitimität und an darauf gründender Autorität. Ein wirkliches und wirksames Beteiligtsein der Blockparteien und ihrer Fraktionen an gesamtstaatlichen Entscheidungsprozessen konnte es so nicht geben. Das bescheiden Bedeutungsvolle der Existenz und des Wirkens der Blockparteifraktionen bestand darin, ihren überwiegenden Symbolcharakter wenigstens *partiell* aufgehoben zu haben, bei ihrer Auftragsbestimmung immerhin für den *eigenen* politischen, sozialen und beruflichen Bevölkerungsanhang repräsentativ geworden zu sein, *zusätzlich* zur SED Meinungen politisch artikuliert und Detailentscheidungen beeinflusst oder auch herbeigeführt zu haben. Zwar lösten sich die Blockparteien im

Herbst 1989 von solch gefügiger Genügsamkeit. Doch Fraktionen im echten Wortsinn und mit demokratischem Wert besaß die Volkskammer erst nach den freien Wahlen vom 18. März 1990.

Literaturverzeichnis

Akademie für Staats- und Rechtswissenschaft der DDR (Hrsg.) (1974): Wörterbuch zum sozialistischen Staat. Berlin (Ost): Dietz.

Fischer, Erich/Künzel, Werner (1989): Verfassung der Deutschen Demokratischen Republik vom 6. April, in der Fassung des Gesetzes zur Ergänzung und Änderung der Verfassung der DDR vom 7. Oktober 1974. In: Verfassungen deutscher Länder und Staaten: Von 1816 bis zur Gegenwart. Berlin (Ost): Staatsverlag der DDR, S. 517-540.

Lapp, Peter Joachim (1988): Die Blockparteien im politischen System der DDR. Melle: Verlag Ernst Knoth.

Patzelt, Werner J. (1995): Abgeordnete und ihr Beruf. Interviews – Umfragen – Analysen. Berlin: Akademie Verlag.

Kapitel 11:

Ausschussarbeit am Beispiel des Kulturausschusses

Karl-Heinz Schulmeister

1. Gesamteinschätzung zur Rolle der Ausschüsse

Aufgabe der fünfzehn Ausschüsse der Volkskammer war es, Gesetzentwürfe zu beraten und die praktische Durchführung der Gesetze zu kontrollieren. Zu den Vorlagen der Regierung nahmen sie Stellung; außerdem berichteten sie über die Ergebnisse ihrer eigenen Tätigkeit. Zweifellos waren die Aktivitäten der Ausschüsse sehr unterschiedlich. Während der Geschäftsordnungs- und der Haushaltsprüfungsausschuss selten zusammenkamen, tagten andere regelmäßig, etwa der Verfassungs- und Rechtsausschuss, die Ausschüsse für Industrie, Bauwesen und Verkehr, für Landwirtschaft, Forst- und Nahrungsgüterwirtschaft, für Handel und Versorgung, für Haushalt und Finanzen, für Arbeit und Sozialpolitik, für Eingaben der Bürger, ebenso die Fachausschüsse für Gesundheitswesen, Volksbildung und Kultur.

Die Ausschüsse wirkten in Konformität mit dem System. Dennoch gab es im Detail Handlungsspielräume. Dies hing natürlich vom Charakter der anstehenden Gesetze sowie vom Einfluss der Vorstände der Ausschüsse ab. Es war klar, dass Mitglieder des Politbüros wie Dr. Mittag oder Prof. Hager mehr Möglichkeiten zu sachlichen und textlichen Veränderungen hatten, als sie anderen Ausschussvorsitzenden gegeben waren. Am größten waren die Einflussmöglichkeiten dabei im Vorfeld der Ausarbeitung der Gesetze sowie bei Sach- und Fachfragen. Vieles hing auch vom Verhältnis der Vorstände der Ausschüsse zu den Ministern bzw. Ministerien ab. Die Kulturminister Gysi und Hofmann waren beispielsweise auch Abgeordnete und darüber hinaus immer bereit, den Ausschuss zu informieren und ihm Rechenschaft abzulegen. Stets waren sie an Zusammenarbeit interessiert. Insgesamt waren die Ausschüsse der obersten Volksvertretung der DDR jedenfalls – wenn auch unterschiedlich in Form und Ausmaß – arbeitende Körperschaften. Der größte Teil der Abgeordneten (355) sowie der Nachfolgekandidaten (124) war in einem Ausschuss tätig, und hier spielte sich tatsächlich der wesentliche Teil der Tätigkeit eines Abgeordneten ab. Wenn es in einer westlichen Information hieß: „Die für demokratische Parlamente übliche Ausschussarbeit war auf ein formales Minimum reduziert"[1], so ist dies – jedenfalls für meinen Ausschuss – nicht die Wahrheit.

---

1 Informationen zur politischen Bildung 1991.

2. Die Tätigkeit im Kulturausschuss

2.1. Überblick

Der Ausschuss für Kultur entfaltete eine umfangreiche und zunehmend selbständige Tätigkeit. In einer Wahlperiode fanden 25 – 30 Tagungen des Ausschusses und mehr als 25 Arbeitsgruppeneinsätze statt, wobei letztere oft mehrere Tage dauerten. Weitere Einzelheiten zeigt die Tabelle 1.

Tabelle 1: Tätigkeit des Kulturausschusses[2]

Wahlperiode	Tagungen des Ausschusses	Tagungen von Arbeitsgruppen	Vorstandssitzungen des Ausschusses
5. (1967-71)	30	29	30
6. (1971-76)	29	40	keine Angaben
7. (1976-81)	20	26	27
8. (1981-86)	23	28	13

Wenn ich zur Ausschussarbeit ferner Versammlungen, Gespräche und Sprechstunden in meinen Wahlkreisen hinzuzähle, dann reichen bei mir 100 Tage Tätigkeit im Jahr nicht aus. Und in der Tat waren wir als Abgeordnete oft unterwegs, lernten viele Bürger kennen, machten uns mit ihren Problemen und Sorgen vertraut und waren um Hilfe bemüht. Das alles hat viel Kraft gekostet, denn wir waren ja keine Berufsparlamentarier.

2.2. Mitgliedschaft im Kulturausschuss

Wer war im Kulturausschuss tätig? Seit 1948 – schon im Volksrat — und bis zum März 1990 führte der Kulturbund den Vorsitz im Kulturausschuss. In den ersten Jahren leitete der sozialdemokratische Schul- und Bildungspolitiker Prof. Dr. Heinrich Deiters den Ausschuss. Zu den Persönlichkeiten, die damals im Ausschuss tätig waren, gehörten vielfach Wissenschaftler, Künstler und Kulturpolitiker, die aktiv am Kampf gegen den Faschismus teilgenommen hatten und nach 1945 aus dem Exil nach Ostdeutschland heimkehrten. Unter ihnen waren die Schauspielerin Charlotte Küter aus England, der Publizist und Herausgeber der ‚Neuen Weltbühne' in Prag und Paris, Prof. Dr. Hermann Budzislawski aus den USA, Alexander Abusch aus Mexiko, der Schauspieler Hans Rodenberg, Alfred Kurella und Paul Wandel aus

---

2 Quelle: eigene Berichte und Aufstellungen.

dem Moskauer Exil, Prof. Max Seydewitz aus Schweden, Prof. Viktor Klemperer[3] aus der inneren Emigration und andere mehr.

Insgesamt waren im Ausschuss naturgemäß vor allem Experten der Künste vertreten: Theaterintendanten und Schauspieler, Schriftsteller und Bildende Künstler, Dirigenten und Musiker, Kunstkritiker und Kulturwissenschaftler, Hochschullehrer, Pädagogen, Museologen. Doch zu ihm zählten auch Arbeiter und Ingenieure, Genossenschaftsbauern und Agrarwissenschaftler, Bürgermeister und Gewerkschafter. Es waren Menschen aller Berufe, ein Querschnitt aller Bevölkerungskreise, wobei in der Regel als Vertreter von CDU, LDPD, NDPD und DBD auch religiös gebundene humanistische Kulturschaffende in dieses Gremium gewählt wurden. In der 9. Wahlperiode, also seit 1986, waren es insgesamt vierzehn Männer und elf Frauen.[4] Es waren etwa gleich viele Fachleute, Laien bzw. Interessenten im Kulturausschuss. Das bedeutet, dass unser Ausschuss einerseits ein Expertenkreis, andererseits eine Vertretung der Gesellschaft im Kleinen war. Ein bestimmter Stamm von Fachleuten blieb in der Regel mehrere Wahlperioden; andere Abgeordnete kamen neu hinzu. Für den Vorstand bedeutete das, der fachlichen Qualifizierung besondere Aufmerksamkeit zu widmen, damit möglichst viele auch substanziell mitreden konnten.

Die Mitarbeit im Kulturausschuss war für viele Abgeordnete nicht nur Verpflichtung, sondern auch ein Bedürfnis, gar eine Berufung. Entsprechend groß war die Bereitschaft, bestimmte Aufgaben auch im Wahlkreis zu übernehmen. Durchaus war diese Tätigkeit eine persönliche Bereicherung, die vielen Abgeordneten auch Freude bereitet hat. Etwa erklärte der Schriftsteller G. Holz-Baumert: „Sehr wichtig ist mir die Arbeit im Kulturausschuss der Volkskammer. Sie bringt mich mit Problemen der ganzen Republik, mit Fragen der Industrie und Landwirtschaft, der Kultur und des Rechts zusammen, ich habe also direkt mit vielen Bereichen des Lebens zu tun, die mir sonst doch verschlossen wären".[5] In der Regel waren wir gut informiert, kannten die Stimmung der Bürger und waren in der Lage, Rede und Antwort zu stehen. Zu den Aufgaben der Ausschüsse gehörte es überdies, im Ausland die Positionen der DDR zu vertreten. So kam es im Vorfeld der diplomatischen Anerkennung der DDR zwischen dem finnischen Reichstag und der Volkskammer zu ersten Formen der Zusammenarbeit. Diese bestand darin, dass die Landwirtschafts- und die Kulturausschüsse der beiden Parlamente einander besuchten und Erfahrungen bzw. Probleme ihrer Arbeit austauschten. Diese Begegnungen begannen in Helsinki und Berlin bereits im Jahre 1963.

---

3 *Anmerkung der Herausgeber:* Zu Klemperers Erfahrungen in der Volkskammer siehe S. 273ff.
4 Sekretariat der Volkskammer 1987, S. 150f.
5 Der Sonntag 1981.

2.3. Aufgaben bei Gesetzgebung und Planberatung

Ein wichtiger Teil der Ausschussarbeit bestand in der Mitwirkung an der Gesetzgebung. Die Ausschüsse hatten die Entwürfe der Gesetze zu beraten und sie für die Betrachtung in den Plenartagungen vorzubereiten. Dabei gab es bürokratische Formalitäten, oft auch wenig Zeit zur Prüfung der Entwürfe. Es kam sogar vor, dass selbst die Vertreter der Regierung, also der Fachministerien, den Text der Plankommission bzw. des Ministerrat nicht genau in der Endfassung kannten. Auch wurden nicht alle Entwürfe in allen Ausschüssen erörtert. Fachspezifische Gesetze wurden aber — etwa von unserem Ausschuss – besonders gründlich vorbereitet. Zu ihnen zählen neben anderen das Landeskulturgesetz (1970), das Denkmalpflegegesetz (1975), das Urheberrechtsgesetz sowie das Gesetz zum Schutze des Kulturgutes der DDR (1980) Kulturgutschutzgesetz. Beim Urheberrecht wirkten die Künstlerverbände mit und wurden Experten zur Mitarbeit hinzugezogen, bevor die erste Lesung stattfand.

Besonders intensiv und dauerhaft war die Beschäftigung mit Fragen der Denkmalpflege. Am Zustandekommen des „Gesetzes zur Erhaltung der Denkmäler der DDR" hatte der Ausschuss besonders großen Anteil. Dieses Gesetz wurde gemeinsam mit dem Institut für Denkmalpflege, dem Kulturbund und vielen Experten ausgearbeitet. Die gute Vorbereitung durch das Ministerium für Kultur, die Zusammenarbeit mit dem Kulturbund, der Kammer der Technik usw. schufen einen günstigen Rahmen. Der Ausschuss hat sich dann auch über einen langen Zeitraum mit der Verwirklichung dieses Gesetzes beschäftigt. Er bildete zu diesem Zweck eine Reihe von Arbeitsgruppen, die sich im Lande mit speziellen Problemen bekannt machten. Zu diesen gehörte die Erhaltung technischer Denkmäler der Industrie und Landwirtschaft (etwa in Freiberg, Chemnitz, Oelsnitz und Schwerin), das Wirken der Gedenkstätten der Klassik der deutschen Literatur in Weimar, sowie die Erhaltung und Pflege der Denkmäler in Dresden, Gera, Jena, Eisleben, Merseburg, Stralsund und in anderen Städten. Bei solchen Besuchen stellten wir fest, dass verschiedene Bauten nicht mehr zu erhalten waren. Nicht wenige Ratsvorsitzende oder Bürgermeister brachten ihre Sorgen zum Ausdruck, durch die Erhaltung etwa einer Burganlage überfordert zu sein. Allein der Kreis Rudolstadt hatte fast 300 denkmalpflegerische Objekte zu erhalten! Über solche Probleme berichtete wiederholt auch der Minister vor dem Ausschuss. Es gab in der DDR etwa 300 Denkmale von internationaler, 12.000 von nationaler und über 30.000 von regionaler historischer Bedeutung. Diese Ziffern zeigen die Dimension der gestellten Aufgabe.

Mit Freude konnten wir allerdings feststellen, dass immer mehr Bürger bereit waren, an der Erhaltung der Denkmale mitzuarbeiten. Wir waren auch stolz auf die erzielten Erfolge, etwa auf die Wiedereröffnung der Semperoper in Dresden, des Schauspielhauses in Berlin, oder auf die Restaurierung der Dome in Magdeburg und Halberstadt, der Schlösser in Güstrow und der Stadttore in Neubrandenburg. Solche Leistungen ragten wie Inseln aus einem Meer heraus und zeigten das Können der

Restauratoren, Handwerker und Bauleute. Leider reichte aber die ökonomische Kraft nicht aus, um alle Ziele zu erfüllen. So blieben Widersprüche zwischen Idealanspruch und Wirklichkeit.

Unser Ausschuss war allerdings bei jeder Planberatung darum bemüht, dass entsprechende Mittel für die Denkmalpflege bereitgestellt wurden. Doch je länger die DDR bestand, desto größer wurden die Probleme. Härter wurde auch die Kritik der Abgeordnete gegenüber der Regierung. Ich selbst äußerte etwa bei der Planberatung 1988: „Ich möchte aber, was die Denkmalpflege anbelangt, sagen: Es ist eine Reduzierung von 50%, wenn ich das richtig verstanden habe. Es bleiben 42 Mio. M, und es sind 40 Mio. M gestrichen. Ich bin ein Vertreter der Organisation, in der 7000 Denkmalpfleger dieses Landes organisiert sind, in der sie viel Freizeit aufwenden zur Pflege der Denkmale, zur Erfassung der Denkmale".[6] Auch andere Abgeordnete, etwa Dr. Wünschmann, wehrten sich gegen solche Kürzungen bzw. erhoben zu anderen Fragen kritische Einwände. Doch leider erreichten wir wenig. Wir kannten sehr wohl die Probleme der Denkmalpflege und litten auch darunter, dass z.B. die historischen Stadtkerne immer baufälliger wurden. Aber wir hofften auf positive Veränderungen. Inzwischen wissen wir, dass die Fonds und Kräfte nicht ausreichten.

Jedes Jahr wurden die Gesetzentwürfe für den Volkswirtschaftsplan und den Haushaltsplan im Ausschuss beraten. Lax formuliert, waren dies Routine-Sitzungen. Aber diese Charakterisierung wäre zu einfach, kam es doch in den meisten Fällen zu spannenden Erörterungen. In der Regel wurden die Entwürfe vom Minister für Kultur begründet. Ergänzende Reden folgten von den Vertretern der Staatlichen Plankommission und des Ministeriums für Finanzen. Da unser Ausschuss auch für die Jahrespläne des Rundfunks und Fernsehens zuständig war, wurden außerdem diese von den verantwortlichen Komiteemitgliedern begründet. Erst nach Anhörung dieser fünf Reden konnten die Fragen bzw. Diskussionen beginnen. Da die Abgeordneten aufgrund der Arbeitsgruppeneinsätze in den Bezirken und der Kenntnisse aus ihren Wahlkreisen gut informiert waren, war die Bereitschaft zur Aussprache groß. Dies galt auch hinsichtlich der Programme des Rundfunks und des Fernsehens, so dass die Regierungsvertreter viele Fragen beantworten mussten.

Natürlich gab es Fragen, die immer wiederkehrten. So war es auch mit Problemen, welche die Entwicklung des kulturellen Lebens widerspiegelten. Die damalige Vorsitzende des Kulturausschusses, die Schauspielerin Charlotte Küter, berichtete etwa im Dezember 1958 über die Beratungen und gab vielerlei Anregungen: Das Netz der Bibliotheken solle ausgebaut und eine Aktualisierung der Buchbestände vorgenommen werden; die Verlage sollten als Grundlagen für eigene private Bibliotheken, billige Bücher produzieren;[7] der Kulturfonds der DDR sollte ein Programm zur Reproduktion von Werken berühmter Maler veranlassen, damit preis-

---
6 Protokoll des Ausschusses für Kultur 1988, S. 61f.
7 Tatsächlich entstanden, allein beim Aufbau-Verlag, die Bibliothek Deutscher Klassiker, die Deutsche Volksbibliothek sowie die Bibliothek der Antike.

werte Bilder für die Neubauwohnungen erworben werden konnten; um die Werktätigen an die Kunst heranzuführen, sollten mehr Einführungen für Theater- und Konzertaufführungen stattfinden; in den Schulen sollte die musische Erziehung verbessert werden; die betrieblichen Kultureinrichtungen, die Dorfclubs und die Volkskunstgruppen sollten stärker gefördert werden; und nicht zuletzt sollte die Regierung mit den Gewerkschaften und Künstlerverbänden die Altersversorgung für die Kulturschaffenden regeln.[8] Dies waren damals wichtige qualitative Probleme der kulturellen Entwicklung. Im Rückblick ist man erstaunt, wieviel für die Kultur der Werktätigen in den ersten Jahren – trotz Not und Entbehrungen – geleistet wurde.

Später gab es zu den Jahresplänen andere Fragen. Zu ihnen zählten die Erhaltung der kulturellen Substanz, die Modernisierung der Kulturbauten, Subventionen und anderes mehr. Aber es gab natürlich auch Dinge, die den Ausschuss ständig beschäftigten.

In den 80er Jahren waren das vor allem Fragen der Verlagsproduktion bzw. der Papierverteilung (denn Papier blieb Mangelware), sowie Fragen der zukünftigen Theater- und Orchesterstrukturen, ob z.B. die vielen kleinen Theater und Spielstätten auf Dauer würden erhalten werden können. Dabei legten wir Wert darauf, den Reichtum und die Vielfalt unserer Kultur- und Theaterlandschaft möglichst zu erhalten.

Während in der Regel der Vorsitzende des Rundfunkkomitees eine fundierte Analyse der Sendungen vornahm und die künftigen Investitionen begründete, ignorierte der Vorsitzende des Fernsehkomitees die Beratungen des Ausschusses. Trotz wiederholter Kritik nahm er an keinen Sitzungen teil. Dafür musste der Programmdirektor des Fernsehens einen Großteil der Vorwürfe einstecken. Von Jahr zu Jahr verstärkten die Abgeordneten ihre Kritik an der miserablen Informationspolitik, unter anderem an den Nachrichtensendungen der ‚Aktuellen Kamera'. Trotzdem fanden die Textentwürfe der Jahrespläne immer die Zustimmung der Mitglieder des Ausschusses. Insofern waren die Ausschüsse natürlich ausführende Organe des DDR-Regimes. Aber es kam wiederholt vor, dass zum Kulturteil textliche Veränderungen eingebracht, als Antrag dem Plenum der Volkskammer zugeleitet und dort auch beschlossen wurden.

2.4. Der Kulturausschuss und Probleme des künstlerischen Schaffens in der DDR

Auf Empfehlung des Staatsrates beschäftigte sich der Ausschuss im Jahre 1966, nach dem 11. Plenum des ZK der SED, mit den Problemen sozialistischer Filmkunst. Diese spielte im geistigen Leben der DDR eine beachtliche Rolle. Viele DEFA-Filme hatten auch international einen guten Ruf. Die Leistungsfähigkeit der Filmschaffenden war bedeutend. Deren Kunst vermittelte Lebensfreude, Optimis-

---

8 Protokoll des Ausschusses für Kultur 1988, S. 61f.

mus und förderte die Schaffenskraft. Ebenso konnte sie auch Pessimismus, Niedergeschlagenheit und Zweifel fördern. Durch den Wirtschaftskrieg und das westdeutsche Handelsembargo, durch den Weggang oder die Abwerbung qualifizierter Fachkräfte, durch das Absinken des Lebensniveaus für viele Bürger war die DDR in eine schwierige Lage geraten, war die Stabilisierung der Republik bedroht. Darum gab es Kräfte, die den Weg demokratischer Reformen in der Volkswirtschaft und Kultur beschreiten wollten, und konservative Kräfte, welche die bestehenden Strukturen zu erhalten versuchten.[9] Jedenfalls nahm die Sorge über feindliche Tendenzen in der Kulturentwicklung zu.

In dieser politischen Situation fand das 11. Plenum des ZK statt. Desgleichen erörterten die Abgeordneten im Januar, April und September 1966 in Berlin und Babelsberg mit Filmschaffenden Probleme der Filmkunst. Sie betrachteten mehrere Filme und führten intensive Gespräche mit verantwortlichen Leitern des Ministeriums für Kultur und der Hauptverwaltung Film, mit Dramaturgen und Regisseuren. Es ging ihnen darum, den kulturpolitischen Gehalt der Werke zu prüfen, also herauszufinden, ob sie auf dem sozialistischen Weg nützten oder schadeten. Im Ergebnis ihrer Arbeit nahmen die Abgeordneten eine Erklärung an, die an Staatsrat und Ministerrat überreicht wurde. Darin hieß es: „Die Filme entstellen unsere Wirklichkeit, schädigen das Ansehen unseres Staates und sind gegen die Ziele unserer sozialistischen Kulturpolitik gerichtet. (...) Die Künstler und die staatlichen Leitungen, die für die Filme (...) verantwortlich sind, wurden der großen Verantwortung die ihnen der Staat übertragen hat, nicht gerecht. Wir bitten den Ministerrat, Maßnahmen einzuleiten, damit die Wiederholung solcher Fehler verhindert wird".[10]

Dies war ein schlimmes Beispiel für politische Zensur, für das Konformverhalten unseres Ausschusses mit der Politik der SED. Es zeigt, wie unser Ausschuss im Machtmechanismus des Systems funktionierte. Dabei wurden wir nicht gezwungen oder entsprechend angeleitet, sondern es geschah ‚im Sinne der Sache' aus Überzeugung bzw. aus selbst auferlegter Disziplin. Dem anderen System wollten wir nämlich nicht dienen. Und weil die BRD für die meisten von uns keine Alternative war, gab es eben keine Alternative. Heute überwiegt die Scham, an diesem Schlag gegen die Kunstentwicklung mitgewirkt zu haben. Es unterliegt nämlich keinem Zweifel, dass die meisten Filmschöpfer die realen Widersprüche im Leben darstellen, dass sie im Sinne der Verbesserung des Sozialismus und der Entwicklung der Demokratie neue Wege der Wahrheitssuche und der Reformen gehen wollten. Darum gehören die Sanktionen des 11. Plenums, das Verbot von elf Filmen der DEFA, fast einer ganzen Jahresproduktion, gehören die Entlassungen bedeutender Persönlichkeiten und damit die Zerstörung künstlerischer Laufbahnen zu den großen Fehlern, zu den schlimmsten Tiefpunkten der DDR-Kulturpolitik. Es war, wie der Chefdramaturg der DEFA Klaus Wischnewski schrieb, „ohne Zweifel eine Kata-

---

9 Siehe G. Agde 1991, v. a. S. 15-70.
10 Wortlaut der Erklärung des Ausschusses für Kultur, im Besitz des Autors.

strophe für das Land und auch international".[11] Nach bitteren historischen Erfahrungen ist nunmehr klar: Sozialismus ohne Demokratie hat keinen Bestand, und Demokratie braucht Bewegung, Widerspruch, Austausch der Meinungen, Offenheit und Toleranz!

Einige Male beschäftigte sich der Ausschuss auch mit den Problemen des musikalischen Schaffens. Das geschah nicht – wie beim Film – aus einer Notsituation, sondern aufgrund des wachsenden Einflusses der Musik auf das Leben der Gesellschaft. Wir führten zahlreiche Gespräche mit Komponisten, Dirigenten, Musikern, Wissenschaftlern und Leitern musikalischer Einrichtungen, etwa des Rundfunks, des Fernsehens oder des Künstlerverbandes. Unsere Aufmerksamkeit galt dabei im wesentlichen den Problemen des sinfonischen und kammermusikalischen Schaffens der DDR-Komponisten.

Bekanntlich war unsere Republik ja ein Land hoher Musikkultur. Mit 88 professionellen Opern- und Konzertorchestern waren wir mit das orchesterreichste Land der Welt. Unsere Klangkörper und Solisten genossen überall hohe Achtung. Die Vielzahl der Gastspiele aus dem Ausland war ebenso attraktiv und weltoffen. Das Auftreten in den traditionsreichen Zentren der Musikkultur – im Schauspielhaus und der Staatsoper zu Berlin, in der Semperoper zu Dresden oder im Gewandhaus zu Leipzig – war außerordentlich begehrt. Insgesamt konnten wir von einer guten kontinuierlichen Entwicklung des Musiklebens sprechen. Aufgrund einer bemerkenswerten breiten Basis gab es auch eine international geachtete Spitze.

Das bedeutete aber nicht, dass das Musikleben in jedem Territorium sich gut entwickelte. Nicht nur waren die Unterschiede zwischen den Städten recht groß. In unserem Ausschuss wurden vielmehr auch sehr konkrete Sorgen und Probleme erörtert. Etwa gab es zu wenig Musikerzieher an den Schulen, gab es nicht genug Solisten und Orchestermitglieder, war der Musikalienhandel zurückgegangen, bestand bei Noten ein Engpass, waren Instrumente knapp und teuer und wurden auch gegen Valuta exportiert. Infolge der Neubauwohnungen war überdies die Pflege der Hausmusik rückläufig.[12]

Darüber hinaus gab es systematische Mängel und Probleme, die immer wieder Anlass zur Diskussion waren. Zum einen nahm das zeitgenössische Schaffen der Komponisten in den Konzertsälen nicht den Platz ein, den wir uns wünschten. Zum anderen war es nicht genügend gelungen, breite Kreise der Arbeiter und Genossenschaftsbauern zu ständigen Besuchern bzw. Hörern von Konzerten zu machen.[13] Doch während in den ersten Jahren mit den Komponisten der Gründergeneration Paul Dessau, Hans Eisler, E. H. Meyer, Rudolf Wagner-Regeny vor allem im Kampf gegen den Formalismus konfliktreiche Prozesse stattfanden, wurde der Spielraum für individuelle Schaffensmethoden in den 70er und 80er Jahren vielfältiger. In

---

11 Siehe G. Agde 1991, S. 172.
12 Siehe Protokoll des Ausschusses für Kultur 1987, im Besitz des Autors.
13 Siehe Staatsrat der DDR 1968.

diesen letzten Jahren der DDR wurde in den Künsten generell, zumal in der Musik, Malerei und Grafik, eine liberalere Kunstpolitik toleriert.

2.5. Der Kulturausschuss und das Kulturleben in den Städten und Gemeinden

Wir waren oft vor Ort und machten uns mit dem Stand der Kulturarbeit in den Territorien bekannt. Solche operativen Einsätze gab es regelmäßig. Wir wurden dabei mit dem Angebot der kulturellen Einrichtungen vertraut, der Kulturhäuser und Klubs, der Museen und Schlösser, der Theater, Kinos und der Bibliotheken. Ebenso mit dem Inhalt der Kultur- und Bildungspläne der Arbeitskollektive, mit der Leitungstätigkeit der staatlichen Organe, mit der Tätigkeit der Leitungen der Industrie und der Genossenschaften, mit den kulturellen Möglichkeiten in den Neubaugebieten, mit der Gestaltung der Freizeit, der Arbeitskultur usw. Wir waren in vielen Städten, etwa in vierzig, vor allem in Orten mit bedeutenden Industriebetrieben: in Rostock, Stralsund und Wismar mit den Werften und Schiffahrtsbetrieben, in Dessau, Erfurt, Görlitz und Magdeburg mit den Betrieben des Schwermaschinen- und Waggonbaus, in Eisenhüttenstadt mit dem EKO, ebenso in Bitterfeld und Gera, in Ilmenau, Meiningen, Saßnitz und Suhl. Überall gingen wir der Frage nach, ob es ein kulturell schöpferisches Klima gab, ob das kulturelle Lebensniveau der Bürger gefördert würde.

Aus der großen Zahl der Einsätze soll als ein Beispiel unserer Arbeit Saßnitz erwähnt werden. 1945 war Saßnitz[14] ein kleiner Badeort mit 6000 Einwohnern. 20 Jahre später waren es 16.000. Strukturbestimmend war das Fischkombinat mit einer Flotte von 105 Fischereischiffen. Im Januar 1965 informierten wir uns über die Probleme des kulturellen Lebens in der Stadt. Danach waren einige Arbeitsgruppen tätig. In einer öffentlichen Einwohnerversammlung wurden unsere Empfehlungen dem Rat der Stadt bekanntgegeben. In unserem Bericht hieß es, dass die Versorgung und Betreuung der Fischer und Arbeiter nicht ihren wirtschaftlichen Leistungen und auch nicht ihren Bildungsinteressen entsprächen. Sodann mussten wir unsere „ganze Autorität einsetzen, um die örtlichen Organe des Kreises Rügen sowie des Bezirkes Rostock zur Korrektur von Planfehlern, besonders auf dem Gebiet des Wohnungsbaues, zu bewegen. Auf diese Weise erhielt das Auftreten der Mitglieder der Volkskammer ein überaus starkes politisches Gewicht".[15] Bei allen operativen Einsätzen wurde viel bewirkt; jedenfalls blieben wir am Ball. Nach einem halben Jahr wurden jeweils an Ort und Stelle Kontrollbesuche durchgeführt, um zu sehen, was aus unseren Empfehlungen geworden war. Jahrelang galt dabei unsere Aufmerksamkeit den schwierigen Problemen kulturellen Lebens in den Neubaugebieten. Hier war Neuland, wurde ein neuartiges Zusammenwirken von Städtebauern, Architekten, bilden-

---

14 National-Zeitung 1965.
15 Tätigkeitsbericht des Ausschusses für Kultur 1967.

den Künstlern und Landschaftsgestaltern notwendig. Unser Ausschuss hat – seit 1945 – den Aufbau der neuen Wohnzentren verfolgt – von Halle-Neustadt bis Erfurt-Nord, von Schwerin-Süd bis Leipzig-Grünau. Dabei sammelte er große Erfahrungen. Einerseits waren wir von der schnellen Verwirklichung des Wohnungsbauprogramms beeindruckt und stolz auf die vollbrachten Leistungen. Andererseits kamen wir zu sehr kritischen Bewertungen, die wir auch der Regierung, dem Bauministerium und anderen Organen zur Kenntnis brachten. Etwa heißt es in einem unserer Berichte, die ausschließlich ökonomische Betrachtung führe dazu, „dass die Bürger mit großer Freude und Hoffnungen in neue Wohnungen einziehen, schon bald unzufrieden werden, weil elementare Voraussetzungen für eine wohnliche Atmosphäre, wie die Zuordnung und der Abstand der Häuser, die Gestaltung der unmittelbaren Umgebung, die Vorsorge für Park- und andere Plätze, aber auch die Einordnung natürlicher Gegebenheiten, wie Gelände- und Sonneneinwirkung keine Berücksichtigung fanden. Der Aufwand für die Entstehung dieser Wohnungen war minimal – die Freude am Wohnen aber leider auch." Allerdings mussten wir bei den Einsätzen auch erkennen, dass wertvolle Erfahrungen nicht weitergegeben wurden, so dass sich in anderen Neubaugebieten die gleichen Fehler wiederholten.

Unsere Sorge galt vor allem den mangelnden Bedingungen für eine kulturelle Tätigkeit in den neuen Wohnstätten. Auch waren wir darüber enttäuscht, dass teilweise die demokratischen Kräfte der Massenorganisationen nicht genügend einbezogen wurden. Etwa wurden am ‚Großen Dreesch' in Schwerin, wo 60.000 Menschen leben sollten, zwar schulische und medizinische Einrichtungen geschaffen. Doch im kulturellen Bereich war nichts vorgesehen. Dies wurde von uns mit Nachdruck kritisiert und dazu festgestellt: „Wir reden nicht dem Bau großer Kulturhäuser, Theater, aufwendiger Klubgebäude, Kinos und dgl. das Wort, sondern es geht uns darum, dass mit dem Neubau solch großer Industrie- und Wohnkomplexe ein Minimum an Möglichkeiten vor allem für die Literaturverbreitung, das Klubleben der Jugend, die Zirkeltätigkeit, das Volkskunstschaffen u. ä. im Rahmen des Gesamtaufwandes geschaffen werden sollten".[16] Ebenso forderten wir eine stärkere Kontrolle über die Einhaltung der Normative auch im Kulturbereich. Unser Ausschuss kam zu der Erkenntnis, dass mit den gleichen Mitteln größere Erfolge erzielt worden wären, wenn alle Fachkräfte rechtzeitig einbezogen worden wären und – bei Überwindung von Betriebsegoismus – die zuständigen staatlichen Organe mehr Macht bzw. Rechte gehabt hätten. Durch die so verursachte Vernachlässigung der kulturellen Belange in den neuen Wohngebieten wurde zweifellos das Heimischwerden vieler Bürger erschwert. Doch unsere Autorität war gegeben, und ich glaube sagen zu können, dass wir vor allem in den Territorien sehr viel zur Verbesserung des kulturellen Lebens der Bürger bewirkt haben.

---

16 Bericht über die Tätigkeit des Ausschusses für Kultur 1979; im Besitz des Autors.

3. Zusammenfassende Bewertung

Ich habe keinen Grund, meine Biografie zu leugnen. Ich stehe zu meiner Verantwortung in der DDR. Für mich war diese Republik über Jahrzehnte eine große Hoffnung. 1945 gab es bei uns Aufbruchsstimmung und den Willen zum Anderswerden. Wir wollten aus der Geschichte Lehren ziehen und ein anderes, neues Deutschland aufbauen. Und wenn ich nun an mein Arbeitsleben von 1946 bis 1990 zurückdenke, ein Leben für die Kulturarbeit, dann hat es Spaß und Freude bereitet, war es vielseitig und anstrengend, war es ein reiches geistiges Leben. Ich war und bin glücklich darüber, dass ich mit zahlreichen bedeutenden Persönlichkeiten der Wissenschaften und der Künste zusammenarbeiten konnte.

Im Jahre 2000 bewerte ich aber vieles anders. Der zeitliche Abstand bringt mehr Klarheit, und hier und da kommt auch mehr Wahrheit an das Tageslicht. Vor allem möchte ich zwei Feststellungen treffen. Erstens war die Volkskammer nach ihrer Hauptfunktion, was etwa gesetzgebende Tätigkeit betrifft, im Prinzip ein ausführendes Organ des SED-Regimes, eine Art ‚Abstimmungsparlament'. Zweitens waren sicherlich auch die Funktionen der Ausschüsse eingeschränkt, obwohl es gerade hier viele Elemente demokratischer Mitwirkung, der Wahrnehmung demokratischer Rechte und Pflichten gab. Allerdings waren die Aktivitäten der Ausschüsse sehr unterschiedlich, und der politischen Willensbildung waren Grenzen gesetzt. Zwar herrschte bei uns im Ausschuss für Kultur eine kritische Atmosphäre; Mängel und Schwierigkeiten wurden diskutiert. Aber in der öffentlichen Debatte – im Plenum der Volkskammer – fand diese Diskussion nicht statt. Dies war zweifellos ein Ausdruck mangelnder Demokratie. Trotzdem glaube ich, dass wir – vor allem bei den operativen Einsätzen – aufgrund unserer Autorität in den Territorien allerhand bewirkt haben. So manche Kultureinrichtung, so mancher Bürger erhielt durch uns entsprechende Hilfe, Förderung und Würdigung, und ich bin heute noch stolz auf das, was die DDR-Kultur geleistet hat.

Literaturverzeichnis:

Agde, Günter (Hrsg.) (1991): Kahlschlag – Das 11. Plenum des ZK der SED 1965. Berlin (Ost): Aufbau-Taschenbuch-Verlag.

Bericht über die Tätigkeit des Ausschusses für Kultur der Volkskammer der DDR zu Problemen des geistig – kulturellen Lebens in neu geschaffenen Industrie- und Wohnzentren (1979).

Der Sonntag 18/1981.

Informationen zur politischen Bildung Heft 231, 1991.

National-Zeitung vom 3. 2. 1965.

National-Zeitung vom 4. 2. 1965.

Protokoll des Ausschusses für Kultur vom 28. 4. 1987.

Protokoll des Ausschusses für Kultur vom 7. 12. 1988.

Sekretariat der Volkskammer im Auftrag des Präsidiums der Volkskammer der DDR (Hrsg.) (1987): Die Volkskammer der Deutschen Demokratischen Republik: 9. Wahlperiode [Handbuch]. Berlin (Ost): Staatsverlag der DDR.

Staatsrat der DDR (Hrsg.) (1968): Materialien der 13. Sitzung des Staatsrats der DDR vom 18. Oktober 1968, Heft 7, 3. Wahlperiode, Berlin (Ost): Staatsverlag der DDR.

Tätigkeitsbericht des Ausschusses für Kultur in der 4. Legislaturperiode der Volkskammer vom 1. 3. 1967 an den Staatsrat der DDR.

Kapitel 12:

Abgeordnete als Interessenvertreter der Bürger und ihres Wahlkreises

Gerd Delenschke

1. Vorbemerkungen

Ich stimme voll der Auffassung zu, dass weder die Volkskammer der DDR in ihrer Gesamtheit noch der einzelne ‚normale' Abgeordnete nennenswerten Einfluss auf politische Leitlinien hatte. Diese wurden in Abstimmung mit entsprechenden Gremien der Sowjetunion im Politbüro der SED festgelegt. Jedoch werden auch heute die Mehrheitsbeschlüsse in bürgerlich-demokratischen Parlamenten in kleinen Führungsgremien konzipiert, von dort vorgegeben und nicht selten unter Fraktionszwang durchgesetzt.[1]

In den 27 Jahren meiner Mitgliedschaft in der Volkskammer der DDR (1954 – 1981) gab es für mich als Vertreter Berlins zwei Perioden, die mit gleitenden Übergängen die Zeit bis etwa 1970 sowie die Zeit danach umfassen. In der ersten Periode saßen wir 66 Berliner Vertreter im alten Tagungsgebäude in der Luisenstrasse ohne Stimmrecht auf der Empore. Die Plenartagungen fanden vier- bis sechsmal im Jahre statt; die Ausschusstätigkeit war rege, die Materialübermittlung umfangreich. Das verflachte in der zweiten Periode, endgültig ab 1974, mit der Festschreibung der Führungsrolle der SED in der Verfassung. Der Kulminationspunkt war der VII. Parteitag der SED im Jahr 1971 und die damit verbundene Ablösung Ulbrichts durch Honecker.

Das alles hatte jedoch keineswegs negative Auswirkungen auf die Beziehungen der Volkskammerabgeordneten zu den Bürgern im Wahlkreis. Dort war ein Mitglied der Volkskammer immer der erste Ansprechpartner, wenn er sein Mandat ernst nahm und seine Möglichkeiten nutzte. In Berlin gab es insofern eine besondere Situation im Vergleich mit den restlichen Bezirken, als die Volkskammerabgeordneten mit den Stadt- wie Stadtbezirksverordneten in ihren Wahlkreisen enger zusammenwirkten, also die zentrale Ebene mit der Bezirks- und Kreisebene sehr eng verbunden war. Dabei war der Volkskammerabgeordnete faktisch ein ‚primus inter pares', ohne dass dies irgendwo so geregelt war. Hier wirkte offenbar der gleiche Effekt wie bei schriftlichen Eingaben der Bürger. Man schrieb in der Regel nicht an den Bürgermeister, sondern gleich an den Staatsrat in der Hoffnung, dass der Ranghöhe ein Anliegen besser befördern könne.

---

1 *Anmerkung der Herausgeber:* Vgl. hierzu W. J. Patzelt 1998.

2. Grundzüge der Wahlkreisarbeit

Wie konnten die Abgeordneten etwas im Sinne der berechtigten Interessen der Bürger in ihrem Wahlkreis bewirken? Gesetzliche Grundlagen für das Handeln im Wahlkreis waren im wesentlichen das „Gesetz über die örtlichen Volksvertretungen" aus dem Jahre 1985, vor allem die Paragraphen 15 – 20, sowie vorhergehende Regelungen und die Eingabenordnung. Diese Regelungen hatten zur Folge, dass man als MdV zu allen Tagungen der örtlichen Volksvertretungen eingeladen wurde und auch die entsprechenden Materialien erhielt. Damit war ein gewisser Überblick gegeben. Zudem waren alle Staatsfunktionäre der örtlichen Ebene verpflichtet, die MdV unverzüglich – d.h. innerhalb von sieben bis vierzehn Tagen – auf deren Wunsch zu empfangen.

Bei der konkreten Interessenvertretung kam es sodann im wesentlichen auf zweierlei an. Das erste war, sich als MdV innerhalb der örtlichen Ebene bekannt zu machen und als einflussreicher Politiker eingeschätzt zu werden. Zweitens war persönliche Bekanntschaft mit den entscheidenden Funktionären der SED nötig, ferner Wissen um deren Erreichbarkeit und Verhaltensnormen. Schließlich waren die Vorsitzenden der Bezirke und Kreise stets Mitglieder der SED. Das alles war mühsam, dauerte meist mehr als eine Legislaturperiode und hing sehr vom eigenen Engagement sowie politisch-taktischem Geschick ab. Zugute kam einem dabei, dass die Kreisfunktionäre – die häufigsten Gesprächspartner – nie wussten, welche Beziehungen man selbst zur oberen oder gar obersten Ebene hatte.

Das konnte man in der Praxis mit einem Billardspiel vergleichen: Wen muss man wie anspielen, damit, unter Umständen über mehrere Banden, der oder das Gewünschte getroffen wurde? Vom Wesen her war das kaum anders als heute in solchen Wahlkreisen, die weitgehend von einer Partei beherrscht werden, wie z. B. in Bayern.

Insofern begann die Wahlkreisarbeit mit einer Abart des Lobbyismus. Während der Tagungen der Volkskammer hatte man in den Pausen Gelegenheit, fast alle Minister zu treffen und zwanglos mit ihnen zu sprechen. Ähnlich war das in der Stadtverordnetenversammlung von Berlin. Wenn alles nichts half, wandte man sich auf örtlicher Ebene am besten an den 1. Sekretär der Kreisleitung der SED. Insofern hatte die Führungsrolle der SED auch eine gewisse positive Seite in der Wahlkreisarbeit eines Abgeordneten.

3. Beispiele der Wahlkreisarbeit

Inhaltlich standen in der Regel Versorgungsfragen vom Wohnraum bis zum Einzelhandel sowie Fragen des Wohnumfeldes im Vordergrund. Weniger fielen die eigentlich politischen Probleme ins Gewicht. Hilfeersuchen der Bürger kamen relativ selten aus den für Abgeordnete vorgeschriebenen Sprechstunden. Dort gab es in der Regel nicht viele Besucher. Vielmehr kam der Kontakt meist in oder am Rande von

Veranstaltungen zustande, etwa von örtlichen Vereinigungen oder bei Betriebsversammlungen. Wenn man hinreichend bekannt war, klingelte bisweilen auch abends das Telefon, um einen persönlichen Termin zu vereinbaren oder einfach Sorgen loszuwerden.

Derlei Informationen über Unzulänglichkeiten im Wahlkreis waren oft mit Vorschlägen zu deren Beseitigung verbunden. Oft kam der Satzanfang vor: „Das könnte man doch besser machen, wenn ...". Bald lernte man auch, in solchen Gesprächen die Bürger durch Hinweise oder Vermittlungen zu ermuntern und zu befähigen, kleinere Probleme mit Ämtern und Behörden selbst zu regeln. Dass es über 200.000 Abgeordnete auf allen staatlichen Ebenen bei 16 – 17 Millionen Einwohnern gab, hatte nicht selten den wohl unkalkulierten Nebeneffekt, dass manche Bürger lieber einen Abgeordneten auf den Weg schicken wollten, statt selbst ihre Probleme anzupacken, auch wenn sie dazu durchaus in der Lage gewesen wären.

Zu typischen Bürgeranliegen zählten die folgenden:

- Da kam eine hochschwangere Frau weinend zu mir und berichtete, dass ihr Antrag auf Zuweisung einer eigenen Wohnung von einem Sachbearbeiter mit den Worten abgelehnt worden war: „Kommen Sie später wieder; es könnte ja auch eine Fehlgeburt werden!". Das war ein Höhepunkt an Herzlosigkeit. Anderntags ging ich zum Leiter des Amtes, forderte ihn auf, jenen Unmenschen sofort herbei zu holen und ‚bürstete' den dann regelrecht ab. Er erhielt einen Verweis, die Frau eine Wohnung.

- Es gab die Grundsatzregelung in Wohnungsfragen, wonach jeder Person maximal ein Zimmer zustand. Das führte in der Praxis dazu, dass zwei verwitwete oder geschiedene Personen, die jeweils eine Dreiraumwohnung besaßen und eigentlich zusammenziehen wollten, dennoch keinen Wohnungstausch vornahmen. Sie hätten dann nämlich nur eine Zweiraumwohnung bekommen. Das war formal und ökonomisch natürlich kontraproduktiv. Nach langem Ringen wurde schließlich der Ermessungsspielraum der Wohnungsämter so weit gelockert, dass sowohl der persönliche als auch der staatliche Nutzen gewährleistet wurden.

- Da ließ das Personal von HO- und Konsumläden im Wohngebiet 15 Minuten vor Ladenschluss die Jalousien herunter, um die Räume zu säubern. Hier konnte ich als Abgeordneter Veränderungen im Interesse der Bürger erreichen.

- In anderen Fällen wurden bei der Ausleihe von Geräten Personalausweise als Pfand einbehalten. Auch das konnte abgestellt werden.

Daneben gab es natürlich auch überörtliche Probleme. Diese konnten sehr vielgestaltig sein. Sie reichten von der Versorgung des Einzelhandels mit sogenannter ‚Zuteilungsware' über Widersinnigkeiten des Subventionssystems bis hin zur Entlastung der Schuldirektoren von bürokratischer Verwaltungsarbeit. So schickte ich beispielsweise in den 50iger Jahren an den damaligen Volksbildungsminister Fritz

Lange im September nach seiner 150. Verordnung in einem einzigen Jahr einen höchst ironischen Gratulationsbrief mit der ausdrücklichen Hoffnung, dass er es noch auf 365 Verordnungen bringen möge. Das minderte sich später auch erheblich.

Ansonsten gab es dauernd die Suche nach Lösungen für Widersprüche, die sich aus dem Spannungsfeld von einerseits zentraler Planung und Entwicklung sowie andererseits örtlichen Bürgerinteressen ergaben. Sie sind heutigen Lösungswegen sehr unähnlich, weil grundsätzlich manches nicht ging, anderes hingegen relativ schnell geklärt werden konnte. Das folgende Beispiel ist recht treffend:

In einem Wohngebiet gab es Parktaschen[2] für Personenwagen vor den Häusern. Sie waren 1965 angelegt worden und reichten in den achtziger Jahren nicht mehr aus. So hatte sich die Gewohnheit herausgebildet, die Fahrzeuge ohne angezogene Handbremse quer vor diesen Parktaschen abzustellen. Man schob dann einfach die Autos beiseite und hatte freie Ausfahrt. Das war jedoch polizeiwidrig. So hagelte es Strafmandate. Wir bestellten daraufhin die verantwortlichen Polizeioffiziere ein,[3] besahen das Problem vor Ort und einigten uns salomonisch, dass zukünftig nur noch der zur Kasse gebeten würde, dessen Wagen per Bremse blockiert war. So blieb alles geduldet – im Interesse der Bürger. Das mögen recht unbedeutende Dinge gewesen sein. Doch für die Bürger waren sie höchst wichtig, zumal die überflüssigen Strafmandate aufgehoben wurden.

Bei unserem Wirken als Abgeordnete hatten wir im übrigen den Vorteil einer überschaubaren Gesetzeslage. Innerhalb von rund 10 Jahren wurden von der Volkskammer übersichtliche, verständlich formulierte Gesetze zu wichtigen Teilbereichen des Lebens erlassen, die in Gesetzesbüchern zusammengefasst wurden. Vor allem handelte es sich dabei um das Familiengesetzbuch von 1965, das Jugendgesetz von 1974, das Zivilgesetzbuch von 1975 und das Arbeitsgesetzbuch von 1977. Damit wurde eine Rechtslage entwickelt, die es den Bürgern ohne Anwaltshilfe erlaubte, persönlich mit Aussicht auf Erfolg vor Gericht aufzutreten und Durchblick in Rechtsfragen persönlich behalten zu können. Das scheint mir eine auch für die Zukunft in Deutschland und Europa noch zu lösende Aufgabe zu sein. Man kann doch nicht einerseits den ‚mündigen Bürger' beschwören und andernteils einen Dschungel von Paragraphen, Tarifen und anderen Bestimmungen aufbauen, die jedweder Mündigkeit entgegenwirken.

Ich habe mich in meinen Ausführungen zur Interessenvertretung im Wahlkreis auf die örtlich aufgetretenen Fragen konzentriert. Grundlegende politische oder ökonomische Interessen wie die Friedensfrage, die Vollbeschäftigung, medizinische Betreuung, stabile Preise im Grundbedarf und bei Mieten, kostenlose Studienplätze und Lehrstellen wurden von den Bürgern fast gar nicht nachgefragt – vermutlich, weil sie im Prinzip gesichert waren. Dies alles wurde zwar stets in den halbjährlichen Rechenschaftslegungen der Abgeordneten genannt und gewürdigt; doch über Selbstverständliches diskutierte man nicht. Ebenso spielten Fragen zur Ausreise und

---

2 *Anmerkung der Herausgeber*: Gemeint sind Abstellflächen für Pkw.
3 Es war damals relativ leicht, die Verantwortlichen zu ermitteln und vor ein Bürgerforum zu zitieren.

zur Medienberichterstattung keine Rolle: zum einen nicht, weil derlei zu besprechen ohnehin keinen Sinn hatte, und andererseits fehlten dafür die nötigen Informationen.

4. Fazit

Gewiss war es eine vordringliche Aufgabe, den Bürgern im Wahlkreis die Politik der DDR und damit der SED nahezubringen. Jedoch gab der Artikel 2 der Verfassung den Abgeordneten großen Handlungsspielraum mit dem Satz: „Der Mensch steht im Mittelpunkt aller Bemühungen der sozialistischen Gesellschaft und ihres Staates". Diesen Spielraum zu nutzen und zu vernünftigen, machbaren Lösungen von Problemen im Interesse der Bürger zu kommen, war in einem Wahlkreis durchaus bei Alltagsfragen möglich, zumal Eigentumsfragen dabei kaum eine Rolle spielten. Sehr viel hing ferner davon ab, ob sich ein initiativenreicher Wohnbezirksausschuss der Nationalen Front zusammengefunden hatte und das Zusammenspiel der Abgeordnetengruppe mit ihm klappte. Nach Schwierigkeiten in den fünfziger Jahren ging es in dieser Hinsicht in meinem Wahlkreis bergauf. In den siebziger Jahren wurde dann ein Höhepunkt erreicht: Der Vorsitzende des Wohnbezirksausschusses war ein Oberst der Nationalen Volksarmee. Er mobilisierte und leitete exakt. So wurde in den Zusammenkünften nicht nur geredet, sondern sie endeten mit konkreten Festlegungen, wobei auch Wohnbezirksfeste nicht vergessen wurden. In einem Satz: Wenn man als Abgeordneter in seinem Wahlkreis etwas erreichen wollte, musste man sehr engagiert sein, die politischen Gegebenheiten zu nutzen verstehen und ein engagiertes Kollektiv an seiner Seite haben. Aber das sind Binsenwahrheiten, die im vereinten Deutschland auch heute gelten.

Literaturverzeichnis:

Patzelt, Werner J. (1998): Wider das Gerede vom ‚Fraktionszwang'! Funktionslogische Zusammenhänge, populäre Vermutungen und die Sicht der Abgeordneten. In: Zeitschrift für Parlamentsfragen 29. 1998, S. 323-347.

Kapitel 13:

Persönliche Erfahrungen im Vergleich: die Volkskammer und der Bundestag

Ludwig Elm

1. Sensibilisierende Erinnerungen

„Die Volkskammer ist aber schon geschlossen!" Dieser Zwischenruf von Burkhard Hirsch (FDP) kam während meines Beitrags in der Plenardebatte des Deutschen Bundestages über ein Mahnmal für die ermordeten Juden Europas (Holocaust-Denkmal) am 9. Mai 1996 in Bonn. Einleitend hatte ich die Zustimmung und Unterstützung der Gruppe der PDS für ein solches Mahnmal und für Gedenkorte ausgedrückt, die weiteren Gruppen von Opfern des Naziregimes gewidmet werden sollten. Das zweimalige Eingreifen durch den amtierenden Vizepräsidenten Hans Klein (CSU) und mehrere Zwischenrufe – darunter der von Hirsch – wurden allerdings nicht von diesen Aussagen ausgelöst. Vielmehr hatte ich mich im Verlauf der Rede auch gegen Ausfälle des CSU-Vorsitzenden und Bundesfinanzministers, Theo Waigel, gewandt. Er hatte wenige Tage zuvor den Vorsitzenden unserer parlamentarischen Gruppe, Gregor Gysi, mit haltlosen Vergleichen zum Nazismus beleidigt – einen Politiker somit, der selbst aus einer jüdischen Familie stammte, die viele Opfer zu beklagen hatte. Es gehe in der Mahnmal-Debatte, äußerte ich, auch um Versagen gegenüber der nazistischen Vergangenheit nach 1945: „In diesem Streit müssen sich beispielsweise die Unionsparteien die Frage stellen lassen, ob die im Jahre 1980 von der Konrad-Adenauer-Stiftung herausgegebene Huldigungsschrift für einen Dr. Hans Globke noch ihrem heutigen Traditionsverständnis entspricht."[1]

Der vorübergehende Gedanke, nachträglich den Kollegen Hirsch noch einmal nach der speziellen Intention seines Einwurfs zu fragen, ging dann aber doch im – wie üblich – rasch fortschreitenden politisch-parlamentarischen Alltagsbetrieb unter. Selbstverständlich hat diese Episode die Wertschätzung für Burkhard Hirsch nicht beeinträchtigt, der für mich wie nur wenige Mitglieder des Hauses liberale Grundsätze und persönliche Unabhängigkeit als Politiker glaubhaft verkörperte. Vermutlich war die Erinnerung an Reden und Veröffentlichungen in der DDR zum Fall Globke und zu verwandten Themen geweckt worden. Kritische Äußerungen eines PDS-Abgeordneten zur Geschichte der Bundesrepublik wurden von vielen ohnehin als unakzeptabel und herausfordernd angesehen. Vizepräsident Klein hatte dies – unter Beifall bei der CDU/CSU, der F.D.P. sowie einzelner Abgeordneter der SPD –

---

[1] Deutscher Bundestag 1996, S. 9070.

bei der zweiten Unterbrechung meiner Rede damit ausgedrückt, ich würde die Debatte für eine vordergründige parteipolitische Polemik benutzen, „die für viele Kollegen besonders deshalb schwer zu akzeptieren ist, weil sie ausgerechnet von Ihnen kommt". Bis heute blieb meine Frage unbeantwortet, wie die Verantwortlichen in den neunziger Jahren eine solche späte Rechtfertigungsschrift zugunsten einer höchst umstrittenen Gestalt der Zeitgeschichte sehen. Naheliegend und berechtigt erscheint sie mir im Jahre 2000 noch ebenso wie vor vier Jahren. Und bis heute bewahre ich das handschriftliche Fax auf, das noch während der parlamentarischen Beratung an die Geschäftsstelle der Bundestagsgruppe der PDS gelangt war: „Als Sozialdemokrat danke ich Ihrem Abgeordneten Ludwig Elm (?) für das, was er in der heutigen Bundestagsdebatte gesagt hat! Günter Meyer".

2. Erfahrungen als Abgeordneter in zwei ganz verschiedenen Parlamenten

Dem folgenden Beitrag liegen, wie in der eben geschilderten Episode anklingt, persönliche Erfahrungen als MdV, Kulturbundfraktion, in der 6. und 7. Wahlperiode – also 1971 bis 1981 – und als MdB der PDS in der 13. Wahlperiode von 1994 bis 1998 zugrunde. Analogien finden sich zunächst darin, im ersten Fall mit Klaus Gysi, im zweiten mit Gregor Gysi in einer Fraktion zusammengewesen zu sein, und darüber hinaus in der Ausschussarbeit, die in beiden Fällen an meine beruflichen Interessen und Erfahrungen als Hochschullehrer anknüpfte: in Berlin Mitglied im Ausschuss für Volksbildung über beide Wahlperioden, darin insbesondere für Hochschul- und Wissenschaftspolitik sowie gelegentlich für Probleme der Erweiterten Oberschule (EOS) zuständig; in Bonn hochschulpolitischer Sprecher und Obmann der PDS im Ausschuss für Bildung, Wissenschaft, Forschung, Technologie und Technikfolgenabschätzung. Dazu kamen im letzteren Fall die Ämter als Obmann in der Enquete-Kommission „Überwindung der Folgen der SED-Diktatur im Prozess der deutschen Einheit" sowie die Leitung des Bereiches 4 unserer parlamentarischen Gruppe „Innen-, AusländerInnen-, Rechts-, Bildungs- und Wissenschaftspolitik", und in dieser Eigenschaft die Zugehörigkeit zum Vorstand der Bundestagsgruppe.

Sowohl bei der Kandidatur zur Volkskammer als auch bei jener zum Bundestag folgte ich meinen politischen Überzeugungen und dem, was man Pflichtgefühl nennen kann. Im Vorschlag für die Kandidatur sowie in der Wahl sah ich jeweils durchaus eine Auszeichnung, da die damit verbundenen Erwartungen und Verpflichtungen über meine sonstigen lokalen und regionalen Kompetenzen und Einflussmöglichkeiten hinauswiesen. In beiden Fällen ging die Initiative nicht von mir aus, da meine hauptsächlichen Neigungen und Interessen nie vorrangig dem politischen Aktionsfeld, sondern der wissenschaftlichen Arbeit – insbesondere der Forschung – galten. Gleichzeitig waren meine Arbeitsgebiete in der Zeitgeschichte und zu politischen Ideologien selbst immer sehr politiknah. Wie groß dennoch die Unterschiede zwischen der Tätigkeit als Zeithistoriker und der als Politiker sind, wurde mir als Neuling im Bonner Politikgeschäft nochmals eindringlich bewusst.

2.1. Die Rolle der einzelnen Abgeordneten

Unübersehbar, gerade auch aus der Perspektive individueller Erfahrungen, ist der Unterschied, im Bundestag als Abgeordneter einen Vollzeitjob zu haben, also faktisch Berufspolitiker zu sein. Folgenreich ist das, sofern sich hinreichend eigenständige Verpflichtungen ergeben und die wohldotierte Position wirklich vorrangig für den politisch-parlamentarischen Auftrag genutzt werden soll, also für die Verpflichtungen gegenüber den Wählerinnen und Wählern sowie der eigenen Partei. Das ist bekanntlich nicht bei allen Parlamentariern so. Dazu kam innerhalb des Bundestages der Unterschied, einer Parlamentarischen Gruppe mit 30 Mitgliedern statt einer Fraktion mit 282 (CDU/CSU) bzw. 248 (SPD) Abgeordneten anzugehören. Das bedeutete ein sehr ungleiches Kräfteverhältnis und eine ganz andere sich daraus ergebende fraktionsinterne Aufgabenverteilung und Arbeitsteilung, was sich folgerichtig in der notwendigen Wahrnehmung aller Aufgaben in den Ausschüssen, Kommissionen und sonstigen Gremien und Arbeitsfeldern fortsetzte.

Entscheidende Ursache des im Vergleich zur Volkskammer so hohen Aufwandes als Bundestagsabgeordneter ist wohl der grundsätzlich verschiedene Rang der Parteien und des Parlamentarismus, der Gesetzgebung und des Rechts in beiden politischen Systemen. Die sozioökonomischen Grundstrukturen der DDR begünstigten und erleichterten unzweifelhaft eine Vereinfachung der Gesetzgebung und des Rechts, beispielsweise allein schon von den Eigentumsverhältnissen und der sozialen Nivellierung her. Andererseits verweist die Gesamtbilanz darauf, dass diese Reduktion gleichzeitig eine Abwertung der ursprünglichen parlamentarisch-demokratischen Intentionen und schließlich vor allem auch der effektiven demokratischen Legitimation bedeutete. Sie drückte eine auch dem System abträgliche Geringschätzung von Rechtsfragen aus, nicht zuletzt derjenigen, die sich auf Persönlichkeitsrechte und auf den Umgang mit privatem wie gesellschaftlichem Eigentum bezogen.

In diesem Zusammenhang ist der auffällige Unterschied in der Stellung und Ausstattung der Abgeordneten besonders zu nennen. Die erhebliche finanzielle, materiell-technische und personelle Ausstattung eines Bundestagsabgeordneten folgt zunächst sicher aus dem intensiven parlamentarischen Arbeitsrhythmus, der sich aus dem gesetzgeberischen Aufwand im Parlament als jener wesentlicher Ebene ergibt, auf der widerstreitende Interessen und Ziele der verschiedensten Gruppen und Parteien ausgetragen werden. Darin wirkt auch die historisch und demokratiepolitisch begründete Absicht, die Unabhängigkeit der Abgeordneten real und unbeeinflusst von der individuellen beruflichen Stellung und Vermögenslage abzusichern. Zugleich drückt sie eine hohe gesellschaftliche Bewertung seines Status und entsprechende damit verbundene Erwartungen aus. All das stärkt die Kompetenz und Wirkungsmöglichkeit des Bundestagsabgeordneten gegenüber der Exekutive und den Partnern in anderen gesellschaftlichen Bereichen, wie etwa im Wirtschafts- und Mediensystem, in Forschung und Wissenschaft oder im Bildungs- und Gesundheitswesen.

Die völlig anders geartete Auffassung vom Abgeordneten der Volkskammer, der überwiegend in seinem beruflichen und dazugehörenden sozialen Umfeld verbleibt und auf diese Weise zwischen verselbständigter Vertretungskörperschaft und Wahlbevölkerung vermittelt, erscheint mir von ihrem Ursprung her weiterhin verständlich. Das Konzept war jedoch an Voraussetzungen gebunden, die sich nicht in der gedanklich vorgesehenen Weise bestätigt und erfüllt haben. Das betrifft beispielsweise die Annahme, dass aus der Schaffung einer weitreichenden sozialen Homogenität auch dauerhaft grundsätzliche Interessengleichheit erwachse. Es wurde davon ausgegangen, dass aus dem darauf basierenden gemeinschaftlichen und koordinierten Handeln aller wesentlichen gesellschaftlichen Gruppen eine stetig erneuerte, demokratisch legitimierte Übereinkunft in allen grundsätzlichen Fragen erzielt werden könne. Die Wirklichkeit sah mit der Widersprüchlichkeit der inneren und internationalen Entwicklung anders aus.

Die gesellschaftliche Position und die Wertschätzung als Mitglied der Volkskammer gründeten sich – mit allen Einschränkungen, die hierbei zu machen sind – auf den gesamtgesellschaftlichen Wahlvorgang und auf den Platz des Parlaments in der Hierarchie des politischen Systems. Sie befanden sich damit in Abhängigkeit vom generellen Grad an Zustimmung, Indifferenz oder Ablehnung gegenüber der DDR und ihren maßgeblichen politischen Kräften und Repräsentanten. Der konstitutiv begründeten autoritären Aushöhlung der Stellung der Volkskammer durch den von der SED praktizierten Führungsanspruch und durch die zunehmende gesellschaftliche Stagnation in der DDR entsprach ein fortschreitender Verlust an Glaubwürdigkeit und Ansehen der obersten Volksvertretung. Damit erwies sich die geringe Anzahl von Plenartagungen und gesetzgeberischen Akten zunehmend als Ausdruck defizitärer Teilhabe und Einflussnahme seitens der Wahlbevölkerung bzw. der im Demokratischen Block vertretenen Parteien und Massenorganisationen.

Im politischen Alltag spürten Abgeordnete dies an der Dominanz des hauptamtlichen Apparats der SED auf allen Ebenen, der gemeinsame Beratungen immer mehr zu formellen Ritualen werden ließ. Dabei wurden Zustimmung und Mitwirkung bezüglich der von oben vorgegebenen oder im jeweiligen engeren Führungszirkel bereits beschlossenen politischen Linie erwartet und faktisch eingefordert; Problemdiskussionen wurden höchstens zu Fragen der Realisierung bereits gefasster Beschlüsse hingenommen. Gegen vereinfachte oder gar pauschale nachträgliche Kritik ist jedoch zu bemerken, dass auf nicht wenigen politischen Gebieten – und bei konkreten kommunal- oder regionalpolitischen Entscheidungen oder Vorhaben, beispielsweise in der Wirtschafts-, Sozial-, Gesundheits-, Bildungs- und Kulturpolitik – es zumindest über längere Zeitabschnitte auch vieles gegeben hat, das partei-

und organisationsübergreifend zustimmungsfähig war und Rückhalt in der Bevölkerung fand.

Hinzu kommt, dass ein gegebenes politisches und gesellschaftliches System immer auch eine starke innere Logik und Wirksamkeit des Faktischen besitzt, die dann auch das Handeln einzelner oder organisierter Kräfte prägt. Es genügt, an den Extremfall des Verhaltens von Millionen Menschen – einschließlich der großen Mehrheit der Eliten – im letzten Kriegsjahr 1944/45 zu erinnern, als nicht einmal elementare Gebote der Vernunft und eigene existenzielle Interessen zu einem Aufbruch gegen eine massen- und selbstmörderische Politik führten. Der Verweis auf den Terror nennt einen Grund dieses Verhaltens, reicht aber nicht aus, das gesamte Phänomen zu erklären. Im Falle verschärfter krisenhafter Entwicklungen und offener gesellschaftlicher Konflikte würde sich herausstellen, dass die Bundesrepublik keine Ausnahme von solchen generellen, politisch und sozialpsychologisch bedingten Verhaltensweisen und von den immer wieder auftretenden Fragen nach der Bewährung oder dem möglichen Versagen von Menschen bilden würde.

2.2. Konsensansprüche und Pluralismus

Die Hinnahme des einmütigen und akklamierenden Verhaltens in den Plenartagungen der Volkskammer erwuchs bei mir, wie bei anderen Abgeordneten, aus der persönlichen Grundsatzentscheidung für die DDR. Dazu kam die Bereitschaft zu akzeptieren, dass im offiziellen Politikverständnis – und gerade auch auf der Ebene der im Plenum anstehenden Themen und Beschlüsse – üblicherweise alle politischen Einzelfragen auf die Grundfragen der Politik, des Klassen- oder Friedenskampfes, zurückgeführt wurden. Die auch in dieser Auffassungsweise enthaltenen Teilwahrheiten oder rationellen Kerne sollten auch nachträglich wahr- und ernstgenommen werden, wenn man voreingenommene und vereinfachende Urteile oder Etikettierungen vermeiden will. Schließlich bot die Gesellschaft der DDR in ihren sozioökonomischen Grundlagen und sozialen Strukturen weitreichende Möglichkeiten für ein solches, auf weitgehenden Konsens angelegtes Verfahren zumindest für alle diejenigen, die sich im Prinzip für den geschichtlichen und gesellschaftlichen Weg der DDR entschieden hatten. Die reale äußere Bedrohung durch die Existenz und Konfrontation hochgerüsteter militärischer Blöcke sowie internationale oder regionale Spannungsherde und Konflikte begünstigten die Bereitschaft und die Neigungen zu loyalem und kompromissbereitem Verhalten im Inneren ebenso wie das Fehlen realisierbarer Alternativen.

Kritisch ist jedoch vor allem anzumerken, dass das übliche Einvernehmen und die verbreitete Harmoniesucht reale Widersprüche überlagerten und die tatsächlich gegebenen Differenzen verdrängten. Dadurch konnte auf grundsätzlichen Konsens ausgehendes Verhalten seitens der Parteiführung der SED dazu benutzt werden, alle anderen politischen oder gesellschaftlichen Kräfte zu bevormunden und sie letztlich dem eigenen autoritären Konzept unterzuordnen. Das geschah zu Lasten der Notwendigkeit, Probleme zu benennen und Streit um deren Lösung offen auszutragen. Nahezu das Umgekehrte scheint vielfach im Bundestag und in den Landtagen der Fall zu sein: Die Konkurrenz und das Taktieren der Parteien zeitigt gelegentlich Tendenzen, die eine über wirkliche Interessengegensätze hinaus durchaus mögliche Verständigung im Umgang mit wesentlichen gesellschaftlichen Herausforderungen und konsensuale Lösungen nachhaltig beeinträchtigen. Wahlkampfsituationen stimulieren zusätzlich solche, vom Standpunkt des Gemeinwohls destruktive, Tendenzen.

Immerhin kennt auch die Bundesrepublik ideologische Postulate, Sprachregelungen und Tabus, mit denen im intellektuellen und politischen Bereich ausgegrenzt oder vereinnahmt werden kann. Dazu gehört beispielsweise bislang ein offiziöses Extremismusverständnis, dem in wichtigen Komponenten die liberale westeuropäische politische Kultur ziemlich fremd ist. Ähnliches gilt für das vorherrschende Verständnis vom ‚antitotalitären Konsens', dem tendenziell eine restriktive Auffassung von Pluralismus zugrunde liegt. Im Ergebnis solcher, beispielsweise von Günter Gaus wiederholt zutreffend diagnostizierter Momente bundesdeutscher Ideologie, gibt es einen hohen Grad an Übereinstimmung zwischen den etablierten Parteien dieses Landes. Das Pendeln der FDP zwischen CDU/CSU und SPD als ein für beide Seiten nahezu jederzeit möglicher Koalitionspartner oder die Öffnung der Grünen zu Neoliberalismus und machtpolitischem Interventionismus können als weitere Indizien für diesen Befund angesehen werden.

Annemarie Renger (SPD) hat gegen Ende der 7. Wahlperiode des Deutschen Bundestages, im Herbst 1976 und damit auch zum Abschluss ihrer Amtsperiode als Bundestagspräsidentin, in einer Bilanz der Gesetzgebung jener Legislaturperiode darauf hingewiesen und mit Zahlen belegt, dass entgegen dem durch den Parteienstreit in der Öffentlichkeit erzeugten Eindruck die große Mehrzahl der Gesetze einvernehmlich – zumindest zwischen den beiden großen Fraktionen – verabschiedet worden ist. Diese Aussage habe ich damals benutzt, um das Abstimmungsverhalten in der Volkskammer zu rechtfertigen: Wenn selbst in einer nach den Eigentumsverhältnissen und im sozialen Status so zerklüfteten Gesellschaft wie der der Bundesrepublik ein solcher Grad politischer Übereinstimmung erreicht werden kann und die schärfsten parteipolitischen Kontroversen dadurch relativiert werden, dann läge es erst recht nahe, unter den gesellschaftlichen Bedingungen der DDR die in der Gesetzgebung anstehenden Grundsatzfragen in völliger oder weitgehender Übereinstimmung zu entscheiden. Ohne jene Argumentation völlig zu widerrufen, ist jedoch festzustellen: Die diesem Selbstverständnis gleichzeitig zugrundeliegenden Fehleinschätzungen und darin verborgenen Gefährdungen wurden von uns unterschätzt oder aus zu großer Selbstgewissheit heraus nicht wahrgenommen. Dazu gehörte insbesondere, dass die ungelösten, permanent schwelenden und sich zwangsläufig verschärfenden Probleme des Umgangs mit Andersdenkenden verdrängt wurden, insbesondere mit oppositionellen Minderheiten.

Doch *innerhalb* der politischen Institutionen der DDR gab es – nach meinen Erfahrungen in der Volkskammer oder im Kulturbund – über die Parteigrenzen hinweg einen hohen Grad an politischem Einvernehmen. Daraus erwuchsen ein höchst kollegialer bis freundschaftlicher Umgang sowie das weitgehende bis völlige Fehlen von Beziehungen gegenseitiger Konkurrenz, der Aggressivität oder politischen Hasses. Die Ursachen dafür sind wiederum ambivalent. Zunächst äußerte sich darin ein hohes Maß an ideell-politischen Gemeinsamkeiten auf der Grundlage und im Dienste des realsozialistischen Projekts. Darüber hinaus widerspiegelte dies auch die erreichte Stufe gleicher sozialer Chancen und einer weitgehenden Homogenität im sozioökonomischen Status. Zugleich war dies aber eine Äußerung des systembedingten und grundsätzlichen Defizits an kritischer Öffentlichkeit, einer fehlenden Fähigkeit zu demokratischer und rechtsstaatlicher Konfliktlösung und damit Ausdruck mangelnder politischer Streitkultur. Darum blieb die kritische Erörterung der Struktur- und Entwicklungsprobleme unserer Gesellschaft, blieben erst recht die gravierenden Probleme des Umgangs mit Andersdenkenden, mit Oppositionellen und Systemgegnern, außerhalb der Sphäre offizieller Institutionen und Diskurse.

Die offiziöse Ächtung des Pluralismus und tendenziell des Individualismus schufen eine scheinbar plausible theoretisch-ideologische Grundlage für solches politische Verhalten. Die Konflikte mit einzelnen oder Gruppen wurden als *individuelle* Probleme derjenigen angesehen, die sich dem übergeordneten sozialistischen Ziel (und damit auch dem Konformismus und der Anpassung) entzogen und dafür eben die Konsequenzen zu tragen hatten. Wenn sich solche Konflikte dann verhärteten oder zuspitzten, wurden sie zu einer Sache der repressiven ‚Lösung' durch die Staatsmacht. Mit anderen Worten: Von den strukturellen und ideologischen Grundlagen her verfügte das politische System der DDR über kein immanentes Konzept, um in einem Mindestmaß öffentliche kritische Erörterungen und Kontroversen zuzulassen und jener destruktiven Logik zu entkommen, die Andersdenkende ausgrenzte und entrechtete, die vielfach sogar nicht einmal Gegner waren, sondern einfach unbequeme, selbständige und kritische Köpfe. Diese zuvor eher verdeckten Konsequenzen traten spätestens in den achtziger Jahren offen zutage, und zwar mit der Verweigerung einer allseitigen kritischen Inventur des Zustandes von Gesellschaft und politischem System sowie in Gestalt einer praktisch totalen und schließlich selbstzerstörerischen Reformunfähigkeit.

2.3. Abgeordnetenarbeit in einer Diktatur?

Jener Problemkreis korrespondierte damit, dass insbesondere die Praxis der führenden Rolle der SED alternative Wege und Kurskorrekturen im Rahmen der bestehenden, grundlegenden Strukturen und Mechanismen ausschloss. Anstatt dass Eigenständigkeit, Kompetenz und Spielräume der gewählten Volksvertretungen, der Fraktionen und der einzelnen Abgeordneten, der Parteien und Massenorganisationen wuchsen, kam es dazu, dass die autoritären bis diktatorischen Züge des politischen Systems verfestigt, überfällige öffentliche Erörterungen und Kontroversen unterdrückt und notwendige demokratische und emanzipatorische Öffnungen blockiert wurden.

Doch war die DDR eine Diktatur? In den Titeln und Texten der entsprechenden Enquete-Kommissionen des Bundestages erscheint ‚SED-Diktatur' als Schlüsselbegriff und Hauptbezeichnung.[2] Das ist nach meiner Auffassung abzulehnen. Gesellschaft, politisches System und jahrzehntelange Lebenswirklichkeit von Millionen Menschen in Ostdeutschland lassen sich nicht auf Diktatur, Verfolgung und Repression reduzieren. Dazu kommen seit 1990 die Erfahrungen mit einer in Politik, Medien, Bildung und Wissenschaft vielfach leichtfertigen Parallelisierung von DDR und NS-Diktatur. Sie wird vor allem mittels eines extensiv benutzten Diktaturbegriffs bewerkstelligt. Auf diese Weise wurde der Diktaturbegriff zum politischen Kampfbegriff, den man einerseits instrumentalisiert, um die DDR über legitime und notwendige Kritik hinaus zu denunzieren und zu kriminalisieren. Andererseits wird damit zwangsläufig die faschistische Barbarei verharmlost und dem Geschichtsrevisionismus vorsätzlich oder fahrlässig Vorschub geleistet.

Wie gedankenlos und unsensibel, gelegentlich auch bewusst und vorsätzlich der verbreitete, häufig vergleichende und gar zu oft rasch gleichsetzende Umgang mit DDR und Naziregime ist, und welche Ergebnisse dies gelegentlich zeitigt, soll an einem unser Thema berührenden Beispiel dargelegt werden. Das Referat Öffentlichkeitsarbeit des Deutschen Bundestages bringt für Besucher des Parlaments und weitere Interessenten in immer neuen Auflagen ein kleinformatiges Heft zur „Geschichte des deutschen Parlamentarismus" heraus. Je zwei Seiten sind „1933-1945 – Freiheit abgeschafft" und „1949-1989 – Volkskammer installiert" gewidmet. Die jeweiligen kritischen Texte sind weitgehend zustimmungsfähig. Wo liegt also das Problem? Es gibt jeweils eine Abbildung zum Text. Das ist beim Dritten Reich ein Foto von einer Reichstagssitzung mit riesiger Hakenkreuzfahne, mit Hitler als Redner und Göring als Präsidenten. Zur Volkskammer findet sich ein Foto vom 17. Juni 1953 in Berlin, das einen sowjetischen Panzer und steinewerfende Demonstranten zeigt. Das bedeutet, dass die Autoren sich zwar beim NS-Regime zu einer dem Thema gemäßen Authentizität verpflichtet fühlen, nicht aber bezüglich der DDR. Es gibt nämlich kein Bild von der Volkskammer, während seit Jahren niemand auf die Idee kam, den nationalsozialistisch demontierten und instrumentalisierten Reichstag mit einem Foto von Panzern im okkupierten Ausland, von einem KZ oder von einer Massenexekution von Geiseln oder Partisanen zu illustrieren.

2.4. Stile wechselseitigen Umgangs unter Abgeordneten

Beim Vergleich der Erfahrungen aus Volkskammer und Bundestag, darüber hinaus aus den so unterschiedlichen politischen Verhältnissen beider deutscher Staaten,

---

[2] Vgl. Deutscher Bundestag 1995a; Deutscher Bundestag 1999; D. Keller/H. Modrow/H. Wolf 1993-1994; J. Cerny/D. Keller/M. Neuhaus 1994; L. Elm/D. Keller/R. Mocek 1996-1998; Landtag Mecklenburg-Vorpommern 1996-1998.

ergab sich eine weitere Beobachtung. Es ist zu unterscheiden zwischen einerseits dem Grad und der Qualität von möglicher Liberalität, Pluralität und Rechtsstaatlichkeit im jeweiligen System und andererseits dem von Politikern und Politikerinnen praktizierten politischen Stil. Man konnte in der Volkskammer bei Abgeordneten Toleranz und Achtung vor der Individualität anderer ebenso erleben wie später bei Bundestagsabgeordneten Intoleranz und parteipolitisch motivierte Missachtung oder Voreingenommenheit. Dass ersteres in der gesellschaftspolitischen Wirkung begrenzt blieb, sollte nicht zur Geringschätzung der Frage verleiten, wie wohl Spielräume des persönlichen Verhaltens unter beliebigen Bedingungen jeweils genutzt und gestaltet werden. Dies um so weniger, als sich diese Verhaltensweisen nicht absolut auf die individuelle Ebene eingrenzen lassen, sondern sich sehr wohl in Fraktionen, Parteigremien oder medial fortsetzen sowie instrumentalisierbar sind.

Zu sprechen ist hier von der Erfahrung politisch willkürlicher Diskriminierung der Bundestagsgruppe der PDS unter fadenscheinigen Vorwänden sowie von ähnlichen jahrelangen Beobachtungen im Bundesland Thüringen. Nicht selten wurden dabei die – durch Geist und Buchstaben des Grundgesetzes und in einschlägigen Schul- und Lehrbüchern vorgezeichneten – parlamentarisch-demokratischen und rechtsstaatlichen Normen und Grundpositionen faktisch aufgegeben oder weitgehend ausgehöhlt. Die ‚Arroganz der Macht' wurzelt offenbar in allgemeinen menschlichen Eigenschaften, in Versuchungen der Macht überhaupt, und tritt daher ziemlich systemunabhängig auf.

Nur ein Beispiel willkürlicher Diskriminierung aus meinem unmittelbaren Aufgabenbereich sei angefügt. Als Obmann der PDS in der Enquete-Kommission des 13. Deutschen Bundestages zur ‚SED-Diktatur' erhielt ich kein Stimmrecht. Das geschah unter dem Vorwand, dass es sich bei der von mir vertretenen Partei um eine parlamentarische Gruppe unterhalb des Fraktionsstatus handele. Aber in der 12. Wahlperiode hatte die wesentlich kleinere PDS-Gruppe in der gleichen Kommission volle Mitwirkungsrechte besessen. Die Erklärung liegt darin, dass es damals auch die noch kleinere ostdeutsche Gruppe von Bündnis 90/Die Grünen gab.[3] Dieser wesentlich aus der DDR-Opposition kommenden Gruppe konnte und wollte natürlich bei diesem Thema niemand Beschränkungen ihrer Rechte verordnen, und so mussten diese auch der deutlich größeren PDS-Gruppe gewährt werden. Ab 1994 gab es jedoch nur noch *eine* Parlamentarische Gruppe, nämlich die der PDS, neben lauter Fraktionen. Trotz des inzwischen verdoppelten zeitlichen Abstands zum Ende der DDR, und trotz des Zuwachses von PDS von 16 auf 30 Abgeordnete, setzte sich nunmehr politische Feindseligkeit auf Kosten parlamentarisch-demokratischer Gesichtspunkte durch. Auffällig sind an diesem Beispiel parteiegoistische Willkür, Geringschätzung des Wählerwillens und der Sachverhalt, dass die Missachtung bei einer Kommission zur DDR-Geschichte ausgerechnet der einzigen ostdeutsch dominierten Partei galt. In der Plenardebatte zum Schlussbericht der Enquete-

---

3 Der westdeutsche Flügel dieser Partei war bei der – laut Verfassungsgerichtsurteil *zwei* Wahlgebiete abdeckenden – Bundestagswahl von 1990 an der 5%-Hürde gescheitert.

Kommission am 17. Juni 1998 wies ich kritisch auf solche diskriminierenden Momente hin, würdigte aber zugleich die „Möglichkeit der Mitwirkung, die die SED ihren Kritikern und den oppositionellen Minderheiten nicht eingeräumt hat."[4]

Eine weitere charakteristische Weise, Persönlichkeiten anderer Parteien überideologisiert und politisch voreingenommen, also weitgehend intolerant und illiberal gegenüberzutreten, bestand im Bundestag darin, DDR-Biographien pauschal denunziatorisch anzugreifen und die frühere persönliche Haltung oder die Lernprozesse und individuellen Entwicklungen seit 1989/90 weitgehend zu ignorieren. Damit exponierten sich vor allem Abgeordnete der CSU und der CDU. Sie bedienten sich solcher Herabsetzung allerdings nur dem politischen Gegner gegenüber. Wer eine ähnliche leitende, auch langjährige politische Verantwortung in und für die DDR beispielsweise in der Blockpartei CDU absolviert, sich auf kürzestem Wege, politisch und ideologisch passförmig, unter die Fittiche der CDU Helmut Kohls begeben hatte, der konnte der Absolution und grenzenloser Nachsicht gewiss sein. Es waren neben einer Jahrzehnte zurückliegenden Verbindung zum MfS vor allem die maßlosen und beleidigenden Ausfälle von Unionsabgeordneten im Plenum des Bundestages, die den Jenaer Rechtswissenschaftler und MdB der PDS, Gerhard Riege, am 15. Februar 1992 in den Freitod trieben.[5]

Und beispielsweise leitete – nach meiner Rede in der Debatte zum Etat des Bundesministeriums für Bildung, Wissenschaft, Forschung und Technologie für das Haushaltsjahr 1996 am 10. November 1995 – Erich Maass von der CDU/CSU seine Rede mit persönlichen Angriffen auf mich ein: „Ich finde es einfach geschmacklos, dass er sich als ehemaliger SED-Spitzenfunktionär mit solchen Reden von diesem Platz aus an die deutsche Bevölkerung wendet. Das finde ich unverschämt!"[6] In einer persönlichen Erklärung erwiderte ich, dass Abgeordnete einer Oppositionspartei nicht unbedingt Aussagen machen müssen, die den Beifall der Regierungskoalition finden, sehr wohl aber solche, die aus dem eigenen Wahlkreis erwartet werden. Ich nähme zur Kenntnis, dass ich mehrere Jahre nach dem Ende der DDR zum Spitzenfunktionär befördert werde; die wirklichen biographischen Daten lägen im Handbuch des Bundestages vor: „Ich darf Ihnen versichern, dass ich meine Biographie lückenlos dargestellt habe. Das steht im Gegensatz zu den Bundestagshandbüchern der 50er Jahre. Wenn Sie noch keine Gelegenheit hatten, hineinzusehen, empfehle ich vor allem den Unionsparteien, sich die Handbücher der 50er Jahre mit den Lücken in den Biographien und der Verlogenheit in bezug auf die Vergangenheit als Lektüre vorzunehmen. Dann können wir auf die Diskussion über Vergangenheiten und den Umgang verschiedener Parteien damit gern zurückkommen."[7]

Exemplarisch sei Kurt Georg Kiesinger (CDU) genannt, der Bundeskanzler der Grossen Koalition zwischen 1966 und 1969. Über ihn war als Mitglied des ersten Deutschen Bundestages zu lesen: „War vor 1939 als Rechtsanwalt tätig, außerdem

---

4 Deutscher Bundestag 1998, S. 22116.
5 Vgl. M. Weissbecker 1995.
6 Deutscher Bundestag 1995b, S. 6049.
7 Ebd., S. 6050.

im Verband Katholischer Studentenvereine Deutschlands und im akademischen Görresring."[8] Nach dem Krieg habe er sich als Rechtsanwalt niedergelassen. Das Engagement in der nazistischen Auslandspropaganda im Auswärtigen Amt unter Ribbentrop blieb unerwähnt. Allerdings findet sich Ähnliches in der Geschichte der Volkskammer und soll ebenfalls mit einem Beispiel belegt werden. In der Kurzbiographie von Heinrich Homann, Stellvertretender Staatsratsvorsitzender und Geschäftsführender Vorsitzender der Nationaldemokratischen Partei Deutschlands (NDPD), ist über den 1911 Geborenen zu erfahren: „Gymnasium – Abitur. 1943 Mitbegründer des ‚Nationalkomitees Freies Deutschland'".[9] In unaufrichtiger und obendrein unkluger Weise wurde unterschlagen, dass Homann Mitglied der NSDAP und Berufssoldat in der Wehrmacht gewesen war. Übrigens gab es nach 1990 im Bundestag und in ostdeutschen Landtagen wiederum eine Reihe solcher die Wähler täuschender Manipulationen, um die Darstellung vorausgegangener Lebensläufe dem veränderten Zeitgeist anzupassen.

2.5. Weitere Beobachtungen

In der Ausschussarbeit der Volkskammer gab es Spielräume für Problemdiskussionen und Kritik, wenngleich unter grundsätzlich systemkonformen Prämissen. Aber auch im Bundestag wird bekanntlich nicht ununterbrochen die Systemfrage gestellt. Schließlich wacht darüber der Verfassungsschutz mit seinen – unter der jetzigen Koalition kaum veränderten – konservativen Staats- und Gesellschaftsvorstellungen und mit restriktivem Demokratieverständnis. Dies schloss auch während der 13. Wahlperiode ein, frei gewählte Abgeordnete des Deutschen Bundestages zu beobachten und mit harmlosen, jedenfalls keineswegs grundgesetzwidrigen Aussagen in diskriminierender Weise in Berichte dieser Ämter einzubeziehen. Kaum in den Bundestag gewählt, fand ich mich vom Verfassungsschutz observiert wieder. Es wurde nämlich über eine Tagung der Marx-Engels-Stiftung am 3. und 4. Dezember 1994 in Wuppertal berichtet, die als Thema hatte: „Deutsche Einheit? Zeitgeschichtliche Reflexionen". Dort seien Gegenpositionen zum Abschlussbericht der Enquete-Kommission des 12. Deutschen Bundestages zur ‚SED-Diktatur' eingenommen worden. Jener Bericht setze den Kalten Krieg fort. „Dagegen habe Prof. Elm (MdB PDS) gemahnt, die deutsche Einheit könne erst dann verwirklicht werden, wenn die Westdeutschen die DDR-Geschichte als alternativen, wenn auch gescheiterten Entwicklungsweg anerkennen würden."[10] Solcherart in meinem Geschichtsbild argwöhnisch kontrolliert, gelangte ich ein halbes Jahr später in die zweite Auflage der Enquete-Kommission zur DDR.

Ein weiterer Unterschied, der sich beim Ausschuss für Volksbildung aus der Zusammenarbeit mit zwei Fachministerien (Volksbildung sowie Hoch- und Fach-

---

8 F. Sänger 1949, S. 174.
9 Sekretariat der Volkskammer im Auftrag des Präsidiums der Volkskammer der DDR 1972, S. 353.
10 Bundesminister des Innern 1995, S. 57.

schulwesen) und einem Staatssekretariat (Berufsbildung) ergab, wurde mir erst relativ spät bewusst. Im Zuständigkeitsbereich von Margot Honecker waren thematische Schwerpunkte und Arbeitsgruppen im wesentlichen zu ökonomischen und materielltechnischen Sachverhalten zugelassen, aber kaum zu inhaltlichen und methodischen Fragen des Bildungsprozesses. Im Unterschied dazu wurden bezüglich der Hoch- und Fachschulen, für die Minister Hans-Joachim Böhme zuständig war, auch immer wieder substanzielle Fragen wie neue Studiengänge, Studienprogramme, Absolventenbilder und Lehrbücher in die Analysen und Beratungen aufgenommen. Bei Einsätzen von Arbeitsgruppen in Einrichtungen und in Betrieben trafen wir in der Regel auf eine große Aufgeschlossenheit der Gesprächspartner hinsichtlich der Mitteilung ihrer Erfahrungen, Probleme und Erwartungen. Aus solcher Mitarbeit in einer Arbeitsgruppe des Ausschusses zu Problemen der Hochschullehrbücher ging 1978 ein Beitrag hervor, der auch in der Bundesrepublik Beachtung fand. Darin wurde bezüglich gesellschaftswissenschaftlicher Lehrbücher angesprochen, „dass die legitime Aufgabe, gesichertes Wissen aufzubereiten und in einer für die Ausbildung zweckdienlichen Weise anzubieten, von der Tendenz einer zu glatten, problemlosen Darstellung begleitet wird. Die Versuchung dazu liegt in der Natur der Sache. Aber im Ergebnis fehlt oder es wird vielfach unzureichend sichtbar gemacht, dass es wesentliche offene Fragen und Probleme gibt, die Gegenstand der Forschung und aktueller wissenschaftlicher Diskussionen und Meinungsverschiedenheiten sind."[11] Einige Monate danach bemerkte ich den auszugsweisen Nachdruck des Beitrags in der Zeitschrift des Bundes Freiheit der Wissenschaft, die sich für diese Diskussion und überhaupt die Bemühungen um Hochschullehrbücher in der DDR interessiert hatte.[12]

3. Fazit

Wir haben in der Volkskammer jenes Grundverständnis vorausgesetzt und akzeptiert, wonach der ‚Diktatur des Proletariats' das Prinzip der Gewaltenteilung und der Pluralismus fremd seien, ja diese sogar spezifische Ausdrucksformen bürgerlicher Herrschaft oder – bezüglich des Realsozialismus – der Subversion darstellten. Die eindringlichen und bitteren Erfahrungen mit undemokratischen Fehlentwicklungen bis hin zur unkontrollierten Machtkonzentration bei kleinen Gruppen oder wenigen Personen in praktisch allen realsozialistischen Ländern legen ernsthafte, kritische Schlussfolgerungen nahe. Die faktische Entmachtung gewählter und nach der Verfassung gesetzgeberisch bevorrechtigter Vertretungskörperschaften illustriert und verschärft die Problemstellung.

Zu den gewonnenen Erkenntnissen gehört offensichtlich, dass den grundlegenden historisch-politischen und staatstheoretischen Einsichten des Liberalismus eine

---

11 L. Elm 1978, S. 266.
12 O. A. 1979, S. 13.

allgemeingültige Bedeutung für die Gestaltung ziviler, entwicklungs- und reformfähiger Gesellschaften zukommt. Auch wer der Überzeugung ist, dass die heutigen bürgerlichen Gesellschaften selbst in ihren entwickeltsten Formen nicht das letzte Wort der Geschichte sind oder sein sollten, möge sich nicht der geschichtlich teuer bezahlten Erkenntnis verweigern, dass Demokratie, Gewaltenteilung, Wertschätzung des Individuums und seiner Rechte, dass Pluralismus und Rechtsstaatlichkeit notwendige Grundlagen und Bestandteile menschenwürdiger, also auch progressiv reformfähiger, politischer und sozialer Verhältnisse sein müssen.

Historisch-politische Gesamturteile über die DDR, ihre Gesellschaft und ihre hauptsächlichen politischen Institutionen und Mechanismen haben aber die deutsche und europäische Vorgeschichte spätestens seit dem ausgehenden 19. Jahrhundert einzubeziehen. Nur dann können die sozialen, politischen sowie ideell-moralischen Ursprünge und Motive jenes Versuchs eines radikal neuen, nichtkapitalistischen Weges hinreichend erfasst und gewürdigt werden. Das betrifft auch die Vorstellungen und Erfahrungen bezüglich eines Typs von Demokratie, der sich in seinen sozioökonomischen Voraussetzungen und im inhaltlichen Auftrag der Politik grundsätzlich von der Weimarer Republik unterschied, an Zielvorstellungen der deutschen Arbeiterbewegung und im marxistischen Denken anknüpfte sowie eine historisch-politische Alternative zur Bundesrepublik Deutschland sein sollte und sein wollte. Die bereits im Entwurf vorhandenen Wurzeln für Fehlentwicklungen sowie die Ursachen des Scheiterns der DDR werden noch lange Gegenstand von Untersuchungen und Kontroversen sein. Diese brauchen aber Interesse und Bemühen um differenzierte und möglichst gerechte Urteile, die dann Voraussetzungen für gültige Einsichten und vorwärtsweisende Schlussfolgerungen im Geschichtsbild, in der Gesellschafts- und politischen Theorie sowie in der praktischen Politik sein können.

Literaturverzeichnis:

Bundesminister des Innern (Hrsg.) (1995): Verfassungsschutzbericht 1994, Bonn.

Cerny, Jochen/Keller, Dietmar/Neuhaus, Manfred (Hrsg.) (1994): ANSICHTEN zur Geschichte der DDR (Schriftenreihe der PDS-Bundstagsgruppe zu Begleitung der Enquete-Kommission), Bd. 5, Bonn.

Deutscher Bundestag (Hrsg.) (1995a): Materialien der Enquete-Kommission „Aufarbeitung von Geschichte und Folgen der SED-Diktatur in Deutschland". 12. Wahlperiode, 9 Bde., Baden Baden/Frankfurt am Main.

Deutscher Bundestag (Hrsg.) (1995b): Stenographischer Bericht, 13. Wahlperiode, 69. Sitzung, Bonn.

Deutscher Bundestag (Hrsg.) (1996): Stenographischer Bericht, 13. Wahlperiode, 104. Sitzung, Bonn.

Deutscher Bundestag (Hrsg.) (1998): Stenographischer Bericht, 13. Wahlperiode, 240. Sitzung, Bonn.

Deutscher Bundestag (Hrsg.) (1999): Materialien der Enquete-Kommission „Überwindung der Folgen der SED-Diktatur im Prozess der deutschen Einheit". 13. Wahlperiode, 8 Bde., Baden Baden/Frankfurt am Main.

Elm, Ludwig (1978): Zu einigen Problemen gesellschaftswissenschaftlicher Lehrbücher. In: Das Hochschulwesen 10. 1978, S. 266-268.

Elm, Ludwig/Keller, Dietmar/Mocek, Reinhard (Hrsg.) (1996-1998): ANSICHTEN zur Geschichte der DDR (Schriftenreihe der PDS-Bundstagsgruppe zu Begleitung der Enquete-Kommission), Bde. 6-11, Bonn.

Keller, Dietmar/Modrow, Hans/Wolf, Herbert (Hrsg.) (1993-1994): ANSICHTEN zur Geschichte der DDR (Schriftenreihe der PDS-Bundstagsgruppe zu Begleitung der Enquete-Kommission), Bde. 1-4, Bonn.

Landtag Mecklenburg-Vorpommern (Hrsg.) (1996-1998): Leben in der DDR, Leben nach 1989 - Aufarbeitung und Versöhnung, 10 Bde., Schwerin.

O. A.: Das DDR-Hochschullehrbuch soll mehr sein als eine Monographie. In: HPI - Hochschulpolitische Informationen, Köln, 10. 1979, S. 13.

Sänger, Fritz (Hrsg.) (1949): Die Volksvertretung. Handbuch des Deutschen Bundestages, Stuttgart.

Sekretariat der Volkskammer im Auftrag des Präsidiums der Volkskammer der DDR (Hrsg.) (1972): Die Volkskammer der Deutschen Demokratischen Republik. 6. Wahlperiode, Berlin (Ost).

Weissbecker, Manfred (Hrsg.) (1995): Erinnerungen an Gerhard Riege. Gedächtnisschrift (Schriften des Jenaer Forums für Bildung und Wissenschaft e.V.), Jena.

Teil IV: Die Volkskammer im Perspektivenvergleich

Kapitel 14:

Wie war die Volkskammer wirklich?
Akteurs- und Analytikerperspektiven im Vergleich

Werner J. Patzelt

Kann es überhaupt eine sinnvolle Antwort geben auf die Frage, wie die Volkskammer wirklich war? Ist nicht jeder Blick – zumal auf Politisches – geprägt von des Betrachters Standpunkt, Weltanschauung und Parteilichkeit? Tatsächlich legt die vergleichende Lektüre der in diesem Band zusammengestellten Beiträge solchen Eindruck oft nahe. Doch trügt er nicht? Und was wäre eigentlich gewonnen, wieviel verloren beim Verzicht darauf, an den Schnittstellen verschiedener Sichtlinien ausfindig zu machen, ‚wie es wirklich gewesen ist'?

1. Vergleichsmaßstäbe

Natürlich prägen Erfahrungen und Voreingenommenheit, benutzte Theorien und Werturteile jene Perspektive, in der man auf die Wirklichkeit blickt, und jene Welt-Anschauung, die mit einer bestimmten Perspektive verbunden ist. Trotzdem bleibt die in verschiedenen Perspektiven anschaubare Welt die *eine* Welt, in der gleichermaßen *alle* handeln, selbst wenn ihre Philosophien diese Welt recht unterschiedlich interpretieren. Die Tatsache der Perspektivität aller historischen und politischen Aussagen befreit also nicht von der Frage danach, in welcher Perspektive man ein größeres oder kleineres, ein für eine praktische Aufgabe nützlicheres oder weniger nützliches Blickfeld besitzt. Schon gar nicht befreit sie von der Frage, ob oder wie weit eine – stets perspektivische – Aussage wirklich mit jenen Tatsachen übereinstimmt, auf die sie sich beschreibend oder erklärend bezieht.

Darum gilt es, beide Fragen nicht abzutun. Vielmehr sind sie ernstzunehmen. Deshalb ist anzustreben, nur solche Perspektiven zu benutzen, die einen untersuchten Gegenstand komplex zur Anschauung bringen, und ist der Wille zu fassen, in deren Blickrichtung empirisch falsche Aussagen zu unterlassen. Genau das kennzeichnet den Übergang vom freien Dafürhalten zu kritischer Wissenschaft, von der politischen Meinung zur Politikanalyse. Sich auf genau sie, auf fachgerechte Politikwissenschaft einzulassen, liefert somit eine erste Reihe von Maßstäben, nach denen widerstreitende Behauptungen zu prüfen sind und zwischen konkurrierenden

Geltungsansprüchen entschieden werden kann.[1] Durch Befolgung jener Maßstäbe entsteht eine dank analytischer Distanz und Reflexion, aufgrund von Methodenstrenge und Selbstkritik der bloßen Beschreibung eines individuellen Zeitzeugen an Perspektivenangemessenheit meist und an Wahrheitsgehalt mitunter überlegene Darlegung. Diese steht keineswegs außerhalb von Kritik; nur hat sie – im Fall solider wissenschaftlicher Arbeit – so viele aus Kritik gewonnene Erfahrungen bereits aufgenommen, dass sie ihrerseits ein guter Ausgangspunkt für Kritik an alternativen Darlegungen ist, wo diese mit ihr konkurrieren.

Genau so wird, und darum mit guten Gründen, beim folgenden Vergleich zwischen den Perspektiven der Akteure und der Analytiker verfahren. Was die Zeitzeugen der Volkskammer über diese Institution berichteten, wird abgeglichen mit den Resultaten politikwissenschaftlicher Analyse; und das Muster der Differenzen wird sodann bei den Akteuren nachgezeichnet sowie mit Blick auf diese erklärt. Natürlich zeigt sich dabei auch, dass gar nicht wenige der Zeitzeugen sich keineswegs auf alltagspraktische Beschreibungen beschränkten, sondern ihrerseits die Analytikerperspektive einnahmen und dabei zu empirischen Aussagen gelangten, die mit denen aus der Außenperspektive völlig übereinstimmen. Dann hat man sich offenbar dem genähert, ‚wie die Volkskammer wirklich war'.

Ein Gegenstand wie die Volkskammer, eingebettet in das weltanschaulich einst so umstrittene politische System der DDR, bringt es natürlich mit sich, dass der Perspektivenvergleich sich nicht auf Unterschiede und Gemeinsamkeiten im Bereich von Beschreibungen und Erklärungen beschränken kann. Zu Recht wurde darum auch von so gut wie allen Autoren die Ebene von Bewertungen und Urteilen beschritten, und zwar sowohl aus den – recht unterschiedlichen – Perspektiven der Akteure als auch aus denen der Analytiker. Wie aber kann man nun mit der Vielfalt so verschiedener Werturteile, einander widersprechender normativer Aussagen umgehen, die da getroffen wurden? Sind sie alle gleich gültig, also letztlich gleichgültig, oder lässt sich über die Faktizität eines Urteils hinaus etwas über dessen Stimmigkeit oder Willkürlichkeit, über dessen Gültigkeit oder Fragwürdigkeit aussagen?

Im Unterschied zu Tatsachenbeschreibungen und Erklärungen (‚empirische Aussagen') ist es bei Urteilen (‚normative Aussagen') nicht möglich, eine Aussage von dem her korrigieren zu lassen, was wirklich ist. Denn das Wirkliche ist oft ja unumstritten, während den Unterschied ausmacht, welchen Maßstab man ihm anlegt. Solche Maßstäbe aber sind frei wählbar. Allerdings sind auch sie wie Perspektiven, die den Blick auf die Tatsachenwelt prägen. Darum ist es möglich, Maßstäbe und von ihnen bewirkte Urteile zu vergleichen. Ferner ist die Frage sinnvoll, welcher der konkurrierenden Maßstäbe wohl zu einem dem kritischen Diskurs standhaltenden, für lange Zeit aufrichtig zu vertretenden Urteil führen mag. Tatsächlich lässt sich zeigen, auf welche Weise man Antworten auf diese Frage findet, deren

---

[1] Zu wissenschaftstheoretischen Begründungen und konkret anzuwendenden Kriterien siehe W. J Patzelt 2001, Kap. 2 und 3, v. a. S. 93ff. und 127ff.

Begründung bloßem Dafürhalten und rein persönlichem Glauben überlegen sind.[2] Ebenso ist auch mit den Werturteilen über die Volkskammer zu verfahren.

Jeder Vergleich von Urteilen über sie wird sinnvollerweise von den Sinndeutungen und Wertungen der Akteure ausgehen: Warum wollten, wie betrachteten, wie werteten und rechtfertigten sie selbst ihre Handlungen? Diese Sinndeutungen und Wertungen der Akteure sind dann einer Kritik mittels der von den Akteuren selbst einst befolgten und akzeptierten Maßstäbe zu unterziehen, also einer immanenten Kritik anhand der selbstgesetzten Ansprüche der DDR und ihrer tragenden Weltanschauung. Anschließend muss die normative Analyse aber keineswegs abgebrochen werden. Denn zweifellos kann man den Maßstäben, anhand welcher die DDR und ihre Akteure sich selbst messen lassen wollten, auch andere grundsätzliche Wertungen und Urteile gegenüberstellen und sie in deren Licht interpretieren und kritisieren. Zu solchen grundsätzlichen Wertungen gehören etwa jene, von denen ein demokratischer Verfassungsstaat – wie die Bundesrepublik Deutschland – die Maßstäbe ableitet, an denen wiederum er selbst gemessen werden will. Denn ebensowenig, wie es je Anhängern der DDR verwehrt war oder je als abwegig gelten musste, die Bundesrepublik Deutschland und ihren Parlamentarismus an den grundlegenden Wertentscheidungen des Sozialismus zu messen, gleich ob eines real existierenden oder eines utopisch-antizipierten, ist es nunmehr abwegig oder verwehrt, die DDR und ihre Volkskammer an den grundlegenden Wertentscheidungen westlichen Verfassungsdenkens Maß nehmen zu lassen. Immerhin war der Wettbewerb der Weltanschauungen und Systeme ein wirklich ernstgemeinter. Darum sollten wir nun auch das normative Bilanzieren dessen nicht weniger ernstnehmen, was sich nach dem Ende der vierzigjährigen Systemwettbewerbs zeigte.

2. Unstrittige Einsichten zur Volkskammer

Viele Tatsachenaussagen, Erklärungen und Werturteile zur Volkskammer sind zwischen Akteuren und Analytikern ohnehin gar nicht strittig. Die wichtigsten gemeinsamen Einsichten beziehen sich auf die tatsächlichen Machtverhältnisse in der DDR und lassen sich so zusammenfassen:

- Zentraler Fehler des politischen Systems der DDR war seine Pluralismusfeindlichkeit. Indem abweichende Positionen – selbst von aufrichtigen Befürwortern des Sozialismus und der DDR – gleich als feindlich etikettiert und unnachsichtig bekämpft wurden, verschwendete die DDR viele Ressourcen an Motivation sowie Engagement und brachte sich so um Lernfähigkeit und Innovationskraft.
- Das Verständnis der im Staatsnamen so sehr betonten Demokratie war ein überaus gebrochenes. Demokratie wurde nämlich überlagert, im Grunde außer Funktion gesetzt, durch den Führungsanspruch der SED. Diese wurde ihrerseits

---

2 Siehe ebenda, Kap. 3, Abschnitt IV/4, S. 196ff.

durch Mangel an innerparteilicher Demokratie sowie an stimulierendem Wettbewerb als Partei mehr und mehr lernunfähig.
- Antipluralismus und SED-spezifische Ausprägung des Demokratieverständnisses führten zur Missachtung der Volkskammer und zwangen diese in eine Rolle, von der aus sie allzu wenige nützliche Leistungen für das politische System der DDR erbringen konnte.
- Letztlich führte zum Scheitern des sozialistischen Experiments einesteils das unbedingte Streben nach der Verwirklichung einer bestimmten Vorstellung des politisch Guten bei Vernachlässigung von – eigentlich möglichen – Einsichten in die realen Funktionszusammenhänge politischer und wirtschaftlicher Strukturen. Andernteils legten nicht wenige Verantwortliche Ignoranz und Zynismus an den Tag, was beides sie unfähig und unwillig machte, selbst offenkundige Probleme als Probleme zu akzeptieren und an nachhaltigen Lösungen zu arbeiten.

Es kann schon sehr zu denken geben, dass diese Einsichten, nunmehr auch von etlichen ehemals wichtigen Mitgliedern der Volkskammer formuliert, genau dem entsprechen, was ‚konservative' und antikommunistische Kritiker der DDR immer schon zu zeigen trachteten. Warum erst nach dem Zusammenbruch der DDR zur allgemeinen Überzeugung zu werden begann, was doch lange schon offen zutage lag, das wirft für (West-)Deutschland wirklich drängende Fragen danach auf, wie und warum kontrafaktische ideologische Voreingenommenheiten sogar in einer offenen, sich ihrer kritischen Diskurse rühmenden Gesellschaft aufgebaut und durchgesetzt werden können. Es wäre zu wünschen, dass sich hieraus Abwehrkräfte gegen den künftigen Aufbau ähnlicher Verblendungszusammenhänge gewinnen ließen.

Hinsichtlich der DDR, bis hin zur Zensur geprägt von der Führungsrolle der SED, erklärt sich das alles viel leichter. Trotzdem darf nicht ignoriert werden, dass ein nennenswerter Teil ihrer Bevölkerung eben doch nicht erst den Zusammenbruch der SED-Macht abwarten musste, um zu einer aufrichtigen Ablehnung entweder des Systems insgesamt oder seiner zentralen Machtelite zu gelangen. DDR-interne Kritiker kamen sowohl von marxistischen als auch von liberalen verfassungsstaatlichen Prinzipien her zur Einsicht in die Konstruktionsmängel des SED-Staates, in die Funktionsmängel von Wirtschaft und Gesellschaft der DDR. Vom ja ebenfalls nicht fehlenden Dissens schon über die Wertgrundlagen des Staates, gespeist aus familiären, kirchlichen, intellektuellen oder auch rein zufälligen Erfahrungen, braucht gar nicht weiter gehandelt zu werden. Nicht nur ‚konservative' Politikanalytiker im Westen, sondern auch viele Bürgerinnen und Bürger der DDR besaßen also längst schon, wenn auch auf unterschiedlichen Reflexionsniveaus und nicht selten von wenig anderem dazu angehalten als von Unzufriedenheit mit der eigenen Lage, jene mittlerweile allgemein unumstrittenen Einsichten und wurden genau darum zu Kritikern, mitunter auch zu Gegnern des SED-Staats und seiner Akteure. Dass sich die letzteren wenn auch nicht mit ihren Bewertungen, so doch mit ihren Analysen inzwischen den ersteren angeschlossen haben, dürfte einen durchaus nicht kleinen

Schritt darstellen auf dem Weg zur verfassungspolitischen Reintegration der Deutschen – nunmehr um die Leitgedanken einer freiheitlichen demokratischen Grundordnung. Gegen sie hatten sich die Trägergruppen der DDR so lange und so grundsätzlich gesperrt, dass selbst Kritiker des konkret realisierten Sozialismus sich lieber leidend loyal verhielten als den geistigen Mut zur gedanklichen Annäherung an jene westdeutsche Alternative zu fassen, die doch auch ihnen jetzt als gar nicht mehr so ablehnenswert erscheint, wie sie das zu DDR-Zeiten gerne glauben mochten.

Konsens gibt es inzwischen ferner über die folgenden Grundzüge der Arbeit von Volkskammer und Volkskammerabgeordneten:

- Aufgrund des praktizierten Führungsanspruchs der SED sowie des – demokratisch nur genannten – Zentralismus in der SED waren die Mitglieder der Volkskammer nur sehr eingeschränkt Führer von Gliederungen ihrer Parteien mit belastbarer eigener Machtbasis. Das gab den meisten in der Volkskammer ein nur geringes persönliches Gewicht.
- Wegen der sehr untergeordneten Machtstellung der Volkskammer war die speziell parlamentarische Arbeit ohne übermäßige Bedeutung. Zwar im einzelnen und bei Ausnutzung von Konflikten innerhalb der SED-Führung konnte man begrenzten Einfluss nehmen; doch grundsätzliche Entscheidungen zu prägen, lag ganz außerhalb der Möglichkeiten der Volkskammer.
- Mit Aussicht auf etliche Wirksamkeit konnte ein Mitglied der Volkskammer im Wahlkreis und als Mittler zwischen Bürgern und Staatsorganen tätig werden, sofern es sich um den Versuch von Lösungen für Probleme handelte, die keine Veränderung politischer Grundentscheidungen verlangten. Hier kam die Rolle eines Volkskammerabgeordneten der Rolle eines westdeutschen Landtags- oder Bundestagsabgeordneten am nächsten.

Wohl wurde selbst das in diesem Rahmen Mögliche nicht ausgeschöpft. Auch das hätte aber vermutlich keine übergroßen Wirkungen nach sich gezogen. Darum ist es zwar ehrenwert, wenn ehemalige Volkskammerabgeordnete dieser Stelle mit Fragen nach der eigenen Verantwortung ansetzen. Nachbohren muss man da aber nicht. Das System der DDR war nämlich insgesamt viel zu blockiert, als dass selbst Heroismus einzelner es hätte ändern können, bevor seine tragenden Rahmenbedingungen – die Illusion einer Überlegenheit des Realsozialismus und die schützende Macht der Sowjetunion – ins Wanken geraten waren. Auch das scheint im Grunde Konsens zu sein.

Im übrigen zählt zu den nunmehr recht unstrittigen Einsichten, dass die Volkskammer – aus genau den erwähnten Gründen – gerade jene Leistungen gar nicht oder nur äußerst eingeschränkt erbringen konnte, die ein Parlament wertvoll für sein politisches System und dieses deshalb anderen überlegen machen:

- Von substanzieller Mitwirkung an der *Gesetzgebung* war – in den 60er Jahren vor allem durch die Rolle des Staatsrates – die Volkskammer weitgehend ausgeschlossen. Überdies wurden viele wichtige Rechtsnormen auf dem Verordnungsweg ohne gesonderte gesetzliche Grundlage erlassen. Das erlaubte zwar ‚Gesetzlichkeit aus einer Hand' und schuf ein in sich überaus stimmiges Staatswesen. Doch erstens entfiel jene für die Entfaltung nachhaltiger Steuerungseffizienz wichtige Rückkoppelung, die besonders gut frei agierende Parlamentarier und Parlamente bewerkstelligen können: die Rückkoppelung zwischen der Auswirkung von Rechtsnormen auf Wirtschaft und Gesellschaft sowie der gesetzgeberischen Berichtigung von rechtlichen Fehlsteuerungen. Denn wenn sich Rechtsnormen – gerade auch indirekt – anders auswirkten als geplant, hatte die Volkskammer eben nicht die Macht, die SED-Führung zur Nach- oder Umsteuerung zu zwingen. Zweitens war es der Volkskammer nicht möglich, auf sensiblen Gebieten wie dem Reise- oder Devisenrecht, doch auch bei der Kollision individueller Ansprüche und staatlicher Ermessensentscheidungen, die Rechtsnormen des Staates und das Rechtsempfinden der Bevölkerung balanciert zu halten. Einesteils standen dem als unantastbar geltende politische und wirtschaftliche Rahmenbedingungen entgegen. Anderntteils war weder die Zusammensetzung der Volkskammer noch die politische Machtstellung ihrer Abgeordneten von konkreter Unterstützung durch autonom handlungsfähige Bevölkerungsgruppen abhängig. Damit entfiel jede eigenständige – und zum Rütteln an Rahmenbedingungen befähigende – Macht der Volkskammer gegenüber dem Ministerrat und dem Politbüro der SED. Aus beiden Gründen – mangelnde Steuerungseffizienz des Gesamtsystems, mangelnde Balance zwischen vielerlei staatlich gesetztem und subjektiv empfundenem Recht – entstand jene große Legitimationslücke, in welche das politische System der DDR mit dem Wanken der es stützenden Rahmenbedingungen versank. Wäre in der ‚wissenschaftlichen Weltanschauung' der SED tatsächlich die zu gestaltende Wirklichkeit mitsamt der Eigendynamik und Eigenlogik von wirtschaftlichen, gesellschaftlichen, kulturellen und politischen Strukturen korrekt widergespiegelt gewesen, hätte jene Legitimitätslücke dennoch nicht entstehen müssen. Und hätte sich die SED durch ihren in Partei und Staat praktizierten ‚demokratischen' Zentralismus – der Wahlen nur als Akte der Akklamation schätzte, keineswegs aber als Formen von Mitsteuerung und Akzeptanzkontrolle – nicht lernunfähig gemacht, so wären alternative Entwicklungen durchaus möglich gewesen. Auch garantiert die Existenz eines machtvollen Parlaments keineswegs nachhaltige Steuerungseffizienz und eine Balance zwischen gesetztem und empfundenem Recht. Doch immerhin bieten Parlamente eine gute *Chance*, entsprechende Fehlentwicklungen frühzeitig zu erkennen und Sackgassen rechtzeitig zu verlassen. Eben diese Chance schlug die DDR durch die faktische Machtlosigkeit ihrer Volkskammer aus.

- Bei der *Regierungskontrolle* war die Volkskammer im Grunde noch hilfloser als bei der Gesetzgebung. Nicht einmal formal hatte sie hierfür geeignete Instrumente. Das ließ der Regierung – und vor allem der sie anleitenden SED – breiteste Spielräume eigenständigen Agierens. Objektive Grenzen fanden diese letztlich nur in der wirtschaftlichen Mangellage, aus welcher sich die DDR eigentlich nie befreien konnte, in der Reaktionsträgheit der Planbürokratie, in der nie vergehenden Sorge um die innere Stabilität sowie in der Vetomacht der Sowjetunion. Wirksame Rückkoppelung zwischen dem Regierungshandeln und seinen realen Folgen fand darum kaum über die Volkskammer statt. In der Tat hat eine Regierung oder führende Partei auch gar keinen guten Grund, auf ein Parlament zu hören, das weder den Inhabern von Regierungsämtern durch eigenständige Budget-, Gesetzgebungs- oder wenigstens Thematisierungsbefugnisse ernstlich schaden noch – etwa aufgrund der durch freie Wahlen erzeugten Mehrheitsverhältnisse – glaubhaft machen kann, ihm sei besser bekannt als dem Exekutivapparat, was die Bürger bedrückt oder von ihnen gewünscht wird. Falls ein Regierungsapparat ohne Verlust, Filterung oder Färbung von Informationen es schafft, die realen Auswirkungen seines Handelns zu evaluieren, und falls es in ihm die Bereitschaft zu großem Pragmatismus auf der Grundlage weniger und große Handlungsspielräume bietender Grundsätze gibt, mag eine zusätzliche Rückkoppelung über die parlamentarische Regierungskontrolle unnötig sein. Sicherer für Steuerungseffizienz und Systemstabilität wäre es dennoch, zusätzlich auch über sie zu verfügen. Doch nicht einmal jene Prämisse war in der DDR gegeben: Handlungsspielräume des Staatsapparats verstellten der demokratische Zentralismus sowie die parallelen Führungsstrukturen der SED, und Pragmatismus war es ja gerade nicht, worauf die prinzipientreuen Führer der SED Wert legten. Diese lehnten im übrigen, und aufgrund ihrer parteilichen Weltanschauung auch ganz selbstverständlich, jede Form einer Regierungskontrolle ab, bei welcher ergebnisoffen geprüft worden wäre, ob überhaupt die Ziele und Grundsätze der – von der SED angeleiteten – Regierungstätigkeit dem Willen der Bürger entsprachen. Antipluralismus verhinderte hier eben jenen bedeutenden Stabilisierungsbeitrag, den für ein politisches System – keineswegs aber für eine konkrete Regierung – ein Parlament gerade durch effiziente Regierungskontrolle erbringen kann.

- Dass die Volkskammer allenfalls formal, keineswegs aber faktisch an der *Regierungsbildung* beteiligt war, musste der DDR an sich keineswegs zum Nachteil gereichen. Auch diesbezüglich eher einflusslose Parlamente – wie jene der präsidentiellen Regierungssysteme – können durch Erfüllung ihrer anderen Funktionen überaus nützlich sein. Beeinträchtigt wurde das politische System der DDR vielmehr dadurch, dass eben *niemand* außerhalb der engsten Machtzirkel der SED, mit Abstrichen auch der von ihr geführten Parteien, und unter Berücksichtigung sowjetischer Veto-Möglichkeiten, auf die Regierungsbildung Einfluss nehmen konnte. Das stellte die Regierung der DDR frei von jeder anderen Verantwortlichkeit als einer gegenüber den Führern der SED und der Sowjetunion: Von diesen wurde die DDR-Regierung kontrolliert, nicht von der Volkskammer. Um eine Regierung zu zwingen, die realen wirtschaftlichen und gesellschaftlichen Auswirkungen ihres Handelns zur Kenntnis zu nehmen und die Präferenzen der Regierten nicht zu ignorieren, muss man zwar nicht allein auf wirksam einzufordernde Verantwortung der Regierung vor dem Parlament setzen. Relativ kurze Amtszeiten der Inhaber von Regierungsämtern in Verbindung mit freien Wahlen erreichen diesen Zweck ebenfalls; hinzutreten können gar noch die Instrumente obligatorischer Volksabstimmungen zu einer Vielzahl von Regierungsakten. Die DDR freilich hat durch ihre Modalitäten der Regierungsbildung solche Formen einer Rückbindung der Regierung an die Zustimmungsbereitschaft der Regierten ebenso verhindert wie eine – alternativ überaus wirksame – Rückbindung durch effiziente parlamentarische Abberufungs- oder Investiturverfahren. Als Folge dessen blieb die Regierung allein von der SED abhängig und multiplizierte staatsweit deren Lern- und Reformprobleme.

- Stark reduziert waren auch die Leistungen, welche die Volkskammer über die parlamentarische *Repräsentationsfunktion* erbringen konnte. Von der Warte des Historischen Materialismus aus bestand auch gar nicht die Aufgabe, das Volk so zu repräsentieren, wie es war. Die Macht lag zu Recht in den Händen der Klasse der Arbeiter und Genossenschaftsbauern bzw. ihrer – auch Teile der gesellschaftlichen Intelligenz umfassenden – Avantgarde. Als wohlmeinende Obrigkeit war diese immerhin ein Bündnis mit den Parteien von aus der alten Gesellschaftsformation noch in Gegenwart und Zukunft hineinragenden Schichten eingegangen. Sinnvollerweise konnte Repräsentation dann durchaus heißen, dass dieses Bündnis – bei klarer Widerspiegelung der historisch erteilten Antwort auf die Machtfrage – in einer Volksvertretung nachgestellt wurde. So war es auch in der Volkskammer. Doch schon die Aufgabe, gesellschaftliche Pluralität widerzuspiegeln, stellte sich kaum mehr. Denn einesteils war pluralistischer Streit um die anzustrebenden Ziele und die zu gehenden Wege entbehrlich, gar kontraproduktiv geworden, weil die SED dank ihrer wissenschaftlichen Weltanschauung Ziele und Wege im Grunde schon kannte. Den Bereich des Politischen streifender Pluralismus wurde in der DDR darum auch konsequent unterbunden. Andernteils war durch weitestgehende Vergesellschaftung der Produktionsmittel der allergrößte Teil der Bevölkerung zu einer recht einheitlichen, wenigstens mittelbar vom Staat beschäftigten Arbeitnehmerschaft gemacht worden, was sowohl deren verteilungspolitische Interessenlagen als auch ihre Lebensweise sehr stark nivellierte. Somit war selbst der Pluralismus von Lebensstilen und daran anknüpfenden Interessen ziemlich reduziert. Also gab es – innerhalb des von der SED zugestandenen Meinungs- und Interessenspektrums – ohnehin recht wenig Pluralität im Parlament widerzuspiegeln. Ulbrichts Wort, man habe eine Einheitsliste, weil man sich einig sei, entbehrte also nicht eines – natürlich machtgestützten, nicht aus sich selbst heraus bestandsfähigen – realen Kerns. Doch solche Einheit war von vornherein deshalb brüchig, weil weltanschaulicher Pluralismus in der DDR ja nur ins Private gedrängt und durch Erziehung überlagert, real aber nie beseitigt war. Als wirkliche Stützmauer konnte – seit Honecker ‚Einheit von Wirtschafts- und Sozialpolitik' genannt – eigentlich nur die Sicherung wirtschaftlicher Zufriedenheit der Bevölkerung dienen. Eben daran aber scheiterte die DDR in den Augen ihrer eigenen Bürger mehr und mehr in den 80er Jahren: durch unrealistische Planentscheidungen, durch unwirksame Steuerung, durch Ausbeutung im Wirtschaftssystem des RGW, durch den nicht zu gewinnenden Leistungsvergleich mit den westlichen Staaten. In Wirklichkeit *gab* es also stets widerstreitende wirtschaftliche, gesellschaftliche, kulturelle und politische Interessen, die allerdings nirgendwo ein Forum zum Widerstreit und Ausgleich finden konnten – auch nicht in der Volkskammer, obwohl deren Fraktionen mit einzelnen Massenorganisationen und gesellschaftlichen Gruppen als Trägen solcher Interessen je unterschiedlich eng verbunden waren.

Innerhalb des normativ völlig abgelehnten und faktisch stark eingeschränkten gesellschaftlichen Pluralismus der DDR bauten die Abgeordneten der Volkskammer zwar sehr wohl Kontakt- und Kommunikationsnetze auf, die – *mutatis mutandis* – nach Funktion und Struktur stark jenen Netzwerken ähneln, die sich westdeutsche Abgeordnete schaffen. Allerdings war deren Machart und Maschendichte sehr stark vom SED-dominierten System der Massenorganisationen, volkseigenen Betriebe, örtlichen Volksvertretungen und Verwaltungsbehörden eingeschränkt, desgleichen dadurch, dass die meisten Abgeordneten ihr Amt nicht hauptberuflich ausüben durften und deshalb nur in engen Grenzen Zeit für solche Netzwerkpflege aufzubringen vermochten. Es konnten jene Netzwerke darum nur sehr eingeschränkt für den Aufbau unabhängiger, persönlicher oder parlamentarischer Gegenmacht zum Führungsanspruch der SED und ihres Staatsapparats benutzt werden. Innerhalb dieser Netzwerke wurden von den Abgeordneten sehr wohl Informationen über die Wünsche und Interessen, über die Probleme und Präferenzen der Bevölkerung aufgenommen und so weit in die zentrale politische Willensbildung und Entscheidungsfindung eingeführt, wie das einerseits angesichts der überaus begrenzten Rahmenbedingungen für Regierungskontrolle und Gesetzgebung, andererseits aufgrund der noch beschränkteren wirtschaftlichen Möglichkeiten der DDR anging. Genau darum führte derlei aber nicht allzu weit und bloß in – an der Systemstruktur nichts ändernden – Einzelfällen zum Erfolg. Auf diese Weise wurde, trotz nicht unerheblicher Bemühungen vieler Mitglieder der Volkskammer, für das politische System hieraus nicht allzu viel an Responsivität gewonnen. Zielführender war es oft, sich an den zuständigen Sekretär der SED zu wenden und somit an einen Funktionsträger eben jener Institution, die das gesamte System irresponsiv und reformunfähig machte.

Als noch geringer muss jener Nutzen eingeschätzt werden, den die Volkskammer bei ihrer Repräsentationsfunktion im Bereich kommunikativer politischer Führung zu erbringen vermochte. Sicher waren ihre Abgeordneten aufgefordert, immer wieder Versammlungen mit Bürgern abzuhalten und dabei – unter anderem – die Politik von Ministerrat und SED werbend zu erklären. Doch natürlich interessierten sich auch in der DDR die Bürger beim Kontakt mit Abgeordneten zuallerletzt für die große Politik. Darum wurden in den *konkreten* Ärgernissen und Bürgeranliegen, um die es bei solchen Versammlungen in erster Linie ging, immer wieder die Steuerungsprobleme und Leistungsmängel des DDR-Systems erörtert. Im Grunde konnte ein Volkskammerabgeordneter dann nur seine Zustimmung zur – üblicherweise berechtigten – Kritik äußern und, ohne Verbreitung sonderlicher Zuversicht ob des Erfolgs, entsprechende Bemühungen seinerseits an übergeordneter Stelle versprechen. Doch über die reale Machtlosigkeit der Volkskammer und ihrer Abgeordneten war die Mehrzahl der Bürger ja im Bilde, so dass häufig nur Mitgefühl mit dem als Blitzableiter wirkenden MdV, kaum aber neuer Glauben an die alternativlose Sinnhaftigkeit und Leistungsfähigkeit des eigenen Systems entstanden sein dürfte. Hier, in der Wahlkreisarbeit der Abgeordneten, gelang es darum ebenso unzulänglich, der Bevölkerung die Ordnungsprinzipien und Geltungsansprüche des SED-Staates nahezubringen, wie dies im Bereich der Selbstsymbolisierung der Volkskammer über ihre Architektur, die bildnerische Ausgestaltung ihrer Räume sowie die Rituale ihrer Sitzungen zu leisten war.[3]

Somit bringt auch die Analyse der Repräsentationsfunktion den einhellig diagnostizierten Grundfehler der DDR ans Licht: Der gewollte und durchgesetzte Führungsanspruch der SED blockierte die so nötige Selbstorganisation gesellschaftlicher Ressourcen, ferner die angesichts unabweisbarer Wandlungsprozesse dringend erforderliche Responsivität des Gesamtsystems, und überdies – nach gewisser Zeit bei mehr und mehr Bürgern – die Reproduktion von Legitimitätsglauben. Die bislang als bestmöglich wirksam erkannten Instrumente, ein leistungsfähiges System politischer Repräsentation aufzubauen und funktionstüchtig zu halten, sind Versammlungs- und Vereinigungsfreiheit, Meinungs- und Medienfreiheit sowie auf Gruppenkonkurrenz beruhende freie Wahlen samt persönlicher Unabhängigkeit von Abgeordneten. Doch alle diese Instrumente lehnte die SED – aus der Warte ihrer Weltanschauung ganz folgerichtig – grundsätzlich ab. Indem sie aber verhinderte, dass jene Instrumente eingesetzt wurden, brachte sie sich auch um alle Stabilitäts-, Steuerungs- und Legitimierungschancen, welche demokratische Repräsentationsinstitutionen einem politischen System erschließen können.

Zwar ist die DDR an der Funktionsschwäche ihrer Volkskammer ebensowenig zugrunde gegangen wie sie von der Volkskammer als sozialistischer Staat hätte gerettet werden können. Die Hintanstellung der Volkskammer, das Ausschlagen fast aller von einem Parlament ja gebotenen Chancen, war vielmehr die regelrecht zwingende Folge der realsozialistischen Staatsvorstellung.[4] In einem sozialistischen Staat, der den Lehrbuchvorstellungen des Wissenschaftlichen Kommunismus folgt, kann es schlechterdings kein wirklich nützliches Parlament geben; und wo es ein wirklich nützliches Parlament agiert, findet sich kein Platz für einen Sozialismus, der die russische Oktoberrevolution zum Vorbild nimmt. Das ist jedenfalls die immer schon durch systematisches Denken – und jetzt auch aus historischer Erfahrung – nahegelegte Einsicht. Elemente von Parlamentarismus bürgerlicher Provenienz mit

---

3 Warum und wie sehr die DDR insgesamt um den Nutzen der symbolischen Funktionen von Vertretungskörperschaften gebracht wurde, ist gründlich analysiert in R. Schirmer 2001.
4 Siehe hierzu in diesem Band den Beitrag von Heinrich Oberreuter.

einem sozialistischen Staat zu verbinden und nicht gleich zu ersticken, wird also über kurz oder lang vor die Wahl stellen, entweder den Weg in den Realsozialismus abzubrechen oder nur noch einen Fassadenparlamentarismus zu dulden. Falls man – wie in der SBZ/DDR – das letztere wählt, wird das recht funktionslose Parlament seiner politischen Umwelt Stabilisierungsleistungen eher entziehen als erbringen. Damit geht üblicherweise der Aufbau von relativ wenig lernfähigen politischen Strukturen einher, die schon nach kurzer Zeit nur noch durch Repression und überdies bloß so lange aufrechtzuerhalten sind, wie die dafür nötigen Macht- und Motivationsressourcen nicht erschöpft oder unerschwinglich geworden sind. Diese letzteren Aussagen werden durch das Schicksal der realsozialistischen Staaten zwar trefflich illustriert, dürften allerdings nicht mehr zum Bestand wirklich unbestrittener Einsichten über die Vertretungskörperschaften im Sozialismus und über den Typ eines sozialistischen Staates gehören. Sie führen vielmehr schon zur Aufgabe, Differenzen zwischen Akteurs- und Analytikerperspektive herauszuarbeiten.

3. Perspektivenunterschiede

3.1. Arten von Unterschieden

In den Beiträgen dieses Bandes treten zwei zentrale Dimensionen von Perspektivenunterschieden hervor, die auch bei den Diskussionen während jener Tagung immer wieder sichtbar wurden, die dieser Publikation zugrunde liegt.[5] In der ersten Dimension unterscheidet und unterschied sich – auch in Beiträgen der ehemaligen Volkskammerabgeordneten – der Analytikerblick vom schlichteren des bloßen Zeitzeugen. In der zweiten kommen und kamen die Befürworter der DDR zu ziemlich anderen Bewertungen und Sichtweisen als die ost- oder westdeutschen Gegner eines sozialistischen Systems. Beide Dimensionen haben grundsätzlich nichts mit einer Herkunft aus Ost- oder Westdeutschland zu tun, wenngleich unter den westdeutschen Diskussionsrednern – ganz im Unterschied zu den ostdeutschen – sich keiner als (ehemaliger) Parteigänger der DDR bezeichnete. Überdies erwiesen sich beide Dimensionen voneinander unabhängig: Der Ablehnung der DDR lag mitunter keine klare Analyse zugrunde; und umgekehrt bekannten sich gar nicht wenige jener Zeitzeugen nach wie vor als Anhänger eines sozialistischen Staates, die in völlig analyti-

---

5 Die Diskussionen wurden leider nicht dokumentiert. Nach Einschätzung der Herausgeber kommen die zentralen Positionen, die dort geäußert wurden, in den Beiträgen dieses Bandes aber gut zum Ausdruck. Wo die folgende Analyse von Perspektivenunterschieden durch die hier abgedruckten Beiträge nicht vollständig untermauert zu sein scheint, stützt sie sich in besonderem Maße auf Beobachtungen aus den Diskussionen. Das gilt vor allem hinsichtlich der Aussagen zu ostdeutschen DDR-Gegnern. In Bezug auf diese ist überdies ganz allgemein zu bedenken, dass selbst scharfe DDR-Kritiker – etwa Bahro oder Havemann – mitunter keineswegs fundamentale Gegner der DDR waren, sondern ein grundsätzlich bejahtes Staatswesen nur verbessern wollten. Die reale Gemengelage von systembejahender Kritik und systemablehnender Fügsamkeit war also in Wirklichkeit stets viel komplizierter, als das in den hier gegebenen knappen Ausführungen ausgedrückt werden kann.

scher Perspektive die Volkskammer abhandelten. Sie bedauerten freilich, dass die DDR gar kein ‚richtiger' sozialistischer Staat geworden, sondern ‚diktatorisch entartet' sei.

Im Grunde standen einander also drei Gruppen von Referenten und Diskussionsrednern in wechselnder Nähe gegenüber: Westdeutsche und Ostdeutsche mit oder ohne Analytikerblick, welche die DDR aufgrund von deren – mehr oder minder gut verstandener – Funktionslogik und Eigenart ablehnten; ehemalige Abgeordnete der Volkskammer mit Analytikerblick, die im nachhinein, aufgrund des Scheiterns der DDR, Konstruktionsmängel und unbehebbare Widersprüche ihres politischen Systems und somit auch der Volkskammer erkannt hatten, aus ihrer ungebrochenen Loyalität zur DDR und zu deren Zielen aber kein Hehl machten; sowie ostdeutsche Zeitzeugen, die kaum einen Anlass zur Kritik an der DDR und an ihrer eigenen Rolle in ihr sahen, sondern deren Leistungen mit Stolz gegen die neue Wirtschafts-, Gesellschafts- und Staatsordnung ins Feld führten. Am weitesten waren diese sowie die ostdeutschen Gegner der DDR auseinander. Hingegen mitunter irritierend nahe waren einander in ihren Analysen ehemalige Volkskammerabgeordnete und ‚konservative' westdeutsche Politikwissenschaftler,[6] welch letztere sich ihrerseits schwer taten mit einem nachvollziehenden Verstehen dessen, warum sich so klugen Köpfen nicht schon früher erschloss, woran die DDR krankte. Üblicherweise kam dann die Replik, einesteils sei man vom Glauben an die Richtigkeit der eigenen Gesamtposition über Zweifel am Detail hinweggetragen worden, und anderntteils könne einer, der solches nicht miterlebt habe, ohnehin kaum verstehen, unter welchen Umständen man das im Grunde Äußerstmögliche doch getan habe.

Im übrigen kam es mitunter zu erheblichen Widersprüchen zwischen den Zeitzeugen selbst. Während etwa die meisten betonten, erst im Lauf zumal der Honecker-Jahre habe sich der Handlungsspielraum der Volkskammer mehr und mehr verengt, bestritt dies Günter Hartmann sehr deutlich. Oder Herbert Kelle betonte, die im Fernsehen übertragenen Verhandlungen der Volkskammer seien bei den Bürgern auf großes Interesse gestoßen, während Lothar de Maizière tags zuvor behauptet hatte, derlei Sendungen hätten sich wie Energiesparmaßnahmen ausgewirkt. Ebenfalls widersprach Günter Hartmann der Aussage de Maizières, Vorlagen hätten die Ausschüsse der Volkskammer in der Regel so verlassen, wie sie ihnen vorgelegt wurden. So hatte denn auch jeder Zeitzeuge seine eigene Perspektive. Sie darf man nicht einfach wechselseitig als unglaubwürdig erklären. Weiter führt hier nur die Auswertung einschlägiger Archivalien und Daten.

---

6 In dieser Hinsicht ist ein Vergleich der Beiträge von Gregor Schirmer und Heinrich Oberreuter in diesem Band besonders lehrreich.

3.2. Zentrale Perspektivenunterschiede

Typisch für den Analytikerblick war es, zunächst einmal das Ganze eines sozialistischen Staates ins Auge zu fassen. Von der – als historisch notwendig ausgegebenen – Herrschaft der kommunistischen Partei als dessen Leitidee her wurde verständlich gemacht, dass für Pluralismus und machtvollen Parlamentarismus bereits dann kein Platz mehr sein konnte, wenn die Gründer und Protektoren der DDR ihre Weltanschauung und Zielsetzung wirklich ernstnahmen. Daran aber, so schien es wenigstens den west- und ostdeutschen DDR-Gegnern, seien angesichts der historischen Dokumente zur Tatkraft, mit welcher in der SBZ der Sozialismus aufgebaut wurde, keine Zweifel angebracht.

Ostdeutsche Analytiker bestritten gar nicht, dass es für die Volkskammer genau jene handlungsbegrenzenden Rahmenbedingungen gegeben habe und die – von der Sowjetunion aus weltpolitischen Interessen gesicherte – Herrschaft der SED die systemprägende Leitidee der DDR gewesen sei. Doch genau das hätten sie als Rahmenbedingung ihrer politischen Arbeit stets voll und ganz akzeptiert. Vom Sozialismus überzeugt, habe ihnen die Suche nach einer grundsätzlichen Alternative immer abwegig geschienen. Angemessen sei es darum allein, nach den – aus *guten* Gründen reduzierten – Handlungsspielräumen *innerhalb* dieses Systems zu fragen und alle Urteile darauf zu gründen, wie denn mit *solchen* Handlungsspielräumen verfahren worden sei – seitens der sie mehr und mehr zustellenden SED-Führung und seitens der Abgeordneten selbst, die im Grunde bestmöglich ihre Pflichten erfüllt hätten. Westdeutsche wie DDR-ablehnende ostdeutsche Analytiker hielten dem stets entgegen, dass mit der gewollten Option für einen sozialistischen Staat auch die persönliche Grundentscheidung für einen machtlosen Parlamentarismus gefallen sei, was man aber vor sich selbst durchaus verbergen konnte, indem man auf folgerichtiges systematisches Denken eben verzichtete.[7] Einen solchen Verzicht müsse man sich aber vorwerfen lassen, da es auch in der DDR jedem frei stand, sich über die zentralen Merkmale seines politischen Systems wenigstens Gedanken zu machen. Zwar sei es menschlich verständlich, solchen intellektuellen Konsequenzen ausgewichen zu sein, die einen in die Nähe westlichen Verfassungsdenkens und somit an die Seite des von ganzen Herzen abgelehnten Gegners im globalen Systemkonflikt gebracht hätten. Doch auch ein aus subjektiv guten und realpolitisch naheliegenden Gründen erbrachtes *sacrificium intellectus* sei nun einmal ein Verzicht auf die kritische Nutzung eigener Vernunft – vorzuwerfen nicht den einfachen Bürgern, sehr wohl aber den politischen und zumal intellektuellen Eliten der DDR.

---

7 Natürlich führten zur Ablehnung der DDR nicht nur systematische Reflexionen über Grundwerte und Funktionsweise dieses Staatswesens, sondern auch ganz einfach Unzufriedenheit oder die größere Attraktivität der westdeutschen Systemalternative. Der zentrale Punkt ist, dass selbst bei Ablehnung der westdeutschen Modells und bei Einsicht in das Fehlen machbarer Alternativen folgerichtiges systematisches Denken zeigen *konnte*, dass die Hegemonie der SED im Widerspruch zu freiheitlicher Demokratie und zu einer wirkungsvollen Rolle der obersten Volksvertretung stand, was wirklich einzusehen einen vor eine folgenreiche persönliche Entscheidung gestellt hätte.

Letztlich beharrten die Anhänger der DDR darauf, sie hätten jedes Recht gehabt und besäßen es immer noch, überzeugte Sozialisten zu sein. Darum verlangten sie auch eine Würdigung ihrer Lebensleistung anhand der Maßstäbe des von ihnen gewünschten Staatswesens. Die Gegner der DDR führten hingegen stets ins Feld, auch achtbare Leistungen im kleinen würden nicht aufwiegen oder gar entschuldigen, dass man der Frage nach der Funktionstüchtigkeit und der ethischen Hinnehmbarkeit des politischen Systems insgesamt ausgewichen sei oder wenigstens vor rechtzeitigen Konsequenzen entsprechender Einsichten zurückgescheut habe. Niemand sei schließlich gegen seinen Willen Mitglied der Volkskammer gewesen. Darum müsse sich jeder ehemalige Volkskammerabgeordnete die Frage gefallen lassen, ob er es sich nicht zu leicht mache, wenn er nicht wenigstens im nachhinein zu klären versuche, ob er nicht – zwar vielleicht besten, doch fehlgeleiteten Gewissens – einer möglicherweise schlechten Sache gedient habe. An dieser Stelle brach die Diskussion dann stets ab, und es schien nie einen Weg zur Perspektive des jeweils anderen zu geben.

West- und ostdeutsche DDR-Gegner bestanden auf der Ansicht, von Anfang an habe man *absehen* können, das in der SBZ entstehende politische System werde den Weg in eine – nicht rasch und leicht wieder zu überwindende – Diktatur einschlagen, falls man die Sowjetunion und die ostdeutschen Kommunisten gewähren lasse. Sowohl folgerichtiges Durchdenken sozialistischer Staatstheorie als auch die Herrschaftstradition der Sowjetunion als Protektoratsmacht der SBZ/DDR hätten darüber keinerlei Zweifel aufkommen lassen können. Sehr viele Ostdeutsche aller Bildungs- und Gesellschaftsschichten hätten das auch tatsächlich so erkannt, was beweise, dass man wirklich nicht erst durch jahrzehntelange weitere Erfahrung klug werden musste. Chancen, den Marsch in die Diktatur abzubrechen, habe es also nur dergestalt gegeben, sich den ostdeutschen Kommunisten in den Weg zu stellen oder von ihnen wenigstens nicht in ihre Einheitsfront zwingen zu lassen. Wer hingegen mitmachte, musste Illusionen hegen, vor allem seinen persönlichen Vorteil suchen, hinsichtlich derartiger *individualethischer* Fragen taub sein oder in der Tat auf die Diktatur des Proletariats und seiner führenden Partei ausgehen. Dann freilich verdiene er auch den Vorwurf, zu Aufbau und Praxis eines unterdrückerischen Systems beigetragen zu haben.

In der Perspektive der Befürworter der DDR, und zumal der weniger analytisch an ihren Gegenstand herantretenden, nahm sich der Entwicklungsgang hingegen recht anders aus. Getragen von antifaschistischer Gesinnung und voll des Wunsches, aus den Fehlern des bürgerlichen Parlamentarismus zu lernen, habe man – geleitet von einer wissenschaftlich reflektierten und gut begründeten Weltanschauung – ein politisches System ganz neuer Art errichten wollen. Dieses habe, zumindest von seinem Anspruch und Ansatz her, als ein völlig demokratisches, wenn auch dezidiert antifaschistisches begonnen.[8] Erst nach und nach sei sein demokratisches Potential

---

8 Siehe hierzu die Rekonstruktion von Geltungsgeschichten zur Volkskammer bei W. J. Patzelt, Die Volkskammer und ihre Geltungsgeschichte, in diesem Band, S. 42ff.

verkümmert, seien Fehlentwicklungen eingetreten und Widersprüche sichtbar geworden. Das alles habe aber keineswegs so kommen *müssen*, denn durchaus nicht seien Leitidee und Bauplan eines sozialistischen Staates an sich untauglich gewesen. Also handele es sich keinesfalls um eine im sozialistischen Staatsdenken selbst begründete und darum vorhersehbare Entfaltung hin zur Diktatur, sondern nur um eine Entartung, die auf subjektive Fehler der politischen Führer und auf der sozialistischen Idee ungünstige Rahmenbedingungen zurückgehe. Deshalb habe man erst im Lauf der Zeit, im Grunde erst in der Spätphase der DDR, solche Fehlentwicklungen erkennen können. Da aber sei es schon zu spät gewesen. Auch habe man selbst ohnehin nicht genügend Einfluss besessen, falsch laufende Entwicklungen zu korrigieren. Zwar werfe man sich durchaus vor, aus wohlverstandenem Eigeninteresse in Einzelfällen auf Widerspruch oder hartnäckige Gegenwehr verzichtet und öfter als wünschenswert – wenn auch schweren Herzens – Dingen zugestimmt zu haben, von denen man eigentlich nicht recht überzeugt war. Doch im Zweifelsfall sei es stets wichtiger gewesen, den Klassenfeind niederzuhalten und dem westlichen Imperialismus keine Angriffspunkte zu bieten, weil sonst der gesamte antifaschistische, sozialistische Neuaufbau habe in Gefahr geraten können. Dieses Risiko habe man als überzeugter Sozialist in der aufgezwungenen Systemkonfrontation natürlich nicht eingehen dürfen. Leider seien dabei aber auch fruchtbare Impulse abgewiesen, sei gar vom Sozialismus abgewichen und diese gute Idee im Grunde nicht gut ausgeführt worden. Auch dieser Widerspruch fand – und findet bis heute – keine Auflösung. Wo die einen auf das entschiedenste bestreiten, von Anfang an seien der diktatorische Charakter der SBZ/DDR und die Nachrangigkeit ihrer Volkskammer absehbar, wenn nicht bereits Tatsache gewesen, behaupten genau das die anderen.

3.3. Weitere Merkmale der Zeitzeugenperspektive

Viele der ostdeutschen Zeitzeugen benutzten weder die Kategorien des Wissenschaftlichen Kommunismus noch das systematische Instrumentarium der Politikwissenschaft, um die politische Rolle der Volkskammer zu analysieren. Sehr weitgehend waren es vielmehr Denkfiguren des Alltagsverstandes, anhand welcher der Stoff gegliedert sowie die Volkskammer im Rahmen DDR-typischer Gedankengänge oder, entlang von Gemeinplätzen, im Vergleich mit dem westdeutschen Parlamentarismus bewertet wurde. Im Grunde macht das solche Beiträge nur noch wertvoller, da sich in ihnen so jenes ‚gesunde Volksempfinden' äußert, das stets wirkungsmächtiger ist als das viel schwieriger zu handhabende Argument von Intellektuellen. Doch natürlich fehlt in solchen Fällen leicht jene analytische Distanz, die überhaupt erst aus einer Vielzahl von Einzelzügen jenes Gesamtbild zusammenzuschauen erlaubt, das ein aus zu großer Nähe betrachtetes Mosaik niemals bietet. Überdies steht jedes Urteil auf schwankendem Grund, wenn ihm bereits unterkomplexe Perspektiven zugrunde gelegt werden – sei es, weil man fruchtbarere Perspektiven nicht kennt, sei es, weil man sie ganz einfach ablehnt.

3.3.1. Die Prägekraft DDR-typischer Gedankengänge

Am Beispiel der Charakteristik der Volkskammer durch Werner Kalweit ist bestens zu illustrieren, zu welch enger und fragwürdig selektiver Wahrnehmung der Volkskammer ein DDR-geprägter ‚gesunder Menschenverstand' führen kann:

- Die *Repräsentationsleistung* der Volkskammer handelt Kalweit mit dem Hinweis ab, in ihrer Zusammensetzung habe die oberste Volksvertretung der DDR die Altersstruktur der Bevölkerung, ihre sozialen Schichten, die Berufsstände und politische Vereinigungen widergespiegelt; auch habe es in ihr kaum Berufspolitiker gegeben. Wenn politische Repräsentation wirklich nichts anderes bedeutete oder verlangte, als eine Wahlperiode lang eine ‚repräsentative Stichprobe' (im Sinn der Demoskopie) aus der Bürgerschaft zu versammeln und sich auf deren Entscheidungen stellvertretend für die Entscheidungen des nicht plebiszitär gefragten Volkes zu verlassen, wäre von daher an der Volkskammer wenig auszusetzen. Wenig wäre auch dann an ihr zu kritisieren, wenn die symbolische Wirkung einer solchen Widerspiegelung des Volkes ausreichte oder gar gewährleistete, dass auch die instrumentellen Funktionen der Vertretungskörperschaft gut erfüllt würden. Doch politische Repräsentation funktioniert in Wirklichkeit anders:[9]
- Erstens müssen die Repräsentanten zwar im Interesse der Repräsentierten handeln, dürfen dieses aber nicht eigenmächtig auslegen, sondern müssen bezüglich der herangetragenen Wünsche *responsiv* sein. Eben das war in der Volkskammer, aufgrund des ernstgemeinten Führungsanspruchs der SED und des generell-imperativen Mandats der Abgeordneten, nur äußerst eingeschränkt gegeben.
- Zweitens müssen Repräsentanten und Repräsentierte *unabhängig voneinander handeln* können, so dass jederzeit Konflikt zwischen beiden entstehen kann. In der DDR aber konnten – wiederum aufgrund der Durchherrschung des gesamten Staatswesens durch die SED – weder die Volkskammerabgeordneten noch die Bürger politisch unabhängig handeln. Auch war das gesamte politische System als zutiefst antipluralistisches darauf ausgelegt, Konflikte gerade nicht entstehen oder zumindest nicht an die Oberfläche kommen zu lassen. Im übrigen galten die Quellen ernstzunehmender antagonistischer Widersprüche ohnehin als durch die Vergesellschaftung der Produktionsmittel und die Errichtung der Diktatur der Arbeiterklasse ausgetrocknet.
- Drittens müssen jene *Konflikte möglich*, ja muss ihr Potential nachgerade *maximiert* sein. Und *zugleich* müssen sie durch einesteils praktizierte Responsivität, andernteils durch überzeugende kommunikative Führungsarbeit der Repräsentanten immer wieder soweit *entschärft oder befriedet werden*, dass sie entweder nicht allzu heftig oder nicht allzu häufig sind. Weil aber

---

9 Siehe hierzu W. J. Patzelt 1993, S. 17-55.

in der DDR bereits das Konfliktpotential teils wegdefiniert, teils unterdrückt war, konnte solche Widerspiegelung und Pazifizierung von gesellschaftlich-politischem Pluralismus in der Volkskammer schon gar nicht stattfinden. Für politische Repräsentation gab es in der DDR somit kaum einen Ansatz. Ersetzt durch die Führungsarbeit der SED, fand sie schlechterdings kaum statt. Doch statt die Sache so komplex zu sehen, nimmt Kalweit eine verengte und irreführende Teilkonzeption von Repräsentation – die ‚deskriptive' Repräsentation in Hannah F. Pitkins Typologie von Repräsentationstheorien[10] – für das Ganze. Folglich kann gar nicht ausbleiben, dass er – in aller subjektiven Aufrichtigkeit – zu einer schlechterdings falschen Auffassung vom repräsentativen Charakter der Volkskammer kommt.

- Hinsichtlich der *Wahl* zur Volkskammer führt Kalweit aus, im Grunde habe das Auswahlverfahren ‚von oben' – über das Nomenklatursystem – samt Kandidatenvorstellung in den Wahlkreisen ein funktional gleichwertiges Gegenstück zur westdeutschen Nominierung auf Parteilisten dargestellt. Doch Parteilisten in Westdeutschland sind das Ergebnis von auf Kompromisse ausgehenden Verhandlungen von Kreisverbänden, und sie bedürfen der Zustimmung in oft überraschungsreichen geheimen Wahlen auf Nominierungsparteitagen. Ähnlich ist nur, dass in der Regel ein – ausgehandelter – Personal*vorschlag* erfolgt; völlig verschieden ist aber, von wem abhängt, ob er sich auch *realisieren* lässt. Schon gar nicht spricht Kalweit vom so grundsätzlichen Unterschied, dass auf der – auch gar nicht zur selbstverständlich freien Wahl gestellten – Einheitsliste der Nationalen Front alle Nominierten praktisch auch gewählt waren, und sei es als Nachfolgekandidaten, während bei freien Wahlen mit konkurrierenden Listen es wirklich der Wähler ist, der über die Stärkeverhältnisse der Fraktionen und über *alle* Kandidaten auf ‚unsicheren' Listenplätzen entscheidet. Wenn man diese Dinge aber nicht in Rechnung stellt, kommt man zu einer ganz verfehlten Behauptung einer Ähnlichkeit der Wirkungen des Wahlsystems und – über jene falsche Behauptung – zu schönfärberischen Aussagen über den vorgeblich demokratischen Charakter der Volkskammerwahlen.
- Sodann wird die *parlamentarische Arbeit* der Volkskammer von Kalweit dahingehend charakterisiert, Sacharbeit habe dort Standpunkterklärungen ersetzt und statt Gegeneinander hätte es wohltuendes Miteinander gegeben. Nicht gesagt wird von ihm, dass Standpunkterklärungen – soweit man sich nicht im wesentlichen dem Standpunkt von Regierung und Politbüro anschloß – ohnehin unerwünscht und bei wichtigen Dingen ein Hasardspiel waren, das man besser unterließ. Nicht gesagt wird ferner, dass ohnehin relativ wenig gestalterische Sacharbeit zu leisten war und außerdem dort, wo es zu ihr kam, die von Regierung und Politbüro vorgegebenen Ziele und Rahmenbedingungen so klar waren, dass man sich nennenswerte Standpunkterklärungen durchaus sparen konnte.

---

10 H. F. Pitkin 1967.

Und ebensowenig wird gesagt, dass es angesichts des von vornherein reduzierten, wenn nicht gar beseitigten Pluralismus innerhalb der Volkskammer auch gar keine sinnvollen Ansätze für ein um den besten politischen Weg ringendes Gegeneinander gab, so dass jenes Miteinander in erster Linie nicht eine lobenswerte menschliche Errungenschaft war, sondern die Folge der Absenz von Substanz zum Streiten und sorgsamer Selektion der Volkskammerabgeordneten. Macht man sich all dieses Nichtgesagte klar, so wird deutlich, dass bei Kalweit von einer auf politische Korrektheit ausgehenden, recht einflusslosen und stark homogenisierten Vertretungskörperschaft die Rede ist. Das ist sehr wohl eine Alternative zum bürgerlichen Parlamentarismus. Doch es handelt sich bestimmt um keine wünschenswerte und schon nicht um eine ‚progressive' Alternative, sofern man – entlang dem historischen Aufstieg der Parlamentsmacht – eine der Regierung gegenüber machtvolle und gesellschaftliche Interessenkonflikte wirksam zum Ausgleich bringende Vertretungskörperschaft anstreben will.

- Schließlich ist bezeichnend, wie der Aufgabenbereich *parlamentarischer Kontrolle* behandelt wird. Nicht von einer Kontrolle der Regierung, des ihr unterstehenden Staatsapparats und der sie anleitenden SED ist nämlich bei Kalweit die Rede. Gesprochen wird vielmehr von der Kontrolle der Grundpflichten der Bürger (!) sowie ihrer Grundrechte – welch letztere aber, gemäß den Prinzipien der Verfassung von 1968/74, dem Führungsanspruch der SED unterstellt waren. So wird klar, dass auch die oberste Volksvertretung vor allem eine Transmissionsinstitution und eher die Vertretung von SED und Blockparteien beim Volk als die Vertretung des Volkes gegenüber der Staatsmacht war. Bei Kalweit klingt das aber zunächst einmal ganz anders, nämlich überaus attraktiv und ‚demokratisch'.

Es sind der politischen Kultur der DDR ganz selbstverständliche Denkfiguren, welche hier die Selbstvergewisserung und Selbstverständigung über die Volkskammer prägen. Doch erst wenn man – wenigstens versuchsweise – aus deren Perspektive heraustritt, wird man ihrer Perspektivität gewahr und frei für die erkundenderprobende Wahl auch einer anderen Perspektive. Die Durchführungsmittel der Reflexion müssen also selbst zum Gegenstand der Reflexion werden, wenn man nicht noch im Akt der Reflexion Gefangener jener Wirklichkeit bleiben will, die es doch nicht einfach nur anzugreifen oder zu verteidigen, sondern zunächst einmal zu verstehen gilt.[11] Das aber wurde – vielleicht typisch für einen Großteil der um ihre Welt gebrachten politischen Elite der DDR – nur in Ansätzen versucht oder geleistet. Wer, dafür sensibilisiert, die aus der Innenperspektive verfassten Texte dieses Bandes liest, zumal jenen von Herbert Kelle, der wird für diese fundamentale Problematik des Zusammenwachsens ost- und westdeutscher politischer Kultur noch viel mehr Beispiele finden als die eben erörterten. Als besonders kleine Münze fin-

---

11 Zu diesem Grundansatz ethnomethodologischer Beschreibung einer wissenschaftlichen Grundhaltung siehe A. V. Cicourel 1975.

den sie sich etwa bei den klischeehaften Gleichsetzungen von ‚westlich' mit ‚restaurativ' und ‚konservativ', von ‚östlich' aber mit ‚revolutionär' und ‚zukunftsträchtig'.

3.3.2.. Die schönende Wirkung von unausgeführten Vergleichen

Es ist ganz richtig, anhand von Vergleichen zu Maßstäben und Urteilen kommen zu wollen. Darum lag es nahe, Beschreibungen und Bewertungen der Volkskammer immer wieder durch Vergleiche mit westlichem Parlamentarismus auf den Punkt zu bringen. Einen ersten Ansatz bot die zentrale Frage nach den Gemeinsamkeiten oder Unterschieden von Parlamentarismus in demokratischen Verfassungsstaaten einerseits und in sozialistischen Regierungssystemen andererseits. Immerhin hatte sich die ganze Staatslehre des Wissenschaftlichen Kommunismus, im Gefolge seiner Klassiker, vom westlichen Parlamentarismus abgegrenzt, ohne gleichwohl je eine präzise und praktikable Bestimmung des an seine Stelle zu Setzenden vorzulegen. Im Grunde fehlten ihm stets erkenntnisträchtige Kategorien, anhand welcher ein Vergleich zwischen bürgerlichem und sozialistischem Parlamentarismus durchzuführen und für eine wirkliche Verbesserung des sozialistischen Parlamentarismus fruchtbar zu machen gewesen wäre. Über diesen Punkt kamen auch die über ihre Institution reflektierenden Volkskammerabgeordneten nicht hinaus.

Werner Kalweit etwa spricht von „Entgleisungen des bürgerlichen Parlamentarismus", die er zwar nicht näher benennt, aus denen er aber die sozialistische Fusion von gesetzgebender und ausführender Gewalt als „einsichtige" Folge ableitet. Durch eine solche Fusion habe die Volkskammer „mit der Traditionslinie des deutschen Parlamentarismus" gebrochen. Also habe sie „eine Volksvertretung neuen Typs werden können", was allein die Umstände nicht erlaubt hätten. Doch worin hätte dieser neue Typ genau bestehen, worin wenigstens von seinem Ansatz her welchen „Entgleisungen" des westlichen Parlamentarismus abhelfen können? Und mit welchen anderen als den ja in der DDR eingetretenen und mit viel Konsens analysierten Nebenfolgen? Da hierzu nichts ausgeführt wird,[12] *insinuiert* der skizzenhaft angelegte Vergleich lediglich, ein aussichtsreiches Experiment sei *aus mit ihm selbst eigentlich gar nicht in Zusammenhang stehenden Gründen* gescheitert. Zurück bleibt dann der Eindruck, leider fehle es dem Parlamentarismus demokratischer Verfassungsstaaten immer noch an einer „eigentlich fälligen" Alternative.

Gregor Schirmer immerhin gibt zu erkennen, was er – jenseits der von ihm selbst problematisierten Gewaltenfusion – als das progressive Proprium der Volkskammer, als ihre „beachtenswerte Neuerung" gegenüber dem Parlamentarismus westlicher Prägung ansieht. Es ist die „gleichberechtigte, am Ergebnis orientierte kritische Zusammenarbeit der Parteien und Massenorganisationen ... nach demokratischen Prinzipien". Sie wünscht er sich an die Stelle des „bürgerlichen Parlamentarismus mit seinem unproduktiven Hickhack zwischen Regierung und den sie kritik-

---
12 Möglich wäre derlei durchaus gewesen; siehe K. Polak 1947 und A. Steiniger 1949.

los unterstützenden Koalitionsfraktionen einerseits und den Oppositionsfraktionen andererseits". Wollte man das dahinter stehende Anliegen nicht ernst nehmen, könnte man in diesem Wunsch rasch die alte Lebenslüge des Obrigkeitsstaates entdecken: Oberhalb des „unproduktiven Hickhack" pluralistischen Interessen- und Meinungsstreits gäbe es ein objektiv feststehendes Gemeinwohl, dessen Sachwalter nur gefunden und mit angemessenen Handlungsmöglichkeiten ausgestattet werden müsse. Dabei sucht Gregor Schirmer den Sachwalter des politisch Richtigen offenbar nicht länger in einer wissenschaftlich und historisch legitimierten Hegemonialpartei, sondern im ‚zwanglosen Zwang des besseren Arguments', der sich bei einer „gleichberechtigten, am Ergebnis orientierten kritischen Zusammenarbeit ... nach demokratischen Prinzipien" offenbar von selbst einstelle. Sozusagen ist damit der Weg von den Klassikern des Marxismus-Leninismus hin zu Jürgen Habermas zurückgelegt. Doch schon der Professoren- und Advokatenparlamentarismus der Frankfurter Nationalversammlung hat gezeigt, dass es in Vertretungskörperschaften nicht nur des Austauschs von Argumenten, sondern auch der Organisation von Mehrheiten bedarf, die vor allem auf gemeinsamen Interessen und sodann auf – diese in der Regel eher widerspiegelnden als formenden – gemeinsamen Argumenten beruhen. Somit wäre eine weitere Wegstrecke von Habermas hin zur Analyse historischer Erfahrungen anzuraten.

Gregor Schirmers zentrales Anliegen aber scheint zu sein, den – für das *parlamentarische* Regierungssystem grundlegenden[13] – Dualismus von regierungstragenden und opponierenden Fraktionen wegzubekommen, und zwar in der Hoffnung, dann eröffneten sich auch kleinen Abgeordnetengruppen größere Einflussmöglichkeiten, etwa bei ‚Paketlösungen', die über eine Vielzahl von mit wechselnden Mehrheiten zustande kommenden Entscheidungen hinweg vereinbart werden. Tatsächlich kann man auf diese Weise parlamentarischen Minderheiten viel wirksamere Möglichkeiten der Regierungskontrolle geben, als sie im parlamentarischen Regierungssystem bestehen,[14] und insgesamt ein Parlament weitgehend umgestalten, ohne es um seinen Nutzen für das Regierungssystem zu bringen. Der sicherste Weg dorthin führt über die Einrichtung eines *präsidentiellen* Regierungssystems. Denn wird das Parlament der Pflicht enthoben, eine Regierung ins Amt zu bringen und im Amt zu halten, so entfällt auch der wichtigste Anreiz einer innerparlamentarischen Frontbildung zwischen regierungstragenden und opponierenden Fraktionen bzw. Abgeordneten. Der Weg führte dann von der Gewaltenfusion zwischen Legislative und Exekutive der DDR über das parlamentarische Regierungssystem der Bundesrepu-

---

13 Hierzu siehe u.a. W. J. Patzelt 1996.
14 Allerdings verkennt Gregor Schirmer sehr stark die im Schoß der regierungstragenden Mehrheit ablaufenden Kontrollprozesse (vgl. hierzu W. J. Patzelt 2001, 4. Kapitel S. 342ff.). Sein Urteil ignoriert im Grunde die alte Einsicht, dass – und eigentlich nicht nur im parlamentarischen Regierungssystem – die öffentlich sichtbare Kontrolle des Parlaments über die Regierung meist unwirksam, die wirksame Kontrolle aber in der Regel nicht öffentlich sichtbar ist und sich erst dem Blick des Analytikers erschließt. Da es sich mit den – allerdings viel weniger ins Gewicht fallenden – Kontrollleistungen der Volkskammer nicht anders verhält, hätte die analoge Vermutung für Regierungskontrolle im bundesdeutschen Parlamentarismus allerdings nahegelegen.

blik Deutschland mit seinem ‚neuen Dualismus' hin zu einem Konkurrenzverhältnis zwischen Parlament und von ihm völlig unabhängiger Regierung, wie sie – als ‚alter Dualismus'[15] – das präsidentielle Regierungssystem der USA kennzeichnet. Diesen Wunsch nach Umgestaltung des gesamten Regierungssystems sollte man dann allerdings klar aussprechen, damit auch die dann wahrscheinlichen Begleit- und Folgeerscheinungen erörtert werden können. Sie werden sich jedenfalls nicht auf Innerparlamentarisches begrenzen lassen.

Gregor Schirmer aber macht glauben, im Grunde sei die Volkskammer dem anzustrebenden Ziel schon sehr nahe gewesen. Hätte die SED nur nicht auf ihrer Führungsrolle bestanden, so hätten die Fraktionen der Volkskammer gleichberechtigt demokratisch zusammenarbeiten, für die DDR das Gemeinwohl erkennen und dieses in Gestalt grundlegender Gesetze und Beschlüsse der Regierung ohne „Hickhack" zur Verwirklichung vorgeben können. Die objektive Chance, das zu tun, sei mit der verfassungsmäßigen Beseitigung der SED-Suprematie im Spätherbst 1989 zwar geschaffen, dann aber durch den aggressiven Expansionismus der Bundesrepublik Deutschland vernichtet worden. Das eigentlich bessere ostdeutsche Parlamentsmodell habe sich also gerade zu dem Zeitpunkt, als der ihm in Gestalt der SED-Suprematie einst anhaftende Konstruktionsfehler beseitigt war, dann doch nicht bewähren und durchsetzen können. Somit stehe ein ernstgemeinter Versuch mit ihm noch aus, und es lohne sich, auf ihn hinzuwirken. Angesichts einer solchen, keineswegs in sich unschlüssigen Argumentation ist freilich einzuwenden: Sofort wäre man doch wieder mit der Grundfrage konfrontiert, wie man es mit gesellschaftlichem und politischem Pluralismus halten wolle. Denn akzeptiert man ihn, so entsteht grundsätzlich Streit, oft auch sterile Aufgeregtheit, und in keinem Fall Parlamentarismus ohne „Hickhack" und wahltaktische Zuspitzung von Konflikten. Will man derlei aber von der Wurzel her verhindern, muss man Pluralismus eben unterbinden – und endet dann wieder bei einem System aus der typologischen Familie des SED-Staates.

Missverständnisse mit schönenden Folgen für die Wahrnehmung der Volkskammer legen auch die Vergleiche des meist einheitlichen Abstimmungsverhaltens in beiden Parlamenten nahe. Gregor Schirmer weist zu Recht darauf hin, dass es wirklich nichts Außergewöhnliches ist, wenn sich die Vorstände von Parteien und Fraktionen auf inhaltliche Positionen einigen und dann darauf hinwirken, dass solche Positionen in ihren Parteien und Fraktionen auch unterstützt sowie gegenüber dem politischen Gegner vertreten werden. Recht schnell ist dann aber – etwa bei Gerd Delenschke – das Etikett des ‚Fraktionszwangs' zur Hand.[16] Dieses dient die Deutung an, im Grunde seien Volkskammer und bundesdeutscher Parlamentarismus einander hier ganz ähnlich: Die Führer bestimmen, das Fußvolk muss folgen. Völlig unbeachtet bleibt alles, was den Unterschied ausmacht: dass sich im bundesdeutschen System die Fraktionsführer pro Wahlperiode in der Regel zwei geheimen (!)

---

15 Siehe W. J. Patzelt 1996.
16 Siehe W. J. Patzelt 1998a.

Wahlen ihrer Kollegen stellen müssen; dass unter den Bedingungen von Mediendemokratie und ständigen Wahlkämpfen nur der ein mit wirksamer Autorität ausgestatteter Führer bleibt, von dem die Geführten sich tatsächlich vertreten und mit Erfolgsaussichten geleitet sehen; dass ein mit umfangreichen Entscheidungsrechten ausgestattetes Parlament große Arbeitsteilung und Spezialisierung kennt, die zu einer Gesamtlinie zusammenzuführen niemand anderes als die Fraktionsführung leisten kann, die ihrerseits aber von der Sachkunde der Fachpolitiker wie von der Gesamtstimmung in der Fraktion unmittelbar abhängig ist; und dass es einen gewaltigen Unterschied ausmacht, ob man sich unter den Bedingungen eines harten Konkurrenzpluralismus als Mannschaft zusammenhält oder innerhalb eines aufs äußerste reduzierten Spielraums zulässiger politischer Positionen. Während der ernsthaft durchgeführte Vergleich in Wirklichkeit die große *Andersartigkeit* von Volkskammer und bundesdeutschem Parlamentarismus zutage fördert, wird er von Gerd Delenschke und Gregor Schirmer eben gar nicht durchgeführt. Vielmehr wird so getan, als reiche die Benennung einer Vergleichskategorie – ‚Fraktionszwang' – und einer durch Vergleich zu beantwortenden Frage – ‚Gibt es in bundesdeutschen Parlamenten nicht ebenso Fraktionszwang wie in der Volkskammer?' – schon aus, um ein bestimmtes und eben völlig falsches Ergebnis des Vergleichs glaubhaft zu machen: Im Grunde sei es in der Volkskammer nicht anders zugegangen als in heutigen Parlamenten. Das zu behaupten, offenbart ein Argumentieren oberhalb der Verhältnisse tatsächlichen Wissens, und die Sache – sei es auch bloß unterstellend – so zu präsentieren, redet die Volkskammer viel schöner, als sie tatsächlich war.

Wie sehr Missverständnisse von Pluralismus und der ihm eigentümlichen Dialektik zwischen Konflikt und Konsens vielen, zumal impliziten, Vergleichen zugrunde liegen, geht am klarsten aus der einschlägigen Argumentation von Ludwig Elm hervor. Dieser verweist darauf, dass – der DDR nicht unähnlich – auch die Bundesrepublik Deutschland „ideologische Postulate, Sprachregelungen und Tabus [kenne], mit denen im intellektuellen und politischen Bereich ausgegrenzt oder vereinnahmt werden kann". Offenbar meint er hier aber nicht die Anmutungen politischer Korrektheit, die derzeit den Gebrauch bestimmter Worte, Begriffe oder Argumentationsfiguren verpönen und deren Urheber oder Benutzer wenigstens aus dem Kreis jener verdrängen wollen, die man ernstnehmen oder als Gesprächspartner akzeptieren dürfe. Dabei ist diesbezüglich doch nur schwer die Ähnlichkeit bundesdeutscher Intra-Eliten-Zensur mit der kulturhegemonialen SED-Zensur der DDR zu übersehen!

Elm aber bezieht sich gar nicht auf die kommunikative Tyrannei ‚politischer Korrektheit', sondern auf Bundesdeutschlands immer wieder löchrige Ausgrenzung von Extremismus und seinen – selten unangefochtenen – antitotalitären Konsens. Elm hat offenkundig nicht zur Kenntnis genommen, dass als ‚Extremist' niemand anderes zu verstehen ist als jemand, der die freiheitliche demokratische Grundordnung beseitigen will – also die Achtung der im Grundgesetz konkretisierten Menschenwürde, von Rechtsstaatlichkeit und Gewaltenteilung, von Demokratieprinzip und Verantwortlichkeit der Regierung, von Mehrparteienprinzip und – vor allem –

des Rechts auf Opposition.[17] Wohl darum kommt er auch auf die Idee, derlei Ausgrenzung von Extremismus der „liberalen westlichen politischen Kultur ziemlich fremd" zu nennen. Dem im Wunsch nach einer freiheitlichen demokratischen Grundordnung wurzelnden und sich gegen jeglichen Extremismus – ob von rechts oder von links – wendenden ‚antitotalitären Konsens' schreibt Elm außerdem als Grundlage „tendenziell eine restriktive Auffassung von Pluralismus" zu. Weil nun aber Mehrparteienprinzip und Befürwortung des Rechts auf Opposition schwerlich den Verdacht einer „restriktiven Auffassung von Pluralismus" erhärten können, muss eben das Wörtchen „tendenziell" dafür herhalten, eine Grundähnlichkeit der Bundesrepublik Deutschland mit der DDR wenigstens vorstellbar zu machen. Deren politischem Handlungsverbund aus Blockparteien und führender SED entspricht dann im heutigen System der „hohen Grad an Übereinstimmung zwischen den etablierten Parteien dieses Landes, ... das Pendeln der FDP zwischen CDU/CSU und SPD als ein für beide Seiten nahezu jederzeit möglicher Koalitionspartner oder die Öffnung der Grünen zu Neoliberalismus und machtpolitischem Interventionismus". Natürlich wurde in der Volkskammer diskutiert „unter den grundsätzlichen systemkonformen Prämissen". Im Bundestag sei es nun nicht anders: auch dort „wird bekanntlich nicht ununterbrochen die Systemfrage gestellt" – einesteils aus Überzeugung der Abgeordneten, und andernteils „wacht darüber der Verfassungsschutz mit seinen ... konservativen Staats- und Gesellschaftsvorstellungen und mit restriktivem Demokratieverständnis". Im Westen also nichts Neues – wenigstens nicht im Vergleich zur DDR. Und somit kann an deren System nicht so viel falsch gewesen sein, wie heute oft behauptet wird.

Wie viel an ganz zentralen Unterschieden zwischen dem sozialistischen Staatswesen der DDR und dem demokratischen Verfassungsstaat der Bundesrepublik Deutschland, zwischen der Volkskammer und dem Bundestag hätte Elm erkennen und auch herausarbeiten können, wenn er mit seinem Vergleich nicht bloß *angesetzt*, sondern ihn auch wirklich *durchgeführt* hätte! Vielleicht stand dem die vorgängig feststehende Überzeugung im Wege, ein nennenswerter Unterschied an demokratischer Qualität ließe sich zwischen Volkskammer und Bundestag doch gar nicht entdecken. Vielleicht sollte auch nur gezeigt werden, es gäbe keine sonderlich guten Gründe dafür, argumentativ vom hohen Ross herab auf die Volkskammer und ihre Abgeordneten einzudreschen. Vielleicht aber liegt im Zentrum jenes fruchtbar angesetzten, doch dann leider unterbliebenen Vergleichs nur ein fundamentales Missverständnis, das nun wiederum typisch für DDR-geprägte Vergleichskategorien ist.

---

17 Siehe hierzu W. Rudzio 2000, S. 45-52. – Vielleicht reagiert Elm in seiner Argumentation aber nur auf die von ihm erlebte Ausgrenzung der PDS. Doch dann übersieht er, dass diese Ausgrenzung keineswegs vom politischen System bedingt war (sonst hätte sie nicht ohne Änderung des Systems inzwischen zu Ende gehen können), sondern allein darauf beruhte, dass andere eben mit der PDS nichts zu tun haben wollten. Das aber war und ist deren gutes Recht – allerdings nur so weit, wie dergestalt nicht die *gleichen* Freiheitsrechte *aller* Parteien, und natürlich auch der PDS, angetastet werden. Wo dergleichen der Fall zu sein schien, konnte die PDS jederzeit vor unabhängigen Gerichten ihre Rechte einklagen – und tat das auch erfolgreich.

Im Grunde *insinuiert* Elm nämlich eine eindeutige Antwort auf die folgende Frage: ‚In beiden Staaten waren bzw. sind politische Positionen geächtet, nur dass deren zulässiges Spektrum in der DDR etwas enger war. Wo ist da also ein wesentlicher Unterschied?' Für die Antwort auf diese Frage setzt er, ganz ohne irgendein Problem darin zu sehen, die bundesdeutsche Ächtung von Extremismus *wegen* seiner Pluralismusfeindlichkeit mit der *prinzipiellen* Pluralismusfeindlichkeit der DDR gleich. Anders formuliert: Den bisweilen exemplarisch durchgesetzten *Minimal*konsens der bundesdeutschen Demokratie, umschrieben mit den Prinzipien der freiheitlichen demokratischen Grundordnung, hält er für nur wenig anderes als den allenthalben wenigstens als Lippenbekenntnis erwarteten *Maximal*konsens der sozialistischen DDR, konkretisiert im von allen politisch offen agierenden Kräften zu akzeptierenden Führungsanspruch der SED. Wer aber nicht erkennen kann, dass es sich hier um zwei ganz *verschiedene* Standpunkte handelt, der wird es auch für überflüssig halten müssen, sich um den Blick vom jeweils *anderen* Standpunkt aus zu bemühen. Das Streben nach Multiperspektivität gerät dann an persönliche, subjektive Grenzen. Sie wird man bedauern, muss sie aber akzeptieren.

4. Konstruktionsmerkmale der Akteursperspektive und ‚ihrer' Wirklichkeit

Es muss schon starke Gründe haben, dass zehn Jahre nach der Wiedervereinigung so fest an für demokratische Verfassungsstaaten unangemessenen Denkfiguren, zehn Jahre nach dem Ende der sozialistischen Volkskammer trotz breiter Einsicht in ihre Unzulänglichkeiten so klar am Glauben festgehalten wird, da sei eine gute Idee nur schlecht ausgeführt worden. Den letzteren Gründen nachzugehen dürfte Einsichten erbringen, welche die Schwierigkeiten im Dialog auch aufrichtig Verständigungsbereiter erschließen.

4. 1. Gründungsmythos, ‚Geltungsgeschichten' und Victor Klemperers Zeitzeugenbericht

In den meisten Beiträgen der Zeitzeugen fällt eine Hintergrundgeschichte auf, die mitunter angedeutet, mitunter passagenweise vorgetragen wird und jedenfalls den Verständnishorizont der eigenen Beschreibung oder Analyse darstellt. Aufs knappste verdichtet, erzählt sie sich so: ‚Nach der Befreiung Deutschlands vom Nationalsozialismus vereinigten sich in der sowjetischen Besatzungszone die antifaschistisch Gesinnten um die im Widerstand gestählten oder in der Emigration gereiften Kommunisten. In einem breiten Bündnis von Wohlmeinenden aller Gesellschaftsschichten und nicht-nazistischer Parteibildungen, sowie unterstützt von der Sowjetunion und ihren Erfahrungen, griffen sie auf die besten humanistischen Traditionen Deutschlands zurück und zogen Lehren aus dem gescheiterten Weimarer Parlamentarismus, um aus den Ruinen von Diktatur und Krieg ein neues, besseres Deutschland zu schaffen. Stellvertretend auch für die Deutschen in den Westzonen, die unter dem Einfluss von Nazismus, Kapitalismus und Imperialismus verbleiben mussten, errichteten sie die Institutionen einer gesamtdeutschen demokratischen Republik. Teils aufrichtig vom Sozialismus begeistert, teils ganz einfach vom westdeutschen Weg nicht überzeugt, teils sich eben in das machtpolitisch Machbare schickend, brachten sie in wenigen Jahren dieses Staatswesen so weit voran, dass es mit dem Übergang zum Sozialismus die nächste Entwicklungsstufe der Gesellschaftsgeschichte erreichen konnte. Leider streuten zersetzerischer Einfluss des westlichen Kapitalismus und Imperialismus, falsch angewendete sowjetische Ideen sowie subjektive Fehler von Führungspersonen nach einiger Zeit Sand ins Getriebe. Darum kam es zu Fehlentwicklungen, Entartungen und einer Krise, der sich irgendwann nicht mehr entkommen ließ. Auch die Volkskammer nahm innerhalb dieser Gesamtgeschichte einen guten Anfang, barg viele Möglichkeiten einer die deutsche politische Kultur bereichernden Neuentwicklung, war zumindest eine bessere Möglichkeit politischer Partizipation, als es sie in den anderen sozialistischen Staaten gab. Doch unglücklicherweise wurde sie aus den gleichen Gründen zum Siechtum gebracht, die auch den Niedergang der DDR verursachten.'

Der erste Teil einer solchen Hintergrunderzählung lässt sich als ‚Gründungsmythos' bezeichnen. Ihm schließt sich zunächst die Geschichte eines ‚goldenen Zeitalters' der Institution, sodann eine ‚Krisengeschichte' an, in diesem Fall freilich ohne *happy end*. Institutionen aller Art kennen solche Gründungsmythen, desgleichen Krisengeschichten, letztere nicht selten mit *happy end* und in der Art eines Bildungsromans. Im Urchristentum der Kirche, im Aufbruch von Orden, in den Frühphasen erfolgreicher Unternehmen wird erzählerisch immer wieder jenes ‚goldene Zeitalter' angesiedelt, das es doch gegeben haben *muss*, bevor es zu Krisen kam – ob zu solchen, aus denen die Institution verändert, doch gestärkt hervorging, oder zu solchen, die ihren Niedergang und ihr Ende einleiteten. Jene, die Institutionen aufrechterhalten oder – selbst postum – verteidigen, erzählen zumal deren Gründungsmythen und vom ‚goldenen Zeitalter' oft in Gestalt von ‚Geltungsgeschichten'.[18] Es ist überaus erhellend, die eben umrissene ‚Hintergrundgeschichte' der Entstehung und Entwicklung der Volkskammer als teils derartigen Gründungsmythos, teils Geschichte vom ‚goldenen Zeitalter', die so häufigen Bezugnahmen auf beides als das Erzählen einer solchen Geltungsgeschichte zu begreifen. Von einem solchen analytischen Angelpunkt aus wäre dann in weiter ausgreifenden Untersuchungen die Staatssymbolik der DDR – von der rituellen Vergegenwärtigung des Buchenwaldmythos bis hin zur Jugendweihe – ebenso gut zu erschließen wie das Selbstverständnis ihrer pflichtbewussten Führungskader und auch Volkskammerabgeordneten. So erklärte sich desgleichen, warum selbst das Scheitern von Volkskammer und SED-Staat nichts an der Treue zu den Sinnhorizonten all dessen ändern kann. Die eigentliche Geltung jener Ordnungsprinzipien kommt ja nicht dadurch ans Ende, dass der Gegner mit Füßen tritt, was einst geheiligt war, und die

---

18 Als systematische Analyse der Geltungsgeschichten zur Volkskammer siehe in diesem Band den Beitrag von W. J. Patzelt auf S. 42ff.

für jene Prinzipien stehenden Institutionen beseitigte. Sondern im Grunde zeigt sich nur, dass – wegen hartnäckiger Feinde und subjektiver Fehler – auf das ‚goldene' Zeitalter der Institution das silberne, bronzene und eiserne folgten und die Institution dann gar selbst aus der Zeit fiel. Doch ihre Leitideen, bloß ‚schlecht ausgeführt' oder an zufälligerweise widrigen Umständen einstweilen gescheitert, bleiben davon unberührt und warten nur auf Tatkraft, welche die nächste Chance für ihre Verwirklichung nutzt. Dafür Mut zu machen und Motivation zu schaffen: Das ist der Sinn des Weitererzählens der Geltungsgeschichten selbst erloschener Institutionen.

Dies so zu sehen, bietet einen wichtigen Schlüssel zum verstehenden Erklären der in diesem Band abgedruckten Sichtweisen von Zeitzeugen. Diese spielen immer wieder auf ein ‚goldenes Zeitalter' der Volkskammer an und darüber hinaus auf ein verinnerlichtes Ideal von Sozialismus und sozialistischem Parlamentarismus, dem allerdings nie die Wirklichkeit selbst, sondern höchstens deren mythische Beschwörung entsprach. Um solche Geltungsgeschichten gelagertes Verstehen und Erklären entbindet aber nicht von der Pflicht des Wissenschaftlers, einen Gründungsmythos oder die Erzählung von einem ‚goldenen Zeitalter' keineswegs ohne weitere Umstände für eine wahre Beschreibung zu halten. Vielmehr gilt es, solche Geltungsgeschichten zu dekonstruieren und sodann nach den historischen Fakten hinter ihren Bestandteilen zu suchen. Das ist zwar hier nicht zu leisten. Doch ein Stück weit lässt sich ein solcher Weg durchaus gehen, indem wenigstens *ein* Zeitzeuge für jenes ‚goldene Zeitalter' der Volkskammer gehört wird, welches die meisten Autoren dieses Bandes kaum mehr aus eigener Anschauung kennen. Als solcher Zeitzeuge bietet sich Victor Klemperer an.

Einer jüdischen Familie entstammend, in der Weimarer Zeit Romanist an der Dresdner Technischen Hochschule, überlebte er – natürlich um Professur, Haus und allergrößten Teil seines Besitzes gebracht – die Nazidiktatur dank seiner zu ihm stehenden nichtjüdischen Frau und aufgrund etlichen Glücks. Gleich nach der russischen Machtübernahme engagierte er sich in der Dresdner politischen Szene. Seine Tagebücher aus den Jahren zwischen 1933 und 1959 sind ediert;[19] seine Beobachtungsgabe und wirklichkeitsgetreue Beschreibungskraft wurden an den Tagebüchern aus der nationalsozialistischen Zeit allgemein bewundert. Kurz nach dem Krieg trat Klemperer der KPD bei, um – genau im Sinn der beschriebenen ‚Geltungsgeschichte' – am antifaschistischen Aufbau eines besseren Deutschland mitzuwirken. Für den Kulturbund war er in den ersten zwei Wahlperioden Mitglied der Volkskammer. Was ihm zu jenem ‚goldenen Zeitalter' der Volkskammer in erster Linie notierenswert erschien, wird im folgenden – zunächst kommentarlos – dokumentiert. Die chronologische Lektüre jener 28 Exzerpte aus Klemperers Nachkriegstagebüchern, als Quelle zur Frühzeit der Volkskammer bislang einzigartig, erschließt jedenfalls einen recht anderen Blick auf die Wirklichkeit dieses sozialistischen Parlaments, als das jene Geltungsgeschichten tun, die in diesem Band ansonsten dokumentiert und in DDR wie Westdeutschland so oft erzählt wurden:

---

19 V. Klemperer 1995; ders., 1999.

- *4. Oktober 1949:* „Gegen Abend. Anruf v. Kirsch: ADN-Vertreter bei ihm: es soll sofort Erklärung des KB [Kulturbunds] abgegeben werden auf Forderung einer Centralregierung in Berlin. Ich: der Vorstand, die Mitglieder, die Demokratie! – Es eile, Morgen entscheidende Volksratsitzung. – Wer schickt den Mann? – SMA [Sowjetische Militäradministration]. Ich zögere. Demokratie? Andererseits: ich bin gewiss dafür. Ich gab durch das Telefon: »Auch der KB Sachsen-Anhalt fordert dringend die sofortige Errichtung einer Regierung u. Volksvertretung für das gesamte Deutschland in der Landeshauptstadt Gesamtdeutschlands Berlin. Gez. der erste Landesvorsitzende V. Kl. [Victor Klemperer]« So brauste spontan die Volksseele, so ist Demokratie – so u. nicht anders hat man es auch zur Hitlerzeit gemacht. Nur dass es jetzt um die wirkliche Republik geht. – Neugierig ob ich im Bette oder am Galgen ende."[20]

- *6. Oktober 1949:* „Es war eine Sitzung des Volkscongresses einberufen. Der Volksrat morgen, der sich als Volkskammer constituieren wird. Die Volksseele muss spontan – noch mehr Zustimmungen, Anrufe, Resolutionen her! Aus Betrieben, vor allem aus Betrieben, aus allen Gruppenbildungen, in Theater, Kino, etc. sollen spontane Telegramme u. Resolutionen morgen während der Volksratsitzung eintreffen. [...] Im Westen wird man sagen: Russische Anordnung, russische Komoedie. (Hat man ganz unrecht?)"[21]

- *12. Oktober 1949:* „»Die Deutsche Demokratische Republik«. Das tobt seit gestern im Rundfunk. Die Praesidentenwahl, die Aufmärsche, die Reden. Mir ist nicht wohl dabei. Ich weiß, wie alles gestellt u. zur Spontaneität u. Einstimmigkeit vorbereitet ist. Ich weiß, dass es nazistisch genau so geklungen hat u. zugegangen ist. Ich weiß, wie wenig Realität dahinter steckt. 20 Millionen sind noch kein Drittel des deutschen Volkes, u. von den 20 sind mindestens ein Dutzend antisowjetisch. Ich weiß, dass die demokratische Republik innerlich verlogen ist, die SED als ihr Träger will die socialistische Republik, sie traut nicht den Bürgerlichen, u. die Bürgerlichen mißtrauen ihr. Irgendwann gibt es Bürgerkrieg. ... Ich rechne zu den Russenknechten, ich bin vorgemerkt, ich werde wahrscheinlich nicht »in meinem Bette sterben«."[22]

- *23.-27. November 1949:* „Am Mi Abend flüsterte mir Heinz Willmann zu:»heute nach dem Theater in der Möwe (Schriftstellerklub an der Luisenstr.) Fraktionsberatung, nur wenige *sichere* Genossen. [...] – Es fanden sich dort etwa 40 Leute zusammen u. Fred Oelsner referierte. (Dabei bekam ich einen Begriff, wie ich selber im letzten Augenblick um den Nationalpreis gekommen sein mag.) Es müsse Platz geschaffen werden für die nationale Front, etliche Genossen müßten weichen. Jeder Name wurde durchgesprochen. Ich selber kam von der Liste. Weil ich ex officio dabei bleibe u. bei meinem Fortgang von Halle cooptiert würde. [...] Alles sollte geheim bleiben, jeder sollte heimlich seine Delegation informieren u. ein Notizzettel mit den empfohlenen Änderungen würde heimlich verbreitet werden. Natürlich blieb nichts geheim, natürlich entstand bei der Zettelverbreitung Irrtum."[23]

- *8. November 1950:* „Sehr, sehr desillusioniert. Statistenrolle u. Zeitvergeudung langweiligster Art, leerstes Repraesentationsspiel: die Volkskammer. Man nimmt mit u. ohne Aufstehen alles einstimmig an, ich habe heute zwei Grundgesetze über vermehrte Länderkammer, vermehrte Ministerien akzeptiert, ich weiß weniger als nichts davon. Und ich habe mich von meinem Sitz erhoben u. dem großen Führer der SU zugeklatscht. Oedeste Sache – u. in die Ausschüsse werde ich nicht kommen, da die KB-Fraktion nur wenigste Vertreter dabei hat u. surabondance an Professoren, die Nationalpreisträger, Rektoren usw. usw. sind. Wenn ich nur einmal der verfluchten Eitelkeit entsagte u. den Rest meines Lebens vernünftiger anwendete. [...] Erst gegen 11 h in der Luisenstr. Die alte tierärztliche Hochschule, wohl ganz umgebaut. Ein großer Sitzungssaal, Fraktionszimmer, Kasinoräume. Ich kam in die begonnene Fraktionssitzung. Der KB vorläufig unter sich. [...] *Ich* werde auch an den Fraktionssitzungen der SED teilnehmen müssen. Noch mehr Zeitvergeudung u. Statistik.[24] [...] *Zweig* murmelte star-

---

20 V. Klemperer 1999, Bd. 1, S. 690.
21 Ebenda, S. 690f.
22 Ebenda, S. 692.
23 Ebenda, S. 703.
24 Klemperer meint: Agieren als bloßer Statist.

ken Protest, als wir die ganz unbekannten zwei Gesetze annahmen, aber auch er erhob die Hand; er murmelte noch stärkeren Protest, als wir uns für veliki Stalin erhoben u. klatschten, aber er erhob sich mit u. klatschte mit."[25]

- *15. November 1950:* „Zur Kammer [...] Lange Regierungserklärung Grotewohls. Natürlich ohne jede Überraschung. Alles wird abgelesen, ist vorher vereinbart. Bei bestimmten scharfen Erklärungen gegen USA hebt er die Stimme zur Energie, während er sonst überzeugend redet, mit seinem feinen s-t ohne Phrase u. Pathos. Dann spielen die Scheinwerfer, es wird offenbar gefilmt, dann klatscht man, dann werden die Scheinwerfer knatternd abgestellt – bis zur nächsten Pathosstelle."[26]

- *14. Dezember 1950:* „Eben beherrscht mich das seltsame Faktum, daß ich morgen im Plenum Berichterstattender des Rechtsausschusses über das Gesetz zum Schutz des Friedens sein soll."[27]

- *15. Dezember 1950:* „Der große Erfolg, ein erfüllter Jugendtraum: der starke Beifall des »hohen Hauses« zu meinen »poche ma sentite parole«. Es war eine schwere Nervenprobe, u. das Herz tat wieder sehr weh (wie in diesen Tagen allzuoft u. fast ständig.) Gestern vor Beginn der Ausschußsitzung (die ich als Ältester um 12 h eröffnete) kam Rolf Agrikola [sic][28] zu mir u. führte mich geheimnisvoll ins Zimmer der SED. Außer ihm ein Genosse vom Politbüro anwesend: »Du musst die Berichterstattung für das Friedensgesetz übernehmen – wir überlassen das nicht der LDP oder CDU, u. es muss ein angesehener Mann, am besten vom KB, sein.« In der Discussion führte ein LDP-Mann das große Wort. Nachher riet mir Agrikola, der zum Rechtsausschuß gehört: erst die winzigen Änderungen grammatischer Natur vorlesen, dann die bedeutenderen Einzelheiten der Discussion, u. dann die Praeambel ausbeuten. Ich versprach das schriftlich zu fixieren. Danach ging mir auf: man müsse mit ein paar freien Worten den Leuten ans Herz greifen. – Heute morgen nun Agrik. in Aufregung u. Beklommenheit: »Die genaue Formulierung«, Plenikowski[29] habe ihn furchtbar heruntergemacht, er, Rolf A, trage vor der Partei die Verantwortung ... »nur vorsichtig, nur kurz ... wie konntest Du nur? ...« Und das alles innerhalb der Sitzung, u. gleich darauf: »Gesetz zum Schutz des Friedens, Rechtsausschuß vor der 2. Lesung, Berichterstatter Prof Dr Klemperer«, u. ich musste die ganze Länge der Kammer, buchstäblich vom Eckplatz der obersten letzten Reihe bis zum Rednerpult unten durchtraben. Meine eigentliche »Rede«, vom Vorlesen abgesehen, hat höchstens 10 Minuten gedauert. Während des ganzen langen Rückwegs zum Platz, prasselte großes Klatschen. Nachher von wirklich vielen Seiten, *auch* von Plenikowski: es sei sehr gut gewesen, von mehreren: eine *natürliche* Rede, *endlich* eine *freie* Rede, wie man sie schon oft gefordert habe. Agrikola: er habe »Blut geschwitzt«, eigentlich müßte man doch formulieren, ich hätte den falschen Pazifismus genau bezeichnen müssen, »Nation« habe auch nicht gestimmt, u. hätte imperialistische Regierung lauten müssen ... aber ein großer Erfolg sei es doch gewesen. – Nun wird man sehen, wie u. ob es sich weiter auswirkt. Im Augenblick schwelge ich in Eitelkeit. Es war doch ein großer, beinahe ein »historischer Moment«, u. ich hielt mich brav. Hinter mir die Regierung, vor mir die Volkskammer u. über mir der Rundfunk u. die ewigen Sterne ... Und immer noch die leere törichte Hoffnung: vielleicht bringt mir *das* doch noch u. allen Mäusepaulas zum Trotz das Rektorat."[30]

- *31. Dezember 1950:* „Rektor bin ich nicht geworden. Dafür habe ich es zum Deputierten der Volkskammer gebracht u. dort meinen großen Tag als Sprecher des Rechtsausschusses beim

---

25 V. Klemperer 1999, Bd. 2, S. 100f.
26 Ebenda, S. 103.
27 Ebenda, S. 110.
28 Rudolf Agricola (1900-1984), Nationalökonom, 1924 KPD, nach 1933 acht Jahre KZ-Haft, 1948-1954 Professor in Halle.
29 Anton Plenikowski (1899-1971), 1927 KPD, Emigration nach Schweden, 1946-1954 Leiter der Abteilung Staatliche Verwaltung beim ZK der SED, ab 1956 Staatssekretär, zeitweise Vorsitzender des Verfassungs- und Rechtsausschusses der Volkskammer.
30 V. Klemperer 1999, Bd. 2, S. 111.

Friedensschutzgesetz gehabt. Auch war ich Delegierter beim 3. Parteitag der SED. Aber ich frage mich, welche wirkliche Bedeutung den politischen Stellungen in der DDR zukommt."³¹

- *2. März 1951: „Sechste Vollsitzung der Volkskammer* [...] Die Tagesordnung hieß: »Deutschland u. der Friede. Stellungnahme zu den Beschlüssen des Weltfriedensrates«. Eine Demonstration. [...] Dieser reine Demonstrationsakt also ging erschütternd lahm u. unwürdig vor sich. Die Ministerbänke fast leer – Grotewohl u. Ulbricht fehlten, Nuschke saß *schlafend* da. [...] Die Redner lasen eintönige Dasselbigkeiten, der obligate Beifall des schwach besetzten Hauses klang überaus schwach u. kurz. [...] Es war nicht einmal nach parlamentarischem Maßstab im geringsten „lebhafter" Beifall. Die Sitzung war zu spät einberufen worden, ihr Phrasenwerk zu abgelaatscht [sic], ihr illusorischer Charakter zu offenkundig. Die ganze Affaire dauerte von 12 bis knapp 3 u. war niederdrückend langweilig."³²

- *16. September 1951: „Die Kammer:* Wiederholung früherer Appelle »an einen Tisch!« Anlaß: Japanfriede, drohende Note der SU an Frankreich. [...] Was war das Neue diesmal? Das entsetzliche der Kirche Indenarschkriechen. Der liebe Gott regierte, jede Fraktion schickte einen Pastor vor, die Brüder in Christo, Erinnerungen an den Kirchentag, das Evangelium – all das dominierte, war alleinherrschend. Das ganze Haus roch nach ranzigem Salböl. In der KB-Fraktion wurde Kleinschmidt bestimmt. Sein Redeentwurf war eine Kanzelrede, die evangelischen Brüder beherrschten den ganzen Tenor der Rede u. besonders den Schluß. [...] Und so, im weichsten Schafspelz kroch dann die ganze Plenarsitzung. Auch die VVN schickte einen Pfarrer vor, u. wer keinen Pfarrer hatte, hatte doch das nötige Öl auf den Lippen. Sehr widerlich, sehr dumm. [...] Es war allgemeine Order ausgegeben worden, am nächsten Tag habe jeder Abgeordnete an seinem Heimatort oder -bezirk an den Kreiskonferenzen der Nat. Front teilzunehmen. Ich musste also am Sonntag in die Nordhalle fahren. Entsetzliche Schwüle, 1000 Menschen in einem Saal (u. in einem Nebensaal weitere Masse). Ich kam ins Praesidium, musste aushalten."³³

- *10. Februar 1952: „Die Volkskammer* also am Mi. u. Do. In der Fraktion: Kolocs zum Budgetsprecher bestimmt, bittet »Selbstkritik« üben, die geringe Beteiligung des KB rügen zu dürfen – seine Bank sei immer sonders leer. Sofort heftige Discussion. Der uns angegliederte Kulturdirektor eines Leipziger Werkes, illettré, stimmt Kolocz zu; Zweig u. Brugsch erklären recht hochmütig, sie hätten Wichtigeres zu tun, als die Langeweile u. Dasselbigkeit der Discussionsreden über sich ergehen zu lassen. Entrüstung. Kuscinski [sic] nennt das »schamlos« – Brugsch nimmt das »schamlos« als persönliche Beleidigung; Zweig sagt, er habe noch 6 Romane zu schreiben, der Betriebsmann erwidert, er solle besser nur 5 schreiben u. seine Pflicht in der Volkskammer tun; wenn Krieg käme, dürften alle 6 ungeschrieben bleiben. So ging es eine Stunde lang. Es war nicht hübsch, u. meine Stimmung war geteilt. Einerseits: die Kammer ist wirklich grenzenlos langweilig, man schläft, man leidet unter der greulichen Hitze, man vergeudet Zeit u. bekommt Kopfschmerzen, alles ist allzu abgekartetes Spiel, allzuhäufiges Wiederkäuen. Andrerseits: gerade die Intelligenz darf es sich nicht leisten, hochmütig abseits zu stehen. Ein ewiges Dilemma. Ein wirkliches Parlament sind wir gewiß nicht – Beschlüsse faßt das ZK. – Sonst sind wenigstens die Ministerreden interessant. Diesmal las Rauh [sic]³⁴ tonlos im Geschwindtempo drei Stunden lang den Haushaltplan vor – im Lesen orientiere ich mich in 15 Minuten wesentlich besser."³⁵

- *22. März 1953:* „Deprimierend fand ich auch die *Volkskammer*affaire. Das begann sehr groß. Um 9 h Fraktionssitzung der SED. In großem Saal des Hauses der FDJ, Mittelstr. Man wurde in Alarmbereitschaft gesetzt, es müsse sofort der Kampf in x Versammlungen bis zur Haus-

---

31 Ebenda, S. 116.
32 Ebenda, S. 144.
33 Ebenda, S. 210f.
34 Gemeint ist Heinrich Rau (1899-1961), 1949/50 Minister für Planung der DDR; ab 1950 Mitglied des Politbüros der SED und stellvertretender Ministerpräsident, ab 1955 Minister für Außenhandel und innerdeutschen Handel.
35 V. Klemperer 1999, Bd. 2, S. 243f.

- *August 1953:* „Am Mi. 29/7 (u. 30/7) Berlin. Wir fuhren um 5 ab; um 9 Fraktion SED, Haus der Jugend, Mittelstr. Wohl 150 Genossen. Eitel Vergnüglichkeit. Matern referierte, humoristisch-cynisch. »In der Curve fällt leicht einer aus dem Zug.« »Das faschistische Abenteuer«, der »neue Kurs« seit dem 11. Juni, Antwort darauf der »Putsch«, die »Provokation«, der »Tag X«. Wir sind u. bleiben siegreich, Regierung u. ZK dienen der Arbeiterklasse u. sind ihre Partei, u. alles ist in Butter u. die Einheit mit dem Westen wird kommen. Und die Volkskammer muss lebhafter u. volksverbundener werden, mehr u. freier reden, auch vielleicht »kleine Anfragen« stellen. »Die natürlich keine Fallstricke für die Regierung enthalten dürfen« – wir sind keine »parlamentarische Quatschbude«, kein bürgerliches Parlament! Aber wir müssen als Kammer »mehr in die Erscheinung treten«, Zeitungsartikel etc »MdV« (= MdR) unterzeichnen. Alles war zufrieden, diskutiert wurde nicht. – Dann Plenum: Grotewohl sprach von ½12 bis 14, ganz wie Matern, fand rauschenden Beifall, »einmütiges« Vertrauen, Klatschen, Aufstehen etc. [...] Abends von 20-22 wieder Sitzung des Plenums, es sprachen für die Parteien: Dieckmann für die LDP, windel-windel-weich, SEDlicher als jeder SED Mann, fast ebenso vertrauensvoll beglückt der NDP-Mann. Ein klein wenig anders der CDUler (Bach?) Er sprach der Person Grotewohls das innigste Vertrauen aus u. meinte in einem Nebensatz, der nachher nicht in der Presse stand, vielleicht werde, dem neuen Kurs entsprechend, »der Status der Regierung geändert werden müssen ...« Am Do. ging dann von ½9-15 in gleicher Freundschaftsstimmung und Zuversicht das Reden weiter. Eitel Jubel und Einmütigkeit."[37]

- *Oktober 1953:* „Gestern Volkskammer. Zum Haushaltsplan u. neuen Kurs. Zuerst nichts Neues, nachher auch nichts – aber Grotewohl stellte alles Bekannte der Innen- u. Außenpolitik in ganz ausgezeichneter Rede zusammen, so gut, dass man wirklich optimistisch wurde (auf fünf Minuten wenigstens), dass man die Einwände vergaß. Das war am Nachmittag; am Vormittag saß Arnold Zweig neben mir u. machte fortwährend spöttisch bittere ziemlich laute Bemerkungen zu den Referaten."[38]

- *9. Oktober 1953:* „Mi. 7. X dann Vormittagsfahrt nach Berlin. Wiederwahl Piecks wirklich feierlich und herzlich – aber doch ganz genau vorher organisiert u. Punkt um Punkt verabredet. [...] Hierbei Nachholung unserer Fraktionssitzung der vorigen Woche. Unser Fraktionszimmer ist renoviert worden, u. Arnold Zweig forderte ein Gemälde für die freie Stirnwand. Man möge einen Auftrag erteilen oder ein gutes Stück aus der letzten Dresdener Kunstausstellung kaufen. Etwa 3000 M sollten dafür vom KB aufgebracht werden. Vorschlag einer Obergans des Frauenbundes: ein Bild unseres geliebten Präsidenten! Erbitterte Zurückweisung durch Zweig: die Photographie hängt in jedem Zimmer, ein neues Gemälde bedeute eine große Strapaze für Pieck. – »Dann eine Büste« – es gebe keine gute, u. sie passe nicht in den Raum ... Schließlich war der Einspruch niedergekämpft, u. Nagel wurde beauftragt, ein paar Gemälde zur Auswahl heranschaffen zu lassen."[39]

- *19. Dezember 1953:* „Am Mi. in Berlin 16. XII Volkskammer, das Budget: bessere »Warenstreuung«, Kinolustspiele »in denen man lachen kann« u. ähnliche Forderungen; mit uns geht es vorwärts, im Westen dagegen bergab – semper idem. Ich blieb bis zum Mittag."[40]

- *5. September 1954:* „Am Do. 2. Sept. Berlin Praesidialrat.[41] Aufstellung der Volkskammerkandidaten. So undemokratisch als irgend möglich. Das Praesidium hat mit der Nationalen

---

36 Ebenda, S. 367f.
37 Ebenda, S. 399f.
38 Ebenda, S. 409f.
39 Ebenda, S. 411f.
40 Ebenda, S. 423.
41 Des Kulturbundes, in dem Klemperer Mitglied war.

Front die Dinge durchgesprochen; *wir* schlagen vor (Kneschke). Wir haben diesmal nur 15 statt 20 Vertreter (dafür mehr in den Bezirksräten). Unter den Nicht-Wiedervorgeschlagenen Kleinschmidt, der doch vir bonus u. als SED-Domprediger ein seltener u. wertvoller Vogel. Frank mit deutlichem Bezug auf Kl. [Klemperer], der ihm gegenüber sitzt: »Nach welchen Gesichtspunkten sind 5 Leute der vorigen Session durch andere ersetzt?« – Kneschke ausweichend: wir mussten so vieles berücksichtigen u. auf die Nat. Front hören. Wir lassen den Vorsitzenden des Friedensrates Correns bei uns candidieren. – Kleinschmidt: wenn Frank an ihn denke – er fühle sich nicht gekränkt. »Sind noch Fragen zu äußern?« – Schweigen. – »Dann ist die Kandidatenliste also angenommen.« Viel anders geht es sicherlich bei den andern Organisationen auch nicht zu. Und die Wähler wählen dann die »Einheitsliste«."[42]

- *25. Oktober 1956:* „Dann gingen wir hinüber zu H.'s[43] Photohandlung, wo es neulich schon um einen falsch gelieferten großen Rähmchenkasten Ärger gegeben hatte. Meine Beschwerde gegen den Fabrikanten war ausweichend beantwortet worden, H. warnte im voraus, ich möge mich nicht aufregen. Ich wurde doch heftig, drohte als Abgeordneter den Fall als Betrug publik zu machen. H.: Du benimmst Dich wie ein Denunziant, die Leute haben Angst, *abgeholt* zu werden, die Volkskammer ist unbeliebt, man weiß, Du bekommst recht – ginge es gegen die HO u. nicht gegen den Einzelhandel, bekämst Du unrecht ... etc. Alles fraglos richtig, alles aus der Perspective des DDR-Gegners, hinter allem die Gleichsetzung von Nazismus u. Communismus – alles berechtigt, im *letzten* berechtigt, u. doch so kränkend. Und dabei haßt H. die westdeutsche Geldwirtschaft genauso wie ich."[44]

- *7. November 1956:* „Do. Nachmittag Fraktionssitzung KB. Ich entrüstete mich über den Proletenton, in dem Kubas »Stellungnahme« zu Ungarn gehalten war. Die nachgibigen [sic] Genossen »ließen die Hosen herunter u. sich auf den nackten Hintern prügeln«. Ich nannte das unwürdig u. proletenhaft. Auch Arnold Zweig, auch Franck beschwerten sich über den Presseton. [...] Am Freitag dann Plenarsitzung. Viel Polizeiaufgebot, in der Vorhalle allerhand allzu harmlose Civilisten, die man bei gutem Willen für Fahrer etc. nehmen konnte; offenbar Geheimpolizei. Die Tribüne voller als sonst. Grotewohl: was er immer sagt, 2 Stunden lang, nur noch beschwörender als sonst, geradezu flehend. Keine Uneinigkeit, Vertrauen, keine Spaltung, unsere Freunde im Osten, die bösen Horthyleute etc. Stürmischer Beifall, dem ich mich anschloß, ein bisschen [sic] gerührt, ein bißchen skeptisch, ein bisschen [sic] gelangweilt. Und wieder – Ulbricht saß daneben – *wir* wechseln keinen Mann in der Regierung aus! Die »Discussion« des Freitag Nachm. U. des Sonnabend ersparte ich mir."[45]

- *19. Januar 1957:* „Volkskammer: Beginn Mi. Morgen, Schluß Freitag Mittag, drei Sitzungen! Ich nahm reichlicher daran teil als sonst. Immer das Gleiche: die Ministerreden interessant, aber natürlich auch schon im Voraus bekannt – die »Discussion« trostlose Wiederkäuungen. Diesmal: 1) langer Grotewohlbericht [sic] über die neuen Verträge mit Moskau, die uns Anleihe gibt, dem wir äußerste Treue im Punkte Ungarn halten, ausdrücklicher Dank an die sowjetischen Truppen als Retter des Kommunismus – Feindschaft gegen Adenauer, Beglückung über China (Zusammenkunft mit Tschou-En-Lai in Moskau.) 2) Endgültige Annahme der Gesetze zum Ausbau der Demokratie. Ganz klar sind sie mir im Centrum nicht; a) Centralgewalt – Selbständigwerden der unteren Gremien – das bleibt mir immer widersprüchlich. b) wenn nun wirklich »das Volk« selber regiert, wenn die Volkskammer wirklich oberste Gewalt ist – was ist die Partei, was das ZK, was das Politbüro, was Staliniculus Ulbricht?? Und warum das Spiel mit *den* Parteien, wo doch *eine* regiert? Ich verstehe es nicht, ich bin ein alter Liberaler, u. mein zeitweilig verdrängter Liberalismus schlägt immer stärker durch die rote Schminkeschicht."[46]

---

42 V. Klemperer 1999, Bd. 2, S. 447.
43 Hadwigs, Klemperers zweiter Frau.
44 V. Klemperer 1999, Bd. 2, S. 585f.
45 Ebenda, S. 587f.
46 Ebenda, S. 599.

- *29. Januar 1957:* „Das Politische immer widerwärtiger und quälender, zuhaus und draußen. Am Do. 24 das *Abgeordneten-Kabinett.* Stundenlang nur die Qual der absoluten Zeitvergeudung (u. des Frierens im schlechtgeheizten großen Sitzungssaal). Man redete das Demokratie-Entfaltungsgesetz breit, ich verstand die Einzelheiten nicht. [...] Dr. Funke wie ich: Die junge Generation geht nicht mit uns! Ich: Wir, die Intelligenz schweigen – aus Angst! – Vom Stillschweigen der Intelligenz war viel die Rede, das *Schweigen* beschäftigt offenbar viele Menschen. Lohaus (»nicht gegen Sie, Professor – gegen viele«, aber es richtete sich doch gerade gegen mich): »*Sie werden mißbraucht*«, wir bekommen zu hören, die angesehenen Intelligenzler sagen auch, es sei alles schlecht! Ich: »*Alles* habe ich nie gesagt. Aber welche Kritik wollt ihr, wenn ihr nur ›positive‹ wollt?!« Nachher privat: Früher war ich gänzlich begeistert, jetzt bin ich ein bisschen [sic] enttäuscht. Ich sage nicht mehr: wir sind das Gute. Nur noch: wir sind das wesentlich kleinere Übel. – Die Erklärung für die Regierung unterschrieb ich; aber das Jasagen zu Harich (»Petöfy-Affaire«) liegt mir auf der Seele. – Zuhaus oft Zusammenstöße, Erregungen, Bitterkeiten um der Politik willen. H. tut mir immer wieder leid. Sie hat es aber leichter, weil sie ihren Glauben hat – u. ihre Eltern. Der Marxismus ist ein Glaube wie der Katholizismus – *ich* bin glaubenslos."[47]

- *23. Mai 1957:* „Mi Vorm. Die Kammer *noch* langweiliger als sonst, da ich Seydewitz' Haushaltsrede schon von Dresden her kannte. In der Fraktion noch einmal gegen den Landeinsatz der Studenten und Oberschüler geredet. Erfolglos natürlich. [...] Am Nachmittag ließ ich mich dann nur noch sehr kurze Zeit in der Volkskammer sehen."[48]

- *10. August 1957:* „Unicum: Chrustschow hielt eine lange Rede in der Kammer, russisch, Dolmetscher neben ihm übersetzte absatzweise. Inhaltlich ist zu dieser ganzen Tagung nichts zu sagen; sie wiederholt in allen Punkten längst Durchgekautes. Erst entwickelte Grotewohl zum x. Mal sein Föderationsprogramm, am Schluß wiederholte u. schärfte Ulbricht mit seiner unsympathischen Kastratenstimme das von G. und Ch. Gesagte, dazwischen betonte Chr. immer wieder den bekannten sowjetischen Standpunkt, dass man mit ganz Deutschland Frieden u. Freundschaft wolle, dass aber Adenauer durchaus Feinschaft mit der SU wolle, ihr Aggressionsabsichten unterschiebe etc. etc. Der Mann macht keinen üblen Eindruck auf mich – aber, das Aber! Der oberste Parteimann der SU. Spricht offiziell in unserer Kammer! *Wir* haben vorher Anweisung zum enthusiastischen Empfang, wir erwarten die Delegation mit stürmischem Klatschen im Treppenhaus, erheben uns wie zur Stalinzeit von den Sitzen, werden immer wieder in spontanem Enthusiasmus aus, wenn wir der sowjetischen Hilfe versichert werden – u. *wir* sind souverän, aber im Westen ist man amerikahörig. Und uns geht es so sehr gut, nichts als Fortschritt und Einigkeit. Und welch ein Unsinn, dass Chrustschoff [sic] sich in den Wahlkampf einmischen wolle. Und welch ein Unsinn, freie Wahlen für uns zu fordern! – Ich bin so degoutiert, ich sehe die Verlogenheit auf beiden Seiten u. überall. Es geht überall um Macht, zwischen den Staaten, zwischen den Parteien, innerhalb der Parteien. Jeder führt die Sittlichkeit im Munde, u. jeder lügt. Im Augenblick geht es offenbar bei uns grausamer, asiatischer zu als im Adenauerstaat. Aber drüben ist offenkundigste Rückkehr zum Nazismus – bei uns zum Bolschewismus. De profundissimis."[49]

- *6. Oktober 1957:* „Ich will niederlegen. [...] Mein Vorsitz u. die ganze Einrichtung des Beirats[50] waren längst scheinhaft – es ist gut, dass ich abtrete, ich hätte es längst tun sollen – aber es fällt mir schwer. Auch im Punkte der Volkskammer liegt es so – ich hätte hier das Praevenire spielen sollen. Zumal ich so tief enttäuscht bin über den Gang unserer Politik. Aber die Eitelkeit, der persönliche Vorteil, die Flucht vor der geistigen Arbeit!"[51]

- *12. Dezember 1957:* „Gestern 11. XII. Volkskammer. Schon um 8 h Fraktion. [...] Vormittags die große Rede Grotewohls übliche Zusammenfassung u. Ausbreitung alles dessen was einem

---

47 Ebenda, S. 601.
48 Ebenda, S. 622.
49 Ebenda, S. 636.
50 Des Kulturbundes.
51 V. Klemperer 1999, Bd. 2, S. 653.

zum Halse herauswächst – die Siegesgewißheit des Sozialismus, der Sputnik-Vorsprung etc. – Dann sehr schroff u. aggressiv Schirdewan. Aber wirklich wesentlich u. erschütternd war mir am Nachmittag die lange Rede der Dr. Hilde Benjamin über neues Strafrecht – ewig schade, dass ich nicht mehr im Rechtsausschuß sitze! – theoretische Begründung sozialistischer Justiz. Human! humaner im Privaten – maßlos grausam, verbohrt u. dämlich grausam, wo es um den Schutz der sozialistischen DDR geht. Strafmaß gegen »Abwerbung«, gegen Republikflucht! Da ist alles Verbrechen, da kann man aus allem Hochverrat machen, Zuchthaus bis zu 15 Jahren, sogar lebenslänglich, man kann sogar im Äußersten Todesstrafe diktieren. (Es liegt mir auf der Seele, dass ich selber auch einmal in der Kammer für Todesstrafe gesprochen habe.) Nach der Rede von Frau Benjamin ging ich."[52]

- *Juni 1958:* „Ich war zur feierlichen Volkskammersitzung am 28. 5. In Berlin, fuhr um 5 ohne H. hinüber, nahm an der Fraktionssitzung um 8 h, am Plenum bis 11 h teil, wo Rauh [sic] mit vielen Preisangaben – Bockwurst von 1,20 auf 80 Pf erregte freudiges Gelächter – verkündete und explicierte."[53]

- *29. November 1958:* „Gestern mein Staatsbegräbnis durch den KB. Prof Max Burghardt, Präsident, unter dem 26. Nov. ein Dankbrief an mich: »In der 3. Legislaturperiode der Volkskammer wird der Deutsche Kulturbund Ihren Rat u. Ihre Hilfe in seiner Fraktion sehr vermissen. Ich bin aber überzeugt, dass [sic] Sie uns im Präsidialrat mit Rat u. Tat zur Seite stehen werden. Mit den besten Wünschen für weitere Zusammenarbeit verbleibe ich Ihr M.B.«"[54]

Diese Notizen aus den ersten zehn Jahren der Volkskammer lesen sich denn doch recht anders, als es in den ‚Hintergrunderzählungen' und in den Geltungsgeschichten mancher Beiträge dieses Bandes klingt. Sie lesen sich im Grunde so, wie dort mitunter die späteren, von den Autoren selbst miterlebten Jahre der Volkskammer beschrieben werden – nur allerdings mit der Vermutung, so sei es *nicht* immer schon gewesen. Am besten wird man also anerkennen, dass natürlich auch das Bild der Volkskammer in Klemperers Tagebüchern ein perspektivisches und selektives ist. Es ist das Bild eines Außenseiters, dem aber genau darum manches nicht zur unbemerkten Selbstverständlichkeit eines Innenseiters geronnen ist, der innerhalb eines nicht mehr in Frage gestellten Systems die Hebel betätigt. Jedenfalls wird man nur mit wenig Überzeugungskraft behaupten können, Klemperers Bild – immerhin das eines aus Antifaschismus der KPD beigetretenen BRD-Gegners – sei ein völlig verzerrtes und irreführendes. Dann freilich liegt die Vermutung nahe, die Volkskammer sei wirklich nicht erst in ihren späteren Jahren ‚entartet', sondern ihre später *allen* offenkundige Art habe, durch die politischen Handlungsziele der SED und die Handlungsumstände in der SBZ geprägt, von Anfang an bestanden. Zwar hätten ein frühzeitiger Abzug der sowjetischen Truppen aus der SBZ und freie Wahlen aus der Verfassung von 1949 in der DDR wohl ein demokratisches System mit machtvollem Parlamentarismus entstehen lassen können. Doch es wäre kein sozialistisches gewesen und darum auch gar kein eigenstaatliches geworden. Jedenfalls waren zu keinem Zeitpunkt real solche Bedingungen gegeben, die potentiell alternative Entwicklungen zur tatsächlichen der Volkskammer zugelassen hätten.

Und offenbar gab es bereits im ‚goldenen Zeitalter' der Volkskammer ziemlich alles, was auch spätere Zeugen beklagten; manches vielleicht gar noch ausgeprägter.

---
52 Ebenda, S. 664.
53 Ebenda, S. 685.
54 Ebenda, S. 730.

Dazu gehört wohl jene über normale Statistentätigkeit weit hinausgehende Nutzung der Abgeordneten als Ministranten politischer Festtagsliturgien, wie sie Klemperer in fast jedem dritten Tagebucheintrag zur Volkskammer beschreibt.[55] Oft in den gleichen Einträgen klagt er über die ständige ‚Dasselbigkeit' der Plenarverhandlungen, denen ja gerade *nicht* intensive Vorberatungen all dessen vorangingen in Sitzungen von Arbeitskreisen, Fraktionen und Ausschüssen, die dem Plenum vorgelagert gewesen wären. Wie es – unter anderem – zu dieser Fassadenhaftigkeit der Plenartagungen kam, geht anschaulich aus Klemperers Bericht über seine erste Plenarrede hervor. Nicht nur handelte es sich bei ihr, wie natürlich bei vielen ‚westlichen' Plenarreden auch, um Auftragskommunikation. Sondern im Grunde sollte sogar bis hin zur einzelnen Formulierung alles vorab mit dem Auftraggeber abgestimmt sein.[56] Ferner wird deutlich, dass es von Anfang an im Plenum der Volkskammer kaum um eine – in westlichen Parlamenten meist gar noch überspitzte – Benennung der *realen* Probleme und Herausforderungen der Politik ging, sondern um Eigenlob der Staats- und Parteiführung sowie um wirklichkeitsferne Schönrednerei.[57] Mit wie viel Arroganz der Macht selbst angesichts außergewöhnlicher Krisensituationen jene realen Legitimitätsprobleme weggeredet wurden, an denen die realsozialistischen Staaten am Ende dann doch zugrunde gingen, zeigen vor allem die Einträge zu den Fraktions- und Plenarsitzungen nach den Aufständen von 1953 in der DDR und 1956 in Ungarn.[58] Im Grunde sollte sich nichts ändern, allenfalls Symbolisches sollte ein wenig Remedur schaffen – und auch das letztlich nur mit Augenzwinkern: Vor allem so sind die Vorschläge zur Revitalisierung der Volkskammerarbeit in jener Sitzung der SED-Fraktion zu verstehen, die Klemperer am 1. August 1953 notierte. In welcher Untertanengesinnung ansonsten mit Symbolen umgegangen wurde, erhellt der Eintrag vom 9. Oktober über die Ausschmückung des Sitzungssaals der Kulturbund-Fraktion. Da brauchte es die sitzungsüberwachenden Geheimpolizisten – erwähnt im Eintrag vom 7. November 1956 – wohl weniger zum Schutz der zentralen Machtelite vor den Abgeordneten, denn vielmehr als präsumtiven Schutz ihrer Kammer vor dem Volk.

Tatsächlich waren die Abgeordneten von Anfang an sehr stark Vertreter des nie auf fester Legitimitätsbasis stehenden Staates beim Volk und wurden auch als solche in zentral initiierten Kampagnen eingesetzt.[59] Das Volk nahm sie – wenigstens mitunter – wohl auch als Vertreter einer klar parteiischen Staatsmacht wahr. Das zeigt jedenfalls der Eintrag vom 25. Oktober 1956, wo aus nichtigem Anlass zentrale Grundlagen von DDR-Identität brüchig werden. Und natürlich gab es von Anfang an keine Zweifel darüber, dass man als Kandidat zur Volkskammer ‚von oben plaziert', keinesfalls aber ‚von unten aufgestellt wurde'. Anfangs derlei noch als ‚sicherer

---

55 Siehe die Tagebucheinträge vom 8. November 1950, 15. November 1950, 2. März 1951, 16. September 1951, 10. Februar 1952, 22. März 1953, 1. August 1953, 19. Januar 1957, 10. August 1957 und 2. Juni 1958.
56 Siehe den Eintrag vom 15. Dezember 1950.
57 Siehe etwa die Einträge vom 19. Dezember 1953 und 10. August 1957.
58 Siehe die Einträge vom 1. August 1953 und 7. November 1956.
59 Siehe die Einträge vom 16. September 1951 und vom 22. März 1953.

Genosse' mittragend, gab sich Klemperer das zweite Mal keinen Illusionen mehr hin über die durchaus *nicht* zu demokratischen Verfahren äquivalente Aufstellungsprozedur.[60] Auch waren Klemperer früh schon Zweifel am demokratischen Gehalt des neuen Systems gekommen.[61] Seit dem Sommer 1945 durchzieht seine Tagebücher der Vergleich von Sprache und politischen Methoden des Nationalsozialismus mit den parallelen Erscheinungen im antifaschistischen Aufbauwerk. Seine Eintragungen zu den Umständen der Republikgründung lassen es an Deutlichkeit nicht fehlen.[62] Eher Ähnliches als Verschiedenes meinte er – und zugleich doch *bewusst* Parteigänger der KPD/SED! – da stets zu erkennen. In der *Lingua Quarti Imperii*, der Sprache des nun entstehenden, gesamtdeutsch gemeinten ‚Vierten Reiches', fand er mehr und mehr Parallelen zur *Lingua Tertii Imperii*; schon nach wenigen Jahren setzte er beide gar gleich. Nur widerwillig gestand er sich ein, den Aufbau einer Diktatur mitzuerleben. Doch sehr wohl sah er genau dies geschehen, mit größter Bestürzung anlässlich der Erläuterung der Grundgedanken sozialistischer Gesetzlichkeit durch Hilde Benjamin in der Volkskammer.[63] Allerdings hielt er, der in der Adenauers Westdeutschland tatsächlich die „offenkundigste Rückkehr zum Nazismus" zu sehen glaubte,[64] die entstandene bolschewistische Diktatur für das geringere Übel. Aber auf die Idee, deswegen sei sie schon als ‚demokratischer Neubeginn' zu bewerten, war er ausweislich seiner Nachkriegstagebücher nie gekommen. Schon gar nicht konnte er – unter der „roten Schminkeschicht" ein „alter Liberaler" – die Leitideen eines sozialistischen Staates verstehend nachvollziehen oder in dialektischer Manier ‚demokratischen Zentralismus' begreifen sowie die Erfüllung von Volksherrschaft in der Diktatur der Arbeiterklasse und ihrer Avantgarde erkennen.[65] Und Marxismus als Glaube und sinnstiftende Letztbegründung gerade von in ihren Einzelheiten *unverstandenen* politischen Handlungen blieb ihm, der für Religiosität keinerlei Gespür hatte, ohnehin unverständlich.[66] Er hatte sich der KPD und ihrer Weltanschauung schließlich nur als der für ihn glaubwürdigsten und entschiedensten Variante des Antifaschismus zugewandt. Als er sich von ihr dann innerlich wieder getrennt hatte, bewahrte er weniger aus Loyalität denn vielmehr aus Selbstsucht und Eitelkeit jene Stellungen, auf die ihn sein einst ehrlich gemeintes Engagement mittlerweile gebracht hatte.[67] Nicht anders werden es viele Träger des SED-Staates während dessen vierzigjähriger Geschichte gehalten haben.

---

60 Siehe die Einträge zum 23.-27. 11. 1949 sowie vom 5. September 1954 und 29. November 1958.
61 Vgl. den Eintrag vom 31. Dezember 1950.
62 Siehe die Einträge vom 4. Oktober 1949, 6. Oktober 1949, und 12. Dezember 1949.
63 Siehe den Eintrag vom 12. Dezember 1957.
64 So im Eintrag vom 10. August 1957.
65 Siehe den Eintrag vom 19. Januar 1957.
66 Siehe den Eintrag vom 29. Januar 1957.
67 Vgl. Klemperers Einträge vom 8. November 1950, 15. Dezember 1950 und 6. Oktober 1957.

4.2. Die Herrschaftsmethodik als Tabu

Klemperer blieb jedenfalls ein Außenseiter mit dem für Außenseiter so typischen verwunderten Blick ob vieler Dinge, die Innenseitern selbstverständlich erscheinen, obschon sie es gar nicht sind. Klemperer war und blieb Antifaschist; aber nie war es für ihn selbstverständlich, dass aus Nazi-Zeiten bekannte Methoden jetzt deshalb akzeptabel wären, weil sie sich nun auch gegen Nazis wandten. Für die marxismusgläubige Aufbaugeneration der DDR war hingegen nichts selbstverständlicher, als die für die Erreichung von guten Zielen geeigneten Methoden auch anzuwenden; nur recht geschah es den Faschisten, wenn mit ihrem eigenen Werkzeug nun gegen sie gearbeitet wurde! Der später erzählte Gründungsmythos der DDR trennt sich von Klemperers Erleben der Gründungsphase des neuen Staatswesens somit an jener Stelle, wo die Gleichsetzung von Antifaschismus, Sozialismus und Demokratie den Gedanken regelrecht unfassbar macht, die politische Methodik der SBZ/DDR habe die des verhassten Nazi-Reiches vielfach ganz klar weitergeführt.

In den – natürlich stets in rechtfertigender Absicht erzählten – Geltungsgeschichten findet sich darum genau hier eine Stelle beredten Schweigens.[68] Es zu brechen, wurde vor allem durch die Ächtung des Totalitarismusbegriffs tabuisiert,[69] richtet dieser doch die Aufmerksamkeit des Betrachters *allein* auf die politische Methodik von Regimen, und zwar unter völliger Absehung von allen inhaltlichen Politikzielen, seien sie faschistisch, antifaschistisch oder einem sonstigen Ismus folgend. Für jene, die vom sozialistischen Ziel der DDR fasziniert waren, trat die Herrschaftsmethodik der DDR erst dann wieder als eine möglicherweise *falsche* ins Blickfeld, als sie sich hinsichtlich der sozialistischen Politikziele als unwirksam oder gar kontraproduktiv erwiesen hatte. Keinen Platz aber gibt es in den Geltungsgeschichten der DDR für Erzählungen davon, dass *allein schon die ins Werk umgesetzte Absicht*, eine Weltanschauung gegen Widerstand allgemein verbindlich und eine Partei für immer führend zu machen, zu genau derartigen Methoden führt. Eben deshalb werden jene diktatorischen Methoden in die ‚Hintergrunderzählungen' DDR-loyaler Zeitzeugen allenfalls als irgendwann ‚sich einstellende', bedauerlicherweise ‚auftretende' Veränderungen der Qualität des Systems eingeführt, zu denen es – ‚da es Alternativen nun einmal nicht gab' – ‚eben kam'.[70]

Zwar hat solche ‚Entartungen' inzwischen selbst fast jeder einst unkritisch loyale Befürworter der DDR entdeckt, doch meist eben *im nachhinein* und in der

---

68 Vgl. hierzu auch den Tagebucheintrag vom 29. Januar 1957.
69 Elm will in diesem Band sogar den Begriff der ‚Diktatur' keinesfalls auf die DDR angewandt wissen (siehe S. 239f.), obschon sich die DDR, ausweislich der Selbstverständigungsschriften des DDR-Staatsrechts und Wissenschaftlichen Kommunismus, doch selbst als ‚Diktatur des Proletariats' verstand! Und dass diese Bezeichnung die Sache durchaus *trifft*, dürften die Forschungsergebnisse zur Tätigkeit des Ministeriums für Staatssicherheit wohl hinreichend gezeigt haben.
70 Besonders lehrreich ist diesbezüglich der Beitrag von Herbert Kelle. In ihm wird zwar die Machtlosigkeit der Volkskammer klar gezeigt, doch es fehlt jede Reflexion auf deren Ursachen. So hat es den Anschein, alles an ihr Unzulängliche sei gewissermaßen von selbst aufgetreten, ohne jede persönlich oder gar systemisch zuordenbare Verantwortung.

Regel ganz ohne Nachsinnen darüber, warum so viele andere Zeitgenossen gesehen und doch auch bekundet haben, wohin das alles führen würde. Und weil diese ja auch nichts ändern konnten, scheint die affirmative Haltung zur DDR sich selbst im nachhinein noch als die angemessene zu erweisen: Wenn schon Diktatur, dann sollte man vernünftigerweise auf der Seite derer stehen, die diktieren! Um so vernünftiger ist das, wenn man selbst doch gar keine Diktatur wünscht, sondern allenfalls ein akzeptiertes System ‚entarten' sieht. Jedenfalls erklärte keiner der DDR-Befürworter die Eigentümlichkeiten von DDR und Volkskammer daraus, dass eine kommunistische Diktatur eben geschaffen werden *sollte* und darum dort die Späne fielen, wo gehobelt wurde.

Sieht man freilich davon ab, derlei zu erwähnen, ist die Weitergeltung von Sozialismus als wertvollem Ziel nicht einmal im Ansatz gefährdet. Woran der Sozialismus scheiterte, bleibt diesem dann immer noch glaubhaft *äußerlich*. Und darum scheint auch ein neuer Versuch seiner Verwirklichung aussichtsreich zu sein und kann anknüpfen an die Leistungen im ‚goldenen Zeitalter' der DDR, ihrer mythisch, nicht historisch erzählten Gründungszeit.[71] Sich an jenes Schweigegebot, an das Tabu selbst eines differenzierten Diktaturvergleichs zu halten, sichert die Überzeugungskraft der erzählten Geltungsgeschichten und den Glauben an den Gründungsmythos. Das wiederum stabilisiert Identität und Selbstbewusstsein derer, die den untergegangenen SED-Staat gewollt und getragen haben. Und hieraus gewinnen sie die Kraft, eine erloschene Fackel für Generationen mit neuem Feuer bereitzuhalten.

Dabei brauchte es dergleichen gar nicht. Ein ‚demokratischer Sozialismus', wie er im derzeit diskutierten Programmentwurf der PDS umrissen wird, ist eine ganz normale Spielart freiheitlichen Verfassungsdenkens, welche des Rekurses auf die DDR weder bedarf noch durch ihn das mindeste gewinnt.[72] Im Gegenteil: Jener in

---

71 Auch hierfür ist Kelles Beitrag aufschlussreich. Wo immer Systemumbrüche ins Blickfeld geraten, also von deren Ursachen zu handeln wäre, wird seine Sprache überaus unpräzis. Umgekehrt verwendet er den präzisen, doch dem von ‚sozialistischer Gesetzlichkeit' gekennzeichnetem System der DDR völlig unangemessenen Begriff der ‚Rechtsstaatlichkeit' dort, wo andernfalls recht klar der willkürliche Charakter sozialistischen Umgangs mit Rechtsnormen unübersehbar geworden wäre; siehe S. 199.
72 Siehe etwa die folgenden, aus dem gesamten Programmtext kompilierten Passagen: „Sozialismus ist für uns ein Wertesystem, in dem Freiheit, Gleichheit und Solidarität, menschliche Emanzipation, soziale Gerechtigkeit, Erhalt der Natur und Frieden untrennbar verbunden sind. ... Unsere programmatischen Ziele gehen von einer einfachen Frage aus: ‚Was braucht der Mensch?'. ... Sozialismus fragt danach, welche Lebensbedingungen Menschen hervorbringen müssen, um frei zu sein, und was sie tun müssen, damit die Verfügung über diese Güter nicht zur Ausbeutung und Unterdrückung anderer führt. Sozialismus ist für uns jene historische Bewegung, die die gesellschaftlichen Macht- und Eigentumsverhältnisse so gestalten will, dass diese Güter auch wirklich effektiv und umweltgerecht produziert werden und dass über sie solidarisch verfügt wird. ... Für uns ist sozialistische Politik eine Politik für Gerechtigkeit. Ihr Ziel ist es, die strukturellen Bedingungen von Unfreiheit, Ungleichheit und Ausbeutung, die Macht- und Eigentumsverhältnisse, auf denen diese beruhen, zurückzudrängen und zu überwinden. ... Sozialistische Politik ist dem Leitbild selbstbestimmt und solidarisch handelnder Menschen in einer Gesellschaft des gerechten Zugangs zu ihren Freiheitsgütern verpflichtet. Die reale Teilhabe der Bürgerinnen und Bürger an den Entscheidungsprozessen in der Gesellschaft, Frieden und Schutz vor Gewalt, die Erhaltung der Natur und ihre gerechte Nutzung, der Zugang zu Erwerbsarbeit für alle, gleiche soziale Chancen beim Zugang zu Bildung und Kultur und soziale Sicherheit sind die Güter, die jeder und jedem in den heutigen und künftigen Generationen, im Norden und Süden der Er-

Aussicht gestellte, erneuerte ‚Sozialismus' demokratischen Gehalts definiert sich gerade durch seine *Abgrenzung* von jenen Merkmalen des SED-Staates, welche die Gegner des ‚alten' Sozialismus stets für verwerflich hielten.[73] Zu DDR-Zeiten wäre diese *neue* PDS-Interpretation von Sozialismus zweifellos als rechtsrevisionistisch verfolgt worden. Darum ist es nichts anderes als ein Etikettenschwindel, von diesem durch und durch freiheitlich-demokratischen ‚Sozialismus'-Konzept her die Ziele und die Eigenart der sich selbst den *real* existierenden Sozialismus zuschreibenden DDR zu deuten. Solchen Etikettenschwindel mag man zwar versuchen; akzeptieren muss ihn aber niemand.

---

de zustehen. Sie sind die Allmende der Gegenwart, unser gemeinsamer Reichtum. .... Ohne sie können Menschen nicht glücklich sein" (Programm der Partei des Demokratischen Sozialismus, Entwurf, Berlin, 27. April 2001).

73 Siehe hierzu die folgenden Passagen aus dem derzeit diskutierten Programmentwurf der PDS, a.a.O.: Der Wandlungsprozess der PDS erfolgte „in konsequenter Auseinandersetzung mit den Verbrechen, die von Menschen begangen wurden, die sich als Sozialisten und Kommunisten verstanden, in Ablehnung jeder Diktatur und jedes Versuches, mit totalitären Mitteln Fortschritt zu befördern". Warum kam es zu jenen Verbrechen im Verlauf des realsozialistischen Projekts und zu dessen Scheitern? „Die eigentlichen Ursachen seines Scheiterns sehen wir in den strukturellen Defiziten der staatssozialistischen Gesellschaften selbst. ... Die traditionelle Gewaltenteilung wurde abgelehnt, der Sinn demokratischer Wahlsysteme missachtet; Mitbestimmungs- und Mitentscheidungsrechte wurden deklariert, aber zu selten realisiert. Es kam zu einer falschen, in großem Maße von Misstrauen gegen die Bevölkerung des eigenen Landes erfüllten Sicherheitspolitik. Hinzu traten Bevormundung der Rechtsprechung, Verletzungen der Freiheit von Wissenschaft und Kultur, Mediengängelei. Es wurde auch vor Täuschung, Betrug und Lügen gegenüber der eigenen Bevölkerung nicht zurückgeschreckt. Das führte letztlich zu Selbsttäuschung und Selbstbetrug. ... Unfähig war die DDR wie alle staatssozialistischen Gesellschaften, sich wirtschaftlich, politisch und kulturell den Erfordernissen einer zusammenwachsenden Welt und den Emanzipationsbestrebungen der eigenen Bevölkerungen zu öffnen. ... Die Oktoberrevolution 1917 war einerseits der legitime Versuch einer Antwort auf das zivilisatorische Versagen des Kapitalismus im Ersten Weltkrieg. Sie erschütterte die Welt des Kapitalismus. Andererseits blieb ihre welthistorische Bilanz von Anfang an widersprüchlich und defizitär. .... Die gleichermaßen existenzielle Frage nach der individuellen Freiheit und der herangereiften Verwirklichung der uneingelösten Ansprüche der Großen Französischen Revolution wurde missachtet. ... Ihre [d.h. der Oktoberrevolution] staatssozialistische Entartung hat aber Millionen sinnloser und unverzeihlicher Opfer gekostet und die Idee des Sozialismus nachhaltig beschädigt. Die Verletzung ökonomischer und ökologischer Notwendigkeiten hat ihr die Entwicklungsmöglichkeiten genommen. ... Die DDR blieb jedoch immer vom sowjetischen Staatssozialismus geprägt. Die SED als herrschende Partei war nicht fähig und nicht bereit, Sozialismus mit Demokratie und Freiheit zu verknüpfen. Ihren Weg kennzeichneten daher schmerzliche Fehler, zivilisatorische Versäumnisse und auch unentschuldbare Verbrechen. Es bleibt für uns eine bittere Erkenntnis, dass nicht wenige um großer Ideale willen Strukturen der Unterdrückung mitgetragen und Verfolgung Andersdenkender zugelassen haben. Dafür stehen wir in einer moralischen Verantwortung. Es sind eben diese Erfahrungen und die Schlussfolgerungen daraus, weshalb die Wahrung der im Grundgesetz der Bundesrepublik Deutschland verbürgten Grundrechte für uns unverzichtbar geworden ist. Es gibt keinen noch so hehren Zweck, der die Verletzung grundlegender Menschenrechte und universeller demokratischer Standards rechtfertigt und der durch ihre Verletzung nicht zerstört würde."

4.3. Methoden der Wirklichkeitskonstruktion[74]

Durch das Erzählen von Geltungsgeschichten erhalten Institutionen Stabilität und festigt sich die Identifikation selbst mit einer untergegangenen und gescheiterten Institution. Wie aber festigt sich der Glaube an Geltungsgeschichten? Und wie sichert man ihnen ein Monopol?

4.3.1. Methoden zur Sicherung wirklichkeitskonstruktiver Selbstverständlichkeiten

Ein erstes Mittel besteht in den allgemeinen Praktiken von Enkulturation, Sozialisation und Institutionalisierung. Sie können dazu führen, dass man fest von der Richtigkeit einer bestimmten Perspektive auf die Wirklichkeit, einer inhaltlich geklärten Welt-Anschauung, überzeugt ist. Von Jugend an das eigene politische System ausgelegt zu bekommen, oder es gemeinsam mit anderen auszulegen, als ein antifaschistisches, demokratisches eigener Prägung, bestimmt seine Anfangsschwierigkeiten bewältigendes und auf absehbare Zeit auch ganz alternativlos bestehendes, kann die ganz selbstverständliche Überzeugung schaffen, so und nicht anders verhalte es sich wirklich. Sodann ist es nützlich, auch spezielle Interpretationsfertigkeiten zu vermitteln oder zu erwerben, dank welcher man trotz praktischer Erklärungsschwierigkeiten die eigene Sicht der Dinge auch weiterhin als richtig erleben und als nützlich behandeln kann. Acht Einzelmethoden derartiger kognitiver Wirklichkeitskonstruktion sind bekannt[75] und lassen sich allesamt auch in den Beiträgen der Zeitzeugen beobachten.

- *Routinemäßige Nicht-Herstellung von Transparenz bezüglich der Zusammenhänge zwischen einzelnen Wirklichkeitsmerkmalen:* Man gibt sich damit zufrieden, oder muss sich damit zufrieden geben, Einzelmerkmale sozialer oder politischer Wirklichkeit als selbstverständlich zu akzeptieren, ohne sie in ihrem Zusammenhang und in ihrem Zusammenwirken zu durchschauen. Dann können strukturelle und inhaltliche Widersprüche im System des als selbstverständlich Akzeptierten oder Angemuteten nicht erkannt werden. Hieraus wiederum ergibt sich, dass konkret auffallende Inkonsistenzen sich leicht als ‚Einzelfälle ohne allgemeine Aussagekraft' entproblematisieren lassen. Die in diktatorischen Regimen übliche Zensur und Dosierung von Informationen, verbunden mit eingeübten Denk- und Argumentationstabus, setzt diese Methode praktisch um und sichert sie gegen Wirksamkeitsverluste. In freiheitlichen Gesellschaften ist die Durchsetzung und Sicherung von Sprechtabus unter dem Signum ‚politischer Korrektheit' die wichtigste Erscheinungsform dieser Methode. Zu den aktuelle-

---

74 Im folgenden werden Kategorien aus der ethnomethodologischen Analyse wirklichkeitskonstruktiver Alltagspraktiken zur Erklärung der Stabilität und erfolgreichen Immunisierung jener Geltungsgeschichten genutzt, die ihrerseits im letzten Abschnitt erörtert wurden. Eine ausführliche Darstellung jener analytischen Kategorien findet sich in W. J. Patzelt 1987; ders. 1998b, S. 235-271; ders. 2000, S. 223-253.
75 Siehe W. J. Patzelt 1987, S. 115-124, und ders. 1998b.

ren Beispielen für Diktaturen gehört die Verdunkelung der Zusammenhänge zwischen der Vergesellschaftung der Produktionsmittel und geringer wirtschaftlicher Produktivität, für freiheitliche Staaten zwischen der ‚Liberalisierung' der Abtreibung und der allmählichen Beseitigung des Embryonenschutzes.

In den Texten dieses Bandes wird diese Methode überall dort sichtbar, wo die Autoren – wie etwa Schulmeister bei seiner Analyse des Ausschusswesens der Volkskammer – darauf beharren, man habe nur einen kleinen Teil des Gesamtsystems gekannt und könne dessen Einbettung in ein größeres Ganzes auch jetzt noch nicht beurteilen. Außerdem zeigt sich diese Methode dort, wo als ‚von *außen* hinzutretend' solche ‚Störfaktoren' eingeführt werden (wie in der Regel die Machtmonopolisierung seitens der SED und ihres engsten Führungskreises), die sich in der Perspektive eines Außenseiters als dem Gesamtsystem von vornherein *inne*wohnendes Organisationsprinzip darstellen. Deutlich wird das unter anderem im Beitrag von Gregor Schirmer, der zwar völlig klar zeigt, wie über die – zugunsten der SED beantwortete – Machtfrage die Volkskammer und letztlich DDR ruiniert wurden, doch keinen Gedanken der Frage widmet, ob es denn ohne genau *diese* Antwort auf die Machtfrage überhaupt zur DDR gekommen wäre. Er sieht offenbar nicht, dass eben das Tun dessen, was man *praktisch* wollte, dazu führte, dass man das vielleicht *idealistisch* Gewollte eben überhaupt nicht realisieren konnte. Jedenfalls gewinnt gerade der ‚Gründungsmythos' vom antifaschistisch-demokratischen Beginn der DDR seine Überzeugungskraft *nur* bei Anwendung dieser Methode.

Eine Weiterentwicklung liegt dort vor, wo man sich – wie im Beitrag vom Elm – gegen bis ans Ende durchgeführte Vergleiche sperrt – sei es, dass man sie (wie den Vergleich zwischen DDR und Bundesrepublik Deutschland) nach der Einführung von Ähnlichkeit suggerierenden Vergleichskategorien abbricht, sei es, dass man sie (wie einen Vergleich zwischen DDR und NS-Staat) als schon vom Ansatz her unzulässig zurückweist. Als sozialwissenschaftliches Äquivalent zur experimentellen Methode der Naturwissenschaften sind nämlich Vergleiche bestens dafür geeignet, zur Einsicht in ganz *verschiedene* Systemzusammenhänge von isoliert als ähnlich insinuierbaren Elementen führen. Desgleichen sensibilisieren sie dafür, dass in überaus *ähnlichen* Gesamtstrukturen ganz unterschiedliche Inhalte angestrebt oder realisiert werden können. Darum handelt überaus zweckrational, wer Interesse an Systemstrukturen dadurch unterbindet, dass er manche Vergleiche rasch beendet und andere vorab für nutzlos erklärt.

- *Routinemäßiger Verzicht auf abweichende Deutungen:* Obwohl es prinzipiell möglich wäre, ein Wirklichkeitsmerkmal auch ‚anders aufzufassen' als üblich und somit den Bezirk akzeptierter Selbstverständlichkeiten zu verlassen, entwickelt man dafür kein Interesse oder schreckt bewusst vor diesem Schritt zurück bzw. ab. Dieses Kennzeichen von Mitläufertum ist schon in freiheitlichen

Demokratien im Rahmen ‚politisch korrekt geführter' Diskurse zu entdecken, erweist sich in diktatorischen Regimen als noch leichter fassbar und wird stets dadurch gefördert, dass Abweichler exemplarisch bestraft werden – über die Massenmedien oder durch die Gerichte. In vielen Texten dieses Bandes wird diese Methode in der Aussage sichtbar, dass man zwar *jetzt*, also beim Blick nach rückwärts aus gewisser Distanz, schwerwiegende Strukturprobleme der DDR und klar undemokratische Fehlentwicklungen ihres Systems sehe, dass man derlei aber früher nicht so habe erkennen können. Im Grunde wird so nämlich nur formuliert, dass man jetzt Dinge anders deute, als man sie früher im Einklang mit der damals herrschenden und selbst geteilten Weltanschauung habe sehen können oder sehen wollen.

- *Routinemäßige Einführung von ‚normalisierenden intervenierenden Variablen':* Gerät eine unbezweifelbar korrekte Wahrnehmung in Widerspruch zu als selbstverständlich akzeptierten Annahmen, so verzichtet man darauf, diese nun doch als problematisch erwiesenen Selbstverständlichkeiten in Frage zu stellen. Vielmehr sucht oder postuliert man einen Sachverhalt, der im vorliegenden Fall einfach ‚dazu führen musste', dass ein die Hintergrunderwartungen diskreditierendes Ereignis auftrat. ‚Eigentlich' sind diese Hintergrunderwartungen dann natürlich nicht diskreditiert.[76] Jede Diskussion mit stark ideologisch geprägten Personen zeigt, wie effizient diese Methode vor Zweifeln an der Richtigkeit der benutzten Ideologie schützen kann. In diesem Band tritt sie vor allem dort zutage, wo der repressive Charakter der DDR mit dem Ost/West-Konflikt, mit der Rolle der Sowjetunion und mit der antikommunistischen Politik der Bundesrepublik Deutschland erklärt wird.

- *Routinemäßige Verwendung normalisierender Kontexte als zwingend erfordertes Kennzeichen kompetenter Mitgliedschaft:* Gerade Widersprüche zum als selbstverständlich Akzeptierten werden nicht als Anomalien betrachtet, sondern bieten Anlass, Kompetenz in der korrekten, d.h. Widersprüche *weg*interpretierenden Erklärung von Wirklichkeitsmerkmalen vorzuweisen. Genau diese ‚normalisierenden' (Um-)Interpretationen werden sogar als Ausweis besonderen Realitäts- und Scharfsinns geschätzt und zum Kriterium von Kompetenz und Verstand gemacht. Typischerweise vermitteln Partei-, Gewerkschafts- oder Kirchenschulen solche Kompetenzen. Dialektische Kunststücke wie im Beitrag von Elm zum Nachweis einer letztendlich demokratischen Gleichwertigkeit der

---

76 Viele berühmte Beispiele für die Verwendung dieser Methode lassen sich anführen. Während etwa Marx und Engels in Aussicht gestellt hatten, nach der sozialistischen Revolution würde der Staat dahinschwinden, argumentierte Stalin 1939 ganz anders: im Gegenteil verlange eben der Sieg des Sozialismus die Stärkung des Staates und seiner Repressionsmöglichkeiten – solange wenigstens, wie die Sowjetunion von einer Vielzahl kapitalistischer, also feindlicher Staaten umgeben sei. Verwiesen sei ferner auf jene Theorien, welche die ausbleibende Verelendung der Arbeiterschaft in den kapitalistischen Staaten (und deren ganz im Gegenteil steigenden Lebensstandard) damit erklärten, dass man eben von der imperialistischen Ausbeutung anderer Volkswirtschaften profitiere.

DDR mit der Bundesrepublik Deutschland sind schöne Beispiele derartiger Kompetenz.

- *Routinemäßige Interpretation von Wahrnehmungen ausschließlich anhand der Hypothese, die eigene Wirklichkeitsbeschreibung sei korrekt:* Diese Methode erklärt sich von selbst. Ihre Anwendung sicherzustellen, ist der Zweck jenes Kommunikations- und Erziehungsmonopols, das diktatorische Regime regelmäßig anstreben. Wie wirkungsvoll diese Methode ist, geht aus den Beiträgen zumal von Herbert Kelle und Werner Kalweit sowie der meisten anderen Volkskammerabgeordneten eindrucksvoll hervor. Der ungebrochene Glaube an die Richtigkeit der die eigene Biographie prägenden Weltanschauung verbürgt dort den Autoren immer noch, dass man sich in seiner – wenn auch im Vergleich zu früher klar kritischer gewordenen – Analyse der Volkskammer nicht täusche. Und im Blick zurück werden die nunmehr angeführten Fehler der damaligen Sicht der Dinge dahingehend erklärt und gerechtfertigt, man habe – dem doch besseren Staatswesen dienend – eine sinnvolle Alternative weder erkennen können und noch irgendwelchen Anlass gehabt, eine solche Möglichkeit überhaupt in Betracht zu ziehen. Sogar dieser Glaube scheint völlig aufrichtig zu sein.[77]

- *Routinemäßige Beseitigung von Falsifikationschancen:* Man verzichtet darauf, sich in Situationen zu bringen, in denen die an dritter bis fünfter Stelle genannten Methoden in die Gefahr des Scheiterns geraten könnten. Zensur und Selbstzensur, Unterbindung oder Unterlassung von Kontakten mit Andersdenkenden und dem Ausland sowie die Auferlegung oder vorauseilende Akzeptanz von Frage- und Forschungstabus – alles typisch für diktatorische Regime – sind die üblichen Umsetzungen dieser Methode in administratives oder persönliches Verhalten. Weil allerdings die geschichtliche Entwicklung viele Selbstbeschreibungen der DDR und ihrer Volkskammer unabweisbar falsifiziert hat, kommen auch die ehemaligen Volkskammerabgeordneten heute nicht umhin, nicht wenige ihrer früheren Vorstellungen als widerlegt zu erklären. Eine Weiterverwendung der Begriffe und Aussagen, die zu DDR-Zeiten für die Selbstdarstellung der Volkskammer verwendet wurden, unterblieb wohl auch darum weitgehend; allzu leicht hätte nunmehr gezeigt werden können, dass sie in der Tat einen Verblendungszusammenhang konstruierten und befestigten. Dass die früheren Volkskammerabgeordneten aber darauf beharren, erst *jetzt* – und nicht schon, während jene ‚Fehlentwicklungen' sich vollzogen – sei eine solche Korrektur ihrer Welt-Anschauung möglich geworden, ist ein starkes Indiz dafür, dass sie ehedem durchaus eine solch routinemäßige Beseitigung von Falsifikationschancen für sich selbst betrieben. Eine schöne Pointe setzt in diesem Zusammenhang

---

[77] Eine Variante dieser Methode verwendet Elm bei seiner Erörterung mangelnder Pluralität in der Volkskammer. Nach wie vor steht für ihn fest, dass lediglich der beschränkte Freiheitsraum der *Anhänger* der DDR zu beklagen sei, keinerlei Problem aber darin bestanden habe, dass die Volkskammer nicht auch den *Gegnern* des sozialistischen *Anti*pluralismus offengestanden habe.

Herbert Kelle: Aus der – im Zug der Entspannungspolitik geförderten – Akzeptanz der Volkskammer im Rahmen der Interparlamentarischen Union und der wohlwollenden Behandlung ihrer Abgeordneten durch westliche Parlamentarier schließt er, dass die Volkskammer doch wirklich ein achtbares, demokratischen Vertretungskörperschaften recht ähnliches Parlament gewesen sei.[78] Somit ignoriert er nicht nur alle Chancen für eine Falsifikation dieser Sichtweise, sondern nimmt wohlmeinende westliche Ignoranz gegenüber den Tatsachen auch noch als Verifikation seiner eigenen Position.

- *Routinemäßige Interpretation von Wirklichkeitsmerkmalen aller Art nur im Einklang mit den eigenen Interessen:* Man motiviert sich dazu, die akzeptierten Selbstverständlichkeiten stets als vorteilhaft für sich einzuschätzen oder einer entsprechenden Interpretation zuzuführen. Dann können ‚unangenehme Konfrontationen' mit dem eigenen Credo, welche die Verwendung der anderen Methoden diskreditieren dürften, weitgehend vermieden werden. Der Stolz auf die Errungenschaften des eigenen Systems ist ein hierfür besonders gut geeignetes Mittel.[79] Nicht weniger typisch für diese Methode ist die – alle Zeitzeugenberichte durchziehende – Berufung darauf, man habe nur seine Pflicht getan und selbstverständliche Loyalität praktiziert, was in der Tat ein generell akzeptables persönliches Interesse darstellt, dessen Befriedigung einem Konsonanz mit nachgerade jeder Systemumwelt erlaubt. In diesem Fall kann man sogar deren Widersprüche treffend analysieren und dennoch – wie Herbert Kelle – es nicht im mindesten problematisch finden, sie einfach zu akzeptieren oder akzeptiert zu haben.

- *Routinemäßiger Verzicht auf neuartige Sprechweisen:* Man verhindert, dass überhaupt schon die Durchführungsmittel einer die ersten vier Methoden gefährdenden Kommunikationssequenz benutzbar werden. Da Begriffe stets eine bestimmte Perspektive auf Wirklichkeit einrasten, also eine perspektivische Welt-Anschauung fixieren, garantiert die Exklusion alternativer Begriffe den Fortbestand bisheriger Sichtweisen und Geltungsgeschichten. Die verlangte Formelhaftigkeit der politischen Sprache totalitärer Regime ist hierfür das am leichtesten kenntliche Beispiel. Und natürlich ist diese Methode auch in freiheitlichen Gesellschaften wirksam, nämlich in Gestalt der Festigung und Verteidigung ‚politisch korrekter' Denk- und Redeweisen.[80] Jedenfalls sperren sich durch Abwehr neuartiger Denk- und Sprechweisen selbst überaus kluge Menschen leicht im Käfig dessen ein, was ihnen bislang als selbstverständlich erscheint.

---

78 Siehe S. 196.
79 Wohl eingängigstes Beispiel ist das folgende, immer noch populäre Deutungsmuster: ‚Die Nachteile einer staatlichen Zentralverwalterwirtschaft werden doch leicht aufgewogen durch die Vorteile, welche mir die dort garantierte Sicherheit meines Arbeitsplatzes bot!'
80 Vgl. J. F. Revel 1977.

Auch in den Beiträgen vieler Akteure der Volkskammer wird diese Methode überaus oft angewendet. Das beginnt mit dem Verzicht auf analytisch nützliche politikwissenschaftliche Begriffe, setzt sich fort mit gezielter Fehlverwendung solcher Begriffe[81] und steigert sich bis zur Behauptung Kalweits, für die Analyse von westlichem Parlamentarismus geeignete Begriffe seien unanwendbar auf die Volkskammer,[82] oder zum Versuch der Tabuisierung einer Anwendung des Diktaturbegriffs auf die DDR, welchen Elm unternimmt.[83]

Durch die Verwendung solcher Methoden kann man jede Perspektive auf Wirklichkeit, jegliche Weltanschauung absichern. Jene Praktiken sind keineswegs beschränkt auf die Selbstverständigung in Diktaturen und auf die Kanonisierung von deren Geltungsgeschichten, sondern finden sich ebenso in freiheitlichen Gesellschaften. Allenfalls dichter und koordinierter, auch mit weniger Sorge um die so sich einschleichende Unempfänglichkeit für Kritik und die sich ausbreitende Lernunfähigkeit werden sie in Diktaturen angewandt. Jedenfalls ist es kein Problem, die eigene Sichtweise mit jenen Methoden selbst dann noch zu festigen und zu schützen, wenn dafür im Grunde keinerlei Notwendigkeit mehr besteht.

4.3.2. Ausgrenzungsmethoden

Ihre besondere Brisanz gewinnen die Methoden zur Sicherung wirklichkeitskonstruktiver Selbstverständlichkeiten in Verbindung mit Methoden, die der Ausgrenzung jener Außenseiter dienen, welche sich den eigenen Geltungsgeschichten verweigern und den eigenen Gestaltungsansprüchen in den Weg stellen. Solche Methoden konnten die Zeitzeugen zur Volkskammer natürlich nicht (mehr) verwenden, weswegen man in ihren Beiträgen weithin vergeblich nach ihnen sucht. Sie setzen nämlich den Besitz von Macht voraus – und die wurde den Akteuren der DDR durch die friedliche Revolution schließlich entzogen. Immerhin ist aber zu fragen, ob die *frühere* Anwendung von Ausgrenzungsmethoden im Wirkungskreis der Volkskammer wenigstens reflektiert wird, oder ob sie unter das allgemeine Tabu zur Herrschaftsmethodik fällt. Gerade bezüglich der Volkskammer nach einer Reflexion von Ausgrenzungsmethoden zu fragen, ist nun überaus angebracht. Ausgrenzungsmethoden sind nämlich um so weiterreichend, je weniger eine Gesellschaft an sich schon Pluralismus akzeptiert; und weil machtvoller Parlamentarismus nun einmal

---

81 Diskutiert wurde das in diesem Kapitel auf S. 258 ff. anhand der Begriffe ‚Repräsentation', ‚Pluralismus' und ‚Rechtsstaat'.
82 Siehe S. 186 in diesem Band.
83 Siehe 238 ff. in diesem Band. – Eine schwächere Variante dieser Methode liegt dort vor, wo man auf klare Begriffe und Argumente überhaupt verzichtet, da sich in deren Logik zu begeben von jenen Standpunkten vertriebe, auf denen man sich eingerichtet hat. In den Beiträgen dieses Bandes ist ihre Verwendung dort zu erkennen, wo summarisch von den Vorzügen von Volkskammer und sozialistischem Parlamentarismus gesprochen wird, ohne sie klar zu nennen und die angedeuteten Argumentationslinien zu Ende zu ziehen, oder dort, wo gewünschte positive Urteile in augenfällig nebulöser Sprache abgefasst werden, obwohl ein klarer Satz mit politikwissenschaftlichen Begriffen das Gemeinte knapp, wenn auch ohne den – nun aber offenbar gerade zu insinuierenden – ‚positiven Rest' hätte formulieren können.

Pluralismus zur Voraussetzung hat, sind die Ausgrenzungsmethoden besonders wirkungsvoll, um schon dessen Grundlagen zu untergraben. Wer die Volkskammer verstehen und angemessen beurteilen will, muss also gerade auch auf sie den Blick richten.

Vier zentrale Ausgrenzungsmethoden lassen sich besonders gut benutzen, solange jene Institutionen noch bestehen, deren Ordnungsprinzipien und Geltungsansprüche zu sichern sind. Doch steht hinter Geltungsansprüchen und Ordnungsprinzipien nicht länger Macht, so lassen sich erfolgreich nur noch die ersten zwei der folgenden Methoden verwenden. Nur sie tauchen darum – gewissermaßen als Nachglanz früherer Selbstverständlichkeiten – in den Beiträgen der ehemaligen Volkskammerabgeordneten mitunter auf. Die Stabilität des institutionellen Gesamtsystems der DDR, dessen Teil die Volkskammer war, geht aber – unter anderem – auf die Nutzung aller vier Methoden zurück. Sie sorgten auch dafür, dass man sich – ob als einfacher Bürger oder als Mitglied der Volkskammer – aus überaus rationalen Gründen den nun einmal gegebenen Verhältnissen anpasste und *Mitkonstrukteur* der Wirklichkeit von Volkskammer und DDR blieb.

- *Kommunikative Deprivation:* Man sorgt dafür, dass nur die eigene Weltanschauung mit Anspruch auf Autorität verbreitet wird und bloß solche Geltungsgeschichten erzählt werden, die zu ihr passen. Überdies unterbindet man Chancen Dritter, solche Weltanschauung und Geltungsgeschichten mit sie problematisierenden historischen oder anderen Fakten zu konfrontieren oder die rein mythischen Bestandteile dessen, „was doch jeder weiß", vor Augen zu führen. Beispiele dafür sind sanktionsbewehrte Anmutungen politisch korrekten Sprechens und Denkens, Zensur oder die in der DDR und unter vielen DDR-loyalen Menschen bis heute zu beobachtende Unduldsamkeit gegenüber allen mit dem antifaschistischen ‚Gründungsmythos' konkurrierenden Beschreibungen.[84]
- *Strategische Kontextbildung:* Man zeigt vor einem relevanten Adressatenkreis, dass der Andersdenkende, anders Argumentierende oder abweichend Handelnde Dinge in einer Weise sieht, behauptet und tut, die allen unter vernünftigen Menschen vorauszusetzenden Normalitätsvorstellungen widerspricht. Dabei weist man nach, dass jene Differenz zwischen eines solchen Außenseiters Denken, Reden und Handeln sowie dem gesellschaftlich Normalen sowohl für des Außenseiters Persönlichkeit grundlegend als auch für die Gemeinschaft bedrohlich ist. Diesen Nachweis führt man in der Weise, dass man die Beschreibung des Denkens, Redens und Handelns des ‚Außenseiters' mit dazu in gezielter Weise kontrastierenden Beschreibungen des Normalen koppelt, d.h. mit kunstvoll gefertigten ‚Kontraststrukturen'. Darin, anhand geeigneter Darstellungstechniken Dritte zielgerichtet zur methodisch routinisierten Verwendung solcher Kontraststrukturen anzuhalten, besteht ‚strategische Kontextbildung'. Auf ihr

---

[84] Solange die Volkskammer ihrerseits in einer Lage kommunikativer Deprivation agieren musste und nur ein ‚stummes' Parlament sein durfte, war es ihr schlechterdings unmöglich, zu einem wirkungsvollen Parlament zu werden.

aufbauend kann man versuchen, die Sinndeutungen und Handlungen möglichst vieler ‚wohlgesinnter und konstruktiver Mitmenschen' so aufeinander abzustimmen, dass ein ‚Außenseiter' dann in aller Selbstverständlichkeit eben wirklich als *Außenseiter* etikettiert und als solcher auch behandelt werden kann. Ist dies erreicht, so gibt es gute Chancen dafür, ihn zur *tatsächlichen* Einnahme einer Außenseiterrolle zu veranlassen, und zwar auch gegen sein Widerstreben. Damit aber ist er für alle praktischen Zwecke von der Gruppe der ‚anständigen Mitbürger' isoliert und stellt keine Gefahr mehr dar für die Aufrechterhaltung gemeinsamer Selbstverständlichkeiten.

In Form von Denunziation und Verleumdung, von ‚operativer Zersetzung' und Pressekampagnen wird diese Methode in Diktaturen, in Gestalt von massenmedialen Skandalisierungskampagnen auch in freiheitlichen Staaten angewandt. Stets führt sie dazu, Pluralismus zu unterbinden und an die Stelle eines pluralitätssichernden Minimalkonsenses jenen Maximalkonsens zu setzen, den man aufgrund der eigenen Weltanschauung wünschen mag. Die Volkskammer hat sich durch die in ihrem Plenum gehaltenen Reden, vermutlich aber auch durch viele Kommunikationsakte ihrer Abgeordneten in parlamentarischen Gremien, in den Parteien, den Massenorganisationen und in den Wahlkreisen, an solcher strategischer Kontextbildung beteiligt. Damit hat sie mehr zur Beschneidung als zur Widerspiegelung politischer und gesellschaftlicher Pluralität beigetragen. Natürlich waren die Abgeordneten auch potentielle Opfer solcher strategischer Kontextbildung, weswegen sie tunlichst Rede- und Verhaltensweisen unterließen, an welchen derlei Wirklichkeitskonstruktion hätte ansetzen können.

- *Degradierung:* Soll ein ‚Außenseiter' über das Mittel der strategischen Kontextbildung hinaus ausgegrenzt werden, kann man ihn mit einer gut inszenierten ‚Anklage' als akzeptablen Gesprächspartner oder gar als Mitmenschen degradieren. Dies lässt sich erreichen, wenn man zunächst einmal gemäß gemeinschaftlichen Normalitätsvorstellungen Entrüstung über ihn mobilisiert und zunächst einmal seine Gleichgestellten gegen ihn solidarisiert. Vor diesem Hintergrund muss der Außenseiter sodann seiner Personalität entkleidet und als lediglich personifizierter ‚Typ', als Fallbeispiel ‚negativer Elemente' behandelt werden. Nicht gegen einen konkreten Menschen und sein Tun, sondern auf ein ‚allgemeines Wirklichkeitsmerkmal', das nur eine (widerliche) menschliche Gestalt ‚angenommen' hat, richtet sich dann die Anklage. Der Ankläger – gleich ob eine Person oder eine Organisation – wird sodann als Vertreter der Gemeinschaft der Rechtgesinnten, als Anwalt und Verteidiger ihrer höchsten Werte auftreten und deutlich machen, dass sich die Anklage auf genau die Verletzung dieser höchsten Werte bezieht. Ferner muss er unerbittlich auf jene Kluft hinweisen, die ihn und jedes normale, ‚anständige' Mitglied der Gemeinschaft vom Angeklagten trennt und auch künftig trennen muss. Im übrigen sind solche Anklagen vor Institutionen zu erheben, deren Stellungnahme zur Anklage oder zum Angeklagten – etwa in Form von Gerichtsurteilen oder massenmedialer Berichterstattung – solche wirklichkeitskonstruktiven Folgen zeitigen kann, gegen welche sich der Auszugrenzende nicht erfolgreich zur Wehr zu setzen vermag. Zeremonien der Kritik und Selbstkritik sowie Schauprozesse sind die für Diktaturen typische Form, solche Degradierungen vorzunehmen. In freiheitlichen Gesellschaften vollziehen sie sich meist in Gestalt von Medienkampagnen. Das Ergebnis ist, dass ein vernünftiger Mensch dem Risiko solcher Anklagen möglichst aus dem Weg geht und sich auch bei Zweifeln lieber an die erzählten Geltungsgeschichten hält, als mit seinem Glauben an sie auch noch die Achtung seiner Mitmenschen oder gar seine gesellschaftliche Stellung zu verlieren. Es wäre erstaunlich, wenn sich in den Plenarverhandlungen der Volkskammer keine derartigen exemplarischen Degradierungszeremonien von ‚Feinden des Sozialismus' nachweisen lassen sollten, um von jederzeit aktivierbaren persönlichen oder erzählten Erfahrungen mit Situationen von Kritik und Selbstkritik ganz zu schweigen.

- *Liquidierung:* Liquidierung kann sich entweder nur auf die wirklichkeitskonstruktive Rolle eines Menschen oder auf seine Persönlichkeit insgesamt beziehen. Im ersten Fall genügt es, den Außenseiter kommunikativ kaltzustellen, ihn einzusperren oder zu exilieren. Im zweiten Fall wird er für unvernünftig oder unmündig erklärt, in psychiatrische Anstalten verbracht und gegebenenfalls dort so behandelt, dass er wirklich geisteskrank wird. Man kann ihn auch einfach umbringen. Die Liquidierung mag ferner befristet oder endgültig sein, wobei im äußersten Fall auch noch eine *damnatio memoriae* verhängt und jede Spuren einer Existenz getilgt werden mag. Totalitäre Regime liefern gerade für die Liquidierungsmethoden Beispiele zuhauf. In freiheitlichen Staaten enden sie meist damit, dass jemand als öffentlich achtbare Person erledigt ist. Für solche Liquidierung hat die Volkskammer durch Verabschiedung einschlägiger Gesetze oder durch Hinnahme einer willkürlichen Verordnungspraxis rechtsförmliche Grundlagen geschaffen. Sie war nicht nur das institutionelle Opfer einer Diktatur, sondern auch deren williger Helfer.

5. Verantwortung von Volkskammerabgeordneten?

Während man mit den Methoden zur Sicherung wirklichkeitskonstruktiver Selbstverständlichkeiten zunächst einmal nur sich selbst Schaden zufügen mag, wofür einem anderen im Grunde keine Rechenschaft geschuldet wird, greift man mit den Ausgrenzungsmethoden nachhaltig ins Leben anderer ein. Verantwortung hierfür lässt sich *nicht* mit guten Gründen abweisen. Fragen der Verantwortung waren zwar nicht das Thema der Beiträge jener Konferenz, aus der dieser Band entstand. Sie anzusprechen lag aber nicht allzu fern, zumal solche Fragen im Einleitungsreferat der Tagung, dem Einleitungskapitel dieses Bandes, ausdrücklich formuliert wurden. Doch außer einigen DDR-kritischen Diskussionsrednern griff sie kaum einer der Zeitzeugen auf – nachgerade so, als wären allein Fakten und Daten dem wissenschaftlichen Diskurs zugänglich, nicht aber Werturteile und von Werturteilen geleitete Handlungen.

Zwar handelten Herbert Kelle, Gregor Schirmer und Karl Heinz Schulmeister von Verantwortung und Verantwortlichkeit. Doch sie sprachen von der Verantwortung der Abgeordneten oder der Regierung im politischen System der DDR. Sie meinten vor allem die *systemimmanente* Verantwortlichkeit vor der führenden Partei, mitunter auch jene vor solchen Klientelgruppen, deren sich die eigene Fraktion besonders annahm und vor welchen es durchaus Rechenschaft abzulegen galt. Nicht aber meinten sie die Verantwortung vor jenem Volk, das sich 1953 erhoben und 1989/90 die Diktatur schließlich beseitigt hatte. Wo mitunter formuliert wurde, man ‚stehe zu seiner Verantwortung in der DDR', da blieb dies eine Leerformel. Denn was sollte jeweils gemeint sein? Dass man damals politisch verantwortlich war? Dass man heute – doch wie? – Verantwortung für das übernähme, was man durch Tun oder Lassen als DDR-Politiker einst bewirkte? Dass man – wessen? – Fragen danach sorgsam beantworten wolle, warum man selbst – im Unterschied zu vielen anderen – einst wichtige Fehler der DDR nicht sah, oder warum man sich trotz erkannter Fehler weiter in den Dienst jener Sache stellte? Vermutlich sollte mit *dieser* Rede von der Verantwortung gar nichts weiter gesagt werden, als dass man keinen Grund sähe, seine Biographie zu verbergen oder sich ihrer zu genieren. Das ist unter honorigen Menschen selbstverständlich, hat aber mit ‚Verantwortung' wenig zu tun.

Viel spricht dafür, dass die ganze Rede von ‚persönlichen Verantwortung' für viele ehemalige Amtsträger der DDR gar nicht nachvollziehbar ist, oder wenigstens nicht gerne – und schon gar nicht vor anderen – nachvollzogen wird. Letzteres ist verständlich und mag der Auseinandersetzung mit dem persönlichen Gewissen überlassen bleiben. Dann aber werden erst recht dessen mögliche Kriterien wichtig. Hier scheint es so zu sein, dass die Rede von ‚persönlicher Verantwortung' für viele Amtsträger der DDR darum schwer nachvollziehbar ist, weil der wichtige Andere, von dem man sich bohrende Fragen gefallen lassen musste und dem man befriedigende Antworten auch wirklich schuldete, für Funktionsträger in der DDR – vom persönlichen Umfeld und einzelnen Klientelgruppen einmal abgesehen – vor allem die SED als Quelle politischer Autorität war, nicht aber eine Öffentlichkeit, in deren Diskursen *andere* Standpunkte als solche von sozialistischer Gesetzlichkeit und von Parteilichkeit als Kriterien zur Einforderung persönlicher Verantwortlichkeit in Geltung gehalten worden wären. Jener erstrangigen Verantwortlichkeit gegenüber der SED – und hinter ihr: gegenüber der Sowjetunion – ist die politische Klasse der DDR aber stets gerecht geworden – zwar nicht immer gerne, doch stets aus Überzeugung und grundsätzlich aus freien Stücken. Mehrfach bekundeten die Akteure der Volkskammer voller Nachdruck, ganz und gar überzeugt seien sie von ihrem Weg gewesen, sinnvolle Alternativen hätten sich ihnen nie gezeigt. Da sie Neues wollten, ließen sie hobeln; doch weil sie kaum einmal selbst hobelten, brauchen sie sich die gefallenen Späne nicht persönlich zurechnen. So entsteht dann allerdings tief empfundener Glaube daran, von erklärbaren Einzelfällen abgesehen richtig und eigentlich immer bestmöglich gehandelt, also im Dienst einer guten Sache treu seine

Pflicht getan zu haben. Ist aber die eigene Welt-Anschauung erst einmal in dieser Weise selbstverständlich geworden, so ist sie für den Blick auf größere und ethische Zusammenhänge resistent sowie gegen Kritik immun. Dann hindert auch später nichts mehr an grundsätzlich gutem Gewissen.[85]

Folglich geht die Trägerschichten der DDR das Anlegen *anderer* Maßstäbe, gar wenn sie der abgelehnten Systemalternative entspringen, nur insofern etwas an, als sie dies gegen das eigene Gerechtigkeitsempfinden gerichtet erleben und darum Grund dafür sehen, sich gegen hieraus entstehende Vorwürfe zur Wehr zu setzen. Sie akzeptieren allenfalls ein – so oft beschworenes[86] – Urteil, „welches die Geschichte gesprochen hat". Ganz wird davon abgesehen, dass ‚die Geschichte' ja ein reines Fiktionalsubjekt ist, das man immer dann vorzuschieben beliebt, wenn jenen Mitmenschen ausgewichen werden soll, deren Zusammenwirken überhaupt erst hervorbrachte, was hier ‚das Urteil' genannt wird. ‚Urteil der Geschichte' soll offenbar nichts anderes heißen als: Der Gang der Dinge hat gezeigt, dass die eigenen Ansätze und Vorgehensweisen unwirksam oder falsch waren. Also um eine bloße *Tatsachenaussage* geht es hier, um eine rein *empirische* Einsicht, verbunden mit keinerlei ethischer Dimension oder Reflexion. Bedauert wird allenfalls, dass der in die eigene Richtung gebrachte Gang der Geschichte *scheiterte*, kaum aber, dass jene Richtung *falsch* war und in sie zu gehen viele *Opfer* forderte. Mancher bestritt sogar ausdrücklich solchem Bedauern jeden Sinn. Geschichte wird so auf Faktisches, Empirisches, nachgerade Naturgesetzliches reduziert – und schon entschwindet jeder Ansatzpunkt für eigene Verantwortung und Bedauern. Denn wer nur Rad eines objektiven Uhrwerks war, kann keine eigene Schuld an den Stunden haben, die es manchem schlug.

Vielleicht vermag persönliche Verantwortung wirklich nur zu empfinden, wer eigene Entscheidungsspielräume besitzt und als solche erlebt. Wo sie fehlen, dort gibt es Befehlsketten, entlang welcher Verantwortung nach unten versickert und sich nach oben verflüchtigt. Stets ist dann der nächste Übergeordnete verantwortlich – für die DDR also letztlich die von keinem Deutschen je mehr zur Verantwortung zu ziehende Sowjetunion, die noch über dem SED-Politbüro stand. Und weil die Volkskammer wirklich wenig zu gestalten, ein einzelner Abgeordneter kaum etwas zu sagen hatte, gab es in der Tat wenige Dinge, über welche man sinnvolle Fragen vorgelegt und Antworten abverlangt bekommen konnte. So stellen es im Grunde viele ehemalige Amtsträger der DDR dar. Keiner stand zum Ziel, eben die *Diktatur* der Arbeiterklasse und ihrer führenden Partei gewollt zu haben; alles Undemokratische „kam", „wurde", „geriet" und „erwies sich" eines Tages – gewissermaßen ganz wider Erwarten. Jedenfalls hat niemand *das* gewollt, niemand es *bewirkt*.

Doch schwer ist zu ignorieren, dass Mitglied der Volkskammer zu werden eben doch in eine herausgehobene Position brachte. Dass die meisten es als Ehre betrachteten, als Kandidat aufgestellt zu werden. Dass begrenzte Konflikte nur in Aus-

---

85 Vgl. hierzu L. Fritze 1998.
86 Siehe etwa S. 183 in diesem Band.

nahmefällen ein existenzielles Risiko darstellten. Dass nicht verborgen war, wie man mit denen umging, die schon zu DDR-Zeiten jene Einsichten äußerten, zu denen viele Träger des SED-Staates sich auch selbst inzwischen durchgerungen haben. Und dass es zum Jasagen stets die Alternative gab, die Volkskammer wieder zu verlassen. Wenn es also schon keine Entscheidungen zu verantworten gibt, dann wenigstens das rangsichernde Dabeisein beim Gewährenlassen. Dem vorausliegend, dass sich die eigene Urteilskraft neuen Perspektiven verschloss und gegen Kritik immunisierte. Und im Anschluss an die DDR-Laufbahn, dass nun eher über die kleineren einem selbst widerfahrenden Ungerechtigkeiten geklagt wird als über jene viel größeren, die der mitgetragene SED-Staat seinen Gegnern antat.

Alles Recht, nach Begründungen solcher Dinge zu fragen und eine Debatte der Antworten zu wünschen, haben jene, welche die Fehler des Realsozialismus schon zu DDR-Zeiten erkannten, sich auf seine Ziele und Methoden nicht einließen und deshalb Kränkungen, Nachteile oder Schaden erlitten. Recht auf Antworten haben aber auch die, welche mit den Trägern der DDR nun in einem gemeinsamen Staatswesen nicht nur leben, sondern als einander annehmende Mitbürger auch leben *wollen*. Kein Recht gibt es darauf, mit den erteilten Antworten zufrieden zu sein; sehr wohl aber auf Aufrichtigkeit im Streit der Überzeugungen, Erinnerungen und Rechtfertigungen.

6. Wie ist die Volkskammer zu beurteilen?

Wie ist die Volkskammer, wie ist jener abgebrochene Ast am Baum des deutschen Parlamentarismus nun zu bewerten? Das Urteil ihrer Akteure erscheint ambivalent: Die Volkskammer war nicht allzu nützlich, tat aber auch nichts Schlechtes. Der Idee nach zukunftsträchtige Überwinderin des bürgerlichen Parlamentarismus, scheiterte sie dennoch am Fehlen von Demokratie im SED-geführten Staatswesen. Die Kritik dieses Urteils zeigte, dass seine Ambivalenz auf Nachlässigkeit im Ausziehen klar angelegter Argumentationslinien und auf sehr selektiver Wahrnehmung größerer Funktionszusammenhänge im politischen System eines sozialistischen Staates beruht. Es geht mit erheblicher Nonchalance über die überhaupt nicht bestrittene Tatsache hinweg, dass die Volkskammer zwar das oberste staatliche Machtorgan der DDR war, alle Macht des Staates aber der Macht der SED unterstand – und damit auch die der obersten Volksvertretung. Von der damaligen Legitimität, zumindest von der Alternativlosigkeit des Führungsanspruchs der SED geben sich die Akteure nach wie vor überzeugt, während sie jetzt zugleich Demokratiemangel als dessen Folge beklagen. Somit ist das Urteil der ehemaligen Abgeordneten nicht nur ambivalent, sondern höchst widersprüchlich.

Im übrigen lassen sich die Urteile der ehemaligen Volkskammerakteure durchaus an jenen Beurteilungsmaßstäben messen, die einer freiheitlichen demokratischen Grundordnung zugrunde liegen. Deren Kriterien scheinen recht verallgemeinerbar zu sein, regiert sich doch ein großer Teil der nordatlantischen Welt seit langem nach ihnen, desgleichen seit 1989 ein Großteil der ehedem sozialistischen Staaten, und zogen sie auch die Zeitzeugen meist dann heran, wenn es um die Einforderung *eigener* Rechte ging. Darum ist es nicht belanglose Willkür, gerade sie für eine Kritik an DDR und Volkskammer ‚von außen' heranzuziehen. Gemäß diesen Beurteilungsmaßstäben ist die für sozialistische Staaten typische Beseitigung des Rechts auf Opposition ebensowenig akzeptabel wie die Unterbindung eines wirklichen Mehrparteiensystems und somit von Demokratie, der Abbau von Gewaltenteilung ebensowenig wie die Außerkraftsetzung der Verantwortlichkeit der Regierung vor dem Parlament oder wenigstens vor der Öffentlichkeit. Ethischen Prinzipien, welche die Freiheit des Einzelnen und die frei genutzten politischen Teilhaberechte des Bürgers zum Angelpunkt machen, widersprach das gesamte Staatswesen der DDR. Dessen Volkskammer ist darum zu bewerten als eine strangulierte Institution in einem üblen politischen System. Gleichwohl konnten ihre Abgeordneten mancherlei Nützliches, sogar Gutes tun, wenn auch in inakzeptabel engen Grenzen, die vermutlich nicht einmal ausgeschöpft wurden. Natürlich ist es keine Ausnahme sondern eher die Regel, dass politische Elitegruppen es – aus durchaus rationalen Gründen – an Zivilcourage oft fehlen lassen, zumal dann, wenn andernfalls gravierende Konsequenzen drohen. Und die Hoffnung auf, gar das redliche Bemühen um kleine Veränderungen zum Besseren mag ja durchaus honorig sein und zu mancherlei Güterabwägungen führen, die nicht mehr fair nachvollziehen kann, wer die einstigen Handlungsumstände verkennt. Wie das jeweilige Mischungsverhältnis an Motivationen genau beschaffen war und welches ethische Urteil angemessen ist, mag darum jeder Betroffene für sich selbst ergründen. Doch unschwer kann auch der vor jener Schwelle einhaltende Beobachter feststellen: Den Wettstreit politischer Ordnungsformen haben zwar nicht die schlechteren Menschen, hat sehr wohl aber das schlechtere System verloren.

Es hat ihn nicht nur deshalb verloren, weil es sich auf ungute Wertvorstellungen und Prinzipien gründete. Es war außerdem funktionslogisch unzulänglich konstruiert. Vor allem erschloss es sich nicht jene gesellschaftlichen Ressourcen an Motivation und Engagement, an Stimulation und Lernfähigkeit, zu denen praktizierter Pluralismus Zugang verleiht. Überdies verhinderte das politische System des Sozialismus wirksamen Parlamentarismus und schnitt sich von den meisten Leistungen ab, die ein machtvolles, wirkliche Repräsentation bewerkstelligendes Parlament einem Staatswesen erbringen kann. Das Potential der Volkskammer wurde darum bei weitem nicht ausgeschöpft. Durchaus war sie kein völlig nutzloses, sehr wohl aber ein hilfloses Parlament, und zu den nachahmenswerten parlamentarischen Institutionen gehört sie keineswegs.

Literaturverzeichnis

Cicourel, Aaron V. (1975): Sprache in der sozialen Interaktion, München: List.

Fritze, Lothar (1998): Täter mit gutem Gewissen. Über menschliches Versagen im diktatorischen Sozialismus, Köln/Weimar: Böhlau.

Klemperer, Victor (1995): Ich will Zeugnis ablegen bis zum letzten, Tagebücher 1933-1945, 2 Bde, Berlin: Aufbau-Verlag.

Klemperer, Victor (1999): So sitze ich denn zwischen allen Stühlen, Tagebücher 1945-1959, 2 Bde, Berlin: Aufbau-Verlag.

Patzelt, Werner J. (1987): Grundlagen der Ethnomethodologie. Theorie, Empirie und politikwissenschaftlicher Nutzen einer Soziologie des Alltags, München: Wilhelm Fink Verlag.

Patzelt, Werner J. (1993): Abgeordnete und Repräsentation. Amtsverständnis und Wahlkreisarbeit, Passau: Wiss.-Verl. Rothe.

Patzelt, Werner J. (1996): Parlamentarismus. In: Massing, Peter (Hrsg.): Das Demokratiemodell der Bundesrepublik Deutschland. Grundstruktur, Prinzipien, Systematik, Schwalbach/Ts.: Wochenschau-Verlag, S. 23-36.

Patzelt, Werner J. (1998a): Wider das Gerede vom ‚Fraktionszwang'! Funktionslogische Zusammenhänge, populäre Vermutungen und die Sicht der Abgeordneten. In: Zeitschrift für Parlamentsfragen. 1998, S. 323-347.

Patzelt, Werner J. (1998b): Wirklichkeitskonstruktion im Totalitarismus. Eine ethnomethodologische Weiterführung der Totalitarismuskonzeption von Martin Drath. In: Siegel, Achim (Hrsg.): Totalitarismustheorien nach dem Ende des Kommunismus, Köln/Weimar: Böhlau, S. 235-271.

Patzelt, Werner J. (2000): Mikroanalyse in der Politikwissenschaft. Eine ethnomethodologische Perspektive. In: Immerfall, Stefan (Hrsg.): Parteien, Kulturen und Konflikte. Beiträge zur multikulturellen Gegenwartsgesellschaft, Opladen: Westdeutscher Verlag, S. 223-253.

Patzelt, Werner J. (2001): Einführung in die Politikwissenschaft, 4., überarb. u. wesentl. erw. Aufl. Passau: Rothe.

Pitkin, Hanna F. (1967): The Concept of Representation, Berkeley/Los Angeles: Univ. of California Press.

Polak, Karl (1947): Marxismus und Staatslehre, Berlin (Ost): Verl. Einheit.

Revel, Jean François (1977): La nouvelle censure: exemple de mise en place d'une mentalité totalitaire, Paris: R. Laffont.

Rudzio, Wolfgang (2000): Das politische System der Bundesrepublik Deutschland, 5. Aufl. Opladen: Leske + Budrich.

Schirmer, Roland (2001): Die Volkskammer und deren Selbstsymbolisierung, In: Patzelt, Werner J. (Hrsg.): Parlamente und ihre Symbolik. Programm und Beispiele institutioneller Analyse, Wiesbaden: Westdeutscher Verlag, S. 136-197.

Steiniger, Alfons (1949): Das Blocksystem. Beitrag zu einer Verfassungslehre, Berlin (Ost): Akademie-Verlag.

Teil V: Anhang und Dokumentation

Rechtsquellen zur Volkskammer der DDR 1949-1989

1. Einschlägige Auszüge aus den Verfassungen der DDR

1.1. Die Verfassung der DDR von 1949[1]

Die Verfassung der Deutschen Demokratischen Republik
vom 7. Oktober 1949, veröffentlicht im Gesetzblatt 1949, Nr. 1, S. 5-16.

Von dem Willen erfüllt, die Freiheit und die Rechte des Menschen zu verbürgen, das Gemeinschafts- und Wirtschaftsleben in sozialer Gerechtigkeit zu gestalten, dem gesellschaftlichen Fortschritt zu dienen, die Freundschaft mit allen Völkern zu fördern und den Frieden zu sichern, hat sich das deutsche Volk diese Verfassung gegeben.

A. Grundlagen der Staatsgewalt

Artikel 1
(1) Deutschland ist eine unteilbare demokratische Republik; sie baut sich auf den deutschen Ländern auf.
(2) Die Republik entscheidet alle Angelegenheiten, die für den Bestand und die Entwicklung des deutschen Volkes in seiner Gesamtheit wesentlich sind; alle übrigen Angelegenheiten werden von den Ländern selbständig entschieden.
(3) Die Entscheidungen der Republik werden grundsätzlich von den Ländern ausgeführt.
(4) Es gibt nur eine deutsche Staatsangehörigkeit.

[...]

Artikel 3
(1) Alle Staatsgewalt geht vom Volke aus.
(2) Jeder Bürger hat das Recht und die Pflicht zur Mitgestaltung in seiner Gemeinde, seinem Kreise, seinem Lande und in der Deutschen Demokratischen Republik.
(3) Das Mitbestimmungsrecht der Bürger wird wahrgenommen durch: Teilnahme an Volksbegehren und Volksentscheiden; Ausübung des aktiven und passiven Wahlrechts; Übernahme öffentlicher Ämter in Verwaltung und Rechtsprechung.
(4) Jeder Bürger hat das Recht, Eingaben an die Volksvertretung zu richten.
(5) Die Staatsgewalt muß dem Wohl des Volkes, der Freiheit, dem Frieden und dem demokratischen Fortschritt dienen.

---

[1] Quelle: Fischer, Erich/Künzel, Werner (1989): Die Verfassung der Deutschen Demokratischen Republik vom 7. Oktober 1949. In: Fischer, Erich/Künzel, Werner (Hrsg.) (1989): Verfassungen der deutschen Länder und Staaten. Von 1816 bis zur Gegenwart, Berlin: Staatsverlag der Deutschen Demokratischen Republik, S. 469-492.

(6) Die im öffentlichen Dienst Tätigen sind Diener der Gesamtheit und nicht einer Partei. Ihre Tätigkeit wird von der Volksvertretung überwacht.

Artikel 4
(1) Alle Maßnahmen der Staatsgewalt müssen den Grundsätzen entsprechen, die in der Verfassung zum Inhalt der Staatsgewalt erklärt sind. Über die Verfassungsmäßigkeit der Maßnahmen entscheidet die Volksvertretung gemäß Artikel 66 dieser Verfassung. Gegen Maßnahmen, die den Beschlüssen der Volksvertretung widersprechen, hat jedermann das Recht und die Pflicht zum Widerstand.
(2) Jeder Bürger ist verpflichtet, im Sinne der Verfassung zu handeln und sie gegen ihre Feinde zu verteidigen.

[...]

B. Inhalt und Grenzen der Staatsgewalt

I. Rechte des Bürgers

Artikel 6
(1) Alle Bürger sind vor dem Gesetz gleichberechtigt.
(2) Boykotthetze gegen demokratische Einrichtungen und Organisationen, Mordhetze gegen demokratische Politiker, Bekundung von Glaubens-, Rassen-, Völkerhaß, militaristische Propaganda sowie Kriegshetze und alle sonstigen Handlungen, die sich gegen die Gleichberechtigung richten, sind Verbrechen im Sinne des Strafgesetzbuches. Ausübung demokratischer Rechte im Sinne der Verfassung ist keine Boykotthetze.
(3) Wer wegen Begehung dieser Verbrechen bestraft ist, kann weder im öffentlichen Dienst noch in leitenden Stellen im wirtschaftlichen und kulturellen Leben tätig sein. Er verliert das Recht, zu wählen und gewählt zu werden.

[...]

Artikel 9
(1) Alle Bürger haben das Recht, innerhalb der Schranken der für alle geltenden Gesetze ihre Meinung frei und öffentlich zu äußern und sich zu diesem Zweck friedlich und unbewaffnet zu versammeln. Diese Freiheit wird durch kein Dienst- oder Arbeitsverhältnis beschränkt; niemand darf benachteiligt werden, wenn er von diesem Recht Gebrauch macht.
(2) Eine Pressezensur findet nicht statt.

[...]

Artikel 12
(1) Alle Bürger haben das Recht, zu Zwecken, die den Strafgesetzen nicht zuwiderlaufen, Vereine oder Gesellschaften zu bilden.

Artikel 13
(1) Vereinigungen, die die demokratische Gestaltung des öffentlichen Lebens auf der Grundlage dieser Verfassung satzungsgemäß erstreben und deren Organe durch ihre Mitglieder bestimmt werden, sind berechtigt, Wahlvorschläge für die Volksvertretungen der Gemeinden, Kreise und Länder einzureichen.
(2) Wahlvorschläge für die Volkskammer dürfen nur die Vereinigungen aufstellen, die nach ihrer Satzung die demokratische Gestaltung des staatlichen und gesellschaftlichen Lebens der gesamten Republik erstreben und deren Organisation das ganze Staatsgebiet umfaßt.

[...]

II. Wirtschaftsordnung

[...]

Artikel 21
(1) Zur Sicherung der Lebensgrundlagen und zur Steigerung des Wohlstandes seiner Bürger stellt der Staat durch die gesetzgebenden Organe, unter unmittelbarer Mitwirkung seiner Bürger, den öffentlichen Wirtschaftsplan auf. Die Überwachung seiner Durchführung ist Aufgabe der Volksvertretungen.

[...]

VI. Wirksamkeit der Grundrechte

Artikel 49
(1) Soweit diese Verfassung die Beschränkung eines der vorstehenden Grundrechte durch Gesetz zuläßt oder die nähere Ausgestaltung einem Gesetz vorbehält, muß das Grundrecht als solches unangetastet bleiben.

C. Aufbau der Staatsgewalt

I. Volksvertretung der Republik

Artikel 50
(1) Höchstes Organ der Republik ist die Volkskammer.

Artikel 51
(1) Die Volkskammer besteht aus den Abgeordneten des deutschen Volkes.
(2) Die Abgeordneten werden in allgemeiner, gleicher, unmittelbarer und geheimer Wahl nach den Grundsätzen des Verhältnisrechtes auf die Dauer von vier Jahren gewählt.

(3) Die Abgeordneten sind Vertreter des ganzen Volkes. Sie sind nur ihrem Gewissen unterworfen und an Aufträge nicht gebunden.

Artikel 52
(1) Wahlberechtigt sind alle Bürger, die das 18. Lebensjahr vollendet haben.
(2) Wählbar ist jeder Bürger, der das 21. Lebensjahr vollendet hat.
(3) Die Volkskammer besteht aus 400 Abgeordneten. Das Nähere bestimmt das Wahlgesetz.

Artikel 53
(1) Wahlvorschläge zur Volkskammer können nur von solchen Vereinigungen eingereicht werden, die den Voraussetzungen des Artikel 13 Abs. 2 entsprechen.
(2) Näheres wird durch ein Gesetz der Republik bestimmt.

Artikel 54
(1) Die Wahl findet an einem Sonntag oder gesetzlichen Feiertag statt. Wahlfreiheit und Wahlgeheimnis werden gewährleistet.

Artikel 55
(1) Die Volkskammer tritt spätestens am 30. Tag nach der Wahl zusammen, falls sie nicht vom bisherigen Präsidium früher einberufen wird.
(2) Der Präsident muß die Volkskammer einberufen, wenn die Regierung oder mindestens ein Fünftel der Abgeordneten der Volkskammer es verlangen.

Artikel 56
(1) Spätestens am 60. Tage nach Ablauf der Wahlperiode oder am 45. Tage nach Auflösung der Volkskammer muß deren Neuwahl stattfinden.
(2) Vor Ablauf der Wahlperiode findet eine Auflösung der Volkskammer, abgesehen von dem Fall des Artikels 95 Abs. 6, nur durch eigenen Beschluß oder Volksentscheid statt.
(3) Die Auflösung der Volkskammer durch eigenen Beschluß bedarf der Zustimmung von mehr als der Hälfte der gesetzlichen Zahl der Abgeordneten.

Artikel 57
(1) Die Volkskammer wählt bei ihrem ersten Zusammentritt das Präsidium und gibt sich eine Geschäftsordnung.
(2) In dem Präsidium ist jede Fraktion vertreten, soweit sie mindestens 40 Mitglieder hat.
(3) Das Präsidium besteht aus dem Präsidenten, seinen Stellvertretern und den Beisitzern.
(4) Der Präsident führt die Geschäfte des Präsidiums und leitet die Verhandlungen der Volkskammer. Er übt das Hausrecht in der Volkskammer aus.

Artikel 58
(1) Die Beschlüsse des Präsidiums werden mit Stimmenmehrheit gefaßt.
(2) Das Präsidium ist beschlußfähig, wenn mindestens die Hälfte seiner Mitglieder anwesend ist.
(3) Auf Beschluß des Präsidiums beruft der geschäftsführende Präsident die Volkskammer ein; er beraumt den Termin für Neuwahlen an.
(4) Das Präsidium führt seine Geschäfte fort bis zum Zusammentritt der neuen Volkskammer.

Artikel 59
(1) Die Volkskammer prüft das Recht der Mitgliedschaft und entscheidet über die Gültigkeit der Wahlen.

Artikel 60
(1) Die Volkskammer bestellt für die Zeit, in der sie nicht versammelt ist, und nach Beendigung einer Wahlperiode oder nach der Auflösung der Volkskammer drei ständige Ausschüsse zur Wahrnehmung ihrer Aufgaben, und zwar: einen Ausschuß für allgemeine Angelegenheiten, einen Ausschuß für Wirtschafts- und Finanzfragen einen Ausschuß für auswärtige Angelegenheiten.
(2) Diese Ausschüsse haben die Rechte von Untersuchungsausschüssen.

Artikel 61
(1) Die Volkskammer faßt ihre Beschlüsse mit Stimmenmehrheit, soweit nicht in dieser Verfassung etwas anderes bestimmt ist.
(2) Sie ist beschlussfähig, wenn mehr als die Hälfte ihrer Mitglieder anwesend ist.

Artikel 62
(1) Die Verhandlungen der Volkskammer und ihrer Ausschüsse sind öffentlich. Ein Ausschluss der Öffentlichkeit findet in der Volkskammer auf Verlangen von zwei Dritteln der anwesenden Abgeordneten statt; in den Ausschüssen ist die Mehrheit der Mitglieder notwendig.
(2) Für wahrheitsgetreue Berichte über öffentliche Sitzungen der Volkskammer oder ihrer Ausschüsse kann niemand zur Verantwortung gezogen werden.

Artikel 63
(1) Zur Zuständigkeit der Volkskammer gehören: die Bestimmung der Grundsätze der Regierungspolitik und ihrer Durchführung; die Bestätigung, Überwachung und Abberufung der Regierung; die Bestimmung der Grundsätze der Verwaltung und die Überwachung der gesamten Tätigkeit des Staates; das Recht zur Gesetzgebung, soweit nicht ein Volksentscheid stattfindet; die Beschlußfassung über den Staatshaushalt, den Wirtschaftsplan, Anleihen und Staatskredite der Republik und die Zustimmung zu Staatsverträgen; der Erlaß von Amnestien; die Wahl des Präsidenten der Republik gemeinsam mit der Länderkammer; die Wahl der Mitglieder des Obersten Gerichtshofes der Republik und des Obersten Staatsanwaltes der Republik sowie deren Abberufung.

Artikel 64

(1) Die Volkskammer und jeder ihrer Ausschüsse können die Anwesenheit des Ministerpräsidenten, jedes Ministers, ihrer ständigen Vertreter und der Leiter der Verwaltungen der Republik zum Zwecke der Erteilung von Auskünften verlangen. Die Mitglieder der Regierung und die von ihnen bestellten Beauftragten haben zu den Sitzungen der Volkskammer und ihrer Ausschüsse jederzeit Zutritt.

(2) Auf ihr Verlangen müssen die Regierungsvertreter während der Beratung auch außerhalb der Tagesordnung gehört werden.

(3) Sie unterstehen der Ordnungsgewalt des Präsidenten.

Artikel 65

(1) Zur Überwachung der Tätigkeit der Staatsorgane hat die Volkskammer das Recht und auf Antrag von einem Fünftel der gesetzlichen Zahl der Abgeordneten die Pflicht, Untersuchungsausschüsse einzusetzen. Diese Ausschüsse erheben die Beweise, die sie oder die Antragsteller für erforderlich halten. Sie können zu diesem Zweck Beauftragte entsenden.

(2) Die Gerichte und die Verwaltungen sind verpflichtet, dem Ersuchen dieser Ausschüsse oder ihrer Beauftragten um Beweiserhebungen Folge zu leisten und ihre Akten auf Verlangen zur Einsichtnahme vorzulegen.

(3) Für die Beweiserhebungen der Untersuchungsausschüsse finden die Vorschriften der Strafprozeßordnung entsprechende Anwendung.

Artikel 66

(1) Die Volkskammer bildet für die Dauer der Wahlperiode einen Verfassungsausschuß, in dem alle Fraktionen entsprechend ihrer Stärke vertreten sind. Dem Verfassungsausschuß gehören ferner drei Mitglieder des Obersten Gerichtshofes der Republik sowie drei deutsche Staatsrechtslehrer an, die nicht Mitglieder der Volkskammer sein dürfen.

(2) Die Mitglieder des Verfassungsausschusses werden von der Volkskammer gewählt.

(3) Der Verfassungsausschuß prüft die Verfassungsmäßigkeit von Gesetzen der Republik.

(4) Zweifel an der Verfassungsmäßigkeit von Gesetzen der Republik können nur von mindestens einem Drittel der Mitglieder der Volkskammer, von deren Präsidium, von dem Präsidenten der Republik, von der Regierung der Republik sowie von der Länderkammer geltend gemacht werden.

(5) Verfassungsstreitigkeiten zwischen der Republik und den Ländern sowie die Vereinbarkeit von Landesgesetzen mit den Gesetzen der Republik prüft der Verfassungsausschuß unter Hinzuziehung von drei gewählten Vertretern der Länderkammer.

(6) Über das Gutachten des Verfassungsausschusses entscheidet die Volkskammer. Ihre Entscheidung ist für jedermann verbindlich.

(7) Die Volkskammer beschließt auch über den Vollzug ihrer Entscheidung.

(8) Die Feststellung der Verfassungswidrigkeit von Regierungs- und Verwaltungsmaßnahmen ist Aufgabe der Volkskammer in Durchführung der ihr übertragenen Verwaltungskontrolle.

Artikel 67
(1) Kein Abgeordneter der Volkskammer darf zu irgendeiner Zeit wegen seiner Abstimmung oder wegen der in Ausübung seiner Abgeordnetentätigkeit getanen Äußerungen gerichtlich oder dienstlich verfolgt oder sonst außerhalb der Versammlung zur Verantwortung gezogen werden. Dies gilt nicht für Verleumdungen im Sinne des Strafgesetzbuches, wenn sie als solche von einem Untersuchungsausschuß der Volkskammer festgestellt worden sind.
(2) Beschränkungen der persönlichen Freiheit, Hausdurchsuchungen, Beschlagnahmen oder Strafverfolgungen sind gegen Abgeordnete nur mit Einwilligung der Volkskammer zulässig.
(3) Jedes Strafverfahren gegen einen Abgeordneten der Volkskammer und jede Haft oder sonstige Beschränkung seiner persönlichen Freiheit wird auf Verlangen des Hauses, dem der Abgeordnete angehört, für die Dauer der Sitzungsperiode aufgehoben.
(4) Die Abgeordneten der Volkskammer sind berechtigt, über Personen, die ihnen in ihrer Eigenschaft als Abgeordnete Tatsachen anvertrauen oder denen sie in Ausübung ihres Abgeordnetenberufes solche Tatsachen anvertraut haben sowie über diese Tatsachen selbst die Aussage zu verweigern. Auch wegen der Beschlagnahme von Schriftstücken stehen sie den Personen gleich, die ein gesetzliches Zeugnisverweigerungsrecht haben.
(5) Eine Untersuchung oder Beschlagnahme darf in den Räumen der Volkskammer nur mit Zustimmung des Präsidiums vorgenommen werden.

Artikel 68
(1) Abgeordnete der Volkskammer bedürfen zur Ausübung ihrer Tätigkeit keines Urlaubs.
(2) Bewerbern um einen Sitz in der Volkskammer ist der zur Vorbereitung der Wahl erforderliche Urlaub zu gewähren.
(3) Gehalt und Lohn sind weiterzuzahlen.

Artikel 69
(1) Die Abgeordneten der Volkskammer erhalten eine steuerfreie Aufwandsentschädigung.
(2) Ein Verzicht auf die Aufwandsentschädigung ist unzulässig.
(3) Der Anspruch auf Aufwandsentschädigung ist nicht übertragbar und nicht pfändbar.

Artikel 70
(1) Die Abgeordneten der Volkskammer haben das Recht zur freien Fahrt auf allen öffentlichen Verkehrsmitteln.

II. Vertretung der Länder

Artikel 71
(1) Zur Vertretung der deutschen Länder wird eine Länderkammer gebildet. In der Länderkammer hat jedes Land für je 500000 Einwohner einen Abgeordneten. Jedes Land hat mindestens einen Abgeordneten.

Artikel 72
(1) Die Abgeordneten der Länderkammer werden von den Landtagen im Verhältnis der Stärke der Fraktionen auf die Dauer der Wahlperiode des Landtages gewählt. Die Abgeordneten der Länderkammer sollen in der Regel Mitglieder des Landtages sein.
(2) Die Landtage stellen den Willen des Landes zu den in der Länderkammer zu erörternden Angelegenheiten fest. Die Bestimmungen der Länderverfassungen über die Gewissensfreiheit der Abgeordneten bleiben hierdurch unberührt.

Artikel 73
(1) Die Länderkammer wählt ihr Präsidium und gibt sich eine Geschäftsordnung. Das Präsidium besteht aus dem Präsidenten, seinen Stellvertretern und den Beisitzern.

Artikel 74
(1) Die Länderkammer wird von dem Präsidenten einberufen, sobald dies zur Erledigung ihrer Aufgaben erforderlich ist.
(2) Die Länderkammer wird fernerhin einberufen, wenn ein Fünftel ihrer Mitglieder es verlangt.

Artikel 75
(1) Die Sitzungen der Länderkammer sind öffentlich. Nach Maßgabe der Geschäftsordnung kann die Öffentlichkeit für einzelne Beratungsgegenstände ausgeschlossen werden.

Artikel 76
(1) Bei der Abstimmung in der Länderkammer entscheidet die einfache Stimmenmehrheit, soweit nicht diese Verfassung andere Bestimmungen enthält.

Artikel 77
(1) Die Länderkammer kann die erforderlichen Ausschüsse nach Maßgabe der Geschäftsordnung bilden.

Artikel 78
(1) Die Länderkammer hat das Recht, Gesetzesvorlagen bei der Volkskammer einzubringen. Sie hat ein Einspruchsrecht bei der Gesetzgebung nach Maßgabe des Artikel 84 der Verfassung.

Artikel 79
(1) Die Mitglieder der Regierung der Republik und der Landesregierungen haben das Recht und auf Verlangen der Länderkammer die Pflicht, an den Verhandlungen der Länderkammer und ihrer Ausschüsse teilzunehmen. Sie müssen auf ihr Verlangen zu dem zur Verhandlung stehenden Gegenstand jederzeit gehört werden.
(2) Die Volkskammer kann bei besonderem Anlaß Abgeordnete aus ihrer Mitte beauftragen, die Meinung der Volkskammer in der Länderkammer darzulegen; das gleiche Recht steht der Länderkammer zur Darlegung ihrer Meinung in der Volkskammer zu. Die Länderkammer kann gegebenenfalls Mitglieder der Landesregierungen beauftragen, den Standpunkt ihrer Regierung in der Volkskammer darzulegen.

Artikel 80
(1) Die Artikel 67ff. dieser Verfassung über die Rechte der Abgeordneten der Volkskammer gelten entsprechend für die Abgeordneten der Länderkammer.

III. Gesetzgebung

Artikel 81
(1) Die Gesetze werden von der Volkskammer oder unmittelbar vom Volke durch Volksentscheid beschlossen.

Artikel 82
(1) Die Gesetzesvorlagen werden von der Regierung, von der Länderkammer oder aus der Mitte der Volkskammer eingebracht. Über die Gesetzentwürfe finden mindestens zwei Lesungen statt.

Artikel 83
(1) Die Verfassung kann im Wege der Gesetzgebung geändert werden.
(2) Beschlüsse der Volkskammer auf Abänderung der Verfassung kommen nur zustande, wenn zwei Drittel der Abgeordneten anwesend sind und wenn wenigstens zwei Drittel der anwesenden Abgeordneten zustimmen.
(3) Soll durch Volksentscheid eine Verfassungsänderung beschlossen werden, so ist die Zustimmung der Mehrheit der Stimmberechtigten erforderlich.

Artikel 84
(1) Gegen Gesetzesbeschlüsse der Volkskammer steht der Länderkammer ein Einspruchsrecht zu. Der Einspruch muß innerhalb von zwei Wochen nach der Schlußabstimmung in der Volkskammer eingebracht und spätestens innerhalb zweier wei-

terer Wochen mit Gründen versehen werden. Anderenfalls wird angenommen, daß die Länderkammer von ihrem Einspruchsrecht keinen Gebrauch macht.
(2) Der Einspruch wird hinfällig, wenn die Volkskammer ihren Beschluß nach erneuter Beratung aufrechterhält.
(3) Wurde der Einspruch der Länderkammer mit einer Mehrheit von zwei Dritteln der abstimmenden Abgeordneten beschlossen, so wird er nur dann hinfällig, wenn die Volkskammer ihren Beschluß mit einer Mehrheit von zwei Dritteln der abstimmenden Abgeordneten aufrechterhält.
(4) Richtet sich der Einspruch der Länderkammer gegen einen verfassungsändernden Gesetzesbeschluß der Volkskammer, so bedarf die Beschlußfassung über den Einspruch in der Länderkammer bei Anwesenheit von mindestens zwei Dritteln der Abgeordneten einer Mehrheit von zwei Dritteln der Abstimmenden.
(5) Der Einspruch wird hinfällig, wenn die Volkskammer ihren Beschluß mit der für Verfassungsänderungen vorgeschriebenen Mehrheit ihrer Abgeordneten aufrechterhält.

Artikel 85
(1) Der Präsident der Volkskammer hat die verfassungsmäßig zustande gekommenen Gesetze innerhalb eines Monats auszufertigen. Sie werden vom Präsidenten der Republik unverzüglich im Gesetzblatt der Republik verkündet.
(2) Die Ausfertigung und Verkündung findet nicht statt, wenn innerhalb Monatsfrist die Verfassungswidrigkeit des Gesetzes gemäß Artikel 66 festgestellt worden ist.
(3) Gesetze treten, soweit sie nichts anderes bestimmen, am 14. Tag nach der Verkündung in Kraft.

Artikel 86
(1) Die Ausfertigung und Verkündung eines Gesetzes ist um zwei Monate auszusetzen, wenn es ein Drittel der Abgeordneten der Volkskammer verlangt.
(2) Das Gesetz ist nach Ablauf dieser Frist auszufertigen und zu verkünden, falls nicht ein Volksbegehren auf Volksentscheid gegen den Erlaß des Gesetzes durchgeführt ist.
(3) Gesetze, die die Mehrheit der Mitglieder der Volkskammer für dringlich erklärt, müssen ungeachtet dieses Verlangens ausgefertigt und verkündet werden.

Artikel 87
(1) Ein Gesetz, dessen Verkündung auf Antrag von mindestens einem Drittel der Abgeordneten der Volkskammer ausgesetzt ist, ist dem Volksentscheid zu unterbreiten, wenn ein Zwanzigstel der Stimmberechtigten es beantragt.
(2) Ein Volksentscheid ist ferner herbeizuführen, wenn ein Zehntel der Stimmberechtigten oder wenn anerkannte Parteien oder Massenorganisationen, die glaubhaft machen, daß sie ein Fünftel der Stimmberechtigten vertreten, es beantragen (Volksbegehren).
(3) Dem Volksbegehren ist ein Gesetzentwurf zugrunde zu legen. Er ist von der Regierung unter Darlegung ihrer Stellungnahme der Volkskammer zu unterbreiten.

(4) Der Volksentscheid findet nur statt, wenn das begehrte Gesetz nicht in der Volkskammer in einer Fassung angenommen wird, mit der die Antragsteller oder ihre Vertretungen einverstanden sind.
(5) Über den Haushaltsplan, über die Abgabengesetze und die Besoldungsordnungen findet kein Volksentscheid statt.
(6) Das dem Volksentscheid unterbreitete Gesetz ist angenommen, wenn die Mehrheit der Abstimmenden zugestimmt hat.
(7) Das Verfahren beim Volksbegehren und Volksentscheid regelt ein besonderes Gesetz.

Artikel 88
(1) Der Haushaltsplan und der Wirtschaftsplan werden durch Gesetz beschlossen.
(2) Amnestien bedürfen eines Gesetzes.
(3) Staatsverträge, die sich auf Gegenstände der Gesetzgebung beziehen, sind wie Gesetze zu verkünden.

Artikel 89
(1) Ordnungsgemäß verkündete Gesetze sind von den Richtern auf ihre Verfassungsmäßigkeit nicht zu prüfen.
(2) Nach Einleitung des in Artikel 66 vorgesehenen Prüfungsverfahrens sind bis zu dessen Erledigung anhängige gerichtliche Verfahren auszusetzen.

Artikel 90
(1) Die zur Ausführung der Gesetze der Republik erforderlichen allgemeinen Verwaltungsvorschriften werden, soweit die Gesetze nichts anderes bestimmen, von der Regierung der Republik erlassen.

IV. Regierung der Republik

Artikel 91
(1) Die Regierung der Republik besteht aus dem Ministerpräsidenten und den Ministern.

Artikel 92
(1) Die stärkste Fraktion der Volkskammer benennt den Ministerpräsidenten; er bildet die Regierung. Alle Fraktionen, soweit sie mindestens 40 Mitglieder haben, sind im Verhältnis ihrer Stärke durch Minister oder Staatssekretäre vertreten. Staatssekretäre nehmen mit beratender Stimme an den Sitzungen der Regierung teil.
(2) Schließt sich eine Fraktion aus, so findet die Regierungsbildung ohne sie statt.
(3) Die Minister sollen Abgeordnete der Volkskammer sein.
(4) Die Volkskammer bestätigt die Regierung und billigt das von ihr vorgelegte Programm.

Artikel 93
(1) Die Mitglieder der Regierung werden bei ihrem Amtsantritt vom Präsidenten der Republik eidlich verpflichtet, ihre Geschäfte unparteiisch zum Wohle des Volkes und getreu der Verfassung und den Gesetzen zu führen.

Artikel 94
(1) Die Regierung sowie jedes ihrer Mitglieder bedürfen zur Geschäftsführung des Vertrauens der Volkskammer.

Artikel 95
(1) Die Tätigkeit der Regierung in ihrer Gesamtheit endet mit der Annahme eines Mißtrauensantrages durch die Volkskammer.
(2) Der Mißtrauensantrag kommt nur zur Abstimmung, wenn gleichzeitig mit ihm der neue Ministerpräsident und die von ihm zu befolgenden Grundsätze der Politik vorgeschlagen werden. Über den Mißtrauensantrag und diese Vorschläge wird in ein und derselben Abstimmungshandlung entschieden.
(3) Der Beschluß auf Entziehung des Vertrauens ist nur wirksam, wenn ihm mindestens die Hälfte der gesetzlichen Mitgliederzahl der Abgeordneten zustimmt.
(4) Der Antrag auf Herbeiführung eines solchen Beschlußes muß von mindestens einem Viertel der Mitglieder der Volkskammer unterzeichnet sein. Über den Antrag darf frühestens am zweiten Tage nach seiner Verhandlung abgestimmt werden. Der Antrag muß innerhalb einer Woche nach seiner Einbringung erledigt werden.
(5) Tritt die neue Regierung ihr Amt nicht innerhalb von 21 Tagen nach der Annahme des Mißtrauensantrages an, so wird der Mißtrauensantrag unwirksam.
(6) Wird der neuen Regierung das Mißtrauen ausgesprochen, so gilt die Volkskammer als aufgelöst.
(7) Bis zum Amtsantritt einer neuen Regierung werden die Geschäfte von der bisherigen Regierung weitergeführt.

Artikel 96
(1) Ein Regierungsmitglied, dem durch Beschluß der Volkskammer das Vertrauen entzogen wird, muß zurücktreten. Die Geschäfte sind bis zum Amtsantritt des Nachfolgers fortzuführen, sofern nicht die Volkskammer etwas anderes beschließt.
(2) Die Bestimmungen des Artikels 95 Abs. 3 finden entsprechende Anwendung.
(3) Jedes Regierungsmitglied kann jederzeit den Rücktritt erklären. Sein Geschäftsbereich wird bis zur Bestellung des Nachfolgers von seinem Stellvertreter wahrgenommen, es sei denn, daß die Volkskammer etwas anderes beschließt.

Artikel 97
(1) Der Ministerpräsident führt den Vorsitz in der Regierung und leitet ihre Geschäfte nach einer Geschäftsordnung, die von der Regierung zu beschließen und der Volkskammer mitzuteilen ist.

Artikel 98
(1) Der Ministerpräsident bestimmt die Richtlinien der Regierungspolitik nach Maßgabe der von der Volkskammer aufgestellten Grundsätze. Er ist dafür der Volkskammer verantwortlich.
(2) Innerhalb dieser Richtlinien leitet jeder Minister den ihm anvertrauten Geschäftszweig selbständig unter eigener Verantwortung gegenüber der Volkskammer.

Artikel 99
(1) Die Minister haben der Regierung alle Gesetzentwürfe, ferner Angelegenheiten, für welche die Verfassung oder das Gesetz es vorschreiben, sowie Meinungsverschiedenheiten über Fragen, die den Geschäftsbereich mehrerer Minister berühren, zur Beratung und Beschlußfassung zu unterbreiten.

Artikel 100
(1) Die Regierung faßt ihre Beschlüsse mit Stimmenmehrheit. Bei Stimmengleichheit entscheidet die Stimme des Vorsitzenden.

[...]

VI. Republik und Länder

Artikel 109
(1) Jedes Land muß eine Verfassung haben, die mit den Grundsätzen der Verfassung der Republik übereinstimmt. Der Landtag ist die höchste und alleinige Volksvertretung des Landes.
(2) Die Volksvertretung muß in allgemeiner, gleicher, unmittelbarer und geheimer Wahl von allen wahlberechtigten Bürgern nach den im Wahlgesetz für die Republik niedergelegten Grundsätzen des Verhältniswahlrechts gewählt werden.

[...]

VIII. Rechtspflege

Artikel 126
(1) Die ordentliche Gerichtsbarkeit wird durch den Obersten Gerichtshof der Republik und durch die Gerichte der Länder ausgeübt.

Artikel 127
(1) Die Richter sind in ihrer Rechtsprechung unabhängig und nur der Verfassung und dem Gesetz unterworfen.

Artikel 128
(1) Richter kann nur sein, wer nach seiner Persönlichkeit und Tätigkeit die Gewähr dafür bietet, daß er sein Amt gemäß den Grundsätzen der Verfassung ausübt.

[...]

Artikel 130
(1) An der Rechtsprechung sind Laienrichter im weitesten Umfange zu beteiligen.
(2) Die Laienrichter werden auf Vorschlag der demokratischen Parteien und Organisationen durch die zuständigen Volksvertretungen gewählt.

Artikel 131
(1) Die Richter des Obersten Gerichtshofes und der Oberste Staatsanwalt der Republik werden auf Vorschlag der Regierung der Republik durch die Volkskammer gewählt.
(2) Die Richter der Obersten Gerichte und die Obersten Staatsanwälte der Länder werden auf Vorschlag der Landesregierungen von den Landtagen gewählt.
(3) Die übrigen Richter werden von den Landesregierungen ernannt.

Artikel 132
(1) Die Richter des Obersten Gerichtshofes und der Oberste Staatsanwalt der Republik können von der Volkskammer abberufen werden, wenn sie gegen die Verfassung und die Gesetze verstoßen oder ihre Pflichten als Richter oder als Staatsanwalt gröblich verletzen.
(2) Die Abberufung erfolgt nach Einholung des Gutachtens eines bei der Volkskammer zu bildenden Justizausschusses.
(3) Der Justizausschuß besteht aus dem Vorsitzenden des Rechtsausschusses der Volkskammer, aus drei Mitgliedern der Volkskammer, zwei Mitgliedern des Obersten Gerichtshofes und einem Mitglied der Obersten Staatsanwaltschaft. Den Vorsitz führt der Vorsitzende des Rechtsausschusses. Die übrigen Ausschußmitglieder werden von der Volkskammer für die Dauer der Wahlperiode gewählt. Die dem Justizausschuß angehörenden Mitglieder des Obersten Gerichtshofes und der Obersten Staatsanwaltschaft dürfen nicht Mitglieder der Volkskammer sein.
(4) Die durch die Landtage gewählten und durch die Landesregierungen ernannten Richter können von den betreffenden Landtagen abberufen werden. Die Abberufung erfolgt nach Einholung eines Gutachtens des bei dem betreffenden Landtag zu bildenden Justizausschusses. Der Justizausschuß besteht aus dem Vorsitzenden des Rechtsausschusses des Landtages, aus drei Mitgliedern des Landtages, zwei Mitgliedern des Obersten Gerichts und einem Mitglied der Obersten Staatsanwaltschaft des Landes. Den Vorsitz führt der Vorsitzende des Rechtsausschusses. Die übrigen Ausschussmitglieder werden von dem betreffenden Landtag für die Dauer der Wahlperiode gewählt. Die dem Justizausschuß angehörenden Mitglieder des Obersten Gerichts und der Obersten Staatsanwaltschaft dürfen nicht Mitglieder des Landtages sein.
(5) Die von den Landesregierungen ernannten Richter können unter den gleichen Voraussetzungen von den Landesregierungen abberufen werden, jedoch nur mit Genehmigung des Justizausschusses des betreffenden Landtages.

[...]

Artikel 138
(1) Dem Schutz der Bürger gegen rechtswidrige Maßnahmen der Verwaltung dienen die Kontrolle durch die Volksvertretungen und die Verwaltungsgerichtsbarkeit.
(2) Aufbau und Zuständigkeit der Verwaltungsgerichte werden durch Gesetz geregelt.
(3) Für die Mitglieder der Verwaltungsgerichte gelten die Grundsätze über die Wahl und Abberufung der Richter der ordentlichen Gerichtsbarkeit entsprechend.

IX. Selbstverwaltung

Artikel 139
(1) Gemeinden und Gemeindeverbände haben das Recht der Selbstverwaltung innerhalb der Gesetze der Republik und der Länder.
(2) Zu den Selbstverwaltungsaufgaben gehören die Entscheidung und Durchführung aller öffentlichen Angelegenheiten, die das wirtschaftliche, soziale und kulturelle Leben der Gemeinde oder des Gemeindeverbandes betreffen. Jede Aufgabe ist vom untersten dazu geeigneten Verband zu erfüllen.

Artikel 140
(1) Die Gemeinden und Gemeindeverbände haben Vertretungen, die nach demokratischen Grundsätzen gebildet werden.
(2) Zu ihrer Unterstützung werden Ausschüsse gebildet, in denen Vertreter der demokratischen Parteien und Organisationen verantwortlich mitarbeiten.
(3) Wahlrecht und Wahlverfahren richten sich nach den für die Wahl zur Volkskammer und zu den Landtagen geltenden Bestimmungen.
(4) Jedoch kann durch Landesgesetz die Wahlberechtigung von der Dauer des Aufenthalts in der Gemeinde bis zu einem halben Jahr abhängig gemacht werden.

Artikel 141
(1) Die gewählten ausführenden Organe der Gemeinden und der Gemeindeverbände bedürfen zu ihrer Amtsführung des Vertrauens der Vertretungskörperschaften.

Artikel 142
(1) Die Aufsicht über die Selbstverwaltung der Gemeinden und der Gemeindeverbände beschränkt sich auf die Gesetzmäßigkeit der Verwaltung und die Wahrung demokratischer Verwaltungsgrundsätze.

[...]

X. Übergangs- und Schlußbestimmungen

Artikel 144
(1) Alle Bestimmungen dieser Verfassung sind unmittelbar geltendes Recht. Entgegenstehende Bestimmungen sind aufgehoben. Die an ihre Stelle tretenden, zur

Durchführung der Verfassung erforderlichen Bestimmungen werden gleichzeitig mit der Verfassung in Kraft gesetzt. Weitergeltende Gesetze sind im Sinne dieser Verfassung auszulegen.

(2) Die verfassungsmäßigen Freiheiten und Rechte können nicht den Bestimmungen entgegengehalten werden, die ergangen sind und noch ergehen werden, um den Nationalsozialismus und Militarismus zu überwinden und das von ihnen verschuldete Unrecht wiedergutzumachen. Die vorstehende, vom Deutschen Volksrat unter Beteiligung des gesamten deutschen Volkes erarbeitete und am 19. März 1949 beschlossene, vom Dritten Deutschen Volkskongreß am 30. Mai 1949 bestätigte und durch Gesetz der Provisorischen Volkskammer vom 7. Oktober 1949 in Kraft gesetzte Verfassung der Deutschen Demokratischen Republik wird hiermit verkündet.

1.2. Die Verfassung von 1968

Verfassung der Deutschen Demokratischen Republik
vom 6. April 1968,[1] veröffentlicht im Gesetzblatt 1968, Teil 1, Nr. 8, S. 199-222.[2]

Getragen von der Verantwortung, der ganzen deutschen Nation den Weg in eine Zukunft des Friedens und des Sozialismus zuweisen, in Ansehung der geschichtlichen Tatsache, daß der Imperialismus unter Führung der USA im Einvernehmen mit Kreisen des westdeutschen Monopolkapitals Deutschland gespalten hat, um Westdeutschland zu einer Basis des Imperialismus und des Kampfes gegen den Sozialismus aufzubauen, was den Lebensinteressen der Nation widerspricht, hat sich das Volk der Deutschen Demokratischen Republik, fest gegründet auf den Errungenschaften der antifaschistisch-demokratischen und der sozialistischen Umwälzung der gesellschaftlichen Ordnung, einig in seinen werktätigen Klassen und Schichten das Werk der Verfassung vom 7. Oktober 1949 in ihrem Geiste weiterführend und von dem Willen erfüllt, den Weg des Friedens, der sozialen Gerechtigkeit, der Demokratie, des Sozialismus und der Völkerfreundschaft in freier Entscheidung unbeirrt weiterzugehen, diese sozialistische Verfassung gegeben.

Abschnitt I
Grundlagen der sozialistischen Gesellschafts- und Staatsordnung

Kapitel 1
Politische Grundlagen

Artikel 1
Die Deutsche Demokratische Republik ist ein sozialistischer Staat deutscher Nation. Sie ist die politische Organisation der Werktätigen in Stadt und Land, die gemeinsam unter Führung der Arbeiterklasse und ihrer marxistisch-leninistischen Partei den Sozialismus verwirklichen. [...]

---

1 Dem Gesetzestext ist die folgende Feststellung vorangestellt: „Die Verfassung der Deutschen Demokratischen Republik tritt entsprechend § 10 des Gesetzes vom 26. März 1968 zur Durchführung eines Volksentscheides über die Verfassung der Deutschen Demokratischen Republik (GBl. I, S. 192) am 9. April 1968 in Kraft".
2 Quelle: Fischer, Erich/Künzel, Werner (1989): Verfassung der Deutschen Demokratischen Republik vom 6. April 1968. In: Fischer, Erich/Künzel, Werner (Hrsg.) (1989): Verfassungen deutscher Länder und Staaten. Von 1816 bis zur Gegenwart, Berlin (Ost): Staatsverlag der Deutschen Demokratischen Republik, S. 495-518.

Artikel 2
(1) Alle politische Macht in der Deutschen Demokratischen Republik wird von den Werktätigen ausgeübt. Der Mensch steht im Mittelpunkt aller Bemühungen der sozialistischen Gesellschaft und ihres Staates. Das gesellschaftliche System des Sozialismus wird ständig vervollkommnet.
(2) Das feste Bündnis der Arbeiterklasse mit der Klasse der Genossenschaftsbauern, den Angehörigen der Intelligenz und den anderen Schichten des Volkes, das sozialistische Eigentum an Produktionsmitteln, die Planung und Leitung der gesellschaftlichen Entwicklung nach den fortgeschrittensten Erkenntnissen der Wissenschaft bilden unantastbare Grundlagen der sozialistischen Gesellschaftsordnung.
(3) Die Ausbeutung des Menschen durch den Menschen ist für immer beseitigt. Was des Volkes Hände schaffen, ist des Volkes Eigen. Das sozialistische Prinzip „Jeder nach seinen Fähigkeiten, jedem nach seiner Leistung" wird verwirklicht.
(4) Die Übereinstimmung der politischen, materiellen und kulturellen Interessen der Werktätigen und ihrer Kollektive mit den gesellschaftlichen Erfordernissen ist die wichtigste Triebkraft der sozialistischen Gesellschaft.

Artikel 3
(1) Das Bündnis aller Kräfte des Volkes findet in der Nationalen Front des demokratischen Deutschland seinen organisierten Ausdruck.
(2) In der Nationalen Front des demokratischen Deutschland vereinigen die Parteien und Massenorganisationen alle Kräfte des Volkes zum gemeinsamen Handeln für die Entwicklung der sozialistischen Gesellschaft. Dadurch verwirklichen sie das Zusammenleben aller Bürger in der sozialistischen Gemeinschaft nach dem Grundsatz, daß jeder Verantwortung für das Ganze trägt.

Artikel 4
Alle Macht dient dem Wohle des Volkes. Sie sichert sein friedliches Leben, schützt die sozialistische Gesellschaft und gewährleistet die planmäßige Steigerung des Lebensstandards, die freie Entwicklung des Menschen, wahrt seine Würde und garantiert die in dieser Verfassung verbürgten Rechte.

Artikel 5
(1) Die Bürger der Deutschen Demokratischen Republik üben ihre politische Macht durch demokratisch gewählte Volksvertretungen aus.
(2) Die Volksvertretungen sind die Grundlage des Systems der Staatsorgane. Sie stützen sich in ihrer Tätigkeit auf die aktive Mitgestaltung der Bürger an der Vorbereitung, Durchführung und Kontrolle ihrer Entscheidungen.
(3) Zu keiner Zeit und unter keinen Umständen können andere als die verfassungsmäßig vorgesehenen Organe staatliche Macht ausüben.

[...]

Abschnitt III
Aufbau und System der staatlichen Leitung

Artikel 47
(1) Der Aufbau und die Tätigkeit der staatlichen Organe werden durch die in dieser Verfassung festgelegten Ziele und Aufgaben der Staatsmacht bestimmt.
(2) Die Souveränität des werktätigen Volkes, verwirklicht auf der Grundlage des demokratischen Zentralismus, ist das tragende Prinzip des Staatsaufbaus.

Kapitel 1
Die Volkskammer

Artikel 48
(1) Die Volkskammer ist das oberste staatliche Machtorgan der Deutschen Demokratischen Republik. Sie entscheidet in ihren Plenarsitzungen über die Grundfragen der Staatspolitik.
(2) Die Volkskammer ist das einzige verfassungs- und gesetzgebende Organ in der Deutschen Demokratischen Republik. Niemand kann ihre Rechte einschränken. Die Volkskammer verwirklicht in ihrer Tätigkeit den Grundsatz der Einheit von Beschlußfassung und Durchführung.

Artikel 49
(1) Die Volkskammer bestimmt durch Gesetze und Beschlüsse endgültig und für jedermann verbindlich die Ziele der Entwicklung der Deutschen Demokratischen Republik.
(2) Die Volkskammer legt die Hauptregeln für das Zusammenwirken der Bürger, Gemeinschaften und Staatsorgane sowie deren Aufgaben bei der Durchführung der staatlichen Pläne der gesellschaftlichen Entwicklung fest.
(2) Die Volkskammer gewährleistet die Verwirklichung ihrer Gesetze und Beschlüsse. Sie bestimmt die Grundsätze der Tätigkeit des Staatsrates, des Ministerrates, des Nationalen Verteidigungsrates, des Obersten Gerichts und des Generalstaatsanwalts.

Artikel 50
Die Volkskammer wählt den Vorsitzenden und die Mitglieder des Staatsrates, den Vorsitzenden und die Mitglieder des Ministerrates, den Vorsitzenden des Nationalen Verteidigungsrates, den Präsidenten und die Richter des Obersten Gerichts und den Generalstaatsanwalt. Sie können jederzeit von der Volkskammer abberufen werden.

Artikel 51
Die Volkskammer bestätigt Staatsverträge der Deutschen Demokratischen Republik und andere völkerrechtliche Verträge, soweit durch sie Gesetze der Volkskammer geändert werden. Sie entscheidet über die Kündigung dieser Verträge.

Artikel 52
Die Volkskammer beschließt über den Verteidigungszustand der Deutschen Demokratischen Republik. Im Dringlichkeitsfalle ist der Staatsrat berechtigt, den Verteidigungszustand zu beschließen. Der Vorsitzende des Staatsrates verkündet den Verteidigungszustand.

Artikel 53
Die Volkskammer kann die Durchführung von Volksabstimmungen beschließen.

Artikel 54
Die Volkskammer besteht aus 500 Abgeordneten, die vom Volke auf die Dauer von 4 Jahren in freier, allgemeiner, gleicher und geheimer Wahl gewählt werden.

Artikel 55
(1) Die Volkskammer wählt für die Dauer der Wahlperiode ein Präsidium. Das Präsidium besteht aus dem Präsidenten der Volkskammer, einem Stellvertreter des Präsidenten und weiteren Mitgliedern.
(2) Dem Präsidium obliegt die Tagungsleitung der Plenarsitzungen. Weitere Aufgaben regelt die Geschäftsordnung der Volkskammer.

Artikel 56
(1) Die Abgeordneten der Volkskammer erfüllen ihre verantwortungsvollen Aufgaben im Interesse und zum Wohle des gesamten Volkes.
(2) Die Abgeordneten fördern die Mitwirkung der Bürger an der Vorbereitung und Verwirklichung der Gesetze in Zusammenarbeit mit den Ausschüssen der Nationalen Front des demokratischen Deutschland, den gesellschaftlichen Organisationen und den staatlichen Organen.
(3) Die Abgeordneten halten enge Verbindung zu ihren Wählern. Sie sind verpflichtet, deren Vorschläge, Hinweise und Kritiken zu beachten und für eine gewissenhafte Behandlung Sorge zu tragen.
(4) Die Abgeordneten erläutern den Bürgern die Politik des sozialistischen Staates.

Artikel 57
(1) Die Abgeordneten der Volkskammer sind verpflichtet, regelmäßig Sprechstunden und Aussprachen durchzuführen sowie den Wählern über ihre Tätigkeit Rechenschaft zu legen.
(2) Ein Abgeordneter, der seine Pflichten gröblich verletzt, kann von den Wählern gemäß dem gesetzlich festgelegten Verfahren abberufen werden.

Artikel 58
Die Abgeordneten der Volkskammer haben das Recht, an den Tagungen der örtlichen Volksvertretungen mit beratender Stimme teilzunehmen.

Artikel 59
Jeder Abgeordnete der Volkskammer hat das Recht, Anfragen an den Ministerrat und jedes seiner Mitglieder zu richten.

Artikel 60
(1) Alle staatlichen und wirtschaftlichen Organe sind verpflichtet, die Abgeordneten bei der Wahrnehmung ihrer Aufgaben zu unterstützen.
(2) Die Abgeordneten der Volkskammer besitzen die Rechte der Immunität. Beschränkungen der persönlichen Freiheit, Hausdurchsuchungen, Beschlagnahmen oder Strafverfolgungen sind gegen Abgeordnete der Volkskammer nur mit Zustimmung der Volkskammer oder in der Zeit zwischen ihren Tagungen mit Zustimmung des Staatsrates zulässig. Die Entscheidung des Staatsrates bedarf der Bestätigung durch die Volkskammer. Die Abgeordneten der Volkskammer sind berechtigt, über Personen, die ihnen in ihrer Eigenschaft als Abgeordnete Tatsachen anvertrauen oder denen sie in Ausübung ihrer Abgeordnetentätigkeit solche Tatsachen anvertraut haben, sowie über diese Tatsachen selbst die Aussage zu verweigern.
(3) Den Abgeordneten dürfen aus ihrer Abgeordnetentätigkeit keinerlei berufliche oder sonstige persönliche Nachteile entstehen. Sie sind von ihrer beruflichen Tätigkeit freigestellt, soweit die Wahrnehmung ihrer Aufgaben als Abgeordnete es erfordert. Gehälter und Löhne sind weiterzuzahlen.

Artikel 61
(1) Die Volkskammer bildet aus ihrer Mitte Ausschüsse. Ihnen obliegt in enger Zusammenarbeit mit den Wählern die Beratung von Gesetzentwürfen und die ständige Kontrolle der Durchführung der Gesetze.
(2) Die Ausschüsse können die Anwesenheit der zuständigen Minister und Leiter anderer staatlicher Organe in ihren Beratungen zum Zwecke der Erteilung von Auskünften verlangen. Alle Staatsorgane sind verpflichtet, den Ausschüssen die erforderlichen Informationen zu erteilen.
(3) Die Ausschüsse haben das Recht, Fachleute zur ständigen oder zeitweiligen Mitarbeit heranzuziehen.

Artikel 62
(1) Die Volkskammer tritt spätestens am 30. Tage nach ihrer Wahl zusammen. Ihre erste Tagung wird vom Staatsrat einberufen.
(2) Die Tagungen der Volkskammer sind öffentlich. Auf Antrag von mindestens zwei Dritteln der anwesenden Abgeordneten kann die Öffentlichkeit ausgeschlossen werden.

Artikel 63
(1) Die Volkskammer ist beschlußfähig, wenn mehr als die Hälfte der Abgeordneten anwesend ist.
(2) Die Volkskammer faßt ihre Beschlüsse mit Stimmenmehrheit. Verfassungsändernde Gesetze sind beschlossen, wenn mindestens zwei Drittel der gewählten Abgeordneten zustimmen.

Artikel 64
(1) Vor Ablauf einer Wahlperiode findet eine Auflösung der Volkskammer nur durch eigenen Beschluß statt.
(2) Ein solcher Beschluß bedarf der Zustimmung von mindestens zwei Dritteln der gewählten Abgeordneten.
(3) Spätestens am 60. Tage nach Ablauf der Wahlperiode oder am 45. Tage nach Auflösung der Volkskammer muß deren Neuwahl stattfinden.

Artikel 65
(1) Das Recht zur Einbringung von Gesetzesvorlagen haben die Abgeordneten der in der Volkskammer vertretenen Parteien und Massenorganisationen, die Ausschüsse der Volkskammer, der Staatsrat, der Ministerrat und der Freie Deutsche Gewerkschaftsbund.
(2) In Vorbereitung der Tagungen der Volkskammer behandelt der Staatsrat Gesetzesvorlagen und prüft deren Verfassungsmäßigkeit.
(3) Die Ausschüsse der Volkskammer beraten die Gesetzesvorlagen und legen ihre Auffassung dem Plenum der Volkskammer vor. Sie werden in ihrer Tätigkeit vom Staatsrat unterstützt.
(4) Entwürfe grundlegender Gesetze werden vor ihrer Verabschiedung der Bevölkerung zur Erörterung unterbreitet. Die Ergebnisse der Volksdiskussion sind bei der endgültigen Fassung auszuwerten.
(5) Die von der Volkskammer verabschiedeten Gesetze werden vom Vorsitzenden des Staatsrates innerhalb eines Monats im Gesetzblatt verkündet.
(5) Gesetze treten am 14. Tage nach ihrer Verkündung in Kraft, soweit sie nichts anderes bestimmen

Kapitel 2
Der Staatsrat

Artikel 66
(1) Der Staatsrat erfüllt als Organ der Volkskammer zwischen den Tagungen der Volkskammer alle grundsätzlichen Aufgaben, die sich aus den Gesetzen und Beschlüssen der Volkskammer ergeben. Er ist der Volkskammer für seine Tätigkeit verantwortlich.
(2) Der Vorsitzende des Staatsrates vertritt die Deutsche Demokratische Republik völkerrechtlich. Der Staatsrat entscheidet über den Abschluß der Staatsverträge der Deutschen Demokratischen Republik. Sie werden vom Vorsitzenden des Staatsrates ratifiziert. Der Staatsrat kündigt Staatsverträge.

Artikel 67
(1) Der Staatsrat besteht aus dem Vorsitzenden, seinen Stellvertretern, den Mitgliedern und dem Sekretär.
(2) Der Vorsitzende, die Stellvertreter des Vorsitzenden, die Mitglieder und der Sekretär des Staatsrates werden von der Volkskammer auf ihrer ersten Tagung nach

der Neuwahl auf die Dauer von 4 Jahren gewählt.
(3) Nach Ablauf der Wahlperiode der Volkskammer setzt der Staatsrat seine Tätigkeit bis zur Wahl des neuen Staatsrates durch die Volkskammer fort.

Artikel 68
Der Vorsitzende, die Stellvertreter des Vorsitzenden, die Mitglieder und der Sekretär des Staatsrates leisten bei ihrem Amtsantritt der Volkskammer folgenden Eid: „Ich schwöre, daß ich meine Kraft dem Wohle des Volkes der Deutschen Demokratischen Republik widmen, ihre Verfassung und die Gesetze wahren, meine Pflichten gewissenhaft erfüllen und Gerechtigkeit gegenüber jedermann üben werde."

Artikel 69
Der Vorsitzende leitet die Arbeit des Staatsrates.

Artikel 70
(1) Der Staatsrat behandelt Vorlagen an die Volkskammer und veranlaßt ihre Beratung in den Ausschüssen der Volkskammer.
(2) Auf Beschluß der Volkskammer oder aus eigener Initiative beruft der Staatsrat die Tagungen der Volkskammer ein.
(3) Der Staatsrat ist verpflichtet, die Volkskammer jederzeit einzuberufen, wenn mindestens ein Drittel der Abgeordneten es verlangt.

Artikel 71
(1) Der Staatsrat regelt die grundsätzlichen Aufgaben, die sich aus den Gesetzen und Beschlüssen der Volkskammer ergeben, durch Erlasse. Sie werden der Volkskammer zur Bestätigung vorgelegt.
(2) Erlasse und Beschlüsse des Staatsrates sind rechtsverbindlich.
(3) Der Staatsrat legt die Verfassung und die Gesetze verbindlich aus, soweit dies nicht durch die Volkskammer selbst erfolgt.

Artikel 72
Der Staatsrat schreibt die Wahlen zur Volkskammer und zu den anderen Volksvertretungen aus.

Artikel 73
(1) Der Staatsrat faßt grundsätzliche Beschlüsse zu Fragen der Verteidigung und Sicherheit des Landes. Er organisiert die Landesverteidigung mit Hilfe des Nationalen Verteidigungsrates.
(2) Der Staatsrat beruft die Mitglieder des Nationalen Verteidigungsrates. Der Nationale Verteidigungsrat ist der Volkskammer und dem Staatsrat für seine Tätigkeit verantwortlich.

Artikel 74
Der Staatsrat nimmt im Auftrage der Volkskammer die ständige Aufsicht über die Verfassungsmäßigkeit und Gesetzlichkeit der Tätigkeit des Obersten Gerichts und des Generalstaatsanwalts wahr.

Artikel 75
(1) Der Vorsitzende des Staatsrates ernennt die bevollmächtigten Vertreter der Deutschen Demokratischen Republik in anderen Staaten und beruft sie ab. Er nimmt Beglaubigungs- und Abberufungsschreiben der bei ihm akkreditierten Vertreter anderer Staaten entgegen.
(2) Der Staatsrat legt die militärischen Dienstgrade, die diplomatischen Ränge und andere spezielle Titel fest.

Artikel 76
Der Staatsrat stiftet staatliche Orden, Auszeichnungen und Ehrentitel, die von seinem Vorsitzenden verliehen werden.

Artikel 77
Der Staatsrat übt das Amnestie- und Begnadigungsrecht aus.

Kapitel 3
Der Ministerrat

Artikel 78
(1) Der Ministerrat organisiert im Auftrage der Volkskammer die Erfüllung der politischen, ökonomischen, kulturellen und sozialen sowie die ihm übertragenen Verteidigungsaufgaben des sozialistischen Staates. Er ist ein kollektiv arbeitendes Organ.
(2) Der Ministerrat arbeitet wissenschaftlich begründete Prognosen aus, organisiert die Gestaltung des ökonomischen Systems des Sozialismus und leitet die planmäßige Entwicklung der Volkswirtschaft.

Artikel 79
(1) Der Ministerrat arbeitet auf der Grundlage der Gesetze und Beschlüsse der Volkskammer sowie der Erlasse und Beschlüsse des Staatsrates. Er erläßt im Rahmen der Gesetze und Erlasse Verordnungen und faßt Beschlüsse.
(2) Der Ministerrat leitet, koordiniert und kontrolliert die Tätigkeit der Ministerien, der anderen zentralen Staatsorgane und der Räte der Bezirke entsprechend den Erkenntnissen der Organisationswissenschaft.
(3) Der Ministerrat entscheidet über den Abschluß und die Kündigung völkerrechtlicher Verträge, die in seinem Namen abgeschlossen werden.

Artikel 80
(1) Der Vorsitzende des Ministerrates wird vom Vorsitzenden des Staatsrates der Volkskammer vorgeschlagen und von ihr mit der Bildung des Ministerrates beauftragt.
(2) Der Vorsitzende und die Mitglieder des Ministerrates werden nach der Neuwahl der Volkskammer von ihr auf die Dauer von 4 Jahren gewählt.
(3) Der Vorsitzende und die Mitglieder des Ministerrates werden vom Vorsitzenden des Staatsrates auf die Verfassung vereidigt.
(4) Der Ministerrat besteht aus dem Vorsitzenden, den Stellvertretern des Vorsitzenden und den Ministern. Er wird vom Vorsitzenden des Ministerrates geleitet.
(5) Der Ministerrat bildet aus seiner Mitte das Präsidium des Ministerrates. Es wird vom Vorsitzenden des Ministerrates geleitet.
(6) Jeder Minister leitet verantwortlich das ihm übertragene Aufgabengebiet. Für die Tätigkeit des Ministerrates tragen alle seine Mitglieder die Verantwortung.
(7) Der Ministerrat ist der Volkskammer verantwortlich und rechenschaftspflichtig.
(8) Nach Ablauf der Wahlperiode der Volkskammer setzt der Ministerrat seine Tätigkeit bis zur Wahl des neuen Ministerrates durch die Volkskammer fort.

Kapitel 4
Die örtlichen Volksvertretungen und ihre Organe

Artikel 81
(1) Die örtlichen Volksvertretungen sind die von den wahlberechtigten Bürgern gewählten Organe der Staatsmacht in den Bezirken, Kreisen, Städten, Stadtbezirken, Gemeinden und Gemeindeverbänden.
(2) Die örtlichen Volksvertretungen entscheiden auf der Grundlage der Gesetze in eigener Verantwortung über alle Angelegenheiten, die ihr Gebiet und seine Bürger betreffen. Sie organisieren die Mitwirkung der Bürger an der Gestaltung des politischen, wirtschaftlichen, kulturellen und sozialen Lebens und arbeiten mit den gesellschaftlichen Organisationen der Werktätigen zusammen.
(3) Die Tätigkeit der örtlichen Volksvertretungen ist darauf gerichtet, das sozialistische Eigentum zu mehren und zu schützen, die Arbeits- und Lebensbedingungen der Bürger ständig zu verbessern und das gesellschaftliche und kulturelle Leben der Bürger und ihrer Gemeinschaften zu fördern, das sozialistische Staats- und Rechtsbewußtsein der Bürger zu heben und die öffentliche Ordnung zu sichern, die sozialistische Gesetzlichkeit zu festigen und die Rechte der Bürger zu wahren.

Artikel 82
(1) Die örtlichen Volksvertretungen fassen Beschlüsse, die für ihre Organe und Einrichtungen sowie für die Volksvertretungen, Gemeinschaften und Bürger ihres Gebietes verbindlich sind. Diese Beschlüsse sind zu veröffentlichen.
(2) Die örtlichen Volksvertretungen haben eigene Einnahmen und verfügen über ihre Verwendung.

Artikel 83
(1) Zur Wahrnehmung ihrer Verantwortung wählt jede örtliche Volksvertretung ihren Rat und Kommissionen. Die Mitglieder des Rates sollen nach Möglichkeit Abgeordnete sein. In die Kommissionen können auch Mitglieder berufen werden, die nicht Abgeordnete sind.
(2) Der Rat sichert die Entfaltung der Tätigkeit der Volksvertretung und organisiert die Leitung der gesellschaftlichen Entwicklung in deren Verantwortungsbereich. Er ist der Volksvertretung für seine gesamte Tätigkeit verantwortlich und dem übergeordneten Rat rechenschaftspflichtig. Der Rat ist ein kollektiv arbeitendes Organ.
(3) Die Kommissionen organisieren die sachkundige Mitwirkung der Bürger bei der Vorbereitung und Durchführung der Beschlüsse der Volksvertretung. Sie kontrollieren die Durchführung der Gesetze, Erlasse, Verordnungen und der Beschlüsse der Volksvertretung durch den Rat und dessen Fachorgane.

Artikel 84
Die örtlichen Volksvertretungen können zur gemeinsamen Wahrnehmung ihrer Aufgaben Verbände bilden.

Artikel 85
Die Aufgaben und Befugnisse der örtlichen Volksvertretungen, ihrer Abgeordneten, Kommissionen und ihrer Räte in den Bezirken, Kreisen, Städten, Stadtbezirken, Gemeinden und Gemeindeverbänden werden durch Gesetz festgelegt.

Abschnitt IV
Sozialistische Gesetzlichkeit und Rechtspflege

Artikel 86
Die sozialistische Gesellschaft, die politische Macht des werktätigen Volkes, ihre Staats- und Rechtsordnung sind die grundlegende Garantie für die Einhaltung und die Verwirklichung der Verfassung im Geiste der Gerechtigkeit, Gleichheit, Brüderlichkeit und Menschlichkeit.

Artikel 87
Gesellschaft und Staat gewährleisten die Gesetzlichkeit durch die Einbeziehung der Bürger und ihrer Gemeinschaften in die Rechtspflege und in die gesellschaftliche und staatliche Kontrolle über die Einhaltung des sozialistischen Rechts.

Artikel 88
Die Verantwortlichkeit aller leitenden Mitarbeiter in Staat und Wirtschaft gegenüber den Bürgern ist durch ein System der Rechenschaftspflicht gewährleistet.

Artikel 89
(1) Gesetze und andere allgemeinverbindliche Rechtsvorschriften der Deutschen Demokratischen Republik werden im Gesetzblatt und anderweitig veröffentlicht.
(2) Rechtsvorschriften der örtlichen Volksvertretungen und ihrer Organe werden in geeigneter Form veröffentlicht.
(3) Rechtsvorschriften dürfen der Verfassung nicht widersprechen. Über Zweifel an der Verfassungsmäßigkeit von Rechtsvorschriften des Ministerrates und anderer staatlicher Organe entscheidet der Staatsrat.

Artikel 90
(1) Die Rechtspflege dient der Durchführung der sozialistischen Gesetzlichkeit, dem Schutz und der Entwicklung der Deutschen Demokratischen Republik und ihrer Staats- und Gesellschaftsordnung. Sie schützt die Freiheit, das friedliche Leben, die Rechte und die Würde der Menschen.
(2) Die Bekämpfung und Verhütung von Straftaten und anderen Rechtsverletzungen sind gemeinsames Anliegen der sozialistischen Gesellschaft, ihres Staates und aller Bürger.
(3) Die Teilnahme der Bürger an der Rechtspflege ist gewährleistet. Sie wird im einzelnen durch Gesetz bestimmt.

[...]

Artikel 103
(1) Jeder Bürger kann sich mit Eingaben (Vorschlägen, Hinweisen, Anliegen oder Beschwerden) an die Volksvertretungen, ihre Abgeordneten oder die staatlichen und wirtschaftlichen Organe wenden. Dieses Recht steht auch den gesellschaftlichen Organisationen und den Gemeinschaften der Bürger zu. Ihnen darf aus der Wahrnehmung dieses Rechts kein Nachteil entstehen.
(2) Die für die Entscheidung verantwortlichen Organe sind verpflichtet, die Eingaben der Bürger oder der Gemeinschaften innerhalb der gesetzlich vorgeschriebenen Frist zu bearbeiten und den Antragstellern das Ergebnis mitzuteilen.

Artikel 104
(1) Für Beschwerden gegen Entscheidungen zentraler Organe des Ministerrates ist der Ministerrat zuständig.
(2) Für Beschwerden gegen Leitungsentscheidungen des Ministerrates, des Obersten Gerichts oder des Generalstaatsanwalts ist der Staatsrat zuständig.

Artikel 105
(1) Für Beschwerden gegen Entscheidungen örtlicher Staatsorgane ist der Leiter des Organs zuständig, welches die angefochtene Entscheidung getroffen hat. Ändert der Leiter die Entscheidung nicht, ist der Beschwerdeführer berechtigt, sich an den Beschwerdeausschuß der zuständigen Volksvertretung zu wenden.
(2) Die Aufgaben und Rechte der Beschwerdeausschüsse werden durch Erlaß geregelt.

[...]

Abschnitt V
Schlußbestimmungen

Artikel 107
Die Verfassung ist unmittelbar geltendes Recht.

Artikel 108
Die Verfassung kann nur von der Volkskammer der Deutschen Demokratischen Republik durch Gesetz geändert werden, das den Wortlaut der Verfassung ausdrücklich ändert oder ergänzt. Die durch Volksentscheid am sechsten April neunzehnhundertachtundsechzig beschlossene Verfassung der Deutschen Demokratischen Republik wird hiermit verkündet. Berlin, den achten April neunzehnhundertachtundsechzig.

1.3. Die Verfassung von 1974

Verfassung der Deutschen Demokratischen Republik
vom 6. April 1968, in der Fassung des Gesetzes zur Ergänzung und Änderung der Verfassung der Deutschen Demokratischen Republik vom 7. Oktober 1974,[1] veröffentlicht im Gesetzblatt 1974, Teil I, Nr. 47, S. 432-456.

In Fortsetzung der revolutionären Traditionen der deutschen Arbeiterklasse und gestützt auf die Befreiung vom Faschismus hat das Volk der Deutschen Demokratischen Republik in Übereinstimmung mit den Prozessen der geschichtlichen Entwicklung unserer Epoche sein Recht auf sozial-ökonomische, staatliche und nationale Selbstbestimmung verwirklicht und gestaltet die entwickelte sozialistische Gesellschaft. Erfüllt von dem Willen, seine Geschicke frei zu bestimmen, unbeirrt auch weiter den Weg des Sozialismus und Kommunismus, des Friedens, der Demokratie und Völkerfreundschaft zu gehen, hat sich das Volk der Deutschen Demokratischen Republik diese sozialistische Verfassung gegeben.

Abschnitt 1
Grundlagen der sozialistischen Gesellschafts- und Staatsordnung

Kapitel 1
Politische Grundlagen

Artikel 1
Die Deutsche Demokratische Republik ist ein sozialistischer Staat der Arbeiter und Bauern. Sie ist die politische Organisation der Werktätigen in Stadt und Land unter Führung der Arbeiterklasse und ihrer marxistisch-leninistischen Partei. [...]

Artikel 2
(1) Alle politische Macht in der Deutschen Demokratischen Republik wird von den Werktätigen in Stadt und Land ausgeübt. Der Mensch steht im Mittelpunkt aller Bemühungen der sozialistischen Gesellschaft und ihres Staates. Die weitere Erhöhung des materiellen und kulturellen Lebensniveaus des Volkes auf der Grundlage eines hohen Entwicklungstempos der sozialistischen Produktion, der Erhöhung der Effektivität, des wissenschaftlich-technischen Fortschritts und des Wachstums der Arbeitsproduktivität ist die entscheidende Aufgabe der entwickelten sozialistischen Gesellschaft.

---

[1] Fischer, Erich/Künzel, Werner (1989): Verfassung der Deutschen Demokratischen Republik vom 6. April, in der Fassung des Gesetzes zur Ergänzung und Änderung der Verfassung der DDR vom 7. Oktober 1974. In: Fischer, Erich/Künzel, Werner (Hrsg.) (1989): Verfassungen deutscher Länder und Staaten: Von 1816 bis zur Gegenwart, Berlin (Ost): Staatsverlag der Deutschen Demokratischen Republik, S. 517-540.

(2) Das feste Bündnis der Arbeiterklasse mit der Klasse der Genossenschaftsbauern, den Angehörigen der Intelligenz und den anderen Schichten des Volkes, das sozialistische Eigentum an Produktionsmitteln, die Leitung und Planung der gesellschaftlichen Entwicklung nach den fortgeschrittensten Erkenntnissen der Wissenschaft bilden unantastbare Grundlagen der sozialistischen Gesellschaftsordnung.
(3) Die Ausbeutung des Menschen durch den Menschen ist für immer beseitigt. Was des Volkes Hände schaffen, ist des Volkes Eigen. Das sozialistische Prinzip „Jeder nach seinen Fähigkeiten, jedem nach seiner Leistung" wird verwirklicht.

Artikel 3
(1) Das Bündnis aller Kräfte des Volkes findet in der Nationalen Front der Deutschen Demokratischen Republik seinen organisierten Ausdruck.
(2) In der Nationalen Front der Deutschen Demokratischen Republik vereinigen die Parteien und Massenorganisationen alle Kräfte des Volkes zum gemeinsamen Handeln für die Entwicklung der sozialistischen Gesellschaft. Dadurch verwirklichen sie das Zusammenleben aller Bürger in der sozialistischen Gemeinschaft nach dem Grundsatz, daß jeder Verantwortung für das Ganze trägt.

Artikel 4
Alle Macht dient dem Wohle des Volkes. Sie sichert sein friedliches Leben, schützt die sozialistische Gesellschaft und gewährleistet die sozialistische Lebensweise der Bürger, die freie Entwicklung des Menschen, wahrt seine Würde und garantiert die in dieser Verfassung verbürgten Rechte.

Artikel 5
(1) Die Bürger der Deutschen Demokratischen Republik üben ihre politische Macht durch demokratisch gewählte Volksvertretungen aus.
(2) Die Volksvertretungen sind die Grundlage des Systems der Staatsorgane. Sie stützen sich in ihrer Tätigkeit auf die aktive Mitgestaltung der Bürger an der Vorbereitung, Durchführung und Kontrolle ihrer Entscheidungen.
(3) Zu keiner Zeit und unter keinen Umständen können andere als die verfassungsmäßig vorgesehenen Organe staatliche Macht ausüben.

[...]

Abschnitt II
Bürger und Gemeinschaften in der sozialistischen Gesellschaft

Kapitel 1
Grundrechte und Grundpflichten der Bürger

Artikel 19
(1) Die Deutsche Demokratische Republik garantiert allen Bürgern die Ausübung ihrer Rechte und ihre Mitwirkung an der Leitung der gesellschaftlichen Entwicklung. Sie gewährleistet die sozialistische Gesetzlichkeit und Rechtssicherheit.
(2) Achtung und Schutz der Würde und Freiheit der Persönlichkeit sind Gebot für alle staatlichen Organe, alle gesellschaftlichen Kräfte und jeden einzelnen Bürger.
(3) Frei von Ausbeutung, Unterdrückung und wirtschaftlicher Abhängigkeit hat jeder Bürger gleiche Rechte und vielfältige Möglichkeiten, seine Fähigkeiten in vollem Umfange zu entwickeln und seine Kräfte aus freiem Entschluß zum Wohle der Gesellschaft und zu seinem eigenen Nutzen in der sozialistischen Gemeinschaft ungehindert zu entfalten. So verwirklicht er Freiheit und Würde seiner Persönlichkeit. Die Beziehungen der Bürger werden durch gegenseitige Achtung und Hilfe, durch die Grundsätze sozialistischer Moral geprägt. [...]

Artikel 20
(1) Jeder Bürger der Deutschen Demokratischen Republik hat unabhängig von seiner Nationalität, seiner Rasse, seinem weltanschaulichen oder religiösen Bekenntnis, seiner sozialen Herkunft und Stellung die gleichen Rechte und Pflichten. Gewissens- und Glaubensfreiheit sind gewährleistet. Alle Bürger sind vor dem Gesetz gleich. [...]

Artikel 21
(1) Jeder Bürger der Deutschen Demokratischen Republik hat das Recht, das politische, wirtschaftliche, soziale und kulturelle Leben der sozialistischen Gemeinschaft und des sozialistischen Staates umfassend mitzugestalten. Es gilt der Grundsatz „Arbeite mit, plane mit, regiere mit!".
(2) Das Recht auf Mitbestimmung und Mitgestaltung ist dadurch gewährleistet, daß die Bürger alle Machtorgane demokratisch wählen, an ihrer Tätigkeit und an der Leitung, Planung und Gestaltung des gesellschaftlichen Lebens mitwirken; Rechenschaft von den Volksvertretungen, ihren Abgeordneten, den Leitern staatlicher und wirtschaftlicher Organe über ihre Tätigkeit fordern können; mit der Autorität ihrer gesellschaftlichen Organisationen ihrem Wollen und ihren Forderungen Ausdruck geben; sich mit ihren Anliegen und Vorschlägen an die gesellschaftlichen, staatlichen und wirtschaftlichen Organe und Einrichtungen wenden können; in Volksabstimmungen ihren Willen bekunden.
(3) Die Verwirklichung dieses Rechts der Mitbestimmung und Mitgestaltung ist zugleich eine hohe moralische Verpflichtung für jeden Bürger. Die Ausübung gesellschaftlicher oder staatlicher Funktionen findet die Anerkennung und Unterstützung der Gesellschaft und des Staates.

Artikel 22
(1) Jeder Bürger der Deutschen Demokratischen Republik, der am Wahltage das 18. Lebensjahr vollendet hat, ist wahlberechtigt.
(2) Jeder Bürger kann in die Volkskammer und in die örtlichen Volksvertretungen gewählt werden, wenn er am Wahltage das 18. Lebensjahr vollendet hat.
(3) Die Leitung der Wahlen durch demokratisch gebildete Wahlkommissionen die Volksaussprache über die Grundfragen der Politik und die Aufstellung und Prüfung der Kandidaten durch die Wähler sind unverzichtbare sozialistische Wahlprinzipien.

[...]

Abschnitt III
Aufbau und System der staatlichen Leitung

Artikel 47

(1) Der Aufbau und die Tätigkeit der staatlichen Organe werden durch die in dieser Verfassung festgelegten Ziele und Aufgaben der Staatsmacht bestimmt.
(2) Die Souveränität des werktätigen Volkes, verwirklicht auf der Grundlage des demokratischen Zentralismus, ist das tragende Prinzip des Staatsaufbaus.

Kapitel 1
Die Volkskammer

[Artikel 48 – 53]

identisch mit der Verfassung von 1968

Artikel 54
Die Volkskammer besteht aus 500 Abgeordneten, die vom Volke auf die Dauer von 5 Jahren in freier, allgemeiner, gleicher und geheimer Wahl gewählt werden.

Artikel 55
(1) Die Volkskammer wählt für die Dauer der Wahlperiode ein Präsidium. Das Präsidium besteht aus dem Präsidenten der Volkskammer, einem Stellvertreter des Präsidenten und weiteren Mitgliedern.
(2) Das Präsidium leitet die Arbeit der Volkskammer gemäß ihrer Geschäftsordnung.

[Artikel 56 – 61]

identisch mit der Verfassung von 1968

Artikel 62
(1) Die Volkskammer tritt spätestens am 30. Tage nach ihrer Wahl zusammen. Ihre erste Tagung wird vom Staatsrat einberufen.
(2) Die weiteren Tagungen der Volkskammer werden vom Präsidium der Volkskammer einberufen.
(3) Das Präsidium der Volkskammer ist verpflichtet, die Volkskammer einzuberufen, wenn die Volkskammer darüber Beschluß gefaßt hat oder mindestens zwei Drittel der anwesenden Abgeordneten es verlangt.
(4) Die Tagungen der Volkskammer sind öffentlich. Auf Antrag von mindestens zwei Dritteln der anwesenden Abgeordneten kann die Öffentlichkeit ausgeschlossen werden.

Artikel 63
(1) Die Volkskammer ist beschlußfähig, wenn mehr als die Hälfte der Abgeordneten anwesend ist.
(2) Die Volkskammer faßt ihre Beschlüsse mit Stimmenmehrheit. Verfassungsändernde Gesetze sind beschlossen, wenn mindestens zwei Drittel der gewählten Abgeordneten zustimmen.

Artikel 64
(1) Vor Ablauf der Wahlperiode findet eine Auflösung der Volkskammer nur durch eigenen Beschluß statt.
(2) Ein solcher Beschluß bedarf der Zustimmung von mindestens zwei Dritteln der gewählten Abgeordneten.
(3) Spätestens am 60. Tage nach Ablauf der Wahlperiode oder am 45. Tage nach Auflösung der Volkskammer muß deren Neuwahl stattfinden.

Artikel 65
(1) Das Recht zur Einbringung von Gesetzesvorlagen haben die Abgeordneten der in der Volkskammer vertretenen Parteien und Massenorganisationen, die Ausschüsse der Volkskammer, der Staatsrat, der Ministerrat und der Freie Deutsche Gewerkschaftsbund.
(2) Die Ausschüsse der Volkskammer beraten die Gesetzesvorlagen und legen ihre Auffassung dem Plenum der Volkskammer vor.
(3) Entwürfe grundlegender Gesetze werden vor ihrer Verabschiedung der Bevölkerung zur Erörterung unterbreitet. Die Ergebnisse der Volksdiskussion sind bei der endgültigen Fassung auszuwerten.
(4) Die von der Volkskammer verabschiedeten Gesetze werden vom Vorsitzenden des Staatsrates innerhalb eines Monats im Gesetzblatt verkündet.
(5) Gesetze treten am 14. Tage nach ihrer Verkündung in Kraft, soweit sie nichts anderes bestimmen.

Kapitel 2
Der Staatsrat

Artikel 66
(1) Der Staatsrat nimmt als Organ der Volkskammer die Aufgaben wahr, die ihm durch die Verfassung sowie die Gesetze und Beschlüsse der Volkskammer übertragen sind. Er ist der Volkskammer für seine Tätigkeit verantwortlich. Zur Durchführung der ihm übertragenen Aufgaben faßt er Beschlüsse.
(2) Der Staatsrat vertritt die Deutsche Demokratische Republik völkerrechtlich. Er ratifiziert und kündigt Staatsverträge und andere völkerrechtliche Verträge, für die Ratifizierung vorgesehen ist.

Artikel 67
(1) Der Staatsrat besteht aus dem Vorsitzenden, seinen Stellvertretern, den Mitgliedern und dem Sekretär.
(2) Der Vorsitzende, die Stellvertreter des Vorsitzenden, die Mitglieder und der Sekretär des Staatsrates werden von der Volkskammer auf ihrer ersten Tagung nach der Neuwahl auf die Dauer von 5 Jahren gewählt.
(3) Der Vorschlag für die Wahl des Vorsitzenden des Staatsrates wird von der stärksten Fraktion der Volkskammer unterbreitet.
(4) Nach Ablauf der Wahlperiode der Volkskammer setzt der Staatsrat seine Tätigkeit bis zur Wahl des neuen Staatsrates durch die Volkskammer fort.

Artikel 68
Der Vorsitzende, die Stellvertreter des Vorsitzenden, die Mitglieder und der Sekretär des Staatsrates leisten bei ihrem Amtsantritt der Volkskammer folgenden Eid: „Ich schwöre, daß ich meine Kraft dem Wohle des Volkes der Deutschen Demokratischen Republik widmen, ihre Verfassung und die Gesetze wahren, meine Pflichten gewissenhaft erfüllen und Gerechtigkeit gegenüber jedermann üben werde."

Artikel 69
Der Vorsitzende leitet die Arbeit des Staatsrates. Im Falle seiner Verhinderung nimmt ein beauftragter Stellvertreter des Vorsitzenden des Staatsrates diese Aufgabe wahr.

Artikel 70
Im Auftrage der Volkskammer unterstützt der Staatsrat die örtlichen Volksvertretungen als Organe der einheitlichen sozialistischen Staatsmacht, fördert deren demokratische Aktivität bei der Gestaltung der entwickelten sozialistischen Gesellschaft und nimmt Einfluß auf die Wahrung sowie die ständige Festigung der sozialistischen Gesetzlichkeit in der Tätigkeit der örtlichen Volksvertretungen.

Artikel 71
(1) Der Vorsitzende des Staatsrates ernennt die bevollmächtigten Vertreter der Deutschen Demokratischen Republik in anderen Staaten und beruft sie ab. Er nimmt

Beglaubigungs- und Abberufungsschreiben der bei ihm akkreditierten Vertreter anderer Staaten entgegen.
(2) Der Staatsrat legt die militärischen Dienstgrade, die diplomatischen Ränge und andere spezielle Titel fest.

Artikel 72
Der Staatsrat schreibt die Wahlen zur Volkskammer und zu den anderen Volksvertretungen aus.

Artikel 73
(1) Der Staatsrat faßt grundsätzliche Beschlüsse zu Fragen der Verteidigung und Sicherheit des Landes. Er organisiert die Landesverteidigung mit Hilfe des Nationalen Verteidigungsrates.
(2) Der Staatsrat beruft die Mitglieder des Nationalen Verteidigungsrates. Der Nationale Verteidigungsrat ist der Volkskammer und dem Staatsrat für seine Tätigkeit verantwortlich.

Artikel 74
(1) Der Staatsrat nimmt im Auftrage der Volkskammer die ständige Aufsicht über die Verfassungsmäßigkeit und Gesetzlichkeit der Tätigkeit des Obersten Gerichts und des Generalstaatsanwalts wahr.
(2) Der Staatsrat übt das Amnestie- und Begnadigungsrecht aus.

Artikel 75
Der Staatsrat stiftet staatliche Orden, Auszeichnungen und Ehrentitel, die von seinem Vorsitzenden verliehen werden.

Kapitel 3
Der Ministerrat

Artikel 76
(1) Der Ministerrat ist als Organ der Volkskammer die Regierung der Deutschen Demokratischen Republik. Er leitet im Auftrage der Volkskammer die einheitliche Durchführung der Staatspolitik und organisiert die Erfüllung der politischen, ökonomischen, kulturellen und sozialen sowie der ihm übertragenen Verteidigungsaufgaben. Für seine Tätigkeit ist er der Volkskammer verantwortlich und rechenschaftspflichtig.
(2) Der Ministerrat leitet die Volkswirtschaft und die anderen gesellschaftlichen Bereiche. Er sichert die planmäßige proportionale Entwicklung der Volkswirtschaft, die harmonisch abgestimmte Gestaltung der gesellschaftlichen Bereiche und Territorien sowie die Verwirklichung der sozialistischen ökonomischen Integration.
(3) Der Ministerrat leitet die Durchführung der Außenpolitik der Deutschen Demokratischen Republik entsprechend den Grundsätzen dieser Verfassung. Er vertieft die allseitige Zusammenarbeit mit der Union der Sozialistischen Sowjetrepubliken

und den anderen sozialistischen Staaten und gewährleistet den aktiven Beitrag der Deutschen Demokratischen Republik zur Stärkung der sozialistischen Staatengemeinschaft.
(4) Der Ministerrat entscheidet entsprechend seiner Zuständigkeit über den Abschluß und die Kündigung völkerrechtlicher Verträge. Er bereitet Staatsverträge vor.

Artikel 77
Der Ministerrat arbeitet die zu lösenden Aufgaben der staatlichen Innen- und Außenpolitik aus und unterbreitet der Volkskammer Entwürfe von Gesetzen und Beschlüssen.

Artikel 78
(1) Der Ministerrat leitet, koordiniert und kontrolliert die Tätigkeit der Ministerien, der anderen zentralen Staatsorgane und der Räte der Bezirke. Er fördert die Anwendung wissenschaftlicher Leitungsmethoden und die Einbeziehung der Werktätigen in die Verwirklichung der Politik des sozialistischen Staates. Er gewährleistet, daß die ihm unterstellten staatlichen Organe, die wirtschaftsleitenden Organe, Kombinate, Betriebe und Einrichtungen ihre Tätigkeit auf der Grundlage der Gesetze und anderen Rechtsvorschriften ausüben.
(2) Im Rahmen der Gesetze und Beschlüsse der Volkskammer erläßt der Ministerrat Verordnungen und faßt Beschlüsse.

Artikel 79
(1) Der Ministerrat besteht aus dem Vorsitzenden des Ministerrates, den Stellvertretern des Vorsitzenden und den Ministern.
(2) Der Vorsitzende des Ministerrates wird von der stärksten Fraktion der Volkskammer vorgeschlagen und von der Volkskammer mit der Bildung des Ministerrates beauftragt.
(3) Der Vorsitzende und die Mitglieder des Ministerrates werden nach der Neuwahl der Volkskammer von ihr auf die Dauer von 5 Jahren gewählt.
(4) Der Vorsitzende und die Mitglieder des Ministerrates werden vom Vorsitzenden des Staatsrates auf die Verfassung vereidigt.

Artikel 80
(1) Der Ministerrat ist ein kollektiv arbeitendes Organ. Für die Tätigkeit des Ministerrates tragen alle seine Mitglieder die Verantwortung. Jeder Minister leitet verantwortlich das ihm übertragene Aufgabengebiet.
(2) Der Ministerrat bildet aus seiner Mitte das Präsidium des Ministerrates.
(3) Der Vorsitzende des Ministerrates leitet den Ministerrat und das Präsidium.
(4) Nach Ablauf der Wahlperiode der Volkskammer setzt der Ministerrat seine Tätigkeit bis zur Wahl des neuen Ministerrates durch die Volkskammer fort
(5) Die Tätigkeit der örtlichen Volksvertretungen ist darauf gerichtet, das sozialistische Eigentum zu mehren und zu schützen, die Arbeits- und Lebensbedingungen der Bürger ständig zu verbessern und das gesellschaftliche und kulturelle Leben der Bürger und ihrer Gemeinschaften zu fördern, das sozialistische Staats- und Rechts-

bewußtsein der Bürger zu heben und die öffentliche Ordnung zu sichern, die sozialistische Gesetzlichkeit zu festigen und die Rechte der Bürger zu wahren.

[Artikel 81 – 91]

identisch mit der Verfassung von 1968

[...]

2. Gesetz über die Wahlen zu den Volksvertretungen in der Deutschen Demokratischen Republik
- Wahlgesetz -
vom 24. Juni 1976[1]
(GBl. I 1976 Nr. 22, S. 301 in der Fassung des Gesetzes zur Änderung des Wahlgesetzes vom 28. Juni 1979, GBl. I 1979 Nr. 17, S. 139)

Der IX. Parteitag der Sozialistischen Einheitspartei Deutschlands stellte die Aufgabe, in der Deutschen Demokratischen Republik weiterhin die entwickelte sozialistische Gesellschaft zu gestalten und so grundlegende Voraussetzungen für den allmählichen Übergang zum Kommunismus zu schaffen. Dabei wächst die Verantwortung der Volksvertretungen als gewählte Machtorgane des sozialistischen Staates der Arbeiter und Bauern. Ihre Tätigkeit wird durch die immer umfassendere und sachkundigere Teilnahme der Werktätigen und ihrer Kollektive an der Leitung und Planung der politischen, wirtschaftlichen, sozialen und kulturellen Entwicklung, an der Vorbereitung, Durchführung und Kontrolle der Gesetze und staatlichen Entscheidungen geprägt.

Die Wahlen zu den Volksvertretungen sind Höhepunkte im gesellschaftlichen Leben der Deutschen Demokratischen Republik. Ihre Vorbereitung und Durchführung dient der Stärkung der sozialistischen Staatsmacht und der weiteren Entfaltung und Vervollkommnung der sozialistischen Demokratie.

Über die Wahlen zu den Volksvertretungen der Deutschen Demokratischen Republik beschließt die Volkskammer folgendes Gesetz:

I. Wahlgrundsätze
§ 1
(1) Die Bürger der Deutschen Demokratischen Republik wählen in Verwirklichung des Grundrechtes auf Mitbestimmung und Mitgestaltung ihre Volksvertretungen. Dabei sind unverzichtbare sozialistische Wahlprinzipien die Leitung der Wahlen durch demokratisch gebildete Wahlkommissionen, die Volksaussprache über die Grundfragen der Politik und die Aufstellung und Prüfung der Kandidaten durch die Wähler.
(2) Die Arbeiter, Genossenschaftsbauern, Angehörigen der Intelligenz und anderen Werktätigen entsenden durch die Wahlen ihre besten Vertreter als Abgeordnete in die Volksvertretungen.
(3) Die Abgeordneten erfüllen ihre verantwortungsvollen Aufgaben im Interesse und zum Wohle des werktätigen Volkes der Deutschen Demokratischen Republik. Sie halten enge Verbindung mit ihren Wählern und Arbeitskollektiven und wirken mit den Ausschüssen der Nationalen Front der Deutschen Demokratischen Republik und den gesellschaftlichen Organisationen, insbesondere den Gewerkschaften in den Betrieben, zusammen. Sie sind verpflichtet, ihren Wählern regelmäßig Rechenschaft

---

[1] Quelle: Unger, Oswald/Fiedler, Inge/Acker, Roland (1988): Wahlsystem und Volksvertretungen in der DDR, Berlin (Ost): Staatsverlag der Deutschen Demokratischen Republik, S. 102 ff.

über die Tätigkeit ihrer Volksvertretung und über ihre eigene Arbeit zu geben und für eine gewissenhafte Bearbeitung der Vorschläge, Hinweise und Kritiken der Bürger Sorge zu tragen. Jeder Abgeordnete kann bei gröblicher Verletzung seiner Pflichten von den Wählern abberufen werden.

§ 2
(1) Die Volkskammer und die Volksvertretungen in den Bezirken, Kreisen, Städten, Stadtbezirken und Gemeinden werden von den Bürgern in freien, allgemeinen, gleichen und geheimen Wahlen auf die Dauer von 5 Jahren gewählt.
(2) Alle wahlberechtigten Bürger haben das gleiche Recht, zu wählen und gewählt zu werden.
(3) Die Angehörigen der bewaffneten Organe der Deutschen Demokratischen Republik haben wie alle anderen wahlberechtigten Bürger das Recht, zu wählen und gewählt zu werden.
(4) Alle wahlberechtigten Bürger nehmen an den Wahlen auf gleicher Grundlage teil. Jeder Wahlberechtigte hat eine Stimme zur Wahl der jeweiligen Volksvertretung.
(5) Das Wahlgeheimnis ist gewährleistet.

§ 3
(1) Wahlberechtigt für die Wahlen zur Volkskammer sind alle Bürger der Deutschen Demokratischen Republik, die am Wahltag das 18. Lebensjahr vollendet haben.
(2) Wahlberechtigt für die Wahlen zu den Bezirks- und Kreistagen, Stadtverordnetenversammlungen, Stadtbezirksversammlungen und Gemeindevertretungen sind alle Bürger der Deutschen Demokratischen Republik, die am Wahltag das 18. Lebensjahr vollendet und ihren Wohnsitz in dem betreffenden Bezirk, dem Kreis, der Stadt, dem Stadtbezirk oder der Gemeinde haben.

§ 4
Jeder Bürger der Deutschen Demokratischen Republik kann in die Volkskammer und in die örtlichen Volksvertretungen gewählt werden, wenn er am Wahltag das 18. Lebensjahr vollendet hat.

§ 5
(1) Nicht wahlberechtigt und nicht wählbar sind Personen, die entmündigt sind oder denen rechtskräftig durch gerichtliche Entscheidung die staatsbürgerlichen Rechte aberkannt wurden.
(2) Das Wahlrecht ruht bei Personen, die wegen krankhafter Störung der Geistestätigkeit in einer Einrichtung für psychisch Kranke untergebracht sind, unter vorläufiger Vormundschaft oder wegen geistiger Gebrechen unter Pflegschaft stehen, sowie bei Personen, die eine Strafe mit Freiheitsentzug verbüßen, sich in Untersuchungshaft befinden oder vorläufig festgenommen wurden.

§ 6
(1) Die Wahlen zur Volkskammer und zu den örtlichen Volksvertretungen werden vom Staatsrat ausgeschrieben. Die Ausschreibung der Wahlen erfolgt spätestens 60 Tage vor dem Wahltermin.
(2) Die Neuwahl der Volkskammer und der örtlichen Volksvertretungen findet spätestens 60 Tage nach Ablauf der Wahlperiode statt.

§ 7
(1) Die Volkskammer besteht aus 500 Abgeordneten.
(2) Die Bezirkstage, Kreistage, Stadtverordnetenversammlungen, Stadtbezirksversammlungen und Gemeindevertretungen beschließen die Anzahl der Abgeordneten der neu zu wählenden Volksvertretungen. Der Staatsrat trifft dazu einheitliche Rahmenfestlegungen.
(3) Für die Volkskammer und für die örtlichen Volksvertretungen werden Nachfolgekandidaten gewählt.

§ 8
(1) Die Abgeordneten der Volkskammer und der örtlichen Volksvertretungen werden in Wahlkreisen gewählt.
(2) Der Staatsrat bestimmt unter Berücksichtigung der Bevölkerungszahl die Wahlkreise und die Zahl der in den einzelnen Wahlkreisen zu wählenden Abgeordneten für die Wahlen zur Volkskammer.
(3) Die örtlichen Volksvertretungen bestimmen unter Berücksichtigung der Bevölkerungszahl die Wahlkreise und die Zahl der in den einzelnen Wahlkreisen zu wählenden Abgeordneten für die Wahlen zu den örtlichen Volksvertretungen.
(4) In Städten und Gemeinden mit weniger als 5000 Einwohnern kann für die Wahl ihrer Volksvertretung ein Wahlkreis gebildet werden.
(5) Die Einteilung der Wahlkreise sowie die Zahl der in ihnen zu wählenden Abgeordneten sind spätestens 50 Tage vor dem Wahltag bekanntzugeben.

§ 9
(1) Gewählt sind diejenigen Kandidaten, die mehr als die Hälfte der gültigen Stimmen auf sich vereinigen.
(2) Erhält eine größere Zahl der Kandidaten mehr als die Hälfte der gültigen Stimmen als Mandate im jeweiligen Wahlkreis vorhanden sind, entscheidet die Reihenfolge der Kandidaten auf dem Wahlvorschlag über die Besetzung der Abgeordnetenmandate und über die Nachfolgekandidaten.

II. Wahlkommissionen
§ 10
(1) Die Leitung der Wahlen erfolgt durch demokratisch gebildete Wahlkommissionen.
(2) Den Wahlkommissionen obliegen insbesondere folgende Aufgaben:
a) Sie leiten die Vorbereitung und Durchführung der Wahlen in ihrem Verantwortungsbereich, gewährleisten die strikte Einhaltung der wahlrechtlichen Bestimmun-

gen und tragen dazu bei, den Bürgern die wahlrechtlichen Bestimmungen zu erläutern;
b) sie leiten die nachgeordneten Wahlkommissionen an, kontrollieren deren Tätigkeit und sind berechtigt, von ihnen Berichte über die Durchführung der Aufgaben entgegenzunehmen;
c) sie fordern zur Einreichung von Wahlvorschlägen auf und bestätigen die von den Ausschüssen der Nationalen Front der Deutschen Demokratischen Republik für die einzelnen Wahlkreise beschlossenen Wahlvorschläge;
d) sie kontrollieren die Aufstellung der Wählerlisten sowie die Einrichtung der Wahllokale und Sonderwahllokale;
e) sie entscheiden über Beschwerden gegen die Tätigkeit nachgeordneter Wahlkommissionen, von Wahlvorständen bzw. staatlichen Organen im Zusammenhang mit der Vorbereitung und Durchführung der Wahlen;
f) sie veranlassen die Herstellung der Stimmzettel und anderer Wahlvordrucke;
g) sie stellen das Ergebnis und die Gültigkeit der Wahl fest, veranlassen die öffentliche Bekanntgabe des Wahlergebnisses und benachrichtigen die gewählten Abgeordneten und Nachfolgekandidaten von ihrer Wahl.

§ 11
(1) Für die Wahlen zur Volkskammer und zu den Bezirkstagen werden die Wahlkommission der Republik, eine Wahlkommission in jedem Bezirk und in jedem Kreis gebildet.
(2) Für die Wahlen zu den Kreistagen, Stadtverordnetenversammlungen, Stadtbezirksversammlungen und Gemeindevertretungen werden die Wahlkommission der Republik, eine Wahlkommission in jedem Bezirk, in jedem Kreis, in jeder Stadt, in jedem Stadtbezirk und in jeder Gemeinde gebildet.

§ 12
(1) Den Wahlkommissionen gehören Vertreter der in der Nationalen Front der Deutschen Demokratischen Republik zusammenwirkenden Parteien und Massenorganisationen, Produktionsarbeiter, Genossenschaftsbauern, Angehörige der Intelligenz, Angehörige der bewaffneten Organe und andere Werktätige an.
(2) Die Mitglieder der Wahlkommissionen werden vom Nationalrat bzw. von den zuständigen Ausschüssen der Nationalen Front der Deutschen Demokratischen Republik vorgeschlagen.
(3) Auf der Grundlage der unterbreiteten Vorschläge werden die Wahlkommission der Republik vom Staatsrat und die Bezirks-, Kreis-, Stadt-, Stadtbezirks- und Gemeindewahlkommissionen von den jeweiligen Räten gebildet.
(4) Die Bildung der Wahlkommission der Republik erfolgt spätestens 60 Tage, die der örtlichen Wahlkommissionen spätestens 50 Tage vor dem Wahltag.
(5) Die Wahlkommission der Republik berichtet dem Staatsrat über die Erfüllung ihrer Aufgaben.

§ 13
(1) Die Wahlkommission der Republik besteht aus dem Vorsitzenden, seinem Stellvertreter, dem Sekretär und bis zu 14 weiteren Mitgliedern.
(2) Die Bezirkswahlkommissionen bestehen aus dem Vorsitzenden, seinem Stellvertreter, dem Sekretär und bis zu 14 weiteren Mitgliedern.
(3) Die Kreis-, Stadt-, Stadtbezirks- und Gemeindewahlkommissionen bestehen aus dem Vorsitzenden, seinem Stellvertreter, dem Sekretär und bis zu 12 weiteren Mitgliedern.

§ 14
(1) Für jeden Wahlbezirk wird vom Rat der Stadt, des Stadtbezirkes bzw. der Gemeinde auf Vorschlag des zuständigen Ausschusses der Nationalen Front der Deutschen Demokratischen Republik spätestens 15 Tage vor dem Wahltag ein Wahlvorstand gebildet.
(2) Der Wahlvorstand leitet die Wahlhandlung und stellt das Ergebnis der Stimmabgabe fest.
(3) Der Wahlvorstand besteht aus dem Vorsitzenden, seinem Stellvertreter, mindestens 3 Beisitzern und dem Schriftführer.
(4) Die Mitglieder des Wahlvorstandes werden spätestens 25 Tage vor dem Wahltag von den zuständigen Ausschüssen der Nationalen Front der Deutschen Demokratischen Republik vorgeschlagen.
(5) Für die Wahlen aufgestellte Kandidaten dürfen nicht einem Wahlvorstand in dem Wahlkreis angehören, für den sie kandidieren.

III. Wahlvorschläge und Vorstellung der Kandidaten
§ 15
(1) Die Wahlkommission der Republik, die Bezirks-, Kreis-, Stadt-, Stadtbezirks- und Gemeindewahlkommissionen fordern spätestens 40 Tage vor dem Wahltag durch öffentliche Bekanntmachung zur Einreichung von Wahlvorschlägen auf.
(2) Die Wahlvorschläge sind spätestens 30 Tage vor dem Wahltag bei der für die Wahl der jeweiligen Volksvertretung zuständigen Wahlkommission einzureichen. Sie müssen für jeden Kandidaten Zu- und Vorname, Geburtstag, Geburtsort, Beruf und Wohnanschrift, die schriftliche Zustimmung des Kandidaten zu seiner Kandidatur sowie eine Bescheinigung des örtlich zuständigen Rates über die Wählbarkeit des Kandidaten enthalten.
(3) Ein Kandidat kann für die Wahl zu einer Volksvertretung der gleichen Ebene nur in einem Wahlkreis kandidieren.

§ 16
(1) Die Kandidaten für die Wahl zur Volkskammer, zu den Bezirkstagen, Kreistagen, Stadtverordnetenversammlungen, Stadtbezirksversammlungen und Gemeindevertretungen werden von den demokratischen Parteien und Massenorganisationen aufgestellt. Die demokratischen Parteien und Massenorganisationen haben das Recht, ihre Vorschläge zu dem gemeinsamen Wahlvorschlag der Nationalen Front der Deutschen Demokratischen Republik zu vereinigen.

(2) In jedem Wahlkreis können mehr Kandidaten aufgestellt werden als Abgeordnetenmandate zu besetzen sind.

§ 17
Die von den demokratischen Parteien und Massenorganisationen aufzustellenden Kandidaten sollen zuvor von den Kollektiven, in denen sie tätig sind, geprüft und vorgeschlagen werden.

§ 18
Die von den Kollektiven der Werktätigen geprüften und von den demokratischen Parteien und Massenorganisationen aufgestellten Kandidaten für die einzelnen Wahlkreise werden auf öffentlichen Tagungen der Bezirks-, Kreis-, Stadt-, Stadtbezirks- und Ortsausschüsse der Nationalen Front der Deutschen Demokratischen Republik unter Teilnahme von weiteren Vertretern der Wähler vorgestellt. Auf diesen Tagungen wird wahlkreisweise über die Kandidaten und ihre Reihenfolge auf dem Wahlvorschlag beraten und beschlossen. Die Ausschüsse übergeben den Wahlvorschlag für jeden Wahlkreis der zuständigen Wahlkommission.

§ 19
(1) Die Wahlvorschläge werden für alle Wahlkreise zur Wahl der Volkskammer von der Wahlkommission der Republik, der Bezirkstage von den Bezirkswahlkommissionen, der Kreistage von den Kreiswahlkommissionen, der Stadtverordnetenversammlungen von den Stadtwahlkommissionen, der Stadtbezirksversammlungen von den Stadtbezirkswahlkommissionen und der Gemeindevertretungen von den Gemeindewahlkommissionen spätestens 27 Tage vor dem Wahltag bestätigt.
(2) Die Wahlkommissionen geben die Wahlvorschläge für die einzelnen Wahlkreise unverzüglich nach ihrer Bestätigung öffentlich bekannt.

§ 20
(1) Die Kandidaten sind verpflichtet, sich in ihrem Wahlkreis den Wählern vorzustellen und ihre Fragen zu beantworten.
(2) Die Wähler sind berechtigt, Anträge zur Absetzung von Kandidaten von dem Wahlvorschlag zu stellen.

§ 21
(1) Werden von den Wählern Anträge zur Absetzung eines Kandidaten von dem Wahlvorschlag gestellt, ist der Nationalrat bzw. der zuständige Ausschuß der Nationalen Front der Deutschen Demokratischen Republik verpflichtet, im Zusammenwirken mit den demokratischen Parteien und Massenorganisationen eine Entscheidung über die Aufrechterhaltung oder Zurückziehung des Kandidatenvorschlages herbeizuführen.
(2) Bei Zurückziehung des Kandidatenvorschlages ist der Nationalrat bzw. der zuständige Ausschuß der Nationalen Front der Deutschen Demokratischen Republik berechtigt, bis spätestens 5 Tage vor der Wahl einen anderen Kandidaten zu benennen. Das gilt auch, wenn ein Kandidat aus anderen Gründen ausscheidet.

(3) Das Ausscheiden eines Kandidaten wird durch Beschluß der zuständigen Wahlkommission bestätigt. Die Aufnahme eines neuen Kandidaten in den Wahlvorschlag erfolgt in gleicher Weise.

IV. Wahlbezirke
§ 22
(1) Die Stimmabgabe erfolgt in Wahlbezirken. Die Wahlbezirke werden durch die Räte der Städte, Stadtbezirke und Gemeinden gebildet.
(2) Ein Wahlbezirk soll nicht mehr als 1500 Wahlberechtigte umfassen, darf jedoch nicht so klein sein, dass die Geheimhaltung der Stimmabgabe gefährdet ist.
(3) Die Bildung der Wahlbezirke ist spätestens 50 Tage vor dem Wahltag durch den zuständigen Rat bekanntzugeben.

§ 23
(1) In Arbeiterwohnheimen, Universitäten, Hoch- und Fachschulen, Lehrlingswohnheimen, Internaten, Einrichtungen des Gesundheitswesens, der See- und Binnenschiffahrt, der Hochseefischerei sowie in anderen Einrichtungen können selbständige Wahlbezirke gebildet werden. Die Bildung dieser Wahlbezirke bedarf der Bestätigung der Bezirkswahlkommission.
(2) Von der Wahlkommission der Republik kann festgelegt werden, die Wahlhandlung in den selbständigen Wahlbezirken während der Zeit der Öffnung der Sonderwahllokale durchzuführen.

V. Wählerlisten
§ 24
(1) In jedem Wahlbezirk werden unter Verantwortung der Räte der Städte, Stadtbezirke und Gemeinden bis spätestens 21 Tage vor dem Wahltag Wählerlisten aufgestellt.
(2) Wählen kann nur, wer in der Wählerliste seines Wahlbezirkes eingetragen ist. Für Wahlberechtigte, die sich während der Wahlen nicht auf dem Staatsgebiet der Deutschen Demokratischen Republik befinden, trifft der Staatsrat erforderliche Festlegungen.

§ 25
(1) Nach Abschluss der Aufstellung der Wählerlisten ist jedem Wahlberechtigten durch den Rat der Stadt, des Stadtbezirkes bzw. der Gemeinde eine schriftliche Benachrichtigung über seine Eintragung in die Wählerliste zu übermitteln.
(2) Im Interesse der Wahrnehmung seines Wahlrechts hat sich jeder Wahlberechtigte bei der Übergabe der Benachrichtigung von der Richtigkeit der enthaltenen Angaben zu überzeugen. Erforderliche Berichtigungen in der Wählerliste sind durch den zuständigen Rat vorzunehmen.

§ 26
(1) Die Wählerlisten sind vom 21. bis zum 7. Tag vor dem Wahltag werktags zu einer für die Bürger günstigen Zeit in den Gebäuden der Räte der Städte, Stadtbezirke

und Gemeinden zur öffentlichen Einsichtnahme auszulegen.
(2) Ort und Zeit der Auslegung sowie das Einspruchsrecht gegen die Wählerlisten sind durch die Räte der Städte, Stadtbezirke und Gemeinden in ortsüblicher Weise bekanntzugeben.

§ 27
(1) Jeder Bürger hat das Recht, Einspruch gegen die Eintragungen in der Wählerliste oder deren Unvollständigkeit beim zuständigen Rat einzulegen.
(2) Der Rat hat die Angaben sorgfältig zu prüfen und die erforderlichen Berichtigungen vorzunehmen. Gegen die Ablehnung der Berichtigung steht dem Antragsteller das Recht der Beschwerde bei der zuständigen Wahlkommission zu.
(3) Bei vorgesehener Streichung in der Wählerliste ist dem betreffenden Bürger Gelegenheit zu geben, sich dazu zu äußern. Die Streichung ist dem Bürger unverzüglich mitzuteilen. Der Bürger hat das Recht, bei dem für seinen Wohnsitz zuständigen Kreisgericht die Aufhebung der Entscheidung zu beantragen. Das gleiche Recht steht dem Bürger zu, dessen Eintragung in die Wählerliste abgelehnt wurde.
(4) Das Kreisgericht entscheidet unter Mitwirkung des Bürgers sowie eines Vertreters des zuständigen Rates innerhalb von 3 Tagen, spätestens bis einen Tag vor der Wahl, in öffentlicher Verhandlung. Die Entscheidung ist endgültig.

§ 28
(1) Ein in der Wählerliste eingetragener Wahlberechtigter, der am Wahltag verhindert ist, in seinem Wahlbezirk zu wählen, kann beim zuständigen Rat einen Wahlschein beantragen. Die Ausstellung von Wahlscheinen ist in der Wählerliste zu vermerken.
(2) Inhaber eines Wahlscheines zur Wahl der Volkskammer können in jedem Sonderwahllokal und am Wahltag in jedem Wahllokal der Deutschen Demokratischen Republik wählen.
(3) Inhaber eines Wahlscheines für die Wahlen zu den örtlichen Volksvertretungen können nur die Volksvertretungen wählen, in deren Territorium sie wohnhaft sind.
(4) In den Städten, Stadtbezirken und Gemeinden, in denen sich das Sonderwahllokal im Gebäude des jeweiligen Rates befindet, kann die Stimmabgabe nach Vorlage des Personaldokumentes, ohne Aushändigung von Wahlscheinen erfolgen. Die Stimmabgabe wird in der Wählerliste vermerkt.
(5) Sonderwahllokale können 21 Tage vor dem Wahltag eröffnet werden.

VI. Stimmzettel und Wahllokale
§ 29
(1) Die Stimmzettel werden wahlkreisweise hergestellt und müssen alle für den Wahlkreis bestätigten Kandidaten enthalten.
(2) Für die Herstellung sowie die rechtzeitige Übersendung der Stimmzettel an die Wahlvorstände ist die zuständige Wahlkommission verantwortlich.

§ 30
(1) Für jeden Wahlbezirk ist durch den Rat der Stadt, des Stadtbezirkes bzw. der Gemeinde ein Wahllokal einzurichten. Die Wahllokale werden gleichzeitig mit der Einteilung der Wahlbezirke öffentlich bekanntgegeben.
(2) Zur Sicherung der Ausübung des Wahlrechts der Wahlberechtigten, die im Besitz von Wahlscheinen sind, kann die Wahlkommission der Republik die Eröffnung von Sonderwahllokalen festlegen.

§ 31
(1) Die Wahlurnen müssen so beschaffen sein, dass die Geheimhaltung der Wahl gewährleistet ist.
(2) Während der Wahlhandlung werden die abgegebenen Stimmzettel in den Wahlurnen gesammelt und verwahrt.

§ 32
Im Wahllokal sind Wahlkabinen aufzustellen, die es dem Wähler ermöglichen, die Stimmzettel unbeobachtet für die Abgabe vorzubereiten.

VII. Wahlhandlung
§ 33
Die Wahllokale sind am Wahltag von 07.00 bis 18.00 Uhr geöffnet. Die Wahlkommission der Republik ist berechtigt, davon abweichende Regelungen zu treffen.

§ 34
(1) Die Wahlhandlung wird vom Wahlvorstand geleitet.
(2) Vor Beginn der Wahlhandlung verpflichtet der Vorsitzende des Wahlvorstandes die Mitglieder des Wahlvorstandes durch Handschlag. Ist der Wahlvorstand bei Beginn der Wahlhandlung nicht beschlußfähig, ernennt der Vorsitzende die dafür erforderlichen Mitglieder aus anwesenden Wählern.
(3) Vor Beginn der Stimmabgabe hat sich der Vorsitzende des Wahlvorstandes in Gegenwart von Wählern davon zu überzeugen, dass die Wahlurnen leer sind. Die Wahlurnen sind zu versiegeln und dürfen bis zum Abschluss der Stimmabgabe nicht geöffnet werden.
(4) Der Vorsitzende des Wahlvorstandes und der Schriftführer dürfen sich nicht gleichzeitig außerhalb des Wahllokales aufhalten. Bei Abwesenheit des Vorsitzenden des Wahlvorstandes nimmt sein Stellvertreter dessen Aufgaben wahr.

§ 35
(1) Der Wahlberechtigte erhält die Stimmzettel, nachdem er sich durch Vorlage des Personaldokumentes zur Person ausgewiesen hat.
(2) Inhaber von Wahlscheinen erhalten die Stimmzettel nach Vorlage des Personaldokumentes und Abgabe des Wahlscheines.
(3) Zur Stimmabgabe berechtigen nur die vom Wahlvorstand ausgehändigten Stimmzettel.

(4) Der Wähler bereitet den Stimmzettel zur Stimmabgabe vor. Er hat das Recht, eine Wahlkabine zu benutzen. In der Wahlkabine darf sich gleichzeitig nur ein Wähler aufhalten.
(5) Jeder Wähler kann auf dem Stimmzettel Änderungen vornehmen.
(6) Die Stimmabgabe erfolgt durch Einwerfen des Stimmzettels in die Wahlurne.
(7) Wähler, die durch körperliche Gebrechen behindert sind, können sich bei der Wahlhandlung der Hilfe einer Vertrauensperson bedienen.

§ 36
(1) Zutritt zum Wahllokal hat jeder Bürger.
(2) Personen, die die Wahlhandlung stören, können vom Wahlvorstand aus dem Wahllokal verwiesen werden.
(3) Nach Ablauf der für die Öffnung der Wahllokale festgelegten Zeit sind zur Stimmabgabe nur noch die Wähler zuzulassen, die sich im Wahllokal befinden. Danach erklärt der Vorsitzende des Wahlvorstandes die Stimmabgabe für abgeschlossen.

VIII. Wahlergebnisse und Gültigkeit der Wahl
§ 37
(1) Die Auszählung der Stimmen erfolgt im Wahllokal. Sie ist öffentlich und wird vom Wahlvorstand durchgeführt.
(2) Nach Öffnen der Wahlurnen sind die Stimmzettel zu zählen. Die Anzahl der abgegebenen Stimmen wird an Hand der Wählerliste und der vorhandenen Wahlscheine festgestellt.

§ 38
(1) Die Auszählung der Stimmen für die Wahl zu den verschiedenen Volksvertretungen ist getrennt vorzunehmen.
(2) Nach der Auszählung der insgesamt abgegebenen Stimmen wird die Zahl der gültigen Stimmen und der auf den Wahlvorschlag entfallenden Stimmen ermittelt. Über die Gültigkeit der Stimmen entscheidet der Wahlvorstand.
(3) Nach der Feststellung der Anzahl der gültigen Stimmen für den Wahlvorschlag ermittelt der Wahlvorstand die Anzahl der für jeden Kandidaten abgegebenen Stimmen.

§ 39
(1) Über die Stimmabgabe und die Auszählung der Stimmen ist vom Wahlvorstand für die Wahl zu der jeweiligen Volksvertretung eine Wahlniederschrift anzufertigen.
(2) Die Wahlniederschrift ist vom Vorsitzenden des Wahlvorstandes und von mindestens 2 weiteren Mitgliedern des Wahlvorstandes zu unterschreiben.

§ 40
Auf der Grundlage der von den Wahlvorständen übersandten Wahlniederschriften überprüft die zuständige Wahlkommission die ordnungsgemäße Durchführung der Wahl und stellt das Wahlergebnis der einzelnen Wahlkreise fest.

§ 41
(1) Das endgültige Ergebnis und die Gültigkeit der Wahl zu den jeweiligen Volksvertretungen wird durch die Wahlkommission der Republik bzw. die Bezirks-, Kreis-, Stadt-, Stadtbezirks- und Gemeindewahlkommissionen festgestellt.
(2) Über das endgültige Ergebnis und die Gültigkeit der Wahl wird durch die zuständige Wahlkommission ein Schlussbericht angefertigt.
(3) Die Wahlkommission der Republik veranlasst die öffentliche Bekanntgabe der endgültigen Ergebnisse der Wahl zu den jeweiligen Volksvertretungen.

§ 42
Erhalten in einem Wahlkreis weniger Kandidaten die erforderliche Stimmenmehrheit als Mandate zu besetzen sind, wird innerhalb von 90 Tagen eine Nachwahl durchgeführt.

§ 43
(1) Gegen die Gültigkeit der Wahl in einem Wahlkreis oder zu einer Volksvertretung kann binnen 14 Tagen nach der Bekanntgabe des Wahlergebnisses vom Nationalrat bzw. von den zuständigen Ausschüssen der Nationalen Front der Deutschen Demokratischen Republik bei der jeweiligen Volksvertretung Einspruch eingelegt werden.
(2) Die Volksvertretung entscheidet über den Einspruch.
(3) Wird die Wahl in einem Wahlkreis oder zu einer Volksvertretung für ungültig erklärt, werden innerhalb von 90 Tagen in dem betreffenden Wahlkreis bzw. zu der betreffenden Volksvertretung Neuwahlen durchgeführt.

§ 44
(1) Nach- und Neuwahlen werden vom Staatsrat ausgeschrieben.
(2) Nach- und Neuwahlen sind entsprechend den Bestimmungen dieses Gesetzes durchzuführen. Die Wahl erfolgt auf der Grundlage der gleichen Wählerlisten. Es sind neue Wahlvorschläge einzureichen. Die Wahlkreise und Wahlbezirke bleiben unverändert.

§ 45
Wird nachträglich bekannt, dass bei einem Abgeordneten zum Zeitpunkt der Wahl die Voraussetzungen für seine Wählbarkeit nicht vorlagen, erklärt die Volksvertretung seine Wahl für ungültig und entscheidet über das Nachrücken eines Nachfolgekandidaten.

§ 46
Die gewählten Abgeordneten und Nachfolgekandidaten sind spätestens 7 Tage nach der Wahl durch die zuständige Wahlkommission über ihre Wahl schriftlich zu benachrichtigen.

IX. Beginn und Ende der Rechte und Pflichten der Abgeordneten
§ 47
(1) Die Rechte und Pflichten der Abgeordneten beginnen mit ihrer Wahl und enden am Tage der Wahl zur Volksvertretung der neuen Wahlperiode.
(2) Während der Wahlperiode erlischt das Mandat eines Abgeordneten durch Tod, durch Verlust der Wählbarkeit, durch Aufhebung des Mandats oder durch Abberufung. Bei Tod oder Verlust der Wählbarkeit stellt die Volksvertretung das Erlöschen des Mandats fest.
(3) Die Aufhebung ihres Mandats können Abgeordnete der Volkskammer in Abstimmung mit der Partei oder Massenorganisation, deren Fraktion sie angehören, und Abgeordnete der örtlichen Volksvertretungen in Abstimmung mit dem zuständigen Ausschuß der Nationalen Front der Deutschen Demokratischen Republik beantragen. Die Aufhebung des Mandats kann auch von den Parteien und Massenorganisationen und dem zuständigen Ausschuß der Nationalen Front der Deutschen Demokratischen Republik beantragt werden. Die Volksvertretung entscheidet über die Anträge.
(4) Verletzt ein Abgeordneter gröblich das in ihn gesetzte Vertrauen der Werktätigen, können die Wähler und ihre Kollektive sowie die Parteien und Massenorganisationen in Übereinstimmung mit dem Nationalrat bzw. dem zuständigen Ausschuß der Nationalen Front der Deutschen Demokratischen Republik seine Abberufung verlangen. Die Volksvertretung entscheidet über die Abberufung des Abgeordneten.
(5) Die vorgenannten Regelungen gelten für Nachfolgekandidaten entsprechend.
(6) Erlischt das Mandat eines Abgeordneten, tritt an seine Stelle ein Nachfolgekandidat. Über das Nachrücken eines Nachfolgekandidaten beschließt die Volksvertretung in Übereinstimmung mit den Parteien und Massenorganisationen und dem Nationalrat bzw. dem zuständigen Ausschuß der Nationalen Front der Deutschen Demokratischen Republik.

X. Schlussbestimmungen
§ 48
(1) Die demokratische Vorbereitung und Durchführung der Wahlen wird durch den Staatsrat gewährleistet.
(2) Der Staatsrat fasst die zur Durchführung dieses Gesetzes erforderlichen Beschlüsse.

3. Geschäftsordnungen der Volkskammer der Deutschen Demokratischen Republik

3.1. Geschäftsordnung von 1949

Drucksache Nr.27[1]

Berichtigte Fassung

Antrag des Geschäftsordnungsausschusses

Die Provisorische Volkskammer wolle beschließen:
**Geschäftsordnung der Provisorischen
Volkskammer der Deutschen Demokratischen Republik**

I. Sitzungsperiode und Wahlprüfung

**§ 1
Die Sitzungsperiode**

Die Sitzungsperiode der Volkskammer beginnt mit dem Tage ihres Zusammentritts und endet mit dem Tage des Ablaufs der Wahlperiode oder der Auflösung der Volkskammer.

**§ 2
Die vorläufige Geschäftsführung**

(1) Bis zum ersten Zusammentritt der Volkskammer werden die Geschäfte vom Präsidium der Volkskammer der letzten Wahlperiode geführt. Die Mitglieder des Präsidiums behalten bis zu diesem Zeitpunkt ihre Rechte als Abgeordnete.

(2) Die erste Sitzung der neugewählten Volkskammer leitet der an Jahren älteste Abgeordnete (Alterspräsident) bis zur Wahl des Präsidenten.

**§ 3
Die Wahlprüfung**

(1) Die Gültigkeit der Wahl und das Recht der Mitgliedschaft der Abgeordneten werden von einem Ausschuß geprüft. Das Ergebnis der Prüfung ist der Volkskammer zur Beschlußfassung vorzulegen.

---

[1] Quelle: Provisorische Volkskammer der DDR (Hrsg.): Sitzungsprotokolle und Sammeldrucksachen, 1949-50 [Bd. 1]: o.w.A. Der Antrag wurde in unveränderter Fassung so angenommen.

(2) Solange nicht die Ungültigkeit seiner Wahl oder der Verlust des Rechts der Mitgliedschaft ausgesprochen ist, hat der Abgeordnete alle verfassungsmäßigen Rechte.

(3) Bei Ausscheiden von Mitgliedern aus der Volkskammer haben die Fraktionen das Recht, den Nachfolger zu benennen.

II. Die Organe der Volkskammer

1. Das Präsidium

§ 4
Das Präsidium

(1) Die Volkskammer wählt bei ihrem ersten Zusammentreten das Präsidium. Es besteht aus dem Präsidenten, seinen Stellvertretern (Vizepräsidenten) und den Beisitzern. Fraktionen mit mindestens 40 Mitgliedern müssen im Präsidium vertreten sein.

(2) Das Präsidium ist beschlußfähig, wenn mindestens die Hälfte seiner Mitglieder anwesend ist. Beschlüsse werden mit Stimmenmehrheit gefaßt.

§ 5
(1) Der Präsident und die Vizepräsidenten werden einzeln in getrennter Wahlhandlung gewählt. Gewählt ist, wer die Mehrheit der abgegebenen Stimmen erhält. Ergibt sich keine Mehrheit, so wird die Wahl wiederholt. Ergibt auch der zweite Wahlgang keine Mehrheit, so findet eine Stichwahl zwischen den beiden Kandidaten statt, die die höchste Stimmenzahl erhalten haben.

(2) Die Beisitzer können in einer Wahlhandlung gewählt werden. Gewählt ist, wer die Mehrheit der abgegebenen Stimmen erhält.

§ 6
Die Vizepräsidenten sind ebenso wie die Beisitzer untereinander gleichberechtigt.

§ 7
Der Präsident der Volkskammer

(1) Der Präsident führt die Geschäfte der Volkskammer. Er leitet die Sitzungen des Präsidiums, des Ältestenrates und der Volkskammer. Er übt das Hausrecht in der Volkskammer aus. Er vertritt die Volkskammer auch nach außen.

(2) Zur Durchführung der Geschäfte des Präsidiums und der Volkskammer wird ein Sekretariat der Volkskammer gebildet,

§ 8
Die Stellvertretung des Präsidenten

(1) Die Vizepräsidenten unterstützen den Präsidenten in seiner Amtsführung und vertreten ihn nach freier Verständigung oder in der Reihenfolge ihrer Wahl.

(2) Im Falle der Behinderung des Präsidenten und seiner Stellvertreter haben die Beisitzer die laufenden Geschäfte einschließlich der Leitung der Sitzungen zu übernehmen.

§ 9
Die Beisitzer

Die Beisitzer unterstützen den Präsidenten in der Geschäftsführung. Sie haben dabei insbesondere

1. die Protokolle über die Verhandlungen der Volkskammer zu führen;
2. die Wortmeldungen zu verzeichnen;
3. Schriftstücke zu verlesen;
4. die Stimmliste zu führen;
5. Stimmzettel zu sammeln und
6. Stimmen zu zählen.

2. Der Ältestenrat

§ 10
Der Ältestenrat

(1) Der Ältestenrat besteht aus den Mitgliedern des Präsidiums und den Vorsitzenden der Fraktionen, die im Behinderungsfalle durch ihre Stellvertreter vertreten werden können. Ist der Fraktionsvorsitzende bereits Mitglied des Präsidiums, wird sein Stellvertreter Mitglied des Ältestenrates.

Der Ältestenrat trifft freie Vereinbarungen über die Erledigung der Angelegenheiten der Volkskammer.

(2) Den Vorsitz im Ältestenrat führt der Präsident der Volkskammer, in dessen Vertretung einer der Vizepräsidenten. Die Vereinbarungen im Ältestenrat sind schriftlich niederzulegen.

(3) Der Ältestenrat muß einberufen werden, wenn zwei seiner Mitglieder die Einberufung unter Angabe des Grundes verlangen. Er ist beratungsfähig, wenn die Mehrheit seiner Mitglieder anwesend ist.

3. Die Vollsitzungen

§ 11
Öffentliche Sitzungen

Die Verhandlungen der Volkskammer und ihrer Ausschüsse sind öffentlich. Ein Ausschluß der Öffentlichkeit findet in der Volkskammer auf Verlangen von zwei Dritteln der anwesenden Abgeordneten statt. In den Ausschüssen ist die Mehrheit der anwesenden Mitglieder notwendig.

§ 12
Nichtöffentliche Sitzungen

(1) Alle in nichtöffentlicher Sitzung verhandelten Gegenstände sind auch während der weiteren Beratung in den Ausschüssen und in der Volkskammer gegenüber jedermann, außer gegenüber den Abgeordneten und der Regierung, geheimzuhalten.

(2) Die Veröffentlichung einer Schrift über einen nicht öffentlich verhandelten Gegenstand kann mit einer Zweidrittelmehrheit beschlossen werden.

§ 13
Niederschriften über die Sitzungen

(1) Die schriftführenden Beisitzer nehmen über die Verhandlungen der Volkskammer eine Niederschrift über die Beschlüsse und das etwa ziffernmäßig festgestellte Stimmenverhältnis auf. Die Niederschriften sind, wenn sie nicht in der Sitzung selbst verlesen und genehmigt werden, von dem Präsidenten und zwei Beisitzern zu unterzeichnen.

(2) Die Niederschrift ist spätestens drei Tage nach Schluß der Sitzung Abgeordneten und Regierungsvertretern auf Verlangen zur Einsicht im Sekretariat vorzulegen. Wird innerhalb weiterer drei Tage kein schriftlicher Antrag auf Berichtigung bei dem Sekretariat eingereicht, so gilt die Niederschrift als genehmigt. Über Einsprüche entscheidet das Präsidium im Benehmen mit dem Ältestenrat.

§ 14
Stenographische Niederschriften

(1) Der Präsident veranlaßt die stenographische Aufnahme der Verhandlungen der Volkskammer. Die endgültige Feststellung dieser Niederschriften steht im Zweifelsfall dem Präsidium zu.

(2) Die Redner haben die stenographischen Niederschriften ihrer Reden durchzusehen und binnen sieben Tagen, vom bestätigten Empfang an gerechnet, zurückzugeben.

§ 15
Die Zuhörer

(1) Die Einteilung der Zuhörerräume regelt das Präsidium.

(2) Für die Vertreter der Presse sind im Zuhörerraum besondere Plätze bereitzustellen.

(3) Der amtierende Präsident ist berechtigt, bei Verletzung der Ordnung einzelne Zuhörer entfernen oder den Zuhörerraum räumen zu lassen.

4. Ausschüsse

§ 16
Art und Aufgaben der Ausschüsse

(1) Zur Durchführung ihrer Aufgaben wählt die Volkskammer folgende Arten von Ausschüssen:

a) Verfassungsausschuß (nach Art. 66 der Verfassung),
b) Justizausschuß (nach Art. 132 der Verfassung),
c) Gnadenausschuß (nach Art. 107 der Verfassung),
d) Untersuchungsausschüsse (nach Art. 65 der Verfassung),
e) ständige Ausschüsse (nach Art. 60 der Verfassung),
f) Fachausschüsse.

(2) Für die unter a) bis d) aufgeführten Ausschüsse gelten die Vorschriften der Geschäftsordnung nur, soweit sie es ausdrücklich vorsieht.

(3) Die Mitglieder der in Art. 60 der Verfassung bestimmten ständigen Ausschüsse behalten nach Schluß der Wahlperiode bis zum Zusammentreten der neuen Volkskammer ihre Rechte als Abgeordnete.

(4) Die Ausschüsse können zu ihren Beratungen Sachverständige zuziehen.

(5) Die Beschlüsse der Ausschüsse sind der Volkskammer zur Bestätigung vorzulegen.

§ 17
Die Zusammensetzung der Ausschüsse

(1) Die Volkskammer bestimmt die Zahl der Mitglieder der Ausschüsse. Die Sitze werden auf die Fraktionen nach ihrer Stärke verteilt. Diese Bestimmung gilt auch für die in § 16, Abs. 1 c) und d) aufgeführten Ausschüsse.

(2) Für die gewählten Ausschußmitglieder können durch ihre Fraktionen allgemein oder für bestimmte Beratungsgegenstände Vertreter benannt werden. Die Vertreter nehmen an Stelle der gewählten Ausschußmitglieder an den Sitzungen mit deren Rechten und Pflichten teil. Die Benennung der Vertreter erfolgt durch Mitteilung an den Vorsitzenden des Ausschusses.

§ 18
Die Organe der Ausschüsse

(1) Die Ausschüsse wählen einen Vorsitzenden sowie einen oder mehrere Stellvertreter und Schriftführer. Das Ergebnis der Wahl ist dem Präsidenten mitzuteilen.

(2) Ein Ausschuß ist beschlußfähig, wenn die Mehrheit der Mitglieder anwesend ist.

(3) Die Ausschüsse fassen ihre Beschlüsse mit einfacher Mehrheit der anwesenden Mitglieder.

(4) Absatz 2 gilt für alle Ausschüsse. Das gleiche gilt für Absatz 1 mit Ausnahme des Justizausschusses (§ 16 Abs. 1 b). Absatz 3 gilt auch für die in § 16 Abs. 1 c) und d) angeführten Ausschüsse.

5. Verfahren in den Ausschüssen

§ 19
Die Ausschußsitzungen

(1) Der Vorsitzende setzt im Benehmen mit dem Sekretariat der Volkskammer Ort, Zeit und Tagesordnung jeder Ausschußsitzung fest und macht den Ausschußmitgliedern, dem Präsidenten und der Regierung hiervon rechtzeitig Mitteilung.

(2) Der Vorsitzende ernennt einen oder mehrere Berichterstatter.

(3) Über jede Sitzung ist eine Niederschrift zu führen.

(4) Der Ausschuß kann in Ausnahmefällen die stenographische Aufnahme seiner Verhandlungen beschließen. Der Präsident veranlaßt das hierzu Erforderliche. Die endgültige Festlegung dieser Niederschrift erfolgt durch den Vorsitzenden und den Schriftführer.

6. Die Fraktionen

§ 20

(1) Die Abgeordneten können sich zu Fraktionen zusammenschließen. Eine Fraktion muß mindestens 15 Mitglieder zählen. Die Volkskammer kann im Einzelfall von dieser Bestimmung abweichen. Abgeordnete, die keiner Fraktion angehören, können sich einer Fraktion als Gäste anschließen.

(2) Die Bildung einer Fraktion, das Verzeichnis ihrer Mitglieder und Gäste sowie die Namen des Vorsitzenden, seiner Stellvertreter und des Sekretärs der Fraktion sind dem Präsidenten der Volkskammer schriftlich mitzuteilen.

III. Behandlung der Vorlagen, Anträge und Eingaben

1. Allgemeines

§ 21
Die Eingänge

Eingänge sind alle schriftlichen Vorlagen, Anträge, Anfragen und Eingaben. Hierüber wird ein Verzeichnis nach der Reihenfolge des Eingangs geführt. Das Verzeichnis liegt mindestens eine Stunde vor Beginn jeder Vollsitzung bis eine Stunde nach deren Beendigung in dem Sekretariat zur Einsichtnahme für die Abgeordneten aus.

§ 22
Gesetzesvorlagen, Anträge und Anfragen

(1) Gesetzesvorlagen, Anfragen sowie Anträge, mit Ausnahme derjenigen zur Geschäftsordnung, müssen schriftlich eingereicht werden.

(2) Gesetzesvorlagen und Anträge sind mit den Eingangsworten „Die Volkskammer wolle beschließen" zu versehen.

(3) Gesetzesvorlagen und Anträge der Abgeordneten, mit Ausnahme derjenigen zur Geschäftsordnung sowie Anfragen nach § 32, müssen von mindestens 15 Abgeordneten unterzeichnet sein.

Bei Vorlagen einer Fraktion genügt die Unterschrift des Fraktionsvorsitzenden.

„Kleine Anfragen" (§ 33) sind von dem Abgeordneten zu unterzeichnen.

(4) Die Vorlagen der Regierung müssen von dem Ministerpräsidenten oder in dessen Behinderung von dem von ihm dazu bestellten Stellvertreter unterzeichnet sein.

(5) Die Antragsteller haben das Recht, ihre Gesetzesvorlage oder ihren Antrag in einer Vollsitzung zu begründen.

§ 23
Druck und Verteilung

Die Vorlagen der Regierung, die Anträge und Anfragen der Abgeordneten, die Berichte der Ausschüsse und die Verzeichnisse ihrer Einzelbeschlüsse (§ 34) sowie die stenographischen Sitzungsberichte werden nach der Anordnung des Präsidenten gedruckt und an die Abgeordneten verteilt.

2. Der Geschäftsgang

A. Gesetzesvorlagen und Anträge

§ 24
(1) Über Vorlagen und selbständige Anträge sowie Gesetzentwürfe finden in der Regel zwei Lesungen statt. Die Volkskammer kann bis zum Beginn der Schlußabstimmung eine weitere Lesung beschließen.

(2) Über Entschließungsanträge findet nur eine Lesung statt.

(3) Zwischen der Verteilung der Vorlagen und den Lesungen muß ein Zeitraum von mindestens zwei Tagen liegen. Von dieser Frist kann abgewichen werden, wenn nicht mindestens zwei Fraktionen dem widersprechen.

(4) Der Beschluß über eine Gesetzesvorlage oder einen Antrag erstreckt sich auf alle hierzu eingebrachten Anträge und Eingaben.

(5) Gesetzesvorlagen oder Anträge sind zur Ausschußberatung zu bringen, falls eine Fraktion dies beantragt.

(6) Jeder Antrag oder jede Gesetzesvorlage kann bis zum Schluß der Lesung zurückgezogen werden.

§ 25
Die erste Lesung

(1) Die erste Lesung soll sich auf die Erörterung der Grundfragen der Gesetzesvorlage oder des Antrages beschränken.

(2) Erfolgt nach der ersten Lesung keine Verweisung an einen Ausschuß, so kann sich die zweite Lesung unmittelbar anschließen.

§ 26
Die zweite Lesung

Die zweite Lesung findet in der Regel statt, nachdem der Bericht des mit der Berichterstattung beauftragten Ausschusses vorliegt.

§ 27
Abweichungen von der regelmäßigen Beratung

Wenn nicht zwei Fraktionen widersprechen, kann die Volkskammer beschließen:

1. die erste und zweite Lesung zu verbinden,

2. von der Überweisung an den Ausschuß abzusehen.

§ 28
Abänderungs- und Zusatzanträge

Abänderungs- und Zusatzanträge müssen die erstrebte Abänderung wörtlich angeben unter genauer Angabe der Stelle der Vorlage, auf die sie sich beziehen. Sie können bis zum Schluß jeder Lesung gestellt werden.

§ 29
Entschließungsanträge

Zu der zweiten Lesung über den Haushaltsplan oder andere Gesetzesvorlagen sowie bei Anfragen nach § 32 sind Entschließungsanträge zulässig.

§ 30
Dringlichkeitsanträge

Anträge können auf Beschluß der Mehrheit der Volkskammer als dringlich erklärt und nachträglich auf die Tagesordnung gesetzt werden.

§ 31
Beschlußfassung

(1) Bei Gesetzesvorlagen kann über jeden einzelnen Abschnitt, zuletzt über Einleitung, Schluß und Überschrift, beraten und abgestimmt werden.

(2) Auf Beschluß der Volkskammer kann die Reihenfolge verlassen, die Beratung und Abstimmung über mehrere oder alle selbständigen Teile verbunden werden.

(3) Am Ende der Beratung erfolgt die Schlußabstimmung über Annahme oder Ablehnung des Ganzen mit den etwa angenommenen Abänderungs- oder Zusatzanträgen.

(4) Über Entschließungsanträge wird nach der Schlußabstimmung über die Vorlage abgestimmt.

B. Anfragen

§ 32
(1) Anfragen sind schriftlich bei dem Präsidenten einzureichen; dieser teilt sie dem Ministerpräsidenten abschriftlich mit.

(2) Die Regierung hat unverzüglich zu erklären, ob und gegebenenfalls wann sie zur Beantwortung der Anfrage bereit ist. Die Anfrage ist dann auf die Tagesordnung der nächsten Sitzung zu setzen.

(3) Hat sich die Regierung nicht binnen einer Woche erklärt oder lehnt sie die Beantwortung überhaupt oder für die nächsten zwei Wochen ab, so ist die Anfrage zur Besprechung auf die nächste Tagesordnung zu setzen.

(4) Die Aussprache über eine Anfrage kann nur erfolgen, wenn 15 Abgeordnete einen solchen Antrag unterstützen. Einem der Unterzeichner der Anfrage ist auf Antrag das Wort zur Begründung zu erteilen.

C. Kleine Anfragen

§ 33
Abgeordnete können „Kleine Anfragen" über bestimmte bezeichnete Tatsachen an die Regierung richten. Kleine Anfragen sind auf die Tagesordnung der nächsten Sitzung zu setzen. Eine Aussprache erfolgt nicht. Die Kleine Anfrage kann schriftlich beantwortet werden, wenn der Fragesteller einverstanden ist.

D. Eingaben

§ 34
(1) Eingaben an die Volkskammer werden vom Präsidenten dem zuständigen Ausschuß überwiesen, der sie über den Präsidenten an andere Ausschüsse weiterleiten kann.

(2) Die Berichte der Ausschüsse über Eingaben müssen mit einem Antrag schließen, der lautet: „Die Eingabe

a) wird der Regierung zur Berücksichtigung oder zur Erwägung oder als Material überwiesen;
b) wird durch Beschluß über einen anderen Gegenstand oder eine Erklärung der Regierung für erledigt erklärt;

c) wird durch Übergang zur Tagesordnung als erledigt erklärt."

(3) Die Anträge der Ausschüsse über Eingaben, über die kein schriftlicher Bericht erstattet wurde, werden in ein Verzeichnis aufgenommen, aus dem Name und Wohnung des Verfassers der Eingabe, deren Gegenstand sowie der Ausschuß zu ersehen sind, an den die Eingabe verwiesen wurde. Dieses Verzeichnis sowie die Berichte der Ausschüsse werden gedruckt, verteilt und auf die Tagesordnung gesetzt. Eine Beratung erfolgt nur auf Antrag des Ausschusses oder von 15 Mitgliedern der Volkskammer.

(4) Der Beschluß der Volkskammer ist dem ersten Unterzeichner der Eingabe vom Sekretariat der Volkskammer mitzuteilen.

IV. Vorschriften für die Vollsitzungen

1. Die Tagesordnung

§ 35
(1) Die Volkskammer kann nur über Gegenstände verhandeln, die auf die Tagesordnung gesetzt sind.

(2) Auf Beschluß des Präsidiums bestimmt der geschäftsführende Präsident Ort, Zeit und Tagesordnung der Sitzungen, es sei denn, daß die Volkskammer selbst entsprechende Bestimmungen trifft.

(3) Die Tagesordnung wird vom Präsidenten, den Abgeordneten und der Regierung rechtzeitig vor der Sitzung zugestellt. Die Anberaumung einer weiteren Sitzung am gleichen Tage geschieht durch mündliche Verkündung am Schluß der Sitzung.

(4) Eine bereits beschlossene Tagesordnung kann auf Antrag der Regierung durch Volkskammerbeschluß jederzeit erweitert werden.

§ 36
(1) Vor dem Eintritt in die Tagesordnung können Erklärungen und Mitteilungen des Präsidenten, kurze Erklärungen von Fraktionen, soweit sie vorher dem Präsidium schriftlich vorgelegt worden sind, und Richtigstellungen tatsächlicher Art erfolgen sowie Anträge auf Protokollberichtigung gestellt werden.

(2) Zur Berichtigung bestimmter tatsächlicher Behauptungen oder zur Abwehr eines persönlichen Angriffs hat der Präsident nach dem Schlußwort des Berichterstatters oder nach Beendigung der Beratung des Gegenstandes vor der Abstimmung auf Verlangen das Wort zu erteilen. Es ist dann auch dem Redner, der die persönliche Bemerkung verursacht hat, auf Verlangen das Wort zu geben.

2. Die Sitzungsordnung

§ 37
Verhandlungsleitung

(1) Der Präsident leitet die Sitzung.

(2) Er hält die Ordnung in den Sitzungen aufrecht und hat jeden, der den Gang der Verhandlung stört, von ihrem Gegenstand abweicht, beleidigende Ausdrücke gebraucht oder in sonstiger Weise der Geschäftsordnung entgegenhandelt, zu ermahnen, zu warnen, zu rügen oder zur Sache oder zur Ordnung zu rufen. Dies kann auch nachträglich geschehen.

(3) Ist ein Abgeordneter während einer Rede dreimal zur Ordnung gerufen und beim zweiten Male auf die Folgen eines dritten Ordnungsrufes hingewiesen worden, so entzieht ihm der Präsident das Wort für die Dauer der Verhandlung über den vorliegenden Gegenstand während desselben Tages.

(4) Gegen eine Ordnungsmaßnahme des Präsidenten oder des Präsidiums kann der Betroffene spätestens am folgenden Werktag schriftlich Einspruch erheben. Der Einspruch hat keine aufschiebende Wirkung und ist zur Entscheidung durch die Volkskammer auf die nächste Tagesordnung zu setzen. Die Entscheidung erfolgt ohne Beratung.

3. Die Redeordnung

§ 38
Meldung und Reihenfolge der Redner

(1) Der Präsident bestimmt die Redner nach der Reihenfolge ihrer Wortmeldung. Jeder Abgeordnete kann seinen Platz auf der Rednerliste einem anderen abtreten.

(2) Die Redner haben von der Rednertribüne zu sprechen. Der Präsident kann Ausnahmen genehmigen.

(3) Außerhalb der Reihenfolge in der Rednerliste kann ein Abgeordneter nur zur Geschäftsordnung sprechen oder einen Antrag zur Geschäftsordnung stellen. Bemerkungen und Anträge zur Geschäftsordnung dürfen sich nur auf den zur Verhandlung stehenden oder den unmittelbar vorher verhandelten Gegenstand oder auf Erledigung der Tagesordnung beziehen.

§ 39
Worterteilung

(1) Ein Abgeordneter darf zu dem gleichen Beratungsgegenstand während derselben Beratung nicht mehr als zweimal sprechen. Ausnahmen bedürfen der Zustimmung der Volkskammer.

(2) Überschreitet ein Abgeordneter eine von der Volkskammer festgelegte Redezeit, so entzieht ihm der Präsident nach einmaliger Mahnung das Wort.

§ 40

(1) Auf Verlangen müssen die Regierungsvertreter zu Gegenständen der Tagesordnung während der Beratung auch außerhalb der Rednerfolge gehört werden.

(2) Nimmt ein Regierungsvertreter nach dem Schluß der Beratung das Wort, so gilt sie als wiedereröffnet. Es ist unzulässig, unmittelbar nach den Ausführungen des Regierungsvertreters Schluß der Beratung zu beantragen.

§ 41
Ablesen

(1) Die Redner sollen möglichst im freien Vortrag sprechen.

(2) Es steht im Ermessen des Präsidenten, inwieweit er das Vorlesen aus Manuskripten, Druck- und sonstigen Schriften gestatten will.

4. Der Schluß der Beratung, die Fragestellung und Abstimmung

§ 42
Der Schluß der Beratung

(1) Wenn kein Redner mehr gemeldet ist, schließt der Präsident die Beratung.

(2) Die Volkskammer kann Schluß der Beratung beschließen. Dies ist nur zulässig, wenn außer den Berichterstattern oder dem Antragsteller alle Fraktionen zu Worte gekommen sind oder keinen Anspruch darauf erheben, das Wort zu erhalten. Der Antrag auf Schluß der Beratung wird nur begründet, wenn die Volkskammer es beschließt. Gegen den Antrag ist nur Abgeordneten das Wort zu erteilen, die zum Beratungsgegenstand nicht gesprochen haben. Mehr als zwei Abgeordnete dürfen nicht gegen einen Antrag auf Schluß der Beratung sprechen.

(3) Über den Antrag ist abzustimmen, bevor ein weiterer Redner das Wort zur Sache erhält. Vor der Abstimmung sind die Namen der noch gemeldeten Redner bekanntzugeben.

§ 43
Die Fragestellung

(1) Vor der Abstimmung formuliert der Präsident die Fragen, über die abgestimmt werden soll. Jede Frage ist so zu stellen, daß sie mit „ja" oder „nein" beantwortet werden kann. Sie ist unmittelbar vor der Aufforderung zur Abstimmung zu verlesen, falls die Volkskammer nicht darauf verzichtet oder die Frage gedruckt vorliegt.

(2) Der Präsident legt der Volkskammer die Fragen zur Abstimmung vor und bestimmt, in welcher Reihenfolge über sie abgestimmt werden soll.

(3) Bei der Abstimmung ist über den weitestgehenden Antrag zuerst abzustimmen.

(4) Über Abänderungsanträge ist stets vor der Entscheidung über den Teil der Vorlage, auf den sie sich beziehen, abzustimmen.

§ 44
Die Abstimmung

(1) Jeder bei der Abstimmung im Sitzungssaal anwesende Abgeordnete ist verpflichtet, an der Abstimmung teilzunehmen, soweit er nicht durch die Verfassung oder diese Geschäftsordnung von der Abstimmung ausgeschlossen ist. Stimmenthaltung ist zulässig.

(2) Abgestimmt wird in der Regel durch Handzeichen.

§ 45
Bei der Entscheidung über Angelegenheiten, die ihn selbst betreffen, ist ein Abgeordneter von der Abstimmung ausgeschlossen.

§ 46
(1) Die Volkskammer ist beschlußfähig, wenn mehr als die Hälfte ihrer Mitglieder anwesend ist.

(2) Die Volkskammer faßt ihre Beschlüsse mit einfacher Mehrheit, soweit nicht in der Verfassung etwas anderes bestimmt ist.

(3) Die Beschlüsse der Volkskammer sind gültig, wenn nicht vor der Abstimmung die Beschlußunfähigkeit festgestellt worden ist.

(4) Ein Antrag auf Feststellung der Beschlußunfähigkeit ist nur vor dem Beginn einer Abstimmung zulässig. Er ist unzulässig bei Abstimmungen über Schluß oder Vertagung einer Beratung.

§ 47
Namentliche Abstimmung

(1) Namentliche Abstimmung erfolgt, wenn 15 Abgeordnete es vor Beginn der Abstimmung beantragen. Namentliche Abstimmungen über Schluß- oder Vertagungsanträge sind unzulässig.

(2) Der Namensaufruf erfolgt nach dem Alphabet. Nach Aufruf des letzten Namens und Wiederholung des Alphabetes zur nachträglichen Stimmabgabe schließt der Präsident die Abstimmung.

(3) Wird die Richtigkeit des Ergebnisses einer namentlichen Abstimmung unverzüglich nach der Verkündung. angezweifelt, so hat der Präsident mit zwei Beisitzern das Ergebnis sofort nachzuprüfen und nötigenfalls zu berichtigen.

§ 48
Wird das Ergebnis einer Abstimmung angezweifelt, so wird die Gegenprobe gemacht oder die Stimmen werden gezählt. Zur Stimmenzählung verlassen die Abgeordneten auf Aufforderung des Präsidenten den Saal. Darauf werden die Türen bis auf drei geschlossen. An jeder offenen Tür stellt sich ein Mitglied des Präsidiums auf. Auf das Glockenzeichen des Präsidenten treten die Abgeordneten durch die Ja-Tür, durch die Nein-Tür oder durch die Tür für Stimmenthaltungen wieder ein und werden von den Mitgliedern des Präsidiums laut gezählt. Nach der Meldung schließt der Präsident durch Glockenzeichen die Zählung. Der Präsident und die ihn unterstützenden Mitglieder des Präsidiums geben hierauf öffentlich ihre Stimme ab. Jede nachträgliche Stimmabgabe ist ausgeschlossen. Der Präsident verkündet alsdann das Ergebnis.

§ 49
Jeder Abgeordnete hat das Recht, seine Abstimmung kurz schriftlich zu begründen. Diese Begründung ist in den wörtlichen Sitzungsbericht aufzunehmen. Ihre Verlesung kann nicht verlangt werden.

§ 50
Wahlen

(1) Wahlen erfolgen durch Stimmzettel. Gewählt ist, wer die Mehrheit der Stimmen erhält. Wenn nicht mindestens 15 Abgeordnete widersprechen, können Wahlen durch Zuruf vorgenommen werden.

(2) Mehrere Wahlen können in einem Wahlgang auf einem Stimmzettel erfolgen, soweit das nach der Geschäftsordnung nicht unzulässig ist.

(3) Enthält ein Stimmzettel mehr Namen, als zu wählen sind, so ist er ungültig. Stimmzettel mit weniger Namen sind gültig.

(4) Ungültig sind auch Stimmzettel,

a) die keinen oder keinen lesbaren Namen oder den Namen eines Nichtwählbaren enthalten;
b) die Bemerkungen enthalten.

(5) Ist der Präsident über die Gültigkeit eines Stimmzettels im Zweifel, so entscheidet das Präsidium.

§ 51
Erhält ein Kandidat nicht mehr als die Hälfte der abgegebenen Stimmen, so sind die zwei Kandidaten, welche die meisten Stimmen erhalten haben, zur engeren Wahl zu stellen.

§ 52
Pflichten der Abgeordneten

(1) Die Abgeordneten sind zur Teilnahme an den Sitzungen verpflichtet.

(2) Bleiben sie einer Sitzung oder einer namentlichen Abstimmung ohne wichtigen Grund fern, so gehen sie des Anspruchs auf ihre Aufwandsentschädigung in einer vom Präsidium festgesetzten Höhe verlustig.

(3) In der gleichen Weise ist bei Abgeordneten zu verfahren, die sich nicht in die Anwesenheitsliste eintragen und deren Anwesenheit sich nicht aus dem Protokoll der Sitzung ergibt.

(4) Die Anwesenheitsliste liegt bis zum Ende jeder Sitzung auf.

§ 53
Archiv der Volkskammer

(1) Jeder Abgeordnete kann die Akten des Archivs einsehen. Die Regierung kann das Archiv im Einvernehmen mit dem Präsidenten der Volkskammer benutzen.

(2) Die Einsichtnahme dritter Personen in die Akten des Archivs sowie die Veröffentlichung von Akten durch Abgeordnete oder dritte Personen kann nur vom Präsidium gestattet werden.

§ 54
Das Sekretariat

(1) Für die Leitung des Sekretariats und für die Verwaltung des Archivs wählt die Volkskammer auf Vorschlag des Präsidiums einen Leiter und einen Stellvertreter. Ihre Anstellung und Verpflichtung ist der Regierung mitzuteilen.

(2) Die Angestellten des Sekretariats werden von dem Präsidenten im Einvernehmen mit dem Präsidium angestellt.

(3) Hilfspersonal stellt der Leiter des Sekretariats im Einvernehmen mit dem Präsidenten ein.

(4) Der Leiter des Sekretariats führt nach Anweisung des Präsidenten die allgemeine Dienstaufsicht über das Angestellten- und Hilfspersonal.

(5) Die Angestellten und das Hilfspersonal des Sekretariats sind Angestellte des öffentlichen Dienstes.

§ 55
Inkrafttreten der Geschäftsordnung

Diese Geschäftsordnung tritt mit der Beschlußfassung der Volkskammer in Kraft.

Berlin, den 5. Dezember 1949

Geschäftsordnungsausschuß gez.: Dr. Liebler (Vorsitzender)

Behandelt: 6. Sitzung (7. Dezember 1949)
Beschluß: einstimmig angenommen

3.2. Geschäftsordnung der Volkskammer der Deutschen Demokratischen Republik vom 19. November 1954[1]

I. Sitzungsperiode und Plenarsitzungen

§ 1
Die Sitzungsperiode der Volkskammer beginnt mit dem Tage ihrer ersten Sitzung und endet mit dem Tage des Ablaufes der Wahlperiode oder der Auflösung der Volkskammer.

§ 2
(1) Bis zum Zusammentritt der neugewählten Volkskammer werden die Geschäfte der Volkskammer vom Präsidium der letzten Wahlperiode geführt (Art. 58 der Verfassung). Die Mitglieder des Präsidiums behalten bis zu diesem Zeitpunkt ihre Rechte als Abgeordnete.
(2) Der an Jahren älteste Abgeordnete der neugewählten Volkskammer (Alterspräsident) leitet die erste Sitzung der neugewählten Volkskammer bis zur Wahl ihres Präsidiums.

§ 3
(1) Die Volkskammer kann nur über Gegenstände der Tagesordnung verhandeln.
(2) Das Präsidium setzt Ort, Zeit und Tagesordnung der Sitzung fest, es sei denn, daß die Volkskammer selbst darüber Beschluß faßt.
(3) Die Tagesordnung ist den Abgeordneten und dem Ministerrat rechtzeitig durch das Sekretariat der Volkskammer vor der Sitzung zuzustellen. Eine weitere Sitzung kann durch mündliche Verkündung am Schluß der Sitzung anberaumt werden.
(4) Durch Beschluß der Volkskammer kann eine bereits beschlossene Tagesordnung auf Antrag des Präsidiums der Volkskammer oder des Ministerrates jederzeit geändert oder erweitert werden.

§ 4
(1) Vor dem Eintritt in die Tagesordnung oder an ihrem Schluß können Erklärungen des Präsidiums, kurze Erklärungen von Fraktionen, soweit sie vorher dem Präsidium schriftlich vorgelegt worden sind, und Richtigstellungen tatsächlicher Art erfolgen sowie Anträge auf Protokollberichtigungen gestellt werden. Das Präsidium kann der Volkskammer während einer Vollsitzung jederzeit Mitteilungen machen.
(2) Zur Berichtigung bestimmter tatsächlicher Behauptungen oder zur Abwehr eines persönlichen Angriffes hat das die Sitzung leitende Mitglied des Präsidiums nach dem Schlußwort des Berichterstatters oder nach Beendigung der Beratung des Gegenstandes vor der Abstimmung auf Verlangen das Wort zu erteilen. Dem Redner,

---

[1] Quelle: Volkskammer der Deutschen Demokratischen Republik (Hrsg.) (1957): Handbuch der Volkskammer der Deutschen Demokratischen Republik: 1./2. Wahlperiode, Berlin (Ost): Kongress-Verlag, S. 147-157.

der die persönliche Bemerkung verursachte, ist auf Verlangen das Wort zu geben.

§ 5
(1) Der Präsident leitet die Sitzung.
(2) Er hält die Ordnung in den Sitzungen aufrecht und hat jeden, der den Gang der Verhandlung stört, von ihrem Gegenstand abweicht oder beleidigende Ausdrücke gebraucht, zu ermahnen, zu warnen, zu rügen, zur Sache oder zur Ordnung zu rufen. Dies kann auch nachträglich geschehen.
(3) Ist ein Abgeordneter während einer Rede dreimal zur Ordnung gerufen und beim zweiten Mal auf die Folgen eines dritten Ordnungsrufes hingewiesen worden, so wird ihm für die Dauer der Verhandlung über den vorliegenden Gegenstand während desselben Tages das Wort entzogen.
(4) Gegen eine Ordnungsmaßnahme kann der Betreffende spätestens am folgenden Werktag schriftlich Einspruch erheben. Der Einspruch hat keine aufschiebende Wirkung und ist zur Entscheidung durch die Volkskammer auf die nächste Tagesordnung zu setzen. Die Entscheidung erfolgt ohne Beratung.

§ 6
Den Präsidenten vertritt in der Leitung der Sitzung der erste Stellvertreter. Ist dieser verhindert, so vertritt ihn nach freier Vereinbarung ein anderes Mitglied des Präsidiums.

§ 7
Die Verhandlungen der Volkskammer und ihrer Ausschüsse sind öffentlich. Auf Verlangen von zwei Dritteln der anwesenden Abgeordneten, in den Ausschüssen auf Verlangen der Mehrheit der anwesenden Mitglieder, wird die Öffentlichkeit ausgeschlossen.

§ 8
(1) Alle in nichtöffentlicher Sitzung behandelten Gegenstände sind auch während der weiteren Beratung in der Volkskammer und in den Ausschüssen gegenüber jedermann, außer gegenüber den Abgeordneten und den Mitgliedern des Ministerrates, geheimzuhalten.
(2) Die Veröffentlichung einer Dokumentation über einen nicht öffentlich behandelten Gegenstand kann mit Zweidrittelmehrheit beschlossen werden.

§ 9
(1) Der Leiter des Sekretariats veranlaßt die stenographische Aufnahme der Verhandlungen der Volkskammer.
(2) Die Niederschrift ist spätestens 2 Tage nach Schluß der Sitzung Abgeordneten und Mitgliedern des Ministerrates auf Verlangen zur Einsicht im Sekretariat vorzulegen. Wird innerhalb weiterer 3 Tage kein schriftlicher Antrag auf Berichtigung beim Sekretariat eingereicht, so gilt die Niederschrift als genehmigt.
(3) Die endgültige Feststellung der Niederschrift steht im Zweifelsfalle dem Präsidium zu.

(4) Die Redner haben die stenographischen Niederschriften ihrer Reden durchzusehen und binnen 2 Tagen, vom bestätigten Empfang an gerechnet, zurückzugeben.[2]

§ 10
(1) Jeder bei der Abstimmung im Sitzungssaal anwesende Abgeordnete ist verpflichtet, an der Abstimmung teilzunehmen. Stimmenthaltung ist zulässig.
(2) Abgestimmt wird in der Regel durch Handzeichen oder Erheben von den Plätzen.
(3) Wird das Ergebnis einer Abstimmung angezweifelt, so wird die Gegenprobe gemacht bzw. werden die Stimmen gezählt. Das die Sitzung leitende Mitglied des Präsidiums verkündet alsdann im Benehmen mit dem Präsidium das endgültige Ergebnis.

§ 11
(1) Die Volkskammer ist beschlußfähig, wenn mehr als die Hälfte ihrer Mitglieder anwesend ist.
(2) Die Volkskammer faßt ihre Beschlüsse mit einfacher Mehrheit, soweit nicht in der Verfassung etwas anderes bestimmt ist.
(3) Ein Antrag auf Feststellung der Beschlußunfähigkeit ist nur vor Beginn einer Abstimmung zulässig. Bei Abstimmungen über Schluß oder Vertagung einer Beratung ist ein Antrag auf Feststellung der Beschlußunfähigkeit unzulässig.

II. Pflichten und Rechte der Abgeordneten

§ 12
(1) Die Abgeordneten sind verpflichtet:
a) an den Sitzungen der Volkskammer und der Ausschüsse, in die sie gewählt sind, regelmäßig teilzunehmen und an den Beratungen mitzuwirken;
b) der gesamten Bevölkerung die Politik der Volkskammer und der Regierung zu erläutern;
c) ständig eine enge Verbindung mit den Wählern zu halten und ihre Kritik und Hinweise zu beachten;
d) Wähleraufträge entgegenzunehmen, für deren Erledigung sie die persönliche Verantwortung tragen;
e) in regelmäßigen Abständen über ihre Tätigkeit, insbesondere über die Erfüllung der Wähleraufträge vor der Bevölkerung Rechenschaft abzulegen.
(2) Die Rechte der Abgeordneten bestimmen sich nach den Grundsätzen der Verfassung (Art. 67—70).
(3) Bleibt ein Abgeordneter einer Sitzung ohne Entschuldigung fern, so verliert er in einer vom Präsidium festgesetzten Höhe den Anspruch auf Aufwandsentschädigung.

---

2 § 9 (4) entspricht der von der Volkskammer am 12. 8. 1955 durch Beschluß geänderten Fassung.

III. Organe der Volkskammer

1. Das Präsidium

§ 13
(1) Die Volkskammer wählt in ihrer ersten Sitzung das Präsidium.
(2) Im Präsidium muß jede Fraktion vertreten sein, die mindestens 40 Mitglieder hat.
(3) Das Präsidium besteht aus dem Präsidenten, dem ersten Stellvertreter und den weiteren Stellvertretern.
(4) Die Mitglieder des Präsidiums werden in einem Wahlgang gewählt, wobei gleichzeitig über ihre Funktionen im Präsidium abgestimmt wird.
(5) Das Präsidium ist beschlußfähig, wenn mindestens die Hälfte seiner Mitglieder anwesend ist. Beschlüsse werden mit Stimmenmehrheit gefaßt.

§ 14
Das Präsidium nimmt die Geschäfte der Volkskammer wahr. Es übt durch seinen Präsidenten das Hausrecht in der Volkskammer aus. Den Präsidenten vertritt der erste Stellvertreter. Ist dieser verhindert, so vertritt ihn einer der Stellvertreter nach freier Verständigung.

§ 15
(1) Zur Unterstützung bei der Wahrnehmung der Geschäfte der Volkskammer und des Präsidiums wird ein Sekretariat der Volkskammer gebildet.
(2) Der Leiter des Sekretariats der Volkskammer ist dem Präsidium für die Arbeit des Sekretariats und für die Verwaltung des Archivs verantwortlich.
(3) Der Leiter des Sekretariats nimmt an den Sitzungen des Präsidiums der Volkskammer teil.
(4) Der Leiter des Sekretariats führt die Verwaltungsgeschäfte des Hauses und legt dem Präsidium den Struktur- und Stellenplan des Sekretariats zur Genehmigung vor.
(5) Alle Eingänge an die Volkskammer werden vom Sekretariat an das Präsidium oder andere zuständige Organe der Volkskammer weitergeleitet. Eingaben der Bürger an die Volkskammer oder deren Organe werden vom Sekretariat der Volkskammer an den Ausschuß für Eingaben der Bürger weitergeleitet.

2. Der Ältestenrat

§ 16
(1) Zur Regelung der Durchführung der Sitzungen der Volkskammer wird ein Ältestenrat gebildet. Der Ältestenrat besteht aus den Mitgliedern des Präsidiums und den Vorsitzenden der Fraktionen. Ist der Fraktionsvorsitzende Mitglied des Präsidiums, so ist sein Stellvertreter Mitglied des Ältestenrates.
(2) Der Ältestenrat wird vom Präsidium einberufen.

(3) Den Vorsitz im Ältestenrat führt der Präsident der Volkskammer oder in dessen Vertretung der erste Stellvertreter. Ist auch dieser verhindert, so vertritt ihn ein anderes Mitglied des Präsidiums nach freier Verständigung.

3. Die Ausschüsse

§ 17
(1) Die Volkskammer bildet folgende Ausschüsse:
a) Verfassungsausschuß nach Art. 66 der Verfassung;
b) Justizausschuß nach Art. 132 der Verfassung;
c) Gnadenausschuß nach Art. 107 der Verfassung;
d) Geschäftsordnungsausschuß nach Art. 57,1 der Verfassung;
e) Wahlprüfungsausschuß nach Art. 59 der Verfassung.
(2) Die Volkskammer bildet ferner die in Art. 60 der Verfassung festgelegten ständigen Ausschüsse:
a) Ausschuß für Allgemeine Angelegenheiten;
b) Ausschuß für Wirtschafts- und Finanzfragen;
c) Ausschuß für Auswärtige Angelegenheiten.

§ 18
(1) Zur Unterstützung ihrer Tätigkeit bildet die Volkskammer aus ihrer Mitte Fachausschüsse. Die Fachausschüsse werden vom Präsidium der Volkskammer bestimmt.
(2) Es ist die besondere Aufgabe der Fachausschüsse, die Plenarsitzungen der Volkskammer durch gründliche Beratung der Beschlußvorlagen vorzubereiten, durch ihre Beratungen und Vorschläge die Vorbereitung und Durchführung der Gesetze und Beschlüsse zu unterstützen sowie die Mitglieder des Ministerrates von den Vorschlägen, Beschwerden und Wünschen der Bevölkerung in Kenntnis zu setzen.

§ 19
Die Volkskammer bildet unter den Voraussetzungen des Art. 65 der Verfassung Untersuchungsausschüsse. Die Aufgaben und Befugnisse dieser Ausschüsse bestimmen sich nach Art. 65 der Verfassung.

§ 20
(1) Das Präsidium bestimmt die Zahl der Mitglieder der einzelnen Ausschüsse.
(2) Im Zusammenwirken mit den Vorsitzenden der Fraktionen bereitet das Präsidium die Vorschläge für die Zusammensetzung der einzelnen Ausschüsse vor. Die Zusammensetzung bedarf der Bestätigung durch die Volkskammer.
(3) Für die Ausschußmitglieder können durch ihre Fraktionen allgemein oder für bestimmte Beratungsgegenstände Vertreter benannt werden. Die Vertreter nehmen an den Sitzungen anstelle der Ausschußmitglieder mit deren Rechten und Pflichten teil. Die Benennung der Vertreter erfolgt durch Mitteilung an den Vorsitzenden des

Ausschusses.
(4) Die Ausschüsse können zu ihren Beratungen Sachverständige hinzuziehen.
(5) Die Ausschüsse haben nicht die Befugnis, die Rechte der Volkskammer selbständig wahrzunehmen. Über die Ergebnisse ihrer Arbeit haben sie der Volkskammer Bericht zu erstatten.

§ 21
(l) Jeder Ausschuß wählt seinen Vorsitzenden, einen oder mehrere Stellvertreter und den Schriftführer. Das Ergebnis der Wahl ist dem Präsidium mitzuteilen. Für den Justizausschuß gilt Art. 132 der Verfassung.
(2) Ein Ausschuß ist beschlußfähig, wenn die Mehrheit der Mitglieder anwesend ist.
(3) Die Ausschüsse fassen ihre Beschlüsse mit einfacher Mehrheit der anwesenden Mitglieder.

§ 22
(l) Der Vorsitzende des Ausschusses setzt im Benehmen mit dem Leiter des Sekretariats Ort, Zeit und Tagesordnung jeder Ausschußsitzung fest und macht den Ausschußmitgliedern, dem Präsidium und dem Ministerrat hiervon rechtzeitig Mitteilung.
(2) Der Ausschuß bestimmt einen oder mehrere Berichterstatter für die Plenarsitzung.
(3) Über jede Sitzung ist eine Niederschrift zu führen.

4. Die Fraktionen

§ 23
(l) Die Abgeordneten können sich zu Fraktionen zusammenschließen. Abgeordnete, die keiner Fraktion angehören, können sich einer Fraktion als Gäste anschließen.
(2) Die Bildung einer Fraktion, das Verzeichnis ihrer Mitglieder sowie die Namen des Vorsitzenden, der Stellvertreter und des Sekretärs der Fraktion sind dem Präsidium der Volkskammer schriftlich mitzuteilen.

IV. Vorlagen, Anträge und Eingaben

1. Allgemeines

§ 24
(1) Über Vorlagen, Anträge, Anfragen und Eingaben wird ein Verzeichnis im Sekretariat geführt.
(2) Das Verzeichnis liegt mindestens eine Stunde vor Beginn jeder Plenarsitzung bis eine Stunde nach deren Beendigung im Sekretariat zur Einsichtnahme für die Abgeordneten aus.

§ 25

(1) Gesetzesvorlagen, Anfragen sowie Anträge, mit Ausnahme derjenigen zur Geschäftsordnung, müssen schriftlich eingereicht werden.
(2) Gesetzesvorlagen und Anträge der Abgeordneten, mit Ausnahme derjenigen zur Geschäftsordnung, müssen von mindestens 15 Abgeordneten unterzeichnet sein. Bei Vorlagen einer Fraktion genügt die Unterschrift des Fraktionsvorsitzenden.
(3) Die Vorlagen des Ministerrates müssen vom Ministerpräsidenten oder im Falle seiner Verhinderung von dem von ihm dazu bestellten Stellvertreter unterzeichnet sein.
(4) Die Antragsteller haben das Recht, ihre Gesetzesvorlagen oder ihren Antrag in einer Plenarsitzung zu begründen.

§ 26

Alle Gesetzesvorlagen, Vorlagen des Ministerrates, Anträge und Anfragen der Abgeordneten, Berichte der Ausschüsse und Verzeichnisse ihrer Einzelbeschlüsse sowie die stenographischen Sitzungsberichte werden gedruckt und durch das Sekretariat den Abgeordneten übermittelt.

2. Geschäftsgang

§ 27

(1) Das Präsidium kann Gesetzesvorlagen vor der ersten Lesung dem zuständigen Ausschuß überweisen.
(2) Gesetzesvorlagen oder Anträge sind in den Ausschüssen zu beraten, falls eine Fraktion dies beantragt.
(3) Jeder Antrag oder jede Gesetzesvorlage kann bis zum Schluß der Lesung zurückgezogen werden.

§ 28

Die Volkskammer kann beschließen:
1. die erste und zweite Lesung zu verbinden,
2. von der Überweisung an einen Ausschuß abzusehen.

§ 29

Anträge können auf Beschluß der Mehrheit der Volkskammer als dringlich erklärt und nachträglich auf die Tagesordnung gesetzt werden.

§ 30

(1) Bei Gesetzesvorlagen kann über jeden Abschnitt einschließlich Einleitung, Schluß und Überschrift beraten und einzeln abgestimmt werden. Die Abstimmung über mehrere oder alle selbständigen Teile einer Vorlage kann auf Beschluß der Volkskammer verbunden werden.
(2) Am Ende der Beratung erfolgt die Schlußabstimmung über Annahme oder Ablehnung der Gesetzesvorlage mit den etwa angenommenen Abänderungs- oder Zusatzanträgen.

§ 31
(l) Der Ministerrat sowie jedes seiner Mitglieder sind verpflichtet, auf die an sie während der Tagung gerichteten Anfragen eines Abgeordneten mündlich oder schriftlich zu antworten.
(2) Die Beantwortung kann unmittelbar in derselben Sitzung erfolgen. Sie muß spätestens innerhalb einer Woche erfolgen.

V. Verfahren in den Plenarsitzungen

§ 32
(l) Das die Sitzung leitende Mitglied des Präsidiums bestimmt die Redner nach der Reihenfolge ihrer Wortmeldung.
(2) Die Redner haben von der Rednertribüne zu sprechen. Der Sitzungsleiter kann Ausnahmen zulassen.
(3) Außerhalb der Reihenfolge der Rednerliste kann ein Abgeordneter nur zur Geschäftsordnung oder zu einem Antrag zur Geschäftsordnung sprechen. Bemerkungen und Anträge zur Geschäftsordnung dürfen sich nur auf den zur Verhandlung stehenden Gegenstand oder auf die Erledigung der Tagesordnung beziehen.

§ 33
Auf Verlangen müssen die Mitglieder des Ministerrates zu Gegenständen der Tagesordnung während der Beratung auch außerhalb der Rednerliste gehört werden.

§ 34
(l) Die Volkskammer kann jederzeit den Schluß der Beratungen über einen Gegenstand beschließen.
(2) Wenn kein Redner mehr gemeldet ist, schließt der Sitzungsleiter die Beratung.

§ 35
(l) Vor der Abstimmung formuliert der Sitzungsleiter die Fragen, über die abgestimmt werden soll. Jede Frage ist so zu stellen, daß sie mit „Ja" oder „Nein" beantwortet werden kann. Sie ist unmittelbar vor der Aufforderung zur Abstimmung zu verlesen, falls die Volkskammer nicht darauf verzichtet oder die Frage gedruckt vorliegt.
(2) Der Sitzungsleiter legt der Volkskammer die Fragen zur Abstimmung vor und bestimmt, in welcher Reihenfolge über sie abgestimmt werden soll.
(3) Bei der Abstimmung ist über den weitestgehenden Antrag zuerst abzustimmen.
(4) Über Abänderungsvorschläge ist stets vor der Entscheidung über den Teil der Vorlage, auf den sie sich beziehen, abzustimmen.

§ 36
(l) Namentliche Abstimmung erfolgt, wenn 15 Abgeordnete es vor Beginn der Abstimmung beantragen. Namentliche Abstimmungen über Schluß- oder Vertagungsanträge sind unzulässig.

(2) Der Namensaufruf erfolgt nach dem Alphabet.
(3) Wird die Richtigkeit des Ergebnisses einer namentlichen Abstimmung unverzüglich nach der Verkündung angezweifelt, so hat das Präsidium das Ergebnis sofort nachzuprüfen und nötigenfalls zu berichtigen.

§ 37
Jeder Abgeordnete hat das Recht, seine Abstimmung kurz schriftlich zu begründen. Diese Begründung ist in den Sitzungsbericht aufzunehmen. Ihre Verlesung kann nicht verlangt werden.

VI. Wahlprüfung

§ 38
(1) Wird die Gültigkeit der Wahl oder das Recht der Mitgliedschaft eines Abgeordneten angezweifelt, so prüft der Wahlprüfungsausschuß der Volkskammer die Gültigkeit der Wahl oder das Recht der Mitgliedschaft.
(2) Solange nicht die Ungültigkeit seiner Wahl oder der Verlust des Rechtes der Mitgliedschaft ausgesprochen ist, hat der Abgeordnete alle verfassungsmäßigen Rechte:
(3) Beim Ausscheiden von Mitgliedern aus der Volkskammer wird entsprechend § 51 des Wahlgesetzes vom 4. August 1954 verfahren.

VII. Archiv der Volkskammer

§ 39
(1) Die Abgeordneten und die Mitglieder des Ministerrates oder deren Bevollmächtigte können die Akten des Archivs einsehen.
(2) Die Einsichtnahme durch dritte Personen in die Akten des Archivs sowie die Veröffentlichung von Akten durch Abgeordnete oder dritte Personen kann nur vom Präsidium gestattet werden.

VIII. Inkrafttreten der Geschäftsordnung

§ 40
Diese Geschäftsordnung tritt mit der Beschlußfassung der Volkskammer in Kraft.

3.3. Geschäftsordnung der Volkskammer der Deutschen Demokratischen Republik vom 7. Oktober 1974,[1] veröffentlicht im Gesetzblatt I Nr. 50, S. 469

I. Die Tagungen der Volkskammer

§ 1
(1) Die Volkskammer tritt spätestens am 30. Tage nach ihrer Wahl zusammen. Ihre erste Tagung wird vom Staatsrat einberufen. (Artikel 62 Absatz 1 der Verfassung)
(2) Die erste Tagung der neu gewählten Volkskammer wird von dem an Jahren ältesten Abgeordneten oder, wenn dieser verhindert ist, vom nächst ältesten Abgeordneten bis zur Wahl des Präsidiums der Volkskammer geleitet.
(3) Die Volkskammer beschließt zu Beginn der ersten Tagung über die Gültigkeit ihrer Wahl.

§ 2
(1) Die weiteren Tagungen der Volkskammer werden vom Präsidium der Volkskammer einberufen. (Artikel 62 Absatz 2 der Verfassung)
(2) Das Präsidium der Volkskammer ist verpflichtet, die Volkskammer einzuberufen, wenn die Volkskammer darüber Beschluß gefaßt hat oder mindestens ein Drittel der Abgeordneten es verlangt. (Artikel 62 Absatz 3 der Verfassung)

§ 3
Das Präsidium der Volkskammer leitet die Tagungen der Volkskammer und regelt ihren Geschäftsgang.

§ 4
(1) Der Präsident der Volkskammer hält die Ordnung in den Tagungen aufrecht.
(2) Der Präsident kann im Einvernehmen mit dem Präsidium Personen, die an Tagungen als Zuhörer teilnehmen und sich ungebührlich verhalten, des Hauses verweisen.

§ 5
(1) Der Präsident legt im Einvernehmen mit dem Präsidium die Reihenfolge der Redner fest.
(2) Das Präsidium entscheidet über die Zulassung von Rednern, die nicht Abgeordnete der Volkskammer sind.
(3) Außerhalb der festgelegten Reihenfolge der Redner kann ein Abgeordneter Fragen zur Geschäftsordnung und Anfragen gemäß § 12 stellen.

---

1 Quelle: Sekretariat der Volkskammer im Auftrag des Präsidiums der Volkskammer der DDR (Hrsg.) (1977): Die Volkskammer der Deutschen Demokratischen Republik: 7. Wahlperiode [Handbuch], Berlin (Ost): Staatsverlag der DDR, S. 45-57.

§ 6
(1) Die Tagungen der Volkskammer sind öffentlich. Auf Antrag von mindestens zwei Dritteln der anwesenden Abgeordneten kann die Öffentlichkeit ausgeschlossen werden. (Artikel 62 Absatz 4 der Verfassung)
(2) Alle in nichtöffentlicher Sitzung behandelten Gegenstände sind auch während der weiteren Beratung in der Volkskammer und in den Ausschüssen gegenüber jedermann, außer gegenüber den Abgeordneten, den Mitgliedern des Staatsrates und des Ministerrates, geheimzuhalten.

§ 7
Das Präsidium der Volkskammer gewährleistet die Tagungen der Volkskammer.

§ 8
(1) Das Recht zur Einbringung von Gesetzesvorlagen gemäß Artikel 65 Absatz 1 der Verfassung haben die Abgeordneten und Fraktionen der Volkskammer, die Ausschüsse der Volkskammer, der Staatsrat, der Ministerrat und der Freie Deutsche Gewerkschaftsbund.
(2) Anträge können von den Abgeordneten und den Fraktionen der Volkskammer, vom Präsidium und den Ausschüssen der Volkskammer, vom Staatsrat und vom Ministerrat eingebracht werden.
(3) Die Fraktionen können gemeinsame Gesetzesvorlagen und Anträge einbringen.

§ 9
(1) Die Volkskammer beschließt die Tagesordnung.
(2) Der Vorschlag für die Tagesordnung wird, sofern die Volkskammer dazu nicht selbst Festlegungen getroffen hat, vom Präsidium der Volkskammer unterbreitet.
(3) Die Tagesordnung und die Einladung wird den Abgeordneten, dem Staatsrat, dem Ministerrat, dem Präsidenten des Obersten Gerichts und dem Generalstaatsanwalt durch das Präsidium der Volkskammer zugeleitet.

§ 10
(1) In Tagungen der Volkskammer kann nur über Gegenstände der Tagesordnung verhandelt werden.
(2) Anträge zur Änderung oder Erweiterung der Tagesordnung können die Abgeordneten und Fraktionen der Volkskammer, das Präsidium und die Ausschüsse der Volkskammer, der Staatsrat und der Ministerrat stellen.

§ 11
(1) Die Antragsteller haben das Recht, die von ihnen eingebrachten Gesetzesvorlagen und Anträge in einer Tagung zu begründen.
(2) Gesetzesvorlagen und Anträge können bis zum Schluß der Lesung zurückgezogen werden.
(3) Gesetzesvorlagen und Anträge sind dem Präsidium der Volkskammer schriftlich einzureichen. Anträge zur Geschäftsordnung können mündlich eingebracht werden.

§ 12
(1) Die Abgeordneten der Volkskammer haben gemäß Artikel 59 der Verfassung das Recht, Anfragen an den Ministerrat und seine Mitglieder einzubringen. Dieses Recht kann auch durch die Fraktionen und die Ausschüsse der Volkskammer wahrgenommen werden.
(2) Die Abgeordneten sind berechtigt, während der Beratung zum Gegenstand der Tagesordnung Anfragen zu stellen.
(3) Anfragen zu Gegenständen, die nicht auf der Tagesordnung stehen, sind dem Präsidium der Volkskammer schriftlich einzureichen.
(4) Der Ministerrat sowie jedes seiner Mitglieder sind verpflichtet, auf die an sie während der Tagungen oder zwischen den Tagungen gerichteten Anfragen mündlich oder schriftlich zu antworten. Die Beantwortung kann unmittelbar in derselben oder in der nächsten Tagung erfolgen. Die schriftliche Beantwortung direkt an den Anfragenden muß spätestens innerhalb von zwei Wochen erfolgen.

§ 13
(1) Die Volkskammer ist beschlußfähig, wenn mehr als die Hälfte der Abgeordneten anwesend ist. (Artikel 63 Absatz 1 der Verfassung)
(2) Die Volkskammer faßt ihre Beschlüsse mit Stimmenmehrheit. Verfassungsändernde Gesetze sind beschlossen, wenn mindestens zwei Drittel der gewählten Abgeordneten zustimmen. (Artikel 63 Absatz 2 der Verfassung) Das gleiche gilt für Beschlüsse gemäß Artikel 64 der Verfassung.
(3) Ein Antrag auf Feststellung der Beschlußunfähigkeit ist nur vor Beginn einer Abstimmung zulässig. Bei Abstimmungen über Schluß oder Vertagung einer Beratung ist ein Antrag auf Feststellung der Beschlußunfähigkeit unzulässig.

§ 14
Auf Verlangen müssen die Mitglieder des Ministerrates zu Gegenständen der Tagesordnung während der Beratung auch außerhalb der festgelegten Reihenfolge der Redner gehört werden.

§ 15
(1) Vor Eintritt in die Tagesordnung oder an ihrem Schluß können Erklärungen der Fraktionen, des Präsidiums, des Staatsrates und des Ministerrates abgegeben werden.
(2) Das Präsidium, der Staatsrat und der Ministerrat können der Volkskammer während ihrer Tagung jederzeit Mitteilungen machen.

§ 16
Die Beratung von Gesetzesvorlagen kann in mehreren Lesungen erfolgen.

§ 17
(1) Ein Antrag auf Schluß der Beratung über einen Gegenstand kann jederzeit gestellt werden.
(2) Wenn kein Redner mehr gemeldet ist, schließt der Präsident die Beratung.

§ 18
(1) Nach der Beratung erfolgt die Abstimmung über Annahme oder Ablehnung der Anträge und Vorlagen.
(2) Der Präsident legt der Volkskammer die Anträge zur Abstimmung vor und bestimmt, in welcher Reihenfolge über sie abgestimmt werden soll.

§ 19
(1) Das Präsidium stellt das Abstimmungsergebnis fest, das durch den Präsidenten bekanntgegeben wird.
(2) Wird die Richtigkeit des festgestellten Ergebnisses einer Abstimmung angezweifelt, hat das Präsidium das Ergebnis nachzuprüfen und gegebenenfalls zu berichtigen.

§ 20
(1) Die von der Volkskammer verabschiedeten Gesetze und gefaßten Beschlüsse werden vom Präsidenten der Volkskammer ausgefertigt.
(2) Die Gesetze werden dem Vorsitzenden des Staatsrates übermittelt, der sie innerhalb eines Monats im Gesetzblatt der Deutschen Demokratischen Republik verkündet. (Artikel 65 Absatz 4 der Verfassung)
(3) Gesetze treten am 14. Tage nach ihrer Verkündung in Kraft, soweit sie nichts anderes bestimmen. (Artikel 65 Absatz 5 der Verfassung)
(4) Beschlüsse der Volkskammer werden durch den Präsidenten der Volkskammer im Gesetzblatt der Deutschen Demokratischen Republik veröffentlicht.

§ 21
(1) Über die Verhandlungen der Volkskammer wird ein stenographisches Protokoll geführt.
(2) Das Protokoll ist spätestens drei Tage nach Schluß der Tagung den Abgeordneten, Mitgliedern des Staatsrates und des Ministerrates auf Verlangen zur Einsicht vorzulegen. Wird innerhalb weiterer drei Tage kein schriftlicher Antrag auf Berichtigung des Protokolls gestellt, so gilt es als genehmigt.
(3) Im Zweifelsfalle entscheidet das Präsidium über die Niederschrift des Protokolls.
(4) Rednern ist das Protokoll ihrer Reden spätestens zwei Tage nach der Tagung zuzustellen. Sie sind verpflichtet, das Protokoll ihrer Reden durchzusehen und binnen weiterer zwei Tage, vom bestätigten Empfang ab gerechnet, zurückzugeben.

II. Das Präsidium der Volkskammer

§ 22
(1) Die Volkskammer wählt auf ihrer ersten Tagung für die Dauer der Wahlperiode das Präsidium der Volkskammer. (Artikel 55 Absatz 1 der Verfassung)
(2) Das Präsidium leitet die Arbeit der Volkskammer gemäß dieser Geschäftsordnung. (Artikel 55 Absatz 2 der Verfassung)

§ 23
(l) Das Präsidium besteht aus dem Präsidenten der Volkskammer, einem Stellvertreter des Präsidenten und weiteren Mitgliedern. (Artikel 55 Absatz 1 der Verfassung)
(2) Im Präsidium ist jede Fraktion vertreten.
(3) Den Präsidenten vertritt sein Stellvertreter. Ist dieser verhindert, so vertritt ihn nach freier Vereinbarung ein anderes Mitglied des Präsidiums.

§ 24
(l) Das Präsidium ist beschlußfähig, wenn mindestens die Hälfte seiner Mitglieder anwesend ist. Das Präsidium faßt seine Beschlüsse mit Stimmenmehrheit.
(2) Die Vorsitzenden der Fraktionen sind auf Verlangen zu den Sitzungen des Präsidiums hinzuzuziehen.
(3) Der Vorsitzende der Fraktion oder sein Vertreter ist zu den Sitzungen des Präsidiums einzuladen, wenn das betreffende Mitglied der Fraktion im Präsidium an der Teilnahme verhindert ist.
(4) Zur Beratung über den Tagungsablauf der Volkskammer können Vertreter von Ausschüssen vom Präsidium hinzugezogen werden.

§ 25
Das Präsidium organisiert die Zusammenarbeit und den Erfahrungsaustausch der Volkskammer mit den höchsten Vertretungskörperschaften anderer Staaten.

§ 26
Nach Ablauf der Wahlperiode setzt das Präsidium seine Tätigkeit bis zur Wahl des neuen Präsidiums durch die Volkskammer fort.

§ 27
Dem Präsidium ist das Sekretariat der Volkskammer unterstellt.

III. Die Ausschüsse der Volkskammer

§ 28
(l) Die Volkskammer bildet zur Durchführung ihrer Aufgaben gemäß Artikel 61 der Verfassung folgende Ausschüsse:
Ausschuß für Auswärtige Angelegenheiten
Ausschuß für Nationale Verteidigung
Verfassungs- und Rechtsausschuß
Ausschuß für Industrie, Bauwesen und Verkehr
Ausschuß für Landwirtschaft, Forstwirtschaft und Nahrungsgüterwirtschaft
Ausschuß für Handel und Versorgung
Ausschuß für Haushalt und Finanzen
Ausschuß für Arbeit und Sozialpolitik
Ausschuß für Gesundheitswesen

Ausschuß für Volksbildung
Ausschuß für Kultur
Jugendausschuß
Ausschuß für Eingaben der Bürger
Geschäftsordnungsausschuß
Mandatsprüfungsausschuß
(2) Über die Bildung weiterer bzw. zeitweiliger Ausschüsse beschließt die Volkskammer.

§ 29
(1) Jeder Ausschuß wählt einen Vorsitzenden und einen oder mehrere Stellvertreter des Vorsitzenden. Sie bilden den Vorstand des Ausschusses. Über die Zusammensetzung des gewählten Vorstandes ist das Präsidium der Volkskammer zu informieren.
(2) An der Tätigkeit der Ausschüsse nehmen Nachfolgekandidaten als Mitglieder entsprechend den Festlegungen der Volkskammer teil.
(3) Die Ausschüsse haben das Recht, Fachleute zur ständigen oder zeitweiligen Mitarbeit heranzuziehen. (Artikel 61 Absatz 3 der Verfassung)

§ 30
(1) Den Ausschüssen obliegt in enger Zusammenarbeit mit den Wählern die Beratung von Gesetzentwürfen und die ständige Kontrolle der Durchführung der Gesetze. (Artikel 61 Absatz 1 der Verfassung)
(2) Sie nehmen in den Tagungen zu den ihnen überwiesenen Vorlagen Stellung und berichten der Volkskammer über die Ergebnisse ihrer Tätigkeit.

§ 31
Die Ausschüsse haben das Recht, dem Staatsrat und dem Ministerrat Vorschläge, Empfehlungen und Stellungnahmen zu unterbreiten.

§ 32
(1) Das Präsidium der Volkskammer sichert die Teilnahme der Ausschüsse an der Vorbereitung der Tagungen der Volkskammer und der Kontrolle der Durchführung der Gesetze sowie ihr Zusammenwirken bei der Lösung gemeinsamer Aufgaben.
(2) Das Präsidium kann vor den Tagungen der Volkskammer den Ausschüssen Vorlagen zur Beratung überweisen.
(3) Die Empfehlungen der Ausschüsse für den Ablauf der Tagungen der Volkskammer werden durch die Vertreter der Ausschüsse dem Präsidium unterbreitet.

§ 33
Der Ministerrat unterstützt in Übereinstimmung mit dem Präsidium der Volkskammer die Arbeit der Ausschüsse. Er sichert, daß die Ausschüsse über wichtige Fragen der Durchführung der Staatspolitik informiert und ihnen die entsprechenden Materialien rechtzeitig unterbreitet werden; die Vorschläge, Empfehlungen und Stellungnahmen der Ausschüsse durch die zuständigen Staatsorgane ausgewertet werden und über das Ergebnis den Ausschüssen berichtet wird.

§ 34
Die Ausschüsse können die Anwesenheit der zuständigen Minister und Leiter anderer staatlicher Organe in ihren Beratungen zum Zwecke der Erteilung von Auskünften verlangen. Alle Staatsorgane sind verpflichtet, den Ausschüssen die erforderlichen Informationen zu erteilen. (Artikel 61 Absatz 2 der Verfassung)

§ 35
(l) Die Ausschüsse arbeiten auf der Grundlage von Arbeitsplänen. Die Vorstände der Ausschüsse sind für die Ausarbeitung der Entwürfe der Arbeitspläne verantwortlich.
(2) Die Vorsitzenden der Ausschüsse vereinbaren das Zusammenwirken mehrerer Ausschüsse bei der Lösung gemeinsamer Aufgaben.
(3) Die Ausschüsse können zur Erfüllung ihrer Aufgaben Arbeitsgruppen bilden.
(4) Die Ausschüsse arbeiten mit den Publikationsorganen zusammen und berichten öffentlich über Ergebnisse ihrer Tätigkeit.

§ 36
(l) Ein Ausschuß ist beschlußfähig, wenn die Mehrheit der Mitglieder anwesend ist.
(2) Die Ausschüsse fassen ihre Beschlüsse mit Stimmenmehrheit der anwesenden Mitglieder.
(3) Die Sitzungen der Ausschüsse sind öffentlich, soweit die Ausschüsse nichts anderes beschließen.

§ 37
(l) Der Vorstand des Ausschusses setzt den Termin für jede Ausschußsitzung fest und unterbreitet den Vorschlag für die Tagesordnung, soweit der Ausschuß nicht selbst darüber entschieden hat. Er gibt den Mitgliedern des Ausschusses hiervon rechtzeitig Mitteilung und informiert das Präsidium der Volkskammer, das den Ministerrat in Kenntnis setzt.
(2) Über die Ergebnisse der Ausschußsitzungen sind Niederschriften anzufertigen.

IV. Die Rechte und Pflichten der Abgeordneten

§ 38
(l) Die Abgeordneten der Volkskammer erfüllen ihre verantwortungsvollen Aufgaben im Interesse und zum Wohle des gesamten Volkes. (Artikel 56 Absatz 1 der Verfassung)
(2) Die Abgeordneten der Volkskammer erörtern und entscheiden auf den Tagungen der Volkskammer kollektiv die Grundfragen der Entwicklung der Deutschen Demokratischen Republik. Sie sind berechtigt und verpflichtet, an der Vorbereitung der Entscheidungen der Volkskammer sowie an der Kontrolle ihrer Durchführung aktiv mitzuwirken.

§ 39
(l) Die Abgeordneten der Volkskammer fördern in Zusammenarbeit mit den Aus-

schüssen der Nationalen Front der Deutschen Demokratischen Republik, den gesellschaftlichen Organisationen und den staatlichen Organen die Mitwirkung der Bürger an der Vorbereitung und Verwirklichung der Gesetze. (Artikel 56 Absatz 2 der Verfassung) Die Abgeordneten studieren die Erfahrungen der Werktätigen bei der Durchführung der Gesetze und Beschlüsse.
(2) Die Abgeordneten halten enge Verbindung mit ihren Wählern. Sie sind verpflichtet, deren Vorschläge, Hinweise und Kritiken zu beachten und für eine gewissenhafte Behandlung Sorge zu tragen. (Artikel 56 Absatz 3 der Verfassung)
(3) Die Abgeordneten erläutern den Bürgern die Politik des sozialistischen Staates. (Artikel 56 Absatz 4 der Verfassung)
(4) Die Abgeordneten sind verpflichtet, regelmäßig Sprechstunden und Aussprachen durchzuführen sowie den Wählern über ihre Tätigkeit Rechenschaft abzulegen. (Artikel 57 Absatz 1 der Verfassung)

§ 40
Der Ministerrat sichert, daß die Staats- und Wirtschaftsorgane den Abgeordneten die erforderliche Hilfe bei der Wahrnehmung ihrer Aufgaben geben und sie über Maßnahmen informieren, die auf Grund kritischer Hinweise und Vorschläge der Abgeordneten eingeleitet worden sind.

§ 41
Die Leiter der Betriebe, Kombinate und Einrichtungen sowie die Vorstände der Genossenschaften sind verpflichtet, mit den Abgeordneten zusammenzuarbeiten, sie durch Informationen und Beratungen in ihrer Abgeordnetentätigkeit, insbesondere bei ihrem öffentlichen Auftreten sowie bei der Durchführung von Sprechstunden, zu unterstützen. Sie haben die Bedingungen dafür zu schaffen, daß die Abgeordneten in den Betrieben, Kombinaten, Genossenschaften und Einrichtungen ihre Verantwortung voll wahrnehmen können.

§ 42
Die Abgeordneten der Volkskammer haben das Recht, an den Tagungen der örtlichen Volksvertretungen mit beratender Stimme teilzunehmen. (Artikel 58 der Verfassung)

§ 43
(1) Die Abgeordneten der in der Volkskammer vertretenen Parteien und Massenorganisationen können sich zu Fraktionen zusammenschließen.
(2) Die Bildung einer Fraktion, das Verzeichnis ihrer Mitglieder sowie die Namen des Vorsitzenden, des Stellvertreters und des Sekretärs der Fraktion sind dem Präsidium der Volkskammer schriftlich mitzuteilen.

§ 44
(1) Die den Abgeordneten im Zusammenhang mit ihrer Tätigkeit bekanntwerdenden vertraulichen Materialien und Informationen unterliegen der Geheimhaltung.
(2) Das Präsidium der Volkskammer trifft dazu die erforderlichen Festlegungen.

§ 45
(1) Die Abgeordneten und Nachfolgekandidaten der Volkskammer erhalten eine steuerfreie Aufwandsentschädigung. Ein Verzicht ist unzulässig. Abgeordnete und Nachfolgekandidaten haben das Recht zur freien Fahrt auf öffentlichen Verkehrsmitteln.
(2) Über notwendige Regelungen beschließt das Präsidium der Volkskammer.
(3) Weitere Rechte der Abgeordneten der Volkskammer ergeben sich aus Artikel 60 der Verfassung.

§ 46
(1) Die Rechte und Pflichten der Abgeordneten der Volkskammer beginnen mit ihrer Wahl und enden am Tage der Wahl zur Volkskammer der neuen Wahlperiode.
(2) Das Mandat eines Abgeordneten erlischt mit Ende der Wahlperiode der Volkskammer, durch Tod, durch Verlust der Wählbarkeit, durch Aufhebung des Mandats oder durch Abberufung. Die Volkskammer stellt bei Tod oder Verlust der Wählbarkeit die Tatsache des Erlöschens des Mandats fest.
(3) Abgeordnete können die Aufhebung ihres Mandats in Abstimmung mit der Partei oder Massenorganisation, deren Fraktion sie angehören, beantragen. Die Aufhebung des Mandats kann auch von der Partei oder Massenorganisation beantragt werden, deren Fraktion der Abgeordnete angehört. Die Volkskammer entscheidet über die Anträge.
(4) Ein Abgeordneter, der seine Pflichten gröblich verletzt, kann von den Wählern gemäß dem gesetzlich festgelegten Verfahren abberufen werden. (Artikel 57 Absatz 2 der Verfassung) Die Entscheidung über die Abberufung des Abgeordneten trifft die Volkskammer.

§ 47
(1) Erlischt das Mandat eines Abgeordneten oder wird die Wahl eines Abgeordneten für ungültig erklärt, tritt an die Stelle des Abgeordneten ein Nachfolgekandidat.
(2) Das Nachrücken eines Nachfolgekandidaten wird durch Beschluß der Volkskammer festgelegt.

V. Das Sekretariat der Volkskammer

§ 48
Das Sekretariat der Volkskammer gewährleistet:
(1) die einheitliche Verwaltung und Erfüllung der organisatorischen und technischen Aufgaben für die Volkskammer, ihr Präsidium, die Ausschüsse und Abgeordneten der Volkskammer;

(2) die Protokollführung über die Tagungen der Volkskammer;
(3) die Sicherheit im Gebäude der Volkskammer.

§ 49
(1) Der Leiter des Sekretariats der Volkskammer wird vom Präsidium der Volkskammer berufen und ist dem Präsidium verantwortlich.
(2) Er nimmt an den Sitzungen des Präsidiums teil.
(3) Er unterbreitet dem Präsidium den Haushaltsplan zur Bestätigung.
(4) Er ist gegenüber den Mitarbeitern des Sekretariats disziplinarbefugt.

VI. Inkrafttreten der Geschäftsordnung

§ 50
(1) Diese Geschäftsordnung tritt am 7. Oktober 1974 in Kraft.
(2) Gleichzeitig werden aufgehoben: die Geschäftsordnung der Volkskammer der Deutschen Demokratischen Republik vom 12. Mai 1969 (GBl. I Nr. 4 S. 21), der Beschluß des Staatsrates der Deutschen Demokratischen Republik vom 2. Juli 1962 zur Regelung der Zusammenarbeit des Staatsrates mit den Fachausschüssen der Volkskammer (GBl. I Nr. 7).

Quantitative und qualitative Angaben zur Volkskammer der DDR 1949-1989

1. Dauer der Wahlperioden

Tabelle 1: Die Legislaturperioden der Volkskammer

Wahlperiode	Jahre	Dauer (Monate)
1	08.11.1950-17.10.1954	47
2	17.10.1954-16.11.1958	49
3	16.11.1958-20.10.1963	60[1]
4	20.10.1963-02.07.1967	44
5	02.07.1967-14.11.1971	52
6	14.11.1971-17.10.1976	59
7	17.10.1976-14.06.1981	56
8	14.06.1981-08.06.1986	60
9	08.06.1986-18.03.1990	45
10	05.04.1990-02.10.1990	7

Der Hauptgrund für die generelle Verlängerung der Wahlperioden in den siebziger Jahren ist die Synchronisierung mit dem Wahlzyklus innerhalb der SED. 1971 hatte die SED ihr Statut dahingehend verändert, dass sie den Wahlzyklus von vier auf fünf Jahre verlängerte. 1974 wurde in die Verfassungsnovelle dann dieser Rhythmus auch für die Volkskammer übernommen (Verfassungsartikel 54). Es entstand immer stärker eine Parallelität der Wahl der Volkskammer zu jener des ZK. Das wurde zusätzlich mit der Synchronisierung der Volkswirtschaftspläne verbunden. Im Ergebnis drückt sich darin die Dominanz der SED aus. Warum es 1962 zu einer unplanmäßigen Verlängerung der Wahlperiode kam, ist aus den verfügbaren Unterlagen nicht zu erkennen. Dazu beigetragen haben dürfte aber die instabile Lage Anfang der sechziger Jahre, als nach dem Mauerbau die politische Führung sich nicht so sicher über das Wahlverhalten der Bevölkerung war und außerdem die optimistischen wirtschaftlichen Zielstellungen des letzten (V.) Parteitages der SED offensichtlich gescheitert waren und mit ihnen der 1958 formulierte Anspruch, die Bundesrepublik wirtschaftlich weitgehend überholen zu wollen.

---

1 Außerplanmäßige Verlängerung der Wahlperiode um ein Jahr.

2. Wahlergebnisse 1950-1986

Tabelle 2: Offizielle Statistik der Wahlbeteiligung und Wahlergebnisse bei Volkskammerwahlen[2]

Wahltermin	Wahlbeteiligung	davon gültige Stimmen	gültige Stimmen für den Wahlvorschlag	gültige Stimmen gegen den Wahlvorschlag
15.10.1950	98,53%	99,89%	99,72%	0,28%
17.10.1954	98,41%	99,46%[3]	[4]	0,54%[5]
16.11.1958	98,90%	99,88%	99,87%	0,13%
20.10.1963	99,25%	99,96%	99,95%	0,05%
02.07.1967	98,82%	99,98%	99,93%	0,07%
14.11.1971	98,48%	99,97%	99,85%	0,15%
17.10.1976	98,58%	99,98%	99,86%	0,14%
14.06.1981	99,21%	99,98%	99,86%	0,14%
08.06.1986	99,74%	99,98%	99,94%	0,06%

Manipulation der Wahlergebnisse muß zumindest in den letzten Jahren der DDR berücksichtigt werden. Nach gesicherten Erkenntnissen lag der Anteil der Gegenstimmen bei ca. 10 bis 12 Prozent.[6]
Versuche einzelner Bürger, gegen die Willkür und Rechtsunsicherheit bei der Auszählung abgegebener Wahlstimmen beispielsweise durch Eingaben zu protestieren, wurden vom Politbüro als politische Provokation eingestuft und nicht beantwortet. Eberle und Wesenburg zitieren die folgende Eingabe eines Bürgers, der gegen die Unzulänglichkeiten des bestehenden Wahlgesetzes und die Wahlpraxis protestierte:[7]

„Lothar B* aus Berlin schrieb am 12. Juli 1989 an Joachim Herrmann[8], um seine Meinung über das Wahlergebnis vom Mai '89 kundzutun. Herrmann war deshalb Adressat des Schreibens, weil er wenige Tage vorher den Bericht des Politbüros über die Wahlen an das ZK gegeben hatte.

---

2 Quelle: Autorenkollektiv unter Leitung von Unger, Oswald (1988): Wahlsystem und Volksvertretungen in der DDR. Berlin (Ost): Staatsverlag der Deutschen Demokratischen Republik, S. 30ff.
3 Gültige Stimmen für den Wahlvorschlag.
4 Eine Erklärung für die abweichende Darstellung für das Jahr 1954 geben die Autoren nicht.
5 Ungültige Stimmen und Gegenstimmen.
6 Marxen, Klaus/Werle, Gerhard (Hrsg.) (2000): Strafjustiz und DDR-Unrecht, Bd. 1 Wahlfälschung. Berlin, New York: Walter de Gruyter, S. XXIX.
7 Vgl. Hendrik Eberle/Denise Wesenberg (Hrsg.) (1999): Einverstanden, E. H. Parteiinterne Hausmitteilungen, Briefe, Akten und Intrigen aus der Honecker - Zeit, Berlin: Schwarzkopf & Schwarzkopf Verlag, S. 98-101.
8 *Anmerkung der Herausgeber:* Mitglied des Politbüros und Sekretär des ZK der SED; zuständig für Medien, befreundete Parteien und Nationale Front.

‚Werter Herr Herrmann!
Die „Berliner Zeitung" hat am 23.6.89 Ihren o.g. Bericht veröffentlicht. Den Schlußfolgerungen zum Kapitel „Die Kommunalwahlen – ein klares Votum für unsere Politik" kann ich nicht zustimmen. Man muß doch dabei berücksichtigen, daß das Wahlgesetz vom 24.6.1976 einschließlich der Änderungen dieses Gesetzes vom 28.6.1979, 4.7.1985 und 3.3.1989 eine Reihe erforderlicher Festlegungen nicht enthalten, und letztendlich die Gültigkeit der abgegebenen Stimmen eine Ermessensfrage der örtlichen Wahlkommission ist. In 2 Eingaben im Vorfeld der Wahlen an die Redaktion der BZ und an die Bezirkswahlkommission von Berlin vom 20.3.89 bzw. 25.4.89 machte ich auf einige Mängel im vorgenannten Wahlgesetz hinsichtlich der Gültigkeit einer abgegebenen Ja bzw. Nein-Stimme aufmerksam. Das noch gültige Wahlgesetz der DDR vom 24.6.76 beinhaltet diesbezüglich eine Rechtsunsicherheit für den Bürger, wodurch, wie einleitend erwähnt, die Auswertung jeglicher Wahlen in der DDR eine Ermessensfrage wird. Beide Eingaben, in denen ich auf diese Rechtsunsicherheit verwies, blieben unbeantwortet. Die logische Konsequenz meinerseits war die Aufforderung an den Vorsitzenden der Wahlkommission der DDR, Egon Krenz, die Wahlen zu annullieren und landesweite Neuwahlen, bei vorheriger Überarbeitung des Wahlgesetzes, anzuberaumen. Außerdem informierte ich Herrn Krenz darüber, daß die Arbeit der Bezirkswahlkommission von Berlin, insbesondere was die Bearbeitung von Wählereingaben anbelangt, aus meinem Blickwinkel als miserabel zu bezeichnen ist. Herr Krenz beantwortete meine, am 9.5.89 an ihn gerichtete, Eingabe ebenfalls (!) nicht. Auf Grund dieser Tatsache sah ich mich nunmehr genötigt, am 26.6.89 an den Staatsratsvorsitzenden der DDR – Herrn Erich Honecker – zu schreiben und ihn über:
- Rechtsunsicherheiten beim noch gültigen Wahlgesetz vom 24.6.76 desweiteren
- über die unzureichende Arbeit der Wahlkommission hinsichtlich der Wählereingaben zu informieren und
- Vorschläge zu unterbreiten, wie eine demokratische und geheime Wahl durchgeführt werden könnte.

Ich hoffe, daß meine Argumentation Herrn Honecker überzeugt und daß dieser die DDR-Kommunalwahlen 1989 annullieren läßt.
Nochmals möchte ich auf o.g. Kapitel Ihres Berichtes zurückkommen. Darin heißt es: „Mit den diesjährigen Kommunalwahlen waren weitere Schritte zur Ausgestaltung unseres Wahlsystems und der sozialistischen Demokratie verbunden, die bei den Wählern lebhafte Resonanz gefunden haben." Diese Auffassung kann ich ebenfalls nicht, aus den oben angeführten Gründen, teilen.
Abschließend seien mir folgende Hinweise gestattet:
1. Ich, Lothar B*., bin keine ‚westlich elektronisch mobilisierte Gegenkraft', die versucht, die Kommunalwahlen negativ zu beeinflussen. Vielmehr sollten Sie in mir einen Bürger sehen, der sein Recht auf eine demokratische Wahl, gemäß Artikel 21 der Verfassung der DDR, wahrnehmen möchte. Die Wahlgesetzgebung der DDR genügt meiner Meinung nach diesen Anforderungen nicht. Auf Grund von Diskussionen im Freundes-, Bekannten- und Kollegenkreis wurde ich initiiert, mich in

Form von Eingaben kritisch über das bestehende Wahlgesetz zu äußern. Denn die bestehende Rechtsunsicherheit hinsichtlich der Form einer gültigen Nein-Stimme ist keine persönliche, sondern eine allgemeine Angelegenheit.
2. Ich bitte Sie, dieses Schreiben als Eingabe zu bewerten.

Ihrer Antwort sehe ich mit großem Interesse entgegen.
L.B*.'"

Eberle und Wesenberg fügen diesem Brief folgende Erläuterung an:

„Lothar B* konnte nicht wissen, dass die im Gesetz nicht vorgesehene Nein-Stimme schon in einer parteiinternen Hausmitteilung von 1957 genau definiert worden war. Als ‚Nein' hatte das Politbüro all jene Zettel festgelegt, auf denen alle Kandidaten einzeln oder komplett mit einem großen Kreuz gestrichen worden waren. Stimmzettel mit staatsfeindlichen Äußerungen galten als ungültig. Zustimmende Aufschriften wurden als ‚Ja' gewertet." Volkmar Stanke, persönlicher Mitarbeiter Herrmanns, *erkundigte sich beim Vorsitzenden der Wahlkommission der DDR, Politbüromitglied Egon Krenz, nach dem Vorgehen im Fall B*. Stanke notierte das weitere Procedere für seinen Chef.*

Eingabe B*. Anruf Büro Krenz: Eingabe wurde an Abt. Staats- und Rechtsfragen weitergegeben. Es handelt sich um einen Provokateur. Jetzt befaßt sich die Staatssicherheit mit dieser Angelegenheit.
Ablage ohne Antwort."

3. Die Mitglieder der Volkskammer

Tabelle 3: Anzahl der Volkskammerabgeordneten

	1949/50	1950-1963	1963-1990
Mitglieder	330	466	500

Tabelle 4: Anzahl der Abgeordneten je Einwohner[9]

	1950	1963	1989
Abgeordnete	466	466	500
Gesamtbevölkerung der DDR	18,388 Mill.	17,181 Mill.	16,434 Mill.
Einwohner pro Abgeordneten	39 459	36 689	32 868

Seit den Volkskammerwahlen von 1958 wurden neben den Abgeordneten auch Nachfolgekandidaten gewählt, deren Anzahl ursprünglich auf 100 Personen beschränkt war, später jedoch erhöht wurde.[10]

Tabelle 5: Anzahl der Abgeordneten und Nachfolgekandidaten je Wahlberechtigte in ausgewählten Wahlperioden[11]

Volkskammerwahl	1971	1976	1981	1986
Wahlberechtigte	11 401 090	11 425 194	12 352 263	12 434 444
Gewählte Abgeordnete	434	434	500	500
Gewählte Nachfolgekandidaten	150	157	179	203
Verhältnis Wahlberechtigte/ Abgeordnete	26 270	26 325	24 705	24 869
Verhältnis Abgeordnete und Nachfolgekandidaten/ Wahlberechtigte	19 522	19 332	18 192	17 688

Tabelle 6: Anteil der SED-MdV an der Gesamtstärke der Volkskammer in ausgewählten Wahlperioden

	3. WP	5. WP	7. WP	8. WP	9. WP
Mandate insgesamt	466	500	500	500	500
davon an die SED-Fraktion	117	127	127	127	127
insgesamt Mandatare in SED	234	274	268	276	276
SED-Anteil an allen Abgeordneten	50,21%	54,8%	53,6%	55,2%	55,2%

---

9 Eigene Berechnungen.
10 Vgl. § 7 des Gesetzes über die Wahlen zur Volkskammer am 16.11.1958 vom 24.9.1958 (GBl I, S. 677); vgl. auch Lapp, Peter Joachim (1975): Die Volkskammer der DDR. Opladen: Westdeutscher Verlag, S. 76.
11 Nach Unger, Oswald/Fiedler, Inge/Acker, Roland (1988): Wahlsystem und Volksvertretungen in der DDR. Berlin (Ost): Staatsverlag der Deutschen Demokratischen Republik, S. 61.

Daten zur Volkskammer

Tabelle 7: Anteil der Minister mit Parlamentsmandat in ausgewählten Wahlperioden[12]

	4. Wahlperiode	7. Wahlperiode
Mitglieder des Ministerrats	36	42
davon auch MdV	19	25
prozentualer Anteil von allen Regierungsmitgliedern	52,78%	59,52%

In der ersten Verfassung der DDR von 1949 war im Artikel 92 Absatz 3 noch festgelegt, dass die Minister auch Abgeordnete der Volkskammer sein sollten.

Tabelle 8: Exemplarische Angaben über das durchschnittliche Alter und die Mandatsdauer von Abgeordneten der Volkskammer

Durchschnittliches Alter der Abgeordneten zu Beginn der 8. Wahlperiode	Durchschnittliche Mandatsdauer der Abgeordneten am Ende der 7. Wahlperiode (1981)[13]:
48,2 Jahre.[14]	13,77 Jahre

Tabelle 9: Fluktuationsrate (Turnover) der Abgeordneten der Volkskammer[15]

Legislaturperiode	Wahljahr	Fluktuationsrate in Prozent
3.	1958	45,7
4.	1963	61,6
5.	1967	40,2
6.	1971	30,4
7.	1976	28,2
8.	1981	27,6

Die Auswertung der entsprechenden Unterlagen der 8. Wahlperiode ergab, dass vor allem FDJ-Mandatare und Frauen überdurchschnittlich häufig frühzeitig wieder aus der Volkskammer ausschieden. Anscheinend wurde aus diesem Personalbestand der politisch eher bedeutungslosen Abgeordneten die angestrebte hohe Turnover-Rate

---

12 Auszählungen wurden exemplarisch für die 4. und 7. Wahlperiode aus den Unterlagen der Handbücher vorgenommen.
13 Errechnet aus den Angaben in den Kurzbiografien der Abgeordneten in: Sekretariat der Volkskammer im Auftrag des Präsidiums der Volkskammer der DDR (Hrsg.) (1977): Die Volkskammer der Deutschen Demokratischen Republik: 7. Wahlperiode [Handbuch]. Berlin (Ost): Staatsverlag der DDR.
14 Eigene Berechnung, auf der Grundlage von: Sekretariat der Volkskammer im Auftrag des Präsidiums der Volkskammer der DDR (Hrsg.) (1982): Die Volkskammer der Deutschen Demokratischen Republik: 8. Wahlperiode [Handbuch]. Berlin (Ost): Staatsverlag der DDR.
15 Nach: Lapp (1975), a.a.O., S. 87 und eigenen Berechnungen.

erreicht. Anders als in parlamentarischen Regierungssystemen verfügten diese Mandatare auch nicht über die Möglichkeit, beispielsweise durch eine erfolgreiche Zielgruppen- oder Wahlkreisarbeit ihren Parlamentsplatz durch Wählervotum längerfristig selbst abzusichern.

Tabelle 10: Anteil der nach der 7. Wahlperiode ausgeschiedenen Abgeordneten spezieller Gruppen[16]

	Gesamtzahl der Mandate	Anteil an der Gesamtsumme aller Ausgeschiedenen (%)	Anteil an der „Gruppe" (%)
Frauen	70	50,8%	41,7%
FDJ	27	19,6%	67,5%

Tabelle 11: Geschlechteranteile und soziale Herkunft der Volkskammermitglieder[17]

	2. WP	3. WP	4. WP	5. WP
Geschlecht				
männlich	338 (72,5%)	352 (75,5%)	363 (72,6%)	347 (69,4%)
weiblich	128 (27,5%)	114 (24,5%)	137 (27,4%)	153 (30,6%)
Soziale Herkunft				
Arbeiter	262 (56,2%)	286 (61,4%)	283 (56,6%)	287 (57,4%)
Bauern	43 (9,2%)	36 (7,7%)	52 (10,4%)	44 (8,8%)
Angestellte	78 (16,7%)	57 (12,2%)	70 (14%)	71 (14,2%)
Handwerker, Gewerbetreibende	40 (8,6%)	42 (9,0%)	59 (11,8%)	52 (10,4%)
Intelligenz	43 (9,2%)	41 (8,8%)	23 (4,6%)	34 (6,8%)
Pfarrer		2 (0,4%)	2 (0,4%)	
Unternehmer		2 (0,4%)	3 (0,6%)	
Beamte			8 (1,6%)	
sonstige				12 (2,4%)

---

16 Nach eigenen Berechnungen.
17 Quelle: Handbuch der Volkskammer, quantitative Angaben zur 1. WP fehlen im Handbuch. Die Tabelle folgt den offiziellen Unterscheidungsmerkmalen des Handbuches, die sich nach der 5. WP änderten.

Tabelle 12: Geschlechteranteile und soziale Herkunft der Volkskammer-Mitglieder

	6. WP	7. WP	8. WP	9. WP
Geschlecht				
männlich	341 (68,2%)	332 (66,4%)	338 (67,6%)	339 (67,8%)
weiblich	159 (31,8%)	168 (33,6%)	162 (32,4%)	161 (32,2%)
Soziale Herkunft				
Arbeiter	263 (52,6%)	268 (53,6%)	278 (55,6%)	260 (52,0%)
Bauern, Gärtner, Fischer	63 (12,6%)	53 (10,6%)	58 (11,6%)	71 (14,2%)
Angestellte	73 (14,6%)	105 (21,0%)	91 (18,2%)	91 (18,2%)
Angehörige der Intelligenz	35 (7,0%)	28 (5,6%)	36 (7,2%)	42 (8,4%)
Selbständige Handwerker	30 (6,0%)	31 (6,2%)	25 (5,0%)	26 (5,2%)
Gewerbetreibende u. freiberufl. Tätige	26 (5,2%)	8 (1,6%)	7 (1,4%)	8 (1,6%)
sonstige	10 (2,0%)	7 (1,4%)	5 (1,0%)	2 (0,4%)

4. Fraktionen

Tabelle 13: Anzahl der Fraktionen in der Volkskammer

Wahlperiode	Prov. VK	1.	2.	3.	4.	5.	6.	7.	8.	9.
Fraktionen	8	10	11	10	9	9	9	9	9	10

Tabelle 14: Fraktionsstärken von 1949-1989[18]

Fraktion	Prov. VK	1. WP[19]	2. WP	3. WP	4. WP	5. WP	6. WP	7. WP	8. WP	9. WP
SED	96 (29,09%)	110 (27,5%)	117[17][20] (25,11%)	117 [17] (25,11%)	127[17] (25,4%)	127[17] (25,4%)	127[17] (25,4%)	127 (25,4%)	127 (25,4%)	127 (25,4%)
CDU	46 (13,94%)	67 (16,75%)	67 [7] (14,38%)	52 [7] (11,16%)	52 [7] (10,4%)	52 [7] (10,4%)	52 [7] (10,4%)	52 (10,4%)	52 (10,4%)	52 (10,4%)
LDPD	46 (13,94%)	66 (16,5%)	67 [7] (14,38%)	52 [7] (11,16%)	52 [7] (10,4%)	52 [7] (10,4%)	52 [7] (10,4%)	52 (10,4%)	52 (10,4%)	52 (10,4%)
NDPD	17 (5,15%)	35 (8,75%)	37 [7] (7,94%)	52 [7] (11,16%)	52 [7] (10,4%)	52 [7] (10,4%)	52 [7] (10,4%)	52 (10,4%)	52 (10,4%)	52 (10,4%)
DBD	15 (4,54%)	33 (8,25%)	37 [7] (7,94%)	52 [7] (11,16%)	52 [7] (10,4%)	52 [7] (10,4%)	52 [7] (10,4%)	52 (10,4%)	52 (10,4%)	52 (10,4%)
SPD	5 (1,52%)	6 (1,5%)								
FDGB		49 (12,25%)	48 [8] (10,30%)	53 [8] (11,37%)	68 [8] (13,6%)	68 [8] (13,6%)	68 [8] (13,6%)	68 (13,6%)	68 (13,6%)	61 (12,2%)
FDJ		25 (6,25%)	24 [4] (5,15%)	29 [4] (6,22%)	40 [5] (8%)	40 [5] (8%)	40 [5] (8%)	40 (8%)	40 (8%)	37 (7,4%)
Kulturbund			23 [3] (4,93%)	18 [3] (3,86%)	22 [3] (4,4%)	22 [3] (4,4%)	22 [3] (4,4%)	22 (4,4%)	22 (4,4%)	21 (4,2%)
DFD			19 [4] (4,08%)	29 [4] (6,22%)	35 [5] (7%)	35 [5] (7%)	35 [5] (7%)	35 (7%)	35 (7%)	32 (6,4%)
VVN			15 [0] (3,22%)							
VdgB										14 (2,8%)
FDGB/FDJ/ VdgB/Gen.	50 (15,15%)									
VVN/Kultur-bund/DFD	55 (16,67%)									
VdgB/Gen./ VVN		31 (7,75%)								
Kulturbund/ DFD		44 (11%)								
VdgB/Gen.			12 [2] (2,57%)	12 [2] (2,57%)						
insgesamt	330 (100%)	400 (100%)	466 [66] (100%)	466 [66] (100%)	500 [66] (100%)	500 [66] (100%)	500 [66] (100%)	500 (100%)	500 (100%)	500 (100%)
Anteil Blockparteien	37,6%	50,25%	45,5%	44,85%	41,6%	41,6%	41,6%	41,6%	41,6%	41,6%

---

18 Nach: Autorenkollektiv unter Leitung von Badstübner, Rolf (1981): Geschichte der Deutschen Demokratischen Republik. Berlin (Ost): Deutscher Verlag der Wissenschaften, S. 127 und Handbücher der Volkskammer.
19 Hinzu kommen noch 66 Berliner Vertreter mit beratender Stimme.
20 Anzahl der Berliner Abgeordneten mit beratender Stimme in der Fraktion.

Tabelle 15: Parteizugehörigkeit in den Fraktionen der Massenorganisationen in der 3. Wahlperiode[21]

Massenorganisation	Fraktionsstärke	davon in SED	Anteil der SED-Mitglieder
FDGB	53	41	77,36%
FDJ	29	28	96,55%
DFD	29	24	82,76%
KB	18	15	83,33%
VdgB/Gen.	12	9	75,00%
gesamt	141	117	82,98%

Tabelle 16: Parteizugehörigkeit in den Fraktionen der Massenorganisationen in der 5. Wahlperiode[22]

Massenorganisation	Fraktionsstärke	davon in SED	Anteil der SED-Mitglieder	Anzahl von Mitgliedern aus Blockparteien
FDGB	68	62	91,18%	
FDJ	40	38	95,00%	1 in CDU
DFD	35	30	85,71%	1 in CDU 1 in LDPD
KB	22	17	77,27%	1 in NDPD
Gesamt	165	147	89,09%	4

---

21 Quelle: Volkskammer der Deutschen Demokratischen Republik in Verbindung mit dem Deutschen Institut für Zeitgeschichte (Hrsg.) (1959): Handbuch der Volkskammer der Deutschen Demokratischen Republik: 3. Wahlperiode. Berlin (Ost): Kongress-Verlag.
22 Quelle: Sekretariat der Volkskammer im Auftrag des Präsidiums der Volkskammer der DDR (Hrsg.) (1967): Die Volkskammer der Deutschen Demokratischen Republik: 5. Wahlperiode [Handbuch]. Berlin (Ost): Staatsverlag der DDR.

Tabelle 17: Parteizugehörigkeit in den Fraktionen der Massenorganisationen in der 7. Wahlperiode[23]

Massenorganisation	Fraktionsstärke	davon in SED	Anteil der SED-Mitglieder	Anzahl von Mitgliedern aus Blockparteien
FDGB	68	57	83,82%	
FDJ	40	34	85,00%	1 in CDU
DFD	35	32	91,43%	1 in CDU 1 in LDPD
KB	22	18	81,82%	1 in NDPD
Gesamt	165	141	85,45%	4

Tabelle 18: Parteizugehörigkeit in den Fraktionen der Massenorganisationen in der 8. Wahlperiode[24]

Massenorganisation	Fraktionsstärke	davon SED	Anteil der SED-Mitglieder	Anzahl von Mitgliedern aus Blockparteien
FDGB	68	62	91,18%	
FDJ	40	37	92,50%	1 in CDU
DFD	35	32	91,43%	1 in CDU 1 in LDPD
KB	22	18	81,82%	1 in NDPD
Gesamt	165	149	90,3%	4

---

23 Quelle: Sekretariat der Volkskammer im Auftrag des Präsidiums der Volkskammer der DDR (Hrsg.) (1977): Die Volkskammer der Deutschen Demokratischen Republik: 7. Wahlperiode [Handbuch]. Berlin (Ost): Staatsverlag der DDR.
24 Quelle: Handbücher der Volkskammer; siehe auch: Lapp, Peter Joachim (1982): Die Wahlen in der DDR. Wählt die Kandidaten der Nationalen Front! Berlin (Ost): Verlag Gebr. Holzapfel, S. 37.

Daten zur Volkskammer

Tabelle 19: Parteizugehörigkeit in den Fraktionen der Massenorganisationen in der 9. Wahlperiode[25]

Massenorgani-sation	Fraktions-stärke	davon SED	Anteil der SED-Mitglieder	Anzahl von Mitgliedern aus Blockparteien
FDGB	61	58	95,08	
FDJ	37	35	94,59	1 CDU
DFD	35	32	91,43	1 CDU 1 LDPD
KB	21	15	71,43	1 NDPD
VdgB	14	12	85,71	
Gesamt	168	152	90,48	4

5. Ausschüsse

Tabelle 20: Anzahl der Volkskammerausschüsse

Wahlperiode	Prov. VK	1.	2.	3.	4.	5.	6.	7.	8.	9.
Anzahl der Ausschüsse	15	17	19	20	15	15	15	15	15	15

---

25 Quelle: Eigene Berechnungen auf Basis von Sekretariat der Volkskammer im Auftrag des Präsidiums der Volkskammer der DDR (Hrsg.) (1982): Die Volkskammer der Deutschen Demokratischen Republik: 8. Wahlperiode [Handbuch]. Berlin (Ost): Staatsverlag der DDR; und Lapp (1982), a.a.O., S. 37.

Tabelle 21: Ausschüsse in der Volkskammer von 1949 bis 1990[26]

Wahlperiode	PV	1	2	3	4	5	6	7	8	9
Ständ. Aus. für Allgemeine Angelegenheiten	O	O	O	O						
Ständ. Aus. für Auswärtige Angelegenheiten	O	O	O	O						
Ständ. Aus. für Wirtschafts- u. Finanzfragen	O	O	O	O						
Ständ. Aus. für die örtlichen Volksvertretungen			O	O						
Verfassungsausschuss		O	O	O						
Geschäftsordnungsausschuss	O	O	O	O	O	O	O	O	O	O
Wahlprüfungsausschuss	O	O	O	O						
Gnadenausschuss	O	O	O	O						
Ausschuss f. Auswärtige Angelegenheiten	O	O	O	O	O	O	O	O	O	O
Justizausschuss		O	O	O						
Rechtsausschuss	O	O	O	O						
Petitionsausschuss	O	O								
Aus. für Eingaben d. Bürger			O	O	O	O	O	O	O	O
Wirtschaftsausschuss	O	O	O	O						
Ausschuss für Land- und Forstwirtschaft	O	O	O	O	O	O				
Aus. f. Land-, Forst- u. Nahrungsgüterwirtschaft							O	O	O	O
Haushalts- und Finanzaus.	O	O	O	O	O	O	O	O	O	O
Ausschuss für Arbeit und Gesundheitswesen	O	O								
Ausschuss für Arbeit und Sozialpolitik				O	O	O	O	O	O	O
Aus. für Gesundheitswesen			O	O	O	O	O	O	O	O
Volksbildungsausschuss	O	O								
Aus. für Volksbildung und Kultur			O							
Ausschuss für Volksbildung				O	O	O	O	O	O	O
Jugendausschuss	O	O	O	O	O	O	O	O	O	O
Ausschuss für Kultur				O	O	O	O	O	O	O
Aus. für Nat. Verteidigung					O	O	O	O	O	O
Verfassungs- und Rechtsaus.					O	O	O	O	O	O
Ausschuss für Industrie, Bauwesen und Verkehr						O	O	O	O	O
Aus. für Handel und Versorgung						O	O	O	O	O
Mandatsprüfungsausschuss					O	O	O	O	O	O

---

26 Quellen: Handbücher der Volkskammer.

Daten zur Volkskammer

Der Anteil der in den Ausschüssen tätigen Abgeordneten blieb nicht konstant. In der 6. Wahlperiode handelte es sich beispielsweise um 327 Abgeordnete und 95 Nachfolgekandidaten von insgesamt 500 Mandataren.[27] Später waren es dagegen 355 Abgeordnete und 124 Nachfolgekandidaten.[28] Vor allem bestimmte hauptamtliche Funktionäre der Parteien, insbesondere Bezirkssekretäre der SED, oder Spitzenwissenschaftler bzw. -künstler konnten von der Ausschusstätigkeit qua Amt oder auf eigenen Antrag hin befreit werden.

Tabelle 22: Tätigkeit der Ausschüsse in der 8. Wahlperiode der Volkskammer[29]

Tätigkeitsart	Ausschusssitzungen	Arbeitsgruppenberatungen[30]	Arbeitsgruppeneinsätze[31]
8. Wahlperiode	237	74	373

---

27 Bericht über die Tätigkeit der Volkskammer der Deutschen Demokratischen Republik (6. Wahlperiode), Sonderdruck Nr. 22 – Beschluss 54/76 des Präsidiums der Volkskammer der DDR, S. 3.
28 Vgl. Beitrag von Karl-Heinz Schulmeister in diesem Band.
29 Quelle: Sekretariat der Volkskammer (Hrsg.) (1986): Informationen für die Abgeordneten der Volkskammer, April 1986, S. 5.
30 Gemeint sind hier Beratungen der Arbeitsgruppen, die der Vorbereitung oder Auswertung der Einsätze vor Ort dienten – *Anmerkung der Herausgeber*.
31 Dabei handelt es sich um die Tätigkeit der Arbeitsgruppen vor Ort, also in Kommunen, Kreisen, Einrichtungen und Betrieben – *Anmerkung der Herausgeber*.

Tabelle 23: Übersicht über die Aktivitäten der Volkskammerausschüsse in der Zeit vom 26. November 1971 bis Juli 1976 (6. Wahlperiode)[32]

Ausschuss	Ausschuss-sitzungen	Arbeits-gruppen-beratungen	Arbeits-gruppen-einsätze	Vorstands-sitzungen	Sonst. Aktivi-täten
Auswärtige Angelegenheiten	21	-	-	4	-
Nationale Verteidigung	8	1	-	2	-
Verfassung und Recht	32	52	38	36	3
Industrie, Bauswesen und Verkehr	19	16	55	11	3
Land-, Forst- und Nahrungs-güterwirtschaft	21	6	31	16	6
Handel und Versorgung	21	6	35	2	3
Haushalt und Finanzen	26	8	30	6	1
Arbeit und Sozialpolitik	29	24	39	13	6
Gesundheitswesen	26	17	30	33	9
Volksbildung	21	24	26	18	2
Kultur	28	-	39	39	-
Jugendausschuss	25	11	38	7	7
Eingaben der Bürger	24	1	23	28	2
Geschäftsordnungsausschuss	3	-	-	1	-
Mandatsprüfungsausschuss	2	-	-	-	-
Gesamt	306	166	284	216	42

Tabelle 24: Aktivitäten des Kulturausschusses von der 5. bis zur 8. Wahlperiode der Volkskammer [33]

	Tagungen	Arbeitsgruppeneinsätze (meist mehrere Tage)	Vorstands-sitzungen
5. Wahlperiode	30	29	30
6. Wahlperiode	29	40	keine Angaben
7. Wahlperiode	20	26	27
8. Wahlperiode	23	28	13

---

32 Unveröffentlichtes internes Material des Sekretariats der Volkskammer, Nachlass eines Mitarbeiters des Sekretariats.
33 Ebenda.

Tabelle 25: Besetzung von Posten der Ausschussvorsitzenden bzw. deren Stellvertreter durch SED-Spitzenfunktionäre[34]

Wahlperiode	2.	3.	4.	5.	6.	7.	8.	9.
Vorsitzende u. Stellvertreter insgesamt	38	41[35]	37	42	70	70	70	73
davon in SED (auch Vertreter der Massenorganisationen)	14	21	16	20	33	34	34	36
davon Mitglieder des ZK, Politbüro, Abteilungsleiter des ZK	13	13	11	12	14	14	13	14

6. Plenarsitzungen

Abbildung 1: Sitzordnung in der Volkskammer 1954

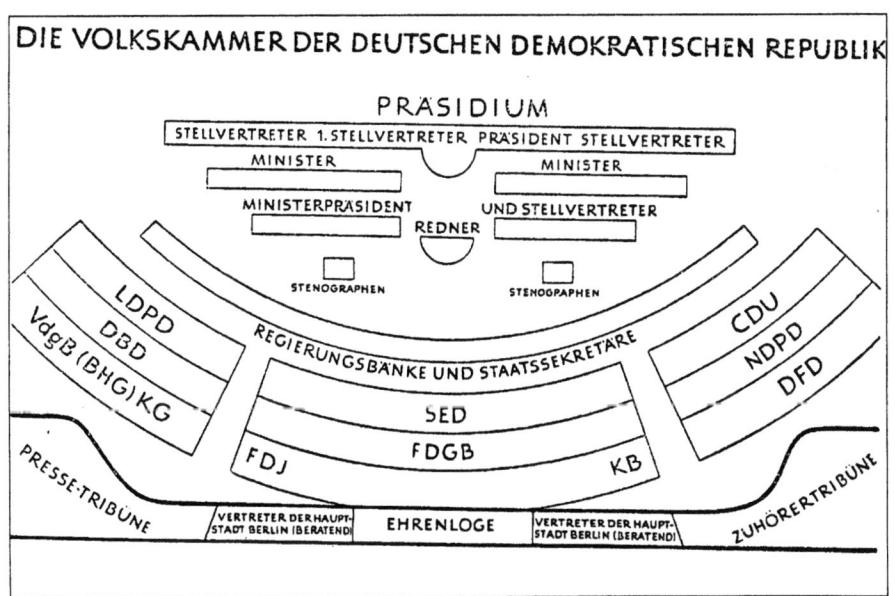

---

34 Eigene Berechnungen.
35 Zwei Stellvertreter standen bei Redaktionsschluss des Handbuches der 3. Wahlperiode noch nicht fest.

Abbildung 2: Sitzordnung in der Volkskammer 1986

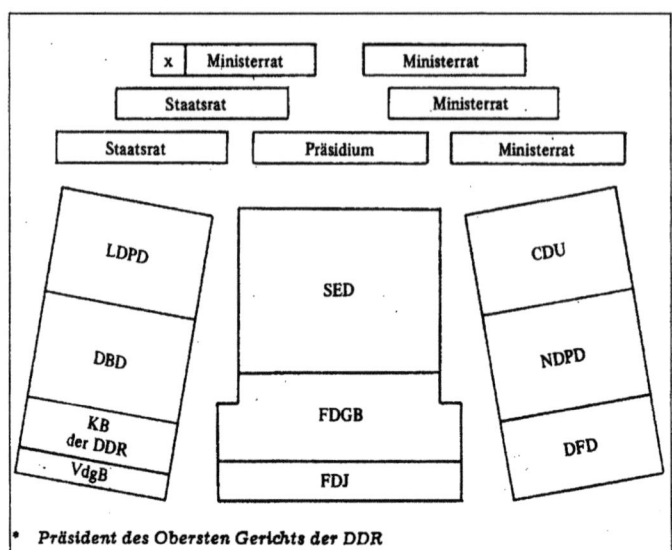

Tabelle 26: Anzahl der Plenarsitzungen je Wahlperiode

Wahlperiode	Jahr	Anzahl der Plenarsitzungen[36]
Provisorische Volkskammer	7.10.1949 bis 7.11.1950	23
1. Wahlperiode	8.11.1950 bis 17.10.1954	50
2. Wahlperiode	17.10.1954 bis 16.11.1958	36
3. Wahlperiode	16.11.1958 bis 20.10.1963	27
4. Wahlperiode	20.10.1963 bis 2.7.1967	27
5. Wahlperiode	2.7.1967 bis 14.11.1971	20
6. Wahlperiode	14.11.1971 bis 17.10.1976	18
7. Wahlperiode	17.10.1976 bis 14.6.1981	13
8. Wahlperiode	14.6.1981 bis 8.6.1986	12
9. Wahlperiode	8.6.1986 bis 18.3.1990	18
10. Wahlperiode	5.4.1990 bis 02.10.1990	127

---

36 Ausgezählt auf der Basis der Protokollbände der Volkskammer.

7. Gesetzgebung

Tabelle 27: Gesetzentwürfe nach Initiatoren in der Volkskammer der DDR 1961 bis 1970[37]

Jahr	Eingebrachte u. verabschiedete Gesetze	Initiatoren		
		Ministerrat	Staatsrat	Volkskammer
1961	8	5	3	0
1962	17	11	6	0
1963	11	3	8	0
1964	5	2	3	0
1965	11	8	3	0
1966	9	9	-	0
1967	10	8	2	0
1968	19	6	13	0
1969	9	5	4	0
1970	8	5	3	0
Insgesamt	107	62	45	0

Gesetze konnten eingebracht werden von Abgeordneten, Fraktionen, Ausschüssen, dem Staatsrat, dem Ministerrat und dem Freien Deutschen Gewerkschaftsbund. Nach übereinstimmenden Aussagen der Interviewpartner und Informationen aus den Sitzungsprotokollen der Volkskammer wurde die weitaus größte Anzahl der Gesetzentwürfe vom Ministerrat – natürlich unter Kontrolle des Politbüros der SED – eingebracht. Lediglich in meist symbolisch aufgewerteten Ausnahmefällen wurden einzelne oder mehrere Fraktionen gesetzesinitiativ. Einzelabgeordnete brachten in der sozialistischen Volkskammer keine Gesetzesentwürfe ein.

---

37 Roggemann, Herwig (1976): Die DDR-Verfassungen. Berlin (Ost): Berlin Verlag, S. 95.

Tabelle 28: Anzahl der von der Volkskammer verabschiedeten Gesetze[38]

Wahlperiode	Anzahl verabschiedeter Gesetze
Provisorische Volkskammer	34
1. WP	40
2. WP	55
3. WP	70
4. WP	15
5. WP	45
6. WP	61
7. WP	71
8. WP	52
9. WP[39]	60[40]
insgesamt	502

Tabelle 29: Auswahl von Diskussionen der Bürger über Gesetzentwürfe der Volkskammer[41]

Gesetz (Jahr)	Zahl der Diskussionsteilnehmer	Vorschläge zur Veränderung des Gesetzentwurfs	In das Gesetz aufgenommene Änderungen
Familiengesetzbuch (1965)	750 000	23 737	230
Gesetz über die örtlichen Volksvertretungen (1973)	1 500 000	4 300	keine Angaben
Jugendgesetz (1974)	5 400 000	4 821	200
Zivilgesetzbuch (1975)	260 000	4 091	360
LPG-Gesetz (1982)	850 000	35 000	95 inhaltliche u. 75 redaktionelle
Neufass. d. Gesetzes über die örtl. Volksvertretungen (1985)	Alle Bürgermeister	3 235	120

---

38 Eigene Auszählungen auf der Basis der Sitzungsprotokolle der Volkskammer; vgl. auch: Lapp (1975), a.a.O., S. 219.
39 Die Wahlperiode dauerte nur 3 Jahre und 9 Monate statt der üblichen 5 Jahre.
40 Besondere Häufung der Gesetzgebung seit Dezember 1989. Darunter befanden sich als Zeichen des beginnenden Transformationsprozesses 30 Gesetze mit außergewöhnlicher politischer Veränderungswirkung auf das politische und wirtschaftliche Leben in der DDR.
41 Quellen: Akademie für Staats- und Rechtswissenschaft der DDR Potsdam-Babelsberg (Hrsg.) (1979): DDR - Gesellschaft Staat Bürger. Berlin (Ost): Staatsverlag der Deutschen Demokratischen Republik, S. 184, und Sekretariat der Volkskammer der DDR (Hrsg.) (1986): Informationen für die Abgeordneten der Volkskammer, April 1986, S. 3.

Die breiten offiziellen Diskussionen von Gesetzesentwürfen in der Bevölkerung beschränkten sich nicht nur auf Zustimmung zum politischen Kurs der Partei und des Staates. Durchaus weit verbreitet waren auch kritische Hinweise, nicht selten ablehnende Positionen, die allerdings nur in Ausnahmefällen zu sichtbaren Veränderungen des diskutierten Entwurfstextes führten.
Einen Überblick dazu bietet ein internes Arbeitspapier, vorgelegt von der Arbeitsgruppe der Verfassungskommission zur Auswertung der Zuschriften der Bürger zum Verfassungsentwurf von 1968, in dem vor allem die aus offizieller Sicht problematischen Fragen in einem sechzigseitigem Papier zusammengefasst wurden:[42]

„Zusammenstellung
der in den Zuschriften der Bürger an die Verfassungskommission enthaltenen politisch-ideologischen Probleme sowie Anregungen und Vorschläge der Bürger für Maßnahmen staatlicher und gesellschaftlicher Organe.

Vorgelegt von der Arbeitsgruppe der Verfassungskommission zur Auswertung der Zuschriften der Bürger zum Verfassungsentwurf.
– Berlin, 30.4. 1968 –

I. In den Zuschriften der Bürger enthaltene wesentliche politisch-ideologische Probleme

Der hohe Bewußtseinsstand der Bevölkerung, der kennzeichnend war für die Volksaussprache und sich in den Zuschriften an die Verfassungskommission widerspiegelte, wird hier nicht nochmals analysiert – In dieser Zusammenstellung sind lediglich die aus den Zuschriften der Bürger sichtbar gewordenen Unklarheiten in politisch-ideologischen Fragen bei einem Teil der Bevölkerung enthalten.

1. Zur nationalen Frage und Rolle des Imperialismus

- Es wurden Zweifel geäußert, ob in der Verfassung die Vereinigung der beiden deutschen Staaten auf der Grundlage des <u>Sozialismus</u> festgelegt werden könne. Dabei wurde auch das Argument hervorgebracht, daß das ganze deutsche Volk über die Gesellschaftsordnung des vereinigten Deutschland entscheiden müsse. Solche Zuschriften kamen vorwiegend aus kirchlichen Kreisen.

---

42 Internes Arbeitspapier vom 30.04.1968: Zusammenstellung der in den Zuschriften der Bürger an die Verfassungskommission enthaltenen politisch-ideologischen Probleme sowie Anregungen und Vorschläge der Bürger für Maßnahmen staatlicher und gesellschaftlicher Organe, vorgelegt von der Arbeitsgruppe der Verfassungskommission zur Auswertung der Zuschriften der Bürger zum Verfassungsentwurf (60 Seiten). Aus dem Nachlass eines früheren Mitarbeiters des Sekretariats der Volkskammer.

- Die Vereinigung der beiden deutschen Staaten solle nur auf der Grundlage der Demokratie angestrebt werden, da der Sozialismus in Westdeutschland erst nach der Vereinigung siegen könne.
- Es sei hinderlich für die erstrebte Normalisierung der Beziehungen und Annäherung der beiden deutschen Staaten, wenn die Verfassung vorschreibe, daß die Vereinigung nur auf der Grundlage des Sozialismus erfolgen könne.
- Die USA sollten in der Präambel nicht besonders als Verantwortliche für die Spaltung genannt werden; das könne einer Normalisierung der Beziehungen zu diesem Staat hinderlich sein.
- Aus der großen Zahl der Zuschriften, in denen die „Freizügigkeit" im Reiseverkehr bzw. das Recht auf Auswanderung nach Westdeutschland oder dem kapitalistischen Ausland gefordert wurde, war erkennbar, daß von diesen Bürgern Grundfragen der Klassenauseinandersetzung zwischen Sozialismus und Imperialismus noch nicht verstanden werden. Besonders in dringenden Familienangelegenheiten wurde die Möglichkeit des Besuchs in Westdeutschland und Westberlin gefordert.
- Im Zusammenhang mit der Festlegung „Die DDR ist ein sozialistischer Staat deutscher Nation" wurde die Frage aufgeworfen, ob die Begriffsbestimmung für die Nation neu herausgearbeitet werden müßte, da die bisherigen historischen Merkmale nicht mehr voll zuträfen.

2. Klassencharakter, Klassenstruktur – Klassenbeziehungen

- In verschiedenem Zusammenhang wurde die Frage aufgeworfen, weshalb im Stadium des entwickelten gesellschaftlichen Systems des Sozialismus noch an der Klassenstruktur der Bevölkerung festgehalten wird.
- Die Hervorhebung der führenden Rolle der Arbeiterklasse und ihrer marxistisch-leninistischen Partei würde ein Zurücksetzen derjenigen Bürger bedeuten, die nicht der Arbeiterklasse angehören.
- Es wurde vorgeschlagen, den Begriff „Klassen" wegfallen zu lassen. Eine Klassifizierung der Bevölkerung führe zu einer Art „Klassendenken" und zu einer Deklassierung einzelner Bürger oder ganzer Bevölkerungsgruppen.
- Die Differenzierung zwischen Klassen und Schichten sei überholt und führe zu Ungerechtigkeiten. Das wurde besonders in Zusammenhang mit folgenden Fragen vorgebracht: Zulassung zu Bildungseinrichtungen; Stipendienregelung (Die Förderung der Arbeiter- und Bauernkinder sei überholt); Höhe der Renten (Altersversorgung der Intelligenz); Kindergeld (höheres Kindergeld bei Pädagogen); Geldumtausch bei Auslandsreisen.
[...]
- Einige Komplementäre, Handwerker und Gewerbetreibende waren der Meinung, neben der Festlegung der Aufgaben der Nationalen Front auch die Rolle des demokratischen Blocks in der Verfassung zu fixieren. Angehörige dieser Schichten vermissen eine Festlegung der Zusammensetzung der Regierung nach

Parteien, und sie äußern, die SED steuere auf ein Einparteiensystem hin. In einer örtlichen Parteiorganisation der LDPD wurden Diskussionen darüber geführt, weshalb in der Verfassung kein Artikel über die Perspektive und Existenzmöglichkeiten der Blockparteien enthalten sei.
- Wenn gemäß Artikel 2, Absatz 1, die politische Macht von den Werktätigen ausgeübt wird, so wurde ein Widerspruch zu Artikel 5, Absatz 1, gesehen, wonach die Macht durch ihre Volksvertretungen ausgeübt wird.
- Zu den Begriffen „Werktätige – Bürger – Volk" gibt es Unklarheiten. Widersprüche werden darin gesehen, daß nicht alle Bürger Werktätige seien, aber alle Bürger an der Machtausübung beteiligt sind.
- Einige Bürger brachten zum Ausdruck, daß die Ausbeutung des Menschen durch den Menschen in der DDR noch nicht überwunden sei (Privatbetriebe, PGH, Handwerker).

3. Verhältnis zur Sowjetunion

In einer Reihe von Zuschriften wurde erkennbar, daß die Bedeutung der Freundschaft und Zusammenarbeit mit der Sowjetunion von diesen Bürgern noch nicht verstanden wurde.

- In einigen Zuschriften wurde vorgeschlagen, die besondere Hervorhebung der Sowjetunion (Artikel 6, Absatz 2) wegfallen zu lassen und dafür die Freundschaft mit allen sozialistischen Ländern oder mit den Ländern des Warschauer Vertrages zu setzen. Damit solle der Vorwurf eines „Anhängsels Moskaus" beseitigt werden.
- Vereinzelt wurde die Hervorhebung der Sowjetunion in der Verfassung abgelehnt, weil später auch ein anderes sozialistisches Land die führende Rolle übernehmen könne.

4. Westberlin-Frage

- Viele Unklarheiten zeigten sich zu Artikel 1, Satz 2: „Die Hauptstadt der DDR ist Berlin". Die Fragen kamen vorwiegend von Bürgern, die positiv zu unserer Entwicklung stehen. Ist mit Berlin das demokratische Berlin gemeint, oder deutet dieser Satz bereits auf die Zukunft hin, daß die ganze Stadt, einschließlich Westberlin, zu unserer Republik gehören wird?
- Es wurde vermißt, daß die selbständige politische Einheit Westberlin in der Verfassung erwähnt wird.
- Diskrepanzen würden sich zum neuen StGB ergeben, wonach Westberlin eindeutig zum Ausland zähle, während in der Verfassung die Frage offenbleibe.
- Westberlin könne nicht zur DDR gehörig angesehen werden, weil es ein Agenten- und Spionagezentrum und ein Vorposten des Imperialismus sei.
- Was wird aus dem Vier-Mächte-Status von Berlin?

- Wird nach der neuen Verfassung auch die Berliner Bevölkerung die Abgeordneten zur Volkskammer der DDR wählen?
- Bei den in Artikel 8, Absatz 2, verankerten Grundsätzen für die Beziehungen zu Westdeutschland hätte auch Westberlin erwähnt werden sollen.

5. Zur Menschenrechtsdeklaration der UN

- Die Menschenrechtsdeklaration nahm in den Zuschriften, insbesondere zu den Artikeln 27 bis 29 und 39, einen breiten Raum ein. Der größte Teil der Zuschriften, die auf die Menschenrechtsdeklaration Bezug nahmen, stammt aus kirchlichen Kreisen. Zu Artikel 8, Absatz 1, wurde gefordert, daß gerade im Jahr der Menschenrechte neben der Verbindlichkeitserklärung des Völkerrechts die Menschenrechtsdeklaration ausdrücklich erwähnt werden sollte. Außerdem sollte die Verbindlichkeitserklärung der Menschenrechtsdeklaration insbesondere in Verbindung mit der Forderung nach Gewissensfreiheit, unbeschränkter Meinungsfreiheit, Recht auf Auswanderung, Gewährleistung der Religionsausübung aufgenommen werden.
- Es wurde auch gefordert, anstelle „Völkerrecht" „Menschenrechte" zu setzen, weil das Völkerrecht nicht klar kodifiziert sei, während das bei der Menschenrechtsdeklaration zuträfe. Die wichtigsten Dokumente der UNO sollten als Anhang der Verfassung beigegeben werden.
- In den Zuschriften wurde die Vorstellung erkennbar, daß die Menschenrechtsdeklaration verbindliches Völkerrecht sei.
- In diesen Zuschriften wurde von der Auffassung ausgegangen, daß die Menschenrechtsdeklaration für die Verfassung der DDR als Vorbild dienen könne und solle. Es wird nicht erkannt, daß die Rechte des Bürgers in der DDR über die in der Menschenrechtsdeklaration angestrebten Rechte weit hinausgehen.

6. Zum Begriff der Freiheit

In einer großen Zahl von Zuschriften kam zum Ausdruck, daß die Einsender einer „unbeschränkten" Freiheit im Sinne einer völligen gesellschaftlichen Ungebundenheit des Individuums das Wort reden.

- Besonders zum Artikel 27, aber auch zu den anderen Grundrechtsartikeln, wurde vielfach die Auffassung vertreten, die Formulierung „dem Geiste und den Zielen der Verfassung gemäß" stelle eine nicht zu vertretende Einschränkung der Meinungsfreiheit dar. Es könne eine Auslegung dahingehend erfolgen, daß alle Meinungen, die nicht in der Linie der marxistischen Partei (führende Kraft) liegen, als verfassungswidrig und als strafbar erklärt werden.
- Andere Zuschriften sahen in dieser Einschränkung eine Unterdrückung von Kritik und Selbstkritik. Im Zusammenhang mit der Auslegungsbefugnis des

Staatsrates wurde behauptet, daß demzufolge der Staatsrat bestimmen könne, was und welche Meinung geäußert werden dürfe.
- Die Meinungsfreiheit wurde auch insofern verabsolutiert, als die Einstellung der Lizenzierung der Presseerzeugnisse verlangt wurde (besonders christliche Kreise). Jedermann solle berechtigt sein, Druckerzeugnisse herauszugeben, und den Kirchen und Kirchgemeinden solle ermöglicht werden, eigene Sender zu betreiben.
- Falsche Vorstellungen von Freiheit äußerten sich in der Forderung, jedermann den Bezug von Druckerzeugnissen des kapitalistischen Auslands zu gestatten. Als Beispiel wurde der Zeitungsaustausch Ungarns angeführt. So könnten sich freie, eigene und „wetterfeste" Überzeugungen herausbilden.
- Zu Fragen der Kunst und Wissenschaft gab es besonders aus kirchlichen Kreisen die Forderung, daß Kunst und Wissenschaft „frei" sein müßten und an keine Weltanschauung gebunden sein dürften.
- Es sollte auch überprüft werden, inwieweit eine Genehmigung zum Besuch in der 5-km-Sperrzone erteilt werden könne, weil diese Frage ebenfalls die verfassungsmäßig garantierte Freizügigkeit berühre.
- Innerhalb des Gebietes der DDR müßte die Freizügigkeit in vollem Umfange gewährleistet sein und die Möglichkeit bestehen, daß sich jeder Bürger an jedem beliebigen Ort niederlassen könne.

7. Pflicht zur Verteidigung des sozialistischen Vaterlandes

- In vielen Zuschriften wurde ein Wehrersatzdienst aus Gewissensgründen verlangt. Unter Bezugnahme auf die Charta der Vereinten Nationen forderten christliche Bürger das Recht, jeglichen Waffendienst in irgendwelcher Form ablehnen zu können. Es wurde die Forderung erhoben, daß kein Bürger entgegen seiner religiösen Überzeugung zum Waffendienst gezwungen werden dürfe.
- In mehreren Zuschriften wurde erklärt, daß die Anordnung über die Aufstellung von Baueinheiten vom 7. 9. 1964 noch keine befriedigende Lösung des Problems der Wehrdienstverweigerung enthalte, da auch der Dienst in den Bautruppen Dienst an militärischen Objekten vorsehe. Aus Gewissensgründen müßte ein Wehrersatzdienst auch in der Form möglich sein, daß ein reiner „Zivil-Ersatz-Dienst", etwa in einer LPG, in einem Krankenhaus oder in sonstigen Einrichtungen geleistet werden könne, wo es der Wehrdienstverweigerer nur mit Zivilpersonen zu tun habe und nur zivile Aufgaben zu erfüllen brauche.
- Von einigen Bürgern wurde ein verfassungsmäßiger Schutz und ein Gesetz zum Schutze der Wehrdienstverweigerer gefordert, in dem auch das Recht auf Kriegsdienstverweigerung geregelt werden müßte.
- Es sollte geregelt werden, daß Frauen nicht der Pflicht zur Verteidigung unterliegen.
- Über den Zeitpunkt der Ableistung der Wehrpflicht bestehen bei den Bürgern unterschiedliche Meinungen. Während einerseits gefordert wurde, daß alle Ju-

gendlichen unmittelbar nach Abschluß der Oberschule ihre Wehrpflicht ableisten sollen, schlugen andere Bürger vor, daß junge Menschen erst dann zum Wehrdienst herangezogen werden sollen, wenn sie ihre Berufsausbildung bzw. ihr Studium abgeschlossen haben.

8. Staatsbürgerschaft

Aus den Zuschriften zum Problem der Staatsbürgerschaft ist zu erkennen, daß das Staatsbürgerschaftsgesetz vielen Bürgern nicht bekannt ist.
Es wurde gefordert, Grundsätze für den Erwerb und den Verlust der Staatsbürgerschaft in die Verfassung aufzunehmen und nicht schlechthin alle Fragen einem Gesetz vorzubehalten. Folgende Probleme wurden aufgeworfen:

- Staatsbürgerschaft der Republikflüchtigen;
- Wer ist ab wann Staatsbürger der DDR?
- Wer kann die Staatsbürgerschaft und aus welchem Grunde und wann wechseln (Heirat, Auswanderung)?
- Freie Wahl der Staatsbürgerschaft.

9. Stellung der Christen in der sozialistischen Gesellschaft

Die Mehrzahl der Zuschriften zu Fragen der Religionsfreiheit und der Stellung der Kirchen forderte die Übernahme der Artikel 40 bis 49 der alten Verfassung. Dabei wurde eine breite Differenzierung der Haltung der Bürger zur DDR deutlich.

- Viele christliche Bürger brachten ihre Bereitschaft zur aktiven Mitarbeit an der Erfüllung der ökonomischen Aufgaben zum Ausdruck, forderten jedoch eine konkretere Regelung ihrer christlichen Interessen.
- Der aus der weltanschaulichen Gegenüberstellung des Marxismus mit dem Christentum konstruierte Gewissenskonflikt wurde mehrfach zum Anlaß genommen, die Festlegungen in der Verfassung über die Verwirklichung des Sozialismus (Artikel 1) sowie die Aufnahme der Grundsätze der sozialistischen Moral (Artikel 19) und des sozialistischen Bildungs- und Erziehungsziels (Artikel 25) anzufechten. Gleichzeitig wurde die Bindung an den Geist, die Grundsätze, Aufgaben und Ziele der neuen Verfassung als Behinderung angesehen.
- Einige Pfarrer erklärten während der Verfassungsdiskussion, daß sie im Falle der Annahme der neuen Verfassung ihr Amt aus Gewissenskonflikten nicht mehr ausüben könnten und deshalb um Ausreise aus der DDR ersuchen werden.
- Einige Vorschläge und Forderungen solcher Zuschriften machten deutlich, daß die weltanschauliche Argumentation und der hierbei entdeckte „Gewissenskonflikt" dieser religiösen Bürger darauf abzielt, die marxistisch-leninistische Partei vom Staat und vom Staatsvolk zu trennen. Als Argumente wurden z. B. angeführt:

- Die führende Rolle einer Partei dürfe in der Verfassung nicht für alle Zeiten festgelegt werden, wenn dies eine demokratische Verfassung sein soll.
- Artikel 1 legt fest, daß unter Führung der marxistisch-leninistischen Arbeiterpartei der Sozialismus verwirklicht werden soll. Da der Marxismus-Leninismus Gott leugnet, könne ein christlicher Bürger die Verwirklichung eines solchen Sozialismus in seinem Lande nicht wollen.
- Wenn in Artikel 1 die führende Rolle der Arbeiterklasse und ihrer marxistisch-leninistischen Partei verfassungsmäßig festgelegt wird, so werde damit nicht nur die Machtbefugnis der Volkskammer (Artikel 48) von vornherein eingeschränkt, sondern auch jeder Bürger, der nicht der Arbeiterklasse angehört, zurückgesetzt.
- Der Verfassungsentwurf proklamiere ein Ziel, das ein großer Teil des Volkes gar nicht wolle. Die Verwirklichung des Sozialismus sei das Ziel einer Partei, der SED, aber nicht das Ziel des ganzen Volkes.

- In einigen Zuschriften religiöser Bürger, vorwiegend werktätiger Christen, wurde vorgeschlagen, den Begriff „Sozialismus" in der Verfassung dahingehend zu präzisieren, daß darunter das ökonomische, aber nicht das ideologische System zu verstehen sei.
- Manche christliche Bürger waren der Auffassung, daß die führende Rolle der Arbeiterklasse und ihrer marxistisch-leninistischen Partei nur im Kampf gegen die kapitalistische Ausbeuterklasse gerechtfertigt sei. Daraus ergebe sich, daß unter den gegenwärtigen Bedingungen in der DDR die Führung durch die Arbeiterklasse nicht mehr notwendig sei.
- Andere christliche Bürger vertraten den Standpunkt, daß Christen mit der marxistisch-leninistischen Partei gleichberechtigt zusammenarbeiten, sich jedoch nicht unter ihre Führung stellen könnten.
- Der größte Teil der Zuschriften aus kirchlichen Bevölkerungskreisen ließ erkennen, daß diese Zuschriften organisiert worden sind (einheitliche Argumente, gleicher Wortlaut, Bezugnahme auf Beratungen in Kirchenvorständen und auf die Briefe der Bischöfe). Eine Vielzahl der Zuschriften war mit Unterschriftenlisten verbunden.
- Immer wiederkehrende Argumente zur Aufnahme der einzelnen Rechte zur Religionsfreiheit in die Verfassung waren:
    - die Bezugnahme auf die in der Allgemeinen Erklärung der Menschenrechte der Vereinten Nationen festgelegte Gewissens- und Religionsfreiheit;
    - die Berufung auf die in der DDR vorhandenen mehr als 60% religiöser Bürger, wie sie bei der letzten Volkszählung festgestellt worden seien.
- Einige christliche Bürger haben in ihren Zuschriften zum Ausdruck gebracht, daß sie die Interessenvertretung durch die CDU nicht anerkennen.
[...]

13. Staatsaufbau und Wahlsystem

Die Stellung und Funktion des Staatsrates als Organ der Volkskammer werden vielfach richtig verstanden. Vorstellungen von der Gewaltenteilung sind noch nicht vollständig überwunden. Es gibt noch keine restlose Klarheit darüber, daß der Staatsrat ein Organ der Volkskammer ist. Folgende Probleme standen im Mittelpunkt:

- Den Verteidigungszustand sollte nur die Volkskammer beschließen können, weil sie das oberste Organ ist. Außerdem müßte der Begriff „im Dringlichkeitsfalle" erläutert werden.
- Es wurde das Recht des Staatsrates zur Auslegung der Gesetze kritisiert. Man sah darin eine Überforderung des Staatsrates, eine Kontrolle gegenüber der Volkskammer und eine Einengung der Aufgaben der Volkskammerausschüsse. Das Auslegungsrecht sollte einem Verfassungsausschuß übertragen werden. Außerdem sollte verankert werden, daß der Staatsrat ein kollektiv arbeitendes Organ ist.
- Alle Staatsverträge sollten von der Volkskammer abgeschlossen werden und nicht vom Staatsrat.
- Eine Einschränkung der Machtbefugnis der Volkskammer wurde in der Verankerung der führenden Rolle der Arbeiterklasse und ihrer Partei in der Verfassung gesehen.
- Es gab Vorschläge, daß die Wähler die Möglichkeit haben müßten, auf die Zusammensetzung der Volkskammer nach dem Verhältniswahlrecht Einfluß zu nehmen.
- Es wurde eine Heraufsetzung des passiven Wahlrechtsalters auf 25 bzw. 30 Jahre gefordert. Begründet wurde das mit einer noch ungenügenden menschlichen Reife infolge der verlängerten Ausbildungszeit. In wenigen Zuschriften dagegen wurde verlangt, das passive Wahlrechtsalter herabzusetzen.
- Es wurde gefordert, die geheime Stimmabgabe generell zur Pflicht zu machen. Andererseits wurde gefordert, die geheime Stimmabgabe abzuschaffen.
- Eine Reihe Zuschriften ließ erkennen, daß die Abgeordneten der örtlichen Volksvertretungen in den Betrieben und Produktionsgenossenschaften nicht die erforderliche Unterstützung und Anerkennung finden.
- Ferner wurden Auffassungen vertreten, wonach die Justiz eine unabhängige und selbständige 3. Gewalt neben der Exekutive und Legislative sein müßte. Es wurde von einigen Bürgern vorgeschlagen, die Prüfung der Verfassungsmäßigkeit von Rechtsvorschriften zum Obersten Gericht, einem zu bildenden Verfassungsgericht, oder einer anderen außerparlamentarischen Instanz zu übertragen. Die verbindliche Rechtsauslegung soll, so wird insbesondere von christlichen Bürgern gefordert, bei einem „unabhängigen" Gericht konzentriert werden. Gegenüber dem Staatsrat dürfe dieses Gericht nicht verantwortlich sein.
- In mehreren Zuschriften wurde die Bildung eines Verwaltungsgerichts vorgeschlagen.

- Es gab Bedenken gegen die Forderung, daß nur Richter sein kann, wer dem Volk und seinem sozialistischen Staat treu ergeben ist. Es wurde angeführt, daß die Parteilichkeit des Richters bzw. dessen Parteizugehörigkeit im Widerspruch zur Forderung nach der Unabhängigkeit des Richters stünde bzw. eine Einschränkung der Unabhängigkeit darstellte.
[...]

B. Zur Übermittlung an den Staatsrat der DDR

1. Stellung der Abgeordneten

Viele Zuschriften bewiesen das große Interesse der Bürger an der Stellung und der Tätigkeit der Machtorgane.

- Es wurde vorgeschlagen, daß der Vorsitzende des Ministerrates oder seine Stellvertreter auf jeder Volkskammersitzung Bericht über die Tätigkeit des Ministerrates zwischen den Sitzungen der Volkskammer erstatten sollen (entsprechend der Berichterstattung des Politbüros auf den ZK-Tagungen).
- Die Praxis, in den Sitzungen der Volkskammer Anfragen an den Staatsrat, den Ministerrat und seine Mitglieder zu richten, sollte weiter entwickelt werden.
- Die Rechte der Abgeordneten der örtlichen Volksvertretungen sollten ähnlich wie die der Abgeordneten der Volkskammer festgelegt werden (Freistellung, Vermeidung materieller Nachteile, Unterstützung durch die Betriebe und Organe).
- Die Immunität sollte auf alle Abgeordneten, auch auf die der örtlichen Volksvertretungen, ausgedehnt werden.
- Zur Klarstellung der Aufgaben der Gemeindeverbände, ihrer Volksvertretungen und Abgeordneten sollte alsbald eine staatliche Regelung erfolgen.

2. Zum Eingabenrecht

Bei den Zuschriften zur Regelung des Eingabenrechts – Artikel 103 bis 105 der Verfassung – war das Hauptanliegen der Bürger darauf gerichtet, das bisher gewährte Recht nicht einzuschränken, sondern mit aller Konsequenz durchzusetzen. Dieses Anliegen fand seinen Ausdruck in den folgenden Hinweisen und Vorschlägen:

- Die Leiter der staatlichen und wirtschaftlichen Organe sollten verfassungsmäßig zur gewissenhaften und fristgemäßen Bearbeitung der Eingaben verpflichtet werden. Gegen die Mißachtung von Eingaben wurden Sanktionen verlangt. Wenn das für die Entscheidung der Sache zuständig gewesene Organ der Eingabe nicht stattgibt, sollte eine Abgabe an das nächsthöhere Organ erfolgen.

- Das Recht, sich mit Eingaben an zentrale Organe zu wenden, sollte durch die neue Verfassung nicht eingeschränkt werden.
- Die in der Verfassung vorgesehene Regelung über die Beschwerdeausschüsse wurde begrüßt. Die Beschwerdeausschüsse sollten echte Kontrollorgane werden. Ihre Unabhängigkeit von dem Organ, dessen Entscheidung angefochten wird, muß gewährleistet sein.
- Einige Bürger hielten eine Erweiterung der vorgesehenen Beschwerderegelung in der Richtung für zweckmäßig, daß der Bürger das Recht erhält, sich an den Beschwerdeausschuß der nächsthöheren Volksvertretung zu wenden, falls die Entscheidung des Beschwerdeausschusses der zuständigen Volksvertretung für unbefriedigend empfunden wird. Vorgeschlagen wurde eine verpflichtende Regelung, daß Beschwerden von den übergeordneten Organen direkt bearbeitet werden.
- Einige Bürger haben in ihren Zuschriften auf die Notwendigkeit der weiteren unmittelbaren Zuständigkeit der Annahme und Bearbeitung von Eingaben durch die Volkskammer, den Staatsrat und den Ministerrat hingewiesen, um diese als Informationsquelle zu nutzen.
- Zur Zuständigkeit für Beschwerdeentscheidungen wurde verschiedentlich angefragt, ob eine Überprüfung der Entscheidungen des Staatsrates möglich sei."

8. Wahlkreisarbeit

Angestrebt wurde, dass Sprechstunden einmal im Monat stattfanden. Wahlkreisbüros gab es nicht. Die Abgeordneten erhielten entweder von ihren Parteien bzw. Massenorganisationen oder von der Nationalen Front organisatorische, personelle oder materielle Unterstützungen. Viele Mandatare führten keine traditionellen Sprechstunden durch, sondern suchten den Bürgerkontakt vor allem über ihre Berufstätigkeit oder im Wohngebiet. Individuell war das Engagement im Wahlkreis durchaus unterschiedlich. Trotzdem waren die Belastungen für die ehrenamtlichen Abgeordneten oft hoch.

Wie die durchgeführten Interviews dokumentieren, legte man seitens der politischen Führung in den achtziger Jahren eher weniger Wert auf die regelmäßige Durchführung solcher Sprechstunden, vermutlich weil die Kritik an politischen und gesellschaftlichen Problemen seitens der Bürger anwuchs. Mit dem Nachlassen des latenten Erwartungsdrucks sank auch der diesbezügliche Einsatz vieler Abgeordneter. Andere wiederum suchten im stärkeren Bürgerkontakt die Chance, politische Prozesse stärker beeinflussen zu können.

Exemplarisch für den Typ des intensiven Wahlkreisarbeiters konnten aus der Datenerhebung der Interviewstudie die Wahlkreisaktivitäten eines Abgeordneten rekonstruiert werden. Die Wahlkreiskontakte erweisen sich nicht nur als umfangreich, sondern auch als heterogen. Sie umfassen hier Sprechstunden, die Teilnahme an Veranstaltungen des Rates des Bezirkes bzw. des Kreises, Veranstaltungen in Betrieben, Aussprachen mit Ortsgruppen von Parteien und Massenorganisationen,

Daten zur Volkskammer

Bürgermeistern usw. Weiterhin wurden in der folgenden Statistik Arbeitsbesuche bei Sekretären der SED-Kreis- bzw. Bezirksleitung sowie Auftritte des Abgeordneten bei Jugendweihen, Patenbrigaden, bei Einweihungen oder auch bei der NVA berücksichtigt.[43]

Tabelle 30: Wahlkreisaktivitäten eines Abgeordneten[44]

Jahr	Wahlkreistermine	Zahl der erreichten Bürger
1981	43	2.858
1982	34	1.524
1983	47	1.677
1984	55	3.298
1985	34	1.275
1986	41	3.238
1987	28	867
1988	46	1.259
1989	36	2.406
1.1. bis 18.3.90	16	1.168
19.3. bis 2.10.90[45]	29	930

---

43 Die Zahlen konnten durch Auszählung der Tagebuchaufzeichnungen eines Abgeordneten gewonnen werden. Die Basistexte liegen verschriftet vor.
44 Quelle: Wahlkreisunterlagen eines ehemaligen Abgeordneten. Die Zahlen ergaben sich aus der Analyse der lückenlos geführten Tagebuchaufzeichnungen des Abgeordneten.
45 10. Wahlperiode der (frei gewählten) Volkskammer.

Grafik 1: Anzahl der Parlaments- und Wahlkreisveranstaltungen eines Abgeordneten[46]

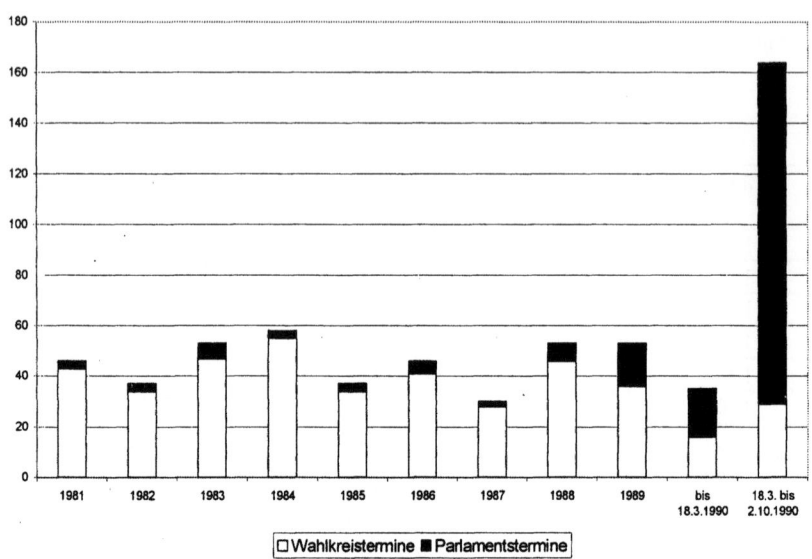

9. Eingaben

Tabelle 31: Anzahl der an die Volkskammer gerichteten Eingaben

Zeitraum[47]	Prov. Volkskammer (7.9.49 - 6.9.50)	1951	2. WP (Nov. 1954 – 12.3.1958)	3. WP (1959 – 1963)	7. WP (1.3.1977 – 31.8.1980)
Anzahl der an die Volkskammer gerichteten Eingaben[48]	5.289	1.264[49]	5.665	4.728	3.504

---

46 Quelle: Wahlkreisunterlagen eines ehemaligen Abgeordneten.
47 Die Zeiträume sind nicht identisch mit den jeweiligen Wahlperioden, sondern ergeben sich aus den Analyseperioden in den Berichten der zuständigen Abgeordneten und Volkskammergremien. Generell finden sich in den Sitzungsprotokollen keine systematischen Angaben zu den an die Volkskammer eingegangenen Eingaben.
48 Die Daten resultieren aus eigenen Auszählungen auf der Basis der Sitzungsprotokolle und der stenografischen Berichte der Volkskammer sowie aus den Erhebungen von Elsner, Steffen H.: Zur praktischen Bedeutung von Eingaben in der DDR. In: Bockhofer, Reinhard (Hrsg.) (1999): Mit Petitionen Politik verändern. Baden-Baden: Nomos Verlagsgesellschaft, S. 48ff.
49 Vgl. Volkskammer der DDR, Sitzungsprotokolle und Drucksachensammlung der 1. Wahlperiode, [Bde. 2 bis 4] o.w.A.

10. Sekretariat der Volkskammer

Abbildung 3: Struktur des Sekretariats (Verwaltung) der Volkskammer mit Angaben der Mitarbeiterzahlen[50]

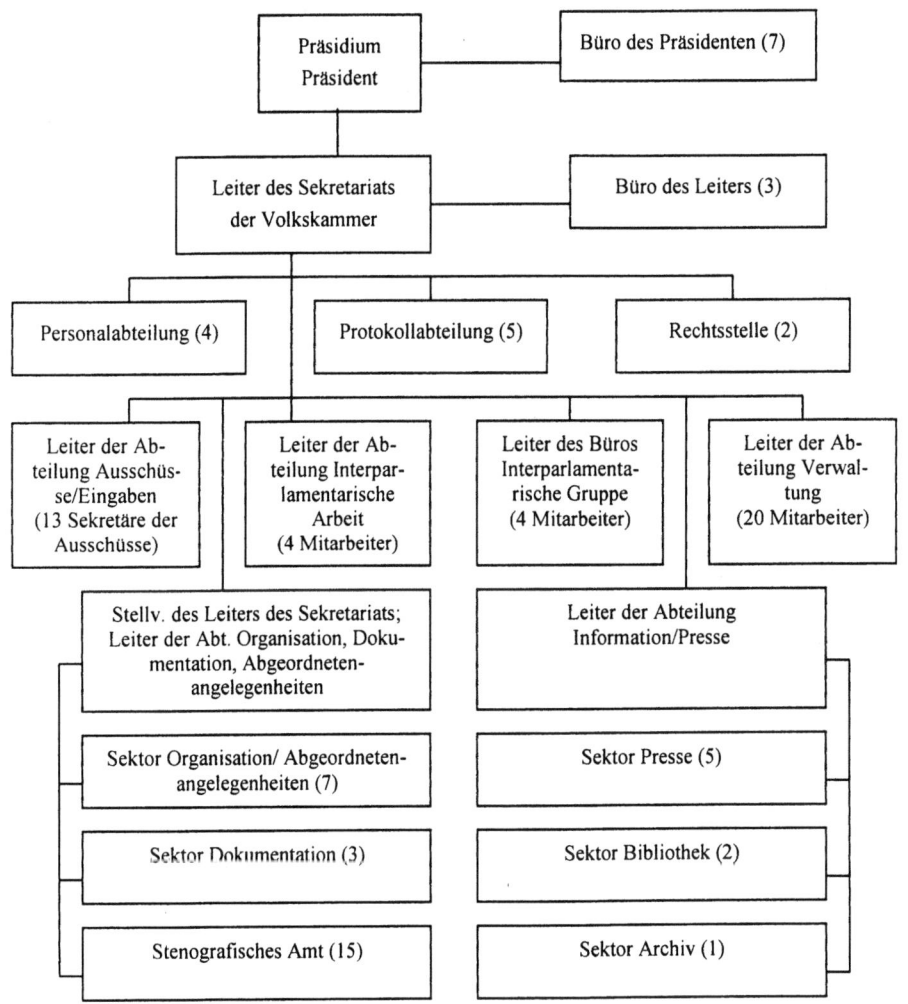

---

50 Die Darstellung basiert auf unveröffentlichtem Arbeitsmaterial der Volkskammer vom 29. März 1990 sowie auf Gesprächen mit dem früheren Leiter des Sekretariats, Herbert Kelle, und dem ehemaligen Mitarbeiter des Sekretariats Hellfried Krüger.

11. Präsidium der Volkskammer

Tabelle 32: Parteipolitische Zusammensetzung des Präsidiums der Volkskammer

	1. WP	2. WP	3. WP	4. WP	5. WP	6. WP	7. WP	8. WP	9. WP
SED	2	2	2	3	3	3	4	3	3
CDU	1	1	1	1	1	1	1	2	1
LDPD	1	1	1	1	1	1	1	1	1
NDPD	1	1	1	1	1	1	1	1	1
DBD	1	1	1	1	1	1	1	1	1
FDGB	1	1	1	1	1	1	1	1	1
FDJ	-	-	-	-	-	1	1	1	1
DFD	1	1	1	1	1	1	1	1	1
KB	-	-	-	-	-	1	1	1	1
VdgB	-	-	-	-	-	-	-	-	1
SPD	1	-	-	-	-	-	-	-	-
Insgesamt	9	8	8	9	9	11	12	12	13
davon in SED	3	3	3	4	4	6	7	6	7
davon Spitzenfunktionäre[51]	2	2	2	3	3	3	5	3	3

12. Staatsrat

Tabelle 33: Prozentualer Anteil von SED-Spitzenfunktionären[52] im Staatsrat der DDR

	4. WP	5. WP	6. WP	7. WP	8. WP	9. WP
Anzahl der Mitglieder	24	24	25	25	26	31
davon in SED	14	15	15	16	19	22
SED-Funktionäre	12	10	11	13	16	18
Anteil (%)	50%	41,67%	44%	52%	61,54%	58,06%

---

51 Mitglieder ZK, Politbüro, Abteilungsleiter des ZK.
52 Siehe Anm. 51.

13. Öffentlichkeitsarbeit

Mit der Aufnahme weltweiter diplomatischer Beziehungen erhielt vor allem die ans Ausland orientierte Öffentlichkeitsarbeit der Volkskammer einen größeren Stellenwert. Insgesamt wurden in jeder Wahlperiode zahlreiche Publikationen über die Tätigkeit der Volkskammer und ihrer Abgeordneten veröffentlicht, deren Mehrzahl allerdings nur eine geringe Öffentlichkeitsresonanz besaß. Grundlage der Öffentlichkeitsarbeit waren vom Präsidium der Volkskammer verfasste langfristige Arbeitspläne, die vom Zentralkomitee der SED bestätigt werden mussten.[53] Das Sekretariat der Volkskammer berichtete über die Öffentlichkeitsarbeit in der 8. Legislaturperiode:

> Im Berichtszeitraum erschienen in der zentralen Presse, im Rundfunk und im Fernsehen 6987 Beiträge über die Tätigkeit der Volkskammer. Davon 3358 Beiträge zur Tätigkeit der Ausschüsse und 3130 Beiträge zur interparlamentarischen Arbeit der Volkskammer.
> Das Fernsehen der DDR berichtete in ca. 80 Sendungen über die Ausschusstätigkeit bzw. über Abgeordnete in den Wahlkreisen und Wirkungsbereichen. Die Nachrichtengebung wurde durch eine Vielzahl vertiefender Beiträge, durch Interviews und Kommentare unterstützt.
> So erschienen allein über die Tätigkeit der Ausschüsse im genannten Zeitraum u.a. 359 Artikel, 100 Berichte, 228 Interviews, 35 Kommentare und 47 Bildinformationen.[54]

Weiterhin erschienen Broschüren aus der Schriftenreihe „Aus der Tätigkeit der Volkskammer und ihrer Ausschüsse", in welchen über die Beschlüsse der Volkskammer, vor allem über Gesetze und deren Begründungen sowie über die Arbeit der Ausschüsse berichtet wurde. In der 6. Wahlperiode erschienen beispielsweise zwölf derartige Broschüren. Zur Unterstützung der Abgeordnetentätigkeit erhielten die Mandatare und Nachfolgekandidaten schriftliche Informationen, die ihnen zusätzliche Fakten und Argumente für aktuelle politische Gespräche mit den Bürgern vermitteln sollten. In der 6. Legislaturperiode (1971-1976) handelte es sich um 294 derartige Informationen, die von den folgenden Institutionen herausgegeben wurden:

- Zentralkomitee der SED
- Ministerrat der DDR
- Nationalrat der Nationalen Front
- Zentralverwaltung für Statistik
- Dienststelle des Staatsrates (bis Sept. 1974)[55]
- Sekretariat der Volkskammer.[56]

Die Befragung früherer Abgeordneter bzw. Mitarbeiter der Volkskammer belegt, dass Führungen durch die Volkskammer zumindest seit den siebziger Jahren regelmäßig stattfanden. Vermutlich gilt das auch für die davor liegenden Jahre. Es be-

---

53 Internes Arbeitspapier des Sekretariats der Volkskammer: Popularisierung von Erfahrungen und Ergebnissen, o. w. A., S. 1, Nachlass eines früheren Mitarbeiters des Sekretariats.
54 Sekretariat der Volkskammer (Hrsg.) (1986): Informationen für die Abgeordneten der Volkskammer, April 1986, Anlage 4.
55 Danach verlor der Staatsrat erhebliche Kompetenzen hinsichtlich der Volkskammer.
56 Internes Arbeitspapier des Sekretariats der Volkskammer, S. 3.

standen drei verschiedene Möglichkeiten, an einer offiziellen Führung durch die Volkskammer teilzunehmen:

- über einen Abgeordneten, der Wählern seines Wahlkreises die Volkskammer zeigen wollte;
- im Rahmen zentraler Veranstaltungen, wie z.B. der Jugendweihe;
- als Führung für ein spezielles Publikum, beispielsweise für ausländische Gäste.

Durchaus von Bedeutung war weiterhin das Erscheinen von unangemeldeten Bürgern der DDR im Gebäude der Volkskammer, die an keiner Führung teilnehmen wollten, sondern Hilfe bei der Lösung individueller Probleme von der Institution und ihren Akteuren erwarteten. Über derartige Besucherzahlen liegen aber keine systematischen Angaben vor. Über die Anzahl der Besucher in der obersten Volksvertretung und die damit verbundenen Zielsetzungen seitens der Volkskammer berichtete ein internes Arbeitspapier der Volksvertretung:

> Das Sekretariat der Volkskammer gewährleistete im Zeitraum von Mitte Oktober 1974 bis April 1975 die Durchführung von Seminaren bzw. Jugendstunden für 256 Besuchergruppen mit einer Teilnehmerzahl von 13.594 ... Das Hauptanliegen war, über das Geschichtsbewusstsein das Staatsbewusstsein der jungen Menschen zu entwickeln und zu festigen und auf diese Weise einen Beitrag für die staatsbürgerliche Erziehung der Jugend zu leisten. [...] Durch die enge Zusammenarbeit mit den Fraktionssekretären und ständige Verbindung auch zu einzelnen Abgeordneten wurde ermöglicht, dass 51 Abgeordnete in 99 Jugendstunden als Gesprächspartner auftraten. In stärkerem Maße als bisher traten Abgeordnete der Volkskammer vor Jugendweihegruppen aus ihren Wahlkreisen im Hause der Volkskammer auf. Das Abgeordnetenkabinett des Sekretariats der Volkskammer gab für diese spezifische Form der Öffentlichkeitsarbeit den Abgeordneten die notwendige Unterstützung. [...] Im Mittelpunkt standen Gesetzgebungsakte und Fragen der Verwirklichung des Grundsatzes der Einheit von Beschlussfassung, Durchführung und Kontrolle der Durchführung in der Tätigkeit der Volkskammer und der anderen zentralen staatlichen Organe.[57]

In unveröffentlichtem Arbeitsmaterial der Volkskammer wurden für den Zeitraum 1971 bis 1976 folgende Besucherangaben gemacht:

---

57 Über die Seminar- und Vortragstätigkeit der Volkskammer für den Zeitraum nach der Bildung des Sekretariats der Volkskammer der DDR im Oktober 1974 und Übersicht über Anzahl und Zusammensetzung der Besuchergruppen im Hause der Volkskammer von Juni 1971 bis 1975. Internes Arbeitspapier des Sekretariats der Volkskammer, aus dem persönlichen Nachlass eines ehemaligen Mitarbeiters des Sekretariats, S. 1ff.

Anhang: Daten

Tabelle 34: Anzahl und Zusammensetzung der Besuchergruppen im Haus der Volkskammer vom 14. November 1971 bis 30. Juni 1976[58]

Personenkreis	Nov. - 31.Dez. 1971	1972	1973	1974	1975	1.1.– 30.6. 1976	Nov. 1971– 30.6.1976 Gruppen	Nov. 1971– 30.6.1976 Personen
Jugendweihegruppen	1.800	14.200	14.340	18.750	17.266	9.025	1.328	74.481
Lehrlinge/ Oberschüler	30	340	335	440	265	61	60	1.471
Studenten von Hoch- und Fachschulen	-	230	490	320	410	82	32	1.532
Angehörige bewaffneter Organe		60	210	480	220	-	17	970
Kollektive u. Brigaden aus Betrieben	-	75	240	220	175	189	36	899
Jugendstundenleiter, Lehrer für Staatsbürgerkunde	100	10	50	65	-	-	8	225
Erst- und Jungwähler	-	-	-	120	-	-	9	120
Pioniere mit Forschungsauftrag	-	225	45	180	-	25	19	475
Ausländische Besucher	-	200	260	370	270	-	60	1.100
Insgesamt	1.210	15.160	15.970	20.945	18.606	9.382	1.569	81.273

---

58 Unveröffentlichter Anhang zum Bericht über die Tätigkeit der Volkskammer der Deutschen Demokratischen Republik (6. Wahlperiode), Sonderdruck – Beschluss 54/76 des Präsidiums der Volkskammer, aus dem Nachlass eines Mitarbeiters des Sekretariats.

Tabelle 35: Zusammensetzung von Besuchergruppen im Hause der Volkskammer in der 8. Wahlperiode (1981-1986)[59]

Teilnehmerkreis	Anzahl der Gruppen	Anzahl der Teilnehmer
Jugendweihegruppen	1.685	50.000
FDJ-Kollektive aus Berufsschulen	87	2.100
FDJ-Kollektive aus Erweiterten Oberschulen, Universitäten, Hoch- und Fachschulen	95	3.200
Kollektive der Parteischule ‚Karl Marx'	10	1.200
Kollektive von Bezirks-, Kreis- und Betriebsschulen	25	1.100
Jugendbrigaden	110	2.100
Arbeitskollektive aus der Industrie und Landwirtschaft	385	8.200
Kollektive aus Produktionsgenossenschaften des Handwerks	35	1.200
Arbeitskollektive aus Einrichtungen der Wissenschaft/Kultur	66	1.200
Pädagogenkollektive	130	2.600
Kollektive der Bewaffneten Organe	150	4.500
Abgeordnete örtlicher Volksvertretungen	25	400
Kollektive örtlicher und zentraler staatlicher Organe	200	5.500
Kollektive von Parteien und gesellschaftlichen Massenorganisationen	250	6.300
Veteranen	40	800
Jung- und Erstwählerforen (aus Anlass der Kommunalwahlen am 6. Mai 1984)	72	2.300
Ausländische Besucher	135	2.300
Insgesamt	3.500	95.000

14. Selbstdarstellung

1987 gab das Sekretariat der Volkskammer die offiziell verbindliche Selbstdarstellung der obersten Volksvertretung der DDR in der Broschüre „Die Volkskammer der Deutschen Demokratischen Republik und ihre Organe" heraus. Wesentliche Passagen daraus werden nachfolgend zitiert.[60]

---

59 Quelle: Sekretariat der Volkskammer (Hrsg.) (1986): Informationen für die Abgeordneten der Volkskammer, April 1986, Anlage 5.
60 Quelle: Sekretariat der Volkskammer der DDR (Hrsg.) (1987): Die Volkskammer der Deutschen Demokratischen Republik und ihre Organe. Berlin (Ost): Staatsverlag der DDR.

Entstehung und Entwicklung der DDR als Staat der Arbeiter und Bauern

Die Gründung der Deutschen Demokratischen Republik am 7. Oktober 1949 war das notwendige Ergebnis der Klassenkämpfe in Deutschland, insbesondere der Kämpfe der revolutionären Arbeiterklasse. Mit der Gründung der Deutschen Demokratischen Republik verwirklichte die Arbeiterklasse unter Führung der SED das nationale Selbstbestimmungsrecht und erfüllte in einem Teil Deutschlands die geschichtliche Aufgabe des deutschen Volkes: einen friedliebenden, demokratischen Staat zu gründen.

Mit der Befreiung vom Faschismus erhielt das deutsche Volk auf der Grundlage des Potsdamer Abkommens die Chance, mit der imperialistischen Vergangenheit zu brechen und den Weg des gesellschaftlichen Fortschritts einzuschlagen.

An der Spitze aller aufbauwilligen und demokratischen Kräfte, die bereit waren, mit den alten Verhältnissen der Ausbeutung, Krisen und Kriege Schluß zu machen, stand die Kommunistische Partei Deutschlands, die auch in der Zeit tiefster Illegalität den Kampf gegen Krieg und Faschismus, für die demokratische Erneuerung Deutschlands fortgesetzt hatte.

Als Wegbereiter einer neuen Zeit standen an ihrer Seite Mitglieder der Sozialdemokratischen Partei Deutschlands, die die Lehren aus der Geschichte der deutschen Arbeiterbewegung gezogen hatten und für die Einheit der Arbeiterklasse eintraten, sowie andere antifaschistisch-demokratische Kräfte, die trotz Verschiedenheit der Weltanschauung durch den gemeinsamen Kampf gegen die faschistische Barbarei mit ihr verbunden waren.

Eine wichtige Voraussetzung für die antifaschistisch-demokratische Entwicklung war die Zulassung demokratischer Parteien und Organisationen durch den Befehl Nr. 2 des Obersten Chefs der Sowjetischen Militäradministration in Deutschland (SMAD) vom 10. Juni 1945. Die KPD und die SPD nahmen sofort ihre politische Arbeit auf. Die KPD stellte mit ihrem programmatischen Aufruf vom 11. Juni 1945 die Aufgabe, den deutschen Imperialismus zu überwinden und eine antifaschistisch-demokratische Ordnung zu errichten. In 10 Punkten wurden die wichtigsten Gegenwartsaufgaben umrissen, die mit den Beschlüssen der Antihitlerkoalition auf der Krim-Konferenz vom Februar 1945 übereinstimmten und durch das Potsdamer Abkommen bekräftigt wurden. Die KPD entwickelte zugleich ein Programm des Aufbaus einer neuen Staatlichkeit, in der die Arbeiterklasse im Bündnis mit den anderen Werktätigen die Führung ausübt und sich zugleich auf eine breite antifaschistisch-demokratische Zusammenarbeit aller Kräfte des Fortschritts stützt. In ihrem Aufruf begründete sie die unerläßliche Errichtung „eines antifaschistischen, demokratischen Regimes, einer parlamentarisch demokratischen Republik mit allen demokratischen Rechten und Freiheiten für das Volk"[61].

Im Kampf zur Überwindung der Vergangenheit und zur Lösung der antifaschistisch-demokratischen Aufgaben entstand die Aktionseinheit zwischen KPD und SPD, wuchs die Erkenntnis, welche Kraft eine einheitliche Arbeiterklasse unter Führung einer marxistisch-leninistischen Kampfpartei ist. Sie gipfelte in dem ge-

---

[61] SED (Hrsg.) (1986): Dokumente zur Geschichte der SED, Band 2, 1945 bis 1971, Berlin, Dietz Verlag, S. 12.

schichtlichen Höhepunkt der Vereinigung beider Parteien im April 1946 zur Sozialistischen Einheitspartei Deutschlands. Damit hatte sich die Arbeiterklasse in der damaligen sowjetischen Besatzungszone ihre einheitliche revolutionäre führende Kraft geschaffen.

Auf der Grundlage des Befehls Nr.2 der SMAD entstanden weitere Parteien und Massenorganisationen. Der Freie Deutsche Gewerkschaftsbund wurde am 15. Juni 1945 gegründet, die Christlich-Demokratische Union Deutschlands am 26. Juni, der Kulturbund zur demokratischen Erneuerung Deutschlands am 3. Juli und die Liberal-Demokratische Partei Deutschlands am 5. Juli 1945. Es folgten dann die Freie Deutsche Jugend am 7. März 1946, der Demokratische Frauenbund Deutschlands am 8. März 1947, die Demokratische Bauernpartei Deutschlands am 29. April 1948 und die National-Demokratische Partei Deutschlands am 25. Mai 1948.

Von der ersten Stunde an wirkte die SED für ein festes Bündnis aller demokratischen und fortschrittlichen Kräfte. Eine enge Zusammenarbeit war bereits am 14. Juli 1945 durch die Bildung des Blocks der antifaschistisch-demokratischen Parteien zustande gekommen. Dieses Bündnis bewährte und festigte sich bei der Durchführung antifaschistisch-demokratischer Maßnahmen, wie zum Beispiel bei der Übergabe des Landes der Großgrundbesitzer und Junker an die Landarbeiter und landarmen Bauern, bei der Enteignung der Nazi- und Kriegsverbrecher und bei der Durchführung weiterer demokratischer Reformen (Justizreform, Schulreform).

Von ausschlaggebender Bedeutung für die Umgestaltung des gesamten gesellschaftlichen und politischen Lebens sowie für die Sicherung der Ergebnisse des Umwälzungsprozesses war die Schaffung von Staatsorganen neuen Typus. Unmittelbar nach der Befreiung vom Faschismus durch die Sowjetarmee bildeten sich in den Dörfern und Städten demokratische Selbstverwaltungsorgane, zunächst nur im lokalen Rahmen. Antifaschisten und Demokraten, viele von ihnen kamen aus den Konzentrationslagern, standen an der Spitze dieser ersten demokratischen Verwaltungsorgane nach dem zweiten Weltkrieg. In diesen Organen bewährte sich zum ersten Male die Zusammenarbeit aller antifaschistisch-demokratischen Kräfte unter Führung der Arbeiterklasse und ihrer Partei.

Diese Selbstverwaltungskörperschaften waren Keime einer neuen Staatsmacht. Zusammen mit ihnen entstanden auch Ansätze eines neuen, demokratischen Polizeiapparates und Justizwesens sowie einer demokratischen Gerichtsbarkeit. Der Aufbau neuer Verwaltungsorgane in den Gemeinden und Kreisen war im Juni 1945 im wesentlichen abgeschlossen. Die Lösung der schwierigen wirtschaftlichen Aufgaben und die Durchführung der grundlegenden antifaschistisch-demokratischen Maßnahmen auf allen Gebieten des gesellschaftlichen Lebens erforderten die Bildung von Machtorganen auf nächsthöherer Ebene. Im Juli 1945 bestätigte die SMAD die Bildung von insgesamt fünf Landes- bzw. Provinzialverwaltungen auf dem Territorium der sowjetischen Besatzungszone, und zwar für Brandenburg, Mecklenburg, Sachsen, Sachsen-Anhalt und Thüringen.

Die personelle Zusammensetzung wurde von den antifaschistisch-demokratischen Parteien vorgeschlagen.

Wie den Verwaltungsorganen in den Gemeinden und Kreisen lag auch diesen Machtorganen das Prinzip der Zusammenarbeit der Blockparteien zugrunde. Sie waren erste provisorische Länderregierungen. Durch den Befehl Nr.110 der SMAD vom 22. Oktober 1945 erhielten sie das Recht, Gesetze und Verordnungen mit Gesetzeskraft zu erlassen. Damit konnten die Aufgaben der weiteren demokratischen Umgestaltung noch wirksamer gelöst werden.

Um ein koordiniertes, inhaltlich gleichgerichtetes Handeln der staatlichen Organe zu gewährleisten, wurden bis August 1945 für 11 wichtige gesellschaftliche Bereiche Zentralverwaltungen mit Sitz in Berlin gebildet, und zwar für Verkehrswesen, Nachrichtenwesen, Brennstoffindustrie, Handel und Versorgung, Industrie, Landwirtschaft, Finanzen, Arbeit und Sozialfürsorge, Gesundheitswesen, Volksbildung und Justiz.

Später kamen noch Zentralverwaltungen für Außen- und Interzonenhandel, für Umsiedlerfragen und die Deutsche Verwaltung des Innern hinzu. Die Zentralverwaltungen hatten zunächst nur beratende Funktion gegenüber der SMAD und waren nicht befugt, Rechtsnormen zu erlassen. In der Folgezeit wurden die sachliche Zuständigkeit und die Befugnisse erweitert. Die Tätigkeit der Zentralverwaltungen war ein wesentlicher Schritt zur Durchsetzung des demokratischen Zentralismus.

Im September 1946 fanden die Wahlen zu den Gemeindevertretungen und im Oktober die Wahlen zu den Kreis- und Landtagen statt. Die Wahlbewegung gestaltete sich zu einem großen Ringen um die Festigung der antifaschistisch-demokratischen Ordnung, die Gewinnung der Werktätigen für die demokratische Neugestaltung und ein enges Bündnis aller progressiven Kräfte unter Führung der Arbeiterklasse und ihrer Partei. Die Parteien des Demokratischen Blocks traten bei diesen ersten Wahlen mit selbständigen Kandidatenlisten auf. Aus den Gemeindewahlen ging die SED als wählerstärkste Partei hervor, auf sie entfielen von über 9 Millionen gültigen Stimmen mehr als 5 Millionen. Bei den Landtagswahlen vom Oktober 1946 wurden von den fast 9,9 Millionen gültigen Stimmen rund 4,7 Millionen für die SED abgegeben. Das Wahlergebnis brachte zum Ausdruck, daß die überwiegende Mehrheit der Bevölkerung den Weg des demokratischen Neuaufbaus bejahte. Die Wahlen bekräftigten das historische Mandat der Arbeiterklasse, die Gesellschaft auf einen antiimperialistischen Weg des sozialen Fortschritts zu führen. Nach den Wahlen konstituierten sich die staatlichen Organe entsprechend den Grundsätzen der Blockpolitik.

Die Regierungsprogramme der von den Volksvertretungen neu gewählten Länderregierungen enthielten vor allem Aufgaben zur Sicherung und Befriedigung der einfachsten Lebensbedürfnisse, zur beschleunigten Fortsetzung des wirtschaftlichen Neuaufbaus, sie sahen die Ausnutzung aller Möglichkeiten für die Steigerung der industriellen und landwirtschaftlichen Produktion vor. Gleichzeitig wurde die Fortführung der demokratischen Umgestaltung auf den Gebieten der Wirtschaft, des Sozialwesens, der Justiz und des Bildungswesens verkündet.

Zur Schaffung der staatsrechtlichen Grundlagen für die staatlichen Organe in den Gemeinden und Kreisen waren die demokratischen Kreis- und Gemeindeordnungen von großer Bedeutung. Die von der SMAD erlassene demokratische Gemeindeordnung für die sowjetische Besatzungszone wurde im September 1946 durch Landesgesetze in Kraft gesetzt, Ende 1946 wurden die Kreisordnungen verabschiedet. Sie waren die ersten staatsrechtlichen Normativakte komplexen Inhalts, die insbesondere die gewählten Volksvertretungen als die entscheidenden staatlichen Organe im Territorium fixierten und den Grundsatz aufstellten, daß die Verwaltungsorgane das Vertrauen der Volksvertretungen, durch die sie gewählt wurden, besitzen müssen. Die Dokumente verankerten das Prinzip der Einheit von Beschlußfassung und Durchführung ebenso, wie sie die Notwendigkeit betonten, die Bevölkerung in die staatliche Tätigkeit einzubeziehen und Rechenschaft vor ihr zu legen über die Arbeit der staatlichen Organe.

Damit basierten bereits die Gemeinde- und Kreisordnungen auf dem Prinzip der Souveränität des werktätigen Volkes und hatten die Zielsetzung, ein wirklich demokratisches Vertretungssystem zu schaffen und die Volksvertretungen als arbeitende Körperschaften zu entwickeln.

Dem schrittweisen Aufbau einer antifaschistisch-demokratischen Staatlichkeit dienten auch die in der Zeit von Dezember 1946 bis Februar 1947 von den Landtagen verabschiedeten Länderverfassungen. Darin wurden die Länder als Glieder einer einheitlichen deutschen demokratischen Republik bezeichnet. Den Verfassungen der Länder lag wie den Gemeinde- und Kreisordnungen das Prinzip der Volkssouveränität zugrunde. Sie fixierten die wichtigsten Ergebnisse der antifaschistisch-demokratischen Umwälzung, wie die Bodenreform, die Enteignung der Betriebe der Nazi- und Kriegsverbrecher, die Grundsätze der demokratischen Schulreform. Sie enthielten unter anderem Bestimmungen über die Wirtschaftsplanung, das Verbot von Monopolvereinigungen und die Gleichberechtigung von Mann und Frau. Die Länderverfassungen stellten die bis dahin progressivsten Verfassungen in der Geschichte des deutschen Volkes dar.

In den Jahren 1947 und 1948 erreichte der Staatsapparat in bezug auf Inhalt und Form seiner Tätigkeit eine qualitativ höhere Entwicklungsstufe. Durch die Enteignung der Nazi- und Kriegsverbrecher sowie Monopolkapitalisten war in diesen Jahren ein stabiler volkseigener Sektor in der Wirtschaft entstanden, der Ende des Jahres 1948 rund 45 Prozent der industriellen Produktion erzeugte. In der gesamten Wirtschaft machte es sich notwendig, eine über die Länder hinausgehende, zentrale staatliche Leitung und Planung durchzusetzen. Auf Vorschlag des Parteivorstandes der SED ordnete die SMAD im Juni 1947 die Bildung der Deutschen Wirtschaftskommission (DWK) als ständige staatliche Einrichtung an. Damit war ein Organ geschaffen, das die Aufgabe hatte, die Tätigkeit der deutschen Zentralverwaltungen zu koordinieren und die Wirtschaftsplanung in der gesamten sowjetischen Besatzungszone zu entwickeln. Durch den Befehl Nr.32 der SMAD vom 12. Februar 1948 wurden die Befugnisse der DWK bedeutend erweitert. So wurde sie ermächtigt, allgemeinverbindliche Rechtsvorschriften zu erlassen. Zur besseren Leitung der volkseigenen Betriebe wurden im Mai 1948 die Vereinigungen volkseigener Betriebe (VVB) gebildet. Sie waren fachliche Vereinigungen eines Industriezweiges für die sowjetische Besatzungszone. Damit waren in Übereinstimmung mit den objektiven ökonomischen und gesellschaftlichen Prozessen die notwendigen Voraussetzungen geschaffen, um zu einer systematischen Wirtschaftsplanung übergehen zu können. Auf Vorschlag der SED wurde für die Jahre 1949/1950 der Zweijahrplan, der erste langfristige Wirtschaftsplan für das gesamte Gebiet der sowjetischen Besatzungszone, beschlossen. Die antifaschistisch-demokratische Entwicklung in der sowjetischen Besatzungszone war Teil des revolutionären Weltprozesses jener Jahre. Am Ende des zweiten Weltkrieges waren volksdemokratische Staaten entstanden, und in den meisten dieser Staaten wurde bereits 1947/1948 sichtbar, daß sie in die sozialistische Etappe Ihrer Entwicklung eintraten.

Die fortschrittliche, demokratische Entwicklung in der sowjetischen Besatzungszone und anderen Staaten Europas stieß auf den erbitterten Widerstand der deutschen und der ausländischen imperialistischen reaktionären Kräfte. Schon 1946 wurde deutlich, daß die imperialistischen Mächte der Antihitlerkoalition, vor allem die USA, nicht an einer fortschrittlichen, demokratischen Entwicklung in ganz Deutschland interessiert waren und eine Festigung sowie Ausweitung des imperialistischen Systems in der Welt anstrebten. Die Bildung eines antisowjetischen Blocks unter Einbeziehung der drei Westzonen in Deutschland wurde zum erklärten Ziel der aggressiven Politik des Imperialismus. Die rechten Führer der Sozialdemokratie verhinderten dort die Schaffung einer einheitlichen Arbeiterpartei, und damit fehlte eine wichtige Voraussetzung für eine demokratische, revolutionäre Umgestaltung in den Besatzungszonen der Westmächte. Die Politik der Westmächte war ein eindeutiger Bruch des Potsdamer Abkommens und stand im Widerspruch zu den von allen Staaten der Antihitlerkoalition in Jalta und Potsdam übernommenen Verpflichtungen für die Entwicklung eines friedlichen, demokratischen, einheitlichen Deutschlands. Die Politik der imperialistischen Mächte zielte darauf ab, gemeinsam mit den reaktionären deutschen Kräften die imperialistischen Verhältnisse in den Westzonen zu restaurieren und Deutschland zu spalten. Am 2. Dezember 1946 beschlossen die amerikanische und britische Regierung den Zusammenschluß ihrer beiden Besatzungszonen zur „Bizone". Nach dem Anschluß des französischen Besatzungsgebietes entstand später die „Trizone". Die Spaltung Deutschlands wurde mit der Gründung des Bonner Separatstaates im September 1949 endgültig vollzogen, nachdem bereits 1948 eine separate Währung für die Westzonen eingeführt und auch die Spaltung des Magistrats von Groß-Berlin vollzogen war.

Im Kampf gegen die Wiederherstellung imperialistischer Verhältnisse und die Spaltung Deutschlands entstand die Volkskongreßbewegung für Einheit und gerechten Frieden, der auch Vertreter der Westzonen angehörten. Auf Einladung des Parteivorstandes der SED fand am 6. und 7. Dezember 1947 der 1. Deutsche Volkskongreß in der Berliner Staatsoper (Admiralspalast) statt. 2 215 Delegierte nahmen daran teil, darunter trotz großer Behinderung 664 aus den Westzonen. In seiner politischen und sozialen Zusammensetzung war der Kongreß die erste gesamtdeutsche überparteiliche Repräsentation des deutschen Volkes nach 1945.

Der 2. Deutsche Volkskongreß fand am 17. und 18. März 1948 statt. Er rief zur nationalen Selbsthilfe gegen die imperialistische Politik der Spaltung Deutschlands auf. Auf diesem Kongreß wurde der Deutsche Volksrat gebildet, der als beratendes und beschließendes Organ zwischen den Kongressen fungieren sollte. 400 Repräsentanten des deutschen Volkes, darunter 100 Vertreter aus den westlichen Besatzungszonen, wurden zu Mitgliedern des Volksrates gewählt. Als Vorsitzende des Präsidiums wurden gewählt Wilhelm Pieck (SED), Otto Nuschke (CDU) und Wilhelm Külz (LDPD).

Die Organe der Volkskongreßbewegung – der Volksrat, sein Präsidium und die Ausschüsse – nahmen in der sowjetischen Besatzungszone immer mehr den Charakter einer Volksvertretung an.

Am 15. und 16. Mai 1949 fanden die Wahlen zum 3. Deutschen Volkskongreß statt. Bei einer Wahlbeteiligung von 95,2 Prozent stimmten 66,1 Prozent aller Stimmberechtigten für die Ziele der Volkskongreßbewegung und für die nominierten Kandidaten der im Demokratischen Block zusammenarbeitenden Parteien und Massenorganisationen. Der am 29. und 30. Mai 1949 in Berlin tagende 3. Deutsche Volkskongreß wählte den neuen Volksrat und bestätigte den Entwurf einer Verfassung für eine deutsche demokratische Republik. Der Verfassungsentwurf wurde vom Verfassungsausschuß des Deutschen Volksrates unter dem Vorsitz von Otto Grotewohl im Jahre 1948/49 ausgearbeitet. Wichtigste Vorlage war der Verfassungsentwurf des Parteivorstandes der SED vom 14. November 1946. Im Verlauf einer öffentlichen Diskussion gingen dem Deutschen Volksrat 15 000 Resolutionen und 503 Änderungsvorschläge zu.

Nachdem die Spaltung Deutschlands und Berlins als Hauptstadt eines im Potsdamer Abkommen vorgesehenen einheitlichen, demokratischen und friedliebenden Deutschlands durch die Bildung des Bonner Separatstaates und des Senats von Westberlin entgegen allen demokratischen fortschrittlichen Bemühungen der Sowjetunion und der Volkskongreßbewegung vollzogen war, beschlossen alle Parteien und Massenorganisationen in der sowjetischen Besatzungszone eine Beratung über die Bildung einer provisorischen Regierung der Deutschen Demokratischen Republik. Vom Parteivorstand der SED wurde das Dokument „Die Nationale Front des demokratischen Deutschland und die Sozialistische Einheitspartei Deutschlands" am 4. Oktober 1949 verabschiedet, das zur gemeinsamen Plattform aller patriotischen Kräfte in der sowjetischen Besatzungszone wurde.

Nach einer Beratung des Präsidiums des Deutschen Volksrates und des Blocks der antifaschistisch-demokratischen Parteien am 5. Oktober 1949 wurde der Deutsche Volksrat zu seiner 9. Tagung am 7. Oktober 1949 einberufen.

Diese bedeutsame Sitzung fand im Großen Festsaal der DWK in der Leipziger Straße, dem heutigen Haus der Ministerien, statt. Einmütig beschlossen die 330 Mitglieder das Gesetz über die Konstituierung der Provisorischen Volkskammer der DDR in der Zusammensetzung des aus den Wahlen zum 3. Deutschen Volkskongreß hervorgegangenen Deutschen Volksrates.

Leiter dieser Tagung war Wilhelm Pieck. Zum Präsidenten der Provisorischen Volkskammer wurde Johannes Dieckmann (LDPD) gewählt.

Von der Provisorischen Volkskammer wurden in ihrer 1. (konstituierenden) Sitzung verabschiedet: das Gesetz über die Provisorische Regierung der DDR, das Gesetz über die Provisorische Länderkammer, die sich aus 34 Abgeordneten der fünf Landtage zusammensetzte, sowie das Gesetz über die Verfassung der Deutschen Demokratischen Republik. Als Mitglied der stärksten Fraktion der Provisorischen Volkskammer wurde Otto Grotewohl mit der Bildung der Regierung beauftragt.

Am 10. Oktober 1949 empfing der Chef der SMAD in Deutschland, Armeegeneral W. I. Tschuikow, das Präsidium der Provisorischen Volkskammer und den Ministerpräsidenten der DDR. Er übergab im Auftrage der Regierung der UdSSR alle bisher von der SMAD ausgeübten Verwaltungsfunktionen in der sowjetischen Besatzungszone den Organen der Deutschen Demokratischen Republik. Dieser historische Akt war ein Ausdruck des Vertrauens der Regierung der UdSSR und der KPdSU, daß die Politik der Arbeiterklasse der DDR und ihrer Verbündeten auf die Verwirklichung des Potsdamer Abkommens und auf die Festigung des Friedens in Europa gerichtet sein werde.

Dieses Vertrauen wurde mit den Worten des am 11. Oktober 1949 gewählten Präsidenten der Deutschen Demokratischen Republik, Wilhelm Pieck, bestätigt, der in der Eidesformel sagte: „Ich schwöre, daß ich meine Kraft dem Wohle des deutschen Volkes widmen, die Verfassung und die Gesetze der Republik wahren, meine Pflichten gewissenhaft erfüllen und Gerechtigkeit gegen jedermann üben werde." In seiner Ansprache nach der Wahl zum Präsidenten der Republik gab er die Verpflichtung ab, alles dafür zu tun, daß nie wieder von deutschem Boden ein Krieg ausgehen werde. Am 12. Oktober 1949 bestätigte dann die Provisorische Volkskammer die von Otto Grotewohl gebildete Regierung. Als Stellvertreter des Ministerpräsidenten wurden gewählt: Walter Ulbricht (SED), Otto Nuschke (CDU), Hermann Kastner (LDPD).

Im Herzen Europas war ein Staat der Arbeiter und Bauern entstanden, der das Streben nach Frieden und Verständigung der Völker, nach materiellem und kulturellem Wohlstand für die Arbeiterklasse und für alle anderen Werktätigen zu seinem höchsten Ziel erklärte.

Inzwischen hat die DDR einen Platz unter den ersten Industriestaaten der Welt erlangt. Gemeinsam mit der Sowjetunion und den anderen sozialistischen Ländern leistet sie ihren aktiven, konstruktiven Beitrag zur Sicherung des Friedens und zur Durchsetzung der Prinzipien der friedlichen Koexistenz in den Beziehungen zwischen Staaten mit unterschiedlicher Gesellschaftsordnung. Von Anfang an stand die DDR an der Seite aller Völker, die um ihre nationale Unabhängigkeit, um Demokratie und sozialen Fortschritt kämpfen. Die antiimperialistische Solidarität ist in unserem Volke tief verwurzelt.

Grundfragen des sozialistischen Staates der DDR

„Die Deutsche Demokratische Republik ist ein sozialistischer Staat der Arbeiter und Bauern. Sie ist die politische Organisation der Werktätigen in Stadt und Land unter Führung der Arbeiterklasse und ihrer marxistisch-leninistischen Partei."[62]

„Alle politische Macht in der Deutschen Demokratischen Republik wird von den Werktätigen in Stadt und Land ausgeübt. Der Mensch steht im Mittelpunkt aller Bemühungen der sozialistischen Gesellschaft und ihres Staates."[63]

---

62 Verfassung der Deutschen Demokratischen Republik vom 6. April 1968 in der Fassung des Gesetzes zur Ergänzung und Änderung der Verfassung der Deutschen Demokratischen Republik vom 7. Oktober 1974, 7. Auflage, Berlin 1985, Art. 1, S. 9.
63 Ebenda, Art.2, S. 9.

„Alle Macht dient dem Wohle des Volkes. Sie sichert sein friedliches Leben, schützt die sozialistische Gesellschaft und gewährleistet die sozialistische Lebensweise der Bürger, die freie Entwicklung des Menschen, wahrt seine Würde und garantiert die in dieser Verfassung verbürgten Rechte."[64]

Der sozialistische Staat in der Deutschen Demokratischen Republik ist das Hauptinstrument der von der Arbeiterklasse und ihrer marxistisch-leninistischen Partei, der Sozialistischen Einheitspartei Deutschlands, geführten Werktätigen bei der weiteren Gestaltung der entwickelten sozialistischen Gesellschaft.

In Verwirklichung des marxistisch-leninistischen Grundsatzes, daß in der Periode des Überganges vom Kapitalismus zum Kommunismus der Staat nichts anderes sein kann als die Diktatur des Proletariats, errichtete die Arbeiterklasse ihre Macht im engen Bündnis mit den anderen Werktätigen und entwickelt sie – gestützt auf die wissenschaftliche Arbeit der Partei – entsprechend den herangereiften gesellschaftlichen Bedingungen und Erfordernissen.

Die Sozialistische Einheitspartei Deutschlands stellt die Aufgabe, den sozialistischen Staat der Deutschen Demokratischen Republik als eine Form der Diktatur des Proletariats, die die Interessen des ganzen Volkes vertritt und zu seinem Wohle tätig ist, weiterhin allseitig zu stärken.

Die Hauptrichtung, in der sich die sozialistische Staatsmacht entwickelt, ist die weitere Entfaltung und Vervollkommnung der sozialistischen Demokratie. Dabei wird die sich auf der Grundlage des demokratischen Zentralismus in vielfältigen Formen vollziehende Mitwirkung der Bürger an der Leitung des Staates und der Wirtschaft zum bestimmenden Merkmal des Lebens im Sozialismus.

Im Mittelpunkt der staatlichen Leitungstätigkeit steht die Verwirklichung der von der Sozialistischen Einheitspartei Deutschlands gestellten Hauptaufgabe, die darin besteht, „das materielle und kulturelle Lebensniveau des Volkes auf der Grundlage eines hohen Entwicklungstempos der sozialistischen Produktion, der Steigerung der Effektivität, des wissenschaftlich-technischen Fortschritts und des Wachstums der Arbeitsproduktivität weiter zu erhöhen".[65]

Dabei ist die auf dem X. und XI. Parteitag der SED dargelegte und mit dem Gesetz über den Fünfjahrplan für die Entwicklung der Volkswirtschaft der DDR 1986-1990 beschlossene ökonomische Strategie zur Erfüllung der Hauptaufgabe darauf gerichtet, die Vorzüge des Sozialismus noch wirksamer mit den Errungenschaften der wissenschaftlichen Revolution zu verbinden.

Fortführung des bewährten Kurses der Hauptaufgabe und Sicherung des Friedens, das ist der Wesensinhalt der Politik der SED und des sozialistischen Staates.[66]

---

64 Ebenda, Art. 4, S. 11.
65 Bericht des Zentralkomitees der Sozialistischen Einheitspartei Deutschlands an den X. Parteitag der SED. Berichterstatter: Genosse Erich Honecker (1981), Berlin, S. 8.
66 Vgl. Zur Direktive des XI. Parteitages der SED zum Fünfjahrplan für die Entwicklung der Volkswirtschaft der DDR 1986 bis 1990. Berichterstatter: Genosse Willi Stoph (1986), Berlin, S. 5.

Die Volksvertretungen der DDR

Durch die Volksvertretungen übt die Arbeiterklasse unter der Führung der SED und im Bündnis mit den Genossenschaftsbauern, der Intelligenz und den anderen werktätigen Schichten die politische Macht aus; sie sind Grundlage der einheitlichen sozialistischen Staatsmacht.

Die Volksvertretungen in der DDR sind die Volkskammer, die Bezirkstage, die Kreistage, die Stadtverordnetenversammlungen, die Stadtbezirksversammlungen und die Gemeindevertretungen.

Seit der Gründung der Deutschen Demokratischen Republik wurde sowohl in der ersten Verfassung von 1949 als auch in der von 1968 durch Volksentscheid angenommenen und am 7. Oktober 1974 ergänzten sozialistischen Verfassung die Ausübung der Staatsmacht den gewählten staatlichen Organen, das heißt den Volksvertretungen als den umfassendsten Massenorganisationen der Werktätigen, übertragen.

In den Volksvertretungen konzentrieren sich alle Energien und Aktivitäten der Bürger unserer Republik zur weiteren Gestaltung der entwickelten sozialistischen Gesellschaft. Die Volksvertretungen verwirklichen in ihrer Tätigkeit die Einheit von Beschlußfassung, Durchführung und Kontrolle der Durchführung. Damit wurde in der Deutschen Demokratischen Republik wie in allen sozialistischen Ländern der Parlamentarismus der bürgerlichen Gesellschaft durch arbeitende Körperschaften ersetzt und die einheitliche sozialistische Staatsmacht geschaffen.

Der Leninsche Grundsatz, daß die Abgeordneten in den sozialistischen Volksvertretungen „selbst arbeiten, selbst ihre Gesetze ausführen, selbst kontrollieren, was bei der Durchführung herauskommt"[67], fand damit auch in der DDR seine Verwirklichung.

In der Deutschen Demokratischen Republik gibt es fünf Parteien sowie Massenorganisationen mit Millionen von Mitgliedern, die gemeinsam in der Nationalen Front der DDR – entsprechend dem bewährten Prinzip des Demokratischen Blocks – über alle Grundfragen der Gesellschaft beraten und nach erzielter Übereinstimmung gemeinsam über deren Lösung beschließen. Alle politischen Parteien und die bedeutendsten Massenorganisationen sind durch Abgeordnete in den Volksvertretungen vertreten.

Dieser Grundsatz gilt für die Volksvertretungen aller Ebenen, die Gemeindevertretungen, Stadtbezirksversammlungen, Stadtverordnetenversammlungen, Kreistage, Bezirkstage und die Volkskammer.

Die Volksvertretungen sind die gewählten Machtorgane der Werktätigen unter Führung der Arbeiterklasse und bringen den Willen des Volkes zum Ausdruck. Sie sind verantwortlich für das Territorium, für das sie gewählt wurden. Ihre Rolle und Autorität sowie die jedes Abgeordneten haben sich auf der Grundlage der Verfassung vom 7. Oktober 1974 weiter erhöht und sind ständig gewachsen.

Die Hebung und Stärkung der Autorität der Volksvertretungen und des einzelnen Abgeordneten ist ständiges Erfordernis in der sozialistischen Gesellschaft. Die Arbeit der Volksvertretungen und der Abgeordneten wird durch die immer umfassen-

---

67 Lenin, W. I. (1974): Werke, Bd. 25, Berlin (Ost): Dietz, S. 437.

dere und sachkundigere Mitwirkung der Werktätigen und ihrer Kollektive an der Leitung und Planung der wirtschaftlichen, sozialen und kulturellen Entwicklung, an der Vorbereitung, Durchführung und Kontrolle der Gesetze und staatlichen Entscheidungen geprägt.

Mit der stetigen Weiterentwicklung der sozialistischen Gesellschaft wächst auch die Verantwortung der Abgeordneten, der örtlichen Volksvertretungen und ihrer Räte bei der Lösung der anspruchsvollen Aufgaben in den Territorien.

Das auf der 11. Tagung der Volkskammer am 4. Juli 1985 verabschiedete Gesetz über die örtlichen Volksvertretungen trägt dieser gewachsenen Verantwortung Rechnung und ist darauf gerichtet, gestützt auf die reichen Erfahrungen einer bürgernahen und leistungsorientierten Arbeit der örtlichen Organe der Staatsmacht, die sozialistische Demokratie weiter zu vervollkommnen und die staatliche Leitungstätigkeit weiter zu qualifizieren.

Inhalt und Charakter der Wahlen zu den Volksvertretungen

Die Wahlen zu den Volksvertretungen sind Höhepunkte im gesellschaftlichen Leben der Bürger der Deutschen Demokratischen Republik. Die Vorbereitung der Wahlen ist eine Periode verstärkter Initiative und Aktivität der Bevölkerung zur politischen und ökonomischen Stärkung unserer Republik. Davon zeugen die Verpflichtungen und Wettbewerbsaufrufe der Werktätigen in den Betrieben und Wohngebieten.

Die Bevölkerung der Deutschen Demokratischen Republik wählt alle Volksvertretungen in freien, allgemeinen, gleichen und geheimen Wahlen auf die Dauer von fünf Jahren.

In der Verfassung und dem Wahlgesetz der DDR sind die geltenden Wahlprinzipien geregelt, die sich aus dem Charakter des sozialistischen Staates ergeben und der Festigung der sozialistischen Demokratie dienen. Im Wahlgesetz vom 24. Juni 1976 in der Fassung vom 28. Juni 1979 sind folgende Wahlprinzipien enthalten:

1. Die Vorbereitung und Durchführung der Wahlen wird von demokratisch gebildeten Wahlkommissionen geleitet. In ihnen sind geachtete Persönlichkeiten – Vertreter aller Klassen und Schichten – tätig.

Die Wahlkommissionen leiten die Durchführung der Wahl in ihrem Territorium und kontrollieren die Einhaltung aller wahlrechtlichen Bestimmungen. Sie gewährleisten, daß die Bürger ihr Wahlrecht wahrnehmen und aktiv an der Vorbereitung und Durchführung der Wahl mitwirken können. Die Wahlkommissionen prüfen, ob alle materiellen und technischen Voraussetzungen für die Stimmabgabe und die Feststellung des Wahlergebnisses in den Wahllokalen (Stimmbezirken) gegeben sind.

2. Die Vorbereitung der Wahlen wird verbunden mit einer Volksaussprache über die Grundfragen der Staatspolitik auf der Grundlage des Wahlaufrufes der Nationalen Front. Er ist das umfassende Programm und die Richtschnur für alle in der Nationalen Front vereinten Parteien und Organisationen sowie für das Handeln der Werktä-

tigen. Die Bürger haben dadurch die Möglichkeit, Einfluß auf die Festlegung und Durchführung der künftigen Aufgaben zu nehmen. Die in der Wahlbewegung gemachten Vorschläge und Hinweise der Bürger werden zum festen Bestandteil der Leitung und Arbeit der staatlichen Organe.

3. Die Kandidaten für die Volksvertretungen sind Kandidaten der Nationalen Front der DDR.

Die Auswahl und Prüfung der Kandidaten ist das Wichtigste bei der Vorbereitung und Durchführung der Volkswahlen. Die Kandidaten werden von den demokratischen Parteien und Massenorganisationen aufgestellt, nachdem sie von den Arbeitskollektiven geprüft und vorgeschlagen wurden. Die Parteien und Massenorganisationen haben das Recht, die Vorschläge zu einem gemeinsamen Wahlvorschlag der Nationalen Front zu vereinigen.

Die von den Kollektiven der Werktätigen geprüften und von den Parteien und Massenorganisationen aufgestellten Kandidaten werden auf öffentlichen Tagungen der Ausschüsse der Nationalen Front der DDR unter Teilnahme weiterer Vertreter der Wähler vorgestellt.

Es wird wahlkreisweise über die Kandidaten und ihre Reihenfolge auf dem Wahlvorschlag beraten und abgestimmt. Der Wahlvorschlag für jeden Wahlkreis wird dann der zuständigen Wahlkommission übergeben. In jedem Wahlkreis können mehr Kandidaten aufgestellt werden, als Abgeordnetenmandate zu besetzen sind.

Die Kandidaten sind verpflichtet, sich den Wählern ihres Wahlkreises vorzustellen. Sie treten in Betrieben, Einrichtungen, Genossenschaften und in Wohngebieten auf und erläutern den Wählern den Wahlaufruf der Nationalen Front, wecken Initiativen zu seiner Verwirklichung und beantworten Fragen der Wähler.

Die Entscheidung der Wähler über die Kandidatenliste der Nationalen Front erfolgt am Wahltag. Als gewählt gilt der Kandidat, der mehr als die Hälfte der gültigen Stimmen auf sich vereint. Erhalten mehr Kandidaten, als Mandate im jeweiligen Wahlkreis vorhanden sind, mehr als die Hälfte der gültigen Stimmen, entscheidet die Reihenfolge auf der Kandidatenliste über die Besetzung der Abgeordnetenmandate und über die Nachfolgekandidaten.

Die Volkskammer und ihre Organe

Die Volkskammer besteht aus 500 Abgeordneten, die auf die Dauer von fünf Jahren gewählt werden.

Die Volkskammer verkörpert in ihrer Gesamtheit die politisch-moralische Einheit aller Klassen und Schichten des Volkes unter Führung der Arbeiterklasse und ihrer marxistisch-leninistischen Partei. Ausdruck dieser Einheit ist die Vereinigung der Parteien und Massenorganisationen in der Nationalen Front.

In der Volkskammer sind die in der DDR bestehenden 5 Parteien und 5 Massenorganisationen, durch Fraktionen vertreten (10 Fraktionen):

Sozialistische Einheitspartei Deutschlands
Demokratische Bauernpartei Deutschlands
Christlich-Demokratische Union Deutschlands
Liberal-Demokratische Partei Deutschlands
National-Demokratische Partei Deutschlands
Freier Deutscher Gewerkschaftsbund
Demokratischer Frauenbund Deutschlands
Freie Deutsche Jugend
Kulturbund der Deutschen Demokratischen Republik
Vereinigung der gegenseitigen Bauernhilfe

Die Volkskammer ist das oberste staatliche Machtorgan der Deutschen Demokratischen Republik. Sie entscheidet in ihren Plenartagungen über die Grundfragen der Staatspolitik und ist das einzige verfassungs- und gesetzgebende Organ in der Deutschen Demokratischen Republik.

In Durchführung ihres verfassungsmäßigen Auftrages behandelt die Volkskammer vor allem die grundlegenden Fragen bei der weiteren Gestaltung der entwickelten sozialistischen Gesellschaft und legt dazu die verbindlichen Regeln und Normen für das Handeln und Verhalten der Staatsorgane, Betriebe, Organisationen und Bürger fest.

Die Gesetze und Beschlüsse der Volkskammer sind unmittelbar geltendes Recht. Das heißt, die örtlichen Volksvertretungen, die Staats- und Wirtschaftsorgane, Betriebe und Einrichtungen sowie alle Bürger sind verpflichtet, die Gesetze der Volkskammer zur Grundlage ihres Handelns zu machen.

Von großer Bedeutung sind dabei der Fünfjahrplan und die jährlichen Volkswirtschafts- und Staatshaushaltspläne, die nach gründlicher demokratischer Vorbereitung von der Volkskammer beschlossen werden. Die Entscheidungen der Volkskammer sind für jedermann verbindlich. Das schließt ein, daß niemand befugt ist, Gesetze und Beschlüsse der Volkskammer zu verändern oder aufzuheben. Dieses Recht steht nur der Volkskammer selbst zu.

Zu den Aufgaben der Volkskammer gehört es, das Präsidium, den Vorsitzenden und die Mitglieder des Staatsrates, den Vorsitzenden und die Mitglieder des Ministerrates, den Vorsitzenden des Nationalen Verteidigungsrates, den Präsidenten und die Richter des Obersten Gerichtes sowie den Generalstaatsanwalt der DDR zu wählen. Sie alle sind der Volkskammer gegenüber verantwortlich und rechenschaftspflichtig. Die Volkskammer bestimmt die Grundsätze der Tätigkeit dieser Organe.

Eine bedeutsame Aufgabe der Volkskammer ist, zu internationalen Fragen, zu Fragen des Friedens, der Sicherheit und der Völkerverständigung Stellung zu nehmen.

Die interparlamentarische Zusammenarbeit im Rahmen der Interparlamentarischen Union (IPU) obliegt der Interparlamentarischen Gruppe der DDR, die seit 1973 vollberechtigtes und aktiv wirkendes Mitglied der IPU ist.

Seit Oktober 1974 wird die interparlamentarische Arbeit vom Präsidium der Volkskammer auf der Grundlage der von ihm beschlossenen Arbeitspläne geleitet.

Plenum

Die durch freie Willensäußerung des Volkes gewählten Abgeordneten bilden das Plenum der Volkskammer. Die aktive Mitarbeit der Abgeordneten in den Plenartagungen, bei der Vorbereitung der Entscheidungen der Volkskammer, bei der Beratung, der Beschlußfassung und der Kontrolle der Durchführung der Gesetze und bei Beratungen über Grundfragen der Entwicklung der DDR ist die wichtigste Funktion der Abgeordneten.

Die Volkskammer tritt nach Notwendigkeit zusammen. Ihre Tagungen sind öffentlich.

Im Gesetzgebungsverfahren wurde die öffentliche Diskussion von Gesetzentwürfen zu einem Grundsatz, der sich nicht nur in der Geschäftsordnung der Volkskammer, sondern vor allem in ihrer gesetzgeberischen Praxis widerspiegelt.

So nahmen z.B. 5,4 Millionen Bürger der DDR an der Diskussion zum Entwurf des Jugendgesetzes der DDR teil. 4.821 Vorschläge dazu wurden unterbreitet, die zu 2.000 Änderungen am Gesetzentwurf führten. In der Diskussion zum Familiengesetz äußerten 750.000 Bürger ihre Meinung, und zu den Gesetzentwürfen zur Gestaltung des sozialistischen Strafrechts wurden 8.141 Vorschläge gemacht. Der Entwurf des Zivilgesetzbuches wurde auf 8.500 Veranstaltungen diskutiert. Es gingen 4 091 Vorschläge und Hinweise ein, die zu 360 Änderungen und Ergänzungen des Entwurfes führten.

5,8 Millionen Bürger nahmen an der Diskussion zum Entwurf des Arbeitsgesetzbuches teil. 147.806 Vorschläge, Hinweise und Anfragen und 39 533 Änderungs- und Ergänzungsvorschläge zeugen von der schöpferischen Mitarbeit der Werktätigen an diesem Gesetz.

In der 8. Wahlperiode der Volkskammer wurden ebenso nach umfangreicher Vorbereitung und demokratischer Beratung für die Bürger bedeutsame Gesetze beschlossen, wie z.B. das Gesetz über die gesellschaftlichen Gerichte der DDR, das Gesetz über das Vertragssystem in der sozialistischen Wirtschaft, das Gesetz über die landwirtschaftlichen Produktionsgenossenschaften, das Gesetz über die örtlichen Volksvertretungen sowie die Plangesetze.

„Jedes dieser Gesetze und alle gesetzlichen Regelungen in ihrer Gesamtheit sind darauf gerichtet, immer umfassender die gemeinsamen Grundinteressen aller Werktätigen zu verwirklichen. Sie verkörpern auf der Höhe des erreichten Niveaus die Garantien für die Entwicklung der Gesellschaft und jedes einzelnen ihrer Bürger und die Achtung und Wahrung der Würde des Menschen."[68] Das Recht zur Einbringung von Gesetzesvorlagen haben die Abgeordneten der in der Volkskammer vertretenen Parteien und Massenorganisationen, die Ausschüsse der Volkskammer, der Staatsrat, der Ministerrat und der Freie Deutsche Gewerkschaftsbund.

---

68 Staat und Recht bei der weiteren Entfaltung der Vorzüge und Triebkräfte der sozialistischen Gesellschaft. Referat des Mitglieds des Politbüros und Sekretärs des ZK der SED Egon Krenz [auf der staats- und rechtswissenschaftlichen Konferenz der DDR am 26. und 27. Juni 1985 in Berlin] (1985), Berlin, S. 35f.

Die Volkskammer faßt ihre Beschlüsse mit Stimmenmehrheit, soweit nicht die Verfassung eine Zweidrittelmehrheit vorschreibt. (Artikel 63, Abs. 2, Artikel 64, Abs. 1 und 2)

Die Volkskammer ist beschlußfähig, wenn mehr als die Hälfte der Abgeordneten anwesend ist. Die von der Volkskammer verabschiedeten Gesetze und Beschlüsse werden vom Präsidenten der Volkskammer ausgefertigt. Der Vorsitzende des Staatsrates verkündet die Gesetze im Gesetzblatt der Deutschen Demokratischen Republik.

Abgeordnete

Die Abgeordneten der Volkskammer erfüllen ihre verantwortungsvolle Aufgabe im Interesse und zum Wohle des gesamten Volkes. Sie sind selbst Werktätige und bleiben auch nach ihrer Wahl in ihrem beruflichen Wirkungskreis.

In der Tätigkeit der Abgeordneten verkörpert sich im besonderen Maße unsere sozialistische Demokratie.

Die Abgeordneten halten enge Verbindung zu ihren Wählern. Sie sind verpflichtet, den Bürgern die Politik des sozialistischen Staates zu erläutern, Aussprachen und Sprechstunden durchzuführen und Rechenschaft über ihre Tätigkeit zu geben.

Sie können jederzeit abberufen werrden, das heißt, sie unterliegen der Kontrolle der Bürger.

Die Abgeordneten der Volkskammer haben das Recht, an den Tagungen der örtlichen Volksvertretungen mit beratender Stimme teilzunehmen. Die Erfahrungen der Abgeordneten der Volkskammer können auf diese Weise für die Tätigkeit der örtlichen Volksvertretungen genutzt werden. Andererseits werden die Abgeordneten der Volkskammer mit Problemen bekannt, die sich bei der Durchführung der Gesetze in den örtlichen Ebenen ergeben.

Jeder Abgeordnete hat das Recht, Anfragen an den Ministerrat und jedes seiner Mitglieder zu stellen.

In Informationsveranstaltungen werden die Abgeordneten der Volkskammer mit grundlegenden Problemen der Außen-, Wirtschafts-, Sozial- und Kulturpolitik sowie der Durchführung der Gesetze durch Vertreter der Regierung vertraut gemacht.

Auf vielfältige Weise tragen sie durch ihr sach- und fachkundiges massenpolitisches Wirken in ihren Wahlkreisen und Wirkungsbereichen zur weiteren Festigung des Vertrauensverhältnisses zwischen dem sozialistischen Staat und seinen Bürgern bei.

Präsidium

Die Volkskammer wählt auf ihrer ersten Tagung für die Dauer der Wahlperiode ihr Präsidium. Es besteht aus dem Präsidenten der Volkskammer, dem Stellvertreter des Präsidenten und weiteren Mitgliedern.

Im Präsidium sind alle Fraktionen der Volkskammer vertreten.
Das Präsidium leitet die Arbeit der Volkskammer gemäß ihrer Geschäftsordnung. Es gewährleistet die Vorbereitung der Tagungen der Volkskammer.
Zu den Sitzungen des Präsidiums sind auf Verlangen die Vorsitzenden der Fraktionen hinzuzuziehen.
Zur Beratung über den Tagesablauf können Vertreter von Ausschüssen vom Präsidium eingeladen werden. Das Präsidium kann vor den Tagungen der Volkskammer den Ausschüssen Vorlagen zur Beratung überweisen. Es sichert die Teilnahme der Ausschüsse an der Vorbereitung der Tagungen der Volkskammer und der Kontrolle der Durchführung der Gesetze sowie ihr Zusammenwirken bei der Lösung gemeinsamer Aufgaben.
Das Präsidium organisiert die Zusammenarbeit und den Erfahrungsaustausch der Volkskammer mit den höchsten Vertretungskörperschaften anderer Staaten.
Dem Präsidium ist das Sekretariat der Volkskammer unterstellt, das für die Volkskammer, das Präsidium, die Ausschüsse und die Abgeordneten die ihm obliegenden Aufgaben wahrzunehmen hat.

Ausschüsse

Die Volkskammer bildet aus ihrer Mitte in der Regel folgende 15 Ausschüsse:

Ausschuß für Auswärtige Angelegenheiten
Ausschuß für Nationale Verteidigung
Verfassungs- und Rechtsausschuß
Ausschuß für Industrie, Bauwesen und Verkehr
Ausschuß für Landwirtschaft, Forstwirtschaft und Nahrungsgüterwirtschaft
Ausschuß für Handel und Versorgung
Ausschuß für Haushalt und Finanzen
Ausschuß für Arbeit und Sozialpolitik
Ausschuß für Gesundheitswesen
Ausschuß für Volksbildung
Ausschuß für Kultur
Jugendausschuß
Ausschuß für Eingaben der Bürger
Geschäftsordnungsausschuß
Mandatsprüfungsausschuß

Auf der Grundlage der Geschäftsordnung der Volkskammer können weitere bzw. zeitweilige Ausschüsse gebildet werden.
Den Ausschüssen der Volkskammer obliegt in enger Zusammenarbeit mit den Wählern die Beratung von Gesetzentwürfen und die ständige Kontrolle der Durchführung der Gesetze. Sie nehmen zu den überwiesenen Vorlagen Stellung und berichten der Volkskammer über die Ergebnisse ihrer Tätigkeit.
Die Ausschüsse können verlangen, daß die zuständigen Minister und die Leiter anderer staatlicher Organe an ihren Beratungen teilnehmen, und sie können Aus-

künfte von ihnen fordern. Alle Staatsorgane sind verpflichtet, den Ausschüssen die erforderlichen Informationen zu geben.

In Vorbereitung der Gesetze und bei der Kontrolle ihrer Verwirklichung führen die Ausschüsse der Volkskammer Ausschußsitzungen, Arbeitsgruppenberatungen und operative Einsätze durch. Vielfältig sind die Begegnungen und Aussprachen mit den Bürgern.

Durch die Tätigkeit der Ausschüsse wurde wesentlich der Charakter der obersten Volksvertretung der DDR als arbeitende Körperschaft ausgeprägt sowie die Einheit von Beschlußfassung, Durchführung und Kontrolle der Durchführung der Gesetze und das vertrauensvolle Zusammenwirken mit den Wählern gefestigt.

Staatsrat

Der Staatsrat ist das kollektive Staatsoberhaupt der Deutschen Demokratischen Republik. Der Vorsitzende leitet die Arbeit des Staatsrates.

Der Staatsrat nimmt die Aufgaben wahr, die ihm durch die Verfassung sowie die Gesetze und Beschlüsse der Volkskammer übertragen sind, und ist der Volkskammer für seine Tätigkeit verantwortlich. Zur Durchführung der ihm übertragenen Aufgaben faßt er Beschlüsse.

Der Staatsrat vertritt die DDR völkerrechtlich. Im Auftrage der Volkskammer unterstützt der Staatsrat die örtlichen Volksvertretungen als Organe der einheitlichen sozialistischen Staatsmacht, fördert deren demokratische Aktivität bei der Gestaltung der entwickelten sozialistischen Gesellschaft und bei der Schaffung der grundlegenden Voraussetzungen für den allmählichen Übergang vom Sozialismus zum Kommunismus. Er nimmt Einfluß darauf, daß die sozialistische Gesetzlichkeit in der Tätigkeit der örtlichen Volksvertretungen gewahrt und ständig gefestigt wird.

Ministerrat

Der Ministerrat ist die Regierung der Deutschen Demokratischen Republik. Er leitet im Auftrage der Volkskammer die einheitliche Durchführung der Staatspolitik der Deutschen Demokratischen Republik.

Der Ministerrat organisiert die Erfüllung der politischen, ökonomischen, kulturellen und sozialen sowie der ihm übertragenen Verteidigungsaufgaben. Er leitet die Volkswirtschaft und die anderen gesellschaftlichen Bereiche und sichert die Verwirklichung der sozialistischen ökonomischen Integration.

Der Ministerrat leitet die Durchführung der Außenpolitik der DDR entsprechend den Grundsätzen der Verfassung.

Der Ministerrat ist dafür verantwortlich, daß die Tätigkeit des Staatsapparates auf der Grundlage des demokratischen Zentralismus ständig qualifiziert wird, er trägt Sorge für die weitere Entwicklung der sozialistischen Demokratie. Der Ministerrat ist ein kollektiv arbeitendes Organ. Seine Mitglieder tragen die Verantwortung für die Tätigkeit des Ministerrates und sind der Volkskammer rechenschaftspflichtig.

Im Gesetz über den Ministerrat sind Aufgaben und Verantwortung des Ministerrates umfassend fixiert.

Tagungsort der Volkskammer

Im Jahre 1950 erhielt die Volkskammer der Deutschen Demokratischen Republik ihr eigenes Haus in der damaligen Luisen-, der heutigen Hermann-Matern-Straße in Berlin. Hier war die langjährige Wirkungsstätte der Abgeordneten der obersten Volksvertretung der DDR und des Präsidenten der Volkskammer bis zum Umzug in den Palast der Republik am Marx-Engels-Platz im Juni 1976.

Die Volkskammer erhielt damit repräsentative Räume in einem Haus, das der Generalsekretär des Zentralkomitees der Sozialistischen Einheitspartei Deutschlands, Erich Honecker, bei der Grundsteinlegung am 2. November 1973 wie folgt charakterisierte:

> „Dieser Palast der Republik soll ein Haus des Volkes werden, die Stätte verantwortungsbewußter Beratungen der höchsten Volksvertretung unseres Arbeiter-und-Bauern-Staates, ein Ort wichtiger Kongresse und internationaler Begegnungen. Unsere sozialistische Kultur wird hier ebenso eine Heimstatt finden wie Frohsinn und Geselligkeit der werktätigen Menschen."[69]

Der Palast der Republik öffnete am 23. April 1976 - nach einer Bauzeit von weniger als 1 000 Tagen - seine Tore am Marx-Engels-Platz, und Tausende seiner Erbauer waren gemeinsam mit den Repräsentanten von Partei- und Staatsführung der DDR seine ersten Gäste.

Seither besuchen allmonatlich Hunderttausende Bürger und Gäste aus dem In- und Ausland dieses festliche Gebäude im Herzen der Hauptstadt.

Das architektonische Profil des Palastes der Republik wird durch drei Hauptfunktionsbereiche bestimmt:

die Volkskammer
den großen Saal und
die Foyers

Der Gebäudeteil der Volkskammer bildet in der architektonischen Gestaltung mit den anderen Funktionsbereichen des Palastes der Republik eine Einheit.

Plenarsaal der Volkskammer

Mittelpunkt des Funktionsbereiches Volkskammer ist der Plenarsaal, die Tagungsstätte der Volkskammer.

Nach Bedarf finden hier auch gesellschaftlich bedeutende nationale und internationale Kongresse statt.

---

69 O.A. (1976): Palast der Republik und seine Erbauer o. w. A., S. 15.

Der Aufgabenstellung als Tagungsort der obersten Volksvertretung und bedeutsamer Kongresse und Konferenzen entsprechend, gliedert sich der Saal in den Parkett- und einen Rangbereich, die in ihrer festen Grundstruktur auf den mehrstufig angehobenen Präsidiumsbereich orientiert sind. Der nach der rückwärtigen Wand hin leicht ansteigende Parkettfußboden und das stärker angehobene Rangprofil unterstützen diesen Raumeindruck und gewähren den Tagungsteilnehmern eine gute Sicht auf das Rednerpult. Der größeren Saalbreite von 38 m steht die mit 24 m erheblich geringere Tiefe gegenüber, so daß auch mit dieser räumlichen Proportion die enge Verbindung zwischen Präsidium und Abgeordneten unterstrichen wird.

Das Gesamtvolumen des Saales beträgt bei einer Höhe von 11 m insgesamt 9.700 m^3 und bietet 456 Tagungsteilnehmern im Parkett gemeinsam mit 81 Präsidiumsmitgliedern und 246 Gästen im Rang Platz. Auf dem roten, durchgängig verlegten Teppichbelag stehen die als Doppelsitz angeordneten Sessel mit den Schreibpulten.

Um den Abgeordneten günstige Arbeitsbedingungen zu gewährleisten, wurde eine mühelos horizontal bewegbare Schiebesitztechnik eingebaut. Für das Ranggestühl wurde der Sesseltyp des Großen Saales verwendet.

Über eine Simultananlage kann jeder Vortrag gleichzeitig in 10 Sprachen übertragen werden. Eine Diskussionsredneranlage gibt durch aufsteckbare Mikrofone an jedem Arbeitsplatz die Möglichkeit des direkten Gedankenaustausches. Jeder Platz hat einen direkt regulierbaren Lautsprecher. Die Hauptlautsprecher sind jedoch in der Decke bzw. im Rednerpult fest eingebaut. Filmveranstaltungen mit 35-mm-Projektion, Diavorträge und Fernsehübertragungen über das hauseigene Studio können mit Hilfe einer aus der Decke ausfahrbaren Rollbildwand durchgeführt werden. Der Einsatz der Farbfernseh-Großbildprojektoren aus dem Großen Saal ist bei gegebenen Anlässen möglich.

Sowohl bei der Arbeitsbeleuchtung (340 lux) als auch bei der farbfernsehgerechten Zusatzbeleuchtung (1 500 lux) wird eine Licht und Schatten ordnende, festliche Lichtarchitektur wirksam.

Die 20 Kabinen in den Seitenwänden sind für Stenografen, für Dolmetscher und Reporter vorgesehen. Hier befinden sich außer der Regiezentrale unter dem Rangbereich auch Kamerastandorte des Fernsehens.

Der Raum ist vollklimatisiert. Die Frischluftversorgung erfolgt über die Drallgitter in den Pulten bzw. aus dem Lehnenbereich des Ranggestühls nach dem gleichen Prinzip wie beim Großen Saal.

Sitzungsräume der Volkskammer

Über die Innen- und Außenfoyers mit dem Plenarsaal verbunden, befinden sich zu beiden Seiten von ihm und in drei Etagen die insgesamt sechs teilbaren Konferenzräume, die für die Beratungen der Ausschüsse und der Fraktionen eingerichtet sind.

Die rollbaren Faltwände ermöglichen nicht nur die eigentliche Raumunterteilung für kleine Arbeits- oder Tagungsgruppen, sondern auch das Zuordnen zum Innen- oder Außenfoyer.

An den Wänden aller Räume wurden Tafelbildergruppen mit einheitlichem Rahmenthema angebracht. Die bildenden Künstler arbeiteten auf der Grundlage einer künstlerischen Gesamtkonzeption, die ein Kollektiv unter Leitung von Professor Fritz Cremer entworfen hatte.

Zwölf bildende Künstler aus verschiedenen Bezirken der Republik erhielten den Auftrag, für die Sitzungsräume der Volkskammer ihre heimatliche Landschaft in größeren Tafelbildern künstlerisch zu gestalten.

So entstanden 44 großformatige Landschaftsbilder, die die Schönheit unserer sozialistischen Heimat von der Ostseeküste bis zum Erzgebirge, von Harz und Thüringer Wald bis zu, den Niederungslandschaften im Odergebiet darstellen. Jeder bildende Künstler hatte die Möglichkeit, mit seinen Bildern eine Wand in einem der Sitzungszimmer zu gestalten. Die meisten von ihnen entschieden sich für eine Lösung, in der in vier Tafelbildern unterschiedliche Motive ihrer heimatlichen Landschaft künstlerisch zum Ausdruck kommen.

Die Gemälde zeigen typische Landschaften unserer Republik mit ihren Menschen, den Naturschönheiten und der Schönheit dessen, was durch die Menschen geschaffen wurde.

Auswahlbibliografie

1. DDR-Literatur

Abelmann, Günther/Gottschling, Ernst (1957): Die Geschäftsordnung der örtlichen Volksvertretungen. In: Demokratischer Aufbau 12. 1957, S. 141-142.

Abramenkow, A. (1948): Warum gibt es in der UdSSR nur eine einzige politische Partei. In: Einheit 3. 1948, S. 1162-1165.

Acker, Heinrich (1947): Zur Soziologie unseres Verfassungsentwurfes. In: Einheit 2. 1947, S. 46-56.

Acker, Roland (1984): Wachsende Anforderungen an die Wirksamkeit der örtlichen Volksvertretungen und Erfordernisse ihrer Zusammensetzung. In: Staat und Recht 33. 1984, S. 283-290.

Acker, Roland (1986): Statistische Materialien zum Staat und zum politischen System der DDR. In: Autorenkollektiv (Hrsg.) (1986): Der Staat im politischen System der DDR, Berlin (Ost): Staatsverlag der DDR, S. 291-310.

Acker, Roland/Foit, Irma/Unger, Oswald (1984): Der Abgeordnete und seine Verbindung mit den Wählern: Gedanken nach den Kommunalwahlen im Mai 1984. In: Staat und Recht 33. 1984, S. 451-456.

Acker, Roland/Unger, Oswald (1984): Das Wahlsystem und seine Bedeutung für das Wirken des politischen Systems des Sozialismus in der DDR. In: Staat und Recht 33. 1984, S. 230-235.

Acker, Roland/Unger, Oswald (1989): Volkswahlen 1989: Akt souveräner Willensentscheidung der Bürger der DDR. In: Staat und Recht 38. 1989, S. 108-113.

Ackermann, Anton (1965): Von der Geburt der neuen Staatsmacht: Dokumentarische Berichte von Aktivisten der ersten Stunde. In: Staat und Recht 14. 1965, S. 665-697.

Ackermann, Anton (1997): Gibt es einen besonderen deutschen Weg zum Sozialismus? (Auszug). In: Herbst, Andreas/Stephan, Gerd-Rüdiger/Winkler, Jürgen (Hrsg.) (1997): Die SED. Geschichte - Organisation - Politik. Ein Handbuch, Berlin: Dietz Verlag, S. 547 - 552.

ADN (1978a): Abgeordnete lösen Aufgaben in Betrieben und Wahlkreisen: Reiches Arbeitsprogramm der Volkskammerausschüsse im September. In: Neues Deutschland vom 5.9.1978.

ADN (1978b): Abgeordnete nehmen Einfluß auf die Erfüllung des Planes: Zahlreiche Arbeitsgruppeneinsätze von Volkskammerausschüssen. In: Neues Deutschland vom 6.11.1978.

ADN (1978c): Ausschüsse kontrollieren die Wirksamkeit von Gesetzen: Vielfältige Vorhaben der Volkskammerabgeordneten im Monat Mai. In: Neues Deutschland vom 3.5.1978.

ADN (1978d): Über Arbeit der Staatsorgane. In: National-Zeitung vom 2.6.1978.

ADN (1978e): Viele Aussprachen mit Abgeordneten im Wahlkreis: Aus der Tätigkeit der Volkskammerausschüsse in diesem Monat. In: Neues Deutschland vom 6.3.1978, S. 9.

ADN (1978f): Volkskammerausschüsse berieten Verteidigungsgesetz. In: Neues Deutschland vom 10.10.1978.

ADN (1979): 7,2 Millionen Bürger beteiligten sich am Dialog mit den Kandidaten. In: Volksstimme vom 15.6.1979.

ADN (1980): Forum mit Rechtsausschuß der Volkskammer. In: Schweriner Volkszeitung vom 28.2.1980.

ADN/BE (1980): Abgeordnete „vor Ort": Kollege Dr. Watzek leitete Volkskammer-Arbeitsgruppe. In: Bauern-Echo vom 29.11.1980.
ADN/BNN (1978): Abgeordnete unserer Volkskammer helfen an Ort und Stelle: Verfassungs- und Rechtsausschuß untersucht in Potsdam Förderung der sozialistischen Lebensweise. In: Brandenburgische Neueste Nachrichten vom 3.5.1978.
ADN/BZ (1979): Fragen der sozialistischen Demokratie beraten: Verfassungs- und Rechtsausschuß tagte. In: Berliner Zeitung vom 15.6.1979.
ADN/BZ (1981): Neues Arbeitsgesetzbuch in der Praxis bewährt: Volkskammerausschüsse tagten gemeinsam in Berlin. In: Berliner Zeitung vom 30.1.1981.
ADN/JW (1978): Arbeitsgruppeneinsätze vorbereitet. In: Junge Welt vom 26.9.1978.
Anding, Kurt et al. (1967): Neues ökonomisches System und Volksvertretungen. In: Sozialistische Demokratie 11. 1967, S. 4.
Andrä, Lena (1957): Richtige Arbeit mit Wähleraufträgen. In: Demokratischer Aufbau 12. 1957, S. 371-372.
Appelt, Rudolf (1946): Ein neuer Typus der Demokratie: Die Volksdemokratien Ost- und Südosteuropas. In: Einheit 1. 1946, S. 339-352.
Arbeitsgruppe der Verfassungskommission zur Auswertung der Zuschriften der Bürger zum Verfassungsentwurf (1968): Zusammenstellung der in den Zuschriften der Bürger an die Verfassungskommission enthaltenen politisch-ideologischen Probleme sowie Anregungen und Vorschläge der Bürger für Maßnahmen staatlicher und gesellschaftlicher Organe. Berlin (Ost): Verfassungskommission.
Armbrust, Willi (1957): Zur politisch-ideologischen Arbeit der örtlichen Räte. In: Demokratischer Aufbau 12. 1957, S. 147-148.
Askowin, Iwan Akimowitsch (1974): Die örtlichen Sowjets, Berlin (Ost): Staatsverlag der DDR.
Assman, Walter/Edlich, Heinz (1974): Die Arbeit der Abgeordneten in den volkseigenen Betrieben und Kombinaten stärker fördern. In: Staat und Recht 23. 1974, S. 367-377.
Aulich, Ingrid (1980): Sorge auch um die unsicheren Kandidaten: Verfassungs- und Rechtsausschuß der Volkskammer untersuchte Fragen der Wiedereingliederung ehemals Straffälliger. In: Tribüne vom 31.1.1980, S. 3.
Autorenkollektiv (Hrsg.) (1954): Zur Rechtsstellung der örtlichen Organe der Staatsgewalt, Berlin (Ost): Deutscher Zentralverlag.
Autorenkollektiv (1956): Dokumente der CDU, Berlin (Ost): Union Verlag.
Autorenkollektiv (1966): Geschichte der Deutschen Arbeiterbewegung in acht Bänden, Berlin (Ost): Dietz Verlag.
Autorenkollektiv (1974): Klassenkampf, Tradition, Sozialismus: Von den Anfängen der Geschichte des deutschen Volkes bis zur Gestaltung der entwickelten sozialistischen Gesellschaft in der Deutschen Demokratischen Republik - Grundriß, Berlin (Ost): Deutscher Verlag der Wissenschaften.
B., E. (1949): Die Gemeindevertretung als arbeitende Körperschaft. In: Demokratischer Aufbau 4. 1949, S. 176-177.
B., W. (1961): Einheitliche Kandidatenlisten. In: Demokratischer Aufbau 16. 1961, S. 543.
Bahanzew, N. F. (1989): Verfassungsrecht der DDR aus sowjetischer Sicht. In: Staat und Recht 38. 1989, S. 770 - 773.
Badstube, Karl Heinz (1975): Der 8. Mai 1945: Ausgangspunkt für eine wahrhafte, reale und gesicherte Demokratie der Arbeiter und Bauern, einer Demokratie für das Volk. In: Staat und Recht 24. 1975, S. 545-557.
Badstube, Karl-Heinz (1969): Zur führenden Rolle der Arbeiterklasse und ihrer marxistisch leninistischen Partei in Gesellschaft und Staat. In: Sozialistische Demokratie 13. 1969, S. 3.

Badstube, Karl-Heinz (1976): Zur Dialektik von wachsender Führungsfunktion der marxistisch-leninistischen Partei und zunehmender Aktivität und Initiative der Werktätigen. In: Staat und Recht 25. 1976, S. 14-25.

Badstübner, Rolf et al. (1981): Geschichte der Deutschen Demokratischen Republik, Berlin (Ost): Deutscher Verlag der Wissenschaften.

Banaschak, Manfred (1970): Sozialistische Öffentlichkeitsarbeit im Kampf der Gesellschaftssysteme. In: Sozialistische Demokratie 14. 1970, S. 3-4.

Baranowski, Günther (1989): Historische Aspekte der Demokratie und ihrer staatswissenschaftlichen Reflexion. In: Staat und Recht 38. 1989, S. 12-19.

Barm, Werner (1958): Die politische Führung durch den Rat sichern. In: Demokratischer Aufbau 13. 1958, S. 251/253.

Barth, Willi (1950): Die Volksausschüsse der Nationalen Front des demokratischen Deutschland und die kommunalpolitischen Aufgaben. In: Demokratischer Aufbau 5. 1950, S. 29-34.

Baumgarten, Paul (1957): Erfahrungen aus der Arbeit der Abgeordneten. In: Demokratischer Aufbau 12. 1957, S. 149.

Beccard, Harry et al. (1966): Ausschüsse der Volkskammer berieten Entwurf der Gesetze über den Volkswirtschaftsplan und den Staatshaushaltsplan 1966. In: Sozialistische Demokratie 10. 1966, S. 5.

Becher, Jürgen/Friedrich, Paul (1988): Demokratischer Zentralismus - Interessen - Territorium. In: Staat und Recht 37. 1988, S. 905-910.

Beér, János (1956): Die Pflicht des Abgeordneten. In: Demokratischer Aufbau 11. 1956, S. 383.

Beerbaum, Martin/Graffunder, Heinz/Murza, Gerhard (1977): Der Palast der Republik, Leipzig: E. A. Seemann Verlag.

Behrendt, Albert et al. (1968): Verfassungen und Verfassungswirklichkeit in der deutschen Geschichte, Berlin (Ost): Dietz Verlag.

Beil, Herbert/Poppe, Eberhard (1971): Wahlen und Wahlrecht im Klassenkampf. In: Staat und Recht 20. 1971, S. 1653-1656.

Benjamin, Michael (1971): Zur Entwicklung wissenschaftlicher Leitungsmethoden der Volksvertretungen und ihrer Organe in der DDR. In: Staat und Recht 20. 1971, S. 182-197.

Benjamin, Michael (1979): Staatsapparat und sozialistische Demokratie. In: Staat und Recht 28. 1979, S. 826-834.

Benjamin, Michael (1986): Karl Polak und die Entwicklung der theoretischen Probleme der staatlichen Leitung der DDR. In: Autorenkollektiv (Hrsg.) (1986): Wegbereiter der marxistisch-leninistischen Staats- und Rechtswissenschaft der DDR: zum 80. Geburtstag von Prof. Dr. Karl Polak, Potsdam: Akademie für Staats- und Rechtswissenschaft der DDR, Abteilungen Publikationen und Druck, S. 26-38.

Benjamin, Michael (1989): Die Verfassung der DDR und der weitere Ausbau der sozialistischen Demokratie als Form der allumfassenden politischen ökonomischen und sozialen Machtausübung durch die Werktätigen unter der Führung der Arbeiterklasse. In: Staat und Recht 38. 1989, S. 469-475.

Benjamin, Michael/Hösel, Dieter (1970): Systemgestaltung und die Führungstätigkeit der Volksvertretungen. In: Staat und Recht 19. 1970, S. 1284-1289.

Berger, Götz (1947): Demokratie ohne Mehrheitsherrschaft? In: Einheit 2. 1947, S. 1158-1167.

Berger, Götz (1948): Der Verfassungsentwurf des deutschen Volksrates. In: Demokratischer Aufbau 3. 1948, S. 268-269.

Berger, Rolf et al. (1965): Aus der Diskussion in der 10. Sitzung der Volkskammer. In: Sozialistische Demokratie 9. 1965, S. 9-10.

Berndt, Hans (1958): Die Volkswahlen 1958 und die Vervollkommnung der staatlichen Leitung. In: Demokratischer Aufbau 13. 1958, S. 453-455.
Besuglow, Anatolij A. (1972): Der Sowjetdeputierte: seine rechtliche Stellung, Berlin (Ost): Staatsverlag der DDR.
Beyer, Hans-Jörg (1966): Überwundene Widersprüche. In: Sozialistische Demokratie 10. 1966, S. 6.
Beyreuther, Wolfgang (1981): Dem X. Parteitag der SED entgegen: Drei Jahre Arbeitsgesetzbuch der DDR. In: Arbeit und Arbeitsrecht 36. 1981, S. 3-7.
Bihari, Otto (1970): Socialist Representative Institutions, Budapest: Akadémiai Kiadó.
Bock, Werner (1980): Der sozialistische Abgeordnete und sein Wahlkreis. In: Staat und Recht 29. 1980, S. 518-528.
Bogenschneider, W. (1960): Müssen Gemeinderatsmitglieder Abgeordnete sein? In: Demokratischer Aufbau 15. 1960, S. 390.
Bollinger, Stefan (1983): Fragen der Stabilität der Diktatur des Proletariats und die Aufgaben der SED Anfang der 80er Jahre. In: Wissenschaftliche Zeitschrift der Humboldt-Universität zu Berlin: Gesellschaftswissenschaftliche Reihe 32. 1983, S. 205-208.
Bönninger, Karl (1957): Zentralisation und Demokratie. In: Demokratischer Aufbau 12. 1957, S. 173.
Bönninger, Karl/Sternkopf, Werner (1978): Die Abgeordneten der Volksvertretungen. In: Staat und Recht 27. 1978, S. 541-548.
Börner, Rolf (1975): Für die Souveränität des werktätigen Volkes: Die Mitwirkung der CDU bei der Ausarbeitung der Länderverfassungen und der Verfassung der DDR (1946-1949), Berlin (Ost): Sekretariat des Hauptvorstandes der Christlich-Demokratischen Union Deutschlands.
Böttcher, Willy/Kauz, Eva/Hoffmann, Detlef (1965): Abgeordnete - Vertrauensleute des Volkes. In: Sozialistische Demokratie 9. 1965, S. 7.
Brasch, Horst (1963): Vor den Wählervertreterkonferenzen. In: Sozialistische Demokratie 7. 1963, S. 1.
Brückner, Dieter (1980): Wie ernst wird das Wort der Abgeordneten genommen? In: Neues Deutschland vom 10.10.1980.
Buchheim, Walter (1958): Zum Inhalt unseres Wahlkampfes. In: Demokratischer Aufbau 13. 1958, S. 486-487.
Büchner, Gerhard (1956): Die Aufgaben der Volkskammerabgeordneten nach der 3. Parteikonferenz der SED. In: Demokratischer Aufbau 11. 1956, S. 249-252.
Büchner, Gerhard (1956): Die Verbundenheit der Volkskammerabgeordneten mit den Wählern stärken. In: Demokratischer Aufbau 11. 1956, S. 151-152.
Büchner-Uhder, Willi (1957): Du und Deine Volksvertretung, Leipzig, Jena: Urania-Verlag.
Büchner-Uhder, Willi (1990): Fraktionen auch in örtlichen Volksvertretungen. In: Staat und Recht 39. 1990, S. 234-237.
Cemerski, Angel (1976): Delegiertensystem: erstarkte Rolle der Arbeiterklasse. In: Demokratischer Aufbau 31. 1976, S. 11-25.
Cerny, Jochen (Hrsg.) (1990): Brüche, Krisen, Wendepunkte: Neubefragung von DDR-Geschichte, Berlin (Ost): Urania-Verlag.
Christoph, Karl-Heinz (1957): Der Grundsatz der Öffentlichkeit der Tagungen der örtlichen Volksvertretungen: Erläuterungen zu §13 des Gesetzes über die örtlichen Organe der Staatsmacht. In: Demokratischer Aufbau 12. 1957, S. 433-434.
Dähn, Horst (1977): Buchbesprechung: Sorgenicht, Klaus: Staat, Recht und Demokratie nach dem IX. Parteitag der SED. In: Staat und Recht 26. 1977, S. 424-426.

Dähn, Ulrich (1986): Karl Polaks Beitrag zur Entwicklung des sozialistischen Strafrechts und der sozialistischen Strafrechtspflege in der DDR. In: Autorenkollektiv (Hrsg.) (1986): Wegbereiter der marxistisch-leninistischen Staats- und Rechtswissenschaft der DDR: zum 80. Geburtstag von Prof. Dr. Karl Polak, Potsdam-Babelsberg: Akademie für Staats- und Rechtswissenschaft der DDR, Abteilungen Publikationen und Druck, S. 53-65.

Dau, Rudolf/Ehlenbeck, Marianne (1975): "Demokratischer Sozialismus" oder sozialistische Demokratie? Zur Auseinandersetzung mit imperialistischen "Verbesserungsvorschlägen" für das politische System des realen Sozialismus. In: Staat und Recht 24. 1975, S. 1562-1573.

Dau, Rudolf/Fricke, Roland (1985): Funktion des sozialistischen Systems und sozialistischer Staat. In: Autorenkollektiv (Hrsg.) (1985): Funktionen des sozialistischen Systems der sozialistischen Gesellschaft, Potsdam: Pädagogische Hochschule Karl Liebknecht Potsdam, S. 49-59.

DDR, Abteilung Presse und Information des Staatsrates der (Hrsg.) (1969): Eingaben der Bürger - eine Form der Verwirklichung des Grundrechtes auf Mitbestimmung und Mitgestaltung: Materialien der 18. Sitzung des Staatsrates der DDR am 20. November 1969, Berlin (Ost): Staatsverlag der DDR.

DDR, Abteilung Presse und Information des Staatsrates der (Hrsg.) (1973): Gesetz über die örtlichen Volksvertretungen und ihrer Organe - Schritt zur weiteren Entwicklung der sozialistischen Demokratie: Materialien der 9. Tagung der Volkskammer der DDR am 12. Juli 1973 zum Tagesordnungspunkt: Gesetz über die örtlichen Volksvertretungen und ihrer Organe in der Deutschen Demokratischen Republik, Berlin (Ost): Staatsverlag der DDR.

DDR, Akademie für Staats- und Rechtswissenschaft der (Hrsg.) (1974): Wörterbuch zum sozialistischen Staat, Berlin (Ost): Dietz Verlag.

DDR, Akademie für Staats- und Rechtswissenschaft der (Hrsg.) (1979): DDR - Gesellschaft Staat Bürger, Berlin (Ost): Staatsverlag der DDR.

DDR, Akademie für Staats- und Rechtswissenschaft der (Hrsg.) (1984): Verfassung der DDR - Geschichte und Gegenwart: Diskussionsbeiträge und Schlußwort der am 25. 10. '84 stattgefundenen Konferenz an der Akademie für Staats- und Rechtswissenschaft, Potsdam-Babelsberg: Akademie für Staats- & Rechtswissenschaft der DDR.

DDR, Kanzlei des Staatsrates der (Hrsg.) (1968): Entwurf der Verfassung der Deutschen Demokratischen Republik mit dem Bericht des Vorsitzenden der Kommission zur Ausarbeitung einer sozialistischen Verfassung der Deutschen Demokratischen Republik, Walter Ulbricht, die Verfassung des sozialistischen Staates deutscher Nation und weiteren Materialien der 7. Tagung der Volkskammer der DDR, Berlin (Ost): Staatsverlag der DDR.

DDR, Sekretariat der Volkskammer im Auftrag des Präsidiums der Volkskammer der (Hrsg.) (1964): Die Volkskammer der Deutschen Demokratischen Republik: 4. Wahlperiode [Handbuch], Berlin (Ost): Staatsverlag der DDR.

DDR, Sekretariat der Volkskammer im Auftrag des Präsidiums der Volkskammer der (Hrsg.) (1967): Die Volkskammer der Deutschen Demokratischen Republik: 5. Wahlperiode [Handbuch], Berlin (Ost): Staatsverlag der DDR.

DDR, Sekretariat der Volkskammer im Auftrag des Präsidiums der Volkskammer der (Hrsg.) (1972): Die Volkskammer der Deutschen Demokratischen Republik: 6. Wahlperiode [Handbuch], Berlin (Ost): Staatsverlag der DDR.

DDR, Sekretariat der Volkskammer im Auftrag des Präsidiums der Volkskammer der (Hrsg.) (1977): Die Volkskammer der Deutschen Demokratischen Republik: 7. Wahlperiode [Handbuch], Berlin (Ost): Staatsverlag der DDR.

DDR, Sekretariat der Volkskammer im Auftrag des Präsidiums der Volkskammer der (Hrsg.) (1982): Die Volkskammer der Deutschen Demokratischen Republik: 8. Wahlperiode [Handbuch], Berlin (Ost): Staatsverlag der DDR.

DDR, Sekretariat der Volkskammer im Auftrag des Präsidiums der Volkskammer der (Hrsg.) (1987): Die Volkskammer der Deutschen Demokratischen Republik: 9. Wahlperiode [Handbuch], Berlin (Ost): Staatsverlag der DDR.

DDR, Staatsrat der (Hrsg.) (1961): Dokumente über die Bildung des Staatsrates der Deutschen Demokratischen Republik, Berlin (Ost): Deutscher Zentralverlag.

DDR, Staatsrat der (Hrsg.) (1970): Der Staatsrat der Deutschen Demokratischen Republik 1960-1970: Dokumentation, Berlin (Ost): Staatsverlag der DDR.

DDR, Volkskammer der (1975): Über die Seminar- und Vortragstätigkeit im Hause der Volkskammer für den Zeitraum nach der Bildung des Sekretariats der Volkskammer der DDR im Oktober 1974 und Übersicht über Anzahl und Zusammensetzung der Besuchergruppen im Hause der Volkskammer von Juni 1971 bis August 1975 (internes Arbeitspapier der Volkskammer), Berlin (Ost).

Dieckel, Friedrich et al. (1967): Ausdruck wahrer Volkssouveränität: Volkskammer beschloß Gesetz über die Staatsbürgerschaft der DDR. In: Sozialistische Demokratie 11. 1967, S. 1-3.

Dieckmann, Johannes (1954): Volksvertreter der Deutschen Demokratischen Republik! In: Demokratischer Aufbau 9. 1954, S. 1-2.

Dieckmann, Johannes (1956): Nicht auf überalterte Formen zurückgreifen: Zu einigen Diskussionsbeiträgen über die breitere Entfaltung der Demokratie. In: Demokratischer Aufbau 11. 1956, S. 291-292.

Dieckmann, Johannes (1957): Macht die Wahlen zu einem eindringlichen Bekenntnis für Einheit, Frieden und Sozialismus. In: Demokratischer Aufbau 12. 1957, S. 243-245.

Dieckmann, Johannes (1958): Die Wahlen zur Volkskammer und zu den Bezirkstagen: ein Schritt zur weiteren Festigung unseres sozialistischen Staates. In: Demokratischer Aufbau 13. 1958, S. 481-483.

Doernberg, Stefan (1959): Die Geburt eines neuen Deutschland 1945-1949: Die antifaschistisch-demokratische Umwälzung und die Entstehung der DDR, Berlin (Ost): Rütten & Loening.

Dumke, Harry/Wetzel, Gertrud/Berger, Brigitte (1967): Neues ökonomisches System und Volksvertretungen. In: Sozialistische Demokratie 11. 1967, S. 3.

Düttbrenner, Heinz (1978): Bürger unseres Staates schreiben die Gesetze. In: Ostsee-Zeitung vom 7.11.1978.

E., H. (1967): Sprechstunden - Instrumente zur Weiterentwicklung der Demokratie: Gedanken nach einer Sprechstunde beim Stellvertreter des Vorsitzenden des Staatsrates Dr. Manfred Gerlach. In: Sozialistische Demokratie 11. 1967, S. 2.

Eberhardt, Ruth (1964): Abgeordnete kontrollieren Sprechstundentätigkeit. In: Sozialistische Demokratie 8. 1964, S. 3.

Eberhardt, Ruth (1971): Immer als Vertrauensmann der Werktätigen bewähren, aber wie? Aus einem Erfahrungsaustausch mit jungen Abgeordneten. In: Sozialistische Demokratie 15. 1971, S. 11.

Ebert, Friedrich (1953): Weitere Demokratisierung der Staatsorgane in Berlin. In: Demokratischer Aufbau 8. 1953, S. 41-43.

Ebert, Friedrich (1965): Begründung der Wahldirektive. In: Sozialistische Demokratie 9. 1965, S. 2.

Ebert, Friedrich (1970): Die Wahl zu den örtlichen Volksvertretungen und die Aufgaben der Nationalen Front. In: Sozialistische Demokratie 14. 1970, S. 1-11.

Ebert, Friedrich (1973): Die Entwicklung der sozialistischen Demokratie: ein zentrales Anliegen der Staatswissenschaft und -praxis. In: Staat und Recht 22. 1973, S. 1589-1603.

Edler, Margret/Seidel, Dietmar (1978): Demokratie, Freiheit und Menschenrechte und ihre Verwirklichung in der entwickelten sozialistischen Gesellschaft. In: Staat und Recht 27. 1978, S. 1033-1038.

Egler, Gert (1974): Vorlesung: Zur Weiterentwicklung der sozialistischen Verfassung der DDR, Babelsberg.

Egler, Gert/Hösel, Dieter/Schulze, Gerhard (1970): Zwei Jahre sozialistische Verfassung. In: Sozialistische Demokratie 14. 1970, S. 5-6.

Egler, Gert/Moschütz, Hans Dietrich (1975): Zur Ergänzung und Änderung der Verfassung der DDR. In: Staat und Recht 24. 1975, S. 357-368.

Egler, Gert/Schüßler, Gerhard (1974): Die Vorbereitung und Durchführung der Volkswahlen 1974: ein weiterer wichtiger Schritt zur Festigung der sozialistischen Staatsmacht. In: Staat und Recht 23. 1974, S. 533-548.

Enke, Rainer/Gahl, Rita/Mand, Richard (1986): Wahlkreisarbeit und Entfaltung der sozialistischen Demokratie in städtischen Wohngebieten. In: Staat und Recht 35. 1986, S. 352-359.

Faberow, N. P. (1962): Der Staat des gesamten Volkes: ein gesetzmäßiges Ergebnis der Entwicklung des Staates der Diktatur des Proletariat. In: Staat und Recht 11. 1962, S. 2069-2080.

Faberow, N. P. (1969): Proletarische Revolution, Diktatur des Proletariats und Demokratie: Zum 50. Jahrestag des Erscheinens der Arbeit W. I. Lenins "Die Proletarische Revolution und der Renegat Kautsky". In: Staat und Recht 18. 1969, S. 281-292.

Fechner, Herbert (1953): Die Bedeutung der öffentlichen Sprechstunden nicht unterschätzen! In: Demokratischer Aufbau 8. 1953, S. 258-259.

Fechner, Max (1946): Die Ergebnisse der Gemeindewahlen in der Ostzone. In: Einheit 1. 1946, S. 295-302.

Feuersenger, Christiane/Melzer, Uwe (1989): Das politische System der DDR und die weitere Entfaltung und Vervollkommnung der sozialistischen Demokratie unter den Bedingungen der umfassenden Intensivierung. In: Staat und Recht 38. 1989, S. 421-423.

Fiedler, Helene (1974): SED und Staatsmacht: Zur staatspolitischen Konzeption und Tätigkeit der SED 1946 - 1948, Berlin (Ost): Dietz Verlag.

Fischer, Erich (1988): Die Vorstellungen der KPD von einer deutschen demokratischen Volksfrontrepublik und ihrer Verfassung (1936 bis 1939). In: Staat und Recht 37. 1988, S. 979-987.

Fischer, Erich/Künzel, Werner (1989): Die Verfassung der Deutschen Demokratischen Republik vom 7. Oktober 1949. In: Fischer, Erich/Künzel, Werner (Hrsg.) (1989): Verfassungen der deutschen Länder und Staaten. Von 1816 bis zur Gegenwart, Berlin (Ost): Staatsverlag der DDR, S. 469-492.

Fischer, Erich/Künzel, Werner (1989): Verfassung der Deutschen Demokratischen Republik vom 6. April 1968. In: Fischer, Erich/Künzel, Werner (Hrsg.) (1989): Verfassungen deutscher Länder und Staaten. Von 1916 bis zur Gegenwart, Berlin (Ost): Staatsverlag der DDR, S. 495-518.

Fischer, Erich/Künzel, Werner (1989): Verfassung der Deutschen Demokratischen Republik vom 6. April, in der Fassung des Gesetzes zur Ergänzung und Änderung der Verfassung der DDR vom 7. Oktober 1974. In: Fischer, Erich/Künzel, Werner (Hrsg.) (1989): Verfassungen deutscher Länder und Staaten: Von 1816 bis zur Gegenwart, Berlin (Ost): Staatsverlag der DDR, S. 519-540.

Fischer, Erich/Künzel, Werner (Hrsg.) (1989): Verfassungen deutscher Länder und Staaten. Von 1816 bis zur Gegenwart, Berlin (Ost): Staatsverlag der DDR.

Fleck, Rudi (1972): Die wachsende Verantwortung der örtlichen Volksvertretungen und ihrer Organe. In: Staat und Recht 21. 1972, S. 550-555.

Fleischmann, Günter (1986): Unsere Gesetze - in der Praxis geboren, im Leben bewährt. In: Neues Deutschland vom 20.5., S. 5.
Fleischmann, Günter/Henselin, Helga (1980): Gespräch im Wählerauftrag mit Arbeitern und Ministern: Welche Rolle spielen die Ausschüsse in der Volkskammer der DDR? Was haben unsere Abgeordneten in ihren Wahlkreisen zu tun? In: Neues Deutschland vom 6.12.1980.
Frenzel, Helmar/Pröger, Karlfried (1958): Wahlen in der DDR unterscheiden sich grundsätzlich von Wahlen im Bonner NATO-Staat. In: Demokratischer Aufbau 13. 1958, S. 491-492.
Friedrich, Heinz (1957): Zur Diskussion über die Arbeit der Abgeordnetenkabinette. In: Demokratischer Aufbau 12. 1957, S. 231-233.
Friedrichs, Rudolf (1947): Das Parlament als höchstes Staats- und Kontrollorgan. In: Einheit 2. 1947, S. 30-34.
Fuchs, Dieter (1989): Alternative zum Separatstaat BRD. In: Tribüne vom 27.4.1989.
G., W. (1984): Volkskongreß bestätigte Verfassung. In: National-Zeitung vom 30.5.1984.
Gerlach, Manfred (1969): Aus der Begründung des Entwurfes zur Neufassung des Eingabenerlasses, o. O.: Staatsverlag der DDR.
Gerlach, Manfred/Wünsche, Kurt (1964): Die Rolle der LDPD im Mehrparteiensystem seit der Gründung der Deutschen Demokratischen Republik. In: Staat und Recht 13. 1964, S. 1728-1750.
Girke, Gabriele/Schumann, Michael (1986): Interessen und Demokratie. In: Staat und Recht 35. 1986, S. 287-295.
Gniffke, Erich W. (1948): Demokratische Initiative. In: Einheit 3. 1948, S. 391-396.
Golm, Günther (1972): Suchen wir schon immer den klugen Rat der Bürger? Zur Teilnahme nachgeordneter Volksvertretungen an der Entscheidungsvorbereitung übergeordneter Leitungen. In: Sozialistische Demokratie 16. 1972, S. 4.
Golm, Günther (1972): Was gilt der Abgeordnete bei seinem Werkleiter? In: Sozialistische Demokratie 16. 1972, S. 8.
Gothe, Richard (1978): Erfahrungen aus der Tätigkeit von Volksvertretungen im Bezirk Erfurt in Verwirklichung der Beschlüsse des IX. Parteitages der SED. In: Staat und Recht 27. 1978, S. 290-298.
Gotsche, Otto (1963): Wahlen in der DDR: Ausdruck echter Selbstbestimmung des Volkes, Berlin (Ost): Schriftenreihe des Staatsrates der DDR.
Gotsche, Otto (1964): Dem Volke verbunden: Aus der Rede des Sekretärs des Staatsrates, Otto Gotsche, vor der Volkskammer. In: Sozialistische Demokratie 8. 1964, S. 1.
Gotsche, Otto (1969): Sozialistische Demokratie - Lebenselement unseres Staates: ADN-Interview mit dem Sekretär des Staatsrates, Mitglied des Präsidiums der Volkskammer, Otto Gotsche. In: Sozialistische Demokratie 13. 1969, S. 2.
Gotsche, Otto (1970): Aus der Begründung des Entwurfs der Geschäftsordnung der Volkskammer der DDR durch den Vorsitzenden des Geschäftsordnungsausschusses, Abgeordneten Otto Gotsche, vor der Volkskammer. In: Staatsrat der Deutschen Demokratischen Republik (Hrsg.) (1970): Der Staatsrat der Deutschen Demokratischen Republik 1960 - 1970: Dokumentation, Berlin (Ost): Staatsverlag der DDR, S. 225-228.
Götting, Gerald (1967): Internationale Position der DDR gestärkt: Ausschüsse der Volkskammer berichten aus ihrer Arbeit. In: Sozialistische Demokratie 11. 1967, S. 2.
Götting, Gerald (1969): Durch das Votum des Volkes legitimiert: Zum 20. Jahrestag des 3. Deutschen Volkskongresses. In: Sozialistische Demokratie 13. 1969, S. 1-2.
Gottschling, Ernst (1967): Die Große Sozialistische Oktoberrevolution und die Verfassungsfrage. In: Neue Justiz 21. 1967, S. 661-666.
Gottschling, Ernst (1968): Die Theorie von der "pluralistischen Demokratie" im heutigen Klassenkampf. In: Neue Justiz 22. 1968, S. 609-615.

Gottschling, Ernst (1969): Klassendiktatur und "Teilung der Gewalten". In: Neue Justiz 23. 1969, S. 1-8.
Gräbner, Bernhard/Müller, Peter (1978): Das Prinzip des demokratischen Zentralismus und das Dilemma seiner Kritiker. In: Staat und Recht 27. 1978, S. 27-36.
Graf, Herbert/Seiler, Günther (1970): Ein wahrhaft demokratisches Wahlsystem: Wesensmerkmale der Wahlen und des Wahlrechts in der DDR. In: Sozialistische Demokratie 14. 1970, S. 1-16.
Graf, Herbert/Seiler, Günther (1970): W. I. Lenin zur Funktion der Wahlen und des Wahlrechts im Klassenkampf des Proletariats und beim Aufbau der sozialistischen Gesellschaftsordnung. In: Staat und Recht 19. 1970, S. 324-340.
Greisen, Horst von (1956): Das „Zeitproblem" des Abgeordneten. In: Demokratischer Aufbau 11. 1956, S. 664-665.
Grewe, Günther (1967): Ratssprechstunde war nicht gefragt. In: Sozialistische Demokratie 11. 1967, S. 10.
Griese, Heinz (1953): Mehr Aufmerksamkeit den Sprechabenden der Abgeordneten! In: Demokratischer Aufbau 8. 1953, S. 182-183.
Grotewohl, Otto (1947): Deutsche Verfassungspläne, Berlin (Ost): JHW Dietz Verlag.
Grotewohl, Otto (1948): Im Kampf um Deutschland: Reden und Aufsätze, Berlin (Ost): Dietz Verlag.
Grotewohl, Otto (1948): Volksbegehren als nationale Selbsthilfe. In: Einheit 3. 1948, S. 385-391.
Grotewohl, Otto (1952): Für einen starken Staat der Werktätigen unserer Republik: Diskussionsbeitrag auf der II. Parteikonferenz der SED 1952, Berlin (Ost): Dietz Verlag.
H., G. (1954): Freifahrtrecht für Abgeordnete. In: Demokratischer Aufbau 9. 1954, S. 457.
Hackenberg, Helmut (1971): Erhöhung der Autorität der Abgeordneten: ein wichtiges Anliegen unserer Partei. In: Sozialistische Demokratie 15. 1971, S. 3.
Hafemann, Wilhelm (1979): Wahlen zu den Volksvertretungen: Verwirklichung staatsbürgerlicher Rechte. In: Staat und Recht 28. 1979, S. 297-304.
Hager, Kurt (1969): Der Kampf des werktätigen Volkes unter Führung der SED für den Sieg der antifaschistisch-demokratischen Umwälzung und der sozialistischen Revolution in der DDR. In: Staat und Recht 18. 1969, S. 1562-1581.
Harder, Friedel/Schönefeld, Rolf/Zinßler, Manfred (1986): Die Rolle der mit der SED befreundeten Parteien im politischen System der DDR. In: Staat und Recht 35. 1986, S. 275-287.
Hartung, Marianne (1971): Höhere Wirksamkeit der Volkskammer im sozialistischen Gesellschaftssystem. In: Staat und Recht 20. 1971, S. 1037-1043.
Haupt, Lucie (1957): Wahlen und Demokratie. In: Neue Justiz 11. 1957, S. 257-260.
Henrich, Ingeborg (1985): Die politische Organisation der DDR: zur Entwicklung ihrer Funktion. In: Autorenkollektiv (Hrsg.) (1985): Funktionen des sozialistischen Systems der sozialistischen Gesellschaft, Potsdam: Eigenverlag des Wissenschaftlich-Technischen Zentrums der Pädagogischen Hochschule „Karl Liebknecht" Potsdam, S. 7-37.
Heuer, Uwe-Jens (1967): Gesellschaft und Demokratie. In: Staat und Recht 16. 1967, S. 907-920.
Heuer, Uwe-Jens (1969): Organisation des Sozialismus: Zu W. I. Lenins Arbeit "Die nächsten Aufgaben der Sowjetmacht". In: Staat und Recht 18. 1969, S. 1700-1715.
Heuer, Uwe-Jens (1983): Überlegungen zur Anwendung der Marxschen Demokratieauffassung. In: Neue Justiz 37. 1983, S. 346-348.
Heuer, Uwe-Jens (1989): Marxismus und Demokratie, Berlin (Ost): Staatsverlag der DDR.
Hieblinger, Inge/Hieblinger, Rudolf (1984): Charakteristische Merkmale der Verfassungen sozialistischer Länder. In: Staat und Recht 33. 1984, S. 611-617.

Hieblinger, Rudolf/Schade, Walter (1956): Zur Arbeitsweise des Ständigen Ausschusses der Volkskammer. In: Demokratischer Aufbau 11. 1956, S. 322-323.
Hoffmann, Günter (1955): Abgeordnete erfüllt Eure Wahlaufträge! In: Demokratischer Aufbau 10. 1955, S. 14.
Homann, Heinrich (1969): Der Kommentar zur neuen Verfassung der DDR: ein Lehrbuch des sozialistischen Staatsrechts. In: Neue Justiz 23. 1969, S. 449-454.
Honecker, Erich (1971a): Abgeordnete und Staatsfunktionäre Vertrauensleute der Werktätigen: Aus der Rede des Genossen Erich Honecker auf der 3. Tagung des Zentralkomitees der SED. In: Sozialistische Demokratie 15. 1971, S. 2.
Honecker, Erich (1971b): Die Durchführung der Wahlen zur Volkskammer und zu den Bezirkstagen: Referat des Genossen Erich Honecker, Erster Sekretär des Zentralkomitees der SED. In: Sozialistische Demokratie 15. 1971, S. 1-16.
Honecker, Erich (1971c): Die weitere Festigung der Arbeiter und Bauern Macht, die Entwicklung der sozialistischen Demokratie: Aus dem Bericht des Zentralkomitees an den VIII. Parteitag der Sozialistischen Einheitspartei Deutschlands. In: Neue Justiz 25. 1971, S. 377-378.
Hornburg, Heinz (1957): Volksvertreterkonferenz ermöglicht gründlichen Erfahrungsaustausch. In: Demokratischer Aufbau 12. 1957, S. 149-150.
Hösel, Dieter/Knauer, Gerhard (1973): Askowin, Iwan Akimowitsch: Die örtlichen Sowjets im System der Machtorgane. In: Staat und Recht 22. 1973, S. 671-674.
Hösel, Dieter/Petzold, Siegfried/Sternkopf, Werner (1984): Handbuch für den Abgeordneten, Berlin (Ost): Staatsverlag der DDR.
Hoyer, Kurt (1953): Ständige Kommissionen sind keine Anhängsel der Räte! In: Demokratischer Aufbau 8. 1953, S. 326-328.
Irmscher, Edgar (1957): Die anleitende Rolle der Volkskammer gegenüber den örtlichen Volksvertretungen. In: Demokratischer Aufbau 12. 1957, S. 189-190.
Jegutidse, Sarina (1989): Gedanken zu einer Neugestaltung des Wahlrechts der DDR. In: Staat und Recht 38. 1989, S. 1008-1011.
Kames, Hans (1972): Welchen Versicherungsschutz haben Abgeordnete? In: Sozialistische Demokratie 16. 1972, S. 11.
Kaminsky, Friedrich (1947): "Freier Sozialismus": Kritische Bemerkungen zu Dr. Mitscherlich. In: Einheit 2. 1947, S. 182-188.
Karliczek, Hans-Joachim (1969): Weshalb nehmen die Volksvertretungen im System der sozialistischen Demokratie den hervorragendsten Platz ein? In: Sozialistische Demokratie 13. 1969, S. 3.
Karliczek, Hans-Joachim/Weichelt, Wolfgang (1965): Wissenschaftliche Leitungstätigkeit und ehrenamtliche Arbeit im Verantwortungsbereich der örtlichen Volksvertretungen und ihrer Organe. In: Staat und Recht 14. 1965, S. 1442-1454.
Kelle, Herbert (1980): Vorschläge zur weiteren Erhöhung der Rolle der Volkskammer und ihrer Organe. Berlin (Ost): Volkskammer.
Kelle, Herbert (1986): Im Interesse und zum Wohle des gesamten Volkes: Zur Arbeit der Volkskammer der DDR in der Wahlperiode 1981-1986. In: Neue Justiz 40. 1986, S. 176-177.
Kelle, Herbert/Riemann, Tord (1989): Die Volkskammer - wie sie arbeitet, Berlin (Ost): Staatsverlag der DDR.
Kelle, Herbert/Schulze, Gerhard (1978): Die Volkskammer: das oberste staatliche Machtorgan der DDR. In: Staat und Recht 27. 1978, S. 734-745.
Kelle, Herbert/Schulze, Gerhard (1981): Die Volkskammer der DDR: Sachverwalter der Interessen des Volkes. In: Neue Justiz 35. 1981, S. 202-205.

Kelle, Herbert/Schulze, Gerhard (1984): Die Volkskammer der DDR: Verkörperung und Instrument der Souveränität des werktätigen Volkes. In: Staat und Recht 33. 1984, S. 771-779.
Kelle, Herbert/Schulze, Gerhard/Mahrt, Jürgen (1987): Volkskammer der Deutschen Demokratischen Republik, Dresden: Verlag Zeit im Bild.
Kellner, Horst (1990): Überlegungen zur Schaffung eines Verfassungsgerichthofs. In: Neue Justiz 44. 1990, S. 26-29.
Kintzel, Helmut (1962): Die volle Entfaltung der sozialistischen Demokratie: eine Gesetzmäßigkeit der sozialistischen Umwälzung. In: Sozialistische Demokratie 6. 1962, S. 9.
Kirchner, Rudi (1967): Mit dem Volk - für das Volk: Ausschüsse der Volkskammer berichten aus ihrer Arbeit. In: Sozialistische Demokratie 11. 1967, S. 10.
Klinger, Günther/Schulze, Gerhard (1978): Die Verantwortung des Ministerrates als Regierung der DDR. In: Staat und Recht 27. 1978, S. 824-833.
Kochanski, Karl-Heinz/Moschütz, Hans Dietrich (1989): Wahlkreisarbeit in den Stadtkreisen der DDR. In: Staat und Recht 38. 1989, S. 119-126.
Koenen, Bernard (1963): Sozialistische Demokratie in Aktion: Aus der Rede auf der konstituierenden Sitzung der Wahlkommission. In: Sozialistische Demokratie 7. 1963, S. 1-5.
Koenen, Wilhelm (1953): Zur Verbesserung der Arbeit der Abgeordneten. In: Demokratischer Aufbau 8. 1953, S. 450-453.
Köhn, J./Ritter, O./Schwanengel, W. (1989): Erste Auswertung von Eingaben an die „Kommission zur Änderung und Ergänzung der Verfassung der DDR" (internes Arbeitspapier).
Kotok, B. F. (1963): W. I. Lenin und die Entwicklung der unmittelbaren Demokratie. In: Staat und Recht 12. 1963, S. 560.
Kröger, Herbert (1957): Die Abgeordnetengruppen der Volksvertretungen. In: Demokratischer Aufbau 12. 1957, S. 326-329.
Krüger, K. (1980): Mit den Bürgern offen reden: Mit Mitgliedern des Verfassungs- und Rechtsausschusses der Volkskammer unterwegs. In: Bauern-Echo vom 11.3.1980.
Krüger, Ulrich (1956): Die Rechtsstellung der Abgeordneten in der Deutschen Demokratischen Republik. In: Staat und Recht 5. 1956, S. 557-567.
Krüger, Ulrich (1957): Perspektiven des Parlamentarismus in der Bundesrepublik. In: Staat und Recht 6. 1957, S. 677-690.
Künzel, Werner (1988): Evolution und Revolution in der Verfassung der DDR vom 7. Oktober 1949. In: Staat und Recht 37. 1988, S. 725-733.
Künzel, Werner (1989): Die Verfassung der DDR vom 7. Oktober 1949: Quellen und Genesis. In: Staat und Recht 38. 1989, S. 745-753.
Künzel, Werner/Mand, Richard (1987): Länderverfassungen und Blockpolitik. In: Staat und Recht 36. 1987, S. 160-166.
Künzel, Werner/Rode, Ruth (1988): Die Interparlamentarische Gruppe der Deutschen Demokratischen Republik im Wirken der Interparlamentarischen Union für Frieden, Entspannung und Abrüstung. In: Staat und Recht 37. 1988, S. 592-601.
Leichtfuß, Hans (1968): Verfassungsentwicklung und Volkssouveränität: eine Studie zu einer bedeutsamen Phase der Verfassungsgeschichte der DDR. In: Staat und Recht 17. 1968, S. 194-211.
Lemaire, Manfred (1984): Verfassung der DDR - lebendige Wirklichkeit (Artikelserie 1 - 10). In: Berliner Zeitung vom 22. 3. - 15. 11. 1984.
Lenin, W. I. (1959a): Werke: Band 28 (Juli 1918 - März 1919), Berlin (Ost): Dietz Verlag.
Lenin, W. I. (1959b): Werke: Band 31 (April - Dezember 1920), Berlin (Ost): Dietz Verlag.
Lieberam, Ekkehard (1989): Verfassungsfragen im Wettstreit der Gesellschaftssysteme. In: Staat und Recht 38. 1989, S. 1011-1015.

Lieberam, Ekkehard (1990): Wahlsysteme, parteienstaatliche Demokratie und Partizipation des Bürgers. In: Staat und Recht 39. 1990, S. 401-406.
Lier, Christa (1980): Abgeordnete auf den Spuren von Bürgereingaben und -vorschlägen: Ausschuß der Volkskammer beschäftigte sich in Greiz und Güstrow mit Dienstleistungen. In: Neues Deutschland vom 11.7.1980.
Lippold, Kurt (1958): Zur Arbeit der Abgeordnetenkabinette. In: Demokratischer Aufbau 13. 1958, S. 85-87/111-114.
Loose, Wolfgang (1973): Zur Dialektik von Zentralismus und Demokratie bei der Gestaltung der entwickelten sozialistischen Gesellschaft. In: Staat und Recht 22. 1973, S. 373-380.
Mahn, Ruth/Mammen, Udo/Kortmann, Emil (1965): Abgeordnete: Vertrauensleute des Volkes. In: Sozialistische Demokratie 9. 1965, S. 5.
Mampel, Siegfried (1990): Gedanken zu Verfassungsfragen. In: Staat und Recht 39. 1990, S. 435-447.
Mand, Richard (1965): Demokratischer Block und Demokratie: Zur Rolle des demokratischen Blocks bei der Entfaltung der Demokratie und der Volkssouveränität in der Etappe von der Gründung der Deutsche Demokratischen Republik bis zu den Volkswahlen 1950. In: Staat und Recht 14. 1965, S. 736-755.
Mand, Richard (1972): Zur Rolle der Nationalen Front in den sozialistischen Ländern. In: Staat und Recht 21. 1972, S. 800-805.
Mand, Richard (1973): Die Landtage in der antifaschistisch-demokratischen Revolution. In: Staat und Recht 22. 1973, S. 112-115.
Matern, Hermann (1954): Volkswahlen festigen die Demokratie. In: Demokratischer Aufbau 9. 1954, S. 321-324.
Meinicke, Wolfgang (1988): Zehntausende berieten den Verfassungsentwurf: Am 22. Oktober vor 40 Jahren stellte der Deutsche Volksrat dieses Dokument zur Diskussion. In: Tribüne vom 21.10.1988.
Meinicke, Wolfgang (1989): Man wollte auf keinen Fall mehr ‚zurück zu Potsdam': Verfassung für westdeutschen Separatstaat verabschiedet. In: Neues Deutschland vom 29.4.1989.
Melsheimer, Ernst (1949): Die Stalinsche Verfassung. In: Neue Justiz 3. 1949, S. 299-302.
Menzer, Werner/Unger, Oswald (1975): Wahlkreisaktivs – eine Form der Zusammenarbeit der Abgeordneten mit allen gesellschaftlichen Kräften in den Wohngebieten. In: Staat und Recht 24. 1975, S. 1121-1130.
Meßmann, Volker/Schulze, Carola (1990): Volkssouveränität oder Rechtsstaat? Gedanken im Vorfeld einer neuen Verfassung. In: Staat und Recht 39. 1990, S. 275-295.
Michaelis, Andreas (1989): Über das Jahr 1949 in der deutschen Geschichte: Einzig wahrhaft nationale deutsche Repräsentation. In: Der Morgen vom 27.5.1989.
Ministerium der Justiz, Hauptabteilung III (1974): 2. Zwischenbericht über den Stand und die Ergebnisse der Diskussion zum Entwurf des Zivilgesetzbuches, Berlin (Ost): o. A.
Mittag, Günther et al. (1964): 13. Sitzung des Staatsrates: Erfahrungen aus der Tätigkeit der Ausschüsse der Volkskammer. In: Sozialistische Demokratie 8. 1964, S. 4.
Neues Deutschland (1979): Direkter Kontakt zu den Bürgern fördert Mitarbeit: Verfassungs- und Rechtsausschuß der Volkskammer tagte in Berlin. In: Neues Deutschland vom 29.3.1979.
Neues Deutschland (1980): Abgeordnete zogen Fazit von Arbeitsgruppeneinsätzen: Verfassungs- und Rechtsausschuß der Volkskammer tagte. In: Neues Deutschland vom 21.4.1980.
Neues Deutschland (1980): Praktische Erfahrungen mit Stadtordnungen erörtert: Verfassungs- und Rechtsausschuß der Volkskammer tagte. In: Neues Deutschland vom 27.6.1980, S. 8.
O. A., (1984): Arbeitsgrundlagen für Abgeordnete der örtlichen Volksvertretungen: Dokumente, Berlin (Ost): Staatsverlag der DDR.
O. A., (1946): Verfassungsentwurf der SED (und diverse Kommentare), Berlin (Ost).

O. A., (1980): Minister erläuterten vorgelegte Entwürfe. In: Berliner Zeitung vom 18.12.1980.
O. A., (1986): Verfassungsauftrag in der 8. Wahlperiode gemeinsam mit den Bürgern erfüllt. In: Arbeit und Arbeitsrecht 41. 1986, S. 105.
Pawlow, I. W. (1962): Einige Fragen der Theorie des sozialistischen Volksstaates: Im Zusammenhang mit den Materialien des Märzplenums des ZK der KPDSU. In: Staat und Recht 11. 1962, S. 2057-2068.
Petzold, Siegfried (1985): Das Gesetz über die örtlichen Volksvertretungen in der DDR: ein bedeutsamer Schritt zur weiteren Stärkung der sozialistischen Staatsmacht und zur Vervollkommnung der sozialistischen Demokratie. In: Staat und Recht 34. 1985, S. 787-795.
Pfefferling, Ute (1985): Prinzipien und Normen des politischen Systems des Sozialismus. In: Autorenkollektiv (Hrsg.) (1985): Funktionen des sozialistischen Systems der sozialistischen Gesellschaft, Potsdam: Eigenverlag des Wissenschaftlich-Technischen Zentrums der Pädagogischen Hochschule „Karl Liebknecht" Potsdam, S. 119-122.
Polak, Karl (1947a): Marxismus und Staatslehre: mit einem Geleitwort von Otto Grothewohl, Berlin (Ost): Verlag Einheit GmbH.
Polak, Karl (1947b): Marxismus und Staatslehre: Zur Kritik der deutschen Rechtsideologie. In: Einheit 2. 1947, S. 4-29.
Polak, Karl (1948): Volkssouveränität und Staatsgestaltung im kommenden Deutschland. In: Neue Justiz 2. 1948, S. 243-257.
Polak, Karl (1950): Staatsform und Verfassungsstruktur der Volksdemokratie. I. Die Staatsform der Volksdemokratie. In: Neue Justiz 4. 1950, S. 291-295.
Polak, Karl (1952a): Das Verfassungsproblem in der geschichtlichen Entwicklung Deutschlands, Berlin (Ost): Kongreß-Verlag.
Polak, Karl (1952b): Die Weimarer Verfassung: Ihre Errungenschaften und Mängel, Berlin (Ost): Kongreß-Verlag.
Polak, Karl (1957): Die Demokratie der Arbeiter und Bauernmacht: Drei Vorlesungen über die örtlichen Organe der Staatsmacht in der DDR, Berlin (Ost): Kongreß-Verlag.
Polak, Karl (1963): Zur Dialektik in der Staatslehre, Berlin (Ost): Akademie-Verlag.
Poppe, Eberhard (1956): Zum Wesen und Begriff des Wählerauftrages. In: Staat und Recht 5. 1956, S. 869-881.
Poppe, Eberhard (1957): Der Abgeordnete im sozialistischen Staat. In: Demokratischer Aufbau 12. 1957, S. 524-526.
Poppe, Eberhard (1959a): Der sozialistische Abgeordnete und sein Arbeitsstil, Berlin (Ost): Deutscher Zentralverlag.
Poppe, Eberhard (1959b): Die Stellung des Abgeordneten im sozialistischen Staat. In: Demokratischer Aufbau 14. 1959, S. 67-70.
Poppe, Eberhard (1959c): Zur Zusammenarbeit zwischen Abgeordneten und Staatsapparat. In: Demokratischer Aufbau 14. 1959, S. 116-118.
Poppe, Eberhard (1960): Abgeordnetenfunktion und Volkskampf in Westdeutschland, Berlin (Ost): Deutscher Zentralverlag.
Poppe, Eberhard (1965): Die Weiterentwicklung der Abgeordnetenfunktion beim umfassenden sozialistischen Aufbau. In: Staat und Recht 14. 1965, S. 1233-1251.
Poppe, Eberhard (1967): Der Abgeordnete in der sozialistischen Staats- und Rechtsordnung der Deutschen Demokratischen Republik. In: Sozialistische Demokratie 11. 1967, S. 3.
Poppe, Eberhard (1972a): Gedanken zur sozialistischen Abgeordnetenfunktion und zu ihrer Neuregelung. In: Staat und Recht 21. 1972, S. 1595-1607.
Poppe, Eberhard (1972b): Volksvertreter sein - was heißt das? In: Sozialistische Demokratie 16. 1972, S. 6.
Poppe, Eberhard (1986): Stellung und Aufgaben der Abgeordneten örtlicher Volksvertretungen. In: Neue Justiz 40. 1986, S. 81-84.

Poppe, Eberhard/Graf, H. (1965): Wähler, Wahlrecht, Wahlen, Wahlleitung in der DDR, Berlin (Ost): Staatsverlag der DDR.

Porsorski, Felix (1990): Rezension von: Roggemann, Herwig, Die DDR-Verfassungen. Einführung in das Verfassungsrecht der DDR. Grundlagen und neuere Entwicklung. Berlin-Verlag Spitz, Berlin (West) 1989, 510 Seiten. In: Staat und Recht 39. 1990, S. 682-684.

Püschel, Heinz (1959): Die Gesetzgebung der Deutschen Demokratischen Republik. III. Quartal 1959: Richtlinie für die Tätigkeit der Abgeordneten der örtlichen Volksvertretungen. In: Neue Justiz 13. 1959, S. 734-735.

Riege, Gerhard (1974): Wahlen und sozialistische Rechtsordnung. In: Staat und Recht 23. 1974, S. 562-571.

Riege, Gerhard (1985): Überlegungen zum sozialistischen Verfassungsbewußtsein. In: Neue Justiz 39. 1985, S. 40-42.

Riemann, Tord (1957): Der Ständige Ausschuß der Volkskammer für die örtlichen Volksvertretungen. In: Staat und Recht 6. 1957, S. 235-248.

Rubiner, Frida (1947): Diktatur und Demokratie: Zur Klärung viel mißbrauchter Begriffe. In: Einheit 2. 1947, S. 334-342.

Schliwa, Harald (1981): Zum Verhältnis von Freiheit, Macht und Demokratie. In: Staat und Recht 30. 1981, S. 208-215.

Schmidt, Gerhard (1964): Zum Erscheinen des Handbuches "Die Volkskammer der Deutschen Demokratischen Republik" 4. Wahlperiode. In: Sozialistische Demokratie 8. 1964, S. 15.

Schmidt, Max (1963): Die Neugliederung der Wahlkreise. In: Sozialistische Demokratie 7. 1963, S. 13-16.

Schmidt, Max/Zielke, Gerhard (1963): Der weitere Ausbau des Wahlsystems der Deutschen Demokratischen Republik. In: Staat und Recht 12. 1963, S. 1417-1431.

Schneider, Siegfried (1957): Wählerauftrag in der DDR. In: Staat und Recht 6. 1957, S. 568-579.

Schöneburg, Karl-Heinz (1968): Verfassung und Gesellschaft. Die Verfassung der DDR von 1949: ihr Wesen und ihr Wirken. In: Staat und Recht 17. 1968, S. 180-194.

Schöneburg, Karl Heinz (1984): Die DDR Verfassung von 1949: Geschichte und Aktualität. In: Neue Justiz 38. 1984, S. 386-389.

Schöneburg, Karl Heinz (1989): Besser als eine ergänzte, wäre eine neue sozialistische Verfassung. In: Neues Deutschland vom 25./26.11.1989, S. 10.

Schöneburg, Karl Heinz (1989a): Die marxistisch leninistische Verfassungstheorie und die historische Entwicklung der Verfassung der DDR. In: Staat und Recht 38. 1989, S. 455-464.

Schöneburg, Karl Heinz (1989b): Die marxistisch-leninistische Verfassungstheorie und die historische Entwicklung der Verfassung in der DDR. In: Staat und Recht 38. 1989, S. 875-878.

Schöneburg, Karl Heinz (1989c): Eine neue sozialistische Verfassung der DDR: Vorschläge. In: Schriften und Informationen 15. 1989, S. 188-198.

Schöneburg, Karl-Heinz/Seeber, Gustav (1984): Arbeiterklasse und Parlament: Parlamentarische Traditionen der revolutionären deutschen Arbeiterbewegung 1848 bis 1949, Berlin (Ost): Staatsverlag der DDR.

Schöneburg, Karl-Heinz/Stüber, Richard (1969): Führende Rolle der Arbeiterklasse und sozialistischer Staat. In: Staat und Recht 18. 1969, S. 666-686.

Schröter, Herbert/Thomas, Herbert (1956): Einige Gedanken über die Volkskammerausschüsse. In: Demokratischer Aufbau 11. 1956, S. 610-611.

Schultes, Karl (1948): Volksbegehren, Volksentscheid und das demokratische Selbstbestimmungsrecht. In: Neue Justiz 2. 1948, S. 97-100.

Schulze, Gerhard (1972): Höhere Effektivität der Beschlüsse der örtlichen Volksvertretungen und ihrer Räte. In: Staat und Recht 21. 1972, S. 1280-1292.
Schulze, Gerhard (1983): Rezension von: Sorgenicht, Klaus, Unser Staat in den achtziger Jahren. Dietz Verlag, Berlin 1982, 253 Seiten. In: Staat und Recht 32. 1983, S. 146-149.
Schulze, Gerhard/Witteck, Günther (1973): Zum Entwurf des Gesetzes über die örtlichen Volksvertretungen und ihrer Organe in der DDR. In: Staat und Recht 22. 1973, S. 174-185.
Schüsseler, Rolf (1964): Diktatur des Proletariats und Volksstaat. In: Staat und Recht 13. 1964, S. 1628-1641.
Schüßler, Gerhard (1985): Wichtige verfassungsrechtliche Garantie der Volkssouveränität: Führungsrolle der SED im sozialistischen Staat. In: Staat und Recht 34. 1985, S. 14-19.
Schützenmeister, Hanno (1957): Die Haushaltskontrolle durch die Volksvertretungen und die rechtliche Wirkung der Erteilung der Haushaltsentlastung. In: Demokratischer Aufbau 12. 1957, S. 297-298.
SED (1997): Beschluss der II. Parteikonferenz der SED vom 9. bis 12. Juli 1952. In: Herbst, Andreas/Stephan, Gerd-Rüdiger/Winkler, Jürgen (Hrsg.) (1997): Die SED. Geschichte - Organisation - Politik. Ein Handbuch, Berlin: Dietz Verlag, S. 588 - 592.
SED (Hrsg.) (1986): Dokumente zur Geschichte der SED, Band 2, 1945 bis 1971, Berlin (Ost), Dietz Verlag
SED, Parteivorstand (1946): Entwurf einer Verfassung für die Deutsche Demokratische Republik. In: Neues Deutschland vom 16.11.1946, S. 3-21.
Slatopolskij, D. L. (1969): W. I. Lenin - Begründer der Theorie der sozialistischen Volksvertretung. In: Staat und Recht 18. 1969, S. 1691-1700.
Sorgenicht, Klaus (1957): Die Vorstellung der Kandidaten zu den Wahlen. In: Demokratischer Aufbau 12. 1957, S. 196-198.
Sorgenicht, Klaus (1958): Qualifizierung der politischen Leitung - vordringlichste Aufgabe nach der Wahl. In: Demokratischer Aufbau 13. 1958, S. 505-507.
Sorgenicht, Klaus (1965): Zwanzig Jahre Demokratischer Block. In: Staat und Recht 14. 1965, S. 1041-1053.
Sorgenicht, Klaus (1966): Das gesetzmäßige Wachstum der führenden Rolle der SED bei der Lösung der Grundaufgaben der gesellschaftlichen Entwicklung in Deutschland. In: Staat und Recht 15. 1966, S. 1770-1783.
Sorgenicht, Klaus (1970): Die Abgeordneten in unserem sozialistischen Staat. In: Sozialistische Demokratie 14. 1970, S. 1-8.
Sorgenicht, Klaus (1979): Aktuelle Aufgaben auf dem Gebiet des Staates und des Rechts. In: Neue Justiz 33. 1979, S. 2-6.
Sorgenicht, Klaus et al. (1971): Öffentlichkeitsarbeit - ein aktivierendes Element sozialistischer Demokratie. In: Sozialistische Demokratie 15. 1971, S. 1-8 (Beilage).
Sorgenicht, Klaus/Weichelt, Wolfgang/Riemann, Tord (1969): Der Charakter unserer Staatsmacht. Aus Artikel 1 der Verfassung der DDR: Die Deutsche Demokratische Republik ist ein sozialistischer Staat deutscher Nation. In: Sozialistische Demokratie 13. 1969, S. 3.
Sorgenicht, Klaus/Weichelt, Wolfgang/Riemann, Tord (Hrsg.) (1969a): Verfassung der Deutschen Demokratischen Republik. Dokumente, Kommentar. Band 1., Berlin (Ost): Staatsverlag der DDR.
Sorgenicht, Klaus/Weichelt, Wolfgang/Riemann, Tord (Hrsg.) (1969b): Verfassung der Deutschen Demokratischen Republik. Dokumente, Kommentar. Band 2., Berlin (Ost): Staatsverlag der DDR.
Sorgenicht, Klaus et al. (Hrsg.) (1969c): Verfassung der Deutschen Demokratischen Republik: Dokumente, Kommentar, Berlin (Ost): Staatsverlag der DDR.
Sozialistische Einheitspartei Deutschlands (1946): Entwurf einer Verfassung für die Deutsche Demokratische Republik, o. A.: Mitteldeutsche Druckerei und Verlagsanstalt.

Starke, Frank (1978): Ideenreiches Wirken für Ordnung und Sicherheit: Arbeitsgruppe der Volkskammer im Edelstahlwerk Freital. In: Neues Deutschland vom 10.11.1978.
Steglich, Lothar (1970): Probleme und Erfahrungen aus der Abgeordnetentätigkeit. In: Sozialistische Demokratie 14. 1970, S. 1-11.
Steiniger, Alfons (1948): Eine realistische Verfassung. In: Neue Justiz 2. 1948, S. 241-243.
Steiniger, Alfons (1948): Hat das deutsche Volk ein Recht auf Selbstbestimmung der Verfassung?, Berlin (Ost): Kongreß-Verlag.
Steiniger, Alfons (1949): Das Blocksystem: Beitrag zu einer Verfassungslehre, Berlin (Ost): Akademie-Verlag.
Steiniger, Alfons (1949): Zwei Verfassungsentwürfe. In: Neue Justiz 3. 1949, S. 49-53.
Sternkopf, Werner (1989): Der Abgeordnete - Vertrauensmann des Volkes, Berlin (Ost): Staatsverlag der DDR.
Stiehler, Gottfried (1983): Sozialismus und Demokratie. In: Wissenschaftliche Zeitschrift der Humboldt-Universität zu Berlin: Gesellschaftswissenschaftliche Reihe 32. 1983, S. 179-185.
Stiehler, Gottfried (1988): Sozialistische Demokratie und Individuum. In: Staat und Recht 37. 1988, S. 889-896.
Stohr, Walter/Frenzel, Frank in Zusammenarbeit mit dem Sekretariat der Volkskammer der DDR (1987): Treppauf - Treppab (Besuch in der Volkskammer). In: „Frösi", Pioniermagazin für Mädchen und Jungen der DDR 33. 1987.
Stolzenberg, Freiherr von (1950): Blockpolitik: unser Weg zu wahrer Demokratie. In: Demokratischer Aufbau 5. 1950, S. 2-3.
Thuan, Nguyen van (1990): Die Ausschüsse der Volkskammer. Dissertation. Humboldt-Universität Berlin: Gesellschaftswissenschaftliche Fakultät.
Toeplitz, Heinrich (1952): Für ein gesamtdeutsches Wahlgesetz. In: Neue Justiz 6. 1952, S. 49-50.
Topornin, B. N. (1969): Die Leninsche Lehre von den Formen der politischen Macht im Sozialismus und die Gegenwart. In: Staat und Recht 18. 1969, S. 1044-1059.
Tscheglow, Dimitry (1947): Sozialistische und bürgerliche Demokratie. In: Einheit 2. 1947, S. 83-95.
Tzschoppe, Herbert (1974): Stärkung der führenden Rolle der Arbeiterklasse in den örtlichen Volksvertretungen. In: Staat und Recht 23. 1974, S. 549-556.
Ulbricht, Walter (1947): Verfassungsfragen und theoretische Schulung. In: Einheit 2. 1947, S. 34-40.
Ulbricht, Walter (1958): Über die Vervollkommnung der Arbeit des Staatsapparates und die Änderung des Arbeitsstils. In: Neue Justiz 12. 1958, S. 113-117.
Ulbricht, Walter (1959): Die Staatsfrage in der Großen sozialistischen Oktoberrevolution und ihre Bedeutung für die Entwicklung in Deutschland. In: Ulbricht, Walter/Polak, Karl (Hrsg.) (1959): Beiträge zur Staatslehre, Berlin (Ost): Deutscher Zentralverlag, S. 5-30.
Ulbricht, Walter (1960): Aus der programmatischen Erklärung des Vorsitzenden des Staatsrates der DDR, Walter Ulbricht, vor der Volkskammer am 4. Oktober 1960. In: Neue Justiz 24. 1960, S. 665-672.
Ulbricht, Walter (1960): Volksdemokratischer Staat und Staatsrat: Auszug aus dem Wortlaut der programmatischen Erklärung des Vorsitzenden des Staatsrates der DDR, Walter Ulbricht, vor der Volkskammer am 4. Oktober 1960. In: Demokratischer Aufbau 15. 1960, S. 605-609 / 621.
Ulbricht, Walter (1961): Stärkt die volksdemokratische Ordnung durch die breite Entwicklung der sozialistischen Demokratie: Rede des Genossen Walter Ulbricht vor der Gemeindevertretung in Eichwege. In: Demokratischer Aufbau 16. 1961, S. 161-163.

Ulbricht, Walter (1962): Antwort auf drei Fragen. Der Vorsitzende des Staatsrates der Deutschen Demokratischen Republik, Walter Ulbricht, beantwortet drei Fragen, die Abgeordnete der Volkskammer während der 21. Tagung an ihn richteten. In: Sozialistische Demokratie 6. 1962, S. 1-2.

Ulbricht, Walter (1963): Die Deutsche Demokratische Republik - der Staat des Volkes, o. w. A.

Ulbricht, Walter (1963): Rede des Genossen Walter Ulbricht auf der Wählervertreterkonferenz in Leipzig am 9. September 1963: Antwort auf Fragen der Wähler. In: Sozialistische Demokratie 7. 1963, S. 1-3.

Ulbricht, Walter (1964): Festrede des Genossen Walter Ulbricht zum 15. Jahrestag der Deutschen Demokratischen Republik. In: Sozialistische Demokratie 8. 1964, S. 1-40.

Ulbricht, Walter (1966): Die Arbeitsweise der örtlichen Volksvertretungen unter den Bedingungen des neuen ökonomischen Systems fördert die aktive Mitarbeit des Handwerks bei der Gestaltung unserer sozialistischen Gesellschaftsordnung. In: Ulbricht, Walter (Hrsg.) (1966): Zum neuen ökonomischen System der Planung und Leitung, Berlin (Ost): Dietz Verlag, S. 628-631.

Ulbricht, Walter (1967a): Die sozialistische Verfassung der DDR: Grundgesetz des Friedens, der Demokratie, des Sozialismus und der Völkerfreundschaft. In: Neue Justiz 21. 1967, S. 745-747.

Ulbricht, Walter (1967b): Die vaterländische Pflicht erfüllen! Erklärung des Vorsitzenden des Staatsrates, Walter Ulbricht, vor der Volkskammer. In: Sozialistische Demokratie 11. 1967, S. 1.

Ulbricht, Walter (1967c): Erklärung des Vorsitzenden des Staatsrates der Deutschen Demokratischen Republik, Walter Ulbricht, zur Ausarbeitung der sozialistischen Verfassung der Deutschen Demokratischen Republik vor der Volkskammer am 1. Dezember 1967. In: Sozialistische Demokratie 11. 1967, S. 1-24.

Unger, Oswald (1958): Die Rolle der Wahlen in der DDR für die weitere Festigung und Entwicklung der sozialistischen Staatsorgane und für die sozialistische Bewußtseinsbildung der Werktätigen. In: Staat und Recht 7. 1958, S. 953-967.

Unger, Oswald (1969): Der Abgeordnete muß informiert sein. In: Sozialistische Demokratie 13. 1969, S. 3.

Unger, Oswald (1970): Lenin und unsere Abgeordnetentätigkeit. In: Sozialistische Demokratie 14. 1970, S. 3.

Unger, Oswald/Fiedler, Inge/Acker, Roland (1988): Wahlsystem und Volksvertretungen in der DDR, Berlin (Ost): Staatsverlag der DDR.

Urban, Karl/Weichelt, Wolfgang (1959): Grundzüge der Herausbildung des deutschen volksdemokratischen Staates in der Etappe von 1945-1949. In: Staat und Recht 8. 1959, S. 1037-1060.

Vasicek, Miroslav (1985): Zum Zusammenwirken des politischen Systems der CSSR mit dem der DDR. In: Autorenkollektiv (Hrsg.) (1985): Funktionen des sozialistischen Systems der sozialistischen Gesellschaft, Potsdam: Eigenverlag des Wissenschaftlich-Technischen Zentrums der Pädagogischen Hochschule „Karl Liebknecht" Potsdam, S. 93-98.

Verner, Paul (1965): Die Kandidaten sind vorgestellt! Interview mit dem Genossen Paul Verner, Mitglied des Politbüros des ZK der SED und 1. Sekretär der Bezirksleitung Berlin der SED, für "Sozialistische Demokratie". In: Sozialistische Demokratie 9. 1965, S. 1.

Vesper, Karlen (1989): Wofür Adenauer sich bei den drei Westmächten bedankte: Parlamentarischer Rat hatte kein Mandat vom deutschen Volk. In: Neues Deutschland vom 18.2.1989.

Vierjahn, Albert (1958): Zu Indemnitätsrecht der örtlichen Volksvertreter. In: Demokratischer Aufbau 13. 1958, S. 67-68.

Vogel, Hans (1954): Die Rechenschaftslegung der Abgeordneten vor den Werktätigen. In: Demokratischer Aufbau 9. 1954, S. 284-285.

Volkskammer der DDR (Hrsg.) (1957): Handbuch der Volkskammer der Deutschen Demokratischen Republik: 1./2. Wahlperiode, Berlin (Ost): Kongress-Verlag.

Volkskammer der DDR, Sekretariat (Hrsg.) (1974a): Errungenschaften des Volkes in grundlegenden Rechtsakten verankert: Materialien der 13. Tagung der Volkskammer der DDR am 27. September 1974, Berlin (Ost): Staatsverlag der DDR.

Volkskammer der DDR, Sekretariat (1974b): Sitzungsprotokolle der Volkskammer der DDR, 6. Wahlperiode, 13. Tagung.

Volkskammer der DDR, Sekretariat (1975): Delegationstätigkeit seit Bildung des Sekretariats der Volkskammer am 7. Oktober 1974 (internes Arbeitspapier), Berlin (Ost): o. A.

Volkskammer der DDR, Sekretariat (1976): Übersicht über die Aktivitäten der Volkskammerausschüsse in der Zeit vom 26. November 1971 bis Juli 1976 (6. Wahlperiode) o. w. A.

Volkskammer der DDR, Sekretariat (Hrsg.) (1977a): Das Arbeitsgesetzbuch der DDR: Materialien der 5. Tagung der Volkskammer der DDR am 16. Juni 1977, Berlin (Ost): Staatsverlag der DDR.

Volkskammer der DDR, Sekretariat (Hrsg.) (1977b): Erfahrungen bei der Verwirklichung des Zivilgesetzbuches, Berlin (Ost): Staatsverlag der DDR.

Volkskammer der DDR, Sekretariat (Hrsg.) (1979): Information über die Volkskammer der Deutschen Demokratischen Republik und ihre Organe, Berlin (Ost): Staatsverlag der DDR.

Volkskammer der DDR, Sekretariat (1980a): Die Volkskammer der DDR, Berlin (Ost): Verlag Zeit im Bild.

Volkskammer der DDR, Sekretariat (Hrsg.) (1980b): Gesetzgebung in der Deutschen Demokratischen Republik, Berlin (Ost): Verlag Zeit im Bild.

Volkskammer der DDR, Sekretariat (Hrsg.) (1981a): Die Volkskammer der Deutschen Demokratischen Republik und ihre Organe, Berlin (Ost): Staatsverlag der DDR.

Volkskammer der DDR, Sekretariat (Hrsg.) (1981b): Verwirklichung der Stadtordnungen - unser aller Anliegen: Erfahrungen und Probleme, Berlin (Ost): Staatsverlag der DDR.

Volkskammer der DDR, Sekretariat (Hrsg.) (1981c): Volkskammer der Deutschen Demokratischen Republik: Material für Aussprachen über die Volkskammer der DDR - 8. Wahlperiode, Berlin (Ost): o. A.

Volkskammer der DDR, Sekretariat (Hrsg.) (1986a): Volkskammer der Deutschen Demokratischen Republik: Material über die Volkskammer der DDR - 9. Wahl-periode, Berlin (Ost): o. A.

Volkskammer der DDR, Sekretariat (Hrsg.) (1986b): Volkskammer der Deutschen Demokratischen Republik: Statistische Übersicht - 9. Wahlperiode, Berlin (Ost): o. A.

Volkskammer der DDR, Sekretariat (Hrsg.) (1987a): Die Volkskammer der Deutschen Demokratischen Republik, Berlin (Ost): Verlag Zeit im Bild.

Volkskammer der DDR, Sekretariat (Hrsg.) (1987b): Die Volkskammer der Deutschen Demokratischen Republik und ihre Organe, Berlin (Ost): Staatsverlag der DDR.

Volkskammer der DDR, Sekretariat (Hrsg.) (1987c): Gesetzgebung in der Deutschen Demokratischen Republik, Berlin (Ost): Verlag Zeit im Bild.

Volkskammer der DDR, Sekretariat (Hrsg.) (o. A.): Volkskammer der Deutschen Demokratischen Republik: Erläuterung der Räume in der Volkskammer, Berlin (Ost): o. A.

Volkskammer der DDR in Verbindung mit dem Deutschen Institut für Zeitgeschichte (Hrsg.) (1959): Handbuch der Volkskammer der Deutschen Demokratischen Republik: 3. Wahlperiode, Berlin (Ost): Kongress-Verlag.

Vorholzer, Jörg (1971): Öffentlichkeitsarbeit - aktivierendes Element sozialistischer Demokratie. In: Sozialistische Demokratie 15. 1971, S. 7.

W., G. (1967): Beratendes und kontrollierendes Organ der Werktätigen. In: Sozialistische Demokratie 11. 1967, S. 8.
Weichelt, Wolfgang (1961): Ein weiterer Schritt in der Entfaltung des demokratischen Sozialismus. In: Staat und Recht 10. 1961, S. 1093-1108.
Weichelt, Wolfgang (1966a): Demokratie. In der DDR. In Westdeutschland (Teil 1). In: Sozialistische Demokratie 10. 1966, S. 6.
Weichelt, Wolfgang (1966b): Demokratie. In der DDR. In Westdeutschland (Teil 2). In: Sozialistische Demokratie 10. 1966, S. 6.
Weichelt, Wolfgang (1966c): Demokratie. In der DDR. In Westdeutschland (Teil 3). In: Sozialistische Demokratie 10. 1966, S. 6.
Weichelt, Wolfgang (1966d): Demokratie in Deutschland. In: Sozialistische Demokratie 10. 1966, S. 1-16.
Weichelt, Wolfgang (1967a): Das neue ökonomische System der Planung und Leitung und die Volksvertretungen. In: Staat und Recht 16. 1967, S. 356-366.
Weichelt, Wolfgang (1967b): Technische Revolution und bürgerlicher Parlamentarismus: Diskussionsbeitrag auf der wissenschaftlichen Konferenz der Deutschen Akademie für Staats und Rechtswissenschaft "Walter Ulbricht" am 28./29. September 1967. In: Sozialistische Demokratie 11. 1967, S. 6.
Weichelt, Wolfgang (1970): Die Volksvertretungen nach dem Sieg der sozialistischen Produktionsverhältnisse. In: Sozialistische Demokratie 14. 1970, S. 1-9.
Weichelt, Wolfgang (1972): Die IPU und die DDR. In: Sozialistische Demokratie 16. 1972, S. 2.
Weichelt, Wolfgang (1974): Die ständige Vertiefung der sozialistischen Demokratie: Grundlegende Gesetzmäßigkeit sozialistischer Staats- und Rechtsentwicklung. In: Neue Justiz 28. 1974, S. 477-481.
Weichelt, Wolfgang (1977): Probleme der Entwicklung der sozialistischen Demokratie, Berlin (Ost): Akademie-Verlag.
Weichelt, Wolfgang (1980): Aufgaben und Arbeitsweise des Verfassungs- und Rechtsausschusses der Volkskammer. In: Neue Justiz 34. 1980, S. 256-259.
Weichelt, Wolfgang (1981): Ist politischer Pluralismus im Sozialismus möglich? In: Wochenpost 38. 1981, S. 16-17.
Weichelt, Wolfgang (1983): Gesellschaftlicher Fortschritt als Prinzip der Verfassung· Zur Herausbildung wissenschaftlicher Verfassungstheorie durch Karl Marx. In: Neue Justiz 37. 1983, S. 6-9.
Weichelt, Wolfgang (1984): Die Verfassung des Volkes - im Volke lebendig, Berlin (Ost): Staatsverlag der DDR.
Weichelt, Wolfgang (1986): Karl Polaks Beitrag zur Herausarbeitung der neuen Qualität des sozialistischen Staates. In: Autorenkollektiv (Hrsg.) (1986): Wegbereiter der marxistisch-leninistischen Staats- und Rechtswissenschaft der DDR: zum 80. Geburtstag von Prof. Dr. Karl Polak, Potsdam: Akademie für Staats- und Rechtswissenschaft der DDR, Abteilungen Publikationen und Druck, S. 14-25.
Weichelt, Wolfgang (1987): Oktoberrevolution und sozialistische Demokratie. In: Neue Justiz 41. 1987, S. 392-395.
Weichelt, Wolfgang (1988): Zu einigen Aspekten der Verfassung der DDR und ihrer Entwicklung. In: Staat und Recht 37. 1988, S. 717 - 725.
Weichelt, Wolfgang (1989): Sozialistische Verfassung - Grundrechte - Rechtsstaatlichkeit. In: Neue Justiz 43. 1989, S. 438-441.
Weichelt, Wolfgang/Karliczek, Hans-Joachim/Melzer, Helmut (1970): Lenins Lehre von den Sowjets und die Volksvertretungen in der DDR, Berlin (Ost): Staatsverlag der DDR.

Weichelt, Wolfgang/Schüßler, Gerhard (1976): Arbeiterklasse - Partei - Staatsmacht, Berlin (Ost): Staatsverlag der DDR.
Weichelt, Wolfgang/Will, Rosemarie/Wippold, Werner (1986): Der sozialistische Staat im gesellschaftlichen Willensbildungsprozeß. In: Autorenkollektiv (Hrsg.) (1986): Der Staat im politischen System der DDR, Berlin (Ost): Staatsverlag der DDR.
Weichelt, Wolfgang/Zimmerling, Zeno (1981): Wenn der Plenarsaal leer ist... In: Junge Welt vom 29.5.1981, S. 6-7.
Werner, K.-H. (1955): Die Abgeordnetengruppen: Eine neue Tätigkeitsform der Volkskammerabgeordneten. In: Demokratischer Aufbau 10. 1955, S. 453-454.
Werner, Monika (1967): Statistik für exakte Planung und Leitung. Aus der gemeinsamen Stellungnahme von elf Volkskammerausschüssen vorgetragen von der Abgeordneten Monika Werner (SED). In: Sozialistische Demokratie 11. 1967, S. 2.
Werner, Monika (1987): Lenins Lehre von den Sowjets und die Volksvertretungen in der DDR. In: Staat und Recht 36. 1987, S. 970-975.
Wernicke, Kurt (1989): Noch eine Chance, Einheit des Landes zu wahren: Die Volkskongreßbewegung im Deutschland des Jahres 1949. In: Tribüne vom 13.1.1989.
Will, Rosemarie/Wippold, Werner (1980): Staatsform und Form der politischen Organisation der sozialistischen Gesellschaft. In: Staat und Recht 29. 1980, S. 877-885.
Zagrodnik, Stephan/Flegel, Manfred (1967): Ausschüsse der Volkskammer berichten aus ihrer Arbeit. In: Sozialistische Demokratie 11. 1967, S. 8.
Zielke, Gerhard (1963a): Die Besten des Volkes in die Volksvertretungen. In: Sozialistische Demokratie 7. 1963, S. 2.
Zielke, Gerhard (1963b): Die neue Rolle der Wahlkommissionen im Wahlsystem der DDR. In: Sozialistische Demokratie 7. 1963, S. 5-7.
Zuckermann, Leo (1951): Die Volksbefragung - ein deutscher Beitrag für den Frieden. In: Neue Justiz 5. 1951, S. 241-242.
Zweiling, Klaus (1947): Was ist „Parlamentsabsolutismus"? Einige Einwände gegen den Verfassungsentwurf der SED. In: Einheit 2. 1947, S. 74-82.

2. Sonstige Literatur

Badstübner, Rolf et al. (Hrsg.) (1989): Deutsche Geschichte. Band 9, Köln: Pahl-Rugenstein.
Behr, Wolfgang (1985): Bundesrepublik Deutschland - Deutsche Demokratische Republik: Systemvergleich Politik - Wirtschaft - Gesellschaft, Stuttgart, Berlin, Köln, Mainz: Verlag W. Kohlhammer.
Benedetti, Gaetano/Rauchfleisch, Udo (Hrsg.) (1989): Welt der Symbole: Interdisziplinäre Aspekte des Symbolverständnisses, Göttingen: Vandenhoeck & Rup-recht.
Berg, Frank/Möller, Bärbel (Hrsg.) (1993): Rückweg in die Zukunft: Über den schwierigen Transformationsprozeß in Ostdeutschland, Frankfurt am Main et al.: Peter Lang.
Beyme, Klaus von (1971): Art. Parlamentarismus. In: Kernig, Claus Dieter (Hrsg.) (1971): Sowjetsystem und Demokratische Gesellschaft: Eine vergleichende Enzyklopädie, Freiburg, Basel, Wien: Herder, S. 1090-1119.
Bihari, Mihaly (1993): Diagnose des politischen Systems Ungarns. In: Kurtan, Sandor (Hrsg.) (1993): Vor der Wende: Politisches System, Gesellschaft und Reformen im Ungarn der achtziger Jahre, Wien, Graz, Köln: Böhlau Verlag, S. 35-82.
Braas, Gerhard (1987): Die Entstehung der Länderverfassungen in der SBZ Deutschlands 1946/47, Köln: Verlag Wissenschaft und Politik.
Brandt, Hans-Jürgen (1983): Die Kandidatenaufstellung zu den Volkskammerwahlen der DDR: Entscheidungsprozesse und Auswahlkriterien, Baden-Baden: Nomos Verlagsgesellschaft.
Brunner, Georg (1989): Ansätze zu einem „sozialistischen Parlamentarismus" im sowjetischen Hegemonialbereich. In: Rytlewski, Ralf (Hrsg.) (1989): Politik und Gesellschaft in sozialistischen Ländern: Ergebnisse und Probleme der sozialistischen Länderforschung, Opladen: Westdeutscher Verlag, S. 151-176.
Buchholz, Erich (1999): War das Rechtssystem der DDR dem bundesdeutschen unterlegen? In: RotFuchs. 1999, S. 9.
Bundesanstalt für gesamtdeutsche Aufgaben (1970): Zur Rechtsentwicklung und Rechtssituation in der DDR am Beginn der 70er Jahre, Bonn, Berlin: Gesamtdeutsches Institut.
Burkhardt, Armin (1992): Ein Parlament sucht(e) seine Sprache: Zur Sprache der Volkskammer. In: Burkhardt, Armin/Fritzsche, K. Peter (Hrsg.) (1992): Sprache im Umbruch: politischer Sprachwandel im Zeichen von „Wende" und „Vereinigung", Berlin, New York: Walter de Gruyter, S. 155-197.
Collins, Randall/Waller, David (1993): Der Zusammenbruch von Staaten und die Revolutionen im sowjetischen Block: Welche Theorien machten zutreffende Voraussagen? In: Jaos, Hans/Kohli, Martin (Hrsg.) (1993): Der Zusammenbruch der DDR: Soziologische Analysen, Frankfurt am Main: Suhrkamp Verlag, S. 302-325.
Dahm, Helmut (1970): Das tschechoslowakische Modell des Sozialismus, Köln: o. A.
Dowidat, Christel (1985): Vom Parlament zur „sozialistischen" Volksvertretung: Die Entwicklung der CDUD-Fraktionen in den Landtagen der SBZ/DDR von 1946 bis 1952. In: Zeitschrift für Parlamentsfragen 16. 1985, S. 57-70.
Dowidat, Christel (1986): Zur Entwicklung der politischen und sozialen Strukturen der Mitglieder von Landtagen, Volksrat und Volkskammern in der SBZ/DDR zwischen 1946 und 1950/54, Dissertation, Mannheim: o. A.
Draht, Martin (1954): Verfassungsrecht und Verfassungswirklichkeit in der sowjetischen Besatzungszone: Untersuchungen über Legalität, Loyalität und Legitimität, Bonn: Deutscher Bundes-Verlag.

Eberle, Hendrik/Wesenberg, Denise (Hrsg.) (1999): Einverstanden, E. H.: Parteiinterne Hausmittelungen, Briefe, Akten und Intrigen aus der Honecker - Zeit, Berlin: Schwarzkopf & Schwarzkopf Verlag.
Euchner, Walter (1990): Die Degradierung der politischen Institution im Marxismus. In: Leviathan 18. 1990, S. 487-505.
Feddersen, Dieter (1965): Die Rolle der Volksvertretungen in der Deutschen Demokratischen Republik, Hamburg: Hansischer Gildenverlag.
Fenske, Hans et al. (2000): Geschichte der politischen Ideen: Von der Antike bis zur Gegenwart, Frankfurt am Main: Fischer Taschenbuch Verlag.
Fricke, Karl Wilhelm (1954): Das Schicksal der „bürgerlichen Parteien" in der Sowjetzone: Statisten auf der politischen Bühne der sowjetdeutschen Volksdemokratie. In: SBZ-Archiv 5. 1954, S. 133-135.
Fricke, Karl Wilhelm (1984): Opposition und Wiederstand in der DDR: Ein politischer Report, Köln: Verlag Wissenschaft und Politik.
Friedrich, Thomas (1994): Aspekte der Verfassungsentwicklung und der individuellen (Grund-)Rechtsposition in der DDR. In: Kaelble, Hartmut/Kocka, Jürgen/Zwahr, Hartmut (Hrsg.) (1994): Sozialgeschichte der DDR, Stuttgart: Klett Cotta, S. 483-497.
Friedrich, Thomas (1997): Das Verfassungslos der DDR - die verfassungslose DDR: Aspekte der Verfassungsentwicklung und der individuellen (Grund-)Rechtsposi-tion der DDR. In: Dilcher, Gerhard (Hrsg.) (1997): Rechtserfahrung DDR: Sozialistische Modernisierung oder Entrechtlichung der Gesellschaft?, Berlin: Berlin Verlag Arno Spitz, S. 33-67.
Friedrich-Ebert-Stiftung (Hrsg.) (1970): Der Freie Deutsche Gewerkschaftsbund (FDGB): Geschichte und Organisation, Bonn-Bad Godesberg: Verlag Neue Gesellschaft.
Friedrich-Ebert-Stiftung (Hrsg.) (1972): Die Grundrechte in beiden deutschen Staaten, Bonn-Bad Godesberg: Verlag Neue Gesellschaft.
Friedrich-Ebert-Stiftung (Hrsg.) (1974): 25 Jahre Bundesrepublik Deutschland - 25 Jahre Deutsche Demokratische Republik: Daten, Fakten, Namen, Bonn-Bad Godesberg: Verlag Neue Gesellschaft.
Friedrich-Ebert-Stiftung (Hrsg.) (1980): Organisationen und Verbände in der DDR: Ihre Rolle und Funktion in der Gesellschaft, Bonn-Bad Godesberg: Verlag Neue Gesellschaft.
Gabriel, Oscar W./Holtmann, Everhard (Hrsg.) (1999): Handbuch Politisches System der Bundesrepublik Deutschland, München, Wien: Oldenbourg.
Gill, Ulrich (1984): BRD und DDR: Konzepte und Probleme eines umfassenden Vergleichs ihrer politischen Systeme. In: Deutsche Studien 32. 1984, S. 232-267.
Glaeßner, Gert-Joachim (1979): Die Kaderpolitik der SED. In: Erbe, Günter et al. (Hrsg.) (1979): Politik, Wirtschaft und Gesellschaft in der DDR: Studientexte für politische Bildung, Opladen: Westdeutscher Verlag, S. 100-111.
Glaeßner, Gert-Joachim (1982): Sozialistische Systeme: Einführung in die Kommunismus- und DDR-Forschung, Opladen: Westdeutscher Verlag.
Glaeßner, Gert-Joachim (1990): Staatsverständnis, Verfassungs- und Rechtsgeschichte der DDR 1949-1989. In: Zeitschrift für Parlamentsfragen 21. 1990, S. 101-114.
Glaeßner, Gert-Joachim (1993): Am Ende des Staatssozialismus: Zu den Ursachen des Umbruchs in der DDR. In: Jaos, Hans/Kohli, Martin (Hrsg.) (1993): Der Zusammenbruch der DDR: Soziologische Analysen, Frankfurt am Main: Suhrkamp Verlag, S. 70-92.
Glaeßner, Gert-Joachim (1999): Demokratie und Politik in Deutschland, Opladen: Leske + Budrich.
Glaeßner, Gert-Joachim/Knabe, Hubertus/Reiman, Michal (1989): Sozialismus am Scheideweg: Modernisierungserfordernisse und politische Reformen in der DDR und Osteuropa. In: Rytlewski, Ralf (Hrsg.) (1989): Politik und Gesellschaft in sozialistischen Ländern: Er-

gebnisse und Probleme der sozialistischen Länderforschung, Opladen: Westdeutscher Verlag, S. 290-308.
Göhler, Gerhard (1994): Politische Institution und ihr Kontext. Begriffliche und konzeptionelle Überlegungen zur Theorie politischer Institutionen. In: Göhler, Gerhard (Hrsg.) (1994): Die Eigenart der Institutionen, Baden-Baden: Nomos Verlagsgesellschaft, S. 19-46.
Grasemann, Hans-Jürgen (1973): Das Blocksystem und die Nationale Front im Verfassungsrecht der DDR. Dissertation. Georg-August- Universität Göttingen.
Hacker, Jens (1989): Vom „deutschen Volk" zum „Volk der DDR": Historische und politische Bezüge des DDR-Verfassungssystems. In: Das Parlament 38. 1989, S. 13.
Hättich, Manfred (1974): Geschichtsbild und Demokratieverständnis. In: Löwenthal, Richard/Schwarz, Hans-Peter (Hrsg.) (1974): Die zweite Republik: 25 Jahre Bundesrepublik Deutschland - eine Bilanz, Stuttgart: Seewald Verlag, S. 905-926.
Hauschild, Ingrid (1996): Von der Sowjetzone zur DDR: Zum verfassungs- und staatsrechtlichen Selbstverständnis des zweiten deutschen Staates, Frankfurt am Main et al.: Peter Lang.
Hennis, Wilhelm (1974): Die Rolle des Parlaments und Parteiendemokratie. In: Löwenthal, Richard/Schwarz, Hans-Peter (Hrsg.) (1974): Die zweite Republik: 25 Jahre Bundesrepublik Deutschland - eine Bilanz, Stuttgart: Seewald Verlag, S. 203-243.
Herbst, Andreas/Stephan, Gerd-Rüdiger/Winkler, Jürgen (Hrsg.) (1997): Die SED-Geschichte - Organisation - Politik. Ein Handbuch, Berlin: Dietz Verlag.
Heuer, Uwe-Jens/Riege, Gerhard (1992): Der Rechtsstaat - eine Legende? Erfahrungen zweier Rechtswissenschaftler 1990/91 in Volkskammer und Bundestag, Baden-Baden: Nomos Verlagsgesellschaft.
Hilsberg, Stephan (1994): Rolle und Funktion der Blockparteien und Massenorganisationen in der DDR. In: Weber, Hermann/Meckel, Markus/Faulenbach, Bernd (Hrsg.) (1994): Die Partei hatte immer recht: Aufarbeitung von Geschichte und Folgen der SED-Diktatur, Essen: Klartext Verlag, S. 78-91.
Hipp, Hermann/Seidl, Ernst (Hrsg.) (1996): Architektur als politische Kultur, Berlin: Reimer.
Hockerts, Hans Günter (1994): Grundlinien und soziale Folgen der Sozialpolitik in der DDR. In: Kaelble, Hartmut/Kocka, Jürgen/Zwahr, Hartmut (Hrsg.) (1994): Sozialgeschichte der DDR, Stuttgart: Klett Cotta, S. 519-544.
Höpcke, Klaus et al. (Hrsg.) (2000): Nachdenken über Sozialismus, Berlin: GNN Verlag.
Jesse, Eckhard (1980): Wahlen in der Deutschen Demokratischen Republik und in der Bundesrepublik Deutschland: ein Vergleich. In: Weber, Jürgen (Hrsg.) (1980): DDR - Bundesrepublik Deutschland: Beiträge zu einer vergleichenden Analyse ihrer politischen Systeme, München: Günter Olzog Verlag, S. 191-212.
Jesse, Eckhard (1989): Die Volkskammer der DDR: Befugnisse und Verfahren nach Verfassung und politischer Praxis. In: Schneider, Hans-Peter/Zeh, Wolfgang (Hrsg.) (1989): Parlamentsrecht und Parlamentspraxis in der Bundesrepublik Deutschland. Ein Handbuch, Berlin, New York: Walter de Gruyter, S. 1820-1844.
Jesse, Eckhard (1994): War die DDR totalitär? In: Aus Politik und Zeitgeschichte 44. 1994, S. 12-23.
Jochum, Dietmar (1996): Das Politbüro auf der Anklagebank: Eine Dokumentation mit 8 Interviews und Nachworten, Berlin: Magnus-Verlag.
Joseph, Detlef (1999): Das Rechtssystem der DDR – ein heißes Eisen der „Vergangenheitsbewältigung"?!
Kaiser, Monika (1997): Machtwechsel von Ulbricht zu Honecker: Konfliktmechanismen der SED-Diktatur in Konfliktsituationen 1962 bis 1972, Berlin: Akademie Verlag.
Klemm, Volker (1991): Korruption und Amtsmißbrauch in der DDR, Stuttgart: Deutsche Verlags-Anstalt.

Kluxen, Kurt (1983): Geschichte und Problematik des Parlamentarismus, Frankfurt am Main: Suhrkamp Verlag.
Kraa, Detlev (1989): Sozialistische Rituale und kulturelle Überlagerung in der DDR. In: Voigt, Rüdiger (Hrsg.) (1989): Symbole der Politik – Politik der Symbole, Opladen: Leske + Budrich, S. 197-210.
Krenz, Egon (1999): Herbst '89, Berlin: Neues Leben.
Krisch, Henry (1988): Der Wandel der politische Kultur und der politischen Stabilität in der DDR. In: Glaeßner, Gert-Joachim (Hrsg.) (1988): Die DDR in der Ära Honecker: Politik - Kultur - Gesellschaft, Opladen: Westdeutscher Verlag, S. 151-164.
Kulbach, Roderich/Weber, Helmut/Frötsch, Eckart (1969): Parteien im Blocksystem der DDR: Funktion und Aufbau der LDPD und der NDPD, Köln: Verlag Wissenschaft und Politik.
Lammich, Siegfried (1977): Grundzüge des sozialistischen Parlamentarismus, Baden-Baden: Nomos Verlagsgesellschaft.
Lane, Christel (1981): The Rites of the Rulers. Ritual in Industrial Society – The Soviet Case, Cambridge: Cambridge University Press.
Lapp, Peter Joachim (1975): Die Volkskammer der DDR, Opladen: Westdeutscher Verlag.
Lapp, Peter Joachim (1977): Zur Geschichte der Regierung der DDR. In: Deutschland-Archiv 10. 1977, S. 835-848.
Lapp, Peter Joachim (1982a): Der Ministerrat der DDR: Aufgaben, Arbeitsweise und Struktur der anderen deutschen Regierung, Opladen: Westdeutscher Verlag.
Lapp, Peter Joachim (1982b): Wahlen in der DDR: Wählt die Kandidaten der Nationalen Front, Berlin: Verlag Gebr. Holzapfel.
Lapp, Peter Joachim (1988): Die Blockparteien im politischen System der DDR, Melle: Verlag Ernst Knoth.
Lapp, Peter Joachim (1990): Anspruch und Alltag der Volkskammer vor dem Umbruch 1989/90. In: Zeitschrift für Parlamentsfragen 21. 1990, S. 115-125.
Laufer, Jochen (1998): Die Verfassungsgebung in der SBZ 1946-1949. In: Aus Politik und Zeitgeschichte 48. 1998, S. 29-41.
Leonhard, Wolfgang (1990): Die Revolution entläßt ihre Kinder, Köln: Kiepenheuer & Witsch.
Leonhard, Wolfgang (1995): Die unbekannten Klassiker. Marx und Engels in der DDR. In: Deutschland-Archiv 28. 1995, S. 709-720.
Lepsius, Rainer M. (1994): Die Institutionenordnung als Rahmenbedingung der Sozialgeschichte der DDR. In: Kaelble, Hartmut/Kocka, Jürgen/Zwahr, Hartmut (Hrsg.) (1994): Sozialgeschichte der DDR, Stuttgart: Klett Cotta, S. 17-30.
Mampel, Siegfried (1962): Die Verfassung der Sowjetischen Besatzungszone Deutschlands: Text und Kommentar, Frankfurt am Main, Berlin: Alfred Metzner Verlag.
Mampel, Siegfried (1964): Die Entwicklung der Verfassungsordnung in der Sowjetzone Deutschlands von 1945 bis 1963, Tübingen: J. C. B. Mohr.
Mampel, Siegfried (1966): Die volksdemokratische Ordnung in Mitteldeutschland, Frankfurt am Main, Berlin: Alfred Metzner Verlag.
Mampel, Siegfried (1968): Herrschaftssystem und Verfassungsstruktur in Mitteldeutschland: Die formelle und die materielle Rechtsverfassung der „DDR", Köln: Verlag Wissenschaft und Politik.
Mampel, Siegfried (1982): Die Sozialistische Verfassung der Deutschen Demokratischen Republik, Frankfurt am Main: Alfred Metzner Verlag.
Mampel, Siegfried (1997): So fing es an: Politische Erinnerungen aus Halle (Saale) 1945-1950. In: Deutschland-Archiv 30. 1997, S. 417-437.

Mampel, Siegrfied (1997): Die sozialistische Verfassung der Deutschen Demokratischen Republik: Kommentar, Goldbach: Keip.
Marxen, Klaus/Werle, Gerhard (Hrsg.) (2000): Strafjustiz und DDR-Unrecht, Bd. 1 Wahlfälschung, Berlin, New York: Walter de Gruyter.
Meuschel, Sigrid (1992): Legitimation und Parteiherrschaft: Zum Paradox von Stabilität und Revolution in der DDR 1945-1989, Frankfurt am Main: Suhrkamp Verlag.
Meyer, Gerd (1985): Das politische System der Deutschen Demokratischen Republik, Frankfurt am Main: Hirschgraben-Verlag.
Mleczkowiski, Wolfgang (1984): Bewegung im Monolith: Das „sozialistische Mehrparteiensystem" der DDR. In: Aus Politik und Zeitgeschichte 34. 1984, S. 3-17.
Modrow, Hans (Hrsg.) (1996): Das Große Haus von außen: Erfahrungen mit der Machtzentrale in der DDR, Berlin: Edition ost.
Modrow, Hans (1998): Die Perestroika: Wie ich sie sehe. Persönliche Erinnerungen und Analysen eines Jahrzehnts, das die Welt veränderte, Berlin: Edition ost.
Münkler, Herfried (1994): Politische Mythen und nationale Identität. Vorüberlegungen zu einer Theorie politischer Mythen. In: Frindte, Wolfgang/Pätzold, Harold (Hrsg.) (1994): Mythen der Deutschen. Deutsche Befindlichkeiten zwischen Geschichte und Geschichten, Opladen: Leske + Budrich, S. 21-27.
Neugebauer, Gero (1974): Die Volkskammer der DDR. In: Zeitschrift für Parlamentsfragen 5. 1974, S. 386-411.
Neugebauer, Gero (1979): Der Staatsapparat. In: Erbe, Günter et al. (Hrsg.) (1979): Politik, Wirtschaft und Gesellschaft in der DDR: Studientexte für politische Bildung, Opladen: Westdeutscher Verlag, S. 92-99.
Neugebauer, Gero (1979): Die Volksvertretungen. In: Erbe, Günter et al. (Hrsg.) (1979): Politik, Wirtschaft und Gesellschaft in der DDR: Studientexte für politische Bildung, Opladen: Westdeutscher Verlag, S. 112-119.
Neugebauer, Gero (1980): Politische Willensbildung in der DDR. In: Weber, Jürgen (Hrsg.) (1980): DDR - Bundesrepublik Deutschland: Beiträge zu einer vergleichenden Analyse ihrer politischen Systeme, München: Günter Olzog Verlag, S. 41-70.
Niethammer, Lutz (1994): Erfahrungen und Strukturen: Prolegomena zu einer Geschichte der Gesellschaft der DDR. In: Kaelble, Hartmut/Kocka, Jürgen/Zwahr, Hartmut (Hrsg.) (1994): Sozialgeschichte der DDR, Stuttgart: Klett Cotta, S. 95-115.
Oberreuter, Heinrich (1980): Sozialistischer Parlamentarismus? Idee, Norm und Realität sozialistischer Vertretungskörperschaften in vergleichender Sicht. In: Weber, Jürgen (Hrsg.) (1980): DDR - Bundesrepublik Deutschland: Beiträge zu einer vergleichenden Analyse ihrer politischen Systeme, München: Günter Olzog Verlag, S. 213-250.
Oldenburg, Fred (1974): Informationen über die SED: Aus Anlaß der Parteiwahlen 1973/74. In: Deutschland-Archiv 7. 1974, S. 49-53.
Patzelt, Werner J. (1995): Vergleichende Parlamentarismusforschung als Schlüssel zum Systemvergleich: Vorschläge zu einer Theorie und Forschungsdebatte. In: Zeitschrift für Parlamentsfragen. 1995, S. 355-385.
Patzelt, Werner J. (1996): Deutschlands Abgeordnete: Profil eines Berufsstands, der weit besser ist als sein Ruf. In: Zeitschrift für Parlamentsfragen 27. 1996, S. 462-502.
Patzelt, Werner J. (1998): Wider das Gerede vom ‚Fraktionszwang'! Funktionslogische Zusammenhänge, populäre Vermutungen und die Sicht der Abgeordneten. In: Zeitschrift für Parlamentsfragen 29. 1998, S. 323-347.
Patzelt, Werner J. (2000): Der Bürger - Schwachpunkt der Demokratie? In: Das Baugerüst. Zeitschrift für Mitarbeiterinnen und Mitarbeiter der evangelischen Jugendarbeit und außerschulischen Bildung 52. 2000, S. 38-47.

Patzelt, Werner J./Schirmer, Roland (1996): Parlamentarismusgründung in den neuen Bundesländern. In: Aus Politik und Zeitgeschichte 46. 1996, S. 20-28.
Pitkin, Hannah F. (1972): The Concept of Representation, Berkeley/Los Angeles: University of California Press.
Prokop, Siegfried (1998): Der Deutsche Volksrat: Verfassungsgebende Versammlung der DDR. In: Das Parlament 47. 1998, 20-35.
Rausch, Heinz (1980): Macht und Herrschaft in der DDR. In: Weber, Jürgen (Hrsg.) (1980): DDR – Bundesrepublik Deutschland: Beiträge zu einer vergleichenden Analyse ihrer politischen Systeme, München: Günter Olzog Verlag, S. 15-39.
Reichelt, Hans (1997): Blockflöten - oder was? Zur Geschichte der DBD, Berlin: Edition ost.
Reißig, Rolf (1993): Das Scheitern der DDR und des realsozialistischen Systems: Einige Ursachen und Folgen. In: Jaos, Hans/Kohli, Martin (Hrsg.) (1993): Der Zusammenbruch der DDR: Soziologische Analysen, Frankfurt am Main: Suhrkamp Verlag, S. 49-69.
Renesse, Margot von (1994): Die DDR - ein Staat ohne Recht? In: Weber, Hermann/Meckel, Markus/Faulenbach, Bernd (Hrsg.) (1994): Die Partei hatte immer recht: Aufarbeitung von Geschichte und Folgen der SED-Diktatur, Essen: Klartext Verlag, S. 69-77.
Richert, Ernst (1963): Macht ohne Mandat: Der Staatsapparat in der SBZ, Opladen, Köln: Westdeutscher Verlag.
Roggemann, Herwig (1974): Die Staatsordnung der DDR, Berlin: Berlin Verlag.
Roggemann, Herwig (1976): Die DDR-Verfassungen, Berlin: Berlin Verlag.
Roggemann, Herwig (1985): Die Staatsordnung der DDR, Berlin: Berlin Verlag.
Rytlewski, Ralf/Kraa, Detlev (1987): Politische Rituale in der Sowjetunion und in der DDR. In: Aus Politik und Zeitgeschichte 37. 1987, S. 63ff.
Sauer, Birgit (1999): Politische Inszenierung und die Visualisierung von Macht. Der 40. Jahrestag der DDR im Oktober 1989. In: Pribersky, Andreas/Unfried, Berthold (Hrsg.) (1999): Symbole und Rituale des Politischen. Ost- und Westeuropa im Vergleich, Frankfurt am Main et al.: Peter Lang, S. 75-97.
Schabowski, Günter (1994): Abschied von der Utopie: Die DDR - das deutsche Fiasko des Marxismus, Stuttgart: Steiner.
Schirmer, Roland (2001): Die Volkskammer und deren Selbstsymbolisierung. In: Patzelt, Werner J. (Hrsg.) (2001): Parlamente und ihre Symbolik. Programm und Beispiel institutioneller Analyse., Wiesbaden: Westdeutscher Verlag, S. 136-197.
Schneider, Eberhard (1975): Die DDR: Geschichte, Politik, Wirtschaft, Gesellschaft, Stuttgart: Bonn Aktuell GmbH.
Schneider, Eberhard (1975): Die Volksvertretungen in der DDR. In: Zeitschrift für Politik 22. 1975, S. 183-201.
Schneider, Eberhard (1980): Die Wahlen zur Volkskammer der DDR 1976 und zum Obersten Sowjet der UdSSR 1979, Bonn: o. A.
Schneider, Eberhard (1994): Die politische Funktionselite der DDR: Eine empirische Studie zur SED-Nomenklatura, Opladen: Westdeutscher Verlag.
Scholz, Bettina (1991): Die Abgeordneten der ersten demokratischen Volkskammer: Von parlamentarischen Anfängern zu Berufspolitikern? In: Muszynski, Bernhard (Hrsg.) (1991): Deutsche Vereinigung: Probleme der Integration und der Identifikation, Opladen: Leske + Budrich, S. 85-98.
Schroeder, Klaus (1998): Der SED - Staat. Partei, Staat und Gesellschaft 1949-1990, München: Carl Hanser.
Schürer, Gerhard (1998): Gewagt und verloren: Eine deutsche Biografie, Berlin: Frankfurter Oder Editionen.

Segert, Dieter (1991): Die Volkskammer 1990: Quellen ihrer politischen Kultur. In: Institut für Politikwissenschaft der Westfälischen Wilhelms-Universität Münster (Hrsg.) (1991): Beiträge zur Politikwissenschaft und Verwaltungswissenschaft, Münster: o. A.

Segert, Dieter (1992): Zwei unterschiedliche Konzepte von Politik in der Volkskammer des Jahres 1990. In: Meyer, Hansgünter (Hrsg.) (1992): Soziologen-Tag Leipzig 1991: Soziologie in Deutschland und die Transformation großer gesellschaftlicher Systeme, Berlin: Akademie Verlag, S. 424-431.

Sieger, Gerd Joachim (1986): Verfassung der DDR, München: o.w.A.

Sontheimer, Kurt/Bleek, Wilhelm (1979): Die DDR: Politik - Gesellschaft - Wirtschaft, Hamburg: Hoffmann und Campe.

Staritz, Dieter (1988): „... Wie die Luft zum Leben": Tendenzen des Wandels im politischen System der DDR. In: Glaeßner, Gert-Joachim (Hrsg.) (1988): Die DDR in der Ära Honecker: Politik - Kultur - Gesellschaft, Opladen: Westdeutscher Verlag.

Stephan, Gerd-Rüdiger (1995): „Wir brauchen Glasnost für die DDR". Zur Reflexion des Zustands der Gesellschaft durch die Leipziger Jugendforschung 1987-1989. In: Deutschland-Archiv 28. 1995, S. 721-733.

Sutor, Bernhard (1985): Grundfragen politische Ordnung: Die BRD und die DDR im Vergleich, München: Schöningh.

Versteyl, Ludger Anselm (1973): Aufgaben, Stellung und Sozialstruktur der Abgeordneten des Bundestages und der Volkskammer: Ein Vergleich deutscher Gesetzgebungsorgane. In: Jahrbuch für Ostrecht 14. 1973, S. 47-79.

Verwaltung des Deutschen Bundestages (Hrsg.) (1994): Datenhandbuch zur Geschichte des Deutschen Bundestages 1983 bis 1991, Bonn: Nomos Verlagsgesellschaft.

Völkel, Walter (1979): Nationale Front, Blockparteien, Gesellschaftliche Organisationen. In: Erbe, Günter et al. (Hrsg.) (1979): Politik, Wirtschaft und Gesellschaft in der DDR: Studientexte für politische Bildung, Opladen: Westdeutscher Verlag, S. 120-128.

Vorsteher, Dieter (Hrsg.) (1997): Parteiauftrag: ein neues Deutschland. Bilder, Rituale und Symbole der frühen DDR, München, Berlin: Koehler & Amelang.

Wasser, Hartmut (1974): Parlamentarismuskritik vom Kaiserreich bis zur Bundesrepublik: Analyse und Dokumentation, Stuttgart: Frommann.

Weber, Hermann (1971): 25 Jahre SED. In: Deutschland-Archiv 4. 1971, S. 353-373.

Weber, Hermann (1982): Einleitung: Zum Transformationsprozeß des Parteiensystems in der SBZ/DDR. In: Weber, Hermann et al. (Hrsg.) (1982): Parteiensystem zwischen Demokratie und Volksdemokratie, Köln: Wissenschaft und Politik, S. 11-50.

Weber, Hermann (1982): Parteiensystem zwischen Demokratie und Volksdemokratie, Köln: Wissenschaft und Politik.

Weber, Hermann (1988): Demokratischer Kommunismus: Robert Havemann und die Problematik des demokratischen Kommunismus in der DDR. In: Weber, Hermann (Hrsg.) (1988): Kommunistische Bewegung und realsozialistischer Staat: Beiträge zum deutschen und internationalen Kommunismus, Köln: Bund-Verlag, S. 104-115.

Weber, Hermann (1991): Aufbau und Fall einer Diktatur: Kritische Beiträge zur Geschichte der DDR, Köln: Bund-Verlag.

Weber, Hermann (1994): Die Aufarbeitung der DDR-Geschichte und die Rolle der Archive. In: Weber, Hermann/Meckel, Markus/Faulenbach, Bernd (Hrsg.) (1994): Die Partei hatte immer recht: Aufarbeitung von Geschichte und Folgen der SED-Diktatur, Essen: Klartext Verlag, S. 42-56.

Weber, Hermann (2000): Die DDR 1945-1990, München: Oldenbourg.

Westen, Klaus (1975): Der Entwurf des Zivilgesetzbuches der DDR. In: Recht und Politik 11. 1975, S. 89-94.

Wilhelmy, Frank (1995): Der Zerfall der SED-Herrschaft: Zur Erosion des marxistisch-leninistischen Legitimitätsanspruches in der DDR, Münster, Hamburg: Lit Verlag.

Winters, Peter Joachim (1989): Ein neues Demokratiegefühl: Die Volkskammer ist nicht mehr sprachlos. In: Deutschland-Archiv 22. 1989, S. 1331-1339.

Winters, Peter Joachim (1990): Zum ersten Mal frei: Die Wahlen zur Volkskammer. In: Deutschland-Archiv 23. 1990, S. 497-501.

Wolle, Stefan (1998): Die SED zwischen Teilstaatslösung und Einheitsstreben. In: Das Parlament 47. 1998, S. 9.

Zabielski, Wladyslaw/Patrzalek, Aleksander (1974): Der Sejm der Volksrepublik Polen (I): Inhaltliche Bestimmung und rechtliche Ausgestaltung des Abgeordnetenmandats. In: Zeitschrift für Parlamentsfragen 5. 1974, S. 412-425.

Zieger, Andrea/Zieger, Gottfried (1990): Die Verfassungsentwicklung in der sowjetischen Besatzungszone Deutschlands: DDR von 1945 bis zum Sommer 1952, Köln, Berlin, Bonn, München: Carl Heymanns.

Zimmering, Raina (2000): Mythen in der Politik der DDR. Ein Beitrag zur Erforschung politischer Mythen, Opladen: Leske + Budrich.

Zimmermann, Hartmut (1988): Machtverteilung und Partizipationschancen: Zu einigen Aspekten des politisch-sozialen Systems in der DDR. In: Glaeßner, Gert-Joachim (Hrsg.) (1988): Die DDR in der Ära Honecker: Politik - Kultur - Gesellschaft, Opladen: Westdeutscher Verlag.

Zwahr, Hartmut (1994): Kontinuitätsbruch und mangelnde Lebensfähigkeit: Das Scheitern der DDR. In: Kaelble, Hartmut/Kocka, Jürgen/Zwahr, Hartmut (Hrsg.) (1994): Sozialgeschichte der DDR, Stuttgart: Klett Cotta, S. 554-550.

Quellennachweis der Bilder

Titelbild

Tribüne	Internetquelle: http//www.geocities.com/ossiland/dl6.html.
Palast der Republik außen	Internetquelle: http//www.couse.psu.edu/nuc_e/nuc_e405_g9c/berlin/rathaeuser/palast.html.
Plenarsaal	Internetquelle: http://www.kultur-netz.de/palast.htm.
Demonstration	ZK der SED und Staatliche Zentralverwaltung für Statistik (Hrsg.) (1989): 40 Jahre DDR, Berlin (Ost): Dietz Verlag, S. 12.

Kapitel 2

Abbildung 1	Badstübner, Rolf u.a. (1989): Deutsche Geschichte Band 9: Die antifaschistisch-demokratische Umwälzung, der Kampf gegen die Spaltung Deutschlands und die Entstehung der DDR von 1945 bis 1949, Köln: Pahl-Rugenstein Verlag, S. 459.
Abbildung 2	ZK der SED und Staatliche Zentralverwaltung für Statistik (Hrsg.) (1989): 40 Jahre DDR, Berlin (Ost): Dietz Verlag, S. 90.
Abbildung 3	Ebenda, S. 86.
Abbildung 4	Lexikonredaktion des VEB Bibliografisches Institut Leipzig (Hrsg.) (1984): Handbuch der Deutschen Demokratischen Republik, 2. neubearbeitete Aufl. Leipzig: VEB Bibliografisches Institut Leipzig, S. 66.
Abbildung 5	Bahrmann, Hannes/Links, Christoph (1999): Chronik der Wende. Die Ereignisse in der DDR zwischen 7. Oktober 1989 und 18. März 1990, Berlin: Ch. Links Verlag, S. 283.

Kapitel 6

Abbildung 1	Institut für Marxismus-Leninismus beim Zentralkomitee der SED (Hrsg.) (1966): Geschichte der deutschen Arbeiterbewegung Band 7: Von 1949 bis 1955, Berlin (Ost): Dietz Verlag, S. 160.
Abbildung 2	Ebenda, S. 96.
Abbildung 3	Badstübner, Rolf u.a. (1989): Deutsche Geschichte Band 9: Die antifaschistisch-demokratische Umwälzung, der Kampf gegen die Spaltung Deutschlands und die Entstehung der DDR von 1945 bis 1949, Köln: Pahl-Rugenstein Verlag, S. 440.

Abbildung 4	Sekretariat der Volkskammer (Hrsg.) (1987): Die Volkskammer der Deutschen Demokratischen Republik, Berlin (Ost): Verlag Zeit im Bild, S. 16.
Abbildung 5	Institut für Marxismus-Leninismus beim Zentralkomitee der SED (Hrsg.) (1966): Geschichte der deutschen Arbeiterbewegung Band 8: Von 1956 bis Anfang 1963, Berlin (Ost): Dietz Verlag, S. 48.
Abbildung 6	Borkowski, Dieter (1987): Erich Honecker. Statthalter Moskaus oder deutscher Patriot? München: Bertelsmann, S. 96.
Abbildung 7	Sekretariat, Volkskammer der DDR: (1980): Die Volkskammer der DDR, Berlin (Ost): Verlag Zeit im Bild, S. 14.
Abbildung 8	Ebenda, S. 15.
Abbildung 9	Ebenda, S. 2.
Abbildung 10	Institut für Marxismus-Leninismus beim Zentralkomitee der SED (Hrsg.) (1966): Geschichte der deutschen Arbeiterbewegung Band 7: Von 1949 bis 1955, Berlin (Ost): Dietz Verlag, S. 32.
Abbildung 11	Institut für Marxismus-Leninismus beim Zentralkomitee der SED (Hrsg.) (1966): Geschichte der deutschen Arbeiterbewegung Band 8: Von 1956 bis Anfang 1963, Berlin (Ost): Dietz Verlag, S. 96.
Abbildung 12	Henkel, Rüdiger (1994): Im Dienste der Staatspartei. Über Parteien und Organisationen der DDR, Baden-Baden: Nomos Verlagsgesellschaft, S. 107.

Abkürzungsverzeichnis

ADN	Allgemeiner Deutscher Nachrichtendienst
AdW	Akademie der Wissenschaften (der DDR)
CDU	Christlich-Demokratische Union
DFD	Demokratischer Frauenbund Deutschlands
DSF	Gesellschaft für Deutsch-Sowjetische Freundschaft
DWK	Deutsche Wirtschaftskommission
FDGB	Freier Deutscher Gewerkschaftsbund
FDJ	Freie Deutsche Jugend
Gen.	Genossenschaften
KB	Kulturbund
KI	Kommunistische Internationale
KPD	Kommunistische Partei Deutschlands
KPdSU	Kommunistische Partei der Sowjetunion
LDP	Liberal-Demokratische Partei
LDPD	Liberal-Demokratische Partei Deutschlands
LPG	Landwirtschaftliche Produktionsgenossenschaft
MdB	Mitglied des Bundestages
MdL	Mitglied des Landtages
MdR	Mitglied des Reichstages
MdV	Mitglied der Volkskammer
MfS	Ministerium für Staatssicherheit
NDPD	Nationaldemokratische Partei Deutschlands
NF	Nationale Front des demokratischen Deutschlands, Nationale Front der DDR
NKFD	Nationalkomitee „Freies Deutschland"
NSDAP	Nationalsozialistische Deutsche Arbeiterpartei
NVA	Nationale Volksarmee
SBZ	Sowjetische Besatzungszone
SED	Sozialistische Einheitspartei Deutschlands
Sekr.	Sekretär
Sekretariat	Sekretariat der Volkskammer, Verwaltung der Volkskammer
SPD	Sozialdemokratische Partei Deutschlands
VdgB	Vereinigung der gegenseitigen Bauernhilfe
VEB	Volkseigener Betrieb
VP	Volkspolizei
VVB	Vereinigung Volkseigener Betriebe
VVN	Vereinigung der Verfolgten des Naziregimes
WP	Wahlperiode
ZK	Zentralkomitee

Verzeichnis der Autoren

de Maizière, Lothar; geb. 1940; Diplomjurist, Rechtsanwalt; ab 1976 Rechtsanwalt im Kollegium der Rechtsanwälte in Berlin, ab 1987 stellvertretender Vorsitzender des Kollegiums; ab 1985 Mitglied, ab 1986 Vizepräsident der Synode des Bundes der Evangelischen Kirchen; ab 1987 Mitglied der Arbeitsgemeinschaft Kirchenfragen beim CDU-Hauptvorstand; 10.11.1989 Vorsitzender der CDU; 17.11.1989-März 1990 stellvertretender Vorsitzender des Ministerrats für Kirchenfragen; 12.4.-2.10.1990 Ministerpräsident der DDR und stellvertretender Vorsitzender der CDU Deutschland; Oktober 1990-11.9.1991 Abgeordneter des Bundestages; Bundesminister für besondere Aufgaben.

Delenschke, Gerd; geb. 1925; Dr. phil.; Lehrer; Schuldirektor; 1965-1973 Abteilungsleiter im Sekretariat des Hauptausschusses der NDPD; 1971 Dr. phil.; 1973-1989 Dozent an der Humboldt-Universität; 1960-65 und seit 1973 Mitglied des Bezirksvorstandes Berlin der NDPD; 1954-1981 Abgeordneter der NDPD in der Volkskammer, 1981 bis 1990 Mitglied der Stadtverordnetenversammlung von Berlin.

Elm, Ludwig; geb. 1934; Prof. Dr. sc. phil.; 1956 Diplomlehrer für Marxismus-Leninismus, Dr. phil. 1964, Dr. sc. phil. 1971; 1969-1991 Hochschullehrer und zeitweilig Prorektor für Gesellschaftswissenschaften an der Friedrich-Schiller-Universität Jena; 1971-1981 Abgeordneter des Kulturbundes in der Volkskammer; 1994-1998 Bundestagsabgeordneter der PDS, Mitglied der Enquete-Kommission ‚Überwindung der Folgen der SED-Diktatur im Prozess der Deutschen Einheit'; Veröffentlichungen zur Parteiengeschichte im deutschen Kaiserreich sowie zu Zeitgeschichte und politischer Ideologie seit 1945.

Hartmann, Günter; geb. 1930; Vermessungsingenieur und Diplomwirtschaftler; 1954-1971 Mitarbeiter des Parteivorstandes der NDPD; 1972-1990 Mitglied des Parteivorstandes und Sekretär des Hauptausschusses der NDPD; ab 1972 Mitglied des Nationalrates der Nationalen Front; 1973-1990 Abgeordneter der Volkskammer, Mitglied der NDPD-Fraktion; ab 1986 Vorsitzender der Fraktion; 1987-89 stellvertretender Vorsitzender, November 1989-Januar 1990 Vorsitzender der NDPD, Januar-März 1990 erneut stellvertretender Vorsitzender; Mitglied des Bundes Freier Demokraten, später der FDP.

Kalweit, Werner; geb. 1926; Prof. Dr. rer. oec. habil; Wirtschaftswissenschaftler; Studium der Finanzwirtschaft; Diplom (1952); 1953-54 Dozent für Finanzwirtschaft und kommissarischer Rektor an der Hochschule für Finanzwirtschaft in Potsdam; Prorektor der Hochschule für Ökonomie, Promotion zum Dr. rer. oec. (1956), Habilitation und Berufung zum Professor (1962); 1972 Vizepräsident und Mitglied des Präsidiums der Akademie der Wissenschaften; 1967-1990 Abgeordneter der Volkskammer in der Fraktion der SED.

Kelle, Herbert; geb. 1930; Diplomstaatswissenschaftler; 1947 Vermessungstechniker; 1949 Sekretär des Kreisvorstandes der FDJ; 1950-52 Stadtverordneter und Stadtrat bzw. amtierender Oberbürgermeister von Halberstadt; 1953-58 Kreistagsabgeordneter und Mitglied des Rates des Kreises Köthen; 1960-68 Abgeordneter des Bezirkstages Halle; 1963-74 Abteilungsleiter im Staatsrat (verantwortlich für die Volkskammer); 1974-März 1990 Leiter des Sekretariats der Volkskammer; März bis August 1990 Direktor der Volkskammer; Publikationen zur Volkskammer, z. B. Die Volkskammer – wie sie arbeitet, Berlin 1989 (zusammen mit Tord Riemann).

Oberreuter, Heinrich; geb. 1942; Prof. Dr. phil., Dr. hc.; Studium der Politischen Wissenschaft, Geschichte, Kommunikationswissenschaft und Soziologie in München; 1968-1972 Wissenschaftlicher Mitarbeiter beim Forschungsprojekt der VW-Stiftung zur Parlamentsreform und am Geschwister-Scholl-Institut der Universität München; 1970 beim Deutschen Bundestag; 1978-1980 Professor für Politische Wissenschaften an der Freien Universität Berlin; 1980 ordentlicher Professor für Politikwissenschaft an der Universität Passau; 1991 Gründungsdekan für Geistes- und Sozialwissenschaften an der TU Dresden; seit 1993 Direktor der Akademie für Politische Bildung Tutzing; zahlreiche Publikationen u.a. zum Parlamentarismus, seinen Grundlagen und Problemen, darunter Parlament und Regierung. Ein Vergleich dreier Regierungssysteme. Mit E. Hübner, München 1977, Ehrenwirth; Kann der Parlamentarismus überleben? Bund – Länder – Europa, Zürich 1977, Edition Interfrom; Parlamentarische Opposition - Ein internationaler Vergleich. Hamburg 1975, Hoffmann & Campe; Parlamentsreform. Probleme und Perspektiven in westlichen Demokratien. Passau 1981, Passavia; Ungewissheit der Macht. Parteien – Wähler – Wahlentscheidung. München, Olzog.

Patzelt, Werner J.; geb. 1953; Prof. Dr. phil. habil; Studium der Politikwissenschaft, Soziologie und Geschichte in München, Straßburg und Ann Arbor; 1980-1991 Wissenschaftlicher Assistent am Lehrstuhl für Politikwissenschaft der Universität Passau; seit 1991 Professor für Politische Systeme und Systemvergleich an der Technischen Universität Dresden. Veröffentlichungen u.a.: Sozialwissenschaftliche Forschungslogik. Einführung, München / Wien 1986 (Oldenbourg); Grundlagen der Ethnomethodologie. Theorie, Empirie und politikwissenschaftlicher Nutzen einer Soziologie des Alltags, München 1987 (Fink); Abgeordnete und Repräsentation. Amtsverständnis und Wahlkreisarbeit, Passau 1993 (Rothe); Aufgaben politischer Bildung in den neuen Bundesländern, Dresden 1994 (Sächsische Landeszentrale für Politische Bildung); Abgeordnete und ihr Beruf. Interviews, Umfragen, Analysen, Berlin 1995 (Akademie-Verlag); Einführung in die Politikwissenschaft, 4., wesentl. erw. Aufl. Passau 2001 (Rothe); zahlreiche Aufsätze u.a. zur Parlamentarismus- und Abgeordnetenforschung in deutschen und internationalen Fachzeitschriften.

Schirmer, Gregor; geb. 1932; Prof. Dr. jur.; 1955 Diplomjurist; 1959 Dr. jur.; 1961-1965 Hochschullehrer an der Friedrich-Schiller-Universität Jena, 1965 Habilitation, 1963 Mitglied des Präsidialrates des Kulturbundes; 1965-76 stellvertretender Minister für Hoch- und Fachschulwesen der DDR, 1977-1989 stellvertretender Leiter der Abteilung Wissenschaften des ZK der SED, 1963-1990 Abgeordneter der Kulturbundfraktion in der Volkskammer, stellvertretender Fraktionsvorsitzender; seit 1996 Mitarbeiter des rechtspolitischen Sprechers bzw. der Sprecherin der PDS-Gruppe bzw. Fraktion im Bundestag.

Schirmer, Roland; geb. 1952; Dr. sc. phil.; Studium der Biochemie und des Wissenschaftlichen Sozialismus in Halle und Berlin; Hochschullehrer an der Humboldt-Universität bis 1990; seither Mitarbeit in verschiedenen Forschungsprojekten in Passau und Dresden. Veröffentlichungen u.a.: Parlamentarismusgründung in den neuen Bundesländern. In: Aus Politik und Zeitgeschichte. 1996 (Nr. B27/1996). S. 20-28 (gemeinsam mit Werner J. Patzelt); Abschlussbericht zum Forschungsprojekt ‚Repräsentanten und Repräsentation in den neuen Bundesländern'. Dresden 1996 (Eigenverlag) (gemeinsam mit Werner J. Patzelt); Die Volkskammer und deren Selbstsymbolisierung, in: Werner J. Patzelt (Hrsg.), Parlamente und ihre Symbolik. Programm und Beispiel institutioneller Analyse, Wiesbaden 2001.

Schulmeister, Karl Heinz; geb. 1925; Prof. Dr. phil.; Diplomhistoriker, 1946 Referent in der Informationsabteilung der Landesregierung Mecklenburg/Vorpommern; von 1946 bis 1990 hauptamtlich tätig im Kulturbund, dort 1955 Bundessekretär, 1957 1. Bundessekretär und zuletzt 1. Vizepräsident 1986; seit 1958 Mitglied des Nationalrates der Nationalen Front; seit 1969 Mitglied seines Präsidiums; 1950-1952 Abgeordneter im Landtag Mecklenburg/Vorpommern; 1952-1954 Abgeordneter im Bezirkstag Rostock; 1958-1990 Mitglied der Volkskammer der DDR, Kulturbundfraktion; seit 1965 Vorsitzender der Fraktion. Publikationen u.a. zur Entstehung und Gründung des Kulturbundes und zu seiner Entwicklung und Rolle in der DDR.

AUS DEM PROGRAMM

Politikwissenschaft

Joachim Jens Hesse, Thomas Ellwein
Das Regierungssystem der Bundesrepublik Deutschland
Band 1: Text, Band 2: Materialien
8., völlig neubearb. und erw. Aufl. 1997. 1.400 S.
Br. € 49,00
ISBN 3-531-13124-9
Geb. € 74,00
ISBN 3-531-13125-7

Das Standardwerk über das Regierungssystem der Bundesrepublik Deutschland wurde für die achte Auflage umfassend überarbeitet und auf den neuesten Stand gebracht. Allgemein verständlich geschrieben, vereint das Lehrbuch die Vorzüge einer kompakten Gesamtdarstellung mit denen eines Handbuchs und Nachschlagewerkes.

Klaus von Beyme
Das politische System der Bundesrepublik Deutschland
Eine Einführung
9., neu bearb. und akt. Aufl. 1999. 475 S. Br. € 14,90
ISBN 3-531-13426-4

Der seit vielen Jahren in Lehre und Studium bewährte Band ist vor allem dem schwierigen Prozess der deutschen Einigung gewidmet. Außen- und innenpolitische Hindernisse des Prozesses werden dargestellt. Die Schwierigkeiten des Zusammenwachsens von Ost- und Westdeutschland werden mit der Analyse der Institutionen - Parteien, Bundestag, Regierung, Verwaltung, Verfassungsgerichtsbarkeit und Föderalismus - und der politischen Prozesse - Wahlverhalten, Legitimierung des Systems, Durchsetzung organisierter Interessen und Führungsauslese - verknüpft.

Bernhard Schreyer, Manfred Schwarzmeier
Grundkurs Politikwissenschaft:
Studium der Politischen Systeme
Eine studienorientierte Einführung
2000. 243 S. Br. € 17,00
ISBN 3-531-13481-7

Konzipiert als studienorientierte Einführung, richtet sich diese Einführung in erster Linie an die Zielgruppe der Studienanfänger. Auf der Grundlage eines politikwissenschaftlichen Systemmodells werden alle wichtigen Bereiche eines politischen Systems dargestellt. Im Anhang werden die wichtigsten Begriffe in einem Glossar zusammengestellt. Ein Sach- und Personenregister sowie ein ausführliches allgemeines Literaturverzeichnis runden das Werk ab.

www.westdeutschervlg.de

Abraham-Lincoln-Str. 46
65189 Wiesbaden
Tel. 0611. 78 78 - 285
Fax. 06 11. 78 78 - 400

Westdeutscher Verlag

Erhältlich im Buchhandel oder beim Verlag.
Änderungen vorbehalten. Stand: November 2001.

MIX
Papier aus verantwortungsvollen Quellen
Paper from responsible sources
FSC® C105338

If you have any concerns about our products,
you can contact us on
ProductSafety@springernature.com

In case Publisher is established outside the EU,
the EU authorized representative is:
**Springer Nature Customer Service Center GmbH
Europaplatz 3, 69115 Heidelberg, Germany**

Printed by Libri Plureos GmbH
in Hamburg, Germany